Marignano 1515–2015

Walter Schaufelberger,
dem Doyen der Schweizer Militärgeschichte
und Mitglied des Ehrenpatronates Marignano 2015
von der Fondazione Pro Marignano
in Dankbarkeit zugeeignet.

Roland Haudenschild (Hrsg.)

Marignano 1515–2015

Von der Schlacht zur Neutralität

Fondazione Pro Marignano

Verlag Merker im Effingerhof

Die Herausgabe dieses Buches wurde ermöglicht dank der finanziellen Unterstützung von:
Ce livre a pu paraître grâce au soutien financier de:
Questo libro è uscito grazie al soccorso finanziario di:

Kanton Schwyz, Lotteriefonds

Kanton Bern, Lotteriefonds

Kanton Graubünden, Landeslotterie-Fonds

République et Canton de Genève, Département de la sécurité

ERNST GÖHNER STIFTUNG

Weitere Institutionen die nicht genannt sein wollen, haben das Buch ebenfalls unterstützt.
D'autres institutions qui ne sont pas citées, ont soutenu le livre également.
Altre istituzioni senza fare i nomi, hanno sostenuto altrettanto il libro.

Der Inhalt der Artikel liegt ausschliesslich in der Verantwortung der Autoren.
Le contenu des articles engage exclusivement la responsabilité des auteurs.
Il contenuto dei articoli è esclusivamente nella responsabilità dei autrici.

© 2014 Verlag Merker im Effingerhof
CH-5600 Lenzburg
Satz und Druck: Effingerhof AG, CH-5201 Brugg
Printed in Switzerland
ISBN 978-3-85648-147-6

Inhaltsverzeichnis

Didier Burkhalter
Préface   9

Roland Haudenschild
Vorwort   11

Jürg Stüssi-Lauterburg
1315-1415-1515-1615-1715-1815-1915-2015   15

Heinrich Speich
Das eidgenössische Bündnisgeflecht bis zu den Italienfeldzügen   41

Leonardo Broillet
La société suisse vers 1500 et ses rapports avec la Lombardi   53

Daniel Reichel
Matthieu Schiner (vers 1465-1522), Cardinal et homme de guerre   65

David Vogelsanger
Ulrich Zwingli als Feldprediger in der Lombardei   79

Philippe Rogger
Aufstand gegen die „tütschen Franzoßen".
Der Lebkuchenkrieg in Zürich 1515/1516   95

Olivier Bangerter
L'expérience des fantassins suisses à la bataille de Novare 1513   107

Walter Schaufelberger
Marignano 1515. Die militärische Führung bei den alten
Eidgenossen   121

Inhaltsverzeichnis

Hervé de Weck
La bataille de Marignan 1515, mythes et réalitésHervé de Weck   127

Giovanni Cerino Badone
Marignano e la Rivoluzione Militare del Cinquecento   149

Klara Hübner
Ein falscher Sieg und falsche Boten – Nachrichtenübermittlung und -verbreitung zur Zeit von Marignano   163

Pierre Streit
L'armée de François Ier à l'époque de la bataille de Marignan   175

Angiolo Lenci
Marignano 1515. L'esercito veneziano del primo Cinquecento   191

Jean-Pierre Dorand
Monarchie française et politique d'Italie dès 1500   203

Alois Riklin
Neutralität am Ende? 500 Jahre Neutralität der Schweiz   217

Hervé de Weck
La neutralité du Corps helvétique avant, pendant et après la Guerre de Trente Ans   235

Derck Engelberts
Die Eidgenossenschaft in den westfälischen Unterhandungen 1646-1648   253

Hubert Foerster
Die ewige Neutralität der Schweiz 1815   269

Antoine Fleury
Neutralité suisse et Société des Nations   295

Antoine Fleury
Neutralité Suisse et Union Européenne dans la Guerre froide   305

Hervé de Weck
Rupture ou évolution? La neutralité suisse 1975-2012   315

Erwin Horat
Der Bildhauer Josef Bisa 1908-1976   337

Stefano Sportelli
Santa Maria della Vittoria. Breve storia della nascita di una Cappella espiatoria   347

Stefano Sportelli
Cronaca di una storia inaugurazione. Monumento ai caduti svizzeri   357

Stefano Sportelli
Mezzano, Santa Maria della Neve e l'Ossario   365

Vitantonio Palmisano
Marignano 1515. La Battaglia dei Giganti e i condottieri della disfida   373

Lucia Angela Cavegn
Der Kunststreit um die Marignano-Fresken von Ferdinand Hodler   383

Georges Wüthrich
Mythos Marignano   405

Roland Haudenschild
Die Fondazione Pro Marignano   415

Anhang 1	Chronologie	459
Anhang 2	Banner und Bannerträger	465
Anhang 3	Verzeichnis der Illustrationen	481
Anhang 4	Bibliografie, Bibliographie, Bibliografia (alphabetisch/chronologisch)	487
Anhang 5	Autoren und Autorinnen	519

Roland Haudenschild
Nachwort 527

De Marignan à Milan

Didier Burkhalter

Posons-nous d'abord cette question: que représente Marignan? Selon une vision traditionnelle de l'histoire, les Confédérés, après leur défaite militaire de 1515, ont décidé de mettre fin à leur politique d'expansion et de se replier sur une neutralité modeste. Dans une Europe affaiblie par les conflits, Marignan aurait ainsi favorisé la conception suivante de la Confédération: petit Etat, la Suisse a tout intérêt à «se tenir tranquille» et à ne pas se mêler des affaires de ses puissants voisins. Cette interprétation s'est profondément ancrée dans la conscience collective des Suisses. Marignan, c'est un symbole de la sagesse des Suisses de chercher de nouvelles voies et d'accepter la prudence comme base du succès national.

Pour la recherche historique moderne, en revanche, Marignan exprime le fait qu'à partir du XVIe siècle, la Confédération, affaiblie par son organisation décentralisée, ne se trouvait tout simplement plus en mesure de rivaliser militairement avec les monarchies environnantes. De plus, les tensions confessionnelles et politiques contribuaient à la contraindre à la retenue dans sa politique extérieure. Les Confédérés de l'époque ne suivaient en tous les cas pas une stratégie délibérée de neutralité.

Les mythes sont réalité à part entière. Parties intégrantes de l'identité suisse, ils doivent être appréciés comme tels. Marignan est un des lieux de mémoire les plus connus de la Suisse, et il convient d'en prendre soin en conséquence. A cet égard, les commémorations du 500e anniversaire offrent un cadre privilégié. Elles doivent aussi donner l'occasion de se rappeler la très grande souffrance humaine qui est associée à des batailles comme celle de Marignan.

Aujourd'hui pourtant, «se tenir tranquille», la recherche d'une forme de tranquillité passive, ne saurait constituer le principe directeur de la politique étrangère de la Suisse. Dans un monde globalisé, la Suisse, nation exportatrice, ne peut tout simplement pas suivre en simple spectatrice des événements. Dans un monde où – à l'exemple de la Syrie – les bains de sang restent une réalité, la Suisse ne saurait s'autoriser à rester inactive.

En Europe et au-delà, il est de notre intérêt de contribuer, activement et avec nos partenaires, à la paix et à la prospérité. De même, il est de notre intérêt de nous porter garants des valeurs ancrées dans la Constitution fédérale sur la scène internationale. Grâce à notre engagement en faveur d'une réduction de la pauvreté, du respect des droits de l'homme, du soutien à la démocratie, de la cohabitation pacifique des peuples et de la conservation durable des ressources naturelles, nous renforçons en fin de compte l'indépendance, la sécurité et la prospérité de la Suisse.

Non loin du lieu de la bataille de 1515 se tiendra, 500 ans plus tard, l'Exposition universelle de Milan. Cette exposition nous offrira l'occasion de présenter la Suisse, ses valeurs et ses atouts. Une Suisse ouverte au monde, étroitement reliée à ses partenaires, innovatrice et connaissant le succès au plan économique. Une Suisse solidaire, disposée à assumer ses responsabilités et à contribuer à la paix et à la sécurité. Mais aussi une Suisse fière de son histoire, de ses traditions et qui s'apprête à commémorer dignement la bataille de Marignan.

Vice-président du Conseil fédéral et chef du Département fédéral des affaires étrangères 2013

Président de la Confédération et chef du Département fédéral des affaires étrangères 2014

Vorwort

Roland Haudenschild

Das Wort «Marignano» ist vielschichtig, kann differenziert gedeutet werden und jedermann versteht etwas anderes darunter: Ein ehemaliger geografischer Name in der Lombardei in Italien, das Ereignis einer Schlacht der alten Eidgenossen, eine zeitliche Epoche am Übergang des ausgehenden Mittelalters und dem Beginn der Neuzeit, einen Begriff an sich, einen mehr oder weniger abstrakten Mythos oder ein plastisches einst und jetzt Bild.

Mit einer Darstellung der Geschichte, im Hinblick auf den 500. Jahrestag der Schlacht von Marignano, werden in einem Bildband, wo diverse Autoren und Autorinnen zu Wort kommen, verschiedene Sichtweisen von Marignano aufgezeigt. Um einen gewissen Aufbau mit einer bestimmten Themenfolge ist selbst bei einem solchen «zusammengesetzten» Werk nicht herumzukommen.

Die beiden Hauptbereiche des Buches betreffen einerseits die Themen von Marignano und anderseits die Themen der Neutralität, nebst weiteren Ergänzungen.

Am Anfang befindet sich eine Darstellung der geschichtlichen «Schlüsselereignisse» über die letzten 700 Jahre in der Schweiz, wobei in Abständen von hundert Jahren die Ereignisse der Jahre `15 erwähnt werden.

Die «interne» Geschichte der Eidgenossenschaft berührt das ausgedehnte Bündnisgeflecht im Vorfeld der Italienfeldzüge und die «schweizerische» Gesellschaft mit ihren traditionellen Beziehungen zur Lombardei um 1500.

Mit Matthäus Schiner und Ulrich Zwingli werden zwei ganz verschiedene «Hauptfiguren» des Geschehens in der Schweiz und Italien behandelt, die jeder auf seine Art und Weise einen nachhaltigen geschichtlichen Einfluss ausübten. Sowohl Schiner wie auch Zwingli haben an verschiedenen italienischen Feldzügen der Eidgenossen teilgenommen und verfügten über entsprechende Kriegserfahrung.

Die Aufstände des Volkes nach 1500 in der damaligen Eidgenossenschaft werden exemplarisch im Lebkuchenkrieg von Zürich 1515/1516 dargestellt. Nicht zu vergessen sind die weiteren Proteste wie zum Beispiel der früher erfolgte Könizer Aufstand vom 26. Juni 1513 (Ein Erinnerungsanlass fand am 26. Juni 2013 im Gemeindehaus Köniz statt). Die Wut der Männer richtet sich gegen die Ratsherren, die sogenannten «Kronenfresser», die von Frankreich beeinflusst werden und für die Vermittlung von Söldnerdiensten Geld erhalten.

Die «externe» Geschichte der Eidgenossenschaft behandelt die beiden Schlachten von Novara 1513 und Marignano 1515. Novara ist von Interesse durch den letzten Sieg der Infanterie der Eidgenossen und ihrer Taktik, was zwei Jahre später zu einer Niederlage führt.

Im Weiteren wird die militärische Führung bei den alten Eidgenossen dargestellt sowie die militärische «Revolution», das heisst das Auftreten vor allem der Artillerie aber auch der Kavallerie und damit ein Kampf der «verbundenen Waffen» auf dem Schlachtfeld.

Als aufschlussreiche Ergänzung dient das weniger im Vordergrund stehende Botenwesen und die damalige Nachrichtenübermittlung im Krieg, die mit erstaunlicher Geschwindigkeit durchgeführt wurde.

Das französische Heer von König Franz I. sowie das venezianische Heer, die Gegner der Eidgenossen, erhalten ebenso ihren Platz wie die französische Monarchie und ihre Italienpolitik ab 1500. Von Bedeutung ist der zwischen den Eidgenossen und König Franz I. von Frankreich in Freiburg am 29. November 1516 abgeschlossene «Ewiger Frieden»; er stellt einen wichtigen Schritt zum Soldbündnis 1521 mit Frankreich dar. Dieses sollte fast 300 Gültigkeit haben und ist Ausdruck der aussenpolitischen Orientierung der Eidgenossenschaft nach Frankreich.

Während rund einem halben Jahrhundert ist Italien Kriegsschauplatz; den französischen Feldzügen folgt der grosse Venezianerkrieg welcher seine Fortsetzung im habsburgisch-französischen Konflikt findet, der während den folgenden Jahrhunderten Europa beschäftigen wird. Beteiligt an diesen Kriegen sind Frankreich, Spanien, Kaiser, Papst, Florenz, Venedig, Mailand und die Eidgenossen.

In seinem berühmten Werk «Il Principe», capitolo XII., «Di quante ragioni sia la milizia e de'soldati mercenari", befasst sich Niccolò Machiavelli mit den Schweizern, «Stettono Roma e Sparta molti secoli armate e libere. E'Svizzeri sono armatissimi e liberissimi», als auch mit der Miliz und den Söldnern: «E per esperienzia si vede a'principi soli e republiche armate fare progressi grandissimi, et alle arme mercennarie non fare mai se non danno. E con più difficultà viene alla obedienza di uno suo cittadino una republica armata di arme proprie, che una armata di arme esterne.» Machiavelli verfasst «Il Principe» 1513 und 1532 erfolgt die päpstliche Druckgenehmigung; vorher kursierten Abschriften des Werkes.

Wenn Hamlet in der Tragödie von Shakespeare ausruft «Wes sind die Truppen, lieber Herr?», könnte dies auch abgeändert werden in «Where are my swiss soldiers»; der Hauptmann antwortet: «Sie sind von Norweg, Herr.» (Hamlet, Vierter Aufzug, Vierte Szene; geschrieben 1598, erschienen 1603, ergänzt 1604).

Die Themen welche die Neutralität darstellen, beginnen mit einem generellen Überblick, in einem Artikel der fragt, ist die «Neutralität am Ende?» und im Weiteren feststellt «500 Jahre Neutralität der Schweiz». Die folgenden Artikel stellen die Neutralität in den geschichtlichen Zusammenhang mit besonderen Ereignissen, zum Beispiel «Die Neutralität der Eidgenossenschaft vor, während und nach dem 30-jährigen Krieg» sowie «Die Eidgenossenschaft in den westfälischen Unterhandlungen 1646–1648».

Auch in der klassischen französischen Literatur ist ein berühmter Hinweis auf die Schweizer Söldner in Fremden Diensten zu finden. In der Komödie von Jean Racine, Les Plaideurs 1668, äussert sich Petit Jean wie folgt: «Point d'argent, point de Suisse, et ma porte était close» (Acte Premier, Scène Première).

In einem weiteren Artikel wird «Die ewige Neutralität der Schweiz 1815» behandelt. Nach dem ersten Frieden von Paris am 30. Mai 1814, anerkennen die europäischen Mächte im zweiten Frieden von Paris am 22. November 1815, die immerwährende Neutralität der Schweiz und gewährleisten die Unverletzlichkeit des schweizerischen Gebiets. Erstmals wird die Schweizerische Neutralität, redigiert vom Genfer Pictet de Rochemont, in einem internationalen Vertrag schriftlich festgelegt. Die Schweiz erhält im Zusammenhang mit der Wiener Kongress-Akte vom 8. Juni 1815 und den beiden Pariser Frieden die heutige Form ihres Staatsgebietes.

Mit der Bundesverfassung von 1848 wird die Schweizerische Eidgenossenschaft zum Bundesstaat; in den folgenden Jahren müssen Teile der Armee mehrmals bei europäischen Konflikten zum Schutz der Neutralität aufgeboten werden. Die letzten Soldregimenter im Ausland werden 1859 entlassen und die Anwerbung von Schweizern für Fremde Dienste verboten. Mit der Gründung des Roten Kreuzes in Genf 1863 wird die neutrale Schweiz Depositarstaat und Sitz dieser internationalen Organisation. Im Deutsch-Französischen Krieg wahrt die Schweiz 1870/1871 ihre Neutralität und im Rahmen der Grenzbesetzung wird die Bourbaki-Armee interniert. Am 4. August 1914 erklärt die Schweiz anfangs des 1. Weltkrieges ihre Neutralität und die Armee leistet Aktivdienst zum Schutz des Landes.

Ein weiterer Artikel behandelt die Schweizerische Neutralität und den Völkerbund. Nach der Unterzeichnung des Versailler Friedensvertrages am 28. Juni 1919, anerkennen die Grossmächte in der Londoner Erklärung vom 13. Februar 1920 ausdrücklich die Schweizer Neutralität; die Schweiz wird von der Teilnahme an militärischen Sanktionen entbunden. Die in der Erklärung begründete «differentielle» Neutralität trägt mit dazu bei, dass das Volk dem Beitritt der Schweiz zum Völkerbund zustimmt und die Eidgenossenschaft 1920 beitritt.

Angesichts der sich verschlechternden Weltlage ersucht der Bundesrat den Völkerbundrat 1938 um Anerkennung der «traditionellen Neutralität» der Schweiz, der sogenannten integralen Neutralität. Am 31. August 1939 erklärt der Bundesrat zu Beginn des 2. Weltkrieges die bewaffnete Neutralität der Schweiz.

Nach dem 2. Weltkrieg wird Europa durch den Eisernen Vorhang in zwei Machtblöcke geteilt, die sich im West-Ost-Konflikt gegenüberstehen. Die Schweizerische Neutralität und die Europäische Union im Kalten Krieg stellt ein weiterer Artikel dar. Kraft ihrer Lage in Westeuropa hat die Neutralität der Schweiz in dieser Epoche eine gewisse Bedeutung. Im Rahmen der Europäischen Integration ist die Schweiz an der Konferenz über Sicherheit und Zusammenarbeit in Europa (KSZE) mit den Blockfreien aktiv und vermittelnd tätig; die Schlussakte wird am 1. August 1975 in Helsinki unterzeichnet.

Die neueste Entwicklung der Neutralität, nach Helsinki bis heute, wird unter den Begriffen «Bruch oder Entwicklung?» behandelt. International gerät die Neutralität der Schweiz zunehmend ins Abseits. Ist sie nicht mehr aktuell? Überholt? Zu wenig aktiv?

In der Folge wird in einem Artikel der Bildhauer Josef Bisa dargestellt, der Schöpfer des Denkmals Marignano, das seit 1965 in Zivido auf dem Schlachtfeld steht.

Die Geschichte der Kirche Santa Maria in Zivido, die Chronik der Einweihung des Denkmals 1965 und das Ossario in Mezzano werden von einem Historiker aus San Giuliano Milanese beschrieben.

Vorwort

Die Schlacht der Giganten und die Herausforderung der Heerführer stellt ein Historiker aus Melegnano dar.

Nicht fehlen darf der Kunststreit um die Marignano-Fresken von Ferdinand Hodler im Landesmuseum Zürich, der die Öffentlichkeit beschäftigt hat.

Der Mythos Marignano, entstanden im 19. Jahrhundert, lebt bis heute weiter, was in einem aufschlussreichen Artikel nachgewiesen wird.

Die Bewahrerin des Denkmals, die Fondazione Pro Marignano, ist 1965 entstanden und kann demnächst auf ihr 50-jähriges Bestehen zurückblicken.

Im Anhang dient die Chronologie der Übersicht des Geschehens um 1500, die Banner und Bannerträger symbolisieren die 13-örtige Eidgenossenschaft von 1513 und durch das Verzeichnis der Illustrationen sind diese einfacher zu finden.

Die Bibliografie der Quellen und Literatur besteht aus einem alphabetischen und chronologischen Teil, was die Suche nach einzelnen Werken vereinfacht. In Kurzbiografien werden die Autoren und Autorinnen dargestellt.

Die Beilage vermittelt einen Eindruck des Schlachtfeldes auf einer italienischen Landkarte und mittels einer Luftaufnahme.

Der Historiker Georges Grosjean hat im Rückblick auf 450 Jahre Marignano die gegenwärtige (damalige) Lage mit derjenigen des (Beginns) des 16. Jahrhunderts verglichen:

«Damals betreiben die Eidgenossen aufgrund ihrer militärischen Tüchtigkeit eine Aussenpolitik, die weit über die innere Festigkeit der damaligen Eidgenossenschaft hinausging; heute hat sich unter dem Einfluss der wirtschaftlichen Tüchtigkeit ein Wirtschaftsapparat entwickelt, dem die Infrastruktur des Landes ebenfalls auf die Dauer nicht gewachsen sein wird. Damals wie heute besteht in weiten Kreisen die Vorstellung, dass diese Entwicklungen nun einmal im ‹Zuge der Zeit› lägen und dagegen nichts zu unternehmen sei, womit man sich beruhigt und der Verantwortung entschlägt.»

(Georges Grosjean, Marignano als Mahnung für heute, in: Der Bund, 12. September 1965).

Diese Aussage könnte gut auch heute gemacht werden und hat nach wie vor Gültigkeit.

Wie lautet doch der Ratschlag von Niklaus von Flüe um 1481 zur Abkehr von der Grossmachtpolitik: «Machet den zun nit zu wit!» (Macht den Zaun nicht zu weit!) und zur politischen Maxime der Neutralität: «Mischt Euch nicht in fremde Händel.»

1315–1415–1515–1615–1715–1815–1915–2015

Jürg Stüssi-Lauterburg

Die Welt ist in ständiger Bewegung, im Orient wie im Abendland. Es hätte der Aufforderung Goethes beziehungsweise Fausts zur Rastlosigkeit kaum bedurft, aber sie fasst das Los der Menschheit bündig zusammen:

«*Das ist der Weisheit letzter Schluss: Nur der verdient sich Freiheit wie das Leben, Der täglich sie erobern muss. Und so verbringt, umrungen von Gefahr, Hier Kindheit, Mann und Greis sein tüchtig Jahr.*»

Das Mass der Änderungen, ihr Tempo, ihre Bedeutung, unterliegen ebenfalls dem Wandel und sind zum Teil überhaupt nicht, oder dann nur mit sehr grossem Aufwand, im Detail zu beobachten, sodass eine ausgewogene Gesamtschau nur schwer zu gewinnen ist. Dazu kommt die häufige, weil absatzfördernde, Übertreibung von Veränderungen. Die auch immer relativen, aber doch geschichtswirksamen Jahrhundertkonstanten (wie zum Beispiel der Gedanke von Freiheit und Eigenverantwortung, die christliche Religion, die Selbständigkeit der Orte bzw. Kantone und andere mehr) werden dagegen eher unterschätzt.

Der Ehrgeiz, eine *Gesamtschau* der Schweizer Geschichte zu schaffen, liegt uns fern! Wir wollen einzig versuchen, sie in Jahrhundertschritten und mit gelegentlichem Perspektivenwechsel zu durcheilen und zu fragen, welche Konstanten zu finden sind und welche sehr grossen Veränderungen die Eidgenossenschaft gesehen hat. Keine Generation, die ein solches Jahr – 1315, 1415, 1515, 1615, 1715, 1815, 1915 und 2015 – aktiv erlebt hat oder erlebt, hat das vorangegangene wirklich gekannt oder wird das kommende in der Verantwortung aktiv erleben. Sieben der Jahre, die immer nur als Wegmarken verwendet werden und zu einer jeweils in sich geschlossenen Betrachtung anregen sollen, sind schon historisch, das achte steht uns noch bevor und mag zum Nachdenken anregen über all das Vergangene und über die bleibenden Werte unserer Schweiz.

1315 «Freiheit»

Die Eidgenossenschaft ist im 12. und 13. Jahrhundert entstanden. Der Impuls kam von Süden, das erste *im Geist* klar eidgenösssische Dokument ist der *Patto di Torre* der Talleute von Blenio und Leventina aus dem Jahr 1182: Keine Burgen mehr in den Tälern, ausser im (hypothetischen) Fall einer Zustimmung der Talleute. Wer auf einer Burg sitzt, kann der Mehrheit der Einwohner trotzen, wer keine besitzt, verkehrt mit ihnen auf Augenhöhe. Freiheit soll also herrschen. Sowohl die Idee des Bündnisses zwecks politischer Emanzipation als auch die Burgenfeindschaft kommt über den neu eröffneten Gotthard. Uri und Schwyz erhalten ihre

Freibriefe 1231 und 1240 je separat, aber zwischen Schwyz, Sarnen, also Obwalden, und Luzern muss 1247 allermindestens eine lockere Koordination des Widerstandes gegen Rudolf III von Habsburg-Laufenburg, den Onkel des späteren Königs Rudolf, bestanden haben, denn sonst hätte der Habsburger nicht dafür gesorgt, dass Papst Innozenz IV Schwyz und Sarnen des Abfalls von der Herrschaft bezichtigt und zusammen mit ihren Luzerner Freunden unter das Interdikt gestellt hätte. Im Hintergrund stand am Vierwaldstättersee die alte Präferenz für die ferne und milde Herrschaft, die Staufer, gegen die nahe und drückende, die Habsburger. Ob sich der rasch nach dem Tod des zugriffigen Königs Rudolf geschlossene Bundesbrief von 1291 auf diese mehr nur zu erahnende frühe Eidgenossenschaft bezieht, ist schwer zu sagen, er nennt aber die *«antiqua confoederationis forma»*, die alte Gestalt des Bundes. Politisch gesprochen trat der Bund von 1291 wohl nach dem Tod von Rudolfs Nachfolger, König Adolf von Nassau, in der Schlacht bei Göllheim 1298 auf ein Jahrzehnt in eine Art von Winterschlaf. Adolfs nun wieder habsburgischer, oder, wie der Familienname dieses Zweigs seit der Übernahme von Österreich 1282 auch lautete, *österreichischer* Nachfolger Albrecht war jedenfalls von diamantener Härte im Vertreten der Interessen seiner Kernfamilie und wurde deshalb von seinem faktisch enterbten Neffen ermordet. Die Klosterkirche Königsfelden in Windisch erinnert noch daran. Albrechts Sohn Leopold I versuchte, habsburgische Herrschaft über *«das freie Volk der Schwyzer»*[1] herzustellen. Vom Hofkaplan von Leopolds Bruder Albrecht II, Johannes von Viktring, haben wir auch die chronikalische Bestätigung, dass die Urkantone bereits vor der Schlacht am Morgarten 1315 verbündet waren, was den Bundesbrief von 1291 durch eine *zeitgenössische* Quelle bestätigt. Viktrings Schilderung der Morgartenschlacht lautet in unserer Übersetzung:

«Diese[2] wollten ihre Freiheit behaupten und hatten einen Bund mit den in der Nähe wohnenden Mitberglern. Sie erlaubten dem Herzog den Eintritt, schlossen ihn dann jedoch umgehend zwischen den Höhen der Berge ein, stürzten wie Steinböcke von den Bergen herunter, warfen Steine, töteten mehrere, die sich weder verteidigen noch auf irgend eine Weise entkommen konnten. Es fielen dort vier Edle und Mächtige von Toggenburg mit mehreren anderen, sodass gesagt wurde, die Blüte der Ritterschaft sei dort verwelkt. Der Herzog, von einer Person ins Bild gesetzt, welche die hinausführenden Wege kannte, kam kaum davon und war später immer voller Wut über den Tod der Edlen.»[3]

Im Kontrast zum an *unbekanntem Ort* ausgestellten Bundesbrief von 1291 musste man sich nun nicht mehr verstecken und der *in Brunnen* keinen Monat nach der Morgartenschlacht geschlossene Bund vom 9. Dezember 1315 nennt zum ersten Mal das Wort *«Eitgenoze»*. Der in seiner Zurückweisung von offenbar *mehr* als nur legendenhaften *unziemlichen* und *unglimpflichen* Zumutungen sehr präzise Text zeigt durch die Wortfolge auch, dass solche wohl österreichischen Zumutungen *zunächst* die Frauen und erst danach die Männer betrafen:

Abb. 1 **Schlacht am Morgarten 1315**

«Ez sol aber ein jeglich mensche, ez si wib oder man, sinem rechten herren, oder siner rechten Herschaft gelimphlicher und cienelicher dienste gehorsam sin, ane die oder den herren, der der lender dekeins mit gewalt angrifen wolde oder unrechter dinge genöten wolde;...»[4]

Anwohner von Passstrassen sind weltoffen: Handel und Wandel gehen ihren gewohnten Lauf, Zumutungen werden jedoch zurückgewiesen und der Schuldendienst steht im Kriegsfall gegenüber dem Kriegsgegner still.

Mit dem denkwürdigen Sieg am Morgarten behauptete die Eidgenossenschaft ihre Existenzberechtigung. Mit dem nicht weniger denkwürdigen Bundesbrief von Brunnen war der Kern dessen geschaffen, was zu einem grossartigen Bündnissystem werden sollte, das bis 1798 in der Substanz bestand und auch heute noch mindestens für all jene Menschen inspirierend wirkt, denen das biedere Wort mehr ist als Schall und Rauch, das 1315 ertönte: *«Eitgenoze»*.

1415 «Siebzehn Tage, siebzehn Schlösser»

Nichts ist erfolgreicher als der Erfolg: Zwar hatten sich die stolzen Zürcher schon 1291, auf Zeit, mit Uri und Schwyz verbündet, aber die Siege von Morgarten und Laupen 1315 und 1339 verliehen der Eidgenossenschaft eine ungleich grössere Ausstrahlung. 1353 war die Eidgenossenschaft der Acht Orte (Zürich, Bern, Luzern, Uri, Schwyz, beide Unterwalden, Zug, Glarus) eine Realität, bei der Abwehr der Belagerungen des zunftdemokratischen Zürich (1351, 1352, 1354), im Widerstand gegen die Gugler (1375), in den Siegen von Sempach (1386) und Näfels (1388) und in der durch Schwyz und Glarus inspirierten militärischen Emanzipation der Appenzeller (1403–1405) behauptete sie militärisch ihr Lebensrecht.

Anläufe zu *gemeinsamen* Institutionen sind etwa der Pfaffenbrief von 1370 (eidgenössisches und nicht etwa auswärtiges Recht auch für Geistliche, Friede auf der Gotthardachse) und der Sempacherbrief von 1393 (Schonung von Kirchen und Frauen im Krieg, Frieden unter den Eidgenossen, Zuzug nur auf Mahnung von Rat oder Landsgemeinde).

Die Entwicklung und Konsolidierung der Herrschaften der einzelnen eidgenössischen Orte erfolgte dabei pragmatisch, man kaufte, eroberte, verschaffte sich Privilegien von den durchwegs antihabsburgischen Herrschern des als heilsnotwendig betrachteten *Heiligen Römischen Reiches*, nach dessen Untergang das christliche Mittelalter mit dem Propheten Daniel (Daniel 7:23–28) zuversichtlich den Jüngsten Tag erwartete.

Die Achtörtige Eidgenossenschaft war, von den aargauischen Stammlanden der Habsburger aus gesehen, *peripher* entstanden. Die Eidgenossen dominierten die Oberläufe der hier zusammenströmenden Flüsse Aare (Bern), Reuss (Luzern, Uri, Schwyz, Unterwalden, Zug) und Limmat (Zürich, Glarus), die Kommunikationsdrehscheibe des Wasserschlosses aber war nach wie vor fest in *habsburgischer* Hand. 1415 zeichnete sich nun die praktische Gelegenheit ab, diesem Zustand ein Ende zu setzen.

Anlass war der – wie sich weisen sollte vorübergehende – Triumph des Konziliarismus, also der parlamentarischen Bewegung in der Kirche. Der Herrscher im Heiligen Römischen Reich, König Sigismund, rief in Konstanz 1414 ein Konzil zusammen, welches das herrschende Schisma

Abb. 2 Eroberung von Aarau durch die Berner 20. April 1415

(zu jener Zeit machten sich drei Päpste den Stuhl Petri streitig) beenden sollte. Im März 1415 floh, mit habsburgischer Unterstützung, einer der drei Päpste, Johannes XXIII, aus Konstanz, womit für Sigismund eine Situation *«er oder ich»* entstand, denn es lag auf der Hand, dass der Chef des Hauses Österreich, Herzog Friedrich IV, mit Hilfe des Papstes den König ausstechen wollte. König Sigismund wusste sich zu helfen: Er liess das Konzil dessen von Christus direkt abgeleitete eigene Oberherrlichkeit *über* den Papst erklären[5] und lud die Feinde der Habsburger ein, sich an deren Gut zu bedienen.

Das liessen sich die Eidgenossen gesagt sein und eroberten den Aargau. So kam das altberühmte Stammschloss des Habsburgergeschlechts an Bern. Der Chronist Conrad Justinger erzählt die Geschichte in knappen Worten, aus denen wir einige Schlüsselpassagen zitieren:

«Do nu der küng und daz concilium befunden, daz der babst verstolnlich von dannan komen waz, und durch hertzog fridrichen getan und beschechen waz, do wurden si zornig und betrübde; won die sach und das hinfüren wider gotte und alle cristanheit waz und ein zerstörunge des conciliums. Do mande der küng alle richstette, besunder die von berne, von zürich und alle eydgnossen, daz si im hilflich weren wider hertzog fridrichen, der ein zerstörer were der heiligen cristanheit. ... Und als man vor brug lag, do wart die vesti habsburg ouch berant, und ergab sich heinrich von wolon an die von bern mit der vorgenanten vesti, ... Und als die von bern in dem ergöw reiseten sibenzehen tage, also gewunnen si ouch sibenzehen gemureter slossen, es weren stet oder vestinen, die gen bern huldeten oder verbrent wurdent.»[6]

Vom raschen Zugriff bis zur faktischen und rechtlichen Absicherung des Eroberten, am Ende 1474 in der Ewigen Richtung, dem Auftakt zu den Burgunderkriegen, und 1511 in der Erbeinigung mit dem Haus Österreich, war ein langer Weg und doch markiert die Eroberung des Aargaus eine wesentliche Etappe der eidgenössischen Staatswerdung. Durch die *gemeinsame*, allen acht Orten *zusammen* gehörende Grafschaft Baden entstand 1415 im Wortsinn *eidgenössisches Gebiet*, durch den Zwang zur gemeinsamen Verwaltung intensivierte sich der Kontakt an der Tagsatzung. Die Tagsatzung wird als Institution in der historischen Erinnerung vom in seiner heutigen Form aus dem späten 15. Jahrhundert stammenden Tagsatzungssaal in Baden nie mehr ganz zu trennen sein.

1515 «Marignano»

Marignano ist – nach dem deutschen Exonym der italienischen Stadt Melegnano – der Name einer Schlacht vor den Toren von Mailand (13. und 14.9.1515). Rund 30000 Mann eines französischen Heeres trafen auf vielleicht 20000 eidgenössische Krieger. Die grosse Zahl der Beteiligten und die zum letzten Mal *fast* entscheidende, von Urs Graf in seinen Zeichnungen verewigte Körperkraft von Langspiess- und Hellebardenträgern hat der Schlacht bereits beim teilnehmenden Söldnerführer Gian Giacomo Trivulzio den Titel der Battaglia dei Giganti eingetragen:

«Trivulzio, der Hauptmann, der so viel gesehen hatte, bekräftigte, das sei nicht eine Schlacht von Menschen gewesen, sondern von Giganten und die achtzehn Schlach-

ten, an denen er teilgenommen habe, seien im Vergleich zu dieser Kinderschlachten gewesen.»[7]

Von den zeitgenössischen Historikern, die sich mit der Schlacht beschäftigt haben, ist der Doyen der Schweizer Militärhistoriker Walter Schaufelberger der bedeutendste. Sein massgebliches Standardwerk ist das 1993 erschienene «*Marignano. Strukturelle Grenzen eidgenössischer Militärmacht zwischen Mittelalter und Neuzeit.*»

An sich hätte es 1515 gar nicht zur Schlacht kommen sollen: Keine Woche vor dem Zusammenstoss hatten eidgenössische und französische Unterhändler in Gallarate einen Vertrag vereinbart, welcher den Abzug der Schweizer aus Mailand gegen französische Zahlungen vorsah. Als die Kriegergemeinden der Urner, Schwyzer und Glarner dieses Abkommen verwarfen, wurden sie und die übrigen gleichgesinnten Angehörigen des Heeres von den annehmenden Ständen Bern, Freiburg und Solothurn in Mailand dem eigenen Schicksal überlassen. Die staatlichen Strukturen der in den Burgunderkriegen in den Rang einer Grossmacht aufgestiegenen spätmittelalterlichen Eidgenossenschaft wurden auf eine Zerreissprobe gestellt: Entweder man änderte die Strukturen durch Straffung des Bundes der seit 1513 nun Dreizehn Orte (und dagegen waren Widerstände am Werk) oder aber man zog sich auf sich selbst zurück, wie es nach der Niederlage ja dann tatsächlich der Fall sein sollte.

Am Nachmittag und Abend des 13. September schienen die vom rührigen Kardinal Matthäus Schiner, einem geborenen Walliser und leidenschaftlichen Gegner der Franzosen, aufgestachelten, aus der Stadt heraus ungestüm den an Kanonen starken König Franz I von Frankreich angreifenden Schweizer das Ringen zu gewinnen. Das Schlachtfeld wurde – in Angriffsrichtung rechts – durch den alten römischen Kanal der Vettabbia, links durch den parallel zur Vettabbia verlaufenden Fluss Lambro begrenzt. Zahlreiche Quergräben machten für die jeweiligen Angreifer die Annäherung an den Gegner dann besonders schwierig, wenn dieser dahinter seine Feuerwaffen in Linie bereitgestellt hatte. Die Franzosen mit ihren vielleicht rund 300 Rohren aller Art waren den Schweizern in Sachen Feuerwaffen stark überlegen. Sie konnten dank dieser Überlegenheit an beiden Tagen den eidgenössischen Durchbruch in Richtung Lambrobrücke von Melegnano vor Santa Brera (dem Hauptquartier des französischen Königs, im heutigen *Parco Agricolo Sud Milano*) verhindern und zum Gegenangriff übergehen.

Da sie am 13. September die Lambrobrücke behauptet hatten, konnten die Franzosen am 14. in Melegnano die von Venedig bezahlten frischen Truppen unter dem Condottiere Bartolomeo d'Alviano aufnehmen, dank dieser Verstärkung das Übergewicht erlangen und den Schweizern in der bildhaften Sprache des Spätmittelalters den Druck abgewinnen. Die Eidgenossen zogen sich gemessenen Schrittes zurück, woran das Gemälde Ferdinand Hodlers erinnert. Auf dem Schlachtfeld selber spielten sich die nicht zuletzt angesichts des wirtschaftlichen Konkurrenzkampfs von Schweizer Kriegsknechten und deutschen Landsknechten zu erwartenden wüsten Szenen ab: der Krieg zeigte seine Fratze.

Die Schweiz, Frankreich, die Welt aber waren am Abend des 14. September 1515 auf immer verändert. Nicht einmal das Getöse der Schlacht ist verklungen: Es wird so lange zu hören sein, wie die Musik Clément Janequins gespielt wird.

Marignano gab der Eidgenossenschaft den wichtigsten Impuls, ihre Aussenpolitik in Richtung auf die in der Folge so segensreiche Neutralität zu entwickeln. Das meint die Inschrift auf dem in Zivido aufgestellten Denkmal von Josef Bisa *«aus der Niederlage das Heil»*, EX CLADE SALUS. Die Niederlage dämpfte ein wenig den eidgenössischen Enthusiasmus für fremde Fürsten und ihre glänzenden Angebote, für die Fremden Dienste, für den Krieg allgemein und legte so auch ein Fundament für den Erfolg der solddienstkritischen Reformation in Zürich und über Zürich hinaus. Zentral aber war, dass nun eine Preisgabe auch des Sottoceneri anders als noch im Vertrag von Gallarate für die Eidgenossen nicht mehr in Frage kommen konnte, Marignano ist also sehr direkt dem Kanton Tessin, wie wir Schweizer ihn seit 1803 kennen und lieben, zu Gevatter gestanden.

Der französische Sieger, König Franz I, liess in Triumphatorenstimmung eine Medaille prägen, auf der er der Mit- und Nachwelt verkündete, er habe die vor ihm nur von Julius Caesar geschlagenen Helvetier überwunden: VICI AB UNO CAESARE VICTOS. Franz I – der sich noch im Tod in seinem Grabmal in Saint Denis von durch den Bildhauer Pierre Bontemps geschaffenen Szenen aus der Schlacht von Marignano umgeben sein wollte – war aber im Leben klug genug, den als mannhaft erprobten Eidgenossen 1516 einen günstigen Frieden anzubieten. 1521 schloss er mit den schlagkräftigen Schweizern ein Soldbündnis. Beide Verträge begründeten zusammen, wenn auch später mannigfach verändert und zum Teil vorübergehend nur an einem dünnen Faden hängend, den langen, von 1516 bis 1798 nicht unterbrochenen französisch-schweizerischen Frieden und trugen auch nach 1815 durch die verklärte Erinnerung anderer Generationen dazu bei, die gallisch-helvetische gute Nachbarschaft und Freundschaft über weitere zwei Jahrhunderte zu sichern. Der französische Respekt vor dem Gegner, welcher sich tapfer geschlagen hatte, entsprach der Haltung der mitsiegenden Venezianer, die von dieser Zeit an, so lange ihr Staat bestand, der ebenfalls republikanischen Eidgenossenschaft mit auffallender interessierter Sympathie begegneten.

In der Lombardei kämpften die Schweizer am Ende an der Seite des legitimen Herzogs von Mailand, Massimiliano Sforza, dessen Eltern Ludovico il Moro und Beatrice d'Este das berühmteste Grabmal der Certosa di Pavia gilt. Marignano befestigte damit auch das gute Verhältnis zwischen der Eidgenossenschaft und Mailand. International machte Marignano – durch die Ausschaltung der Eidgenossenschaft als Grossmacht – den Weg frei für die französisch-habsburgische Konfrontation in der Lombardei, ein Gegensatz, der sich bis zur Schlacht von Solferino 1859 immer wieder militärisch entladen, ja in veränderter Form erst nach den Weltkriegen des 20. Jahrhunderts im Jahre 1945 definitiv historisch werden sollte.

Wie das mit allen grossen Schlachten geschieht, weiss jede Epoche Marignano für ihre eigenen Zwecke zu verwenden, als Illustration für den unaufhaltsamen Aufstieg der Technik in der Kriegführung, als Zeugnis für den Heroismus der Eidgenossen, als Ursprung der schweizerischen Neutralität, als Vorlage für Lieder, Skulpturen und Gemälde, als willkommener Anlass zu Erinnerungsfeiern und Festen, als wichtige Seite der eigenen lombardischen Regionalgeschichte, als Objekt für die Demontage von Mythen, bestehenden und zwecks Demontage *neu erfundenen Mythen*, als Beleg für die Nichtigkeit alles irdischen Tuns, als Bestätigung für die Bedeutung einer Familie, einer Diözese, eines Dorfes oder Weilers. In alledem steckt Wahres und Richtiges und Legitimes. Es wird zwar noch eine Weile dauern, aber der Tag wird kommen, an dem von einer breiten Mehrheit der *Pluralismus* aller historischen Erklärungen als *Reichtum* des die Völker verbindenden kulturellen Lebens und nicht als *Bedrohung* enger politischer Standpunkte begriffen wird. Wenn dieser aufgeklärte Zustand im Schatten der Kapellen von Zivido und Mezzano etwas früher eintreten wird als anderswo, dann ist dies schweizerischen und italienischen Pionieren zu verdanken wie Pierino Esposti, Eros Fattorini, Marino Viganò, Fulcieri Kistler, Roland Haudenschild, David Vogelsanger, Aurelio Giovannacci, Walter Schaufelberger und Claudio Eberwein sowie vielen anderen mehr, die in uneigennütziger, zupackender Arbeit aus der gemeinsamen Erinnerung an eine ein halbes Jahrtausend alte Waffentat einen Ausdruck des Ideals gemacht haben, das Gottfried Keller uns hinterlassen hat, der Freundschaft in der Freiheit.

1615 «Über die Pässe bestimmen»

Marignano hatte den aussenpolitischen Aktivismus etwas gedämpft, zum Glück jedoch nicht allzu sehr: Freiburg, das Wallis und, vor allem, Bern, vermochten der Schweiz in den 1530er und den darauf folgenden Jahren und Jahrzehnten geographisch das Gebiet zwischen Jura und Leman und damit die strategische Voraussetzung ihres Überlebens zu sichern. Freiburg hatte die Notwendigkeit der Solidarisierung mit dem isolierten Genf zuerst erkannt, hatte sich aber abgewandt, als Genf zur Calvinstadt wurde, was umgekehrt dem bernischen Eingreifen eine religiöse Weihe lieh und das Zürcher Engagement überhaupt erst ermöglichte. Letztlich hatten die Genfer beiderlei Geschlechts sich in der Stunde der Not, der Escalade von 1602, der Gefahr allerdings *ganz allein* zu erwehren.

Die Reformation spaltete die Eidgenossenschaft und liess die noch nicht so genannte Neutralität schon aus innenpolitischen Gründen geboten erscheinen, denn in einem konfessionellen Zeitalter kamen primär konfessionelle Bündnisse in Frage. Der wichtigste Partner für *beide* konfessionellen Lager war und blieb allerdings Frankreich, mit dem die Eidgenossenschaft von 1516 an im Frieden, in Erledigung von Marignano, lebte und von 1521 an meistens auch im Soldbündnis, dem sich trotz konfessioneller Bedenken nach fast einem Jahrhundert Abseitsstehen 1614 auch das zwinglianische Zürich wieder anschloss. Ja mit der durch den Erwerb savoyischer Gebiete durch Frankreich im Frieden von Lyon zu Beginn des 17. Jahrhunderts erreichten gemeinsamen Grenze bei Coppet bestand nun ein von dem Atlantik bis zur Adria durchgehender Riegel von nicht besonders habsburgfreundlichen Mächten, Frankreich, der Eidgenossenschaft und ihres Zugewandten, den Drei Bünden, sowie der Republik Venedig. Der habsburgische Versuch, diesen Riegel an der schwächsten Stelle zu durchbrechen, erklärt den Bau der Festung Fuentes im Jahr 1603, den Veltliner Mord und die Bündner Wirren als Ganzes.

Innerhalb der Eidgenossenschaft vermochten die nicht richtig *einigen* führenden evangelischen Orte Zürich und Bern ihre materielle Überlegenheit von 1531

(Zweiter Kappelerkrieg) bis 1712 (Zweiter Villmergerkrieg) nie voll zur Geltung zu bringen, während die katholischen *Fünf Orte* Luzern, Uri, Schwyz, Unterwalden und Zug den mit einer Variante der Gotthardroute identischen katholischen Korridor von Zurzach über Baden, Mellingen, Bremgarten und Muri nach Luzern und weiter bis an die Südgrenze zu dominieren vermochten, teils durch direkte Herrschaft, teils durch eine Kombination der Katholizität der Bewohner der in diesem Korridor liegenden Gemeinen Herrschaften (insbesondere Baden, Freie Ämter, Bellinzona, Locarno, Lugano, Mendrisio) und des numerischen Übergewichts der katholischen Orte unter den dort herrschenden Ständen.

Seit der Appenzeller Landteilung von 1597, geboren aus dem Streit um ein Bündnis mit dem *katholischen*, Mailand beherrschenden Spanien, bestand die Eidgenossenschaft dem Namen nach weiterhin aus 13, in Tat und Wahrheit aber aus 15 Kantonen. Acht davon (UR, SZ, OW, NW, GL, ZG, AI, AR) wiesen demokratische, vier (BE, LU, FR, SO) aristokratische und die übrigen drei (ZH, BS, SH) Zunftverfassungen auf. *Gesellschaftlich* herrschten jedoch in *sämtlichen* Ständen und damit in der Eidgenossenschaft insgesamt immer *aristokratischere* Zustände, was zu einer Reihe von Entladungen führte, die insgesamt vor 1798 mehr die Lebensauffassung der Eliten beeinflussten als die gesellschaftliche Ordnung.

Die konfessionellen Gegensätze wirkten sich auch auf die Stellung der Zugewandten aus, je nach deren Bekenntnis. So vermochte Mülhausen 1615 die Anerkennung als zugewandter Ort *auch der katholischen* Orte *nicht* zu erhalten. Hingegen raffte sich die Tagsatzung in Baden zu einer klaren Haltung gegenüber dem Ver-

Abb. 3 **Tagsatzungssaal Baden 1615**

such ausländischer Soldaten auf, sich der Schweizerpässe zu bedienen. In der biederen Sprache des zeitgenössischen Historikers Michael Stettler[8] tönt das dann so:

«*Von der schwären Kriegsläuffen wegen / welche sich hin und wider an den Grentzen der Eydgnoschafft erzeigt / da viel frömbden Kriegsvolcks und losen gesinds / den Pass durch dieselbige zu nemmen vermeint / ward von allen dreyzehen Orten der Eydgnoschafft zu Baden verabscheidet / weil ein solches durchpassiren / den gmeinen armen Unterthanen gantz schädlich und gefährlich were / So sollte ein jedes Ort ein fleissiges einsehen thun / auff dergleichen Kriegsleut und Landstreicher ernstlich achten / und selbige an den Pässen abweisen / damit solche schädliche unnütze Leut / der armen Bawrsame / die sich mit saurer harter arbeit erhalten müsste / ab dem halss genommen wurde.*»

Gefesselt durch die aristokratischen gesellschaftlichen Überzeugungen und Praktiken, durch den konfessionellen Gegensatz und durch den unüberwindlichen Gegensatz Zürich-Bern und deshalb, als Ganzes, nur begrenzt handlungsfähig, vermochte die Eidgenossenschaft doch, das Nötige zu tun, um ihre Unabhängigkeit inmitten immer schwierigerer Umstände zu bewahren. Das gelang ihr auch durch die Zeit des Dreissigjährigen Krieges (1618-1648), an dessen Ende sie, dank Basler Initiative (Bürgermeister Johann Rudolf Wettstein) die völkerrechtliche Anerkennung der PLENA LIBERTAS, ihrer vollen Freiheit, erlangte und damit die bis dahin noch vorhandenen, mehr mentalen als realen, Bindungen ans mittelalterliche Heilige Römische Reich kappte.

1715 «Trucklibund»[9]

Man nehme einen Fünfliber zur Hand und zähle die Sterne, welche den Rand zieren. Sie erinnern an die Alte Eidgenossenschaft der *Dreizehn Orte*, an ein Geflecht von freiheitlichen und obrigkeitlichen, von aristokratischen und demokratischen Fäden. Immerhin waren die Eidgenossen republikanisch genug, den Amerikanern der Revolutionszeit als Vorbild zu dienen. Patrick Henry erklärte am 7. Juni 1788 in der Virginia Convention:

«… *those brave republicans have acquired their reputation no less by their undaunted intrepidity than by the wisdom of their frugal and economical policy. Let us follow their example, and be equally happy.*»

Die *Dreizehn Orte* hatten *alle* Untertanen. Dazu kam der Schutz von feudalen geistlichen Staatswesen. Die grösste dieser *geistlichen* Monarchien war die Fürstabtei Sankt Gallen, deren Existenz nur schwer mit jenen *eidgenössischen* Werten vereinbar war, wie sie die Symbolfigur *Wilhelm Tell* bis ins Zeughaus von Bern und ans Zürcher Rathaus so deutlich illustrierte und noch immer illustriert.

Blockaden und ein *militärisches* Gleichgewicht führten zu einer Konservierung der eidgenössischen Ordnung, die von 1531 bis 1712 nie überwunden wurde. Die Katholiken siegten 1531 bei Kappel und 1656 bei Villmergen, waren aber für den Versuch einer *gewaltsamen* Rekatholisierung der *ganzen* Eidgenossenschaft zu klug, zu schwach oder wohl in Tat und Wahrheit beides. Das Toggenburg blieb konfessionell geteilt.

Strategisch hatten die katholischen Kantone den entscheidenden Einfluss über einen Gebietsstreifen zwischen Sins und Zurzach, dem Aargauer Teil des Katholischen Korridors. Dieser Korridor verschaffte den Fünf Orten Luzern, Uri, Schwyz, Unterwalden und Zug strategischen Anschluss ans Ausland und trennte gleichzeitig Zürich und Bern. Entsprechend klar war die zürcherische und bernische Strategie stets darauf gerichtet, den katholischen Korridor zu durchbrechen und einen reformierten Querriegel zu erkämpfen. Die entscheidenden beiden Schlachten von Villmergen von 1656 und 1712 wurden *in diesem* katholischen Korridor und *um diesen* katholischen Korridor geschlagen.

Das gegenseitige Misstrauen der beiden Konfessionen war so gross, dass beide gegen die jeweils andere gerichtete Bündnisverträge erwogen, von denen der Goldene Bund der Katholiken der wichtigste war. Diesem, seinem Patron nach auch *«der Borromäische»* genannten, besonderen Bund der Orte Luzern, Uri, Schwyz, Unterwalden, Zug, Freiburg und Solothurn von 1586 trat, nach der Appenzeller Landesteilung, auch Appenzell Innerrhoden und, nach der verfassungsmässigen Teilung des Kantons Glarus 1655, auch Katholisch

Glarus bei. Im gleichen Jahr emigrierten aus dem schwyzerischen Arth einige auch *Nikodemiten* bzw. von ihren katholischen Nachbarn *Hummel* genannte Reformierte nach Zürich. Andere, im Kanton Schwyz gebliebene, *Nikodemiten* wurden dort unterdrückt, in ganz wenigen Fällen gar hingerichtet. Das gab im Januar 1656 Anlass zum dritten von vier Konfessionskriegen der Alten Eidgenossenschaft, dem *Ersten Villmergerkrieg*. Zürich und Bern *kämpften* getrennt und *unterlagen* getrennt: Vor Rapperswil wurde der belagernde Zürcher General Johann Rudolf Werdmüller wie es Volksmund und Literatur überliefern «*zur Müllerin heimgeschickt*». Im Himmelrych, so der mit den Ereignissen seltsam kontrastierende Flurname des ersten Schlachtfeldes von Villmergen, verlor Werdmüllers Berner Kollege und Rivale Sigismund von Erlach gegen das Innerschweizer und Luzerner Heer Christoph von Pfyffers. So waren insgesamt gegen 2000 Menschen, vorwiegend Soldaten, aber auch einige Zivilisten, an Todesopfern zu beklagen, von den Verwundeten und den materiellen Schäden ganz zu schweigen, bevor es im März zum Frieden kam, der die Lage vor dem Kriege bestätigte.

Die Stimmung in der Eidgenossenschaft war denkbar schlecht, zu der im Bauernkrieg 1653 sichtbar gewordenen sozialen und geographischen Bruchlinie bäuerliches Land gegen mehr oder weniger aristokratische Städte, war keine drei Jahre danach erneut der alte konfessionelle Gegensatz getreten, der nach wie vor unüberwindbar schien, wenngleich er im Ausland nicht mehr dieselbe Rolle spielte wie noch in den Anfangsjahren des Dreissigjährigen Krieges. Die Erfahrung des Unglücks, welches dieser europäische Krieg über andere Völker gebracht hatte, hatte immerhin zu einem Zusammenrücken geführt, wovon die ersten eidgenössischen Wehrverfassungen von Wil und Baden 1647 und 1668 zeugen. Aussenpolitisch festigte sich die Neutralität, welche spätestens von 1638 an auch mit diesem Namen versehen wurde. Die Toggenburger aber konnten sich nicht wie seinerzeit im 15. Jahrhundert die Appenzeller von der Herrschaft des Abts emanzipieren, weil dessen eidgenössische Schirmorte dies verhinderten. Nun spielte aber ihr Herr mit dem Feuer. Der Vertrag, welchen 1702 der Abt von Sankt Gallen Leodegar Bürgisser mit Kaiser Leopold I. schloss (Leopold liefert dem Abt auf dessen Begehren bis zu 4000 Mann Hilfstruppen), war eine Provokation der Schirmorte Schwyz und Glarus, ja der Eidgenossenschaft generell. Die Toggenburger strebten nach Autonomie. 1707 hielten Schultheiss, Ammann und Gemeiner Landrat die politische Gewalt in Händen. Der Abt spielte die konfessionelle Karte aus, konnte den Schirmort Schwyz auf seine Seite ziehen. Auf diesem Weg war allerdings Krieg nicht zu vermeiden und so brach Krieg denn 1712 auch tatsächlich aus.

Zürich, Bern und die Toggenburger zogen vor Wil, das politische Zentrum der Abtei. Der Abt floh. Bern hatte durch eine amphibische Operation den katholischen Korridor am Unterlauf der Aare durchbrochen. Eine gemeinsame Zürcher und Berner Operation gegen Mellingen führte am 22. Mai 1712 dort zum Erfolg. Der diplomatische Versuch, die Berner dazu zu bringen, wenigstens die Neutralität Bremgartens zu anerkennen, scheiterte. Diese Anerkennung hätte ja die Erhaltung eines Rumpfkorridors bedeutet und diesen zu zerstören musste für Zürich wie Bern erstes Kriegsziel sein. So kam es zur Schlacht, der Staudenschlacht bei Fischbach-Göslikon, Bern gewann. Es mögen rund 500 Tote geblieben sein. Darauf folgten die Kapitulation von Bremgarten, ein evangelischer Kriegsbrückenschlag bei Dietikon über die Limmat, die Kapitulation von Baden in die Hände der Zürcher und Berner am 1. Juni und die Schleifung der dortigen Feste Stein.

Der erste Friede von Aarau durchbrach den katholischen Korridor zu Gunsten der Reformierten, räumte Baden, Mellingen und Bremgarten sowie die Unteren Freien Ämter Zürich und Bern ein. Dieser erste Aarauer Friede fand keine Unterstützung beim Volk in den Fünf Orten, die Mehrheiten wollten vielmehr im Juli 1712 den Kampf fortsetzen. So nahm der Krieg auf der ganzen Linie seinen Fortgang, in der Gegend der Hüttenschanze etwa und vorher schon durch den Angriff auf Sins. Die Fünfortischen, welche bei Gisikon die Reuss überschritten, um in den Rücken der Berner bei Sins zu kommen, warfen die bernische Besatzung am 20. Juli 1712 aus dem Dorf. An den Sieg des Nidwaldner Hauptmanns und späteren Landammanns Johann Jakob Achermann erinnert noch heute das Gemälde in der aus diesem Anlass gestifteten Loretokapelle von Ennerberg (Buochs NW).

Die geschwächten Berner räumten Muri und gingen über Villmergen hinaus zurück. Hier, auf der von einem Höhenzug beherrschten und durch die sehr viel Wasser führende Bünz begrenzten, Langelen genannten Ebene, fiel am 25. Juli 1712 die Entscheidung. Der linke Flügel der angreifenden Berner hatte zunächst Erfolg. Der durch Villmergen hindurch vorgehende linke Flügel der Katholiken warf jedoch den rechten Flügel der Evangelischen nach hinten; die evangelische Niederlage schien sich abzuzeichnen. Ein Flankenangriff mit frischen Kräften von Westen her ermöglichte es dem 74 Jahre alten Berner Kriegsratspräsidenten (und nachmaligen Schultheissen) Samuel Frisching die eigene Front zu entlasten, ja seinerseits mit dem Gros des Heeres zum Angriff auf die durch stundenlangen Kampf ermüdeten Katholiken überzugehen, welcher in einem kompletten Sieg mündete. Die Toten zählten sich bei den Bernern nach den Hunderten, 2000 Tote waren auf Seiten der Fünförtischen zu beklagen, zu denen die in der Bünz Ertrunkenen zu rechnen sind. Die Schlacht wurde zunächst präziser «Schlacht bey Dinticken auf der Langelen» genannt, aber der bereits von 1656 her bekannte Name «Villmergen» wurde auf die Schlacht von 1712 übertragen und dabei blieb es in der Folge.

Das Ergebnis der Schlacht und die Fortsetzung der Operationen gegen Zug, nach Rapperswil, ins Gaster und an den Walensee sowie gegen Engelberg waren keine Voraussetzungen für eine Fortsetzung des Krieges, sodass zu Aarau am 11. August 1712 der zweite Friede geschlossen wurde. Neu kamen Rapperswil und Hurden unter Zürcher und Berner Herrschaft. Bern erhielt Anteil an den gemeineidgenössischen Vogteien, an denen es bis dahin nicht beteiligt gewesen war. Die mit dem Lineal gezogene Linie zwischen dem Kirchturm von Oberlunkhofen und dem Galgen von Fahrwangen, welche hinfort die Oberen von den Unteren Freien Ämtern trennte, markiert den Tiefpunkt schweizerischer Kirchturmpolitik.

Der Krieg war mit Härte geführt worden. Eine den Museen Maur ZH gehörende zeitgenössische Schilderung schreibt beispielsweise über ein Scharmützel um die Reussfähre von Windisch:

«*Als die Katholischen (von Baden) nach Gebenstorf kamen, haben sie die Häuser der Reformierten geplündert... Darauf zo-*

gen sie nach dem Fahr, schnitten daselbst das Seil ab, schossen stark über die Reuss … und erlegten eine (Person) von Brugg, worauf die Berner (von) Königsfelden und Brugg auch Lärmen machten, die Garnison …herzueilte und auf den Feind kanonierte, 3 Offiziere und 3 Gemeine erlegte und den Feind wiederum auf Baden zurück trieb. … Darauf (haben) die Berner der Katholischen Häuser zu Gebenstorf zur Revanche auch geplündert.»[10]

Wunden solcher Kriege verheilen langsam.

In verschiedenen der unterlegenen Kantone kam es zu inneren Unruhen, vielleicht am heftigsten in Luzern, wo der Wirt Hans Jakob Petermann aus Root am 21. September 1712 geköpft wurde. Petermann hatte den politisch Unzufriedenen Zusammenkünfte in seinem Gasthaus erlaubt, er wurde hingerichtet, um Emanzipationsregungen der Landschaft gegen die städtische Aristokratie eine klare Grenze zu setzen.

Der von den Siegern diktierte Friede schloss eine baldige innere Versöhnung aus und zwang jedermann zur wachsamen Vorbereitung des nächsten Waffengangs, der glücklicherweise nie kam. An militärischen und diplomatischen Vorbereitungen fehlte es keineswegs. Der französische Ambassador Charles-François de Vintimille du Luc fischte im Trüben und schloss am 9. Mai 1715 mit den Fünförtischen und dem Wallis einen Beistandspakt mit dem Ziel, das Ergebnis des Krieges zu korrigieren. Der seiner geheimen Aufbewahrung in einer Blechdose wegen so geheissene Trucklibund blieb ohne grössere praktische Folgen, weil Frankreich nach eigenen langen Kriegen allzu erschöpft war und die Krone nach dem Tod Ludwigs XIV am

Abb. 4 **Trücklibund 1715, Blechdose**

1. September 1715 auf den fünfjährigen Ludwig XV überging, was aussenpolitischen Aktivismus zunächst dämpfen musste. Wäre er praktisch angewendet worden, die Eidgenossenschaft hätte kaum überlebt.

Der Abt von St. Gallen hatte durch seine Strenge gegenüber den nach Freiheit strebenden Toggenburgern den Krieg mit verursacht. Nun mochte er sich von seinem Exil jenseits des Bodensees aus auch nicht einmal mit einem Frieden abfinden. So starb Leodegar Bürgisser ohne seine Abtei wiedergesehen zu haben 1717 in Neu-Ravensburg. Sein Nachfolger Joseph von Rudolphi fügte sich ins Unvermeidliche, schloss 1718 Frieden mit den Siegern und erhielt die Herrschaft und einen Teil der Beute zurück. Ein anderer Teil der Beute – und darunter insbesondere der St. Galler Erd- und Himmelsglobus – bewegte die Gemüter in der Eidgenossenschaft, wenigstens in Zürich und in Sankt Gallen, ja noch bis in die jüngste Vergangenheit. Das Original steht heute im Landesmuseum, eine vom Kanton Zürich bezahlte getreue Kopie als Folge bundesrätlicher Vermittlung seit 2009 in Sankt Gallen.

Das Toggenburg kam auch nach dem Friedensschluss von 1712 nie mehr definitiv zur Ruhe. Es kam sogar zu weiteren, gelegentlich blutigen Auftritten, wenn auch nicht mehr in Form eines Krieges. Die Entlassung der Toggenburger in die Unabhängigkeit durch den letzten äbtischen Landvogt Karl Müller von Friedberg am 1. Januar 1798 beendete schliesslich die Herrschaft des Abtes im Tal, bildete aber nur noch eine Episode im Gesamtzusammenhang des Übergangs des Jahres 1798, einer Kombination von helvetischer Revolution und französischer Invasion.

In der Eidgenossenschaft leitete die militärische Entscheidung von 1712 die Vorherrschaft der reformierten Orte Zürich und Bern ein, eine Stellung, welche die beiden Kantone unter mehrfach völlig veränderten Verhältnissen ja bis heute in mancherlei Hinsicht haben behaupten können. Der Preis war eine anhaltende Missstimmung. Gegensteuer gegeben haben zunächst von gutem Willen beseelte Einzelne, von 1762 an dann die Helvetische Gesellschaft von Bad Schinznach und später von Olten aus. Nicht einmal die Revolutionszeit, die französische Invasion der Schweiz und die umgestaltende Hand Napoleons vermochten die alten Gegensätze vollständig zu erodieren. Noch im Sonderbundskrieg von 1847 kämpften, neben neuen Kantonen, alle Staatswesen, die 1712 gekämpft hatten, wieder mit. Wer 1712 auf der einen oder anderen Seite angetreten war, fand sich 1847 neben den selben Mitstreitern wieder. Nicht einmal der Sieg wechselte das Lager, wenn auch General Guillaume-Henri Dufours gebremste Gewalt, die zwischen Zentralisierung und Kantonssouveränität Mass haltende Verfassung von 1848 und die einsetzende Industrialisierung, verbunden mit dem verstärkten inneren Zusammenwachsen der Schweiz die Erinnerung an den alten Hass langsam verblassen liess. Seit 1891 sitzen nun Vertreter – und in der jüngeren Vergangenheit auch Vertreterinnen – beider grosser politischer Familien, welche doch einige ihrer Wurzeln noch im konfessionellen Zeitalter haben, immer gleichzeitig im Bundesrat.

Was bleibt, ist die Erinnerung an einen Konflikt, der die Eidgenossenschaft näher an die Auflösung führte, als manche Auseinandersetzung vorher und danach. Ein Villmerger Denkmalstein verkündet über die Erinnerung hinaus eine Lehre des

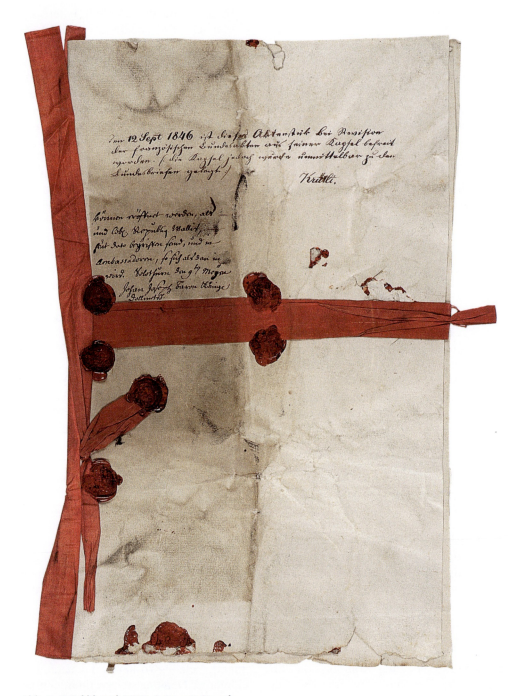

Abb. 5 Trücklibund 1715, Seite mit Siegeln

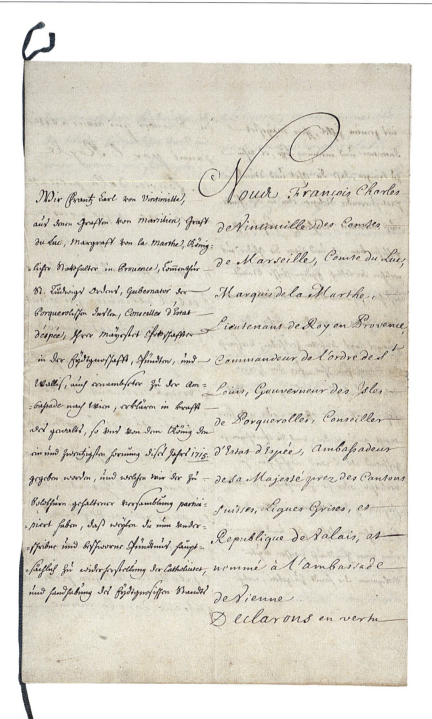

Abb. 6 **Trücklibund 1715, Textseite (Solothurn, 9.5.1715)**

> AUF DEN FLUREN DIESER GEMEINDE
> ANNO * 1656 * IM HIMMELRYCH
> ANNO * 1712 * IN DEN LANGELN
> SCHLUGEN SICH EIDGENÖSSISCHE
> BRÜDER UM IHRES GLAUBENS WILLEN
> LASST UNS HEUTE IHRER IN LIEBE
> GEDENKEN/UND LASST UNS NIE
> MÜDE WERDEN ZU VERSÖHNEN/
> WO IMMER ENTZWEIUNG DROHT
> DAS WALTE GOTT
>
> VILLMERGEN IM JAHRE *1959*

blutigsten unserer innereidgenössischen Kriege.

1815 «Neutraler Staatenbund»

Die Schweizer sind wohl ein erinnerungsoptimistisches Volk. Jedenfalls sind im Ständeratsaal unter anderen die Jahreszahlen 1803 (Schaffung der sechs Kantone St. Gallen, Graubünden, Aargau, Thurgau, Tessin und Waadt) und 1815 (Aufnahme von Wallis, Neuenburg, Genf, Bundesvertrag, Anerkennung der Neutralität durch die Mächte) zu lesen, während das Katastrophenjahr 1798 fehlt, die Eroberung der Schweiz durch französische Truppen also ausgeblendet wird, genau wie die immerhin erwähnenswerte Gründung des Satellitenstaates *«Helvetische Republik»* am 12. April 1798 in Aarau und die darauf folgenden Kriegshandlungen, von denen hier einzig die beiden Schlachten bei Zürich und die Alpenüberquerungen von Alexander Suworow und Napoléon Bonaparte genannt seien.

1812 wurde in Russland Schweizerblut für eine Sache vergossen, deren Triumph

Abb. 7 **Siegel des Bundesvertrages von 1815**

die Wiederherstellung souveräner Unabhängigkeit unmöglich gemacht hätte. 1813 bis 1815 hatte sich das Land einerseits dem Zwang zur Teilnahme an einem grossen europäischen Krieg auf der Seite der Alliierten zu stellen und rang andererseits mit den gegenläufigen Tendenzen im Innern, bis das mit dem ehemaligen Bistum Basel notdürftig abgefundene Bern sich in den Verlust des Aargaus und der Waadt ergab. Nidwalden musste nach dem Willen der Engelberger auf Engelberg verzichten, Uri auf die Leventina. Und doch bekräftigte der Bundesvertrag von 1815 auch territorial einerseits die Ordnung der Alten Eidgenossenschaft, andererseits die Mediation, deren sechs Kantone alle überlebten, nicht zuletzt weil es dem von einem Waadtländer erzogenen russischen Kaiser Alexander I so gefiel.

Die Katastrophe von 1798 hatte das Bundesgeflecht der Alten Eidgenossenschaft zerstört. Es konnte nicht angehen, bestehende Bünde als Referenz zu nehmen, denn damit hätte man den durchaus bestehenden Restaurationsabsichten nicht den erwünschten Riegel schieben können. Es führte kein Weg an der vollständigen Neukonstituierung der politischen Ordnung vorbei, der ersten und bisher einzigen seit 1315:

«Die XXII souverainen Kantone der Schweiz, als Zürich, Bern, Luzern, Uri, Schwyz, Unterwalden, Glarus, Zug, Freiburg, Solothurn, Basel, Schaffhausen, Appenzell beider Rhoden, St. Gallen, Graubünden, Aargau, Thurgau, Tessin, Waadt, Wallis, Neuenburg und Genf, vereinigen sich durch den gegenwärtigen Bund zur Behauptung ihrer Freiheit, Unabhängigkeit und Sicherheit gegen alle Angriffe fremder Mächte, und zur Handhabung der Ruhe und Ordnung im Innern. Sie gewährleisten sich gegenseitig ihre Verfassungen, so wie dieselben von den obersten Behörden jedes Kantons, in Übereinstimmung mit den Grundsätzen des Bundesvertrags, werden angenommen worden sein. Sie gewährleisten sich gegenseitig ihr Gebiet. …Die XXII Kantone konstituiren sich als schweizerische Eidsgenossenschaft; sie erklären, dass sie frei und ungezwungen in diesen Bund treten, denselben im Glück wie im Unglück als Brüder und Eidsgenossen getreulich halten, insonders aber, dass sie von nun an alle daraus entstehenden Pflichten und Verbindlichkeiten gegenseitig erfüllen wollen; und damit eine für das Wohl des gesammten Vaterlandes so wichtige Handlung, nach der Sitte der Väter, eine heilige Gewährschaft erhalte, so ist diese Bundesurkunde nicht allein durch die bevollmächtigten Gesandten eines jeden Standes unterzeichnet und mit dem neuen Bundesinsiegel versehen, sondern noch durch einen theuern Eid zu Gott dem Allmächtigen feierlich bekräftiget worden. … Also geschehen, unterschrieben und besiegelt durch die nachgenannten Herren Gesandten und Legationsräthe der eidsgenössischen Stände, in Zürich den 7. Augstmonat im Jahr nach Christi Geburt eintausend achthundert und fünfzehn. (7. August 1815.)»[11]

Die im selben Jahr 1815 durch die damaligen Mächte erfolgte formelle Anerkennung der schweizerischen Neutralität ist von so grundlegender Bedeutung, dass es sich lohnt, deren amtliche Würdigung durch den Bundesrat am 14. Oktober 1919 aus Anlass des Einschlusses der Schweiz in den Friedensvertrag von Versailles immer wieder zu lesen:

«Die Bundesversammlung hat sich über die Genehmigung des zwischen dem Bun-

desrat und der französischen Regierung getroffenen Abkommens, das in Art. 435 des Friedensvertrages vom 28. Juni 1919 zwischen den alliierten und assoziierten Regierungen und Deutschland niedergelegt ist, auszusprechen. Die Verhandlungen, die zur Annahme dieses Artikels geführt haben, wurden auf Ansuchen der französischen Regierung eingeleitet; sie betreffen folgende drei Punkte:
1. Die Anerkennung der immerwährenden Neutralität der Schweiz.
2. Den Verzicht der Schweiz auf die militärische Neutralisation Nord-Savoyens.
3. Den Verzicht der Signatärmächte von 1815 auf Mitwirkung bei der Regelung der Frage einer Neuordnung der wirtschaftlichen Zonen Hoch-Savoyens und des Pays de Gex.

Die beiden ersten der oben erwähnten Punkte berühren nicht nur die künftige Gestaltung der französisch-schweizerischen Beziehungen im besondern; sie sind zufolge der in den Verträgen von 1815 niedergelegten Erklärungen auch von allgemein europäischem Interesse.

I. Die immerwährende Neutralität der Schweiz.

Die immerwährende Neutralität, welche die Schweiz seit Jahrhunderten beobachtet, wurde vom Schweizervolk gegen Ende des Mittelalters aus freiem Antrieb erwählt. Sie hat sich seit den Stürmen des 30jährigen Krieges stets fortentwickelt und wurde zum Grundprinzip der eidgenössischen Politik, lange bevor sie durch die Pariser Erklärung vom 20. November 1815 die förmliche Anerkennung Europas erhielt. Nachdem die Schweiz den Vergleich vom 20. März 1815 angenommen hatte, trugen die Mächte kein Bedenken, ihre Neutralität feierlich zu anerkennen. Die bevollmächtigten Vertreter der Mächte in Wien und Paris im Jahre 1815 konnten der Schweiz das Recht auf ihre grundsätzliche und freigewählte Neutralität weder einräumen noch entziehen; sie konnten lediglich diesen Rechtszustand bekräftigen und versprechen, ihn unter allen Umständen achten zu wollen. Diese Bekräftigung brachten die Mächte der Eidgenossenschaft gegenüber zum Ausdruck, als sie ihr durch die Urkunde vom 20. November 1815 die formelle Anerkennung ihrer Neutralität zusicherten und die Unverletzlichkeit ihres Gebietes in dessen neuen Grenzen gewährleisteten. In der gleichen Urkunde haben die Signatarmächte rechtskräftig anerkannt, dass die Neutralität und Unverletzlichkeit der Schweiz, sowie ihre Unabhängigkeit von jedem fremden Einfluss dem wahren Interesse ganz Europas entsprechen. In derselben Erklärung haben die Mächte auch die Neutralität derjenigen Teile von Savoyen anerkannt und gewährleistet, die nach den Urkunden des Wiener Kongresses vom 29. März 1815 und dem Pariser Vertrag vom 20. November 1815 in gleichem Masse der Neutralität teilhaftig sein sollen als die Schweiz selber. Diese Erklärungen wurden unterzeichnet von den Vertretern von Österreich, Frankreich, Grossbritannien, Portugal, Preussen, Russland und nachträglich von Schweden (30. April 1817) und Spanien (6. Juli 1817). Dadurch, dass die Mächte die Neutralität der Schweiz als eine immerwährende anerkannten, die ‹das Interesse aller europäischen Staaten erheische›,[12] haben sie dieser Neutralität eine festere Grundlage verliehen, als sie bis anhin besass. Es entsprach dies ihrem Wunsche, eine Politik, die sich durch viele Jahrhunderte hindurch bewährt hatte, auch ihrerseits feierlich als Rechtsgrund-

satz anzuerkennen. Die Verfassung von 1848 hat der Neutralität einen besondern Platz eingeräumt, und alle Massnahmen zur Aufrechterhaltung der Unabhängigkeit und Neutralität der Schweiz in die Kompetenz der Bundesbehörden gelegt. Die schweizerische Neutralität ist von da an ein verfassungsmässiger Grundsatz des schweizerischen öffentlichen Rechts; er ist seit Inkrafttreten der 1848er Verfassung bei Anlass europäischer Konflikte konsequent zur Geltung gekommen. So hat der Bundesrat im Laufe der drei grossen Kriege,, die in der Nähe des schweizerischen Gebietes geführt wurden (der Krieg zwischen Österreich, Frankreich und Sardinien im Jahre 1859, der österreichisch-italienische Krieg des Jahres 1866 und der Krieg von 1870), den kriegführenden Staaten seinen festen Willen kundgegeben, die Neutralität, wie sie in der Erklärung vom 20. November 1815 niedergelegt ist, aufrechtzuerhalten. Alle diese Staaten haben in ihren Antworten die Unverletzlichkeit der schweizerischen Neutralität klar und bestimmt anerkannt.»[13]

Mit diesen beiden Errungenschaften, einer neuen, einheitlichen, *gemeinsamen* staatlichen Ordnung und der Anerkennung der *Neutralität* durch die Mächte konnte die Schweiz die inneren und äusseren Herausforderungen des 19. Jahrhunderts meistern, insbesondere den Weg beschreiten über das Offiziersfest von Langenthal 1822, das Schützenfest von Aarau 1824 über Freischarenzüge und Sonderbund hin zum Bundesstaat von 1848 und zur 1849 anstehenden Wahl des letzten Generals der vorangehenden Tagsatzungsperiode Guillaume-Henri Dufour zum ersten General des Bundesstaates 1849. Die Verfestigung der politischen Strukturen seit 1848 trotz lang anhaltender konfessioneller und sozialer Spannungen (Stichworte Kulturkampf und Streiks) bei wachsendem Wohlstand und wachsendem innerem Zusammenwachsen der Schweiz macht die eigentliche moderne Erfolgsgeschichte dieses Landes aus.

Dabei wurde die Neutralität streng gehandhabt – Hans Herzogs Internierung der 80 000 Mann der französischen *Armée de l'est* 1871 ist in Luzern im Bourbaki-Panorama noch nachzuempfinden. Die Infrastruktur (Gotthardbahn 1882, SBB 1902) wurde genauso entwickelt, wie die Rechtsordnung (Glaubens- und Gewissens- sowie Niederlassungsfreiheit im modernen Sinn mit der Verfassung 1874, Zivilgesetzbuch 1907) und das Finanzwesen (Nationalbankgründung 1907) sowie die Wehrhaftigkeit (Gotthardfestung ab 1885, Armeekorps 1891, Militärorganisation 1907).

1915 «Vom Krieg umbrandet»

Der Weltkrieg[14] war die grösste Herausforderung der Schweiz seit den allerdings turbulenten Tagen der Französischen Revolution und der napoleonischen *Epopée*.

Getreu der seit 1848 im Zeichen des Bundesstaates entwickelten Übung wurde durch die Vereinigte Bundesversammlung 1914 Ulrich Wille zum General und Oberbefehlshaber der Armee gewählt, während der Bundesrat umfassende Vollmachten erhielt. Der Bundesrat erliess an die Mächte getreu dem Geist und dem Wortlaut der Anerkennung der Neutralität von 1815 eine Neutralitätserklärung, welche von allen Nachbarn des Landes ausdrücklich anerkannt und 1915, als das bisher neutrale Italien ebenfalls zu den Waffen gegen Österreich-Ungarn griff, noch einmal wiederholt wurde. Von der

Abb. 8 **Album 3. Division 1915**

Adria bis zum Atlantik herrschte damit eine einzige Frontlinie, zwischen dem Münstertal und der Ajoie durch die neutrale Schweiz unterbrochen.

Wiewohl theoretisch günstiger als dann in den Jahren des Zweiten Weltkrieges belastete zunächst ein grosses Problem die Lage des Landes im Weltkrieg 1914–1918. Die Deutschschweiz tendierte zum wilhelminischen Deutschland oder zu Österreich-Ungarn, die französischsprachige Schweiz zur Französischen Republik und es bedurfte Carl Spittelers berühmter Ansprache vom 14. Dezember 1914, um die Eidgenossen zur Besinnung zu bringen:

«*Von dem Wert und von der Lebensberechtigung kleiner Nationen und Staaten haben wir Schweizer bekanntlich andere Begriffe. Für uns sind die Serben keine ‹Bande›, sondern ein Volk. Und zwar ein so lebensberechtigtes und achtungswürdiges Volk wie irgendein anderes. Die Serben haben eine ruhmvolle, heroische Vergangenheit. Ihre Volkspoesie ist an Schönheit jeder andern ebenbürtig, ihre Heldenpoesie sogar überbürtig. Denn so herrliche epische Gesänge wie die serbischen hat seit Homers Zeiten keine andere Nation hervorgebracht. Unsere Schweizer Ärzte und Krankenwärter, die aus dem Balkankriege zurückkehrten, haben uns von den Serben im Tone der Sympathie und des Lobes erzählt. Aus solchen Zeugnissen haben wir uns unsere Meinung zu bilden, nicht aus der in Leidenschaft befangenen Kriegspresse. ... Ehe wir andern Völkern zum Vorbild dienen könnten, müssten wir erst unsere eigenen Aufgaben mustergültig lösen. Mir scheint aber, das jüngste Einigkeitsexamen haben wir nicht gerade sehr glänzend bestanden. Meine Herren und Damen! Die richtige Haltung zu bewahren, ist nicht so mühsam, wie sich's anhört, wenn man's logisch auseinanderlegt. Ja! wenn man's im Kopf behalten müsste! Aber man braucht es gar nicht im Kopf zu behalten, man kann es aus dem Herzen schöpfen. Wenn ein Leichenzug vorüber geht, was tun Sie da? Sie nehmen den Hut ab. Als Zuschauer im Theater vor einem Trauerspiel, was fühlen Sie da? Erschütterung und Andacht. Und wie verhalten Sie sich dabei? Still, in ergriffenem, demütigem, ernstem Schweigen. Nicht wahr, das brauchen Sie nicht erst zu lernen? Nun wohl: eine Ausnahmegunst des Schicksals hat uns gestattet, bei dem fürchterlichen Trauerspiel, das sich gegenwärtig in Europa abwickelt, im Zuschauerraum zu sitzen. Auf der Szene herrscht die Trauer, hinter der Szene der Mord. Wohin Sie mit dem Herzen horchen, sei es nach links, sei es nach rechts, hören Sie den Jammer schluchzen, und die jammernden Schluchzer tönen in allen Nationen gleich, da gibt es keinen Unterschied der Sprache. Wohlan, füllen wir angesichts dieser Unsumme von internationalem Leid unsere Herzen mit schweigender Ergriffenheit und unsere Seelen mit Andacht, und vor allem nehmen wir den Hut ab. Dann stehen wir auf dem richtigen neutralen, dem Schweizer Standpunkt.*»[15]

Die klaren Sympathien für Deutschland bis in den Armeestab hinein verleiteten den Nachrichtenchef Friedrich Moritz von Wattenwyl und den Leiter der Geographischen Sektion Karl Egli dazu, in neutralitätswidriger Weise dem österreichisch-ungarischen Militärattaché das Nachrichtenbulletin des Armeestabs weiterzureichen, was zum so genannten Oberstenhandel, zur disziplinarischen Bestrafung der beiden Herren und – angesichts der Empörung über die Milde in der Romandie – zur weiteren Verschärfung der Gegensätze im Innern der Schweiz führte. Degoutiert, trat der (1915 gewählte) Bundespräsident von 1916 Camille Decoppet zurück, patriotisch liess er sich von seinen Kollegen überzeugen, zu bleiben. In der gleichen Tendenz wie Wattenwyl und Egli wirkte etwas später Bundesrat Arthur Hoffmann (der Bundespräsident von 1914), der 1917 zusammen mit Nationalrat Robert Grimm, dem späteren marxistischen Generalstreikführer und noch späteren sozialdemokratischen bernischen Baudirektor, einen russisch-deutschen Separatfrieden zu vermitteln suchte, welcher die Entente geschwächt hätte. Hoffmann musste gehen, die Stimmung blieb belastet und mündete am Ende des Weltkrieges unter dem direkten Einfluss der russischen Oktoberrevolution in den nur mit Mühe halbwegs friedlich beigelegten Generalstreik von 1918, dessen gesellschaftliche und politische Wunden sehr langsam verheilten und dessen Narben in der Schweiz heute noch gelegentlich sichtbar werden.

Auf keinem Gebiet hat sich die Schweiz leuchtender in die Annalen der Welt eingetragen als auf dem humanitären. Der Austausch schwer verwundeter Kriegsgefangener über neutrales Schweizer Gebiet ist nur ein Aspekt einer Kraftanstrengung, die den Kleinstaat über sich selber empor hob und der Stefan Zweig in seinem Buch «Die Welt von gestern» ein Denkmal gesetzt hat. Eine immer wohlhabender werdende, eine auch auf ihre Viersprachigkeit[16] stolzere Schweiz hat ihre Unabhängigkeit und ihre Neutralität 1914–1918, 1939–1945 (General Henri Guisan, erfolgreiche Réduitstrategie, Flüchtlingstragik) und im Kalten Krieg 1945–1991, nicht allein um ihrer selbst willen unter Opfern, vor allem an Zeit und Geld, aber auch an Menschenleben, kraftvoll behauptet, sondern ebenso für den Dienst an der Menschheit. Der Genfer Völkerbundsitz ab 1920 und der heutige europäische UNO-Sitz sind nicht zufällig in die Schweiz gekommen und hier geblieben, das humanitäre Engagement findet seinen Ausdruck auch im dem IKRK, einer Institution der Menschheit, aber mit starken Schweizer Wurzeln (Gründungspräsident Guillaume-Henri Dufour) dreimal verliehenen Friedensnobelpreis, 1917, 1944 und 1963.

2015 «LIBERTAT»

Die Welt der NEAT ist nicht die Welt des Saumpfades, die mittelalterlichen Fixsterne am Wertehimmel, das Heilige Römische Reich und die universale Kirche, sind in der modernen pluralistischen Gesellschaft immer fernere Erinnerungen. Und doch haben zwei Konstanten die Eidgenossenschaft durch sieben Jahrhunderte begleitet, das Bekenntnis zur gegenseitigen Hilfe und die Liebe zur Freiheit. Das letzte Wort gehört Pfarrer Martinus ex Martinis aus Ramosch, der in seinem 1684 publizierten «Gesang über die Freiheit unserer drei Bünde» nicht nur für das Unterengadin oder für Rätien dichtet, und nicht nur für die Schweiz, sondern für die Menschheit. Gold und Silber sind ein Schatz, die Ehren der Welt haben Weltgeltung. Aber all das übertrifft in Wahrheit und bei Weitem die FREIHEIT:[17]

«*Aur ed argent ais ün thesaur,
Honuors dal mound ilg mound stim'aut.
Mo tot à quai sgür in vardat
Trapassa loensch la LIBERTAT.*»

Anmerkungen

1 «Swiciensum gentem liberam» Fedor Schneider, Iohannis Abbatis Victoriensis Liber Certarum Historiarum, MGH 36,2, Hannover und Leipzig: Hahnsche Buchhanldung, 1910, Reprint, ISBN 3-7752-5082-4, Seite 70.

2 Gemeint sind die Schwyzer.

3 «Qui libertatem tueri volentes, fedus cum aliis circumsedentibus commontanis habentes, duci introitum concesserunt statimque conclusis inter artitudines moncium resisterunt et quasi ybices de montibus scadentes lapides miserunt, plurimos occiderunt, qui se defendere neque evadere nullo modo potuerunt. Ceciderunt ibi quatuor de Tokkenburch viri nobiles et potentes cum pluribus, ita ut diceretur ibidem flos milicie corruisse. Dux ipse informacione cuiusdam, qui observabat semitas exitus, vix evasit et inposterum semper de morte nobilium seviebat.» Fedor Schneider, Iohannis Abbatis Victoriensis Liber Certarum Historiarum, MGH 36,2, Hannover und Leipzig: Hahnsche Buchhandlung, 1910, Reprint, ISBN 3-7752-5082-4, Seite 109.

4 Anton Castell, Die Bundesbriefe zu Schwyz, Einsiedeln: Benziger, 1976 (31. Tausend), Seiten 46, 47.

5 «Et primo (declarat), quod ipsa in spiritu sancto legitime congregata concilium generale faciens, et ecclesiam catholicam militantem repraesentans, potestatem a Christo immediate habet, cui quilibet cuiuscumque status vel dignitatis, etiam si papalis existat, obedire tenetur in his quae pertinent ad fidem et extirpationem dicti schismatis, ac reformationem dictae ecclesiae in capite et in membris.» http://de.wikipedia.org/wiki/Haec_sancta, 17. Juni 2013.

6 Gottlieb Ludwig Studer (Herausgeber), Die Berner-Chronik des Conrad Justinger, Bern: K. J. Wyss, 1871, Seiten 224–228.

7 Francesco Guiccardini, Geschichte Italiens, Buch 12, Kapitel 15.

8 Michael Stettler, ANNALES oder grundtliche Beschreibung der denkwürdigsten geschichten und thaten etc., Der ander Theil, Bern: Jacob Stuber, 1626, Seite 472.

9 Für diesen Abschnitt vgl. 1712, zweite Auflage, Lenzburg: Merker im Effingerhof, 2012, ISBN 978-3-85648-141-4, darin insbesondere auch das Geleitwort.

10 1712, zweite Auflage, Lenzburg: Merker im Effingerhof, 2012, ISBN 978-3-85648-141-4, Seite 247.

11 http://de.wikisource.org/wiki/Bundesvertrag_von_1815, 19. Juni 2013.

12 Erklärung des Wiener Kongresses über die Angelegenheiten der Schweiz vom 20. März 1815. (Originalfussnote der Publikation im Bundesblatt von 1919, dort mit einem Stern und nicht mit einer Nummer angemerkt.)

13 http://www.amtsdruckschriften.bar.admin.ch/vieOrigDoc.do?id=10027290, 19. September 2013.

14 Vor 1939 gab es nur einen und die Menschheit bediente sich dieses Wortes ohne Zusatz in der Einzahl.

15 http://www.zeit-fragen.ch/index.php?id=155, 17. Juni 2013.

16 20. Februar 1938, siehe zum Beispiel: http://www.20min.ch/wissen/history/story/Als-Raetoromanisch-Landessprache-wurde-23652839, 19. Juni 2013.

17 Reto R. Bezzola, Litteratura dals Rumauntschs e Ladins, Cuira: Lia Rumauntscha, 1979, 234, 235.

Bildnachweis

1 *Schlacht am Morgarten 1315. Darstellung der Schlacht am Rathaus von Schwyz;*
Wandgemälde von Prof. Fred. Wagner
Quelle: de.wikipedia.org

2 *Eroberung von Aarau durch die Berner 20. April 1415*
Quelle: Tschachtlan Berner Chronik 1470, Genf und Zürich 1933, Tafel 138

3 *Tagsatzungssaal Baden 1615*
Quelle: www.habsburg.net

4 *Trücklibund 1715, Blechdose*
Quelle: Staatsarchiv Luzern, URK 3/15

5 *Trücklibund 1715, Seite mit Siegeln*
Quelle: Staatsarchiv Luzern, URK 3/15

6 *Trücklibund 1715, Textseite (Solothurn, 9.5.1715)*
Quelle: Staatsarchiv Luzern, URK 3/15

7 *Siegel des Bundesvertrages von 1815*
Quelle: Schweizerisches Bundesarchiv, Bern

8 *Album 3. Division 1915, Umschlag Vorderseite*
Quelle: Kunstanstalt Atar, Genf

Das eidgenössische Bündnisgeflecht bis zu den Italienfeldzügen

Heinrich Speich

Als harmonisch runde Scheibe, umgeben von einem blauen Sternenband, auf ihr mythisches Zentrum, den Berg Rigi zustrebend; so stellte Albrecht von Bonstetten die Schweiz und ihre Mitglieder in seiner 1479 verfassten Beschreibung der Eidgenossenschaft dar.[1] Der Dekan des Klosters Einsiedeln konzipierte seine Darstellung als Werbeprospekt für europäische Fürsten, die dieses komische Gebilde zu verstehen suchten, das erst vor wenigen Jahren einen von ihnen – den Burgundischen Herzog Karl den Kühnen – zur Strecke gebracht hatte. Den Helvetiern stand kein Königshaus vor, noch handelte es sich dabei um einen dieser lästigen Städtebünde, welche die Fürstenherrschaft zu untergraben trachteten. Der künftige Söldnerlieferant stand ziemlich geschichtslos da. Erst Bonstetten verlieh ihm ein Gesicht. Ganz Humanist, schilderte er dem Herzog von Mailand und dem Französischen König die geographische Lage und die Eigenheiten der achtörtigen Eidgenossenschaft. In Ermangelung trojanischer Vorfahren schuf er zumindest die Berggöttin *Rigona*, an welche die edlen Bauern seit jeher ihre Gesänge zu richten pflegten. Kein Wunder also, dass gerade in dieser Gegend die älteste Verbindung zwischen Schwyz, Uri und Unterwalden zustande gekommen war. Zu diesen gesellten sich nach und nach die Orte Luzern, Zürich, Bern, Zug und Glarus, später ihre Verbündeten (conjuges). Dabei war es Bonstetten weniger wichtig, den Charakter des Bündnissystems und die Art der Bündnisse zu beschreiben, als die militärische Stärke seiner Mitglieder hervorzuheben. Der Herzog von Mailand und der Französische König waren entzückt. Das kommunikative Zentralorgan der Eidgenossenschaft, die Tagsatzung, reagierte hingegen säuerlich, hatte der Humanist in ihren Augen doch gerade das gut gehütete Geheimnis der eidgenössischen Wehrfähigkeit ausgeplaudert. Gerade diese Reaktion zeigt die Diskrepanz zwischen humanistischer Überhöhung und tatsächlicher Selbstwahrnehmung als Bund. Begriffe wie Einheit oder Einigkeit lagen noch in weiter Ferne. Doch wie stand es am Vorabend der Italienzüge wirklich um die Zusammensetzung der Eidgenossenschaft? Wie ist die Schlacht von Marignano einzuordnen und hat sie die Strukturen der Eidgenossenschaft beeinflusst?

Die Darstellung in humanistischer Manier hatte den Männern der eidgenössischen Tagsatzung nicht gefallen. Dabei konnten sie eigentlich damit zufrieden sein. Eine genauere Betrachtung hätte nämlich gezeigt, dass sich die verschiedenen Bündnisse innerhalb der Eidgenossenschaft, und diejenigen mit benachbarten Mächten beim besten Willen nicht als gefestigten Konföderation mit starken Aussenbeziehungen beschreiben liessen. Vielmehr zeigte sich die Eidgenossenschaft als zerstrittene Klientelgesellschaft

Abb. 1 **Altes Rathaus Sursee 1472**

mit ausgeprägten partikularen Interessen ohne gemeinsame politischen Strukturen.

Die Idee der Eidgenossenschaft als Gemeinschaft souveräner Orte war ein Ideal. Die Tagespolitik sah zwischen 1450 und 1530 anders aus. Die Eidgenossen verstanden sich zwar selber als Bund, zusammengehalten durch die Bundesbriefe, welche die gegenseitigen Rechte und Pflichten festlegen sollten. Aber diese waren derart unterschiedlicher Natur, dass die Unklarheiten im 15. Jahrhundert laufend zu Spannungen und Kriegen zwischen den Eidgenossen geführt hatten.[2] Aber was bewirkten die unterschiedlichen Bündnisse aus der Epoche um 1290 und diejenigen von 1500 inhaltlich und sprachlich in der Tagespolitik zur Zeit der Italienfeldzüge? Fragen, welche die Eidgenossenschaft in ihrem Kern trafen.

Eine einheitliche Terminologie oder Bündnissprache der Verträge war nicht beabsichtigt. So bildeten sich um die Auslegung der einzelnen Begriffe Spannungsfelder. Die Orte nutzten den Spielraum von Begrifflichkeit und Inhalten je nach Interessen und Machtposition. Die einzelnen Bündnisse hatten flexible «Wertigkeiten» und wurden opportunistisch konsultiert oder eben übergangen. Dies musste zu einer dynamischen Hierarchisierung und Neubewertung in Konflikten führen. Die Schweizer Geschichtsschreibung ging auf die rhetorische Nivellierung dieser Bündnistektonik ein: Der acht- beziehungsweise 13-örtige Kern der Eidgenossenschaft etablierte sich im späten 15. bzw. im 16. Jahrhundert als Kern-Gemeinschaft. Die Mitglieder acht- bzw. 13-örtigen Eidgenossenschaft monopolisierten dabei die Mitsprache in Bundesfragen um sich in der Bündnishierarchie die vorderen Plätze zu sichern. Schwächere Partner wie Gersau, Neuchâtel, die Landschaft Saanen oder der Abt von St. Gallen wurden bewusst marginalisiert und in Abhängigkeit

der vollberechtigten Orte gehalten. Die bis zu 120 Bündnispartner, die am «alten grossen pund obertütscher landen» beteiligt waren, verschwanden zusehends aus Mitbestimmung und Verträgen.

Zur Grundlage der Monopolisierung der Mitsprache wurden die Bundesbriefe, welche nach dem Alten Zürichkrieg ab ca. 1450 als ausschliessliches Kriterium der Zugehörigkeit zur Eidgenossenschaft interpretiert wurden. Wer mit dabei war, dessen Bundesbrief wurde in den «Kanon» aufgenommen. Nach wiederholten Bitten der Appenzeller erlangten diese beispielsweise 1452 einen neuen Vertrag, der das Burg- und Landrecht von 1412 ersetzen sollte. Dabei wollten sie nun nicht mehr Burger und Landleute der Orte Zürich, Luzern, Uri, Schwyz, Unterwalden, Zug und Glarus sein, sondern ausdrücklich «ewige Eidgenossen». Ihr Vertrag wurde 1513 aufgewertet und gelangte in dieser Form in den Kanon. Der Bundesbrief der Glarner von 1352 war ein Protektionsdiktat. Der Vertrag wurde 1474 nachgebessert und auf 1352 zurückdatiert, um den Glarner Anspruch auf Beteiligung unter den acht alten Orten zu untermauern. Die Begriffe hatten demnach zu diesem Zeitpunkt eine eigene Qualität und Hierarchie. Daneben gab es weitere Bezeichnungen für die Bundesglieder: Stadt, Land, Stand, Ort, später Kanton. Um den Begriff des Ortes kam es 1501 zum Streit, als Basel verlangte, der Eidgenossenschaft als «Ort» beizutreten. Es gelang ihm, mit dieser Bezeichnung auch eine im Vergleich zu Freiburg und Solothurn privilegierte Stellung im Bundesvertrag festzulegen und verdrängte damit zeitweilig die 1481 aufgenommenen Städte vom neunten und zehnten Platz der eidgenössischen Hierarchie. Dagegen wehrte sich Uri, welches traditionell nach den Städten Zürich, Luzern und Bern genannt wurde und an ehrenvoller vierter Stelle siegeln durfte. Die Spannungen wurden aber nicht nur an begrifflichen und zeremoniellen Fragen offenkundig. Wichtiger war die Frage, wer überhaupt zur «Eidgenossenschaft» gehörte und wer nicht. Neben den «Orten» gab es nämlich noch eine Kategorie. Der Begriff der «Zugewandten Orte» wird im Alten Zürichkrieg 1440 fassbar. Im Anlassbrief zwischen Österreich und den Eidgenossen 1446 wurde die Bereitschaft zur Aufnahme von Friedensverhandlungen signalisiert und die «eydgenossen und ir buntgenossen und die zu ine gewant sin» als eine Partei definiert. Eingeschlossen waren nicht nur die eidgenössischen Orte, sondern alle Städte, Länder, Klöster und Adligen, welche in den Jahren zuvor den Österreichern den Frieden abgesagt hatten.[3] Später umfasste die Bezeichnung alle Vertragspartner der Eidgenossen oder einzelner Orten, die in einem rechtlichen Abhängigkeitsverhältnis zu diesen standen oder in einzelnen Fragen Mitsprache an den Tagsatzungen erhalten hatten. Insbesondere bei der Verteilung von Beute und Pensionen waren blieben die Zugewandten benachteiligt.

Wie im Grossen, so im Kleinen: Die einzelnen Städte und Länder bildeten keine Einheiten, sondern Konglomerate von Herrschaftsrechten und -ansprüchen, die im späten Mittelalter oft in Vertragsform festgehalten wurden. So setzte sich beispielsweise die Stadt Bern im 15. Jahrhundert nicht einfach aus einer bestimmenden städtischen Bürgerschaft und abhängigen Landbewohnern zusammen, sondern aus Personen, Institutionen, ihren kurz- und langfristigen Loyalitäten, wirtschaftlichen Interessen und Abhängigkeiten. Im Laufe des späten Mittelalters konzentrierte sich die Kontrolle über die ländlichen Ressourcen auf Eliten mit Stadtbezug. Die Politik wurde von den städtischen Führungsschichten vereinnahmt und dadurch als städtisch wahrgenommen. Doch waren *unser gnädigen Herren* nicht so omnipotent, wie sie sich gerne darstellen liessen.

Do ut des, (ich gebe, damit Du gibst), spielte als Prinzip gegenseitigen Profits auch hier. Die wirtschaftlichen und politischen Spielräume mussten stets neu abgesteckt werden. Ansprüche, Spielräume und ihre Durchsetzung im Alltag waren viel dynamischer, als es die statischen Vertragstexte vorgaukeln. Gerade Bern, stellvertretend für alle Orte der Eidgenossenschaft, wurde in der Schweizer Geschichtsschreibung als Einheit dargestellt, die es so nie gab. Die Stadt und ihre Führungsschicht bilden eine Einheit der Interessen. Diese wurde häufig mit einem Vertrag hergestellt. Klöster und Adlige kooperierten seit dem 13. Jahrhundert mit den Städten und bündelten ihre Interessen. Mit Burgrechtsverträgen bürgerten sich vor allem Adlige und Klöster in Städten ein und konnten dabei Sonderkonditionen vereinbaren, vergleichbar der heutigen Niederlassung einer Firma oder eines Konzerns. Und ebenso hart wie heute der Wettbewerb um gute Steuerzahler war damals der Wettbewerb um die Rechte der Besteuerung, des Zugriffs auf das militärische Potential und um die Gerichtsbarkeit. Über diese drei Rechte wurde nämlich Herrschaft definiert.

Um den neuen adligen und geistlichen Mitbürgern die Integration auf ihrer gesellschaftlichen Stufe zu erleichtern, wurden sie in die Führungsschicht eingebunden und konnten ihre angestammte Herrschaft über die Landschaft und die Bewohner aus der Stadt und mit den städtischen Mitteln durchsetzen. Adlige, welche in die Stadt zogen, hatten dadurch enorme wirtschaftliche Vorteile und erhielten Zugang zur städtischen Herrschaft – zum Preis ihrer politischen Unabhängigkeit.

Eine vergleichbare Politik betrieben ausgewählte Länderorte der Eidgenossenschaft: Schwyz, Uri, Obwalden, Glarus und Appenzell bedienten sich des Mittels der Landrechte, um Loyalitäten zu schaffen. Sie kopierten dabei das städtische Mittel des Burgrechtes und nahmen Adlige und ganze Landgemeinden in ihr Landrecht auf. Überhaupt gebärdeten sich die Länderorte zunehmend wie Städte: sie hielten Markt und Gericht ab, erhoben Steuern und unterhielten eigenständige Aussenbeziehungen. An der Schwelle zur Neuzeit erfüllten sie damit die Kriterien politischer Souveränität. Die massgeblichen Kräfte des späten Mittelalters, Adel, kirchliche Institutionen, städtische Bürgerschaft und ländliche Kommunen wurden im Raum der Eidgenossenschaft auf letztere zwei konzentriert, der Adel vordergründig aus Herrschaft und Eigentum verdrängt. Ein Blick auf die Machthaber von Städte- und Länderorte zeigt allerdings, dass diese Personengruppen nun einfach über neue Kanäle Einfluss nahmen und Politik betrieben. Als Beispiele dafür seien die Berner Familie von Bubenberg oder von Diesbach, die Zürcher von Bonstetten, die Schwyzer Reding oder die Urner Familie Schmid genannt. Die Politik jedes eidgenössischen Ortes war durch den Konsens der Eliten bestimmt. Die Führungsschichten und ihre Interessen kontrollierten Wirtschaft und politische Ausrichtung. Dabei mussten sie weitgehend Rücksicht auf die Interessen ihrer Anhängerschaft nehmen; offensichtlichen Missbrauch ihrer Stellungen konnten sich auch Mitglieder führender Familien nicht leisten. Bürgermeister Hans Waldmann aus Zürich wurde beispielsweise 1489 geköpft, nachdem er die Interessen der ländlichen Eliten zu stark verletzt und zu egoistisch Pensionen kassiert hatte.

In den meisten Verträgen zwischen Herrschaftsträgern wurden Rechtsfragen behandelt und Schiedsgerichte zur Lösung bilateraler Probleme vorgeschrieben. Im Gegensatz zu weiten Teilen des Reichs gab es in der Eidgenossenschaft keinen Fürsten, der einfach für den ganzen Raum den Landfrieden diktieren konnte. Städte und Länder schlossen sich daher zeitweise auswärtigen Bemühungen zur friedlichen Konfliktlösung an, zum Beispiel der süddeutschen Städte oder der Habsburger. Andererseits erfüllten die vielen bilateralen Verträge zunehmend diese Aufgabe. Es wurden Schiedsgerichte für alle Rechtsfragen zwischen den Städten und Ländern, aber auch im Umgang mit Adligen und Geistlichen vorgesehen. Die Verträge fassten das Vorgehen immer enger. Das dichte Netz gegenseitiger Schiedsgerichtslösungen machte eine übergeordnete Gerichtsbarkeit im Bereich der Eidgenossenschaft bald überflüssig. Diese Schiedsgerichte wurden meist mit Angehörigen der Führungsschichten der Bündnispartner paritätisch besetzt; deren Interessen damit gewahrt.

Was im Kleinen für die einzelnen Orte der Eidgenossenschaft galt, nämlich die ständigen aufreibenden Bemühungen um Konsens, setzte sich auf der Bühne der Eidgenossenschaft in noch zugespitzter Form fort. Das stetige Ringen um den Kompromiss bildete sozusagen den Kitt der Eidgenossenschaft.

Die Eidgenossenschaft wurde nicht gegründet, sie bildete sich während etwa zwei Jahrhunderten, zwischen 1350 und 1550 aus und stellte quasi den grösstmöglichen Kompromiss dar. Dabei gab es Meilensteine der Entwicklung: der Zürcher Bund 1351, mit welchem sich die Limmatstadt und die Innerschweizer Orte Schwyz, Uri, Obwalden und die Stadt Luzern mit einem juristisch ausgeklügelten Vertrag verbanden. Der Sem-

Abb. 2 **Burgrecht der fünf Städte**

pacherbrief 1393, in welchem sich die Eidgenossen auf Ansätze einer gemeinsamen Kriegsordnung verständigten. Das Stanser Verkommnis von 1481, als die Eidgenossenschaft bereits so gefestigt war, dass erstmals von einem «Beitritt» der neuen Mitglieder Freiburg und Solothurn gesprochen werden konnte. Neben diesen formal wichtigen Bünden wurden stets Bündnisse mit weiteren Partnern geschlossen. Das Bündnisgeflecht wurde stetig verdichtet und die führenden Mitglieder verlangten Mitsprache bei den Verträgen ihrer eigenen Bündnispartner. So wurde 1477 das Burgrecht der fünf Städte Zürich, Bern, Luzern, Freiburg und Solothurn von den Innerschweizer Länderorten bekämpft. Uri, Schwyz und Obwalden argumentierten, dass Bündnisse Luzerns nach dem Bundesbrief von 1332 von ihnen genehmigt werden müssten. Luzern beharrte auf dem Burgrecht und liess verlauten, man habe noch nie gefragt, bevor man jemanden als Bürger aufgenommen habe. Damit wird deutlich, dass es verschiedene Kategorien von Bündnissen gab, deren Unterscheidung und inhaltliche Bedeutung auch den Zeitgenossen nicht immer möglich war. Bei jedem neuen Vertrag wurde sorgfältig darauf geachtet, ob die schriftlich verewigte Bezeichnung des Verhältnisses wirklich tragbar war. Unter Umständen wurde ganz bewusst etwa die Bezeichnung als «pund» vermieden. Die Folge ist eine Vielzahl zeitgenössischer Bezeichnungen, die häufigsten sind foedus, pactus, alliance, Bund, Bündnis, Burgrecht, Landrecht, Vereinung, oder Früntschaft.

Die so bezeichneten Bündnisse wurden mit verschiedenen Attributen wie gut, alt, ewig, etc. qualitativ nachgebessert und damit priorisiert. Bern und Freiburg sahen 1454 ihre Beziehungen so eng, «als ob wir in einer ringgmur gesessen weren». Die Bündnisrhetorik aus den Verträgen generierte in der Bevölkerung ein Gefühl der Zusammengehörigkeit, welche sich direkt über die wirtschaftlichen Beziehungen auswirkte.

Die Spannungen um das Burgrecht der fünf Städte konnten 1481 in letzter Minute gelöst werden, das Grundproblem blieb bestehen. Die Eidgenossenschaft verfügte bis 1798 nicht über gemeinsame entscheidungsbefugte Organe, die ohne Rücksprache mit den Orten rasch Entscheide fällen konnten. Dabei könnte man das Murren als Grundstimmung der Tagsatzungsgesandten beschreiben: eine ständige Unzufriedenheit mit dem Sich-nicht-entscheiden-dürfen, weil der Abschied «heimgebracht», also von der ganzen Regierung eines Ortes abgesegnet werden musste. Neid und Missgunst auf die Kollegen im Saal, die vielleicht gerade eine bessere Pension vom Kaiser oder vom französischen König zugesprochen erhielten; vielleicht geht es heutigen Parlamentariern nicht besser im Rennen um lukrative Verwaltungsratsmandate. Und dazu die ständige Angst, von den eigenen Bündnispartnern und den auswärtigen Mächten übervorteilt zu werden. Das galt für alle Orte und Zugewandten der Eidgenossenschaft und diese Unzufriedenheit als Antrieb wurde schon früh wahrgenommen.[4] Es ging dabei mehr als nur um den Gegensatz zwischen Städten und Ländern. Städte- und Länderorte der Eidgenossenschaft standen sich misstrauisch gegenüber. Diese Blöcke wurden in der Schweizer Geschichtsschreibung oft bemüht, um strukturelle Unterschiede der Orte zu begründen. Tatsächlich bündelten die jeweiligen Blöcke die einzelörtischen Interessen und bildeten damit scheinbar klare Fronten ab. Dass dies im Einzelfall nicht immer funktionierte, zeigen wieder die Bündnisse der Innerschweizer Orte während des 15. Jahrhunderts. Je nach Interessenlage suchten sich Uri und Obwalden Partner für die Südexpansion. Die Burg- und Landrechte mit Walliser Partnern von 1403, 1416 und 1417 wurden gemeinsam mit Luzern abgeschlossen und zielten auf Eroberungen in Eschental und Pomat (Val d'Ossola und Val Formazzo). Die Interessen wurden gebündelt und in ortsübergreifenden Bündnissen fixiert, den Wallisern teilweise Anteil an Beute und Verwaltung der Eroberungen zugesichert. Diese Bündnisse brachten Luzern als führender Ort der Innerschweizer an den Rand eines Krieges mit Bern. In mehreren Schiedsverfahren konnte ein direkter, bewaffneter Konflikt (Raronhandel 1414–1419) abgewendet werden und kurz darauf schlossen Bern und Luzern 1423 ein erstes direktes Bündnis, welches die indirekten Verbindlichkeiten älterer Bündnisse ersetzte. Auch dies bildete eine beinahe gesetzmässige Nebenwirkung eidgenössischer Bündnispolitik: Die bestehenden Bünde wurden so weit als möglich ausgereizt und interpretiert. Konnte eine Vertragsbeziehung den Konflikt nicht verhindern, so mussten die Waffen sprechen – oder es wurde zumindest glaubhaft damit gedroht. Bald nach der Bewältigung akuter Situationen setzen sich die Streitparteien zusammen und es wurde ein bilaterales Bündnis ausgearbeitet, damit künftige Fälle auf dem Rechtsweg gelöst werden konnten. Die nach aussen wahrgenommene Einheitlichkeit und Stabilität der Eidgenossenschaft basierte

Abb. 3 **Patengeschenk der Eidgenossenschaft an die Tochter des französischen Königs. Silbermedaille von Jakob Stampfer, 1547/48.**

also weniger auf tatsächlicher Einheit zwischen den Orten, sondern im beinahe standardisierten Verfahren der Konsensfindung mittels kontrollierter Gewalt- und Bündnispolitik.

Die Eidgenossenschaft nahm sich zwar selber durchaus so wahr, wie der Bericht Albrechts von Bonstetten nahelegt: als Zusammenschluss souveräner Orte. Nach 1500 wurde dieses Bild noch stringenter und für lange Jahrhunderte verbindlich zusammengefügt. Aber diese humanistische Sicht führte zwei eigentlich unvereinbare Stränge zusammen: die funktionale Analyse des politischen Systems der frühen Eidgenossenschaft einerseits und die populäre Wahrnehmung eines idealen Bundesgebildes andererseits. Gegenüber nicht am Bündnissystem Beteiligten versuchten die Obrigkeiten der eidgenössischen Orte natürlich stets, dessen Einheit und militärisches Potential zu betonen. Die Bevölkerung dachte durchaus in eidgenössischen Kategorien und hatte entsprechende Vorstellungen dessen, was eidgenössisch sei und was nicht.[5] Die Kopien der Texte Bonstettens zeigen, dass dafür das Publikum im In- und Ausland vorhanden war. Sowohl für eine humanistische Argumentation, als auch zur Selbsterklärung musste die Komplexität des Systems Eidgenossenschaft auf die jeweilige Verständnisebene und das eigene Weltbild reduziert werden.

Bündnisse dienten dazu, Stabilität und Recht gegenseitig zu garantieren – so die Theorie. Sie dienten aber auch dazu, Ansprüche zu stellen, Alternativen abzusichern und Machtpositionen auszuspielen. Die Bündnisse waren gerade deshalb in diesem steten Aushandeln keine Fixpunkte, sondern eigene Variablen, deren Wert davon abhing, welche Ressourcen zur Durchsetzung der eigenen Machtposition mobilisiert werden konnten. Doch zu viele Bündnisse verderben den Bund. Die

Italienfeldzüge offenbarten, dass dieses komplexe Gebilde «Eidgenossenschaft» unfähig war, rasche Entscheidungen im Sinne aller Beteiligten zu treffen. Obwohl 1515 beinahe alle Orte und Zugewandten ihre Truppen in Oberitalien zusammen gezogen hatten, unterzeichneten nur Berner, Solothurner und Freiburger Hauptleute den Frieden von Gallarate kurz vor der Schlacht bei Marignano. Insbesondere Schwyzer, Urner und Glarner hielten sich nicht daran, weil sie ihre Interessen dabei zuwenig gewahrt sahen und von päpstlicher Seite zum Kampf angestachelt wurden. Militärisch als auch politisch nahmen Einzelinteressen grossen Spielraum ein. Die Bändigung der divergierenden Interessen und die Herstellung des Kompromisses schien in diesem Falle unmöglich. Dabei bildete die Schlacht von Marignano keinen strukturellen Wendepunkt der Eidgenossenschaft. In Norditalien waren bis 1525 weiter Truppen eidgenössischer Orte aktiv. Pensionen aus Frankreich oder vom Kaiser sprudelten zur Beeinflussung eidgenössischer Exponenten und es zogen weiterhin organisierte und freie Kompanien in fremde Dienste. Die Eidgenossenschaft blieb ein lockeres Konglomerat divergierender Interessen, zusammengehalten vom politisch lähmenden Misstrauen zwischen den Bündnispartnern, einer grundsätzlichen Abneigung gegenüber «Nüwerunge» und zunehmend vom Narrativ der Gemeinsamkeit.

Anmerkungen

1 Albert Büchi, Albrecht von Bonstetten. Briefe und ausgewählte Schriften, (Superioris Germaniae Confederationis descriptio), in: Quellen zur Schweizer Geschichte 13/1893, S. 219–267.

2 Einführend dazu Stettler, Bernhard, Die Eidgenossenschaft im 15. Jahrhundert: Die Suche nach einem gemeinsamen Nenner, Zürich 2004.

3 Wilhelm Oechsli, Orte und Zugewandte. Eine Studie zur Geschichte des Schweizerischen Bundesrechtes, in: Jahrbuch für Schweizerische Geschichte 13/1888, S. 6-54. Ders., Die Benennungen der alten Eidgenossenschaft und ihrer Glieder, in: Jahrbuch für Schweizerische Geschichte 41/1916, S. 67–87.

4 Vgl. Rudolf Hiestand, «Weh, dem Reich, des König ein Gefangener». Wahrnehmung von Krisenphänomenen in Frankreich in der zweiten Hälfte des 14. Jahrhunderts, in: Helga Scholten (Hg.), Die Wahrnehmung von Krisenphänomenen. Fallbeispiele von der Antike bis in die Neuzeit, Köln 2007, S. 127–153, S. 139. Claudius Sieber-Lehmann und Thomas Wilhelmi (Hgg.), In Helvetios – Wider die Kuhschweizer. Fremd- und Feindbilder von den Schweizern in antieidgenössischen Texten aus der Zeit von 1386 bis 1532, S. 7–20. Dazu Wilhelm Oechsli, Die Benennungen der Eidgenossenschaft und ihrer Glieder, in: Jahrbuch für Schweizerische Geschichte 41, Bern 1916, S. 54–230, S. 61.

5 Die im «Spiel von den Alten und Jungen Eidgenossen» von 1514 aufgenommen wurden, siehe dazu Guy P. Marchal, Die «Alten Eidgenossen» im Wandel der Zeiten. Das Bild der frühen Eidgenossen im Traditionsbewusstsein und in der Identitätsvorstellung der Schweizer vom 15. bis ins 20. Jahrhundert, in: Innerschweiz und frühe Eidgenossenschaft. Jubiläumsschrift 700 Jahre Eidgenossenschaft, Bd. 2, Olten 1990, S. 309–403, S. 317–319.

Bildnachweis

1 *Altes Rathaus Sursee 1472, Grosse Ratsstube, 1. Obergeschoss (strassenseitig), Mittelbalken: Luzerner Wappen vor Zürich und Bern*
Quelle: Bildnachweis IBID Altbau AG, Winterthur und Autor

2 *Burgrecht der fünf Städte (Zürich, Bern, Luzern, Freiburg und Solothurn), die Länderorte verlassen aus Protest den Ratssaal*
Quelle: Die Luzerner Chronik des Diebold Schilling 1513, Folio 251; Kommentar Folio 124r, Faksimile-Verlag, Luzern 1981

3 *Patengeschenk der Eidgenossenschaft an die Tochter des französischen Königs.* Silbermedaille von Jakob Stampfer, 1547/48.
Historisches Museum Basel, in: Guy P. Marchal, Die «Alten Eidgenossen» im Wandel der Zeiten, in: Innerschweiz und frühe Eidgenossenschaft, Jubiläumsschrift 700 Jahre Eidgenossenschaft, Bd. 2. Hrsg.
Historischer Verein der Fünf Orte, Walter-Verlag, Olten 1990, S. 307 ff., insbesondere S. 324

Bibliografie

Johannes Dierauer, Geschichte der schweizerischen Eidgenossenschaft, 4 Bde., Gotha 1920.

Emil Dürr, Schweizer Kriegsgeschichte, Bd. 4, Bern 1933.

Ernst Gagliardi, Geschichte der schweizerischen Eidgenossenschaft bis zum Abschluss der mailändischen Kriege (1516), Leipzig, 1913.

Ernst Gagliardi, Der Anteil der Schweizer an den italienischen Kriegen 1494–1516, Bd.1, Zürich 1918.

Valentin Groebner, Gefährliche Geschenke. Ritual, Politik und die Sprache der Korruption in der Eidgenossenschaft im späten Mittelalter und am Beginn der Neuzeit, Konstanz 2000.

Rudolf Hiestand, «Weh, dem Reich, des König ein Gefangener». Wahrnehmung von Krisenphänomenen in Frankreich in der zweiten Hälfte des 14. Jahrhunderts, in: Helga Scholten (Hg.), Die Wahrnehmung von Krisenphänomenen. Fallbeispiele von der Antike bis in die Neuzeit, Köln 2007, S.127–153.

Guy P. Marchal, Die «Alten Eidgenossen» im Wandel der Zeiten. Das Bild der frühen Eidgenossen im Traditionsbewusstsein und in der Identitätsvorstellung der Schweizer vom 15. bis ins 20. Jahrhundert, in: Innerschweiz und frühe Eidgenossenschaft. Jubiläumsschrift 700 Jahre Eidgenossenschaft, Bd.2, Olten 1990, S.309–403.

Wilhelm Oechsli, Die Benennungen der alten Eidgenossenschaft und ihrer Glieder, in: Jahrbuch für Schweizerische Geschichte 41/1916, S.51–230/87–258.

Wilhelm Oechsli, Orte und Zugewandte. Eine Studie zur Geschichte des Schweizerischen Bundesrechtes, in: Jahrbuch für Schweizerische Geschichte 13/1888.

William E. Rappard, Du renouvellement des pactes confédéraux (1351–1798), Zürich 1944.

Claudius Sieber-Lehmann, Albrecht von Bonstettens geographische Darstellung der Schweiz von 1479, in: Geographica Helvetica 16/1997, S.39–46.

Claudius Sieber-Lehmann und Thomas Wilhelmi (Hgg.), In Helvetios – Wider die Kuhschweizer. Fremd- und Feindbilder von den Schweizern in antieidgenössischen Texten aus der Zeit von 1386 bis 1532, Bern 1998.

Bernhard Stettler, Reich und Eidgenossenschaft im 15. Jahrhundert, in: Peter Niederhäuser, Werner Fischer (Hg.), Vom «Freiheitskrieg» zum GeschichtsmythoS. 500 Jahre Schweizer- oder Schwabenkrieg, Zürich 2000, S.9–28.

Simon Teuscher, Bekannte, Klienten, Verwandte. Sozialität und Politik in der Stadt Bern um 1500, Köln 1997.

Emil Usteri, Marignano. Die Schicksalsjahre 1515/1516 im Blickfeld der historischen Quellen, Zürich 1974.

La société suisse vers 1500 et ses rapports avec la Lombardie

Leonardo Broillet

Bref panorama socio-économique

Vers 1500, le territoire de la Confédération comptait un peu plus de 800 000 habitants, retrouvant ainsi les valeurs précédant la crise démographique de la fin du XIVe siècle.[1] Les régions alpines connurent un redressement de la situation assez rapide tout comme les villes de la plaine qui furent sujettes à une croissance régulière durant tout le XVe siècle.[2] En montagne, la chute démographique du XIVe siècle avait comporté une surproduction de céréales ainsi qu'une baisse des prix. Il y eut, par conséquent, un renforcement ultérieur du développement de l'élevage bovin à tel point que, vers 1550, la production céréalière avait presque disparu du territoire alpin.[3] L'écrasante majorité de la population vivait alors de l'agriculture.[4] Notamment dans les régions de plaine, où les seigneuries étaient les plus répandues, les paysans devaient céder une part de leur revenu sous forme de dîmes ou de cens. Ces taxes diminuaient encore les ressources, déjà maigres, fournies par le mauvais rendement de l'agriculture. La société rurale était hiérarchisée et les différences entre ouvriers agricoles et riches agriculteurs, également dépositaires des charges locales, étaient importantes. Ces derniers se démarquaient aussi comme intermédiaires entre les communautés locales et les autorités supérieures.[5] Rien que dans la sphère villageoise, les conflits pour l'usage des biens communs étaient fréquents et les tensions entre la campagne et la ville récurrentes. En effet, bien des villes suisses détenaient des juridictions sur les campagnes environnantes et les privilèges de marchés obligeaient les paysans à revendre leur production dans les principaux centres. De plus, l'essor des activités protoindustrielles aux XVe et XVIe siècles (surtout textiles), lia encore plus étroitement les marchands de la ville aux producteurs campagnards qui travaillaient à domicile: si d'une part, ces activités offraient de nouvelles possibilités de gain aux plus pauvres, elles créaient, d'autre part, de nouveaux rapports de dépendances. Au début des années 1500, avec l'arrivée de la Réforme, notamment, les excès du mercenariat et les inégalités dans la distribution des pensions provoquèrent une intransigeance croissante en particulier dans les campagnes et les pays sujets.[6] Cela comporta d'inévitables conflits sociaux[7] comme, par exemple, la guerre des Oignons qui éclata en 1513 à Lucerne: elle vit des milliers de paysans mécontents assiéger la capitale jusqu'à ce qu'ils obtinrent, entre autres, quelques concessions fiscales.[8]

Le développement des élites

En parallèle à ces évolutions socio-économiques, les élites se transfor-

| Broillet: Société suisse

Ill. 1
Castelgrande
Bellinzona

mèrent également peu à peu. Roland Gerber a, par exemple, démontré qu'à Berne la richesse matérielle et le pouvoir politique étaient des éléments indissociables à la fin du XVe siècle.[9] Afin de pouvoir financer les nombreuses activités diplomatiques liées aux fonctions politiques clés, il était en effet indispensable de pouvoir disposer de capitaux suffisants. De fait, l'élite de la puissante cité-état était alors constituée d'un amalgame d'anciens lignages aristocratiques, tels que les Erlach, avec des familles de plus récente intégration et enrichies par le commerce. A Lucerne, de nobles familles, comme les Hertenstein, réussirent à se maintenir dans l'étroit noyau dirigeant de l'élite, c'est-à-dire parmi ceux qui se partageaient les plus prestigieuses fonctions politiques et diplomatiques. Dans ce même cercle, on identifie également des descendants de familles marchandes immigrées d'Italie, tels que les Meran ou les Russ.[10] Cette nouvelle élite transforma peu à peu sa physionomie et ses comportements sociaux, finissant par former une oligarchie qui déboucha dans le courant du XVIe siècle dans ce que l'on appelle «patriciat».[11] Souvent engagés militairement au service des puissances étrangères, bénéficiaires de pensions et prenant des modes de vie aristocratiques, les patriciens monopolisèrent les charges publiques et se spécialisèrent dans l'administration des territoires assujettis par leurs villes et les Cantons durant les XVe et XVIe siècles.

Dans les cantons ruraux, on constate déjà, dès le XIVe siècle, un processus partiellement comparable. Les anciennes familles de noblesse ministérielle furent peu à peu supplantées par des nouveaux lignages d'origine paysanne.[12] En effet, l'ancienne classe dirigeante ne fut pas en mesure de gérer l'ascension de cette nouvelle élite constituée de riches éleveurs. Vers 1500, les plus puissantes familles des cantons ruraux, d'ailleurs très engagées dans la politique italienne, ne pouvaient en général pas se targuer de descendre de nobles lignages. Même s'il pouvait se vanter d'avoir de grands notables parmi ses ancêtres, le puissant landamman uranais Josue von Beroldingen descendait bel et bien d'une riche famille d'éleveurs.[13] On constate également un processus d'aristocratisation en Suisse centrale mais il faudra attendre le XVIIe siècle pour constater une séparation nette entre, par exemple, la classe gouvernante d'Altdorf, et les familles de notables des autres villages du canton, définitivement exclues des principales charges politiques.[14]

L'irrésistible attrait de la Lombardie

De longue date, les élites suisses disposaient de relations privilégiées avec l'Italie. En effet, de nombreux jeunes confédérés fréquentaient l'Université de Bologne au XIIIe siècle, déjà, et celle de Pavie dès 1470 environ.[15] De même, certains garçons issus des grandes familles helvétiques eurent la possibilité de se former comme pages dans les cours italiennes. C'est notamment le cas du jeune Kaspar Göldli, fils du bourgmestre de Zürich, envoyé auprès du duc de Milan en 1487, ou du futur avoyer de Lucerne, Jakob Feer, étudiant et page à Milan en 1491.[16]

La Lombardie n'était pas connue de la seule élite confédérée mais elle constituait également une réalité concrète pour des milliers de Suisses. Les Archives de l'Etat de Fribourg conservent les listes très détaillées des soldats envoyés dans les différentes expéditions militaires en Italie.[17]

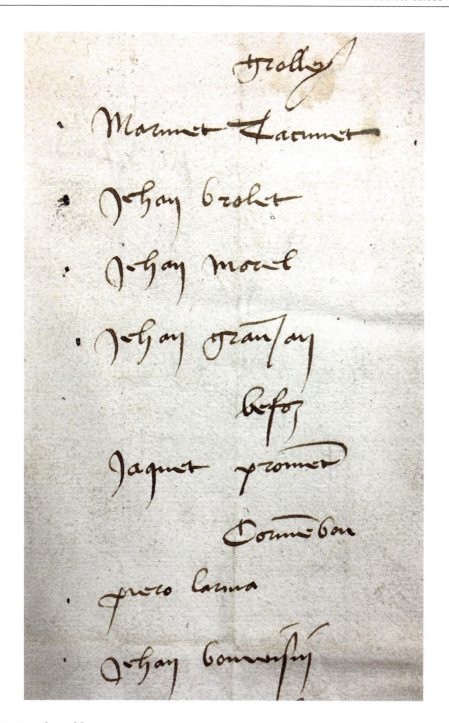

Ill. 2 **Liste des soldats partis**

On apprend ainsi qu'en 1478–1479, sept hommes de la paroisse de Belfaux, un gros village près de Fribourg, se rendirent jusqu'en Léventine au secours des Uranais. On reconnaît également quelques habitants du même village dans le rôle des troupes fribourgeoises envoyées contre le marquis de Saluces en 1487. Des Belfagiens marchèrent en Italie sous les ordres du capitaine Mussilier, probablement durant le siège de Pavie en 1500 et, en 1503, d'autres participèrent à l'expédition de Locarno et d'Arona. En l'hiver 1511, 18 Belfagiens se rendirent dans le Milanais et, l'année suivante, on en cite 12 à Pavie sous les ordres du capitaine Peter Falck. En 1515, les Fribourgeois envoyèrent trois détachements en Italie et 31 Belfagiens quittèrent leur village. On constate donc que, dans cette paroisse de la campagne agricole fribourgeoise, au moins deux générations d'hommes avaient sillonné la Lombardie malgré son éloignement géographique.

D'un point de vue économique, vers 1500, la Lombardie était surtout devenue un débouché fondamental pour les produits des régions alpines de la Suisse. En effet, on y revendait un grand nombre de têtes de bétail, des chevaux, des produits laitiers ou des cuirs. Il est même prouvé que cette tendance touchait non seulement les éleveurs de Suisse centrale ou du Valais mais également, en moindre mesure, de gros paysans du plateau se rendaient dans le Milanais pour y exporter des chevaux.[18] Il s'agissait d'un flux vital dont on ne pouvait se passer, notamment par manque d'autres marchés suffisamment proches et importants. De plus, les riches éleveurs et marchands confédérés ne revenaient jamais les mains vides: ils importaient dans leurs vallées les céréales qui leur faisaient défaut ainsi que de grandes quantités de vin, voire des étoffes ou des produits orientaux obtenus par la médiation vénitienne.

On constate que les plus importantes familles de Suisse centrale étaient très engagées avant, pendant et après les Guerres d'Italie dans ces commerces avec la Lombardie. Il y avait une corrélation très étroite entre ces trafics et les campagnes militaires qu'elles menaient au-delà des Alpes. En effet, vers 1500, les activités des principaux notables de Suisse centrale étaient très complexes et une même personne pouvait être à la fois un riche éleveur, revêtir des charges politiques et militaires élevées et se démarquer comme marchand en Lombardie. Prenons l'exemple du landamman uranais Johannes Zumbrunnen, un riche propriétaire foncier d'ailleurs tombé héroïquement à Marignan en 1515 où il avait une fonction de commandement. On le voit, en septembre 1513, profiter d'une ambassade officielle à Milan pour y conduire pas moins de 40 chevaux.[19] Bien avant lui, son oncle homonyme commerçait du bétail en Lombardie[20] et, dans les années 1530, son fils Mansuet, également landamman, faisait du commerce avec Milan d'où il importait notamment du riz.[21] A Schwytz, le landamman Ulrich Kätzi fut l'un des chefs de la politique transalpine vers 1500. L'engagement des Kätzi dans les Guerres d'Italie était total: Ulrich perdit son fils et son gendre durant la bataille de Novare, en 1513, et lui-même fut tué à Marignan. On ne s'étonnera pas de savoir que les Kätzi possédaient non seulement de riches propriétés, mais aussi qu'ils exportaient personnellement leur bétail dans les marchés lombards.[22]

On aurait tort de croire que seule la frange la plus influente de la population était engagée dans ces négoces.

En effet, on constate que biens des mercenaires commerçaient en parallèle à leurs activités militaires. Par exemple, les Uranais Heinrich Imhof, Hensly Zwyer, Konrad Gummer, Walter Gregory, Ruody Schueli et Heini Zenneda réclamèrent en 1477 au duc de Milan le payement de services militaires effectués par eux-mêmes ou par leurs pères en faveur du comte locarnais Franchino Rusca en 1449. Ces individus, qui ne faisaient pas partie de l'élite, sont également documentés comme marchands de chevaux et de fromage dans le Milanais.[23] La documentation lombarde regorge de témoignages soulignant les récurrentes difficultés rencontrées par les marchands confédérés se voyant régulièrement dérober ou confisquer des marchandises par les autorités milanaises. Cela dit, on est donc en mesure comprendre la grande motivation démontrée non seulement par les élites de Suisse centrale, mais aussi par les couches plus modestes de la société, à s'engager dans la politique transalpine visant à s'assurer le contrôle des routes afin de poursuivre leurs trafics en Lombardie.

Les premiers suisses italophones: les Léventinais

En marge des grands événements politiques et militaires, la conquête des baillages tessinois fut accomplie en moins d'un siècle.[24] Les premiers Tessinois à tomber de façon durable sous le joug des Confédérwés furent les Léventinais, gouvernés par des baillis uranais dès 1439.[25] Les habitants de la vallée furent avantagés par cette occupation puisque, d'une part, ils purent s'affranchir des impôts dus au chapitre de Milan et, d'autre part, ils bénéficièrent en Lombardie des mêmes exemptions douanières que les Confédérés. Etant donné que les élites locales exerçaient des activités commerciales, elles eurent tout à gagner de cette nouvelle situation, considérant qu'en plus de cela, la vallée réussit à garder une importante autonomie dans la gestion des affaires locales. On constate donc que durant tout le XVe siècle, les Léventinais soutinrent activement la politique agressive uranaise en participant volontiers à des actions militaires.[26] C'est notamment le cas de la famille Giudici de Giornico: déjà puissante avant l'arrivée des Uranais, elle renforça sa position en soutenant les nouveaux baillis, en exerçant les principales charges locales, en s'enrichissant grâce aux facilitations douanières par l'exportation de bois et de bétail vers le Milanais et en combattant aux côtés des Uranais. En effet, les Léventinais, conduits par leurs notables, prirent part en masse aux batailles de Novare et de Marignan où ils tombèrent par dizaines. Certes, même si les Léventinais furent dès le début favorables au régime uranais, les habitants des autres districts de l'actuel Canton du Tessin considéraient encore les Confédérés comme une dangereuse menace étant donné qu'ils en subissaient régulièrement les agressions militaires. Cela n'empêchait toutefois pas certaines familles de développer d'étroits liens d'affaires avec les Suisses comme, par exemple, les aubergistes de Azariis de Côme.[27] Encore en 1503, alors que les Locarnais subissaient de violentes dévastations lors du siège du château et que des maisons furent incendiées au grand dam des bourgeois,[28] les Confédérés réussirent à obtenir l'aide des habitants des vallées Verzasca et Maggia, apparemment bien disposés à leur égard.

Ill. 3 **Vétéran de la bataille de Marignan**

La population tessinoise et les Confédérés

Le changement d'opinion de bien des Tessinois sur les Confédérés se fit progressivement et la présence des Français en Lombardie joua un rôle essentiel dans cette évolution. Le gouvernement très centralisé des ducs de Milan fonctionnait en s'appuyant sur les notables locaux, des individus qui ne faisaient pas forcément partie de la grande aristocratie foncière. Par conséquent, les Sforza disposaient d'un capital de fidélité très important dans les baillages tessinois, où certaines puissantes familles s'étaient forgé un rôle important de médiation entre les communautés locale et la cour milanaise.[29] L'arrivée des Français en 1500 et la capture du duc Ludovic le More chamboula les équilibres préexistants: les comtes Rusca de Locarno, seule grande famille seigneuriale du territoire tessinois, se lièrent très rapidement à la France, comme d'ailleurs beaucoup de membres de l'aristocratie milanaise.[30] Certains notables tessinois agirent différemment, comme par exemple les Morosini de Lugano, particulièrement habiles comme diplomates au service des Sforza dès le dernier quart du XVe siècle. Ils cultivèrent en parallèle d'excellentes relations dans les cantons où ils voyageaient surtout en tant que marchands. Lors des évènements de 1500, Bernardino Morosini s'établit à Bellinzona où les habitants, par fidélité aux Sforza mais aussi par peur de représailles françaises, avaient négocié leur soumission aux Confédérés avec lesquels ils entretenaient déjà de bonnes relations. Morosini joua un rôle mystérieux dans ces évènements et il encouragea certainement les habitants de Bellinzona à choisir leur parti. Dès lors, Bellinzona fut gouvernée par Uri, Schwytz et Nidwald et les Morosini, y résidant, soutinrent activement le nouveau régime en fonctionnant comme maîtres de la monnaie, interprètes, secrétaires ou diplomates. En parallèle, ils firent de leur mieux pour continuer à soutenir les Sforza. En 1512, Bernardino joua un rôle diplomatique de premier plan dans l'alliance entre les Confédérés et Venise, un fait qui influença indéniablement les évènements qui menèrent à la victoire sur les Français à Novare, à l'occupation confédérée du restant des baillages tessinois et à l'intronisation du duc Maximilien Sforza. L'accueil des Tessinois fut alors plutôt favorable et de larges franges de la population se tournèrent vers le gouvernement confédéré, le préférant à la domination française: même les habitants de Luino demandèrent la protection des Confédérés en envoyant une forte délégation à Locarno au mois de février 1513. Entre-temps, de retour à Lugano, où il fut très proche du premier bailli (le zurichois Kaspar Göldli), Morosini soutint activement la mise en place du gouvernement confédéré dans les différents baillages ; Gerolamo et Battista, ses fils, exercèrent des fonctions importantes à Lugano, Locarno et Domodossola. En 1515, Gerolamo Morosini prit personnellement part à la bataille de Marignan et, peu après, il commanda avec son père et le bailli Göldli un détachement de 800 hommes qui occupa Côme. Les autres baillages supportèrent l'expédition avec 2000 hommes: les Tessinois voulaient sans doutes éviter de retomber entre les mains françaises. La chance leur fut favorable et la paix de Fribourg signa leur destin: ils restèrent sujets des Confédérés. Très rapidement, l'élite des nouveaux baillages tessinois sut se rendre indispensable dans la gestion du territoire, notamment en se forgeant un rôle clé dans la médiation entre la population et les Suisses, mais aussi, dans quelques cas, entre ces derniers et les différentes autorités des Etats italiens. De plus, bien des notables tessinois, parmi lesquels on trouve de nombreux marchands, firent fructifier leurs affaires grâce aux avantages accumulés: exemptions douanières en tant que sujets des Confédérés, appui politique des Cantons lors de problèmes douaniers récurrents, mais aussi en restant lombards lorsque cela les arrangeait.[31]

Dans le courant du XVe siècle, à la suite, notamment, de transformations socio-économiques dans le territoire suisse, les rapports commerciaux entre les gros éleveurs confédérés et la Lombardie prirent une ampleur sans précédents et, en moins d'un siècle, ces mêmes notables, également hommes de pouvoir et soldats, réussirent à conquérir et surtout à maintenir une tête de pont dans le territoire lombard. Cette évolution n'aurait certainement pas été possible sans l'appui d'une part importante des populations locales – surtout les élites – préférant clairement la domination helvétique, garante de stabilité politique mais aussi d'une relativement large autonomie. Somme toute, l'entente entre les élites de Suisse centrale et celles tessinoises était bonne d'autant plus qu'ils partageaient des mêmes intérêts commerciaux. Le savoir-faire des marchands tessinois s'alliait très bien aux pressions que les Confédérés étaient en mesure d'exercer à Milan ce qui favorisa, dans la première moitié du XVIe siècle, une étroite collaboration dans leurs activités financières et commerciales, y compris les entreprises militaires, aussi bien au Tessin que dans le Milanais ou le Piémont.

Notes

1 A.-L. Head-König, «Population», chapitre 2, La crise du bas Moyen Age, dans Dictionnaire historique de la Suisse (DHS), vol. 10, Hauterive 2011, pp. 15–16.

2 N. Morard, «L'heure de la puissance (1394–1536)», dans Nouvelle histoire de la Suisse et des Suisses, tome I, Lausanne 1982, pp. 200–207.

3 O. Landolt, «Wirtschaft im Spätmittelalter» dans Vom Tal zum Land 1350–1550. Geschichte des Kanton Schwyz. Band 2, Zürich 2012, pp. 123–145; F. Glauser, «Von alpiner Landwirtschaft beidseits des St. Gotthards 1000–1350» dans Der Geschichtsfreund, 141, 1988, pp. 1–173. J.-F. Bergier, Elevage alpin et marchés urbains au Moyen Âge, dans J.-F. Bergier, Pour une histoire des Alpes, Moyen Âge et Temps modernes, Norfolk 1997, partie X, pp. 457–468; R. Sablonier, «Innerschweizer Gesellschaft im 14. Jahrhundert. Solzialkultur und Wirtschaft», dans Innerschweiz und frühe Eidgenossenschaft. Band 2. Gesellschaft. Alltag. Geschichtsbild, Olten 1990, pp. 11–233.

4 T. Hildebrand, M. Weishaupt, «Paysannerie», chapitre 1, Moyen Age, dans DHS, vol. 9, Hauterive 2009, pp. 612–615 et A. Würgler, «Paysannerie», chapitre 3, Epoque Moderne, dans ibidem, pp. 615–617.5

5 A.-M. Dubler, Staatswerdung und Verwaltung nach dem Muster von Bern, Baden 2013, pp. 347 ss.

6 V. Groebner, Gefährliche Geschenke. Ritual, Politik und die Sprache der Korruption in der Eidgenossenschaft im späten Mittelalter und am Beginn der Neuzeit, Konstanz 2000, pp. 155–227.

7 A propos des conflits sociaux: C. Dietrich, Die Stadt Zürich und ihre Landgemeinden während der Bauernunruhen von 1489 bis 1525, Frankfurt am Main und Bern 1985; plus en général: A. Würgler, «conflits sociaux», chapitre 1, Bas Moyen Age et chapitre 2, Epoque moderne, dans DHS, vol. 3, Hauterive 2004, pp. 476–478.

8 P. Spitig, «Oignons, guerre des», dans DHS, vol. 9, Hauterive 2009, p. 385.

9 R. Gerber, «Reichtum und politische Macht», dans E. J. Beer et al., Berns grosse Zeit. Das 15 Jahrhundert neu Entdeckt, Bern 1999, pp. 140–155. Cfr. également A. Esch, Mercenari, mercanti e pellegrini. Viaggi transalpini nella prima Età moderna, Bellinzona 2005, pp. 96–154.

10 J. Kurmann, Die politische Führungsschicht in Luzern 1450–1500, Luzern 1976.

11 D. Schläppi, «Patriciat», dans DHS, vol. 9, Hauterive 2009, pp. 585–588.

12 D. Rogger, Obwaldner Landwirtschaft im Spätmittelalter, Sarnen 1989.

13 H.-C. Peyer, «Die Anfänge der schweizerischen Aristokratien», dans K. Messmer, P. Hoppe, Luzerner Patriziat, Luzern 1976, pp. 3–28.

14 U. Kälin, Die Urner Magistratenfamilien. Herrschaft, ökonomische Lage und Lebensstil einer ländlichen Oberschicht, 1750–1850, Zürich 1991.

15 U. M. Zahnd, Die Bildungsverhältnisse in der bernischen Ratsgeschlechtern im ausgehenden Mittelalter. Verbreitung, Charakter und Funktion der Bildung in der politischen Führungsschicht einer Spätmittelalterischen Stadt, Bern 1979, pp. 64 ss.

16 L. Broillet, Vecchio e nuovo ceto dirigente in Ticino tra Quattrocento e Cinquecento. Collaborazioni e interazioni con la Svizzera centrale, thèse de doctorat soutenue en 2013 auprès de la faculté de philosophie de l'Université de Zürich, dir. P. Ostinelli et S. Teuscher, chap. 3.2.3.

17 Ces listes sont contenues dans le fonds Affaires militaires, boîtes 4 et 5. Cfr. aussi Esch, Mercenari, mercanti e pellegrini, op. cit. pp. 7-91.

18 On documente par exemple des gens de Huttwil, Herzogenbuchsee ou de Wil commerçant des chevaux en Lombardie: Ticino ducale. Il carteggio e gli atti ufficiali (TD), vol. III, tome II, G. Chiesi (dir.), Bellinzona 2006, pp. 74, 80, 89–94, 105, 140–141.

19 Archivio di Stato di Milano (ASMi), Sforzesco, cart. 628, Uri au Duc, 1.9.1513 et ibidem, 5.10.1513.

20 TD, vol. II, tome I, ad indicem: il fut arrêté à Varèse où il avait importé du bétail.

21 ASMi, Sforzesco, cart. 637, Angelo Riccio au Duc, 12.10 et 24.11.1533

22 A propos des Schwytzois et la Lombardie, on renvoie le lecteur à Broillet, Vecchio e nuovo ceto dirigente, op. cit., chapitre 2.3.3.

23 TD, vol. III, tome I, pp. 95–96 e 176–177.

24 A propos du processus de conquête, cf. P. Ostinelli, «Entro i limiti del possibile. La difficile espan-

sione confederata e la nascita dei baliaggi comuni nei primi decenni del Cinquecento», dans R. Huber, R. Widmer-Pollini (dir), Da dominio a dominio. Il Locarnese e la Valmaggia all'inizio del XVI secolo, Locarno 2013, pp. 31–52.

25 Pour un survol historiographique de la situation, voir R. Huber, «Elementi di riflessione sulla storiografia», dans R. Huber, R. Widmer-Pollini (dir), Da dominio a dominio. op. cit, pp. 65–89. Voir également, en général, Broillet, Vecchio e nuovo ceto dirigente, op. cit., thèse qui sert de source principale aux affirmations qui suivent dans le présent article.

26 TD, vol. II, tome I, pp. 294–295 et 299–312: en 1467, sous les ordres du bailli Hans Imhof, ils participèrent à une violente incursion vers les Vals Blenio et Riviera.

27 S. Duvia, «Restati eran thodeschi in su l'hospicio». Il ruolo degli osti in una città di confine (Como, secoli XV–XVI), Milano 2010, pp. 84–87.

28 M. Viganò, Locarno francese (1499–1513). Per i 500 anni del «rivellino» del castello visconteo 1507–2007, in Archivio Storico ticinese, seconda serie, n. 141, giugno 2007, pp. 83–130. Archivio di Stato del Canton Ticino, Pergamene di Valmaggia, n. 33, Locarno 1.2.1505.

29 M. della Misericordia, «La 'coda' dei gentiluomini. Fazioni, mediazione, politica, clientelismo nello stato territoriale: il caso della montagna lombarda durante il dominio sforzesco (XV secolo)», dans M. Gentile (dir.) Guelfi e Ghibellini nell'Italia del Rinascimento, Roma 2005, pp. 275–389.

30 S. Meschini, La Francia nel Ducato di Milano. La politica di Luigi XII (1499–1512), 2 vol., Milano 2006.

31 A propos de l'adaptation des élites, on renvoie aussi à L. Broillet, «Il rinnovo delle élites locali» dans R. Huber, R. Widmer-Pollini (dir), Da dominio a dominio. op. cit., pp. 129–139.

Preuve d'illustrations

1 *Castelgrande Bellinzona.*
Bellinzona et ses châteaux: passage obligé pour des générations de marchands confédérés, Bellinzona devient baillage des cantons de Uri, Schwytz et Nidwald en 1500
Source: Photo Castelgrande, Ufficio beni culturali, Bellinzona

2 *Liste des soldats partis de la paroisse fribourgeoise de Belfaux (Grolley, Belfaux, Corminboeuf) pour se rendre en Léventine au secours des Uranais (1478–1479)*
Source: Photo Archives de l'Etat de Fribourg

3 *Vétéran de la bataille de Marignan, Josue von Beroldingen (ca 1495-1563) exerça une influence très importante dans la consolidation des baillages tessinois. Accessoirement, il investit dans les commerces de bois entre le Locarnais et Milan tout en étant aussi marchand de céréales*
Source: Photo Staatsarchiv Uri, original perdu

Matthieu Schiner (vers 1465-1522), Cardinal et homme de guerre

Daniel Reichel

I. Les principales étapes de la vie de Matthieu Schiner

Années de jeunesse

Matthieu Schiner naît vers 1465 à Mühlebach près Ernen, dans le Haut-Valais. Son père y est paysan et charpentier. Le nom de Schiner, porté par la famille dès le début du XVe siècle – où il se trouve substitué de Znitweg – est en réalité un surnom: le «schiner» ou «schinder» est un «rebouteur», chirurgien-vétérinaire de village, qui soigne le bêtes et parfois les hommes. On sait que cette activité est pratiquée en ce temps par plusieurs générations de cette famille.

On ne possède qu'un témoignage sur les premières années de sa jeunesse, celui de l'une de ses camarades d'enfance, qui avait souvent gardé du bétail avec lui, et qui avait conservé de son jeune compagnon le souvenir d'un garçon très vif, toujours de bonne humeur. Il faut savoir qu'il est peu d'activités comparables à celles d'un jeune chevrier, pour développer une agilité et une endurance hors du commun, alliées à la passion de la liberté et à une grande indépendance d'esprit.

En 1475, les Haut-Valaisans remportent sur les Savoyards et leurs alliés bas-valaisans, la victoire de la Planta, sous les murs de Sion. Une année plus tard, les Confédérés défont Charles de Bourgogne à Grandson et à Morat. L'esprit de conquête gagne les Suisses, à leur tour, et

Ill. 1 **Cardinal Matthieu Schiner**

les Valaisans leurs alliés. Le père de Matthieu Schiner, qui, selon toute vraisemblance, a pris part à l'affaire de la Planta, a pu apporter à son fils un témoignage direct de la bataille.

A quinze ans, le jeune homme est au collège de Sion, où les élèves qui étudient le latin peuvent gagner quelque argent comme choristes. Matthieu Schiner s'y distingue par l'assurance de son maintien et par l'une de ces voix pleines qui remplissent les cathédrales. Le Chapitre remarque ce jeune homme au profil marqué, peut-être promis à une destinée exceptionnelle. On lui donne donc une formation de premier ordre, en l'envoyant à Côme, à l'école dirigée par l'humaniste Théodore Lucinus. Matthieu Schiner y passe quatre ans, au cours desquels il fait de fortes études. Aux connaissances de l'allemand et du français qui sont les siennes, viennent s'ajouter celles du latin, de l'italien et de certains dialectes, dont le vénitien. Ses condisciples observent sa mémoire exceptionnelle; il déclame par cœur des chants entiers de l'Enéide. On rapporte aussi que Boèce est son écrivain préféré.

Ordination, formation politique

Ordonné prêtre en 1489, Schiner exerce les charges de chapelain d'Ernen, puis, dès 1493, d'Obergesteln. Ces deux petits bourgs ne sont pas seulement des paroisses, mais deux verrous militaires qui commandent trois passages des Alpes, dont la valeur stratégique doit être brièvement rappelée:
- le col du Gries, le plus rapproché du Grimsel, par lequel le combattant haut-valaisan et son allié de l'Oberland bernois, peuvent être en deux ou trois jours dans le Val Formazza, ou gagner en quatre jours Domodossola, l'une des clés de la Lombardie;
- e col du Nufenen, qui met Bellinzone, l'une des clés du Milanais, à cinq ou six jours de Thoune;
- le col de l'Albrun, enfin, l'ancienne route commerciale romaine, qui permet aisément de gagner le val d'Antigorio en évitant le col du Simplon.

Ce n'est pas un hasard si Matthieu Schiner reçoit, en quelque sorte, le commandement d'un secteur d'où vont partir les mercenaires payés par le duc de Milan, alors que ceux qui sont à la solde du roi de France passeront par le Grand Saint-Bernard, ou par le Simplon.

Une lutte opiniâtre met aux prises, à cette époque, en Valais, les partisans du roi de France et ceux du duc de Milan – ce dernier étant soutenu par intermittences par le Saint-Siège et le Saint-Empire. L'évêque de Sion, Jost de Silenen, a été mis en place par l'astucieux Louis XI pour contrôler le pays et les voies stratégiques qui conduisent au cœur de la Lombardie, Mais le parti adverse, dirigé par Georges Supersaxo (fils naturel de l'évêque du même nom, vainqueur des Savoyards à la Planta), s'est assigné comme objectif de renverser Silenen. Mais ce dernier passe à l'action directe, et n'hésite pas à faire attaquer, à Niedergesteln précisément, en automne 1495, une compagnie de 150 hommes qui s'apprête à passer au service de Ludovic le More, 20 hommes seulement, atteindront Milan.

En fait, l'un des principaux enjeux de la lutte politique qui se livre au Valais est le suivant: les Haut-Valaisans ne sauraient accepter de voir leur pays pris en tenaille par la France, ce qui serait le cas si Charles VIII parvenait à s'emparer du Milanais. Pus l'éviter il leur faut à tout prix conserver sur leur flanc Sud, le duché des Sforza dont ils n'ont pratiquement rien é craindre.

Or la partie est délicate, car le roi de France a su s'assurer, avant ses adversaires, de nombreux appuis dans le pays: l'évêque lui est acquis, comme tous ceux qui reçoivent de lui des pensions. De nombreux mercenaires, enfin, trouvent dans ses armées un emploi où la solde, en principe, est servie avec moins d'irrégularité qu'ailleurs.

Fort habilement, Georges Supersaxo parvient à faire entrer le Saint-Siège dans ses vues; cette manœuvre politique se trouve renforcée par la conclusion d'une alliance entre Berne et le duc de Milan (1er mars 1496). Inquiété par les entreprises de Charles VIII, le pape Alexandre VI abandonne Jost de Silenen, qui reçoit l'ordre de quitter son diocèse. On le remplace par Nicolas Schiner, oncle de Matthieu, qui occupe de jure le siège épiscopal, alors que son neveu en détient de facto le pouvoir.

Mais les événements se précipitent. En 1499, Louis XII s'empare de Milan. Le pape Alexandre VI, qui a longtemps tergiversé de peur de déplaire au roi de France, finit par céder à la pression exercée sur lui par l'empereur Maximilien, Ludovic Sforza et Georges Supersaxo: le 13 octobre de la même année Matthieu Schiner est ordonné évêque de Sion – trop tard pour empêcher cette catastrophe politique qui entrera dans l'Histoire sous le nom de trahison de Novare (10 avril 1500). Des Suisses, se trouvant placés en face d'autres Suisses sur le théâtre d'opérations italien, n'ont pas trouvé d'autre issue politique pour éviter un choc fratricide.

Le prince-évêque de Sion face à la France, à la Savoie et à ses adversaires valaisans et confédérés

Dès son élévation à l'épiscopat, Schiner se trouve confronté à des défis qui auraient sans doute découragé un autre homme. Le roi de France dispose de moyens financiers considérables qui lui permettent d'acheter – par des pensions servies à d'anciens combattants et surtout aussi à des hommes politiques – une zone d'influence qui frôle, avant la lettre, la «satellisation». Ce puissant adversaire n'est pas seul. Le duc de Savoie entre dans le jeu pour réclamer la possession des trois dizains du Bas-Valais, qui lui ont été enlevés par les Haut-Valaisans en 1475. Et comme si cela ne suffisait pas, les Lucernois, chez lesquels Louis XII entretient un parti, intriguent dans le dos de Schiner pour dresser les Confédérés cotre lui. Le jeune évêque engage ici la première grande opération politique de sa vie, en voici les grands traits.

Dans une phase initiale, Matthieu Schiner commence par renforcer les structures religieuses de son diocèse. Ses mandements sont des modèles de clarté; veillant lui-même à l'exécution de ses directives, il est infatigable, se rendant par tous les temps, en toutes saisons, dans les paroisses les plus reculées, il exerce sur ce plan un pouvoir que l'or français ne peut guère lui disputer. Connaissant mieux qu'un autre, les besoins du bas clergé, il s'attire tout naturellement la sympathie des curés et des vicaires, qui lui sont en outre reconnaissants de tempérer le luxe de certains dignitaires. On sait aussi que Schiner est un grand bâtisseur d'églises. Plus de cent paroisses lui seront redevables à cet égard, de son appui. Sur le plan des mœurs religieuses, Schiner intervient avec la plus grande énergie pour s'opposer au laisser-aller; il impose le respect du dimanche, sans en dispenser les marchands et les gens de convois qui empruntent la vallée du Rhône et la route du Simplon.

Ayant ainsi assuré sa base d'une manière qui la met, pour l'essentiel, hors de la portée de ses adversaires, Schiner entre dans le jeu. Menacé d'isolement, il trouve à Berne une alliée de choix. Le 30 novembre 1500, il se rend dans cette ville avec les représentants des Sept Dizains du Haut-Valais, ayant l'habileté d'associer ces derniers à sa démarche. Berne, quoique alliée de la Savoie, donne satisfaction à Schiner en s'engageant à garantir les frontières présentes de ce duché, en en excluant ses anciennes limites qui comprenaient le Bas-Valais. Sur le plan politique et militaire, les frontières du Valais entier se trouvent ainsi confirmées, non seulement face à la Savoie, mais face à la France aussi.

Schiner a par ailleurs l'adresse de laisser entendre aux Bas-Valaisans (chez lesquels le duc de Savoie conserve des intelligences, par ces franchises notamment, dont il laisse entrevoir l'octroi aux Montheysans), que leurs Dizains pourraient être placés sur pied d'égalité avec ceux du Haut-Valais. Les adversaires de l'évêque, qui risqueraient, par une telle mesure, de perdre leurs possessions «coloniales», trouvent dans cet aspect de la politique une raison de plus de chercher à l'abattre. Mais Matthieu Schiner ne se laisse guère impressionner; il détient le pouvoir, spirituel et temporel, il s'est emparé de l'initiative et ne voit aucune raison de l'abandonner; poursuivant sa contre-attaque, il intervient à la Diète fédérale qui tient ses assises à Zurich, montrant qu'il devient urgent d'interdire une fois pour toute

III. 2 **Médaille pour Matthieu Schiner**

la pratique des pensions versées par des souverains étrangers, pratique qui risque de mettre en cause l'indépendance de la Confédération.

L'évêque de Sion a-t-il réellement cru qu'une telle proposition trouverait un écho suffisant? Nous avons tout lieu d'en douter; les capitaines suisses qui avaient versé leur sang pour Louis XI, Charles VIII et Louis XII estimaient avoir acquis un droit légitime à recevoir ces pensions. Les hommes politiques qui leur avaient facilité la tâche, par des mesures de recrutement et des facilités de passage n'étaient pas prêts non plus à renoncer à ces privilèges. Mais l'on peut avancer, sans craindre de se tromper, que Schiner, par son initiative, visait en réalité quatre autres objectifs:

1. Il se posait d'entrée comme souverain d'un pays allié, traitant sur un pied d'égalité avec le corps constitué de la Diète helvétique.

2. Son autorité morale et religieuse en tant qu'évêque lui permettait de trouver des alliés chez tous ceux qui ne recevaient pas de pensions.
3. Ses adversaires se trouvaient placés, par son intervention, dans la défensive.
4. Les ennemis de Louis XII, actuels et potentiels, comme le futur Jules II, l'empereur Maximilien, le roi d'Espagne, les Vénitiens, d'autres encore, informés de ce qui se passait à la Diète, furent rendus attentifs (par cette intervention et toutes celles qui suivirent) à la possibilité qui se dessinait, de limiter l'influence du roi de France.

Matthieu Schiner ne se contente pas de cette action ponctuelle la chose va sans dire; il saisit l'occasion qui lui est offerte par ses fréquents déplacements, de soutenir sa thèse lorsqu'il se trouve en chaire. Tous les contemporains s'accordent sur ce point: l'évêque de Sion est un orateur exceptionnel, il entraîne véritablement les foules. Là où l'or français est le plus fort, on l'empêche de parler, mais on ne parvient pas pour autant à neutraliser son action. Le message passe. La ténacité de Schiner lui permet d'opposer aux visées du roi de France un groupe de pression suffisamment fort pour le contraindre à céder, sur certains points, dans ses négociations avec les avec les Confédérés.

Le premier résultat tangible de cette opération est la paix d'Arona (10 avril 1503), où Schiner parvient à assurer d'une façon définitive aux Confédérés, la possession de Bellinzone et du Val Blenio. La valeur stratégique de cette base n'est pas à démontrer, c'était l'une des clés du Milanais, c'est l'ossature du canton du Tessin actuel.

Mais la paix ne correspond pas aux aspirations de cette génération de Valaisans et de Suisses, qui sont fils de leur époque et qui veulent conquérir à leur tour de la gloire et de l'argent. Ce véritable torrent, Schiner est trop montagnard lui-même pour savoir que l'on ne peut pas s'y opposer, mais tout au plus élever quelques remblais pour le canaliser. Concrètement, il s'attache à organiser (décembre 1501), une milice valaisanne de 2000 hommes. En avance sur son temps, Schiner a compris l'importance croissante prise par le facteur du feu sur le champ de bataille: il encourage chez ses hommes leur entraînement au tir.

L'attention accordée par Schiner au développement d'une armée de milice nous permet de rapprocher sa pensée de celle de Machiavel, qui était pratiquement son contemporain. Le parallèle offert par la vie des deux hommes mériterait d'être brossé par un Plutarque moderne, qui pourrait y découvrir bon nombre de traits communs. En tout état de cause, nous voyons appliquer par l'évêque de Sion des principes d'art politique que n'aurait pas désavoués le secrétaire de la Seigneurie de Florence. Mais revenons à notre propos. Les adversaires de Schiner parviennent à recruter, malgré son opposition la plus formelle, un contingent de mercenaires valaisans destiné à renforcer les forces du roi de France à Naples. Ces hommes se heurtent au Garigliano, le 28 décembre 1503, aux Espagnols de Gonzalve de Cordoue, le Grand Capitaine de Ferdinand le Catholique. La défaite est cuisante, 350 Valaisans sont tués, les survivants sont décimés lors de la retraite. Cet échec, mieux que de belles paroles, contribue à renforcer la position anti-française de Schiner et à lui donner le temps de préparer l'opération suivante.

Matthieu Schiner et Jules II – la deuxième grande opération politique et stratégique de l'évêque de Sion

Les rapports, sans cesse modifiés, entretenus par les puissances européennes au début du XVIe siècle, sont l'une des combinatoires les plus complexes qui soient. Au cœur de ce que l'on a quelque peine à nommer un «système», une Confédération de XII Cantons souverains, qui en est aussi le microcosme, reflète les tendances toujours plus fortes qui menacent de faire éclater la Chrétienté. Dans ce contexte politique délicat, il nous paraît pour le moins téméraire de résumer sans la déformer, l'action de Matthieu Schiner. Dans le cadre qui nous est imparti, nous devrons nous limiter à n'en esquisser que quelques aspects.

En 1504, l'hypothèse d'un véritable renversement d'alliances, total ou même partiel, de la part des Suisses qui passeraient du camp du roi de France dans celui de ses adversaires n'est pas encore perçue que très confusément. Bien renseignés, les Florentins apprennent d'une lettre envoyée à la Seigneurie par Niccolo Valori, leur observateur à la cour de France, les quelques informations suivantes: il a dû, lui, Valori, insister auprès de Louis XII, en lui répétant qu'il importait de s'assurer à tout prix des Suisses – et aussi, de surveiller attentivement Gênes (nous reviendrons dans la suite sur ce dernier point). Valori a porté à la connaissance du roi de France que l'empereur Maximilien s'efforçait d'enrôler 5000 soldats suisses, ce que les trois cantons limitrophes du duché de Milan voyaient d'un œil favorable – pourvu qu'on leur cédât Côme. Et Valori d'ajouter que Sa Majesté parut ne pas ajouter foi à cette nouvelle, se regardant comme très sûre des Suisses. Ce témoignage est important, car il nous montre que si l'action de Schiner n'avait pas échappé à des observateurs perspicaces, elle était cependant menée avec suffisamment de discrétion pour ne pas éclater au grand jour.

Dans l'œuvre de Guichardin, la perception de la manœuvre de Schiner est beaucoup plus tardive. Il a pu savoir que l'évêque de Sion avait réussi le tour de force de négocier, le 8 mars 1507 à Ivrée, un accord entre le Valais et la Savoie, qui était en fait un véritable traité de non-agression conclu pour une durée de quinze ans. Par cette mesure, Schiner neutralisait l'adversaire potentiel le plus proche et pour cette raison le plus dangereux que le roi de France aurait pu lui opposer. La durée de 15 ans, elle aussi, est intéressante: c'est le temps qu'il faudra à Schiner pour bouter les Français hors du Milanais.

Guichardin a pu savoir en outre qu'à la Diète impériale de Constance (2 mai – 25 juillet 1507), Schiner avait été reçu en grande pompe par l'empereur Maximilien, qui avait tenu à rappeler ainsi que l'évêque de Sion était aussi prince d'Empire. Enfin, Guichardin a su que Jules II avait reçu Schiner le 11 septembre 1508 et qu'il lui avait promis la pourpre cardinalice. Il vaut la peine de citer ces deux passages du grand historien florentin:

«*Massimiliano ... avea segretamente mandato uno uomo al re d'Inghilterra e cominciato a trattare con la nazione de'svizzeri, la quale allora cominciava a venire in qualche controversia col re di Francia; per il che essendo venuto a lui il vescovo di Sion (diconlo i latini sedunense), inimico del re e che aspirava per questi mezzi al cardinalato, l'avea ricevuto con animo lietissimo*».
(Storia d'Italia, lib. VIII cap. 15).

Si Matthieu Schiner est bien reçu par Maximilien, il l'est tout aussi bien par Jules II, qui cherche à son tour à attirer les Suisses dans son orbite – tout en éprouvant la plus grande méfiance à l'égard de l'empereur.

«*il pontefice, pieno di sospetto, e malcontento ancora che egli [Massimiliano] si impadronisse di Verona, oltre al perseverare nel volere assolvere i viniziani dalle censure, faceva ogni opera per congiugnersi i svizzeri, per il che aveva rimandato al paese il vescovo di Sion con danari per la nazione e con promessa per lui del cardinalato*».
(ibid. cap. 16).

La signification de ces deux passages est dépourvue de toute équivoque. Cherchant une fois de plus à diviser ses deux adversaires, le roi de France a poussé entre eux le «coin» du Milanais, d'où il peut exercer une forte pression sur les Vénitiens. Mais la manœuvre est en passe de se voir déjouée par l'adresse de Schiner, qui parvient à se poser en négociateur entre Jules II et Maximilien, sans oublier le roi d'Angleterre.

Exaspéré, le roi de France décide alors d'abattre l'évêque de Sion; mettant le prix fort, il achète Supersaxo, exploitant le ressentiment et la jalousie croissante éprouvée par ce dernier contre Matthieu Schiner. La lutte sans merci que se livrent, par personnes interposées, Louis XII, Jules II et Maximilien, prend un caractère acharné. Menacé dans sa personne et dans ses biens, Schiner s'engage dans une partie dont l'issue est pour le moins incertaine: la coalition n'est pas prête, la guerre, devenue inévitable, s'engage dans des conditions défavorables pour lui.

La première campagne (1510) prend un mauvais départ. Les Confédérés ont accepté, malgré une forte opposition restée favorable au roi de France, d'envoyer des troupes à Jules II, pour défendre ses états, en sa qualité de souverain pontife. Supersaxo ayant trouvé le moyen de dresser un barrage dans la vallée d'Aosta, ces troupes doivent faire un long détour par le Simplon. L'effet de surprise recherché par Schiner, est manqué. Pour comble de malchance, le roi de France intercepte un courrier (15 août 1510) dans lequel Jules II fait écrire à Schiner qu'il ne doit pas hésiter à modifier son objectif stratégique (la reconquête de Parme), mais s'en prendre carrément à l'armée française, pendant qu'on soulèvera Milan et Gênes. (Relevons au passage l'importance jouée par Gênes dans ce contexte). La Diète fédérale, dûment informée par Louis XII, accuse Schiner de détourner les troupes suisses de leur objectif initial. L'évêque de Sion, sans se départir de son sang-froid, déclare que la lettre est un faux, portant la signature d'un secrétaire, et qu'il faut se garder de tomber dans un piège manifestement tendu par le roi de France. La campagne, cependant, tourne court. La solde n'a pas été versée aux Suisses, auxquels les Français de surcroît on su opposer une forme de guerre de harcèlement et d'usure qui ne manque pas son effet. Les Confédérés rentrent chez eux. Louis XII et Supersaxo ont gagné la première manche; mais Schiner ne se laisse pas abattre.

La seconde campagne (1511) s'annonce sous de meilleurs auspices. Schiner a l'habilité de ne pas s'opposer frontalement à Supersaxo, mais de se rendre à Rome, où Jules II le nomme en qualité de cardinal, ce qui renforce considérablement sa position. Supersaxo, pour sa part, se voit excommunié par Jules II. Schiner sait parfaitement qu'en obtenant ces mesures, il risque purement et simplement d'être assassiné. Du Valais, où il est rentré, il prend le parti de se rendre de nouveau à Rome, d'où il pourra mieux diriger la coalition, après être passé par Venise, où Jules II a fait réserver des fonds pour assurer la solde des Suisses.

La route de Schiner le fait passer par Coire, où il met en sûreté chez l'évêque grison son trésor de guerre personnel, son or et son argent. Puis, déguisé tantôt en mendiant, tantôt en pélerin, il traverse la zone lombarde, tenue par les Français. Parvenu à Venise, il a quelque peine à se faire reconnaître; il y parvient cependant et, dès ce moment, il est l'objet des plus grandes marques de déférence. Sa harangue, prononcée en dialecte vénitien, lui attire de nombreuses sympathies. Les banquiers de la place s'engagent à libérer les sommes nécessaires pour financer une nouvelle décente des Suisses.

Sur ces entrefaites, Schiner se rend à Rome, d'où il fait déclencher une nouvelle attaque-surprise (14 novembre 1511). Les Confédérés se ruent dans la plaine lombarde et atteignent les murs de Milan. Mais les Vénitiens retiennent les fonds qu'ils ont promis – et les Milanais, contrairement à l'attente des Suisses, ne se soulèvent pas. Tirant parti de l'inaction et du mécontentement des mercenaires, Louis XII leur envoie ses recruteurs et parvient à en débaucher un certain nombre. Démoralisée cette armée se débande, lève le siège le 20 décembre. A Noël, les Suisses se retrouvent dans leurs foyers.

Le cardinal de Sion ne se laisse pas décourager pour autant. Analysant les causes de l'échec il les découvre sans peine dans l'inertie «diplomatique» que lui ont opposée les Vénitiens. Il se rend compte aussi que l'on ne peut pas «téléguider», de Rome, une coalition composée d'éléments aussi divers que peuvent l'être des financiers vénitiens, un empereur inspiré d'archétypes dépassés, un pape ayant le tempérament des Della Rovere, et ces Suisses, enfin, qui n'ont jamais pu adopter une politique étrangère commune, aux objectifs clairement définis. Bref, Matthieu Schiner découvre à son tour que pour conduire une armée coalisée, il faut se mettre à sa tête. Sur le terrain.

La troisième campagne (1512). Le 9 janvier 1512, Matthieu Schiner, nommé par Jules II en qualité de légat pontifical auprès des Suisses, se trouve investi du pouvoir nécessaire. Il se rend à Venise, où il a l'habileté d'inviter, non pas une simple délégation de la Diète confédérée, mais un ambassadeur de chacun des XII Cantons. Il apprend d'aux que les propositions que n'a pas manqué de leur faire le roi de France, ne leur ont pas donné satisfaction. Les Suisses marcheront donc avec le Pape, à la condition formelle toutefois, que leur soit payée la solde qui leur est encore due et celle de la campagne qui va s'ouvrir. Cette fois, Schiner obtient la ratification d'une «capitulation» - en fait, d'un accord – en bonne et due forme. Jules II, Ferdinand d'Aragon et Venise payeront 18 000 ducats pour donner aux Suisses leur première solde de bataille. Pour la suite, car manifestement, cette somme ne suffira pas à payer un corps qui coûte environ 50 000 ducats par mois, Schiner semble compter sur les contributions dont seront frappées les villes «libérées» par les Suisses, de l' «occupation» française. Lorsque les ambassadeurs des Cantons se rendent en cortège pour procéder à la cérémonie de la signature de l'accord, ils ont à leur tête le cardinal-légat, précédé de sa croix d'argent.

Le roi de France, cependant, est loin d'être resté inactif. Prenant l'initiative stratégique, il a envoyé Gaston de Foix en Italie. Homme de guerre remarquable, ce dernier remporte une brillante victoire à Ravenne (11 avril 1512), grâce à un emploi original et nouveau d'une artillerie que l'on a su rendre plus mobile.

Schiner tire parti de cette défaite pour montrer que si l'on avait donné aux Suisses le temps d'effectuer leur jonction avec l'armée alliée, les troupes espagnoles et pontificales n'auraient pas été vaincues. Le 6 mai, la Diète fédérale décrète que, toutes forces réunies, on chassera les Français du Milanais. Le 13 mai, l'empereur Maximilien, toujours hésitant, finit par ouvrir les passages du Tyrol aux Suisses. A la fin du mois de mai, ces derniers sont passés en revue à Coire et se portent à Vérone par les cols de l'Albula et de l'Ofen, d'où ils gagnent Merano et Triente. Le 28 mai, les capitaines suisses sont à Vérone où les attend Schiner. Mais les Vénitiens, encore une fois, ont fait faux-bond. Schiner ne mâche pas ses mots, cette solde, s'il le faut, on ira cette fois la chercher par la force et il n'hésitera pas à faire pendre ceux qui la retiennent. Un parti est envoyé à Venise avec ordre de se procurer ces fonds, par tous les moyens. Mais la démarche ne se fera pas en un jour; pour Schiner, qui a pris cette fois l'initiative stratégique, il s'agit à tout prix de la conserver. Il est en effet parvenu, sans doute en l'induisant en erreur par de fausses nouvelles, à faire croire au commandant français – successeur de Gaston de Foix tombé à Ravenne – que les Suisses descendraient dans la plaine en empruntant le couloir de l'Oglio. Trivulce a donc barré la Val Camonica en y portant son gros. Mais il s'est fait jouer.

Imprimant son rythme à la manoeuvre, Schiner effectue le 2 juin sa jonction avec les Vénitiens à Valleggio, puis il frachit le Mincio. Le 6 juin il est à Crémone où il est renforcé par les contingents pontificaux. Il a toutes les peines du monde à s'opposer au pillage de la ville par les Suisses, qui ne sont toujours pas payés. De Crémone, le cardinal-légat adresse une proclamation aux Milanais, dans laquelle il leur enjoint d'ouvrir leurs portes, faute de quoi la ville sera livrée au pillage. Les Milanais obtempèrent. Jules II, sur ces entrefaites, envoie à Schiner l'ordre de s'emparer d'abord de Ferrare, on croit rêver! Mais le cardinal de Sion ne se laisse pas détourner de son objectif, fonce sur Pizzighettone et Lodi, pour atteindre Pavie le 14 juin, où les Confédérés sont accueillis en libérateurs.

Mais ici, surgit un nouvel obstacle: les Suisses menacent Schiner de mort s'ils ne reçoivent pas leur solde de bataille dans les meilleurs délais. Le cardinal emploie, comme il semble, sa réserve personnelle de 4000 ducats, pour calmer quelque peu les esprits. Les quelques jours ainsi gagnés permettent au convoi vénitien d'apporter in extremis la solde promise. Mais Schiner est hors de lui. Il déclare sans ambages aux Vénitiens que leur retard coûte 100 000 florins à la coalition (l'entretien du corps suisse pendant deux mois), et que leur mauvaise foi a presque fait éclater la Sainte-Ligue. Au prélat qui est à leur tête il lance: «Si je ne voyais pas que vous êtes évêque, je vous ferais pendre sur le champ». Si l'homme de guerre respecte le prêtre, il n'en recourt pas moins, à son tour, à la menace de mort.

La stratégie indirecte adoptée par Schiner finit par porter ses fruits. Maximilien rappelle les lansquenets allemands qui se trouvent au service du roi de France. Milan, Parme, Côme, Asti, Bologne, Ivrée,

Plaisance, Alexandrie et Gênes se rendent au cardinal-légat. Les Français évacuent la Lombardie. Le 24 juillet, Schiner paie leur solde à ses contingents et licencie ceux dont il n'a pas besoin pour tenir le Milanais. En décembre 1512, le jeune Maximilien Sforza, fils de Ludovic le More, reçoit des capitaines suisses les clés de Milan et fait son entrée dans la ville. La honte de la trahison de Novare se trouve, sinon effacée, du moins fortement atténuée. Et les Confédérés, qui ne manquent pourtant pas de bons tacticiens, ont découvert en la personne du cardinal de Sion, l'homme dont ils avaient besoin: un stratège capable de diriger une coalition.

Loin d'être ébloui par son triomphe, Matthieu Schiner s'efforce par tous les moyens d'en consolider les effets. Les Cantons reçoivent du Saint-Père, le titre de Protecteurs de la liberté de l'Eglise, qui les met sur un pied d'égalité avec les autres souverains d'Europe qui ont pris rang dans cette hiérarchie. En outre, les Cantons et les pays dits sujets des Confédérés, reçoivent des bannières pontificales auxquelles sont attachés de nombreux privilèges. Dans toutes ces mesures, et particulièrement dans la volonté d'effacer en Suisse la distinction des pays souverains et des pays vassaux, on reconnaît la marque de Schiner et sa volonté de supprimer les inégalités politiques, toujours grosses de conflits futurs.

Ill. 3 **Cardinal Matthieu Schiner à cheval**

L'homme d'Etat

Le cadre qui nous est imparti ne nous permet de donner ici qu'un trop bref aperçu des dix dernières années de la vie de Matthieu Schiner, devenu, par la volonté de Jules II, marquis de Vigevano et évêque de Novare. (De ce diocèse de Novare, dont le territoire est un véritable couloir stratégique en direction de Gênes; sa limite Sud n'est plus qu'à 25 lieues de la mer).

Le 6 juin Schiner parvient à surprendre dans leur camp près de Novare précisément, les troupes françaises renforcées par des lansquenets allemands. Après un combat d'un acharnement sans précédent, les Suisses remportent la victoire. Mais le roi de France, judicieusement conseillé par le grand-maître de son artillerie, Galiot de

Genouillac, découvre que l'un des points faibles des Suisses réside manifestement dans leur sous-estimation du feu. Du feu d'une artillerie qu'ils ne peuvent se procurer en nombre suffisant et dont ils tentent de compenser les effets par une véritable mystique du choc. Ce choc, les Français vont le casser, en lui opposant une masse de feu suffisante – renforcée par l'ennemi héréditaire du Suisse, le lansquenet allemand. Pour mettre enfin toutes les chances de son côté, François Ier procède à une surenchère sans précédent pour détacher de Schiner les Cantons où l'influence française a conservé ses racines les plus tenaces, dont

Berne, Fribourg et Soleure. Le 7 septembre 1515, une paix séparée est signée par le roi de France avec les Confédérés qui n'ont pas su – ou pas pu résister à sa pression.

Fortement affaiblies par cette défection, les troupes suisses qui restent à Milan hésitent à accepter un combat à un contre trois. Le cardinal de Sion, dont le prestige est resté considérable, leur tient, sur la place du Château à Milan, une harangue passionnée. Si les termes dont il se sert ne nous ont pas été conservés, nous en connaissons les effets: 28 heures de combat – «une bataille de géants», selon l'expression de Trivulce – menées les 14 et 15 septembre 1515 par 20 000 hommes peut-être, contre 60 000 adversaires; par des Suisses qui ont 1000 arquebuses et 8 pièces de canon contre des Franco-Allemands qui en ont 6000 et 72. Schiner combat lui-même en première ligne, avec le futur réformateur Zwingli.

L'échec est l'un des plus sanglants qu'ait subi l'armée suisse au cours de sa longue histoire. On sent encore, dans les travaux et les écrits qui ont été consacrés à Matthieu Schiner, qu'on ne lui a pas pardonné cette défaite, dont il porte incontestablement la responsabilité. Nous reviendrons sur ce point dans notre conclusion.

S'il doit accepter cette défaite, Schiner est un être trop indomptable pour s'avouer vaincu. Au cours des années qui suivent, il refuse de déposer les armes. En 1516, il parvient à lancer contre Milan une nouvelle campagne, financée cette fois par le roi d'Angleterre. Mais la conduite militaire, assumée cette fois par Maximilien, est maladroite et l'entreprise échoue.

L'homme d'Eglise et l'homme de guerre engendrent alors chez Matthieu Schiner un homme d'Etat à vocation entière. A ce titre il parvient à persuader à Maximilien de prendre les mesures nécessaires pour que soient réunies sur la tête de son successeur, le futur Charles-Quint, les couronnes d'Autriche et d'Espagne.

En 1519, il intervient auprès de Léon X pour faire nommer Zwingli en qualité de curé de la cathédrale de Zurich. Son intention est claire: il cherche à neutraliser la volonté schismatique de Luther en lui opposant une personne fortement profilée, capable d'opérer au sein de l'Eglise une réforme intelligente. Les hésitations du Saint-Père ne permettront pas à Schiner de conduire ici une véritable manœuvre d'ensemble. Mais Zwingli parviendra à empêcher que Zurich ne signe avec le roi de France une capitulation mettant à son service des hommes de ce Canton.

En 1521, Schiner, une nouvelle fois, passe les cols des Alpes à la tête de troupes suisses. Au cours de cette campagne, il est observé par un témoin critique, Francesco Guicciardini, qui exerce les fonctions de commissaire dans l'armée de Léon X et qui a donné de cette rencontre, le bref croquis suivant:

«*Procendendo in mezzo di quello (esercito), due legati Sedunense e Medici (le futur Clément VII) von le croci d'argento, circondate (tanto oggi si abusa la riverenza della religione), tra tanti armi e artiglierie, da bestemmiatori, omicidiali e rubatori*». (Lib. XIV, cap. 8).

Cette campagne, bien que peu spectaculaire, fut intelligemment conduite et permit à Schiner de contraindre les Français, une fois de plus, à évacuer Milan.

En 1522, à la mort de Léon X, Matthieu Schiner intervient au Conclave pour que soit élu le pape Adrien VI. Après son élection, ce dernier conserve à Rome, auprès de lui, comme seul cardinal et conseiller personnel, l'évêque de Sion. Ce dernier ne cessera pas, par des avis judicieux qui ont un écho certain dans l'Eglise, de prendre des mesures radicales pour éviter le schisme. Mais son destin ne lui permettra pas de mener à bien cette dernière opération. Le 1er octobre, atteint de la peste, Matthieu Schiner s'éteint à Rome.

II. L'action de Schiner et son influence (esquisse très sommaire)

Il faut le répéter: homme d'Eglise homme de guerre, Matthieu Schiner est aussi et surtout un homme d'Etat au format exceptionnel. La preuve nous en est donnée par le fait qu'il a l'art de tirer parti de ses échecs eux-mêmes pour étendre chaque fois davantage sa sphère d'influence.

Son premier domaine est un dizain du Haut-Valais; le second, l'évêché de Sion où il exercera jusqu'à sa mort et quelle que soit la distance, un pouvoir très réel. Sa troisième zone d'influence est celle de la Diète fédérale où il est loin d'être toujours suivi, mais au sein de laquelle il élargit ce que l'on pourrait appeler «le champ de conscience» de la Suisse. Quatrième zone d'influence: Rome et le Saint-Empire, sans parler du Milanais, lorsqu'il réside à Novare ou à Vigevano. Zone élargie par l'appui du roi d'Angleterre, qu'il parvient lui aussi à gagner à sa cause. Sa dernière ambition, d'épargner à la Chrétienté la catastrophe d'un schisme, ne peut être remplie – c'eût été la sphère d'influence la plus vaste qui pût être ouverte à un être humain.

Mais il y a, incontestablement, l'échec de Marignan, où nous pouvons découvrir que l'un des objectifs poursuivis par Schiner a pu être la ville de Gênes, qui, alliée à la Confédération et reliée avec elle par l'évêché de Novare, lui aurait donné cet accès à la mer qui lui faisait défaut. Il n'est pas déplacé d'avancer l'hypothèse, selon laquelle des Suisses, parvenant à définir clairement un objectif politique et stratégique commun, auraienwt pu parvenir à leurs fins. Leur puissance militaire, alors à son apogée, leur aurait sans doute permis de le faire.

La suite de l'histoire nous montre que la puissance militaire de la Suisse ne fut pas cassée à Marignan, mais canalisée par un barrage que lui opposaient des forces supérieures aux siennes. Canalisée, mieux utilisée politiquement, l'explosion de violence des guerriers suisses fit peu à peu place à la force, disciplinée de ses régiments. Ces derniers, qui serviront pendant trois siècles sous leur propre drapeau suisse, sur tous les champs de bataille de l'Europe, ouvrirent à leur pays des débouchés économiques aussi valables que ceux que leur aurait offert une Confédération, géographiquement moins bien équilibrée, qui se serait étendue jusqu'à la Méditerranée.

Ces quelques considérations nous conduisant à dire qu'à notre sens, Matthieu Schiner est parvenu, par son action d'homme d'Etat génial et passionné, à façonner la Confédération pour en faire – souvent contre le gré des Confédérés eux-mêmes – un Etat moderne. Si la Suisse n'est pas devenu satellite de la France ou du Saint-Empire, mais une nation originale, à laquelle ses propres contradictions confèrent une force insoupçonnée, c'est aussi à Schiner qu'elle le doit, comme elle en est redevable également à des hommes comme Zwingli, Erasme et Nicolas de Flue.

Source du texte

Reichel Daniel, Matthieu Schiner (vers 1465–1522), Cardinal et homme de guerre, dans: Actes du Symposium 1986, Tome 4, Centre d'histoire et de prospective militaires, Pully 1986, p. 7–20.

Publié avec la permission du directeur scientifique du CHPM, Pierre Streit.

Principaux ouvrages consultés

I. Sources

1 Korrespondenzen und Akten zur Geschichte des Kardinals Matth. Schiner, Hrsg. von Alber Büchi. 2 vol., Basel-Geering 1920–1925

2 Francesco Guicciardini, Storia d'Italia. 5 vol., Bari-Laterza 1967, Scrittori d'Italia

3 Machiavel, Toutes les lettres, présentées et annotées par Edmond Barincou, 2 vol. Paris 1955

II. Etudes sur Matthieu Schiner

1 Albert Büchi, Kardinal Matthäus Schiner als Staatsmann und Kirchenfürst, Zürich 1923, (vol. I), Freiburg (Schweiz), 1937

2 Albert Büchi, Kardinal Schiner und der Humanismus. In: Schweizer Rundschau Heft 2, 1919/20

3 Kardinal Matthäus Schiner und seine Zeit. Festschrift zum 500. Geburtstag. In: Blätter aus der Walliser Geschichte 14 (1967–1968)

4 Paul Rousset, Le Cardinal Schiner ou la nostalgie de la Croisade. In: Mélanges offerts à André Donnet … In Vallesia 33 (1978)

III. Autres études

1 Niklaus Manuel Deutsch, Maler, Dichter, Staatsmann, Bern 1979

2 Emil Usteri, Mariganno. Zürich 1974

Preuve d'illustrations

1 *Cardinal Matthieu Schiner, vers 1465–1522*
   Source: Otto Walter und Julius Wagner (Hrsg.), Die Schweiz mein Land, Otto Walter Olten und Verkehrsverlag Zürich 1939, S. 36

2 *Cardinal Matthieu Schiner, portrait sur Six-gros (Halber Dicken, Münze), Anfang 16. Jahrhundert, Schweizerisches Landesmuseum Zürich*
   Source: Hans Rudolf Kurz, Das Schweizer Heer, Stocker-Schmid, Dietikon bei Zürich 1969, S. 130

3 *Cardinal Matthieu Schiner à cheval (im Vordergrund), vor der Schlacht bei Marignano, wie er die Heere segnet*
   Source: Otto Walter und Julius Wagner (Hrsg.), Die Schweiz mein Land, Otto Walter Olten und Verkehrsverlag Zürich 1939, S. 36

Ulrich Zwingli als Feldprediger in der Lombardei

David Vogelsanger

«So einer ein wyss krütz an sich näyet,
so verzeichnet er sich, das er ein Eidgenoss welle syn.»

Zwingli, Von dem Touff, Zürich 1525

Dass der Zürcher Reformator Ulrich – oder wie er sich gerne nannte, Huldrych – Zwingli in der Schlacht von Kappel am 11. Oktober 1531 schwer verwundet und anschliessend von einem Nidwaldner Krieger getötet worden ist, gehört zum schweizergeschichtlichen Grundwissen. Heute dürfte aber nicht mehr sehr vielen bekannt sein, dass Zwingli schon Jahre vorher als Feldprediger der Glarner an den Kriegszügen der Eidgenossen in der Lombardei teilgenommen hat. Im Hinblick auf die bevorstehende Erinnerung an die Schlacht von Marignano von 1515, den weitaus blutigsten Tag unserer Geschichte, der aber auch längerfristig zur heilsamen Wende werden sollte – die Inschrift EX CLADE SALUS, aus der Niederlage Heil, am schweizerischen Marignano-Denkmal von 1965 auf dem Schlachtfeld in Zivido erinnert daran[1] – ist es angezeigt, an diese militärische Erfahrung des jungen Zwingli zu erinnern. Sie wurde für seine weitere geistige und politische Entwicklung in mancher Hinsicht prägend. Das gilt in erster Linie natürlich für seinen späteren leidenschaftlichen Kampf gegen den Solddienst der Eidgenossen. Dieser Kampf sollte wiederum einer der Hauptgründe dafür werden, dass Zwingli mit seinem grossen Ziel einer kirchlich gänzlich geläuterten, politisch geeinigten und von allen fremden Abhängigkeiten freien Eidgenossenschaft letztlich auf dem Schlachtfeld von Kappel scheitern sollte.

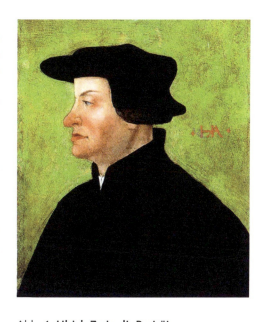

Abb. 1 **Ulrich Zwingli, Porträt**

Zwingli ist eine der bedeutendsten, in mancher Hinsicht die überhaupt markanteste Gestalt unserer Geschichte.[2] Dies darf heute festgestellt werden, ohne viel Widerspruch auszulösen, denn die konfessionellen Sensibilitäten früherer Jahrhunderte sind weitgehend verschwunden und die moderne säkulare, katholische oder reformierte Schweiz steht heute gemeinsam vor ganz anderen, wenn auch nicht weniger gefährlichen Herausforderungen als denjenigen des frühen 16. Jahrhunderts. Wie bei anderen für die Entwicklung ihres Landes oder der Welt wichtigen Menschen ist es auch bei Zwingli wertvoll zu sehen, welche Faktoren ihn geformt haben. Es sind ganz besonders drei: seine Jugend als Sohn eines freien Bauern und Gemeindeammanns in Wildhaus im Toggenburg, seine humanistischen Studien an den Universitäten von Basel und Wien und die katholische Kirche, der er jahrelang als Priester treu diente. Als der Zweiundzwanzigjährige im Jahr 1506 die Pfarrstelle in Glarus übernehmen konnte, war bei ihm von einem Gegensatz zur herrschenden Lehre noch gar nichts zu spüren, sondern der junge Geistliche engagierte sich mit Leidenschaft für alle Facetten seiner Aufgabe. In freien Stunden führte er aber seine Studien der griechischen und römischen Klassiker weiter und korrespondierte aus dem abgeschiedenen Glarus mit geistigen Grössen der beginnenden neuen Zeit, allen voran Erasmus von Rotterdam.

1512, sechs Jahre nach des jungen Pfarrers Amtsantritt in Glarus, kam es zu einer der bis heute bedeutendsten kriegerischen Aktionen der Schweizergeschichte, dem Pavierzug, zu dem wohl 20 000 schweizerischen «Knechte» (Soldaten) ausgerückt sind. Die Eidgenossen hatten damals schon seit über hundert Jahren über den

Abb. 2 **Ulrich Zwingli, Eisenhut und Schwert**

Gotthard gegriffen. Solche Feldzüge erfolgten in erster Linie zur Sicherung der Transportwege und der damit verbundenen beträchtlichen Einnahmen. Sie waren aber vorerst nur mit unbedeutenden territorialen Gewinnen verbunden. Aus der Tatsache, dass die Eidgenossenschaft aufgrund der für die damalige Zeit fast unglaublichen Erfolge in den Burgunderkriegen gegen Karl den Kühnen und im Schwabenkrieg gegen das Heilige Römische Reich Deutscher Nation – symbolisiert durch die Siege von Murten 1476 und Dornach 1499 – zur europäischen Militärmacht geworden war, ergaben sich Konsequenzen.

Erstes und auf lange Dauer angelegtes Ergebnis dieser kriegerischen Erfolge war der Wettbewerb der Fürsten um Reisläufer, Söldner aus dem bitterarmen Gebirgsland, deren unbändigem Kampfeswillen und deren erfolgreicher militärischer Technik man alles zutraute. Dieser Wettbewerb zeigte sich vor allem in Italien, schon damals «*nur ein geographischer Begriff*» (Metternich), dessen Territorien zwischen Kaiser, französischem König, Papst, Mailand und Venedig heftig umkämpft waren. Wechselnde Soldbündnisse einzelner Kantone, aber auch der Eidgenossenschaft selber, mit diesen Kriegsherren gipfelten in regelmässigen militärischen Erfolgen, so etwa den Eroberungen von Neapel und Mailand durch Schweizer Reisläufer in französischem Dienst, führten aber auch dazu, dass immer wieder Eidgenossen gegen Eidgenossen kämpften, was schon früh Kritik hervorrief.

Territoriale Eroberungen als zweite Konsequenz des eidgenössischen Aufstiegs zur Militärmacht fanden nur während kurzer Zeit statt. Im Süden sollten sie schon mit der Niederlage von Marignano und dem vergleichsweise bescheidenen Zugewinn des heutigen Tessin ihren Abschluss finden. Aber bis dahin war für die erfolgreichen Krieger aus der kargen Alpenwelt die Versuchung gross, die reiche Lombardei als Inbegriff von Luxus und leichtem Leben zum Ziel von Feldzügen zu machen.

Im Südosten nützten die mit der Eidgenossenschaft als Zugewandte Orte alliierten Drei Bünde die Gunst der Stunde zur Eroberung von Cleven (Chiavenna), des Veltlins und von Worms (Bormio). Von Dauer war die Bündner Herrschaft in diesen Gebieten bekanntlich nicht, aber sie sollte doch, mit Unterbrüchen während der Bündner Wirren des 17. Jahrhunderts[3], fast dreihundert Jahre halten. Neben den Tessiner Tälern führte lediglich im Westen 1536 das Ausgreifen der Berner, Freiburger und Walliser auf weite Teile der heutigen französischen Schweiz bis nach Genf zu dauernder territorialer Erweiterung der Eidgenossenschaft.

Natürlich ist auch die Gründung der Päpstlichen Schweizergarde unter zürcherischer und luzernischer Führung im Jahr 1506 im Kontext der italienischen Kriege zu sehen. Immer mehr zeigte sich die Spaltung der Eidgenossenschaft, selbst einzelner Stände, in eine französische und eine päpstliche Partei. Erstere stand unter der Führung der Berner Aristokratie, letztere unter derjenigen des zunftbürgerlichen Zürich.

Es war nun keine Überraschung, dass der Pfarrer von Glarus, das zu den in Franzosenfreunde und Papsttreue geteilten Ständen gehörte, sich auf die Seite seines Kirchenherrn stellte. Leitfigur der päpstlichen Partei in der Eidgenossenschaft war der Bischof von Sitten, später auch von Novara und Markgraf von Vigevano, Kardinal Matthäus Schiner. Dieser, ein rücksichtsloser Machtpolitiker, hatte ein wohlwollendes Auge auf den gelehrten jungen Priester im Bergtal gerichtet und liess dem späteren Todfeind der Pensionenherren sogar die jährliche Summe von fünfzig Gulden ausrichten, eine nicht unbedeutende Summe, mit welcher Zwingli sich eine für damalige Verhältnisse beträchtliche Bibliothek aufbaute.

Dass der Pfarrer von Glarus, den Zeit seines Lebens, auch als er in Zürich längst ein wichtiger Mann geworden war, von dem halb Europa sprach, Volksnähe und eine tiefe Vaterlandsliebe prägten, dass ihr Pfarrer die jungen Glarner Krieger auf ihren ennetbirgischen Zügen begleitete, als sie in der fernen Lombardei Leib und Leben aufs Spiel setzten, lag nun auf der Hand. Zwinglis Nachfolger als Haupt der

Zürcher Kirche, Heinrich Bullinger, berichtet vom Brauch der Eidgenossen, die auf den Reiszügen *«Priester und auch offt irr Pfarrer selbs mit inen füerend»*. Das ist der Ursprung des schweizerischen Feldpredigers, der seine Soldaten als katholischer Priester oder als reformierter Pfarrer während fünfhundert Jahren in Krieg und Frieden, in tödlicher Gefahr und bei blosser militärischer Übung, in Freud und Leid treu begleitet hat. Es brauchte eine papierene militärische Bundesbürokratie und Zwinglis heutige Epigonen, offenbar ohne jedes geschichtliche Bewusstsein und ohne patriotischen Stolz, um diesen ehrwürdigen Namen im Zuge der verunglückten *«Armee XXI»* zu Beginn des 21. Jahrhunderts durch den blassen Beamtenbegriff *«Armeeseelsorger»* zu ersetzen.[4]

Ob nun Zwingli seine Glarner bereits 1512 auf dem erwähnten Pavierzug als Feldprediger begleitet hat, wissen wir nicht mit Sicherheit. Belegt ist es nicht, aber wir dürfen es vermuten, denn es gibt keinen Grund, weshalb der kerngesunde junge Pfarrer 1513 und 1515 ausgerückt sein sollte, 1512 aber nicht. Der zeitgenössische Chronist Johannes Stumpf weiss zu berichten, dass Zwingli *«uff dero von Glaris Manung zun Zytten zu Feld gezogen»* und *«an der Schlacht zu Marian ouch gewesen»* sei. Das «auch» könnte darauf hinweisen, dass der Feldprediger den Glarner Auszug in die Lombardei mehrmals begleitet hat.

Zwingli hat nirgendwo ausdrücklich geschrieben, dass er beim Pavierzug, von dem das kleine Glarner Kontingent von zweihundert Mann nach 81tägiger Abwesenheit siegreich zurückkehrte, selber dabei war. Aber unmittelbar nach dem Feldzug lieferte er seinem Freund Vadian, dem späteren St. Galler Reformator, der damals Professor in Wien war, eine der-

Abb. 3 **Zwingli-Portal, Grossmünster Zürich, Südportal**

art detaillierte, wenn auch nicht fehlerlose Beschreibung der geographischen und militärischen Umstände des Feldzugs, dass wir zur Auffassung neigen, er sei schon damals selber als Feldprediger ausgerückt.

Mit Sicherheit war Zwingli aber im folgenden Jahr beim grossen Sieg der päpstlich gesinnten Eidgenossen gegen die Franzosen bei Novara dabei. Bullinger schreibt, *«ist ouch Zwingli zum andern maal mit dem Landt Glaris in Meyland gereisset, zum ersten im Zug gen Nawerren, zum andern im nachfolgenden Zug, da die Schlacht beschach zuo Maringnan vor Meyland»*. Und ein Glarner Chronist des 18. Jahrhunderts, Johann Heinrich Tschudi, schreibt in seiner 1714, also zweihundert Jahre nach Marignano, erschienenen «Beschreibung des Lobl. Orths und Land Glarus» von der Novarer Schlacht ausdrücklich: *Auf diesem Meyländischen Kriegszug hatten die Glarner den damaligen Pfarrer zu Glarus Ulrich Zwingli bey sich.*

Über Zwinglis Dienst als Feldprediger wissen wir nur, was seine eigenen treuen Anhänger geschrieben haben. Sein Nachfolger Heinrich Bullinger schreibt über den katholischen Feldprediger in der Lombardei: *Im Heerläger hat er flysig gepredigt und an den Schlachten sich redlich und dapfer gestellt, mit Rädten, Worten und Thaten, dess er ouch by sinem Landvolk Gunst, Zügnuss und guten Rhuom hat.* Der Chronist Johannes Stumpf greift gar zum Vergleich mit dem römischen Feldherrn, der zweihundert Jahre vor Christus die Karthager besiegt hatte: *Daselbst hat er sich gar wol gehalten, deshalb von*

Mencklichem gelobt und damals von Ettlichen Scipioni Aphricano in der Trüw gegem Vatterland verglycht.

Dass Zwingli sich in den lombardischen Kriegszügen gut gehalten hat, steht ausser Zweifel. Allfällige damalige Schwächen wären von seinen späteren erbitterten Feinden in der Innerschweiz, von denen ja viele in Pavia, Novara und Marignano selber dabeigewesen waren, propagandistisch gnadenlos ausgenützt worden. Das geschah aber nie, und der Schluss ist deshalb erlaubt, dass die militärische Qualifikation des späteren Reformators tadellos und seine *«Trüw gegem Vatterland»* über jeden Zweifel erhaben war.

Sind Bullinger und Stumpf so zu interpretieren, dass Zwingli sich auf den Feldzügen keineswegs auf Predigt und Seelsorge beschränkt, sondern selber in den Reihen seiner Glarner mitgefochten hat? Zumindest Bullingers Formulierung scheint dies deutlich nahezulegen. Dass der Reformator an seinem letzten Lebenstag, dem 11. Oktober 1531, in Kappel zuerst in der zweiten Reihe, dann sogar in der ersten tapfer gekämpft hat, ist vielfach belegt. Doch damals war er mit dem Zürcher Heer nicht mehr eigentlich als Feldprediger, sondern als geistiger und politischer Führer der Stadt ausgerückt. Es ging um sein Lebenswerk. Trotzdem vermuten wir, Zwingli habe schon als einfacher Feldprediger in der Lombardei im Kampf zusammen mit den Glarnern seinen Mann gestellt. Man kann sich diesen lauteren Charakter ganz einfach nicht vorstellen, wie er die Schlacht aus sicherer Distanz beobachtet, in der seine Kameraden verwundet werden und sterben.

Nach heutigem Kriegsvölkerrecht sind die Feldprediger keine Kombattanten und in der Schweizer Armee nur zum Selbstschutz mit einer Pistole bewaffnet. Aber noch aus einer kirchlichen Publikation aus dem letzten Aktivdienst geht die klare Überzeugung hervor, in einem schweizerischen Verteidigungskrieg habe sich in letzter Konsequenz auch der Feldprediger mit der Waffe in der Hand selber am Kampf zu beteiligen.[5] In diesem Zusammenhang interessiert uns natürlich auch, mit welcher Ausrüstung denn Zwingli in den Krieg gezogen ist. Bekanntlich sind «Zwinglis Waffen», welche die Luzerner nach Kappel im Triumph nachhause brachten und nach dem Sonderbundskrieg, über dreihundert Jahre später, zurückgeben mussten, zu einem nationalen Mythos geworden.[6] Der zeitgenössische Luzerner Chronist und Staatsschreiber Renward Cysat spricht lediglich von «ysenhuet und halparte». Später kamen eine auch als Feuerwaffe eingerichtete Streitaxt[7], ein Säbel, eine Armbrust und ein gewaltiges Schwert dazu. Wie der Geistliche ein solches Arsenal mit sich getragen haben soll, ist unbegreiflich, und das Landesmuseum hat denn auch den grösseren Teil dieser Gegenstände im Laufe der Zeit in seiner Sammlung verschwinden lassen und zeigt heute nur noch den ziemlich sicher authentischen Helm und das auf dem Zürcher Denkmal des Reformators verewigte Schwert. Zwingli dürfte in Italien und in Kappel zum Schutz vermutlich tatsächlich diesen Helm getragen und, so auch von Cysat bestätigt, wie die meisten damaligen Kämpfer mit seiner zwar noch nach Luzern gekommenen, aber heute leider nicht mehr erhaltenen Hellebarde gefochten haben. Gerade auch auf den Gewaltmärschen nach Oberitalien wäre ihm eine schwerere Bewaffnung nur hinderlich gewesen.

Mit Novara waren die Schweizer nun zu den eigentlichen Herren des Herzogtums Mailand geworden. Herzog Maximilian Sforza wurde zwar nominell wieder in sein Amt eingesetzt, hing aber völlig von den eidgenössischen Hellebarden und Langspiessen ab. Maggia- und Eschental – letzteres nur vorübergehend –, Locarno, Lugano und Mendrisio wurden sogar Gemeine Herrschaften der erobernden Stände, Cleven, Veltlin und Worms, wie schon erwähnt, für fast dreihundert Jahre solche der Drei Bünde.

Mit Franz I. aus dem Haus Valois gelangte aber schon zu Beginn des Jahres 1515 ein 20jähriger auf den französischen Thron, der nicht bereit war, die eidgenössische Herrschaft über die Lombardei hinzunehmen. Er verbündete sich mit den Venezianern, bot den Eidgenossen aber die astronomische Summe von einer Million Goldgulden für ihren Abzug sowie die Anerkennung ihrer Herrschaft über die ennetbirgischen Vogteien, das heutige Tessin und das Veltlin. Wie die Berner, Freiburger und Solothurner dieses im Frieden von Gallarate festgeschriebene Angebot annahmen, andere Stände zögerten und die von Kardinal Schiner und wohl auch von Zwingli zur Offensive ermunterte Truppe gegen besseren Rat die Schlacht suchte, die als Marignano in die schweizerische und europäische Geschichte eingegangen ist, wird in diesem Band an anderer Stelle geschildert.

Zwinglis vermutlich dritter und sicher letzter Auszug nach Oberitalien als Feldprediger der Glarner Truppen ist nun sehr gut bezeugt. Gemäss dem bereits zitierten Johann Heinrich Tschudi rückten die Glarner diesmal in drei «Fähnlein» aus, am 8. Mai, am Johannistag (24. Juni) und am Verenatag, also am 1. September 1515. Sicher marschierte der Haupthars zuletzt ab, und der Feldprediger dürfte erst diesen begleitet haben. Über Kerenzerberg, Walenstadt, Chur, Tiefencastel, Oberhalbstein, Septimerpass, Bergell, Chiavenna, Comersee und Lecco wurde am 7. September, also in weniger als einer Woche, Monza erreicht[8] – eine eindrückliche, aber für damalige eidgenössische Krieger keineswegs aussergewöhnliche Marschleistung, notabene mit den zeitgenössischen schweren Waffen, Harnischen und Kleidern sowie für heutige Begriffe schlechtem Schuhwerk.

Am folgenden Tag, dem Samstag, 8. September, hat sich Zwingli nun auf dem Hauptplatz von Monza mit einer Predigt an die Truppe gewandt. Dafür gibt es einen Augenzeugen, Werner Steiner aus Zug, Priester und selber Feldprediger, jüngster Sohn des gleichnamigen Zuger Landammanns und Kommandanten der eidgenössischen Vorhut in Marignano sowie Bruder zweier am ersten Tag der Schlacht gefallener Krieger.[9] Die Zuger hatten die Alpen natürlich über Gotthard und Ceneri überquert, sich – ähnlich wie die Glarner in Lecco – in Varese besammelt und nun, einen Tag vor den Glarnern, also am 6. September, den gemeinsamen Sammelplatz der eidgenössischen Kontingente erreicht, das fünfzehn Kilometer nördlich von Mailand gelegene Städtchen Monza.[10] Steiner stammte aus einer führenden Zuger und Zürcher Familie, die unter anderem auch die Gerichtsherrschaft über das zürcherische Uitikon besass. Wie Zwingli selber, war er einer der seltenen gebildeten Priester mit Magistertitel, also einem Universitätsabschluss. Er reiste später bis nach Palästina, wurde Chorherr in Beromünster und schloss sich der Reformation an. Deshalb musste Steiner nach Zürich übersiedeln und führte dort das Leben eines Privatgelehrten, der eine Reihe von Publikationen verfasste. Allerdings sollte sein Leben, lange nach Zwinglis Tod, im Hausarrest tragisch

Abb. 4 Zwingli-Portal, Grossmünster Zürich, Südportal, Feld 2: Zwingli predigt

enden, zu dem ihn der Zürcher Rat aufgrund von peinlichen Anschuldigungen verknurrt hatte.

Steiner schreibt in seiner Zuger Chronik über Zwinglis Predigt in Monza nur wenige Zeilen: *Und Sambstag darvor, wz unserer lieben Frauwen tag ihr geburth, deth M. Huldrich Zwingli (wz deren von Glaris Kilchher do) ze Muntz an ofner gass, bim Kaufhus, ein predig, wo vil volk darby. Het man ihm do gefolgt, wer uns vor vil Schaden gsin. Wer aber nit glaubt, der erfarts mit sinem Schaden, als uns geschehen ist.*

Über den Inhalt dieser Predigt wissen wir nichts Genaues. Die Aussage von Steiner, man hätte besser auf Zwingli hören sollen, ist ein Hinweis darauf, dass der Feldprediger vermutlich zur Einigkeit unter den Eidgenossen aufgerufen hat. Um blosse religiöse Erbauung der Krieger dürfte es in der Predigt jedenfalls sicher nicht gegangen sein, wie ja denn auch in den späteren Predigten des Reformators der Bezug zum öffentlichen Leben und zur Aktualität selten gefehlt hat. Wir gehen kaum fehl in der Annahme, dass der Glarner Priester im Sinn seines Mentors Kardinal Schiner gesprochen hat, also gegen den Vertrag von Gallarate, gegen den Abzug aus der Lombardei nach dem Beispiel der Berner, Freiburger und Solothurner und für eine gemeinsame militärische Entscheidung gegen die Franzosen. Schiner selber ist übrigens am Sonntag, also am Tag nach Zwinglis Predigt, auch nach Monza gekommen und hat sich ohne Zweifel noch selber an die Truppe gewandt.

Wir können also nur vermuten, was Zwingli in Monza gesagt hat, aber wo er dies tat, ist klar. Steiner spricht vom «*Kaufhus*». Mitten auf dem dadurch zweigeteilten Hauptplatz von Monza, et-

was nördlich des Doms, steht der Palazzo Arengario[11], wie er auch in praktisch allen anderen oberitalienischen Städten existiert. Es handelt sich um eine Kombination von einerseits tatsächlich einem Kaufhaus, in dem Waren angeboten wurden, wie vor allem auch einer Versammlungshalle, die sowohl der Zunft der Kaufleute wie auch der Gemeinde und der Justiz dienen konnte. Es sind deshalb auch die Bezeichnungen «Palazzo dei Mercanti», «Palazzo del Comune», «Palazzo della Ragione» oder oft auch «Broletto» gebräuchlich. In Mailand steht seit 1233 und bis heute, ebenfalls nördlich des Domplatzes auf der Piazza Mercanti, ein «neuer» Palazzo della Ragione oder Broletto.[12] Der Arengario von Monza ist nur wenige Jahrzehnte später nach dem Mailänder Vorbild, aber natürlich etwas kleiner, gebaut worden. Von oder vor diesem Gebäude hat also Zwingli an diesem Samstag den eidgenössischen «Knechten» gepredigt. Das Gebäude enthält an seiner Südfront, dort wo der Platz am weitesten ist, einen kleinen Balkon, «Parlerà» genannt, von dem sich Redner ans Volk wenden oder Gemeinderlasse verlesen werden konnten. Dass der Glarner Pfarrherr diesen Balkon für seine Predigt benutzt hat, ist anzunehmen, ist auch eine durchaus reizvolle Vorstellung, aber nicht belegt.

Keine Woche später war Zwingli mit seinen Glarnern auf dem Schlachtfeld von Marignano und hat den Erfolg des ersten Tages und die Katastrophe des zweiten miterlebt. Auf sie folgte der in Ferdinand Holdlers Fresken im Zürcher Landesmuseum eindrücklich geschilderte geordnete Rückzug der Überlebenden mit allen Verwundeten in die Stadt, das schreckliche Massensterben in den Mailänder Notspitälern, wo wohl weit mehr Eidgenossen ihr Leben liessen als auf dem Schlachtfeld selber, und schliesslich der traurige Rückmarsch nach Glarus. Der junge französische König beschreibt das Ereignis in einem Brief an seine Mutter: *Und nachdem wir alles so gut abgewehrt haben, hat man seit zweitausend Jahren keine so anständige und so grausame Schlacht gesehen.* Dass sich der Feldprediger der Glarner darin tapfer gehalten hat, dürfen wir, wie schon ausgeführt, annehmen, dass er in der folgenden Not seine eigentliche geistliche Aufgabe nach bestem Wissen und Gewissen erfüllt hat, ist sicher. Über all dies und den wohl rasch erfolgten Rückmarsch der Glarner in die Heimat wissen wir aber nichts mehr.

Marignano war ohne Zweifel der Ausgangspunkt für eine Wende in der Schweizergeschichte.[13] Ob man wirklich hier oder erst im Westfälischen Frieden von 1648 oder gar erst in ihrer Anerkennung durch die europäischen Mächte 1815 in Wien den Ursprung der Neutralität sehen will, bleibt umstritten. Sicher ist, dass von nun an die Eidgenossenschaft jede eigene Grossmachtpolitik aufgibt und ihre nach wie vor bedeutende militärische Kraft auf die Verteidigung der eigenen Unabhängigkeit und noch für über dreihundert Jahre auf den Solddienst konzentrieren wird.

Auch für Zwingli persönlich war Marignano eine entscheidende Zäsur. Vom treuen Anhänger mindestens des päpstlichen Solddienstes wurde er jetzt zum erbitterten Gegner aller fremden Dienste. War er bis 1515 ein Gefolgsmann Schiners gewesen, predigte er von nun an in Anspielung auf den Hut des Kardinals offen gegen die «Roten Hüetli». *Sie tragen mit Recht rote Hüte und Mäntel, denn schüttelt man sie, so*

Abb. 5 **Palazzo dell' Arengario in Monza**

fallen Dukaten und Kronen heraus; windet man sie, so rinnt Deines Sohnes, Bruders, Vaters und guten Freundes Blut heraus.[14]

Immer mehr wandte er sich aber von nun an gegen das Söldnerwesen überhaupt, das er aufgrund der eigenen Erlebnisse in der Lombardei als Quelle von eidgenössischer Unmoral, Korruption, innerem Hader und Verrat an der Freiheitstradition leidenschaftlich zu brandmarken nicht müde ward:

«Unsere Altvordern haben den Sieg von Gott erbeten und nur um der Freiheit willen gestritten. Nie haben sie Lohn empfangen, um Christenleute umzubringen. In unseren Tagen erst hat der Teufel den fremden Fürsten eingegeben, uns zu schmeicheln. Sie nennen uns tapfer und spotten darüber, dass wir uns in unseren Bergen verborgen halten. Nehmet Sold, sagen sie, und grosser Reichtum wartet Eurer. Nun seht Euch Euren Reichtum und Euren Vorteil an: In Neapel, zu Novara, in Mailand haben wir schwerer zu leiden gehabt als unsere Väter im Lauf mehrerer Jahrhunderte. (...) Sie (die Fremden) wachen über unser Verderben, und darum drängt mich meine Liebe zum Vaterlande, Euch zu mahnen, dieweil es noch Zeit ist, und Euch zu beschwören, Euch, die Ihr das Schwert und die Hellebarde nicht zu zähmen vermöget.»[15]

Franz I. hatte sich trotz seines jugendlichen Alters als weise und vorausschauend erwiesen. Er liess zwar eine Marignano-Münze schlagen, die ihn mit der lateinischen Inschrift VICI AB UNO CAESARE VICTOS als einzigen Sieger über die Eidgenossen seit Julius Caesar feierte, verzichtete aber sonst darauf, die Gegner zu demütigen. Er hinderte nach der Schlacht auch ihren geordneten Abzug aus Mailand in die Heimat in keiner Weise. Für den Dijoner Feldzug von 1513 und für die Ablösung der Herrschaft der Stände über die Lombardei bezahlte er ihnen die immer noch enorme Summe von 700 000 Kronen. Weitere 300 000 bot er für die Abtretung der ennetbirgischen Vogteien, das heutige Tessin, Cleven, das Veltlin und Worms, respektierte aber den Wunsch der Eidgenossen und der Drei Bünde, diese für Frankreich damals wenig wichtigen Gebirgstäler zu behalten. Nur das Eschental als wichtiger Übergang aus dem Wallis nach Oberitalien musste nach drei vorübergehenden Eroberungen zu Beginn des 15. Jahrhunderts und derjenigen im Pavierzug jetzt endgültig aufgegeben werden, und auch der grösste Teil des 1512 eroberten linken Langenseeufers fiel wieder an das Herzogtum Mailand zurück.

Direkte Konsequenz dieser französischen Weitsicht und Grosszügigkeit war die *«Ewige Richtung»* oder auch der *«Ewige Friede»*, der am 29. November 1516 zwischen den Eidgenossen, den Drei Bünden, Abt und Stadt von St. Gallen und Mülhausen einerseits, und Franz I. als König von Frankreich und neuem Herzog von Mailand anderseits, abgeschlossene Vertrag. Er hielt fast dreihundert Jahre. Bis zum Tuileriensturm von 1792 und darüber hinaus, noch während der Zeit Napoleons und der Restauration der Bourbonen, bis 1830, schützten Schweizerregimenter die Herrschaft der Krone Frankreichs.

In Glarus, in welchem die französische Partei nun die Oberhand gewann, hatte sich Zwingli mit seinem mutigen und immer mehr im Evangelium selber begründeten Auftreten gegen alle Solddienste in eine unmögliche Position manövriert. Unter dem Druck der von ihm verachteten *«Französlinge»* überliess er seine Pfarrpfründe einem Vertreter und folgte

Abb. 6 **Zwinglis Tod auf dem Schlachtfeld**

einem Ruf als Leutpriester ans Kloster Einsiedeln. Drei Tage vor der feierlichen Besiegelung des französischen Friedens in Freiburg verliess der Pfarrer Glarus.

Als der 35jährige Zwingli nach der kurzen Einsiedler Zwischenstation am Neujahrstag 1519 zum ersten Mal auf die Kanzel des Zürcher Grossmünsters trat, waren seine religiösen und politischen Überzeugungen gefestigt. Nur das im Evangelium enthaltene Wort Gottes und keinerlei kirchliche Überlieferungen sind massgebend. Die Eidgenossenschaft soll zu einem geläuterten Gottesstaat umgeformt werden, und ihre militärische Kraft soll fortan nur diesem Ziel und der Erhaltung der Unabhängigkeit des Vaterlandes dienen. Bereits zweieinhalb Jahre später, im Mai 1521 und damit fast zwei Jahre vor dem Durchbruch seiner Reformation, lehnte Zwinglis Zürich das aus der «*Ewigen Richtung*» resultierende französische Soldbündnis ab.

Im Gegensatz zu seinem humanistischen Mentor Erasmus von Rotterdam in Basel war Zwingli jedoch jedes pazifistische Gedankengut fremd. Als er in Zürich immer mehr nicht nur zum geistlichen Lehrer, sondern auch zur entscheidenden politischen Persönlichkeit wurde, befasste er sich intensiv und mit offenkundiger Freude mit militärischen Fragen, und zwar um so intensiver, als ab 1524 ein eidgenössischer Bürgerkrieg immer drohender in den Bereich des Möglichen rückte.

Seine vermutlich in eben diesem Jahr 1524 verfassten und mit «*In Gottes Namen! Amen*» eingeleiteten «*Empfehlungen zur Vorbereitung auf einen möglichen Krieg*»[16] sind ein faszinierendes Dokument. In frischer Sprache enthalten sie zuhanden der politischen und militärischen Führung Zürichs Erwägungen zu Strategie und Taktik, zur Auswahl der Truppenführer, zur Bewaffnung, in moderner Führungssprache ausgedrückt auch zu Entschlussfassung, Sofortmassnahmen, vorbehaltenen Entschlüssen, Aufklärung und Wachdienst.[17] Auf jeder Seite springen die in den Mailänder Zügen erworbene Sachkenntnis des Autors und auch sein lebhaftes Interesse für alles Militärische ins Auge. Wir müssen diese Zeilen über den Feldprediger Zwingli nun abschliessen, hoffen aber an anderer Stelle auf die «Empfehlungen» und auf die Rolle des Reformators in den Kappeler Feldzügen einzugehen.

Anmerkungen

1 Der Vater des Verfassers, Peter Vogelsanger (1912–1995), war als einer der Initianten des Marignano-Denkmals von 1965 in Zivido (San Giuliano Milanese) der Autor dieser Inschrift.

2 Wegweisend ist bis heute die meisterhafte Biographie von Oskar Farner, Huldrych Zwingli, 4 Bände, Zürich 1943–1960, besonders Band 2: Huldrych Zwingli. Seine Entwicklung zum Reformator, Zürich 1946. Der Sozialist Robert Grimm nennt Zwingli ohne Scheu vor dem Superlativ in seiner immer noch äusserst lesenswerten, gleichzeitig patriotisch und marxistisch inspirierten Schweizergeschichte «den bedeutendsten geistigen Führer, Klassenkämpfer und Politiker der eidgenössischen Geschichte». Grimm, Geschichte der Schweiz in ihren Klassenkämpfen, Bern 1920, zitiert nach der Neuauflage Zürich 1976, p. 120.

3 Bekanntestes damaliges Ereignis ist der Veltliner Protestantenmord von 1620, der auch heute noch in Italien ganz unbefangen und unbegreiflicherweise «Sacro Macello» (Heilige Metzgete) genannt wird. Conrad Ferdinand Meyer hat uns als literarisches Zeugnis jener blutigen Zeit mit seinem «Jürg Jenatsch. Eine Bündnergeschichte» eines der bis heute schönsten Schweizerbücher geschenkt.

4 General Ulrich Wille, Oberbefehlshaber der Schweizer Armee 1914–1918, wird der Ausspruch zugeschrieben: Der schlimmste Feind der Armee ist die Militärbürokratie. Wir wagen zu hoffen, die politische Vernunft erlaube auch in dieser Frage die Rückkehr zur bewährten schweizerischen Tradition (vgl. «Logistikcenter» versus «Zeughaus»).

5 Peter Vogelsanger, Das Amt des Feldpredigers, Basel 1944

6 Vgl. u.a. Hugo Schneider, Die Zwingli-Waffen, Neue Zürcher Zeitung, 18. Januar 1948. Willy Brändly, Zu Zwinglis Waffen, Zwingliana, 9/8, Zürich 1952

7 Der Verfasser hat diese Streitaxt mit Faustrohr, vermutlich schon zu Zwinglis Zeiten ein Kuriosum, vor fünfzig Jahren als Bub an regnerischen Sonntagnachmittagen im Landesmuseum jeweils noch selber bestaunt.

8 Emil Egli, Der Zug der Glarner nach Monza und Marignano, Zwingliana, Nr. 1, Zürich 1904

9 Landamman Werner Steiner hat gemäss dem zeitgenössischen Chronisten Werner Schodeler von seinem Hengst drei Brocken Erde über den kampfbereiten Angriffshaufen geworfen, mit den Worten: Das ist im Namen Gott Vaters, Suhns und des heiligen Geistes. Das soll unser Kilchhof sin! Schodeler hat selbst in Marignano gekämpft und hat dies vielleicht sogar mit eigenen Ohren, sicher aber von direkten Zeugen gehört. Zitiert nach Ernst Gagliardi, Geschichte der Schweiz, Zürich 1920, Band 1, p. 273.

10 Jean-Pierre Bodmer, Werner Steiner und die Schlacht von Marignano, Zwingliana, Nr. 2, Band XII/Heft 5, Zürich 1965. Robert Heinrich Oehninger, Zwingli in Monza, Neue Zürcher Zeitung, 21./22. Januar 1984. In Monza wird übrigens die angeblich aus einem Kreuznagel Christi geschmiedete Eiserne Krone der Langobarden aufbewahrt, mit der sich bis zu Karl V. eine lange Reihe von Kaisern und später sogar noch Napoleon haben krönen lassen.

11 Dieser Name ist von «arengo» (Versammlungshalle) abgeleitet, worin wiederum der germanische Begriff «Ring» enthalten ist, wie er im Innerrhoder und im Glarner Landgemeindering noch heute verwendet wird.

12 Unmittelbar vor diesem hochmittelalterlichen Gebäude steht der «Palazzo dell'Arengario», ein Prunkbau aus faschistischer Zeit.

13 Dazu u.a.. Georg Thürer, Die Wende von Marignano, Frauenfeld 1965. Emil Usteri, Marignano. Die Schicksalsjahre 1515/1516 im Blickfeld der historischen Quellen, Zürich 1974. Vor allen andern aber die Untersuchung des Altmeisters der schweizerischen Militärgeschichte: Walter Schaufelberger, Marignano. Strukturelle Grenzen eidgenössischer Militärmacht zwischen Mittelalter und Neuzeit, Frauenfeld 1993

14 Zitiert nach Paul de Vallière, Treue und Ehre. Geschichte der Schweizer in fremden Diensten, Lausanne 1940, p. 172. Der Autor schildert Zwinglis Haltung zum Solddienst in einem eigenen Kapitel.

15 Zitiert nach de Vallière, a.a.O., p. 170

16 Huldrych Zwingli, Schriften, Band III, Zürich 1995, p. 7–29

17 Vgl. dazu Eugen Bircher, Ulrich Zwinglis militärische Auffassungen, Allgemeine Schweizerische Militärzeitung, 77. Jg., Nr. 10, Bern 1931; neuer: Olivier Bangerter, La pensée militaire de Zwingli, Zürcher Beiträge zur Reformationsgeschichte, Band 21, Bern 2003

Bildnachweis

1 *Ulrich Zwingli, Porträt von Hans Asper, Kunstmuseum Winterthur*
Quelle: http://commons.wikimedia.org/wiki/File:Ulrich-Zwingli-1.jpg

2 *Ulrich Zwingli, Eisenhut und Schwert; Schweizerisches Nationalmuseum, Schweizerisches Landesmuseum Zürich*
Quelle: file://ifc1.ifr.intra2.admin.ch/Userhomes/UE1319349/Pictures/zwingli04%20Helm%2...

3 *Zwingli-Portal, Grossmünster Zürich, Bronce-Türe am Südportal: Das Leben Zwinglis von Otto Münch, in 24 Feldern (Bildquadraten)*
Quelle: Foto von Brigitte Haudenschild

4 *Zwingli-Portal, Grossmünster Zürich, Bronce-Türe am Südportal: Das Leben Zwinglis von Otto Münch, Feld 2: Zwingli predigt den Schweizer Söldnern beim Kaufhaus zu Monza vor der Schlacht bei Marignano, 1515*
Quelle: Foto von Brigitte Haudenschild

5 *Palazzo dell' Arengario in Monza (Italien), mit dem «Parlerà», dem Balkon, von wo aus Zwingli gepredigt haben könnte*
Quelle: it.wikipedia.org/wiki/File:MonzaArengario1.jpg

6 *Zwinglis Tod auf dem Schlachtfeld bei Kappel, Gemälde von August Weckesser aus Winterthur, Kunstmuseum Chur*
Quelle: http://www.sikart.ch/ImgRedenderer.aspx?id=12294159

Aufstand gegen die «tütschen Franzoßen». Der Lebkuchenkrieg in Zürich 1515/1516

Philippe Rogger

Einleitung

Nach der militärischen Niederlage in Marignano war das politische Klima in der Eidgenossenschaft angespannt. In Zürich war die Unzufriedenheit besonders spürbar. Stadt und Landschaft verzeichneten 800 gefallene Krieger. Dieser Verlust überstieg die jeweiligen Opferzahlen der früheren Schlachten in den Mailänderkriegen (1494–1516) um ein Vielfaches.[1] Hunderte Zürcher Familien hatten den Tod eines Familienmitglieds zu beklagen. Selbst wenn man Glück hatte und der Ehemann, Sohn oder Bruder wohlbehalten aus Marignano zurückgekehrt war, blieb kaum ein Zürcher oder eine Zürcherin von der militärischen Niederlage unberührt. Sowohl die Produktivitätseinbussen aufgrund der im Feld gefallenen Bauern, Knechte, Handwerker und Krämer als auch der drohende Abstieg ganzer Familien in die Armut nach dem Tod eines männlichen Familienmitglieds stellten für alle Einwohner in den Dörfern und Kleinstädten eine ökonomische Belastung dar. Vor diesem Hintergrund lässt sich erahnen, weshalb die im Nachgang der Schlacht zirkulierenden Gerüchte über Verrat und Käuflichkeit, den Unmut breiter Bevölkerungskreise hervorriefen. Es wurde kolportiert, dass wegen der Bestechung der politischen und militärischen Eliten mit französischen Pensionen und anderen verräterischen Praktiken ein Teil des eidgenössischen Heeres abgezogen und der Rest in eine aussichtslose Schlacht geführt worden sei. Zudem wurde verschiedenen Personen Feldflucht oder Feigheit vor dem Feind vorgeworfen.[2] Solche Reden veranlassten schliesslich mehrere tausend Untertanen dazu, gewaltsam gegen die *«tütschen Franzoßen»* vorzugehen. So bezeichnete der Chronist Johannes Stumpf später die Empfänger französischer Pensionen unter der Zürcher Macht- und Militärelite.[3] In diesem Beitrag sollen nun knapp der Verlauf, die Ursachen, die Beilegung und das Ergebnis dieser Protestbewegung dargestellt werden.

Der Zug der Aufständischen vor die Stadt

Die Friedensgespräche nach Marignano waren ausgesprochen kompliziert. Der französische Sieger auf dem Schlachtfeld ging auch auf dem diplomatischen Parkett als Gewinner hervor. König Franz I. machte den militärisch geschlagenen Eidgenossen ein äusserst vorteilhaftes Friedens- und Bündnisangebot und sagte ihnen grosszügige Kriegsentschädigungen zu. Im Gegenzug verlangte er die Aufgabe der eidgenössischen Ansprüche in Mailand. Zürich und die inneren Orte lehnten die in Gallarate bzw. Genf ausgehandelten Vertragsentwürfe ab. Um mögliche Unruhen vorzubeugen, hatte der Zürcher

Rat beschlossen, die Meinung seiner unruhigen Untertanen zum Friedenvertrag mit Frankreich einzuholen. Diese rechtlich unverbindlichen Meinungsumfragen dienten der Obrigkeit dazu, allfällige Konflikte mit der Landschaft in politisch heiklen Bereichen zu entschärfen. Am 27. November 1515 wandte sich die Stadt nun an die Landschaft und legte den Ämtern den ausgehandelten Vertragsentwurf vor. Doch anstatt mit diesem Schritt die angespannte Situation zu beruhigen, trat das Gegenteil ein. Nachdem bereits Untersuchungen wegen den verräterischen Handlungen durchgeführt worden waren und es in Wädenswil zu einer ersten Hinrichtung gekommen war, fassten die Untertanen das Vorhaben des Rates augenscheinlich als Provokation auf. Der Versuch Frankreichs, den Eidgenossen ihre Ansprüche auf das Herzogtum Mailand gewissermassen abzukaufen, verstärkte den Verdacht bei den Untertanen, dass bei der Niederlage in Marignano Korruption und Verrat im Spiel gewesen sein mussten.[4] Die Ämter erteilten dem französischen Bündnisanliegen in der Folge eine deutliche Absage. Vorrang haben sollten gemäss dem Votum der Untertanen einzig die Interessen *«irs vatters lands»*. Dieses Umfrageergebnis teilte Zürich am 13. Dezember der Tagsatzung in Luzern mit.[5]

Wenige Tage zuvor, am 6. und 8. Dezember, hatte der Rat erste Untersuchungen gegen verschiedene Hauptleute und diplomatische Unterhändler Zürichs, die in Gallarate an den Verhandlungen teilgenommen hatten, eingeleitet. Ihnen wurden entweder der widerrechtliche Empfang von Pensionen oder militärisches Fehlverhalten zur Last gelegt.[6] Drei der (vorerst) sechs Angeklagten entzogen sich der Verhaftung und flüchteten in die Nachbarkantone Luzern und Zug. Einer der Angeschuldigten war bereits zu einem früheren Zeitpunkt verhaftet worden, kam jedoch gegen Kaution wieder frei und musste nun zum zweiten Mal festgenommen werden.[7] Die Antwort der Untertanen auf diese zögerlichen Massnahmen des Rats fiel gemäss der Erzählung Stumpfs heftig aus:

«Hieruff stießend die puwren die ko(e) pff zusamen, und an eym mentag, den 10. decembris diß 1515. jars lieff ein puwr am sew von Talwyl gon Horgen, fiel an die gloggen zu stürmen. Darmit gieng der sturm durch gantz Zürchpiet, deßwegen sich das folck uß allen gmeinden zu(o) samen rottet und sich für die statt Zürch schlu(o)g [...].»[8]

In Zürich verkannte man derweil den Ernst der Lage. Selbst nachdem der amtierende Bürgermeister, Marx Röist, in der Frühmesse vom Untervogt Jacob Jäckli über den tumultuarischen Aufzug der Untertanen unterrichtet worden war, stellte er eine unmittelbar drohende Gefahr öffentlich in Abrede. Die Stadt hatte bislang keinerlei militärische Massnahmen ergriffen und verliess sich, so scheint es, alleine auf den deeskalierenden Effekt der eingeleiteten Ermittlungen.[9]

Ähnlich wie bereits beim Waldmannhandel von 1489 wurden die Aufständischen 1515 von einer innerstädtischen Opposition unterstützt. Teile der frankreichfeindlichen Faktion innerhalb der Zürcher Machtelite waren daran interessiert, dass die Prozesse gegen die frankreichfreundlichen Kreise in Zürich fortgeführt und ausgeweitet wurden. Dahinter standen einerseits das Ringen der rivalisierenden Ratsfaktionen um die politische Macht in Zürich und andererseits das Kalkül, von den eigenen Verfehlun-

Abb. 1 **Niklaus Manuel Deutsch, Allegorie auf den Krieger**

gen sowie ihren nicht minder einträglichen Beziehungen zum römischen Kaiser, zum mailändischen Herzog oder zum Papst abzulenken. Namentlich beschuldigen die Chronisten Stumpf und Hans Füssli den Zunftmeister der Schmiede Heinrich Winkler als Anstifter. Er sei *«ein recht zündtpulver»* bzw. die *«gro(e)ssist wurtzel»* für die Unruhen gewesen.[10] Unterstützung erhielten die frankreichfeindlichen Kreise zudem von der kaiserlichen Diplomatie. Die aufrührerischen Praktiken eines gewissen Dr. Reichenbach, einem Gesandten Maximilians in der Eidgenossenschaft, wurden kurz nach Ausbruch der Aufstände von der Tagsatzung verurteilt.[11]

Am Oberdorftor fanden die ersten Verhandlungen zwischen der Obrigkeit und den inzwischen herangerückten Untertanen statt. Röist und seine Verhandlungsdelegation sahen sich dabei 3000 bewaffneten Untertanen gegenüber. Diese verlangten von der Obrigkeit *«nüt dan das bloss ra(e)cht»* und forderten *«das man die houptlüth vnd kronenfra(e)sser gfengklich anneme vnd sÿ thürerer dan vff den eÿdt froge.»*[12] Obwohl sich die Obrigkeit dazu bereit erklärt hatte, ihre Beschwerden entgegenzunehmen, liessen sich die Belagerer nicht zur Umkehr bewegen. Im Gegenteil: Die 3000 Belagerer zogen bewaffnet in die Stadt ein. Die Beobachtung von Stumpf, dass sich unter den Eindringlingen viele junge Knaben befunden hatten, machte die Besetzung für die Stadtbewohner noch bedrohlicher. Denn bei diesen Knaben wird es sich mit grosser Wahrscheinlichkeit um kriegserprobte und im Bezug auf die Anwendung von Gewalt wenig zimperliche Reisläufer gehandelt haben.[13]

Solddienst und Pensionen: Das Geschäft mit den käuflichen Kriegern

Unmittelbarer Anlass für die Belagerung Zürichs waren Gerüchte, wonach militärische und diplomatische Entscheidungsträger im Vorfeld der Schlacht von Marignano Pensionen von fremden Mächten erhalten hatten. Der Konflikt ist infolgedessen eng mit den Kriegsdiensten der Eidgenossen im Sold der Grossmächte verknüpft. Der aufsehenerregende Sieg über Karl den Kühnen in den Burgunderkriegen (1474–1477) brachte den Eidgenossen den Ruf ein, aussergewöhnlich schlagkräftige Krieger zu sein. Die eidgenössischen Söldnermärkte gerieten dadurch in den Fokus der rivalisierenden Mächte. In der Bevölkerung stiess die Aussicht auf Sold, Beute und Abenteuer auf grosses Interesse. Zehntausende Untertanen liefen um 1500 gegen Sold in den Krieg. Das eidgenössische Gewaltpotential war geradezu unerschöpflich. Die Tatsache, dass die Eidgenossen 1499 im Schwabenkrieg gegen Maximilian in eigener Sache Krieg geführt und gleichzeitig als Söldner für den französischen König die Lombardei erobert hatten, vermag die beinahe unbegrenzte Verfügbarkeit eidgenössischer Krieger zu illustrieren. Mit finanziellen Zuwendungen, sogenannten Pensionen, versuchten Europas Kriegsherren, insbesondere Habsburg und Frankreich, aber auch der Herzog von Mailand oder der Papst, die eidgenössischen Orte für ein Bündnis zu gewinnen. Die öffentlich in die Staatskassen entrichteten sowie die geheim an Einzelpersonen ausbezahlten Pensionen zielten darauf ab, den königlichen und fürstlichen Kriegherren den Zugang zu den eidgenössischen Söldnermärkten zu sichern.[14] Dieses Geschäftsmodell war für die Orte ökonomisch äusserst lukrativ. In Zürich machten die öffentlichen Pensionen zu Beginn des 16. Jahrhunderts circa 43 % der ordentlichen Staatseinkünfte aus.[15] Auch für die privaten Schatullen der lokalen Politiker und Militärunternehmer zahlte sich das Engagement für einen ausländischen Patron aus. Die Aufgaben der Pensionäre waren vielfältig. Sie versorgten den Patron mit Informationen aus den Räten, lobbyierten für seine Bündnisanliegen oder waren in seinem Dienst als Söldnerführer tätig. Obwohl es nicht unüblich war, gleichzeitig von mehreren mitunter verfeindeten Patrons Pensionen zu beziehen, entstanden in den Orten informelle Netzwerke, die in scharfer Konkurrenz zueinander die Interessen ihres jeweiligen Patrons vertraten. Um 1500 entwickelten sich diese Gelder zu einer wichtigen Einkommensquelle für das eidgenössische Patriziat. Die engen Beziehungen der eidgenössischen Politiker mit Frankreich, Mailand, dem Kaiser oder dem Papst wurden zu einem bedeutsamen Faktor für die Ausbildung einer weltläufigen, mit den höfischen Umgangsformen bestens vertrauten, häufig mehrsprachigen, diplomatisch und militärisch geschulten, wohlhabenden und für die Politik abkömmlichen Machtelite.[16] Um dieses Geschäft zu kontrollieren, erliess die Obrigkeit Reislauf- und Pensionenverbote mit dem Ziel, den freien Reislauf zu unterbinden, den unkontrollierten Wegzug von Arbeitskräften zu verhindern und ihre eigenen Einkünfte als Solddienstvermittler (Pensionen, Sold) zu sichern. Die Versuche des Rates, den freien Reislauf zu kanalisieren und mittels Reislauf- und Pensionenverboten unter seine Kontrolle zu bringen, erwiesen sich jedoch grösstenteils als illusorisch, zogen die Untertanen ungeachtet irgendwelcher Verbote jeweils dorthin, wo die Aussicht auf Sold und Beute am höchsten war. Zudem waren es gerade auch die einflussreichen Familien in den Orten, die von der starken ausländischen Nachfrage nach Kriegern in hohem Masse profitierten. Grosse Teile der Eliten hatten infolgedessen keinerlei Interesse an einer Einschränkung und hielten sich ebenfalls nicht an allfällige Reislauf- und Pensionenregulierungen. Derweil wuchs die öffentliche Kritik an den Privatpensionen, standen diese Gelder doch zunehmend im Ruch der Käuflichkeit. Ausserdem stellte sich in der Bevölkerung die Frage nach einer gerechten Verteilung der Gewinne und der Verluste aus dem Soldgeschäft immer dringlicher.[17] In der sensiblen Frage, wie viel die Pensionäre in den sicheren Ratsstuben erhielten und was den Reisläufern zufloss, die mit ihren Diensten auf dem Schlachtfeld ihr Leben riskierten, herrschte um 1500 völlige Intransparenz.

Machtlose Obrigkeit: Zürich während der Besetzung

Am 12. Dezember wurden die Untersuchungen auf Verlangen der Zürcher Untertanen auf weitere Verdächtige, darunter wiederum viele Hauptleute, ausgedehnt. Ausserdem erreichten die Aufständischen mit dem sogenannten Anlass unter der Führung eines gewissen Conrad Schufelbergers die Zusage von der Stadt, an den bevorstehenden Prozessen beteiligt zu werden. Vorgesehen war eine paritätische Vertretung bei den Verhören, die gegenseitige schriftliche Informationspflicht der Parteien über die Ergebnisse der Verhöre sowie die hälftige Teilung der verfallenen Güter der Verurteilten zwischen Stadt und Land.[18] Diese Zugeständnisse der Stadt sind bezeichnend für die Ohnmacht des Rats während der Besetzung.[19] Ein beträchtlicher Teil der Zürcher Machtelite stahl sich aus der politischen Verantwortung, indem er den Ratssitzungen fernblieb. Lediglich die Hälfte des Kleinen und Grossen Rats fand sich jeweils noch zu den gemeinsamen Beratungen ein, die andere Hälfte trat wegen angeblicher Befangenheit in den Ausstand. Selbst die beiden Bürgermeister blieben den Sitzungen fern.[20] Um sich während den Verhandlungen zu verpflegen, bedienten sich die Aufständischen an den mit Lebkuchen gefüllten Auslagen der städtischen Krämer – daher die Bezeichnung des Konflikts als Lebkuchenkrieg.[21] Als die Eindringlinge auf dem Lindenhof, dem grossen Festplatz der Stadt, über die getroffenen Vereinbarungen mit der Obrigkeit abstimmen sollten, kam es um ein Haar zur Katastrophe. Der radikale Teil der Besetzer forderte unverhohlen, *«man solte in der statt sackman machen und plündern.»*[22] Anstelle des handlungsunfähigen Rats gelang es dem Untervogt Jäckli in letzter Sekunde, die drohende Plünderung abzuwenden. Daraufhin kehrten zwei Drittel der Untertanen in ihre Dörfer zurück. 1000 Aufständische blieben in der Stadt, um die Durchführung der anstehenden Verfahren zu überwachen.[23] Die Befragung der Inhaftierten begann am 14. Dezember. Während der Verhöre (bei denen auch Folter zur Anwendung kam) setzten sich die Untertanen auf den Standpunkt, dass jeglicher Pensionenempfang ein Verstoss gegen das geltende Pensionenverbot darstellt. Denn sämtliche Angeklagten behaupteten in den Verhören stets, die erhaltenen Gelder lediglich zuhanden der Stadtkasse empfangen zu haben. Am 24. Dezember wurden zur Beruhigung der angespannten Lage erste exemplarische Strafen verhängt. Sie beinhalteten die Abgabe der empfangenen Gelder, Ehrverlust und Bussen. Andere Inhaftierte wiederum wurden gegen Kaution und Urfehde freigelassen. Für die anstehenden Feiertage einigte man sich vorerst auf eine Gerichtspause, wobei die Fortführung der Prozesse auf den 7. Januar 1516 veranschlagt worden war. Danach zogen die Besetzer ab und begaben sich in ihre Dörfer.[24]

Pensionen als Konfliktgegenstand: Die Zürcher Machtelite und das fremde Geld

Das Sold- und Pensionenwesen sorgte in Zürich schon vor 1515 für Diskussionen. Pensionen, Reislauf und Bündnisse mit fremden Mächten waren immer wieder Gegenstand in den Ämteranfragen.[25] Denn auch wenn grosse Teile der Bevölkerung als Reisläufer vom Soldgeschäft profitierten, war die Pensionenpraxis der Zürcher Machteliten bei den Untertanen umstritten. Der grundsätzliche Konsens zwischen den städtischen Pensionären und der reislaufenden Bevölkerung war folglich äusserst fragil und es kam zeitweilig zu handfesten Konflikten zwischen Stadt und Land. Prominent ist der spektakuläre Sturz des Bürgermeisters Hans Waldmann von 1489, der aus Sicht der Untertanen sowie seiner Gegner im Rat geradezu schamlos Pensionen von allen Seiten kassiert hatte. Und als es 1513 im Nachgang der Schlacht von Novara in Bern, Luzern und Solothurn zu heftigen Protesten gegen die Pensionäre Frankreichs gekommen war, gelang es Zürich nur mit einem geschickten Konfliktmanagement, einen Aufstand auf seinem Territorium zu verhindern (Verbot der Privatpensionen u.a.). Zahlreiche Persönlichkeiten aus der zürcherischen Machtelite hatten

Abb. 2 **Im Rathaus von Luzern**

nach der Eroberung der Lombardei durch die Eidgenossen (Pavia 1512) geheime Pensionen von Frankreich, mit dem man sich in Mailand im Krieg befunden hatte, empfangen.[26] Dem Misstrauen der Untertanen gegen ihre Obrigkeit lagen 1515 infolgedessen negative Erfahrungen mit dem Pensionengeschäft zugrunde, die nur wenige Jahre zurücklagen.

Beilegung des Konflikts: Der Mailänderbrief

Obwohl die Zürcher Untertanen sowohl die paritätische Beteiligung in den Untersuchungskommissionen als auch die Anwendung der Folter gegen den Willen der Obrigkeit durchzusetzen vermochten, zeichnete sich kurz vor Weihnachten eine Wende in der Auseinandersetzung zugunsten der Stadt ab. So fielen die am 24. Dezember gefällten Urteile überraschend mild aus. Der Erfolgsdruck der Unterhändler an Weihnachten mit konkreten Ergebnissen in ihre Dörfer zurückzukehren, spielte der Stadt in die Hände.[27] Gleichzeitig verwickelte die Obrigkeit die Aufständischen in eine juristische Diskussion über die richtige Interpretation des Pensionenverbots von 1513. Es stand dabei die Frage im Zentrum, ob der Pensionenempfang zuhanden der Stadt ebenfalls ein strafwürdiger Tatbestand darstellte oder nicht. Nach der Weihnachtspause sah sich die gefasste und immer selbstsicherer auftretende Obrigkeit einer unentschlossen wirkenden Opposition gegenüber. Nachdem die Räte Zunftmeister Winkler für die Zeit bis zum Ende des Konflikts aus dem Kleinen Rat ausgeschlossen hatten, erklärten sie diejenigen Geschenke und Pensionen, welche die Hauptleute nach eigenen Aussagen zuhanden der

Stadt angenommen hatten, kurzerhand für legal. Die Obrigkeit berief sich dabei auf das geltende Pensionenverbot und den entsprechenden Artikel der allseits anerkannten Waldmannschen Spruchbriefe.[28] Nach einer kurzen Auszeit erklärte die Verhandlungsdelegation der Untertanen am 9. Januar ungewohnt kleinlaut: *«syent ouch nit hye, dz sy begerint herren zesind»*.[29] Diese Anerkennung der städtischen Autorität durch die Rebellen signalisierte das Ende des gewaltsamen Widerstands. Die definitive Beilegung des Konflikts erfolgte am 12. Januar mit dem sogenannten Mailänderbrief. Reduziert man die Einigung auf ihren Kerngehalt, lässt sich das Vertragswerk mit folgenden Punkten zusammenfassen: Bekräftigung des geltenden Pensionenverbots (1), Aburteilung der weiteren Angeklagten durch die Obrigkeit (2), gegenseitige Bestätigung der Rechte und Freiheiten (3), Auflösung allfälliger Beistandsverpflichtungen der Untertanen (4), Kostenentschädigung für die Aufständischen (5), allgemeines Friedensgebot und Amnestie für die Untertanen (6).[30]

Diese Bestimmungen des Mailänderbriefs setzten den Rahmen für die politische und juristische Liquidierung des Konflikts. Grundlegende Parameter des politischen Systems standen in diesem Konflikt nicht zur Debatte. Das Verhältnis zwischen Stadt und Land war seit den Waldmannschen Spruchbriefen und dem sogenannten Anbringen von 1513 weitgehend geklärt und die Aussenpolitik verblieb – anders als etwa 1513 in Luzern oder Bern – in der alleinigen Kompetenz des Rats. Erst nach dem 2. Kappelerkrieg sah sich die Obrigkeit gezwungen, den Untertanen eine Mitsprache in Bündnisfragen einzuräumen.[31]

Schluss

Beim Lebkuchenkrieg handelt es sich nicht um einen klassischen Stadt-Land-Konflikt. Sowohl auf der Seite der Machteliten als auch auf der Seite der Untertanen gab es Befürworter und Gegner des Reislaufgeschäfts. Der grundsätzliche Konsens zwischen städtischen Pensionenempfängern und demjenigen Teil der Bevölkerung, welcher sich durch den Reislauf einen Zusatzverdienst erhoffte, konfligierte dabei mit den Interessen jener Kreise in Stadt und Land, welche durch den Verlust von Arbeitskräften einen ökonomischen Schaden zu befürchten hatten (Grossbauern, Zünfte). Das latente Problem der Verteilungsgerechtigkeit wurde im Zusammenhang mit den Verrats- und Korruptionsvorwürfen gegen die Zürcher Hauptleute in Mailand virulent. Denn der hohe Blutzoll in Marignano führten den Untertanen dramatisch vor Augen, wer die Kosten in diesem riskanten Geschäft letztlich zu tragen hatte. Mit vielen Zugeständnissen gelang es der Obrigkeit schliesslich, ihre Autorität zu wahren und die Angeklagten nach der Beilegung des Konflikts rasch zu rehabilitieren. Dennoch verdeutlichen die Ereignisse von 1515, wie unsicher die Herrschaft der Stadt über ihr Territorium war. Die bevölkerungsmässig und militärisch überlegene Landschaft zeigte sich um 1500 immer wieder in der Lage, ihre Anliegen zu bündeln und diese mit Gewalt einzufordern. Für den Machterhalt der Stadt war deshalb ein Minimum an Interessensübereinstimmung mit ihrer Landschaft zwingend.[32] Dieser erforderliche Minimalkonsens, welcher mit Ämteranfragen kontinuierlich ermittelt werden musste, erwies sich nach dem Lebkuchenkrieg im Bezug auf das Soldwesen weiterhin als brüchig. Die Opposition gegen das

Abb. 3 **Das neue Kartenspiel «Der Flüss»**

Geschäft mit dem bezahlten Töten wurde zusehends stärker und gewann schliesslich die Oberhand. 1521 zog sich Zürich als einziger Ort mit dem Nichteintritt in die französische Soldallianz aus dem Reislaufgeschäft zurück. Erst 1614 erfolgte der nachträgliche Bündnisbeitritt des eidgenössischen Vororts. Fortan galt auch für Zürich die ökonomisch einträgliche und aussenpolitisch weitsichtige Maxime der internationalen Verflechtung mittels Soldallianzen. Die Neutralisierung der Schweiz war gleichzeitig mit dem Bedeutungszuwachs der eidgenössischen Söldnermärkte zu einem wichtigen Anliegen der dominierenden Grossmächte Europas geworden. Einen exklusiven Zugriff eines einzelnen Kriegsherrn auf diesen strategisch bedeutsamen Raum (Söldner, Pässe) hätten die um die Vorherrschaft in Europa ringenden Mächte nicht akzeptiert. Als erfolgreiche Söldnerlieferanten gelang es den eidgenössischen Orten, ihre mithin prekäre territoriale Integrität inmitten dieser kriegerischen Staatenwelt zu behaupten.

Anmerkungen

1 Dändliker, Zürich, S. 276. Zum Vergleich: Nach der Schlacht von Novara am 6. Juni 1513 lag die Zahl der toten Zürcher Krieger bei 69. Ebd. S. 273.

2 Dietrich, Landgemeinden, S. 111; Rogger, Pensionenunruhen.

3 Stumpf, Reformationschronik, S. 137.

4 Vgl. Dietrich, Landgemeinden, S. 110–111.

5 Staatsarchiv Luzern, TG 137.

6 Siehe Dietrich, Landgemeinden, S. 111–112.

7 Staatsarchiv Zürich, B II 58, S. 26–27; Stumpf, Reformationschronik, S. 139–140; Füssli, Schweizerchronik, fol. 398r und Bullinger, Tigurineren, fol. 315r–316r; Dietrich, Landgemeinden, S. 111–112; ausführliche Auszüge aus den dazu relevanten Aktenbeständen des Staatsarchivs Zürich (Ratsmanual B II 58, Ratsbuch B VI 246, Nachgänge A 27.1) finden sich in Usteri, Marignano, S. 446ff., 463ff., 511ff.

8 Stumpf, Reformationschronik, S. 138.

9 Dietrich, Landgemeinden, S. 113; Stumpf, Reformationschronik, S. 138.

10 Stumpf, Reformationschronik, S. 138; Füssli, Schweizerchronik, fol. 397r; Dietrich, Landgemeinden, S. 112–113; Rogger, Pensionenunruhen.

11 Zum Anteil Reichenbachs am Ausbruch des Aufstands siehe EA III.2, Nr. 636 (12. Dez. 1515), lit. l, S. 945–946; Schwinkhart, Chronik, S. 185 und vgl. Rogger, Pensionenunruhen.

12 Bullinger, Tigurineren, fol. 315v.

13 Stumpf, Reformationschronik, S. 138; Dietrich, Landgemeinden, S. 113.

14 Groebner, Pensionen.

15 Körner, Solidarités, S. 114.

16 Rogger, Pensionenunruhen; Groebner, Pensionen; Rogger, Fürsten, S. 229, 237.

17 Vgl. etwa Schorer, Ämterbefragungen, S. 217–253 und Rogger, Pensionenunruhen.

18 Stumpf, Reformationschronik, S. 141-142.

19 Vgl. Stucki, 16. Jahrhundert, S. 182.

20 Dietrich, Landgemeinden, S. 114.

21 Bullinger, Tigurineren, fol. 316r. Siehe auch Stumpf, Reformationschronik, S. 143.

22 Stumpf, Reformationschronik, S. 142.

23 Stumpf, Reformationschronik, S. 142.

24 Staatsarchiv Zürich, B II 58, S. 28; Dietrich, Landgemeinden, S. 114–116; Stumpf, Reformationschronik, S. 142–144.

25 Dändliker, Berichterstattungen, S. 35–70.

26 Rogger, Pensionenunruhen; Dietrich, Landgemeinden, S. 107–110.

27 Staatsarchiv Zürich, B II 58, S. 36–40; Stumpf, Reformationschronik, S. 144–145.

28 Stumpf, Reformationschronik, S. 144. Dietrich, Landgemeinden, S. 117; Rogger, Pensionenunruhen.

29 Staatsarchiv Zürich, B VI 246, fol. 2r; siehe auch Dietrich, Landgemeinden, S. 117.

30 Vgl. Dietrich, Landgemeinden, S. 120–121.

31 Dietrich, Landgemeinden, S. 109, 119–123; Rogger, Pensionenunruhen; Stucki, 16. Jahrhundert, S. 182–183.

32 Vgl. Stucki, 16. Jahrhundert, S. 183.

Bildnachweis

1 *Niklaus Manuel Deutsch, Allegorie auf den Krieger, der zum Bettler wird, um 1514/1515.*
Die Zeichnung Manuels verdeutlicht die Nähe von materiellem Glück und sozialer Verelendung, welche für den Solddienst charakteristisch war.
Quelle: Staatliche Museen Preussischer Kulturbesitz, Kupferstichkabinett, Berlin, Inv. Nr. 4287
http://upload.wikimedia.org/wikipedia/commons/1/1f/Reisläufer
Literaturhinweis: Niklaus Manuel Deutsch. Maler – Dichter – Staatsmann. Katalog der Ausstellung vom 22. September bis 2. Dezember 1979 im Kunstmuseum Bern, Bern 1979, Nr. 175, S. 338–340

2 *Im Rathaus von Luzern wird französisches Geld an die eidgenössischen Boten ausgeteilt.*
Quelle: Die Luzerner Chronik des Diebold Schilling 1513, Folio 333; Kommentar Folio 165r, Faksimile-Verlag, Luzern 1981
Literaturhinweis: Berns grosse Zeit, 2. Aufl., Bern 2003, S. 279

3 *Das neue Kartenspiel «Der Flüss», Flugblatt 1514.*
In dieser Darstellung des europäischen Mächtespiels als Kartenspiel hält der Eidgenosse im Bildvordergrund ein Ass in der Hand.
Quelle: Zentralbibliothek Zürich, Grafische Sammlung
Literaturhinweis: Geschichte des Kantons Zürich, Bd. 2, Zürich 1996, S. 184

Bibliografie

Quellen ungedruckt

Staatsarchiv Luzern, TG 137 (Ungebundene Abschiede, Missiven 1515 Sep–Dez).

Staatsarchiv Zürich, B II 58 (Ratsmanual) und B VI 246 (Ratsbuch).

Zentralbibliothek Zürich, Ms A 62, Hans Füssli, Schweizerchronik bis zum Jahre 1519 und Ms A 93, Heinrich Bullinger, Von den Tigurineren und der Statt Zürych Sachen VIII Bücher.

Quellen gedruckt

Amtliche Sammlung der ältern Eidgenössischen Abschiede, Bd. III.2, bearb. von Anton Philipp Segesser, Luzern 1869. (EA III.2)

Schwinkhart, Ludwig, Chronik 1506 bis 1521, hg. von Hans von Greyerz, Bern 1941.

Stumpf, Johannes, Johannes Stumpfs Schweizer- und Reformationschronik. I. Teil, hg. von Ernst Gagliardi, Hans Müller und Fritz Büsser, Basel 1952.

Literatur

Dändliker, Karl, Geschichte der Stadt und des Kantons Zürich, Bd. 2: Stadt und Landschaft als Gemeinwesen von 1400 bis 1712. Machthöhe und beginnender Niedergang des alten Zürich, Zürich 1910.

Dändliker, Karl, Die Berichterstattungen und Anfragen der Zürcher Regierung an die Landschaft in der Zeit vor der Reformation, in: Jahrbuch für Schweizerische Geschichte 21 (1896), S. 35–70.

Dietrich, Christian, Die Stadt Zürich und ihre Landgemeinden während den Bauernunruhen von 1489–1525, Frankfurt a.M./Bern/New York 1985.

Flüeler, Niklaus, Flüeler-Grauwiler, Marianne (Hg.), Geschichte des Kantons Zürich, Bd. 2: Frühe Neuzeit – 16. bis 18. Jahrhundert, Zürich 1996.

Groebner, Valentin, Pensionen, in: Historisches Lexikon der Schweiz (HLS), Version vom 3.11.2011, URL: http://www.hls-dhs-dss.ch/textes/d/D10241.php.

Körner, Martin H., Solidarités financières suisses au XVIe siècle, Lausanne 1980.

Rogger, Philippe, Die Pensionenunruhen 1513–1516. Kriegsgeschäft und Staatsbildung in der Eidgenossenschaft am Beginn der Neuzeit, DisS. Universität Bern, 2010.

Rogger, Philippe, Mit Fürsten und Königen befreundet. Akteure, Praktiken und Konfliktpotenzial der zentralschweizerischen Pensionennetzwerke um 1500, in: Der Geschichtsfreund 165 (2012), S. 223–254.

Schorer, Catherine, Berner Ämterbefragungen. Untertanenrepräsentation und -mentalität im ausgehenden Mittelalter, in: Berner Zeitschrift für Geschichte und Heimatkunde 51 (1989), S. 217–253.

Stucki, Heinzpeter, Das 16. Jahrhundert, in: Flüeler, Flüeler-Grauwiler, Geschichte, S. 172–281.

Usteri, Emil, Marignano. Die Schicksalsjahre 1515/1516 im Blickfeld der historischen Quellen, Zürich 1974.

L'expérience des fantassins suisses à la bataille de Novare 1513

Olivier Bangerter

introduction

Le 6 juin 1513, les fantassins suisses remportent sur la plaine lombarde leur dernière victoire dans une bataille rangée d'importance. Cette bataille n'a duré que quelques heures et s'est terminée par la fuite de l'ennemi, en l'occurrence l'armée française de La Trémoille et Trivulzio.

Bien que souvent occultée par le souvenir de Marignan, la bataille des géants, Novare est riche d'enseignements quant à ce qu'un soldat ou un mercenaire confédéré des années 1500–1530 pouvait expérimenter sur un champ de bataille.

Nous possédons en effet un grand nombre de témoignages de premier ordre de participants, principalement du côté suisse, mais aussi du côté français (en particulier Fleuranges, l'un des commandants de lansquenets, qui a bien failli rester sur le champ de bataille). Bartholomäus May (Berne), Albrecht vom Stein (Berne), Ludwig von Fulach (Schaffhouse), Niklaus Konrad (Soleure) et Hans Bondorf (Bâle) ont tous laissé des récits, tout comme les chefs des contingents bâlois et soleurois dans leur ensemble. De surcroît, de nombreuses chroniques sont presque contemporaines et leurs auteurs ont bénéficié à un accès privilégié aux acteurs (Schwinkhart et Anshelm).

La bataille elle-même n'est pas un sommet d'art militaire et comprend trois phases distinctes:

a) une première attaque mal coordonnée sur le camp français, repoussée assez facilement par une contre-attaque,
b) une seconde attaque stoppée par l'artillerie et malmenée par une contre-charge des gendarmes
c) une troisième et dernière attaque sur les lansquenets qui se termine au corps à corps et par la fuite de l'ennemi.[1]

Elle découle de l'arrivée d'une armée de secours destinée à lever un siège, situation fréquente. L'armée française veut capturer Novare où le duc de Milan, Massimiliano Sforza, est enfermé avec un contingent suisse, dans ce qui semble une réédition de la «trahison de Novare». *Aussi La Trémoille avait-il écrit avec superbe au roi qu'il remettrait le fils entre ses mains, en ce même lieu où il lui avait remis le père* (Guicciardini: XI, XII). Les fantassins allemands de La Trémoille, les fameux lansquenets, jubilent: ils ont coincé les Suisses, les ont mis *à l'étable* (Anshelm: 420). Après un court bombardement, les assaillants attaquent une porte et une brèche. Repoussés de justesse, ils renouvèlent l'expérience à plusieurs reprises les 4 et 5 juin.

La Diète a pourtant envoyé un second contingent quelques jours avant, dont l'arrivée au soir du 5 juin incite l'ennemi à lever le camp. Les Suisses qui vont parti-

Ill. 1 **Johannes Stumpf, Schlacht bei Novara 1513**

ciper à la bataille sont donc fatigués par un siège difficile ou par une marche harassante: le contingent de secours de Bâle a par exemple effectué des étapes moyennes de 40 kilomètres, incluant la traversée du col du Saint Gothard. Fleuranges nous dit que des Suisses isolés entrent encore dans la ville pendant toute la nuit.

Une certaine confusion

La première expérience du fantassin suisse, hallebardier ou piquier (plus rarement arquebusier), lors d'une bataille rangée au 16e siècle est celle du brouillard de la guerre. Personne ne lui a dit à quoi s'attendre, mais il ne semble pas que cela pèse sur son moral. Le 6 juin, lorsque les Suisses quittent Novare pour aller sus à l'armée française, ils ne savent pas ce qui les attend, mais ils y vont avec entrain. Ils sont venus en Italie pour en découdre et, comme ils le disaient déjà en mai, *aller chercher notre ennemi et, avec l'aide de Dieu Tout-puissant, [...] l'attaquer où que nous puissions le rencontrer et, si Dieu le veut, [...] engranger beaucoup de louange et d'honneur* (Gagliardi: 108).

Ressemblant à des abeilles en furie (Anshelm: 421), ils se sont mis en route le ventre vide et sans grand plan. Un Bâlois ira jusqu'à dire à ses autorités cantonales qu'il *ne savait pas si les commandants, au moment de sortir de Novare, avaient sur l'ennemi des observations ou des renseignements. Lui-même n'aurait rien pu dire sur l'ennemi, jusqu'à ce qu'il arrive sur le champ de bataille et que l'ennemi leur ait tiré dessus* (Gagliardi: 149; voir Fechter: 124). Cette confusion n'est pas sans rappeler celle qui a présidé au début d'autres batailles de la période, dont Marignan; si elle nuit à l'efficacité militaire, les fantassins semblent la prendre pour un acquis; ils ne s'en étonnent pas et elle ne les empêche pas de faire ce qu'ils pensent devoir faire, attaquer.

L'attaque initiale qui se termine mal

Dans cette première avance des Suisses, le rôle des commandants est minimal. Nos sources ne mentionnent même pas qu'ils aient donné l'ordre du départ, même si cela reste vraisemblable. Le petit groupe auquel appartient le combattant (provenant du même village, de la même paroisse, de la même corporation, du même quartier, etc.) semble avoir plus d'importance à ses yeux qui la hiérarchie de l'armée, somme toute assez peu intrusive et dont personne n'attend qu'elle impose son ordre aux combattants. Chacun fait au mieux (Schwinkhart: 98), ce qui dénote une improvisation certaine. May reconnaît lui-même que c'est sans ordre que les premiers Suisses sont allés à la bataille (Anshelm: 427).

Pourtant, ce manque de contrôle – ou cette autonomie laissée aux combattants- ne les empêche habituellement pas de gagner des batailles; en l'occurrence, ils manquent de peu de capturer ou tuer La Trémoille: *VIndrent lesdicts Suisses rebouter le guet jusqu'au logis de monsieur de la Trimouille, lequel eust à grand peine loisir de se lever, et monta à cheval à demy-armé, pour [parce] que le guet des François de des Suisses estoient desjà pesle-mesle contre son logis. L'allarme eust bien grande au camp* (Fleuranges: 248). S'ils avaient réussi, la bataille était certainement terminée. En tout état de cause, cette première attaque aboutit à la déroute de ceux qui y ont participé.

Cette défaite partielle des *freie knechte*, de ceux que l'on qualifie parfois d'*enfants perdus*, ne porte pas à conséquence sur le moral des autres unités qui les voient refluer, peut-être parce que cela faisait partie de l'ordre des choses, une forme de coup de dés où l'on est prêt à tout perdre. Peut-être aussi, les suivants voient-ils dans la déroute de ceux qui les ont précédés l'occasion de leur prouver ce qu'eux ont «dans le ventre».

Une première unité presque anéantie

Une seconde attaque est donc montée, avec environ 3000 hommes. Elle débouche du bois devant l'artillerie française et va lui servir de cible. En désordre, cette unité va subir les événements. Le feu des canons français sera dévastateur: elle tue et blesse un grand nombre de fantassins.

S'il est difficile d'assigner les pertes avec précision, on peut sans crainte affirmer que le feu a causé la moitié des morts du côté suisse, en quelques minutes. C'est une expérience nouvelle pour les Suisses: pour les commandants soleurois, *personne n'a jamais entendu parler sur terre d'un effet si horrible des tirs* (Gagliardi: 155). Selon un chroniqueur, 400 ou 500 Suisses ont été tués par la première salve (Stumpf: 120): même si ce chiffre est trop haut, il donne la mesure du traumatisme que représente cette expérience: persuadés de ne faire qu'une bouchée de l'adversaire, les Suisses se retrouvent soudain sous un feu qui les immobilise, ils voient nombre des leurs tués ou mutilés par les boulets et sont dans la confusion la plus totale. Ils sont nombreux à craindre que personne ne survivra (Glutz Blotzheim: 546). Aveuglés par la fumée et sans idée de la manœuvre d'ensemble, ils sont incapables de se mettre eux-mêmes en formation pour attaquer et faire taire cette artillerie. Chaque individu est confronté à sa propre vulnérabilité, dans une situation où son adresse au combat ne le protège pas.

Les chefs tentent alors de prendre le contrôle de la situation. Sans ordre, les soldats ne pourront pas former le bloc de piquiers capable en théorie de balayer toute opposition. Sans action coordonnée, même les hallebardiers ne pourront pas essayer de réduire au silence les canons. On trouve ainsi en première ligne Niklaus Konrad de Soleure, le capitaine de Schwyz, le capitaine Meltinger de Bâle, le banneret d'Unterwald Arnold Winkelried, Bastian von Diesbach et Hans von Diesbach de Berne (Glutz Blotzheim: 549; EA: 720). Konrad raconte comment *la formation [Ordnung] s'est fragmentée de nombreuses fois. Quand j'aidais à y remettre de l'ordre et que le canon nous tirait dessus si fort, les soldats ne voulaient pas rester en formation* (Glutz Blotzheim: 549).

On les comprend. D'ailleurs, environ 500 d'entre eux décident alors qu'ils en ont eu assez et s'enfuient vers l'arrière (EA: 720; Gagliardi: 160–161). On peut se demander pourquoi ce n'est pas toute l'unité qui a fait de même: rester ferme sous le feu est un acte difficile et ce d'autant plus lorsque les soldats sont sous un tel feu pour la première fois et qu'ils ont l'impression qu'un couvert proche leur apporterait la sécurité. En l'occurrence, sur les arrières de la formation, il y a un petit bois très tentant, où sont envoyés les blessés et où se rassemblent les retardataires (Gagliardi: 159; Anshelm: 429). Malgré ces défections, la majorité reste en place.

C'est une combinaison d'éléments qui a abouti à prévenir une débandade comparable à celle des mercenaires suisses à Pavie en 1525. D'abord, de nombreux combattants ont déjà fait une expérience du feu de par leur participation à des campagnes précédentes, même si l'intensité de ce qu'ils subissent à Novare est nouvelle; ensuite, la peine traditionnelle pour la fuite est théoriquement la mort immédiate – ce qui donne à réfléchir; pour terminer, et certainement le plus important, l'appartenance de chacun à des petits groupes reflétant la société au pays a donné une raison supplémentaire de se battre: dans l'enfer de cette phase de la bataille, ceux qui sont restés se sont battus à la fois pour leurs amis et pour éviter le déshonneur qu'une fuite leur apporterait: le combattant de base n'est pas anonyme pour ses pairs à Novare. Il combat près de son venli, ces petites bannières distinctes des paner, bannières cantonales, et qui appartiennent souvent aux entités définissant les groupes

Ill. 2 **Die Schlacht bei Novara 1513.**

dans lesquels les soldats se reconnaissent. Leur communauté sociale est présente tant physiquement - par certains de ses membres – que symboliquement – par son drapeau. C'est ce qui a poussé la plupart à retourner au combat et à s'y sont bien comporter; *par contre, ceux qui ne sont pas retournés ont plus tard été méprisés par la plupart* (Schwinkhart: 99). Il faut noter que la décision de rester, fuir, ou de revenir est prise par les individus: tant dans la fuite que dans le retour, nos sources ne mentionnent influence des chefs.

Ceux qui sont restés sur le champ de bataille ne sont pas au bout de leurs peines: une partie des gendarmes, les cavaliers cuirassés français, l'élite de l'armée, charge cette unité malmenée. 300 lances, peut-être 600 hommes, peut-être plus, chargent: chevaux et cavaliers pèsent presque une tonne ensemble, ils sont bardés de métal, semblent invulnérables, et menacent à renverser tout obstacle se dressant sur leur chemin. Face à eux, les Suisses n'ont pas pu se mettre en formation et sont donc très vulnérables.

Effectivement, *les Français traversèrent cinq fois la formation confédérée* (Schwinkhart: 99). A un moment, les Soleurois sont entourés par les gendarmes (Glutz Blotzheim: 549), mais ils résistent bien; le 7 juin, les Lucernois se demandent encore si l'ennemi ne leur a pas pris un étendard (Fulach: 93). C'est une autre occasion où l'on peut voir l'importance des communautés représentées par les venli pour les combattants qui se battent à cet instant pour les leurs et pas pour une cause abstraite. Il faut par ailleurs se rappeler que l'effet d'une charge de cavalerie est avant tout psychologique: face à un groupe utilisant des armes dont l'allonge est au moins celle des leurs, les gendarmes et surtout leurs chevaux n'ont pas l'intention d'aller au suicide. Devant la fermeté des Suisses, leur charge se dilue en petits combats relativement statiques contres des groupes encerclés mais difficiles à détruire.

Les Confédérés les reçurent si bien avec leurs piques que les Français en souffrirent beaucoup de dommages

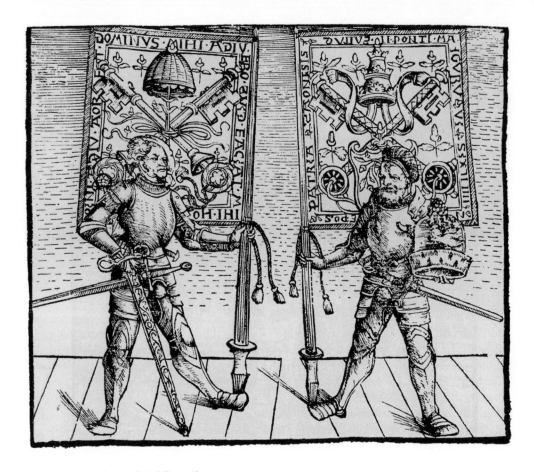

Ill. 3 **Johannes Stumpf, Feldhauptleute**

(Schwinkhart: 99). La possibilité enfin de riposter contre l'adversaire a dû remonter le moral à ces fantassins, et ce d'autant plus que l'artillerie a cessé de leur tirer dessus, d'abord par peur de toucher les gendarmes, puis parce qu'elle sera occupée ailleurs. A l'inverse, les gendarmes frustrés de ne pas pouvoir créer la déroute qu'ils espéraient *se tinrent tranquilles sur le côté, jusqu'à ce que le champ de bataille soit conquis et qu'ils prennent la fuite* (Schwinkhart: 99).

Une autre unité en pleine promenade militaire

La confusion initiale renforcée par l'effet des tirs et de la fumée, ainsi que par la présence d'un petit bois qui gêne la coordination a abouti à la formation d'une autre unité (Glutz Blotzheim: 546). Celle-ci, comprenant environ 4000 hommes, entreprend d'avancer hors de la ligne de tir. Cela l'amène au nord de la position française, gardée par l'infanterie de moindre qualité, française et italienne.

Cette manœuvre leur vaut l'admiration d'observateurs comme le Vénitien Contarini, un peu à tort. D'une part, elle n'est pas le résultat d'une marche de flanc planifiée mais provient d'un évitement de la plus grande résistance. D'autre part, elle est aussi l'occasion d'un type de désertion différent du précédent. Un nombre indéterminé mais important de fantassins se donnent à eux-mêmes l'ordre d'aller attaquer le camp français situé non loin, afin de s'approprier les richesses qu'il recèle (Schwinkhart: 99). Ils n'y auront que peu de succès et beaucoup d'entre eux seront tués ou blessés par les environ 2000 combattants français qui le gardent. Cet épisode illustre à nouveau le faible contrôle des chefs sur leurs troupes pendant la bataille elle-même; par contre, le contrôle judiciaire au retour sera bien plus serré (Schwinkhart: 99).

La formation continue malgré tout sa route et se heurte à l'infanterie française. Cette dernière tourne casaque après une résistance de pure forme (Schwinkhart: 98–99). *Nul homme de pied François ne voulust combattre, quand ils visrent l'autre bande des Suisses qui approchoit* (Fleuranges: 248).

Le contraste entre l'expérience des deux formations jusqu'à ce point est frappant. des combattants de la même armée ont été confrontés les uns à une combinaison de feu et d'attaques qui en a tué une proportion importante et les autres à un ennemi dont ils n'ont guère vu que le dos. Les choses sont sur le point de changer.

Le combat avec les lansquenets

Les 4000 hommes débouchent en effet sur le flanc de la meilleure unité de l'armée française, les lansquenets commandés par Fleuranges et son frère Jamets. Ces derniers faisaient face jusque là à la première unité suisse et protégeaient l'artillerie. Ils doivent maintenant improviser un changement de front et tenter de défendre leurs canons.

Dans un premier temps, les Suisses peuvent s'emparer de quelques canons, bien qu'ils soient protégés par des arquebusiers. Puis les deux formations se font face: comme elles sont les deux composées en majorité de piquiers et qu'aucune n'a l'intention de lâcher pied, elles se sont arrêtées à une courte distance l'une de l'autre. Même remarquablement entraîné, aucun piquier au monde n'allait s'embrocher volontairement sur le carré adverse ! Les deux formations se sont donc neutralisées.

Pour les Suisses, c'est l'occasion de montrer encore une fois qu'ils sont les meilleurs en prenant l'ascendant sur ces adversaires. Les lansquenets sont en effet haïs à cause de leurs insultes, comme lorsqu'ils accusent régulièrement les Suisses de zoophilie avec leurs vaches - entre autres amabilités – et méprisés pour leur supposée infériorité au combat. Evidente lors de la guerre de Souabe en 1499, cette dernière ne l'est plus autant en 1513.

Comme les lansquenets n'ont pas cédé, les deux formations se retrouvent face à face, pour ainsi dire neutralisées. Les insultes pleuvent certainement plus que les coups pendant un moment, avant que les adversaires ne s'adaptent à cette situation inattendue. incapables d'agir en formation, les deux parties vont recourir à l'initiative de petites unités. Le combat sera plus confus, mais toutes les sources s'accordent à souligner sa violence.

Lorsque les 800 arquebusiers adverses qui sont sur le flanc de la formation tentent de prendre les Suisses en enfilade, avec un certain succès, 400 hallebardiers suisses sortent des rangs et vont en faire un carnage (Fleuranges: 249; Gagliardi: 155). Lorsque des cavaliers reprennent plusieurs canons, des Suisses vont les leur disputer (Fechter: 125). Lorsque des lansquenets armés d'épées - à une ou deux mains, les sources ne le précisent pas – tentent de casserr les piques des Suisses pour créer une brèche dans la formation (Schwinkhart: 99; Stumpf: 120), d'autres hallebardiers vont les contrer et eux aussi chercher à créer une brèche chez les lansquenets (Schwinkhart: 99). La dernière mesure du côté suisse consiste à utiliser les canons capturés contre leurs anciens propriétaires (Glutz Blotzheim: 546); cela a impliqué de les bouger pour trouver un angle de tir et de les défendre contre les cavaliers français, mais l'effet du feu en enfilade sur le moral des lansquenets justifie ces efforts. *Et se cuiderent rallier l[es] lansquenets 2 ou 3 fois; mais l'artillerie des françois, que les Suisses avoient gaignée, commença à battre si fort dedans eulx, que cela les descourageoit tous* (Fleuranges: 249). La combinaison entre les pertes causées par le feu et l'action des hallebardiers a finalement raison de la résistance des lansquenets. Une brèche se crée à l'avant de leur formation et ils prennent la fuite.

L'acharnement du combat est attestée par le fait que seuls 5 hommes sur les 3–400 du premier rang des lansquenets ont survécu (Fleuranges: 249). De surcroît, la majorité des Suisses vont y prendre part d'une manière ou d'une autre: les quatre premiers rangs sont composés de piquiers «actifs», donc capables d'utiliser leurs piques de manière efficace. La profondeur théorique de la formation suisse pouvait être à cet instant de 10–13 hommes (4000 divisés par 3–400), ce qui donnerait environ 1600 piquiers impliqués directement,

cibles des lansquenets armés d'épée. 400 hallebardiers s'occupent des arquebusiers, qui ont pris pour cible le flanc de la formation; un nombre indéterminé mais pas plus faible de hallebardiers protégeait et servait les canons et d'autres encore tentaient de créer une brèche chez les lansquenets. Au moins 3000 hommes ont donc pris part directement au combat, ont été menacés, voire blessés ou tués, par des adversaires avec qui ils pouvaient échanger des regards. De surcroît, un côté de la formation a été la cible des arquebusiers et dès que la déroute des lansquenets a été effective, toute la formation s'est jointe à la curée, ne serait-ce que pour évacuer en faisant du mal à l'ennemi toute la tension accumulée.

La déroute des lansquenets ne signifie pas la fin des combats pour cette unité. Même si l'armée française se retire, cette unité doit encore subir une attaque atypique de gendarmes. L'objectif de cette charge n'est pas de changer la situation: Robert de la Marck emmène avec lui sa compagnie pour aller sauver ses fils. Il les trouve gisant mal en point - Jamets est encore en état de monter à cheval mais Fleuranges est trop grièvement blessé – et parvient à les ramener. Cet exploit nous démontre à quel point les combat entre les Suisses et les lansquenets s'était fractionné: si les 4000 Suisses avaient occupé le terrain en une formation, La Marck n'aurait tout simplement pas pu atteindre le lieu où ses fils étaient. Cela ne change rien au résultat final: les Français sont chassés de Novare !

Morts et blessés

En trois heures, selon les commandants bâlois, le combat a coûté entre 900 et 1000 morts aux Suisses (Fechter: 126); les pre-

Ill. 4 **Niklaus Manuel Deutsch, Eidgenosse**

mières estimations sont plus élevées, mais après quelques jours on arrive à faire la différence entre tués et «disparus» (Anshelm: 429). En outre, les Confédérés ont de nombreux blessés à déplorer (Anshelm: 427). Si l'on prend en compte les effectifs réels de l'armée au début de la bataille, cela représente 12% de tués, un chiffre important pour une victoire. Cependant, cela reste modeste face aux 40% pour l'armée française.

Si l'on en croit May, respectivement Anshelm, les Bernois ont perdu 150 ou 200 tués et 50 blessés graves (Anshelm: 429 et 422). Ce ratio inhabituel pourrait refléter la nature des blessures infligées: un soldat touché par un boulet risque en effet de décéder sur le coup, ou de mourir rapidement du choc causé par le projectile. De surcroît, les blessures occasionnées lors du corps à corps avaient aussi toutes les chances d'être graves voire mortelles. On a toutes les raisons de penser que le trois quart d'entre elles étaient localisées à la tête, au thorax et à l'abdomen (Mounier Kuhn: 115–116); la médecine n'est pas encore assez sophistiquée au 16e siècle pour prendre véritablement en charge les plaies pénétrantes à ces endroits, sans parler des hémorragies et des infections survenant suite aux blessures elles-mêmes.

Le service de santé pour les blessés se résume donc à un transport à Novare, soit pendant la bataille (Gagliardi: 159) soit après (Anshelm: 427). C'est une tâche prioritaire qui occupe les Suisses dès la victoire, comme d'ailleurs le transport des cadavres des Suisses et du butin en ville. Les médecins de la ville ont dû être dépassés par le nombre de ceux à traiter et seuls ceux qui ont eux des blessures légères et les plus forts – ou chanceux – ont une chance de survie; quant aux autres, ils seront comptabilisés parmi les morts.

Cette mortalité suite à la bataille n'émeut aucune de nos sources, certainement aussi habituées à une grande mortalité dans la vie civile.

Les activités après la bataille

Après la bataille, les Suisses ne lancent pas de poursuite, ce qui est habituel pour eux et les a souvent empêchés d'obtenir des victoires plus décisives. Au contraire, ils passent plusieurs heures sur le champ de bataille, d'abord pour s'assurer que l'ennemi n'a pas l'intention de revenir, puis pour organiser le transfert des blessés, des morts et du butin (Anshelm: 423). Le duc de Milan est dûment averti de la grande victoire et gratifie le premier messager à l'avoir averti de 200 ducats et d'un beau cheval (Anshelm: 423). Par contre, il n'est pas en mesure d'organiser le transport de l'artillerie capturée et ce sont finalement les Suisses eux-mêmes qui la tirent jusqu'en ville. C'est un travail colossal, puisqu'ils ont saisi entre 20 et 25 pièces d'artillerie, avec les provisions de poudre et de boulets correspondantes, entre 400 et 600 arquebuses à croc, plusieurs étendards, des armes et des armures, des chariots, etc (*Anonyme Zürcher Chronik*: 187; Basler Chroniken: 47).

Arrivés sur place, ils constatent que Massimiliano ne leur a pas fait préparer vivres et boissons et que les habitants ne sont pas prêts à leur en vendre (Anshelm: 427). Cela ne disposera pas bien les soldats qui viennent de risquer leur vie pour ces Milanais qui semblent ingrats et servira – si besoin était – de justification supplémentaire aux extorsions imposées aux habitants du duché dans les semaines qui suivront.

Alors que ceux qui ont ramené les canons ont dû s'affaler de fatigue et pendant que les chefs écrivent à leurs autorités cantonales respectives, un tout autre type d'activité a lieu: le pillage systématique du camp français et des cadavres restés sur place. La vaisselle de Trivulzio et de La Trémoille (Fechter: 131), de l'or et des bijoux et les effets personnels des combattants (dont leur bourse, souvent attachée autour du cou de son propriétaire) sont accessibles et ont «disparu». En théorie, tout le butin devrait être centralisé puis partagé avec toute l'armée. En pratique, alors que la part officielle de chaque soldat sera de quatre *batz*, à peine un florin, *plusieurs ont augmenté leur bien de façon importante [...], parmi lesquels était nommé en particulier le capitaine May de Berne, qui s'est pourtant comporté de manière particulièrement bonne, honorable et courageuse* (Anshelm. 427). Le pillage va bien au-delà de l'appropriation des biens de l'ennemi, puisque certains ont volé les chevaux de Confédérés pour retourner en Suisse et qu'il y a des même des soupçons sur les circonstances de la mort du capitaine bernois Weingarten, qui aurait pu être tué par un Suisse qui en voulait à son argent, soit la somme considérable de 600 florins (Anshelm: 427–428).

Juste après la bataille, le 7 juin, les Bernois May, Diesbach et Frisching demandent aux autorités de Berne d'arrêter tout soldat revenant d'Italie avec un cheval et sans laissez-passer (Anshelm: 428). Le 19 juin, les Bâlois écrivent de même à leurs autorités pour leur demander de prendre des mesures de leur côté (Fechter: 131–132). Il faut dire qu'un certain Michel, de Baden, valet du Bernois Hans Gyger, se serait approprié la somme faramineuse de 2000 pièces d'or (Anshelm: 424–425).

Le rôle de l'honneur

Faire la guerre n'a jamais été une partie de plaisir, mais l'expérience des fantassins suisses à Novare est particulièrement dure. Pourquoi ont-ils accepté en toute connaissance de cause de subir les marches à des rythmes effrénés, le siège, le feu ennemi, à risquer l'anéantissement, la maladie, la blessure ou la mort (ce qui revient pour eux presque au même)? Après tout, la plupart étaient volontaires pour aller se battre et ceux qui sont sortis de Novare n'ont pas eu besoin d'être poussés par leurs chefs. Pourquoi, surtout, sont-ils restés ou revenus se battre alors que le combat ne semblait pas tourner à leur avantage?

Certes, le Suisse du printemps 1513 a de très bonnes perspectives financières en partant en guerre (Esch: 166–167, 284 et 296–303). Mais cela ne suffit pas à expliquer la ténacité des combattants. Il faut y ajouter un autre élément, trop souvent oublié dans l'histoire qui a de la peine à le quantifier: l'honneur.

Ce concept joue à deux niveaux; d'abord – et de manière moins importante – il y a un honneur de la confédération. La honte nationale de la «trahison de Novare» en 1500 est présente dans beaucoup de nos sources; la campagne et la bataille sont ainsi vues comme une manière de réparation collective. Les soldats ne veulent pas faillir une seconde fois. Le prestige accumulé en 1512 (Anshelm: 325) sert de contraste. Mais l'honneur joue aussi et surtout au niveau personnel. La société attend de chaque combattant qu'il se comporte bien; la lâcheté (réelle ou perçue) sera stigmatisée et le coupable sera pénalisé en termes de statut social. Prouver son courage au plus fort de la bataille est donc une manière d'engranger de l'honneur. Cela ne suffit pas à motiver tous les combattants, mais la présence de membres du même groupe social dans les unités donne à réfléchir. Non seulement, on évite d'abandonner dans le danger, mais le prix de la défaillance sera élevé au retour à la maison. Cela a incité beaucoup de protagonistes à plutôt risquer la mort physique que d'affronter la mort sociale, le déshonneur assuré dans de telles circonstances.

Ill. 5
Urs Graf,
Eidgenössische
Feldwache,
um 1514

Notes

1 Le lecteur pourra trouver tous les détails sur les sources et leur qualité, le déroulement des événements, les effectifs et les pertes, dans mon «Novare (1513)».

2 L'allonge d'une lance de cavalerie est comparable à celle d'une hallebarde.

Preuve d'illustrations

1 *Johannes Stumpf, Schlacht bei Novara 1513*
   Quelle: Zentralbibliothek Zürich, Grafische Sammlung. http://www.stadtwanderer.net/media/759px_Schlacht_bei_Novara_1513.jpg

2 *Die Schlacht bei Novara 1513.*
   Links die angreifenden Eidgenossen, vorne das Berner Fähnlein mit durchgehendem weissem Kreuz; rechts die flüchtenden deutschen Landsknechte, in deren Fahnen das burgundische Astkreuz zu erkennen ist. Oberbild des Glasgemäldes mit dem «Alten und jungen Eidgenossen» von Hans Funk, nach Entwürfen von Niklaus Manuel; nach 1532
   Quelle: Bernisches Historisches Museum, Bern, inv. Nr. 21643; in: Louis Mühlemann, Wappen und Fahnen der Schweiz, 700 Jahre/ans/anni/onns Confoederatio Helvetica, Lengnau (1991), S.14–15

3 *Feldhauptleute mit den Geschenken des Papstes Julius II. an die Eidgenossen. Johannes Stumpf, Eidgenössische Chronik, Zürich 1548, Bd. 13, S. 461*
   Quelle: E.A. (Eduard Achilles) Gessler, Die alte Schweiz in Bildern. Ein Bilderbuch zur Schweizergeschichte von den Anfängen bis 1798, Orell Füssli, Zürich 1933, S. 161

4 *Niklaus Manuel Deutsch, Eidgenosse unter einem Bogen, im Bogenfeld Sturm auf die Festung Agnadello, um 1507*
   Quelle: Kunstmuseum Basel, Kupferstichkabinett, Amerbach-Kabinett, inv. U.VI.28
   http://commons.wikimedia.org/wiki/File:Niklaus_Manuel_Neuer_Eidgen.jpg

5 *Urs Graf, Eidgenössische Feldwache, um 1514*
   Drei Krieger mit Halbarten und Langspiess, in der reichen zerschlitzten Zeittracht, ebenso die Marketenderin mit der «Bulge»
   Quelle: E.A. (Eduard Achilles) Gessler, Die alte Schweiz in Bildern. Ein Bilderbuch zur Schweizergeschichte von den Anfängen bis 1798, Orell Füssli, Zürich 1933, S. 163

Bibliographie

Amtliche Sammlung der ältern eidgenössischen Abschiede, volume III 2 (1500–1520), Philipp Anton von Segesser éd, Lucerne–Zurich, 1869.

Anonyme Chronik der Mailänderkriege, in: Die Basler Chroniken, volume VI, Historischen und Antiquarischen Gesellschaft in Basel, Verlag von S. Hirzel: Leipzig, 1902, pp. 30–73.

Eine zürcherische Chronik der Schwaben- und Mailänder Kriege, 1499–1516, in: Anzeiger für Schweizerische Geschichte, VI, n° 6 (Neue Folge), 1891, pp. 282–296.

Anshelm, Valerius; Berner Chronik, Historischer Verein des Kanton Berns: Berne, volume III, 1881–1901 (contient des documents bernois, en particulier des lettres de Bartholomäus May).

Bangerter, Olivier; Novare (1513), Dernière victoire des fantassins suisses, Economica: Paris, 2011.

Esch, Arnold; «Mit Schweizer Söldnern auf dem Marsch nach Italien, Das Erlebnis der Mailänderkriege 1510–1515 nach bernischen Akten», in: Alltag der Entscheidung, Beiträge zur Geschichte der Schweiz an der Wende von Mittelalter und Neuzeit, Verlag Paul Haupt: Bern, 1998, pp. 249–328.

Fechter, D. A.; «Die Schlacht von Novara den 6. Juni 1513 und was daran hängt», in: Basler Taschenbuch aud das Jahr 1863, Schweighauserische

Verlagsbuchhandlung: Bâle, 1863 (contient des lettres des chefs bâlois, en particulier Bondorf), pp. 101–142.

Fleuranges (Robert de La Marck); «Histoire des choses mémorables advenues du reigne de Louis XII et François Ier en France, Italie, Allemagne et ès Pays Bas depuis l'an 1500 jusques en l'an 1525», in: Buchon, J.A.C. (éd.), Choix de chroniques et de Mémoires de l'histoire de France: XVIe siècle, Paris: A. Desrez, 1836, pp. 217–295.

Fulach, Ludwig von, (Tanner, K.); «Briefe des Schaffhauser Hauptmanns Ludwig von Fulach über die Schlacht von Novara 6. Juni 1513», in: Anzeiger für Schweizerische Geschichte, Berne, Vol. 14, 1914, (contient deux lettres de Fulach), pp. 86–97.

Gagliardi, Ernst; Novara und Dijon, Höhepunkt und Verfall der schweizerischen Grossmacht im 16. Jahrhundert, Gebr. Leeman: Zurich, 1907.

Glutz Blotzheim, Robert; Die Geschichten der Schweizerischen Eidgenossenschaft, Geschichte der Eidgenossen vom Tode des Bürgermeisters Waldmann bis zum ewigen Frieden mit Frankreich, (= Johann von Müller, Geschichten Schweizerischer Eidgenossenschaft V 2) Orell Füssli: Zurich, 1816 (contient les récits de Massimiliano Sforza, des commandants soleurois et de Niklaus Konrad).

Guicciardini, Francesco; Histoire d'Italie (1492–1534), (2 volumes), Robert Laffont: Paris, 1999.

Mounier Kuhn, Alain; «Les blessures de guerre et l'armement au Moyen Age dans l'Occident latin», in Médiévales, Paris, 39, Automne 2000, pp. 112–136.

Roulet, Louis-Edouard; «le soldat suisse et la mort à l'époque des guerres de Bourgogne et d'Italie (XVe et XVIe siècle)», in: Le soldat, la stratégie, la mort, Mélanges André Corvisier, Paris: Economica, 1989, pp. 351–366.

Schaufelberger, Walter; Der alte Schweizer und sein Krieg vornehmlich im 15. Jahrhundert, Verlag Huber: Frauenfeld, 1987 (1952).

Schwinkhart, Ludwig; Chronik, Historischer Verein des Kanton Berns, Berne, 1941.

Stumpf, Johannes; «Schweizer und Reformationschronik», in: Quellen zur Schweizerischen Reformationsgeschichte, volume V, Bâle, 1952.

Troso, Mario; Ultima Battaglia del Medioevo: La battaglia dell'Ariotta, Novara 6 Guigno 1513, Edizioni della Laguna: Mariano del Friuli, 2002.

Marignano 1515. Die militärische Führung bei den alten Eidgenossen

Walter Schaufelberger

Im Zeitalter der Schlacht von Marignano befand sich die Schweizerische Eidgenossenschaft nicht in der Defensive; im Gegenteil, diese «Demokratie» praktiziert die militärische Expansion und Offensive. Wie funktioniert in diesem Augenblick das politisch-militärische Kommando, wenn sich im Sommer und Herbst 1515 zwischen 40 000 und 50 000 Schweizer Krieger in Norditalien befinden? Das Studium dieser Probleme zeigt offensichtliche Ähnlichkeiten zwischen den demokratisch zivilen Strukturen und denjenigen der bewaffneten Streitkräfte.

Abb. 1 **Markus Röist, Bürgermeister von Zürich**

Das Kommando auf politisch-strategischem Niveau

Die Eidgenossenschaft umfasst dreizehn souveräne Kantone, deren «Botschafter» sich an der Tagsatzung treffen, alles vergleichbar mit der Generalversammlung der UNO; man redet reichlich, aber die Institution hat im strategischen Bereich nicht viele Kompetenzen. Der Beweis: Während dem Feldzug von 1515 in Norditalien sendet die Tagsatzung als höchste politische Autorität einen Brief an die Hauptleute in welchem sie ihnen die Kompetenz delegiert, den Feldzug fortzuführen oder Frieden zu schliessen! Sie trifft also nicht selber eine fundamentale politisch-strategische Entscheidung.

Was die Funktion des Oberbefehlshabers betrifft, entscheidet die Tagsatzung, dass es zwei haben wird, einer von Uri, der andere von Luzern, die von der Armee gewählt werden; sie werden das Kommando mit den andern Hauptleuten ausüben. Der Ammann Im Hof von Uri und ein gewisser Vogt Küng aus Luzern werden ausgewählt. Mehrere Briefe vom Zürcher Kontingent stammend, an die Tagsatzung adressiert, protestieren gegen diese Auswahl, weil bis jetzt immer ein Zürcher im Oberkommando war. Die Zürcher akzeptieren die Ernennung des Luzerners nicht. Diesbezüglich gibt es ausgedehnte Diskussionen an der Tagsatzung und sie werden Monate dauern. Was beweist, dass die Funktion des Oberbefehlshabers praktisch nicht existiert und sie sich auf administrative und organisatorische Massnahmen beschränkt. (Während des Pavier-Feldzuges 1512 zum Beispiel, gab es ebenfalls zwei Oberbefehlshaber, durch die Tagsatzung ernannt, wovon einer ein Zürcher war).

Ein solches System beruht auf zwei Prinzipien: Dem Föderalismus und der Demokratie. Über die Macht eines Oberbefehlshabers muss man immer misstrauisch sein; eine militärische Gewalt wird nicht akzeptiert, sogar in Kriegszeiten!

1503 präzisiert ein durch die Luzerner Hauptleute von Ascona aus dem Luzerner Rat geschriebener Brief, dass, wenn sich die Luzerner Truppen im Feld befinden, nach Auffassung der Hauptleute, die politische Macht in den Händen des Rats verbleibt. Die Unterschriften «Hauptleute, Fähnrich, Räte und Hundert von Luzern» zeigen, dass ein bedeutender Anteil der politischen Autoritäten die Banner in einem Feldzug begleiten.

Die Kontingente von Uri, Schwyz und Unterwalden dagegen, welche sich auch in Ascona befinden, teilen die Ansicht ihrer Luzerner Eidgenossen überhaupt nicht. Wenn sie mit ihrer Fahne im Feld sind, befindet sich auch die politische Macht im Feld, bei den freien Männern, fähig an der Landsgemeinde teilzunehmen! Daraus geht hervor, dass die fundamentale Frage der Lokalisierung der politischen Macht in Kriegszeiten noch nicht gelöst ist, in der Eidgenossenschaft zu Beginn des 16. Jahrhunderts.

Operative und taktische Beschlussfassung

Wie formt sich der Wille in den Kontingenten im Feld, wo die Sache entschieden und ausgeführt wird? Es existiert ein «Kriegsrat» gebildet durch die Hauptleute und Repräsentanten der Räte der verschiedenen Kontingente. Dies ist eine Art von «militärischer Tagsatzung». Jeder Kanton ist mit einer Stimme vertreten. Aber die letzte Entscheidung scheint von anderswo zu kommen.

Fünf Tage vor der Schlacht von Marignano unterschreiben die Hauptleute, die beschlossen haben den Feldzug nicht fortzusetzen und Frieden zu schliessen, alle den Vertrag von Gallarate. Nicht wissend, dass ein anderes Entscheidungsorgan existiert, zusätzlich zum «Kriegsrat», man würde nicht verstehen, warum diese Schlacht trotzdem stattgefunden hat! In den Quellen wird dieses andere Entscheidungsorgan «Gemeinde» genannt, was «Plenarversammlung der Krieger» bedeutet. Oft treffen die Hauptleute eine Entscheidung, unter Vorbehalt der Zustimmung der «Gemeinden». Es hat immer Versammlungen der «Gemeinden», legitimiert oder nicht.

In der ersten Phase des Feldzuges hatte Franz I. seine Truppen im Dauphiné lyonnais versammelt, vor der Überquerung der Alpen. Die Schweizer stiegen in das Piemont hinab, um ihn daran zu hindern. «Man muss die Pässe der Alpen halten», war die These der vier grossen Kantone, weil man im Gebirge mit 4000 Mann

Abb. 2 **Urs Graf, Kriegsrat**

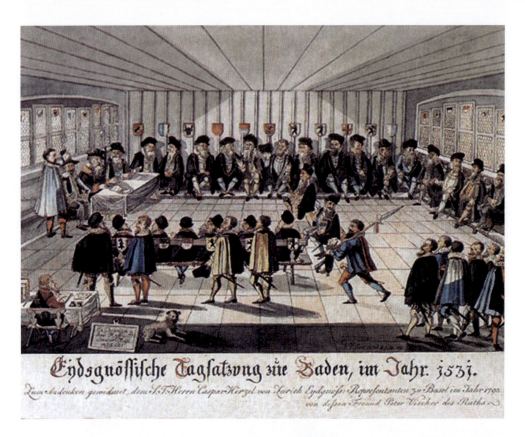

Abb. 3 **Eidgenössische Tagsatzung zu Baden**

gleichviel machen kann wie mit 10 000 Mann in der Ebene. Die Versammlungen der Krieger der Zentralschweiz weisen diese Lösung zurück. Das Piemont interessiert sie nicht, nur die Stadt Mailand beschäftigt sie. In der Folge gelingt es Franz I. die Alpen zu überqueren, da die Schweizer nicht systematisch alle Pässe überwachen.

Trotz dem Vertrag von Gallarate entscheiden die «Gemeinden», vor allem die der Zentralschweiz, die Schlacht zu liefern, entgegen der Meinung der Hauptleute, während die Berner, Solothurner, Freiburger, Walliser, Bieler Kontingente nach Hause zurückkehren, weil der Vertrag abgeschlossen war. Die Andern setzten sich in Bewegung, zuerst nach Monza, dann nach Mailand, wo sie sich schlagen werden.

Am 13. September, im Schloss von Mailand, entscheiden die Schweizer Hauptleute den Vertrag zu respektieren und heimzukehren. Die Zürcher und Zuger Kontingente waren bereit, die Pferde beladen. Eine Stunde später begann die Schlacht von Marignano. In der Tat, die «Gemeinden» hatten entschieden die Schlacht zu schlagen: Die Urner als Vorhut verliessen rennend die Porta Romana und warfen sich auf die deutschen Landsknechte von Franz I.

Auf welche Kriterien stützen sich die «Gemeinden» ab, als sie sich den Hauptleuten widersetzen? Warum scheinen sich die Krieger oft à tout prix schlagen zu wollen? Die materiellen Aspekte sind ausschlaggebend: Unter anderem der Wunsch Beute zu machen, die Gewährung von zusätzlichem Lohn nach einem Angriff, die Möglichkeit zur Zahlung von grossen Lösegeldern für die Gefangenen, die man festgenommen hat. Die ideellen Aspekte sind darin eingeschlossen. Je besser sich die Krieger schlagen, desto mehr Wert haben sie auf dem Söldnermarkt: Die Schweizer sind noch besser bezahlt als die deutschen Landsknechte oder die Spanier.

Auf welche Art übt das Kommando während der Angriffe, wie denen von Marignano? Wenn sich ein Karree von mehreren tausend Männern im Laufschritt in Bewegung setzt, gibt es nicht mehr viel zu lenken. Die Lawine muss alles mitreissen, sonst ist es die Niederlage. Nach dem Angriff dienen die Hörner, Trommeln und Fahnen zur Sammlung der Krieger.

Armee und Demokratie

A priori scheint dieses System auf einen offenkundigen Disziplinmangel bei den Kriegern hinzuweisen, die allerdings die besten ihrer Epoche sind; dies ist jedenfalls die Ansicht eines Historikers wie Usteri. Indessen kann man vor allem eine demokratische Organisation sehen, welche im Wesentlichen die zivilen Institutionen übernimmt, das heisst die Bürgerversammlung in den Städten, die Bauernversammlung in den «Landsgemeinden», in den «Dorfgemeinden», in den «Aemtergemeinden»; in der Armee sind es die «Gemeinden». Diese sehr ähnlichen zivilen und militärischen Institutionen erscheinen wie die Elemente einer Demokratie, die noch nichts gemeinsam hat, mit dem was man heute erwartet.

Man findet überzeugende Beweise für die Existenz einer Art «militärischer Demokratie» in den Eiden welche die Hauptleute, die Bannerträger und die Soldaten zu Beginn eines Feldzuges leisten. Im Zeitalter der Burgunderkriege musste der Berner Hauptmann schwören seine Truppen nicht irgendwohin zu führen, ohne den Willen und das Einverständnis der Mehrheit der Männer.

Florange, der in Marignano anwesend ist, war Kommandant der Hundertschweizer in Paris. Er kennt also die Sitten und Gebräuche der Schweizer Krieger. Er sagt in seinen Memoiren, dass vor der Auslösung der Schlacht, sich die Schweizer Hauptleute an «die Gemeinen und ihre Kameraden» gewandt hätten. Es waren die Krieger die verlangten sich zu schlagen.

Schussfolgerung

Als die Schweizer Kontingente zu Beginn des 16. Jahrhunderts im Feld sind, spiegelt die Organisation des Kommandos die zivilen, gemeinde und korporativen Institutionen wieder. Dies ist nicht erstaunlich, hundert Jahre vor der Reform des Hauses Oranien, welche den Begriff der modernen militärischen Disziplin schaffen wird, begründet auf dem Beispiel der römischen Legionen. Die grossen militärischen Denker, unsere Hauptleute und unsere Krieger kennen sie sicher nicht.

Dieses Kommandosystem kann ungeheure militärische Leistungen hervorrufen, wenn alle, Hauptleute und Krieger, einverstanden sind sich zu schlagen, was im Allgemeinen der Fall ist. Wenn dagegen Uneinigkeit herrscht, besteht Gefahr, dass die Konsequenzen sehr negativ sind. Man muss noch die Tatsache berücksichtigen, dass oft an der Basis dieser kollektiven Entscheidungen irrationale und emotionale Einflüsse vorhanden sind, viel leichter, wenn ein einziger Chef verantwortlich ist, klar entscheidet in Funktion seines Auftrages. Die italienischen Schriftsteller behaupten, dass die Schweizer Krieger in Chaos und Unordnung Krieg führen.

Am Anfang des 16. Jahrhunderts beginnt die politische und ökonomische Autorität des Staates zu erstarken, in Frankreich mit Franz I. und auch in andern Ländern, welche die Schweizerische Eidgenossenschaft umgeben. Wenn man diese Evolution mit der Situation vergleicht die in den Kantonen vorherrscht, wo die «Demokratie» sowohl im Zivilleben wie in der Armee regiert, stellt man fest, dass das Schweizer Militärsystem nicht mehr konkurrenzfähig ist. Hier ist der fundamentale Grund für den Rückzug der Kantone in eine Haltung von Neutralismus. Bis in die Epoche der Französischen Revolution werden diese «Gemeinden» die Bildung einer starken Armee verhindern. In diesem Augenblick wird die Schweizer Verfassung vollständig durch die Ereignisse überholt sein.

Anmerkungen

Walter Schaufelberger, Marignan 1515. La conduite militaire chez les anciens confédérés, dans: Actes du Symposium 1993, Tome 8, La démocratie et sa défense militaire, Centre d'Histoire et de Prospective militaire, Pully 1995, p. 57–63.
Traduit du Français par Roland Haudenschild

Bildnachweis

1 *Markus Röist, Bürgermeister von Zürich*
   Quelle: Cesare Amelli, La Battaglia di Marignano, Edizioni Istituto Storico Melegnanese1965, p. 20 (Il comandante svizzero Marco Rostio)

2 *Urs Graf, Kriegsrat (der Eidgenossen) von 1515*
   Quelle: http://www.militariahelvetica.ch/images/UrsGrafKriegsrataufdemPavierzug.jpg

3 *Eidgenössische Tagsatzung zu Baden, im Jahr 1531, von Peter Vischer 1793*
   Quelle: http://commons.wikimedia.org/wiki File:Tagsatzung1531.jpg

La bataille de Marignan 1515, mythes et réalités

Hervé de Weck

En 1939, Jean Daetwyler, compositeur suisse d'origine bâloise mais Valaisan d'adoption, travaille à une œuvre de commande, la *Marche du cinquantenaire de la Fédération des musiques du Valais central*. Trouvant ce titre peu engageant, il l'intitule *Marignan*, en mémoire de l'engagement des Valaisans en 1515 aux côtés des Confédérés de Suisse centrale. La menace fasciste et nazie, qui plane sur le pays, explique ce besoin de se raccrocher à un passé glorieux. Le général Guisan le fait également dans de nombreuses interventions publiques…

Guy de Maupassant, pacifiste et antimilitariste, commence ainsi son conte «Clair de lune»:

«Il portait bien son nom de bataille, l'abbé Marignan. C'était un grand prêtre maigre, fanatique, d'âme toujours exaltée, mais droite. Toutes ses croyances étaient fixes, sans jamais d'oscillations. Il s'imaginait sincèrement connaître son Dieu, pénétrer ses desseins, ses volontés, ses intentions[1]*.»*

«*1515, c'est épatant, c'est Marignan!*»

Le refrain d'une chanson d'Annie Cordy en 1979 célèbre les vertus mnémotechniques d'une date avec redoublement de chiffre. Les écoliers français et suisses connaissent l'année à laquelle la bataille a été livrée; ils semblent même en connaître deux: 1515 Marignan et mai 1968 début de la Révolution [française][2]! Sur la *toile*, l'écrasante majorité des 63 700 sites «Marignan 1515» répertoriés par Google en janvier 2013 sont français. Normal, puisque la bataille passe pour une magnifique victoire de François Ier sur les indomptables Suisses![3]

Le contexte politico-stratégique

Au début du XVIe siècle, l'Italie, région la plus développée d'Europe mais morcelée en une vingtaine de petits Etats antagonistes, fait l'objet de multiples convoitises. Français, Espagnols, Impériaux, Vénitiens, Pontificaux et Suisses cherchent à conquérir le Duché de Milan, prospère mais difficilement défendable. Dès son avènement au trône de France le 1er janvier 1515, François Ier intervient en Italie du Nord comme ses prédécesseurs, il revendique le Duché de Milan perdu en 1513, comme l'héritage de son arrière-grand-mère, Valentine Visconti. Le duc de Milan, Maximilien Sforza, a fait alliance avec le pape Léon X, l'empereur Maximilien de Hasbourg et les Confédérés qui, au sud des Alpes, se sont emparés du Tessin, de la Valteline et de Chiavenna. En automne 1515, 40–50 000 de leurs guerriers se trouvent en Italie du Nord. Tous les protagonistes, qui connaissent leur âpreté au gain, cherchent pourtant à disposer de mercenaires ou de contingents suisses.

Les interventions des Suisses en Italie résultent de décisions de la Diète, conférence des ambassadeurs des Treize Cantons, le seul organe faîtier de la Confédération, somme toute comparable à l'Assemblée générale de l'ONU. Mais également de la volonté persistante de quelques Cantons, surtout de Suisse centrale, de suivre la voie de leurs intérêts particuliers, même en dépit de traités pourtant acceptés par la Diète. Celle-ci lève des contingents dont elle fixe les effectifs, souvent les cantons en font de même, ce qui n'empêche pas une masse de volontaires d'affluer, espérant une solde, des possibilités de rapines et de pillages. Des mercenaires provenant de l'ensemble des Cantons prennent donc part à ces expéditions! Ils s'intègrent plus ou moins bien dans les troupes régulières. Des retards dans le paiement de la solde risquent d'entraîner des mutineries de tous ces guerriers, les mercenaires et les autres, des refus de marcher, l'éparpillement d'une soldatesque qui se livre au pillage. Les Cantons n'hésitent pas à tirer des profits politiques et territoriaux d'engagements individuels, voire d'expéditions spontanées.[4] Il n'en reste pas moins qu'au combat, la tactique du *hérisson* suisse exige une certaine discipline, surtout un courage personnel poussé jusqu'au mépris de la mort.

En Europe, on appelle Grande Ligue de la Haute-Allemagne les Treize Cantons et leurs sujets, les Pays alliés, une dénomination qui indique les structures encore médiévales de la Confédération et la faiblesse de ses autorités à tous les niveaux. Il y a une anarchie certaine chez les Confédérés, surtout lorsqu'ils sont en guerre!

Consciemment ou non, ils jouent un rôle important dans la grande politique européenne, depuis leurs victoires dans les guerres de Bourgogne. Leurs derniers liens avec l'Empire disparaissent en 1499. En mars de cette même année, ils font alliance pour dix ans avec Louis XII: il s'agit d'enlever le duché de Mi-

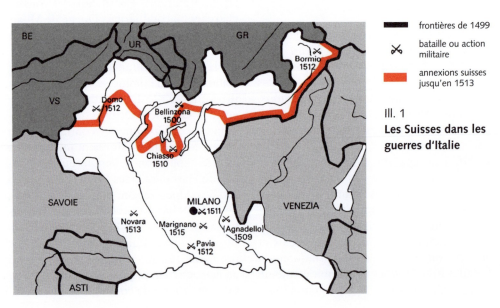

Ill. 1
Les Suisses dans les guerres d'Italie

lan à Ludovic Sforza. Le Roi de France, qui obtient le droit de lever 5000 mercenaires, promet Bellinzona, Lugano et Locarno aux Confédérés; comme il ne tient pas parole, ceux-ci descendent en Italie et poussent une pointe jusqu'à Arona. Le 11 avril 1503, Louis XII se trouve obligé de céder Bellinzona et le val Blenio à Uri, Schwyz et Nidwald. Les cantons forestiers cherchent depuis longtemps à dominer la route du Gothard jusqu'en Lombardie.

Cette extension territoriale entraîne les Confédérés dans de nouvelles guerres. En 1510, ils renoncent à l'alliance française, se rapprochent de la Papauté, qui incarne la résistance à l'envahisseur français et une volonté d'unification de la péninsule sous l'autorité du Saint-Siège. Matthieu Schiner, évêque de Sion devenu cardinal en 1511, pousse à l'intervention des Confédérés en Italie. Bellinzona étant proche de Milan, ils ne peuvent rester passifs, alors qu'une Sainte Ligue, imposante mais hétéroclite de princes lointains, se forme contre la France, impliquant le pape Jules II, le duc de Milan Maximilien Sforza, l'Empereur, le Roi d'Espagne, le Roi d'Angleterre et la République de Venise. Une victoire française signifierait une grave menace sur les possessions suisses au sud des Alpes. Une victoire de la Sainte Ligue, dont les contingents confédérés constitueraient l'essentiel de la force militaire, pourrait rapporter gros.

Au cours du printemps 1512, 25 000 Suisses interviennent en Haute-Italie. Vainqueurs avec les Vénitiens à Pavie, le 14 juin, ils entrent à Milan le 20. A la fin du mois, les troupes françaises ont repassé les Alpes. Les Cantons s'enorgueillissent d'avoir libéré des peuples; ils n'en occupent pas moins le val d'Ossola, Locarno, Lugano et Mendrisio, alors que les trois Ligues grisonnes s'emparent de la vallée de l'Adda, des seigneuries de Bormio et de Chiavenna qu'elles conserveront jusqu'en 1797. Cantons et Pays alliés dominent les passages alpins, depuis le Stelvio jusqu'au Grand Saint-Bernard. Le 29 septembre, le Duc de Milan cède formellement ses territoires aux Suisses, devenant une sorte de bailli.

En 1513, le Roi de France tente de reprendre Milan. Le 6 juin, ses forces, fortement dotées en cavalerie et en artillerie, se font écraser à Novare, bien que les chances de victoire des Confédérés apparaissaient minces! Ceux-ci ne perdent que 1500 hommes, les Français 6000. Les Treize Cantons, pour quelque temps au sommet de leur puissance militaire, lancent 30 000 hommes contre le royaume de France et assiègent Dijon. Cette campagne sert de dérivatif à des difficultés intérieures à Berne, Soleure et Lucerne où des paysans se révoltent, marchent sur les capitales, exigeant que l'on châtie les *amis de la France*. L'état d'esprit des contingents force leurs chefs à conclure, le 13 septembre, une paix qui laisse aux Confédérés la possession du Duché de Milan et neutralise la Franche-Comté. Le Roi s'engage à verser une très forte somme d'argent.

Le tort des Confédérés, c'est de croire la guerre terminée. Louis XII ne verse pas l'argent promis et ne renonce pas à ses ambitions italiennes, alors que la Sainte Ligue se décompose. Les Suisses se trouvent bien seuls en Italie du Nord, dans une situation diplomatique favorable au Roi de France, d'autant que les Cantons sont loin de suivre une ligne politico-stratégique identique. François Ier, qui succède à Louis XII le 1er janvier 1515, entre en campagne avec une armée de 50 000 hommes, très multinationale et interarmes. A côté de 10 000 archers et arquebusiers, de formations de cavalerie lourde et légère, d'une forte artillerie (72 canons lourds, 200–300 pièces légères), il y a des fantassins français, écossais, albanais, néerlandais, qui ne font pas le poids face à leurs homologues suisses, auxquels s'ajoutent 10 000 *lansquenets* allemands – les bêtes noires des Suisses. Très similaires dans leur attitude et leur combattivité aux guerriers confédérés, les *lansquenets* sont organisés en bataillons et en régiments.

L'armée *française* passe les Alpes par l'itinéraire difficile de la vallée de la Durance et du col d'Argentière, surprenant les Confédérés qui l'attendent à Pignerol et à Susa.[5] Ils se replient le long des Alpes[6] et vont couvrir Milan. En ville, l'émeute gronde contre le duc Maximilien, alors les contingents suisses manifestent des attitudes divergentes. Les Français, au nombre d'environ 30 000, les ont suivi jusqu'à Marignan, aujourd'hui Melegnano. Il leur a fallu un mois pour couvrir 220 kilomètres. Les deux partis en sont encore au stade des négociations.

Le commandement des contingents suisses

Les contingents des Cantons suisses ne forment pas ce qu'on appellerait aujourd'hui une force internationale sous commandement intégré. Au début du XVIe siècle, il y a treize armées d'Etats souverains, auxquelles s'ajoutent celles des Pays alliés, avec toute la disparité et les problèmes de conduite que cela implique. Le commandement apparaît calqué sur les structures politiques, aussi bien dans les Cantons campagnards avec leurs landsgemeinden, *Dorfgemeinden, Aemtergemeinden*, que dans les Cantons-villes avec leurs assemblées bourgeoises. Dans un contingent cantonal, l'assemblée plénière des guerriers s'appelle *Gemeinde*. Le *Kriegsrat*, sorte de Diète militaire, comprend les capitaines et les représentants des *Gemeinden*; chaque Canton y détient une voix, mais les décisions finales sont prises dans les *Gemeinden*. Très souvent, le *Kriegsrat* prend une décision, sous réserve de l'accord des *Gemeinden* qui se rassemblent fréquemment, légitimement ou non. On comprend que des écrivains militaires italiens de l'époque prétendent que les Suisses font la guerre dans le chaos et le désordre![7]

Lorsque guerriers et capitaines suisses sont d'accord de partir au combat (c'est généralement le cas), ce système peut amener des performances formidables sur le champ de bataille. En revanche, un désaccord risque de provoquer de très graves conséquences. Des influences irrationnelles, des émotions sous-tendent ces décisions collectives, beaucoup plus facilement que si un chef décide seul, en fonction de sa mission.

En 1515, la Diète, où l'on parle beaucoup mais qui a peu de pouvoirs, délègue aux capitaines la compétence de continuer la campagne ou de faire la paix: elle ne prend donc pas elle-même les décisions politiques et stratégiques. Elle fixe aussi que deux *commandants en chef*, l'un Uranais, l'autre Lucernois, élus par les contingents, *exerceront le commandement avec les autres capitaines*. Les *commandants en chef* n'ont donc qu'un rôle organisationnel et administratif. Le contingent zurichois n'accepte pas la désignation d'un Lucernois qui occupe une place jusqu'alors réservée à un Zurichois. Il faut souligner que les autorités politiques des Waldstaetten font campagne avec leur contingent formé surtout d'*hommes libres*

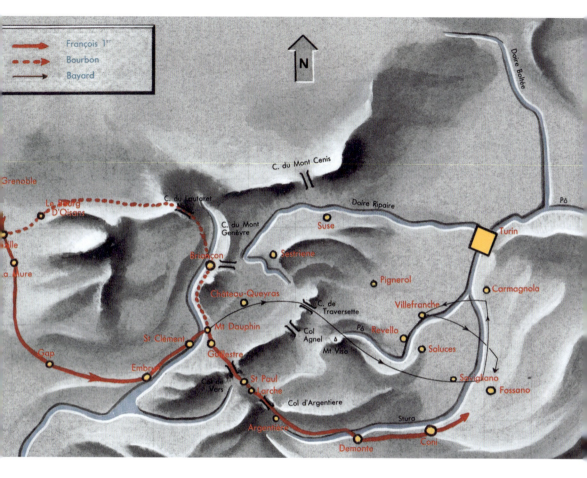

Ill. 2 **La traversée des Alpes par François Ier**

habilités à participer à la *landsgemeinde*, les autorités politiques ne sont pas présentes dans les autres contingents.

Le 10 septembre 1515, François Ier se trouve à Melegnano, les Vénitiens à une journée de marche des forces françaises qui ont effectué un mouvement tournant destiné à empêcher la jonction des Suisses avec les troupes du Pape et du Roi d'Espagne stationnées dans la région de Plaisance.

Au château de Milan, les capitaines ont accepté le 13 septembre le traité de Gallarate, aux termes duquel le Roi de France promet 700 000 couronnes (l'équivalent de

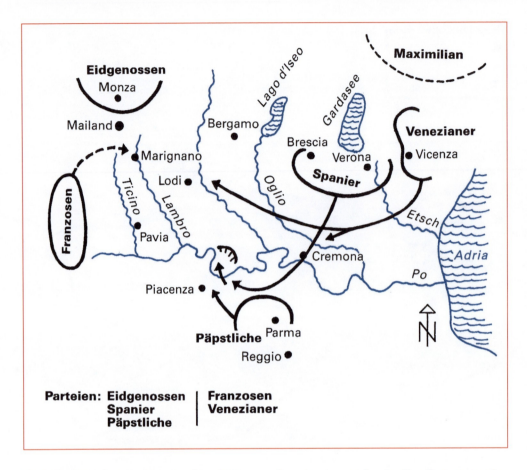

Ill. 3 **Situation du 4 au 10 septembre 1515**
(Allgemeine Lage 4.–10.9.1515)

deux tonnes et demie d'or !) pour que les Suisses abandonnent le Duché de Milan et renoncent à tout territoire au sud de Bellinzona. Les Bernois, les Fribourgeois, les Soleurois et les Biennois ont pris le chemin du retour, tandis qu'une heure avant le début de la bataille, les Zurichois et les Zougois s'apprêtent à en faire de même. Les Gemeinden des contingents du centre et de l'est de la Confédération décident de livrer bataille, dans l'espoir de faire du butin, de recevoir une paie supplémentaire et les rançons exigées pour les prisonniers. Mieux les guerriers se battent, plus ils sont cotés, donc mieux payés. Les assemblées ont entendu le cardinal Schiner qui pousse au combat et veut que l'on respecte les engagements pris à l'égard du Duc de Milan. Au moment où la bataille de Marignan commence, les Confédérés ont perdu le tiers de leurs effectifs, mais ils sont rejoints par des Valaisans, des Bâlois et des Schaffhousois.

Il serait pourtant simpliste *«de voir les Suisses guidés (…) par l'unique perspective de bénéfices pécuniaires (…). Plus profondément, leur enthousiasme s'était brisé (…) par la conscience (…) de l'abandon total dans lequel les avaient laissés leurs alliés. Le Pape, l'Espagne et Milan s'étaient dérobés à leurs obligations et il n'était plus possible de tirer ni l'argent, ni la subsistance d'un pays déjà épuisé par les exactions d'abord, le pillage ensuite.»*[8]

A l'époque, les troupes ne disposent pas de logistique, elles vivent sur l'habitant.

Un «combat de géants»[9]

Faire un tableau circonstancié, exact et objectif de la bataille de Marignan apparaît une tâche impossible, car les nombreuses sources disponibles adoptent les points de vue les plus divers empreints de nationalisme, souvent elles se contredisent. A l'époque, les chiffres donnés ont surtout une valeur symbolique!

Le champ de bataille de Marignan à San Giuliano Milanese en Lombardie, une quinzaine de kilomètres au sud-est de Milan, est limité à droite en direction de l'attaque par le vieux canal romain de la Vettabbia et, parallèlement à gauche, par la rivière Lambro. Des canaux d'irrigation vont gêner les assaillants suisses, d'autant que les Français ont établi, selon les règles de la fortification, un camp entouré d'un grand fossé (au Nord) et de palissades. L'artillerie, déployée derrière ces renforcements du terrain, balaie les accès.

Le 13 septembre, sur la base de renseignements inexacts ou d'une fausse annonce d'attaque française lancée par le cardinal Schiner qui souhaite pourtant le combat pour le lendemain, une masse de guerriers suisses se rue vers Marignan. Le cardinal se trouve parmi eux pendant presque toute la bataille. Vers 15 heures, un millier d'enfants perdus[10] – les rares arquebusiers suisses se trouvent à l'avant-garde – arrivent au contact. Les 20 000 Suisses qui les suivent font la prière avant de se lancer au combat, leurs aumôniers brandissant des crucifix. Parmi eux, dans le contingent glaronnais, le futur réformateur Ulrich Zwingli.

Les Confédérés sont articulés en trois colonnes hérissées de piques[11] – certains parlent de carrés – échelonnées en profondeur, celle de droite en pointe. Comme dans tous leurs combats depuis Grandson en 1476, ils cherchent à s'emparer des canons français, puis de mettre en déroute l'infanterie ennemie. L'artillerie de François Ier, capable de tirer à mitraille, joue un rôle déterminant durant toute la bataille. Sa proportion par rapport à la cavalerie et à l'infanterie n'est pas très différente de celle qui prévaut dans les armées du XVIIIe siècle. Elle est engagée en coordination avec la cavalerie et l'infanterie. Rabelais, dans le premier chapitre de Pantagruel, évoque Pontimer, un gros Bernois sonneur de corne de taureau – il l'appelle le Gros taureau de Berne – qui, avec quelques compagnons, encloue deux ou trois mortiers,[12] avant de tomber au champ d'honneur.[13] Des témoins disent que François Ier, âgé à peine de vingt-et-un ans, écoute ses capitaines les plus aguerris, Pierre Terrail, seigneur de Bayard, Jacques de Chabannes, seigneur de La

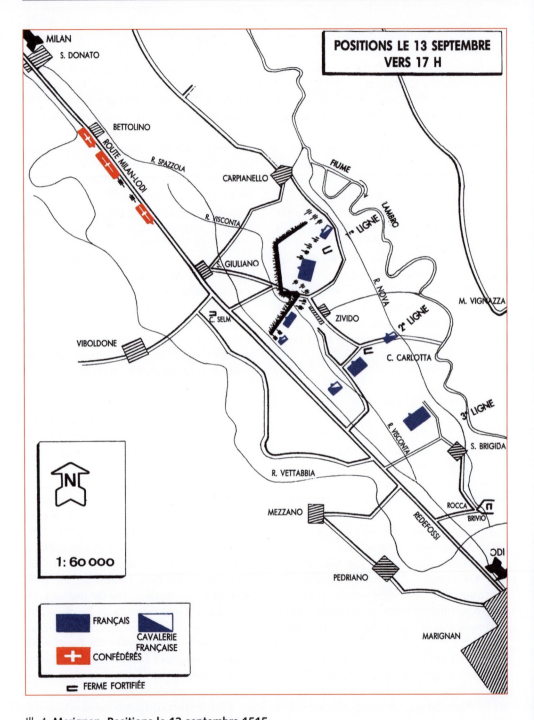

Ill. 4 **Marignan. Positions le 13 septembre 1515**

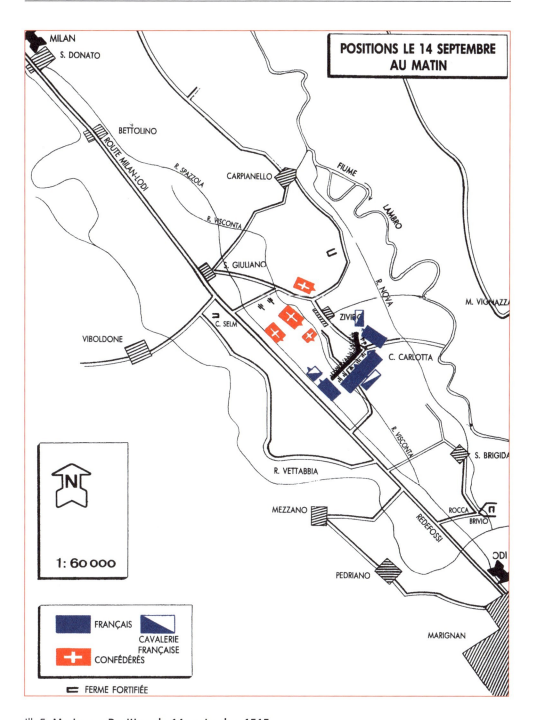

Ill. 5 Marignan. Positions le 14 septembre 1515

Palice, le connétable Charles de Bourbon qui semble mener la bataille. En revanche, le Roi participe aux combats, conduisant personnellement des charges de cavalerie destinées à protéger l'artillerie.

Les Français enrayent l'attaque de la gauche suisse par des charges de cavalerie lourde, c'est-à-dire des *compagnies d'ordonnance* où se trouvent beaucoup de nobles. Les deux autres colonnes des Confédérés progressent sur plus de deux kilomètres, mais elles se voient stoppées par la cavalerie lourde, véritable *force de frappe,* qui les attaque sur leurs flancs, ainsi que par l'intervention de troupes de la deuxième ligne. Les Suisses ne réussissent pas à percer en direction du pont du Lambro de Melegnano et de parvenir devant Santa Brera où se trouve le quartier général français, à l'emplacement de l'actuel Parco Agricolo Sud Milano. A 17 heures, les Suisses semblent avoir de bonnes chances de victoire. Les *lansquenets*, qui ont subi de lourdes pertes, reculent mais la promesse d'un tiers du pillage de la ville de Milan leur redonne du cœur au ventre. La pleine lune permet aux Confédérés de lancer un autre assaut au centre, contre les *lansquenets*, visant à créer une brèche dans le dispositif de François Ier. La cavalerie charge à une trentaine de reprises, emmenée par le Roi qui doit donner confiance à ses mercenaires allemands. Une rumeur de trahison circule en effet dans leurs rangs! L'artillerie française participe à ces opérations.

Les combats durent jusqu'à complète obscurité, vers 23 heures. Les Français parviennent à se maintenir. Les combattants des deux camps, imbriqués, restent sur le champ de bataille. Pendant la nuit, les troupes françaises abandonnent sur ordre quelques positions jugées trop dangereuses; l'artillerie est redéployée, protégée par des arquebusiers et des arbalétriers; on aménage des fossés et des palissades. Le Roi se montre dans le dispositif, pour que les hommes ne se sentent pas abandonnés. On planifie une retraite sur Pavie. Les Suisses ayant allumé des feux pour cuire de la nourriture, l'artillerie royale tire à mitraille sur ces *belles cibles,* ce qui occasionne chez eux des pertes et un début de panique. Au *Kriegsrat*, les capitaines portent des accusations contre les contingents des autres Cantons. La proposition du cardinal Schiner de retraiter sur Milan ne passe pas, vraisemblablement parce que les chefs pensent avoir obtenu un certain succès, en aucun cas subi une défaite.

Au lever du jour, les Suisses découvrent un dispositif français en arc de cercle, qui les enserre et domine le terrain. La cavalerie se trouve aux ailes en crochet offensif, au centre l'ensemble de l'artillerie, la cavalerie lourde et le gros des *lansquenets*. Au prix de grands efforts, les Suisses ont reformé trois colonnes, réduites à cause des pertes. Leur effort principal vise le centre ennemi, tandis que leur colonne de droite effectue une manœuvre de débordement qui remporte quelque succès, mais le dispositif français tient, dont l'artillerie et les arquebuses font un carnage dans les colonnes ennemies. La cavalerie lourde de François Ier finit par avoir raison des fantassins suisses, au moment où ceux-ci semblent, comme à Novare, devoir emporter les batteries françaises. Après un repli, ils lancent encore un assaut qui aurait pu être victorieux si l'avant-garde de l'armée de la République de Venise, alliée de François Ier, n'arrivait pas à Melegnano entre 8 et 9 heures, fraîche et soldée, sous les ordres du condottiere Bartolomeo d'Alviano. Les Suisses croient avoir à faire à l'ensemble de l'armée vénitienne… Entretemps, le cardinal Schiner a quitté les lieux.

Couverts par une arrière-garde formée surtout de Zurichois qui subissent des pertes très importantes, les Confédérés se replient d'une manière ordonnée sur Milan, formant des colonnes, au milieu desquelles ils placent leurs blessés et quelques pièces d'artillerie dont certaines prises aux Français. Vaincus, ils quittent le champ de bataille dans un ordre meilleur que la veille, lorsqu'ils sortaient de Milan. La manœuvre fait grosse impression, les Français, épuisés, ne les poursuivent pas. Les *lansquenets* tuent les Suisses isolés qui leur tombent sous la main, 1200 Confédérés, encerclés dans la ferme qui a servi de quartier général au connétable de Bourbon, sont brûlés vifs ou massacrés ou lorsqu'ils cherchent à échapper à l'incendie des bâtiments.

La bataille de Marignan, incertaine, a provoqué la perte de 9–10 000 Suisses (près de la moitié des effectifs engagés) et de 7–8000 hommes de François Ier (le quart des effectifs engagés). Une bataille de 16 heures, qui s'étend sur deux jours, est peu habituelle à l'époque. Le 15, les Suisses quittent Milan et prennent la route du Nord, laissant une garnison d'environ 1500 hommes au château de la ville[15]. Le jeune François Ier, qui s'est montré à la hauteur, remporte une victoire chèrement acquise contre des contingents suisses réputés jusqu'alors invincibles, un sujet de choix pour la propagande royale!

« (…) ce n'est pas l'artillerie française qui est venue à bout des carrés de piquiers suisses, comme on présente si souvent l'événement. Celui-ci n'est pas réductible à la rencontre de la pique et du canon: une formation archaïque confrontée à l'arme moderne par excellence. L'artillerie du début du XVIe siècle ne dispose que d'une très faible cadence de tir. Les Suisses connaissent l'artillerie et ont trouvé une parade: en avant des carrés, des fan-

Les pertes selon Didier Le Fur

«Evaluer le nombre de morts dans une bataille est tâche ardue; les chiffres varient toujours. Que ce soit par passion ou par erreur, les Français affirmèrent avoir tué entre 16 et 20 000 Suisses et n'avoir eu que 3–4000 victimes dans leur camp. Les Suisses déclarèrent n'avoir perdu que 4000 soldats et prétendirent avoir tué plus de 10 000 Français. Les pertes furent, de fait, assez équilibrées. Sur les 21 000 Confédérés, ou presque, qui quittèrent Milan le 13 septembre, moins de 13 000 y retournèrent le lendemain. Plus de 1500 étaient grièvement blessés. Ils furent entassés dans les hôpitaux et les couvents de la cité sans y recevoir les soins qui auraient pu leur sauver la vie. Les pertes dans le camp français furent inférieures. Près de 8000 hommes, tout de même, périrent lors des combats ou des suites de leurs blessures. Les plus grosses pertes furent à l'avant-garde[14].»

tassins légers, appelés enfants perdus, se précipitent vers les pièces et les neutralisent avant l'intervention de l'infanterie lourde. Si les Cantons ont été vaincus à Marignan, c'est parce que le connétable de Bourbon a su réaliser une combinaison entre l'artillerie, l'infanterie et la cavalerie. Les piquiers de l'armée royale ne sont pas de taille face à leurs homologues suisses; Bourbon en fait de simples défenseurs des pièces contre les enfants perdus. La cavalerie est impuissante face aux carrés hérissant leurs pointes; Bourbon organise des charges continuelles, non pour briser les carrés mais pour les forcer à se mettre en garde, donc à s'arrêter, les exposant ainsi, chaque fois, aux effets du feu. La victoire française est donc irréductible au duel de la pique et du canon.»[16]

C'est une victoire interarmes!

Les Confédérés, privilégient le choc, accordent peu d'importance au feu et se montrent peu manœuvriers. Ils sont vaincus par un engagement combiné d'infanterie, de cavalerie, d'artillerie, et par l'arrivée des Vénitiens. Leur tactique explique également la défaite: lorsqu'une formation de plusieurs milliers d'hommes, hérissée de longues piques, se met en branle au pas de course, il n'y a plus grand chose à commander. La manœuvre doit tout emporter, sinon c'est la défaite. Après l'assaut, cornes, tambours et drapeaux servent à rassembler les guerriers. Il n'en reste pas moins qu'une telle formation implique une certaine discipline de la part des hommes!

La défaite de Marignan, un événement aux conséquences multiples et aux résonnances complexes dans la mémoire collective!

«Il est certain que les Confédérés commirent une erreur tactique lourde de conséquence en se retirant vers Milan, au lieu de progresser en direction du Nord en ayant soin de rester adossés à la haute muraille des Alpes.»[17]

Ill. 6 **Urs Graf, Schlachtfeld (Schrecken des Kriegs) 1521.**

Ill. 7 **Hans Holbein d. J., Schlachtszene, um 1524**

Quoi qu'il en soit, Marignan est la seule bataille de l'histoire suisse où l'infanterie doit se replier devant une cavalerie de gentilshommes cuirassés. Les fantassins suisses, malgré leurs indiscutables qualités, ne peuvent plus l'emporter seuls, face à un adversaire qui mène un combat interarmes. En revanche, ils vont continuer à jouer un rôle important dans les armées européennes.

Les traités de 1516 et de 1521 avec la France

Depuis les guerres de Bourgogne (1474–1477) jusqu'à celles d'Italie (1499–1516), les Confédérés concluent des alliances à court terme avec la Savoie, Milan, Venise, le Saint-Siège. Il s'agit surtout de leur fournir des troupes. Le mercenariat entraîne des conséquences dévastatrices à l'intérieur des Cantons et des Pays alliés. A partir de 1503, des accords sur les pensions *(Pensionenbrief)*, acceptés par les cantons, ne permettent pas de résoudre le problème.

Il apparaît étonnant que les Confédérés, qui ont fait pendant cinq ans une guerre passionnée contre le Roi de France, concluent si rapidement avec lui une paix durable. Après la défaite de Marignan, cela ne révèle-t-il pas la nécessité urgente d'établir les rapports avec la France sur de nouvelles bases, en particulier de stabiliser, à la frontière Ouest et Sud-Ouest de la Confédération, des relations avec une grande puissance: la Paix perpétuelle de 1516 et le traité d'alliance défensive de 1521 apportent à la France, aux Confédérés et à leurs alliés de tels avantages politiques et économiques qu'ils seront constamment renouvelés[18] jusqu'à la fin de l'Ancien régime.

Le traité de paix entre François Ier et les treize cantons, plus connu en France sous

qui, sous l'influence du cardinal Schinner, autorisent l'empereur Maximilien Ier à recruter en vue d'une nouvelle expédition en Italie. C'est ainsi que 15000 Suisses, en majorité des Bernois, font face devant Milan à 6000 *compatriotes* servant le Roi de France. Par bonheur, ils ne se combattent pas! L'Empereur manque d'argent, si bien que François Ier obtient l'adhésion de l'ensemble des cantons, d'autant qu'il accepte de plus importantes concessions territoriales et se contente d'un traité de non-agression:

«*Doivent être abolies (...) toute inimitié, querelles (...) de sorte que nulle des parties ne puisse aucunement molester l'autre au temps à venir.*»

Les Cantons reçoivent 400 000 écus d'or, conséquence des engagements de Louis de La Trémoille sous Louis XII, et 300 000 autres pour leurs frais de campagne. Chaque Canton touchera une pension annuelle, de même le Valais, les trois Ligues grisonnes, l'Abbé de Saint-Gall, le Comte de Toggenbourg, la ville de Mulhouse et le Comte de Gruyères. Les négociants helvétiques continueront à bénéficier de privilèges dans le Duché de Milan et à Lyon, ville de foires. Le Roi de France reconnaît aux Confédérés, non seulement la possession de Bellinzona et de du Tessin en amont, mais également de Locarno, du val Maggia, de Lugano, de Mendrisio, soit en gros l'actuel canton du Tessin, ainsi que de la Valteline avec Bormio et Chiavenna. Les Confédérés ne perdent que Luino et la vallée de Domodossola. Ils s'engagent à épargner le Milanais, promettent au Roi de ne plus jamais le combattre, de ne pas accepter des levées d'hommes contre la France ou dans le but de lui nuire. Le Roi obtient le droit de recruter en Suisse.

le nom de *Paix perpétuelle*, est signé à Fribourg le 29 novembre 1516. Les négociations se sont engagées sur la base des propositions faites par le Roi aux Suisses le 8 septembre 1515 à Gallarate, avant la bataille de Marignan. Elles ne font pas l'unanimité chez les Suisses, malgré les sommes importantes promises aux cantons: Berne, Fribourg et Soleure les accueillent favorablement, en revanche Glaris, Uri, Schwytz, Unterwald, et Zoug les rejettent. Depuis le 7 novembre 1515, on discute à Genève un traité de paix et d'alliance. Sur place, des diplomates impériaux et anglais cherchent à maintenir les Confédérés en guerre contre le Roi de France. Pour sa part, celui-ci ne reconnaît pas toutes les conquêtes faites par les Suisses en 1512–1513, mais seulement la possession de Bellinzona, du val Blenio et de la Riviera.

Un texte est tout de même accepté en janvier 1516 par huit cantons, mais pas par Uri, Schwytz, Zurich, Bâle et Schaffhouse

Les parties signent le traité sous réserve de leurs obligations envers d'autres puissances.

Par sa dimension politique, la Paix de 1516 est comparable à la Paix perpétuelle de 1474 et à l'Union héréditaire de 1511 avec l'Autriche. Elle révèle la nouvelle orientation de la politique confédérée d'alliance avec la France, qui restera jusqu'à la Révolution en 1792 un pilier de la diplomatie et de la politique intérieure helvétiques. Cette paix perpétuelle, peut-être la seule qui mérite son nom, est prolongée par un traité d'alliance défensive signé le 5 mai 1521. Les Suisses s'engagent à défendre le royaume de France contre tout agresseur, moyennant paiement de pensions et l'octroi d'avantages économiques. Ils autorisent le Roi à lever des troupes dont les effectifs peuvent varier entre 6000 et 16 000 hommes

Depuis les années 1520, quelle est la situation des Confédérés et de leurs alliés dans une Europe toujours en proie à la violence guerrière et bientôt aux affrontements politico-religieux? Ils semblent saisir que le centre de gravité du continent se trouve désormais au sud et à l'ouest de l'Europe. Economiquement mais surtout militairement, la primauté appartient à la France. Avec ces traités, le mercenariat, source d'abus et de critiques, devient le service étranger capitulé, une composante essentielle du système économique et social des Confédérés. Le Roi de France devient le plus grand *employeur* de troupes suisses, alors que se relâchent les liens des Cantons avec un Empire devenu politiquement impuissant, qui a moins besoin de troupes suisses, puisqu'il peut puiser dans ses énormes réserves d'hommes. C'est surtout la branche espagnole des Habsbourg qui va signer des capitulations avec les Cantons, dans le cadre de sa politique en Europe centrale et méridionale.

Avant Marignan, les Suisses ont conquis des territoires que leurs autorités jugeaient nécessaires à la survie de la Confédération. Après 1515, ils cherchent à les conserver, mais ils restent un temps présents en Italie, élargissant leurs alliances et leurs frontières en 1519, 1525, 1526 et 1536. Sur les 10 000 Français morts à Pavie en 1525, 5000 sont Suisses. Les deux traités de 1516 et de 1521 marquent pourtant la fin de l'expansion territoriale des Confédérés. Le risque d'hostilités actives avec la France, les pays héréditaires des Habsbourg-Bourgogne, le Duché de Milan diminue fortement. En revanche, les Suisses gardent leur liberté de manœuvre face au Duché de Savoie avec lequel huit Cantons ont conclu en 1512 un traité d'une validité de vingt-cinq ans. A l'échéance de celui-ci en 1536, c'est la conquête du Pays de Vaud – partie de la Savoie – la dernière avant la Révolution française.

Leur politique de repli et d'abstention s'explique par un système de commandement dépassé au XVIe siècle, par une série de défaites jusqu'en 1525 (Marignan, Sesia, La Bicoque, Pavie) et, sans doute, par l'importance des pertes dues au service mercenaire. Entre 1515 et 1525, plus du 6% de la population de la Confédération (1 homme sur 5 en âge de porter les armes) a disparu sans, pour autant, sauvegarder l'existence de la Confédération. Dès lors, le service capitulé supplante le mercenariat. Certains Cantons protestants, en particulier Zurich sous l'influence d'Ulrich Zwingli, tentent d'interdire ces deux types d'engagements. Pour les Cantons catholiques, interdire le service étranger passerait pour une acceptation tacite de la Réforme, donc le rejet de l'ancienne foi. Un tel renoncement les priverait en outre d'un moyen de lutte contre la surpopulation et le chômage.

Ce repli et cette abstention auraient sans doute été momentanés, si la Réforme n'avait pas créé de graves et durables dissensions parmi les Treize Cantons et les Pays alliés. De plus, les conflits en Europe, aux XVIe et XVIIe siècles, ont tous une dimension religieuse. La bataille de Marignan n'est pas la cause de la neutralité suisse, d'abord désignée par l'expression allemande *still bleiben*! Cette politique, qui prend toute son importance pendant un conflit impliquant des Etats voisins, reste compatible jusqu'en 1848 avec des engagements individuels et le service étranger capitulé.

Si Charles le Téméraire n'éprouvait que mépris pour les *rustres des Alpes*, après Marignan la réputation belliqueuse des Suisses suscite la crainte, au moins durant le XVIe siècle. Le réformateur Thomas Münzer galvanise en 1525 des paysans révoltés en leur rappelant que les Confédérés, paysans eux aussi, ont vaincu les princes. Pendant les guerres de religion

---

Mercenariat et service capitulé

Depuis le succès des Confédérés dans les guerres de Bourgogne, les jeunes Confédérés, souvent fascinés par la guerre, la gloire et des possibilités d'enrichissement rapide, s'engagent individuellement dans de nombreuses armées européennes. Leur valeur militaire est reconnue, puisque les princes cherchent à s'assurer leurs services. En revanche, leur réputation reste ambivalente, car ils passent pour des montagnards brutaux – ils ne font pas de quartier – et avides de pillage, s'engageant aux côtés du plus offrant.

Après la bataille de Marignan, les Cantons cherchent à empêcher les engagements individuels de mercenaires. Chacun d'eux négocie pour son compte une capitulation, c'est-à-dire une convention, aux termes de laquelle le souverain étranger prend à son service un régiment, voire une compagnie, moyennant avantages économiques et douaniers accordés au Canton fournisseur, versement de pensions à des membres de son gouvernement, au commandant du régiment, ainsi qu'aux officiers qui organisent le recrutement. Les Cantons contrôlent le recrutement (sans réussir à extirper complètement le mercenariat), s'occupent de l'instruction, de l'organisation, de l'armement et de l'équipement de leur régiment au service étranger. Dans les grands Cantons, plusieurs régiments peuvent servir des souverains différents. Le drapeau de chacun d'eux, spécifique, porte la croix traditionnelle des Confédérés. En cas de danger en Suisse, ces troupes au service étranger peuvent être rappelées par les Cantons. Des historiens ont dit que les Confédérés faisaient payer leur défense par l'étranger!

en France dans les années 1570, des jeunes gens, déguisés en Suisses, défilent dans les rues d'une ville du Dauphiné. Leur *sauvagerie montagnarde* suffit à calmer des esprits échauffés, prêts à la rébellion![19]

Un peu d'historiographie: du lyrico-épique à la «Nouvelle histoire-bataille»

Que d'approximations dans les évocations de la bataille dans des ouvrages, aussi bien français que suisses, qui se veulent pourtant sérieux. Tout d'abord dans la détermination des effectifs et des pertes. Le nombre des combattants suisses à Marignan varie entre 15 000 et 30 000, celui des Français entre 30 000 et 70 000, les pertes suisses entre 6000 et 14 000, celles des Français entre 2500 et 8000! Paul de Vallière,[20] en faisant de l'inflation au niveau des effectifs et des pertes, cherche à démontrer l'héroïsme des Confédérés: François Ier peut compter à Marignan sur 30 000 fantassins, 18 000 cavaliers, 20 000 Vénitiens 352 pièces d'artillerie. Les Suisses sont 30 000, leurs pertes s'élèvent à 50%. En exagérant les pertes suisses, des auteurs français, anciens ou contemporains, mettent en lumière la victoire fracassante de François Ier, son génie militaire et une France, première puissance en Europe.

Le Dictionnaire des grands événements historiques, entre autres, fausse les faits:

«*Vers huit heures du matin, la cavalerie des Vénitiens, que le Roi avait appelés en toute hâte, arriva de Lodi; leur infanterie vint vers onze heures. Les Suisses commencèrent alors à céder le terrain, puis se débandèrent et furent massacrés par la cavalerie.*»[21]

L'historiographie suisse du XXe siècle, longtemps marquée par la défense spirituelle de la Seconde Guerre mondiale, glorifie l'héroïsme des Confédérés, passant sous silence les problèmes de commandement et de discipline. Elle véhicule le mythe de la leçon de 1515, qui aurait poussé les Confédérés dans la voie de la neutralité perpétuelle. Des historiens, comme Paul de Vallière ou Joseph Jordan à Fribourg,[22] évoquent la bataille sur ton lyrico-épique.

«*Le soleil vient de se coucher, empourprant les nuages. Une lueur sanglante et mystérieuse persiste longtemps à l'Occident. Ces reflets d'incendie éclairent le Roi qui s'avance à la tête de son corps de bataille, des terribles bandes noires et du gros de ses escadrons couverts d'armures étincelantes. Il a donné l'ordre à sa troisième ligne de le soutenir. C'est avec une fureur nouvelle, un acharnement égal, que les adversaires s'abordent, s'entrechoquent et tourbillonnent dans un gigantesque remous. Au centre, les Suisses arrêtent au bout de leurs piques baissées trente charges de la cavalerie royale. François Ier est au plus fort de la mêlée, il électrise ses troupes. Des lances se rompent sur sa poitrine, des coups martèlent sa cuirasse, des épées pénètrent à travers son collet de buffle, des gentilshommes meurent à ses côtés.*

Beaucoup de chefs confédérés sont tombés: les chevaliers Werner de Meggen et Leadegar de Hertenstein, de Lucerne, de Rechberg, d'Uri, Henri de Winkelried, de Stans, un des héros de Frastanz en 1499, huit fils de la famille Christen, de Realp, deux frères Bellmont, Apollinaire Erb, Martin Niederoest, de Schwyz, Balthazar, Welti et Henri Zelger, du Nidwald. Le capitaine Egger, de

Büglen, est mort (l'historien Giovio, de Côme, parle de sa grande âme et de sa taille de géant. Le fameux tambour Ulrich Willi, de Lucerne, a été frappé en battant la marche sauvage qui mène les hommes à la mort. Le capitaine Jauch, d'Altdorf, est mortellement blessé.

(...) Vers minuit, la lune se cache, l'obscurité envahit le champ de carnage, le silence se fait peu à peu. Amis et ennemis restent pêle-mêle, à la place où la nuit les a saisis. Le bruit du combat a cessé; on n'entend plus que les cris des blessés, les plaintes des mourants, parfois des coups de feu, des appels de trompettes. La mort et l'épouvante règnent. San Giuliano brûle, la lueur des incendies éclaire les aumôniers qui prodiguent aux blessés secours etconsolations. Les sons rauques des cors rappellent les Confédérés au sud de Zivido;les officiers mettent un peu d'ordre dans les troupes avant de leur laisser quelques moments de repos.»[23]

Depuis les années 1970, des historiens qui se veulent *critiques*, des journalistes font dans la dérision, l'auto-flagellation. Oubliant un principe essentiel de la science historique, ils prétendent juger le passé au crible des valeurs d'aujourd'hui, l'objectivité et l'honnêteté n'y trouvent naturellement pas leur compte. Ainsi, le

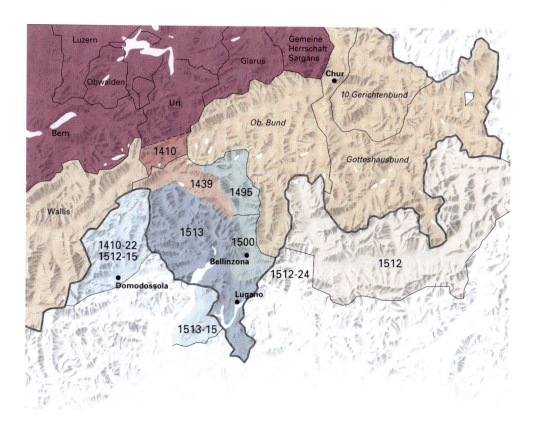

Ill. 8 **Extensions territoriales de la Confédération suisse**

scandaleux article caricatural de L'Hebdo, «Cinq dates qui ont changé la Suisse», mis en ligne le 25 juillet 2012.²⁴ Le passage consacré à la bataille de 1515 est intitulé «Marignan, le choix de la mondialisation».

Le 14 septembre après l'arrivée des Vénitiens,

»*il faudra encore trois heures de carnage chaotique pour que les troupes cantonales, appuyées par la soldatesque de capitaines prêts à se vendre au plus offrant, s'enfuient de ce bain de sang pour se replier sur Milan, laissant derrière elles 6000 morts. Et non pas 10 000 comme le dit la légende. (...) Marignan, la fin des rêves de grandeur de nos Helvètes, dont la sauvagerie, (...) l'indiscipline, la brutalité, l'avidité au pillage, la fourberie faisaient d'eux une des forces militaires les plus craintes de leur époque à défaut d être respectées. (...) En choisissant de ne pas avoir de politique commune, ce qui les aurait obligés à créer un contrôle étatique (...), les Suisses laissent le marché se débrouiller seul. Chaque Canton, chaque capitaine même pouvait ainsi s'organiser comme il l'entendait. (...) Quant à la débandade de Marignan, (...) il faudra finalement attendre le début du XXe siècle pour que cette bataille trouve une place de choix dans l'histoire nationale sous la case Défaite glorieuse.*»

Dans la seconde moitié du XXe siècle, le monde académique rejette l'Histoire-bataille classique, accusé de mettre surtout en lumière les chefs et de véhiculer des nationalismes dangereux. Cette *mise à l'index* n'empêche pas des historiens, suisses et européens, conscients de l'intérêt de la *Nouvelle histoire-bataille*, de se mettre au travail, inspirés par les travaux du professeur français André Corvisier.²⁵ Walter Schaufelberger, professeur à l'Université de Zurich, étudie la violence et la brutalité des guerriers suisses à la fin du Moyen Age et au début de la Renaissance. Sa thèse de doctorat, *Der alte Schweizer und sein Krieg: Studien zur Kriegsführung vormehmlich im 15. Jahrhundert* parue en 1952,²⁶ lui vaut même l'exclusion du parti radical de son Canton! Depuis les années 1980, ce sont surtout des auteurs francophones qui s'intéressent à la bataille de Marignan. Ainsi le Suisse François Walter, les Français Laurent Henninger et Didier Fur...

L'inscription figurant sur le monument de Josef Bisa à Zivido: «EX CLADE SALUS»²⁷ ne doit pas être prise au pied de la lettre dès 1515. Marignan est sans doute, à terme, une des causes du passage du mercenariat au système des capitulations. Le sort du Tessin, désormais lié à celui des Suisses, dix-neuvième Canton de la Confédération en 1803, commence également avec la *bataille des géants*. Victorieux et triomphant, François Ier fait frapper une médaille rappelant au monde sa victoire sur les Helvètes que seul César avait pu vaincre: «VINCI AB UNO CAESARE VICTOS»! Le tombeau du roi à Saint-Denis est entouré par des sculptures de Pierre Bontemps qui représentent des scènes de la bataille de Marignan. Les élèves au XXIe siècle savent encore que la bataille de Marignan a eu lieu en 1515.

Notes

1 Guy de Maupassant: Contes et nouvelles. I. Paris, Gallimard, Collection La Pléiade, 1974, p. 564.

2 Heredote.net Toute l'histoire en un clic.

3 Parmi les quelques sites suisses: dhs.ch (Dictionnaire historique de la Suisse), histoiresuisse.ch (professeur François Walter), Hebdo.ch (cinq dates qui ont fait la Suisse), marignano1515.ch (Fondation Pro Marignano en charge de la commémoration en 2015 du 500e anniversaire de la bataille).

4 Au Moyen Age, les autorités des Cantons et des Pays alliés ne parviennent pas à empêcher des expéditions spontanées comme celle de la Folle Vie. Pendant les fêtes de carnaval après la bataille de Nancy (5 janvier 1477), un corps franc part de Suisse centrale en direction de Genève. Des Uranais et des Schwytzois, mécontents du partage du butin, veulent faire verser par la Ville, alliée de Charles le Téméraire pendant les guerres de Bourgogne, la rançon promise aux Confédérés.

5 Il y en a à ce moment entre 40 et 50 000 en Italie du Nord.

6 Leurs chefs semblent avoir pris une décision réservée, se garder la possibilité d'une retraite par la vallée d'Aoste et le Grand Saint-Bernard.

7 Les légions de Jules César, ces démocraties de soldats, se divisent souvent sur les décisions à prendre lorsque, dans les moments difficiles, il n'y a pas un chef fort. Voir Philippe Richardot: Les erreurs stratégiques des Gaulois face à César. Paris, Economica, 2006, p. 98.

8 Nicolas Morard: «L'heure de la puissance (1394–1536)», Nouvelle histoire de la Suisse et des Suisses, t. I. Lausanne, Payot, 1982, p. 322.

9 Selon l'expression de Giangiacomo Trivulzio, condottiere au service des Sforza, qui participe à la bataille de Marignan.

10 Les enfants perdus, fantassins déployés par petits groupes devant la ligne de bataille, assurent la couverture du gros, son éclairage. Cas échéant, ils gênent le déploiement adverse et perturbent sa progression. L'expression mettrait en évidence les gros risques qu'impliquent de telles missions.

11 La grande pique, d'un maniement difficile dans un hérisson, nécessite drill et entraînement.

12 Pierriers.

13 «(…) le gros Toreau de Berne, qui feut tué à Marignan, chevauchoyt pour sa monture un gros canon pevier (…).» Rabelais: Œuvres complètes. Paris, PUF (Collection La Pléiade), 1934, p. 199.

14 Didier Le Fur: Marignan, 13–14 septembre 1515. Paris, Perrin, 2004, p. 116.

15 Ibidem, p. 118.

16 Laurent Henninger; Thierry Widemann: Comprendre la guerre. Histoire et notions. Paris, Perrin, 2012, pp. 200–201.

17 Nicolas Morard: op. cit., p. 322.

18 Avec quelques adjonctions.

19 François Walter: «L'invention d'une confédération (XVe–XVIe siècles)», Histoire de la Suisse, t. 1. Neuchâtel, Alphil, 2009, p. 60.

20 Honneur et fidélité. Histoire des Suisses au service étranger. Lausanne, Editions d'art suisse ancien, mai 1940.

21 «Marignan France et Cantons suisses. l5l5», Dictionnaire des grands événements historiques. Marabout Université, 1983, pp. 169–170. Edition originale, Paris, Hachette, 1973.

22 Auteur entre autres d'un manuel, A travers les siècles, utilisé au Collège Saint-Michel, souvent réédité entre 1935 et 1955. Dans les années 1950, Joseph Jordan, âgé d'une septantaine d'année, enseigne l'histoire dans cet établissement et fond parfois en larmes en évoquant Marignan!

23 Vallière, Paul de: op. cit., p. 157–158.

24 Article signé par Patrick Vallélian, Chantal Tauxe et Tascha Rumley.

25 Président de la Commission internationale d'histoire militaire de 1980 à 1990. Auteur entre autres de L'armée française de la fin du XVIIe siècle au ministère de Choiseul: le soldat. Paris, 1964; Armées et sociétés en Europe de 1494 à 1789. Paris, PUF, 1976; Une armée dans l'armée: les Suisses au service de France. Neuchâtel, La Baconnière, 1984; Dictionnaire d'art et d'histoire militaire. Paris, PUF, 1988; La guerre. Essais historiques. Paris, PUF, 1995.

26 Zürich, Europa Verlag.

27 «Le salut naît de la défaite».

Preuve d'illustrations

1 *Les Suisses dans les guerres d'Italie*
Source: Nicolas Morard, Nouvelle Histoire de la Suisse et des Suisses, 2ᵉ édition,
Payot, Lausanne 1986; L'heure de la puissance 1394–1536, p. 305

2 *La traversée des Alpes par François Ier*
Source: Laurent Henninger, Marignan, 1515, Socomer, Paris 1991, p. 44

3 *Situation du 4 au 10 septembre 1515 (Allgemeine Lage 4.-10.9.1515)*
Source: Walter Schaufelberger, Marignano. Strukturelle Grenzen eidgenössischer Militärmacht zwischen Mittelalter und Neuzeit, Schriftenreihe der Gesellschaft für Militärhistorische Studienreisen, Nr. 11, Zürich 1993, S. 47

4 *Marignan. Positions le 13 septembre 1515 vers 17 h*
Source: Laurent Henninger, Marignan, 1515, Socomer, Paris 1991, p. 56

5 *Marignan. Positions le 14 septembre 1515 au matin*
Source: Laurent Henninger, Marignan, 1515, Socomer, Paris 1991, p. 64

6 *Urs Graf, Schlachtfeld (Schrecken des Kriegs) 1521. Das Schlachtfeld von Marignano*
Quelle: Kunstmuseum Basel, Kupferstichkabinett, Amerbach-Kabinett, Inv. U.X.91
http://upload.wikimedia.org/wikipedia/commons/1/10/Urs_Graf_Schreken_des_Krie...

7 *Hans Holbein d. J., Schlachtszene, um 1524. Schlacht zwischen Schweizern und Landsknechten.*
Eindrücklichstes und naturwahrstes Bild vom Verlauf einer Schlacht zur Zeit der Mailänderfeldzüge, links die Landsknechte, rechts die Eidgenossen. Die Langspiesshaufen sind zusammengeprallt im erbittertsten Nahkampf, der «Druck» ist noch von keiner Seite gewonnen.
Quelle: Kunstmuseum Basel, Kupferstichkabinett, Amerbach-Kabinett, Inv. 1662.140
http://www.villmergerkriege.ch/Kriegslogistik/Kampftaktik/images/prevs/03_EidgLa...

8 *Extensions territoriales de la Confédération suisse*
Source: Dictionnaire historique de la Suisse et Hervé de Weck

Bibliographie

Frey, Siegfried: «Les Guerres Du Milanais», *Histoire Militaire De La Suisse*, T. I. Berne, Commissariat Central Des Guerres, 1915, Pp. 295–389.

Le Fur, Didier: *Marignan 13–14 Septembre 1515*. Paris, Perrin, 2004.

Henninger, Laurent: «Marignan 1515», *Les Grandes Batailles De L'histoire* N° 15. Paris, Editions Socomer, 1991.

Morard, Nicolas: «L'heure De La Puissance (1394–1536)», *Nouvelle Histoire De La Suisse Et Des Suisses*, T. I. Lausanne, Payot, 1982, Pp. 275–329.

Schaufelberger, Walter: «Marignan 1515. La Conduite Militaire Chez Les Anciens Confédérés», *Revue Militaire Suisse*, Novembre 1993, Pp. 36–40.

Schaufelberger, Walter: *Marignano. Strukturelle Grenzen Eidgenössicher Militärmacht Zwischen Mittelalter Und Neuzeit*. Frauenfeld, Huber, 1993.

Vallière, Paul De: *Honneur Et Fidélité. Histoire Des Suisses Au Service Étranger*. Lausanne, Editions D'art Suisse Ancien, Mai 1940, P. 135–168.

Walter, François: «Marignan 1515. Traces De La Mémoire D'une Bataille De Géants», *Des Archives À La Mémoire. Mélanges D'histoire Politique Religieuse Et Sociale Offerts À Louis Binz*. Genève, Société D'histoire Et D'archéologie De Genève, 1995, Pp. 477–503.

Walter, François: «L'invention D'une Confédération (Xvᵉ–Xviᵉ Siècles)», *Histoire De La Suisse*, T. I. Neuchâtel, Alphil, 2009.

Marignano e la Rivoluzione Militare del Cinquecento

Giovanni Cerino Badone

06.00, 14 settembre 1515: Zivido, 15 km a sudovest di Milano

La prima giornata di combattimenti, avvenuti il 13 settembre, si erano conclusi a notte fonda su un campo di battaglia appena illuminato dalla luna. L'armata svizzera e quella francese avevano interrotto il contatto verso la mezzanotte, per riorganizzare i reparti, accendere qualche fuoco e contare le perdite. Solo le continue cariche di cavalleria pesante francese, seguite dagli assalti della Banda Nera, la formazione di lanzichenecchi al soldo di Francesco I, erano riuscite a fermare l'avanzata dei quadrati elvetici. La mattina del 14 la battaglia era ricominciata, ma ad attendere le picche del cardinale Matthäus Schiner c'erano le bocche spalancate di 70 pezzi d'artiglieria. Il giorno prima le batterie francesi erano state assalite e conquistate: i comandanti dei quadrati svizzeri decisero di riprovarci ma il fuoco dei pezzi, il terreno artificialmente allagato rallentarono la loro avanzata e, una volta giunti a distanza ravvicinata, la Banda Nera contesto nuovamente loro il passo. I mercenari tedeschi furono rigettati indietro, ma una scarica di artiglieria a distanza ravvicinata scompaginò le formazioni svizzere, che segnarono il passo. La cavalleria pesante francese in quel momento fu in grado di mettere in sicurezza il centro del proprio schieramento. La giornata si sarebbe decisa sul fianco destro degli svizzeri, dove questi avevano ancora forze fresche da impiegare in battaglia. Francesco I fu in grado di fermare l'avanzata dei picchieri avversari combinando cariche di cavalleria ad azioni di fanteria. Provati dal continuo logorio di questa tattica combinata gli Svizzeri non furono più in grado di tenere coesa la propria formazione e iniziarono, intorno a mezzogiorno, a rompere il contatto e a ritirarsi su Milano. La «Battaglia dei Giganti», come la definì Gian Giacomo Trivulzio, era finita con oltre 15 000 perdite da entrambe le parti.[1] Tuttavia, complice la poca dimestichezza che gli storici militari hanno con storia della tecnologia, e della tecnologia bellica in particolare, Marignano divenne il simbolo dell'ascesa dell'artiglieria sui campi di battaglia. Il siniscalco Guillot de Genouillac, che gestiva il parco d'artiglieria, amava ripetere che la giornata era stata decisa dai suoi cannoni. Si trattava certamente di una rivendicazione da parte di una specialità che si era segnalata sino ad allora per i risultati ottenuti in operazioni ossidionali: la vittoria avrebbe significato ricompense da parte del re. Eppure questa visione distorta degli aventi continua ad avere fortuna, specie nei testi divulgativi italiani.

Cerchiamo dunque di entrare «dentro la battaglia» in tutti i suoi aspetti, esaminando la tenuta e l'equipaggiamento dei fanti, le prestazioni delle armi, il campo di battaglia.

L'artiglieria e la picca

I dettagli della Battaglia di Marignano sono continuamente rischiarati dal lampo delle detonazioni dei cannoni francesi. Queste vampate dei colpi in partenza hanno accecato anche le analisi più recenti della battaglia e della sua conduzione. Una volta avvistati i grandi quadrati svizzeri in avvicinamento gli artiglieri di Francesco I iniziarono a fare fuoco: in quel momento la distanza tra le batterie e la fanteria elvetica era di circa 600 metri.[2] La munizione impiegata era totalmente composta da sfere di ghisa fusa o intagliare nella pietra il cui scopo era quello di rompere muri di fortificazione in operazioni d'assedio o, più semplicemente, distruggere uomini, animali e materiali. In quest'ultimo ruolo anche le ordinanze più leggere avevano un effetto devastante contro qualunque tipo di ostacolo, animato o meno, fosse nella loro traiettoria e raggio d'azione. Erano in grado di causare numerose perdite anche con un solo colpo, al primo impatto e durante i seguenti rimbalzi della palla, e non potevano considerarsi innocue sino a quando non si fossero definitivamente fermate. Potevano danneggiare irrimediabilmente anche l'affusto d'artiglieria più robusto, e così un carro da trasporto, nonché spaccare in due un uomo o un cavallo. Vi sono memorie di ben 40 soldati uccisi da una singola palla a 500/600 metri dalla batteria che l'aveva sparata, tutti disposti in linea al momento del fuoco.[3] Le compatte colonne di fanteria svizzera, con migliaia di soldati ammassati tra di loro per amplificare al massimo l'uso della picca e il conseguente urto le formazioni avversarie, rendevano gli uomini vulnerabili ai proiettili sferici, e le manovre di evasione virtualmente impossibili. In media ogni colpo, tirato alla giusta distanza e con il corretto angolo di elevazione, poteva uccidere sul colpo tre o quattro uomini, e mutilarne o ferirne gravemente altri quattro o cinque, per un totale di circa otto uomini messi fuori combattimento. La cadenza di tiro non poteva però essere eccezionale, dal momento che le operazioni di caricamento e sparo erano agli inizi del XVI secolo ancora molto complesse e dipendenti dall'abilità dei singoli artiglieri nel dosare con attenzione le giuste quantità di polvere da sparo. È possibile che gli svizzeri avanzassero piuttosto lentamente, a causa della loro formazione tattica, del terreno allagato artificialmente e di altri ostacoli incontrati sul loro cammino: probabilmente la velocità di marcia era di circa 30 metri al minuto, un'avanzata lenta ma necessaria a mantenere coesa la formazione e la massa delle picche. Ammettiamo che gli artiglieri francesi fossero piuttosto abili e freddi nel manovrare scovoli e cucchiare e che il rateo di tiro espresso fosse di un colpo di cannone ogni 3 minuti per ogni pezzo; ogni arma poteva tirare contro la fanteria avversaria almeno 6 colpi lungo i seicento metri che separavano la base di partenza dell'attacco svizzero dalla linea francese. In totale tra le 400 e le 450 palle di cannone colpirono le colonne di Schiner. Se prendiamo per valido il conto di 10 perdite per ogni colpo in arrivo, allora nella mattinata del 14 settembre ben 4000 svizzeri furono falciati dall'artiglieri a francese. Se cosi fosse, però, non si comprendono le ragioni della necessità dell'impiego della cavalleria pesante francese, già duramente messa alla prova il giorno precedente, e l'aspetto decisivo dell'attacco veneziano.

In realtà il fuoco dell'artiglieria non fu così efficace nell'infliggere perdite all'avversario. Per riuscire ad abbattere decine di avversari sul campo di battaglia, così

Ill. 1
Fanti svizzeri in assetto da combattimento

come avrebbero fatto di prussiani a Zondorf, era necessario conoscere la tecnica del tiro a ricochet, ossia effettuare uno sparo in modo da far rimbalzare la palla sul terreno più volte. Tale pratica non fu messa a punto che nella seconda metà del XVII, ma anche ammesso che qualche artigliere a Marignano avesse notato la tendenza delle palle a «rimbalzare» sul terreno e volesse impiegare a proprio vantaggio il ricochet, l'idea di Trivulzio di inondare il campo di battaglia rompendo gli argini dei canali avrebbe vanificato qualsiasi iniziativa in tal senso.

A Marignano probabilmente si rese conto che i quadrati degli svizzeri potevano essere rallentati dal terreno allagato, fermati dalla cavalleria, o dalla semplice minaccia di una carica, e quindi colpiti duramente con l'artiglieria schierata dietro una fortificazione campale, sul modello di quanto avvenuto a Ravenna. Una volta smembrato il quadrato le fanterie francesi e la cavalleria pesante di Francesco I avrebbe avuto buon gioco nell'annientare i fanti dispersi ed in fuga. Questo però richiedeva una certa capacità nel coordinare i movimenti tra le varie armi, specie tra l'artiglieria e la cavalleria.

L'eredità

Nonostante Marigano, e nonostante Pavia, gli svizzeri rimasero a lungo il modello da imitare. Non fu un caso se in Francia furono levate quattro *Legioni* di 6000 uomini ciascuna per combattere nelle campagne tra il 1534 ed il 1558. Successivamente di decise di abbandonare questa organizzazione tattica per i ben più piccoli reggimenti di 1500–2000 soldati della seconda metà del secolo.[4] Tale riduzione delle dimensioni delle unità di fanteria si deve principalmente per ragioni di comando e controllo che già erano emerse nel corso delle Guerre d'Italia. Far muovere ordinatamente migliaia di uomini concentrati in poche centinaia di metri quadri non era un compito molto semplice per gli ufficiali superiori, a meno di non voler rinunciare alla manovra a prescindere, e optare per una tattica strettamente statica e difensiva. Quindi l'aumento della potenza di fuoco e la presenza sia di migliaia di soldati dotati di archibugio sia di cannoni campali rendevano tali masse umane un bersaglio troppo vistoso ed esposto.

All'interno delle grandi formazioni a quadrato della fanteria svizzera del XV e del XVI secolo, dalle quali i francesi trassero ispirazioni per le loro *Legioni*, c'erano soldati equipaggiati con armi di diversa natura. Esistevano gli uomini armati di *Langspiess*, un'arma d'asta lunga circa 6 metri, ed altri soldati dotati di alabarde, o spadoni a due mani, destinati a proteggere i fianchi del quadrato e tentare di spezzare le armi d'asta del nemico. Non c'erano tuttavia soldati armati di armi da lancio, archi o balestre, per non parlare di archibugi. Entro il 1520 la tecnologia legata alla produzione di armi da fuoco individuali e ai sistemi di artiglieria in generale mise in fortissima difficoltà quegli eserciti che facevano ampio uso di soldati svizzeri la cui dottrina di impiego prevedeva la carica con la picca contro le la formazione avversaria, praticamente trascinandola via dal campo di battaglia.[5] L'uso che gli spagnoli seppero fare della potenza di fuoco dei propri archibugeri sancì la fine del quadrato basato sul sistema svizzero e l'abbandono dell'alabarda in favore del più efficace archibugio a miccia.

I comandanti di reggimento cercarono il prima possibile di aumentare la potenza di fuoco dei propri reparti, ma si resero presto conto che esisteva un limite al numero degli uomini che potevano essere equipaggiati con armi da fuoco. Superarlo significava bloccare i movimenti dei soldati, renderli impacciati nella fase di caricamento. Per aumentare la potenza di fuoco occorreva schierare gli uomini in formazioni più strette e lunghe di quelle abituali, ma se i moschettieri erano troppi questi, di fatto totalmente vulnerabili alle cariche di cavalleria, si sarebbero trovati troppo lontani dall'ombrello protettivo fornito dalle compagnie di picchieri. Occorreva trovare un compromesso funzionale tra potenza di fuoco, forza d'urto e forza numerica. I reggimenti composti da circa 3000 uomini furono presto rimpiazzati da unità la cui forza era di 1500–2000 effettivi, le cui dimensioni sembravano essere quelle perfette per raggiungere la giusta proporzione tra difesa ed offesa. Spagnoli e francesi avevano adattato i propri reparti su queste nuove basi già entro la fine del XVI secolo e, di fatto, pochi cambiamenti sarebbero stati fatti in seguito. Anche i testi più elaborati dedicati alla guerra nel XVI–XVII secolo insistono molto sull'aumento della potenza di fuoco degli eserciti del periodo.[6] L'analisi di armi da sparo originali del periodo e la loro prova in test di sparo effettuati in poligono di tiro in varie situazioni ambientali non conforta affatto l'idea che la battaglia seicentesca fosse basata sulla potenza di fuoco dei reparti. La versione di archibugio che circolava nella prima metà del XVII secolo era così pesante – tra i 7 e i 10 kg – da rendere necessaria un'asta dotata di forcella per il puntamento, strumento che impacciava il tiratore impegnato a mantenere ben accesa la miccia e ad evitare il contatto tra questa e le sue cariche di polvere. La sequenza del caricamento, lento e macchinoso, era all'incirca il seguente: il soldato versava da un'apposita fiasca la polvere di innesco, più fine, nello scodellino, chiudeva il copriscodellino, sollevava l'arma verso l'alto e rovesciava nella canna, dall'alto, la polvere da sparo contenuta in un'altra fiasca dotata di dosatore o in un apposito contenitore appeso alla bandoliera. Poi il tiratore introduceva la palla di piombo nella canna, prendendola da un sacchetto o addirittura dalla propria bocca, usanza questa assai diffusa in battaglia. A questo punto con una bacchetta in legno alloggiata sotto la canna si calcavano polvere e palla sul fondo. Per prudenza si poteva anche inserire nella canna una borra – una sorta di tappo fatto di stracci – per scongiurare il rischio di perdere pallottola e polvere durante il trasporto dell'arma carica. Al momento dello sparo bastava inserire la miccia nel serpe, aprire il copriscodellino, rivolgere l'arma verso il bersaglio e tirare il grilletto. L'accensione avveniva tramite una miccia, ossia un tratto di spago imbevuto in una soluzione di nitrato di potassio. Questo trattamento garantiva un consumo di 10 cm all'ora, in contrasto con la miccia normale che bruciava alla velocità di 30 cm al minuto. Tirando il grilletto o una leva, un braccetto ricurvo al quale era fissata la miccia si abbassava sullo scodellino aperto bruciando l'innesco. Il fuoco, attraverso un piccolo foro definito focone, entrava nell'anima della canna incendiando la carica di lancio la quale, esplodendo, scagliava il proiettile di piombo contro il bersaglio. Cessando la pressione sulla leva del grilletto, la molla di richiamo riportava indietro il serpe. Il meccanismo, noto già dalla seconda metà del XV secolo, aveva ricevuto importanti migliorie a partire dal 1490.[7] Spesso il colpo non andava a segno: a volte era la miccia che non bruciava bene. Il vento, la pioggia, l'umidità, la mancanza di sangue freddo da parte del tiratore erano altri motivi che impedivano all'arma di far centro. Se il nemico era troppo vicino l'archibugio era usato come una clava e il calcio ligneo era sagomato a tale fine.

Questi inconvenienti fecero sì che a partire dalla metà del XVII secolo alcuni eserciti europei, quello francese in particolare, adottassero un'arma più leggera, il moschetto, del peso di circa 5 kg e in grado di essere impiegato senza l'ingombrante forcella. Già alla vigilia della guerra della Lega di Augusta (1689-1698) queste armi erano oramai di uso generale nell'esercito francese e gli ingombranti supporti esterni erano di fatto spariti.[8]

Poco preciso e scarsamente affidabile, specie in mani inesperte, l'archibugio rimaneva comunque un'arma difficile da usare con gravi svantaggi tattici. Colpi a vuoto od altri inconvenienti tecnici avvenivano mediamente ogni due tiri, vanificando la potenza di fuoco dei reparti: la maggior parte dei nuovi uomini che avevano dei moschetti avevano così poca esperienza nel collocare con precisione le loro micce che a malapena uno su quattro poté aprire il fuoco, e quelli che ci riuscirono ebbero una così gran paura che l'arma esplodesse, che non si curavano dove sparassero.[9]

L'inconveniente più grave rimaneva la lentezza del caricamento. Un rateo di tiro di un colpo al minuto era considerato buono, ma era difficile da mantenere. Secondo il Maniement d'armes di Jacob de Gheyn occorrevano 43 separati movimenti per caricare e sparare.[10] La portata effettiva era di circa 200 metri, ma il tiro era raramente efficace al di sopra dei 50. Il calcio del moschetto spesso non era portato alla spalla, ma veniva bloccato sotto il braccio per limitare il contraccolpo e questa pratica, abbastanza diffusa tra le truppe, non aumentava di certo la precisione del tiro.

Ill. 2
Cannone

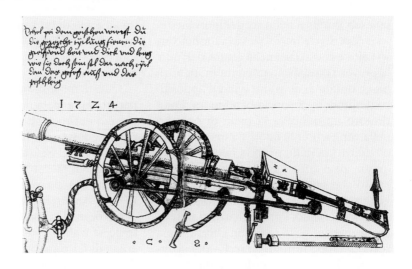

La fiammata provocata dal contatto della miccia accesa con la carica depositata nel bacinetto non incoraggiava il soldato ad un corretto puntamento, allineando occhio, canna e bersaglio. Gli svantaggi tattici dell'arma a miccia non si limitavano alla lentezza di caricamento. L'umidità ed il vento erano fattori che potevano seriamente pregiudicare non solo l'efficacia del tiro ma addirittura l'innesco della polvere nel bacinetto. Le carenze logistiche delle armate in campagna rendevano assai probabile il razionamento della polvere e il totale esaurimento delle scorte dopo poche ore, o pochi giorni, di combattimenti ad alta intensità.

Il campo di battaglia si rivelò dunque assai meno letale di quanto si è portati a credere. Lo scontro di Lützen, avvenuto il 16 novembre 1632, costò ai contendenti circa 8000 perdite complessive. Sembrò a tutti un bagno di sangue senza precedenti e la sensazione che si fosse raggiunto l'apice della ferocia bellica rimase nelle coscienze sino alle guerre napoleoniche.[11] Le truppe impegnate nei vari teatri operativi subivano un 50% di perdite ogni anno, ma la stragrande maggioranza per malattia e carenze logistiche piuttosto che per azione nemica.[12] Eppure le esperienze belliche del «secolo di ferro» furono inferiori, per dimensioni e numero assoluto di perdite, a quelle del XVIII secolo con le sue «guerre dei merletti». Nonostante il potenziale tecnologico e gli esperimenti tattici portati avanti, in particolare quelli di Maurizio di Nassau e Gustavo Adolfo di Svezia, non era la potenza di fuoco a decidere gli scontri.[13] Né il cannone, né tantomeno l'archibugio potevano avere un grande peso nello sviluppo tattico di una azione di combattimento. La potenza di fuoco aveva un solo scopo: scompaginare la formazione avversaria per poter agire al meglio con le armi bianche. La regina della battaglia rimaneva la picca. Il 17 settembre 1631 a Breitenfeld l'esercito di Gustavo Adolfo affrontò quello della Lega Cattolica. Gli svedesi si avvicinarono a 50 metri dal nemico. A quel punto, come narra un tenente colonnello dell'esercito svedese, per prima cosa aprimmo il fuoco con tre piccoli cannoni davanti alle nostre linee. Il loro tiro non fece perdite tra i nostri moschettieri, così ci avvicinammo a distanza di uno sparo di pistola [circa 25 m] dal nemico. Diedi ordine ai primi tre ranghi di fare fuoco contemporaneamente; e dopo di loro agli altri tre. Così fatto ci gettammo precipitosamente contro i loro ranghi, abbattendoli con le picche e le spade.[14]

Intorno alle dense formazioni di picchieri i reggimenti imperiali, i tercios spagnoli e i più elastici reparti svedesi trovavano il loro punto di coesione e perno di manovra. Il risultato dell'azione dipendeva dall'abilità e dalla rapidità dei picchieri nel muoversi ordinatamente, attaccare o difendersi in base alla mutata situazione tattica.[15]

La rivoluzione militare del XVI secolo

Tra il 13 ed il 14 settembre 1515 sui campi di Zivido, poco a nord di Marignano – oggi Melegnano – ad una quindicina di chilometri a sud di Milano, fu combattuta una delle più note battaglie del periodo per il controllo dell'area italiano, tra gli eserciti alleati di Francesco I e della Repubblica di Venezia da una parte, e quello della confederazione svizzera comandato dal cardinale Matthäus Schiner.

La battaglia di Marignano, per quanto nota come la «Battaglia dei Giganti», non fu lo scontro risolutivo delle Guerre d'Italia, ma solo una delle grandi battaglie terrestri che dalla fine del Quattrocento misero di fronte Francia, Spagna, gli stati italiani e la confederazione elvetica, in uno scontro che durò di fatto sino al 1559 quando, con la Pace di Cateau Cambrésis, la Francia rinunciò definitivamente alle sue mire su Milano e Napoli impegnandosi ad uscire per il momento dalla scena italiana.

A scontrarsi attorno a Marignano furono circa 50 000 uomini per la maggior parte mercenari. L'esercito svizzero contava almeno 20 000 uomini, dei quali solo 300 a cavallo, e 6 piccoli pezzi d'artiglieria. Agli ordini di Francesco I erano 31 000 uomini, dei quali 10 000 erano francesi, 9000 lanzichenecchi della Banda Nera, 12 000 fanti e cavalieri veneziani, e 72 cannoni.

Le grandi guerre del passato impallidivano di fronte a quanto stava avvenendo in quegli anni: sempre più battaglie, sempre più eserciti composti da migliaia di persone e l'impiego di tattiche e strategie belliche che miravano all'eliminazione dell'avversario. Questo fatto, se da un lato produsse inevitabilmente stragi inaudite, dall'altra portò anche a questi cambiamenti:

– riduzione degli spazi fisici, commerciali, imprenditoriali e morali impermeabili alla penetrazione della guerra;
– deterioramento definitivo del rapporto tra la guerra e le altre occupazioni o attività dell'uomo. Si generalizzò così la figura del combattente a tempo pieno e forze giovani e valide si spostarono dal lavoro al consumo improduttivo;
– cambiamento della sensibilità collettiva, progressivo distruggersi dei tradizionali valori etici di fronte al quotidiano spettacolo della violenza e del potere corruttore della guerra. La guerra infatti assunse caratteristiche di rabbia e di spietatezza a danno anche degli inermi. Le popolazioni indifese erano alla mercé di eserciti amici e nemici ma, in ogni caso, ladri e banditi il cui comportamento liberava ulteriori violenze, religiose e politiche, di villaggio e familiari.

Altro elemento di novità importante fu la specializzazione del guerriero. Si differenziarono le aree di reclutamento (Cantoni svizzeri, Germania del sud, Spagna) e si codificarono le specialità (cavallerie pesanti e leggere, picchieri ed archibugieri, artiglieri, ecc.). Tra gli stessi uomini della fanteria vi furono mercenari svizzeri, lanzichenecchi, italiani, francesi, tra di loro antagonisti in quanto in lotta per accaparrarsi una fetta di quel mercato di uomini che la guerra aveva aperto. Non solo si trovavano differenze tra specialisti del combattimento, ma anche all'interno della stessa struttura logistica degli eserciti, dei reggimenti e delle singole compagnie. Le differenze non stavano solo nelle mansioni o nelle capacità dei singoli ma, ovviamente, anche nella paga. Agli inizi del XVI secolo un lanzichenecco riceveva generalmente 4 fiorini al mese di paga, un sergente (Veldwaibel Feldwebel) dai 10 ai 16, un alfiere (Vendrich, Fahnrich) 16, un cappellano 4. I veterani, gli archibugieri, gli uomini armati della grande spada a due mani detta Biedenhänder, ricevevano soldo doppio, cioè 8 fiorini al mese, ed erano per questo chiamati Doppelsoldner. Una paga più alta veniva anche corrisposta a coloro che svolgevano uffici particolari,

III. 3 **Quadrato di lanzichenecchi**

come lo scrivano, il tamburino, il furiere, i suonatori di piffero, ecc. L'unità tattica più piccola nella quale i lanzichenecchi erano inquadrati era la «bandiera» (Fahnlein), che poteva contare dai 300 ai 500 uomini ed era comandata da un capitano. Questi riceveva un compenso che andava dai 20 fino ai 60 fiorini al mese. Più «bandiere» formavano un «Reggimento», al comando di un colonnello (Obrist), che generalmente era lo stesso «imprenditore» al servizio del «signore della guerra». Il suo «Stato Maggiore» comprendeva un luogotenente, alcune guardie del corpo, cappellano, cuoco, barbiere, scrivano, interprete, ecc. Il reggimento aveva anche un «prevosto» (Profoss), pubblico accusatore e contemporaneamente esecutore delle sentenze, oltre che sovrintendente alla vita economica del campo. Inoltre il gran numero di carriaggi che seguivano le truppe in campagna, insieme a un'infinità di donne, mercanti, ragazzi, avventurieri, richiedeva un responsabile, il cui lavoro difficilmente era pagato in maniera adeguata.

Nuova guerra, nuova società

Re, principi e tutti coloro che promuovevano la guerra sollecitavano il genio versatile degli inventori, dalle armi curiose e speciali, alle fortezze, all'interesse per i problemi della fusione di artiglierie. La guerra, oltre che una straordinaria occasione per mercanti e affaristi per accumulare denaro, diventò il principale riferimento di quanti come i tecnici e gli ingegneri erano invitati a pensare e a progettare. Si può dire che le armi e più in generale la potenza del principe siano stati la quasi esclusiva occasione che essi hanno avuto per impiegarsi. Artisti e personaggi più noti e meno noti frequentavano le corti, spesso passando da una all'altra, chiamati a risolvere problemi e pronti ad offrire i loro servigi. Non solo di tecnici insigni o di ingegneri si trattava. La guerra chiamava al suo servizio un'infinità di pratici, per la maggior parte rimasti sconosciuti, in genere poveri di conoscenze teoriche ma ricchi, in compenso, di quelle che gli provenivano dall'esercizio del mestiere.

La guerra spinse principi e monarchi a spese enormi e per rastrellare il denaro necessario fu necessario dar vita a nuovi sistemi fiscali. Fu la guerra il principale fattore di spesa in ogni Stato che, a partire dalla fine del Medioevo e per tutta l'età moderna, determinò il controllo e la destinazione delle risorse naturali (miniere, boschi ecc.), materiali (denaro e forza lavoro) e intellettuali.

Guerra moderna e produzione manifatturiera andarono di pari passo. Forniture e rifornimenti furono all'origine di straordinarie fortune imprenditoriali e mercantili. I finanziamenti da parte di imprenditori e mercanti ai vari sovrani erano elargiti sulla base di precisi scambi o privative, monopoli per produrre o commerciare, diritti di riscuotere tasse e imposte. Spesso i fornitori di capitali ma anche di armi, munizioni e vettovaglie assumevano ruoli politici ed economici di primo piano, che permettevano loro di influenzare la stessa politica dei principi.

Carlo I di Spagna, già padrone dei territori ereditati dagli Asburgo – arciducato d'Austria, ducato di Borgogna – era un candidato naturale alla successione nell'Impero. Secondo la regola fissata nella «Bolla d'oro» a metà del Trecento dall'imperatore Carlo IV, a eleggere l'imperatore dovevano essere i tre principi vescovi di Magonza, Colonia e Treviri e quattro principi laici degli stati territoriali maggiori, Boemia, Palatinato, Brandeburgo e Sassonia. Nel 1519, alla vigilia dell'elezione di un nuovo Imperatore, si sviluppò un grande gioco finanziario e diplomatico in cui ebbe gran peso il denaro dei più grandi finanzieri dell'epoca. Il papa cercò di favorire prima la candidatura del re d'Inghilterra Enrico VIII poi quella del re di Francia Francesco I. Temeva infatti – e non solo lui – la nascita di uno stato che unisse i territori asburgici e tedeschi a quelli della Spagna. A decidere furono l'astuzia di Carlo e specialmente l'oro e i metalli preziosi che da tempo affluivano alle casse spagnole e che le banche tedesche seppero maneggiare in modo spregiudicato. Agli elettori dell'imperatore, i tre religiosi e i quattro laici, giunsero le somme di denaro necessarie ad orientare il loro voto su Carlo I di Spagna che divenne così l'imperatore Carlo V. Fu l'inizio di una saldatura tra politica e finanza che da allora non conobbe battute d'arresto. I centri della politica imperiale asburgica furono la città di Siviglia, a cui faceva capo tutto il commercio mondiale che nel periodo tra il 1510 e il 1550 crebbe di 8 volte, e la città di Anversa, divenuta allora un centro cosmopolita frequentato da finanzieri e mercanti d'ogni parte. L'oro predato ai nativi americani, l'argento estratto dalle miniere del Perù, un'organizzazione militare e burocratica sterminata che teneva sotto controllo interi continenti, una rete bancaria che aveva al centro i Fugger e alcuni banchieri italiani assicuravano il trasferimento del denaro e i finanziamenti delle imprese manifatturiere e commerciali, oltre al pagamento di eserciti di militari e funzionari.

Il rame, la materia prima fondamentale per la fabbricazione dell'artiglieria in bronzo, proveniva principalmente dall'Ungheria, dal Tirolo, dalla Sassonia e dalla Boemia. Lo stagno, il metallo che va unito al rame, proveniva per lo più dall'Inghilterra, dalla Spagna e dalla Germania. Fu Jacob Fugger, banchiere e proprietario tra l'altro di quote di miniere di argento e rame in Ungheria e in Tirolo, a intuire che l'aiuto al futuro imperatore sarebbe stato un investimento che in seguito avrebbe giovato ai suoi affari facendogli ottenere l'aiuto necessario a debellare la concorrenza di altre società. Fugger seppe coniugare l'iniziativa finanziaria alle nuove pratiche minerarie, che alla metà del XV secolo permettevano la separazione del rame argentifero con l'aiuto del piombo e la quasi totale estrazione dell'argento dal minerale. Una pratica decisiva per sfruttare a fondo i giacimenti di Ungheria a debole tenore d'argento, che unita a una massiccia produzione di rame diede origine a una grande fortuna. Lo sviluppo commerciale del rame era infatti legato alla nuova industria delle armi da fuoco dove questo metallo entrava, specie nella produzione dei cannoni, in percentuali molto elevate. Alcuni paesi che pure costruivano armi, come la Francia e Venezia e in seguito Olanda e Fiandre, non erano produttori di rame e questo rendeva il monopolio produttivo e commerciale di Fugger ancora più redditizio.

Si capisce come l'importanza commerciale strategica del rame trasformasse i metodi di estrazione e lavorazione. Le regioni minerarie dell'Ungheria e del Tirolo divennero l'avanguardia di un'infinità di innovazioni tese a razionalizzare e ad aumentare la produzione. Fu questa una delle numerose conseguenze della guerra sull'uso delle risorse – minerali, legname, viabilità, ecc. – e sulle pratiche per il loro sfruttamento. Alla fine del XV secolo in Tirolo, nella sola miniera di Falkenstein presso Schwaz, lavoravano circa 7000 operai che nel 1536 erano diventati 20000.

Ill. 4 **Svizzeri e lanzichenecchi in combattimento**

Come la corsa di una sfera su un piano inclinato, alla fine del XV iniziò un'inarrestabile ascesa verso livelli di efficienza nella capacità di infliggere perdite e distruzioni al nemico secondo un ordine di grandezza mai visto in precedenza. Le migliori menti e i maggiori capitali furono impiegati senza risparmio in questa vera e propria corsa agli armamenti. Entro la metà del XVI secolo erano state ideate, pensate ed in parte realizzate tutte le successive innovazioni tecnologiche applicate alle armi che compariranno via via sino agli inizi del XIX secolo e oltre: gli acciarini a pietra focaia, le granate esplosive, il concetto di retrocarica e di canna rigata.[16] Nelle società di antico regime i cambiamenti erano lenti e spesso impercettibili ai più, ma a partire dalla fine del XV secolo molti di coloro che vissero allora compresero sia pure confusamente che stava iniziando una nuova età i cui segni più vistosi erano le scoperte geografiche, l'uso dei caratteri mobili per la stampa e l'impiego della polvere da sparo. Più di ogni altra cosa a colpire gli uomini dell'epoca fu il nuovo modo di fare la guerra, l'affermarsi di una sua versione sterminatrice e cruenta. Apparve chiaro allora che con la guerra anche il resto del mondo stava cambiando: il governo degli uomini e dell'economia, la morale individuale e collettiva.

La guerra entrò allora nell'esperienza e contemporaneamente nell'immaginario individuale sia come un'occasione per cambiare in meglio la propria sorte sia come sigillo drammatico del trionfo della morte. Entrò nella letteratura popolare, nell'aneddotica, nella riflessione religiosa e in quella politica. Poche volte nella storia è successo, come invece accadde allora, che i contemporanei, la gente del popolo come i grandi intellettuali, si rendessero conto dei profondi cambiamenti in corso nella società in cui si svolgeva la loro esistenza.

Note

1 Per una descrizione della battaglia si rimanda a W. Schafelberger, Marignano. Strukturelle Grenzer eidgenössischer Militämacht zwischen Mittelalter und Neuzeit, Frauenfeld 1993.

2 Purtroppo negli ultimi trent'anni lo sviluppo urbanistico dei centri urbani italiani, caotico e disordinato, e il totale disinteresse delle amministrazioni, sia locali che nazionali – in particolare quelle addette alla «conservazione dei Beni Culturali – hanno portato alla completa distruzione del campo di battaglia di Marignano, oggi quasi del tutto ricoperto da caseggiati ed impianti industriali. Per una ricostruzione dei luoghi si rimanda al lavoro di Schafelberger, Marignano cit., pp. 48–93. In termini di conservazione e comprensione, un vero gioiello delle Guerre d'Italia è il campo di battaglia di Ravenna, situato pochi chilometri a sud della città nei pressi dell'argine del fiume Ronco. Scoperto da Gian Carlo Stella nel 2001, il campo non solo è sgombro da edifici recenti, ma conserva anche le fortificazioni campali erette dall'esercito della Lega Santa tra il 10 e l'11 aprile 1512. La visita dei luoghi dello scontro non ha fatto altro che confermare l'estrema compattezza dell'area degli scontri durante le guerre del XVI secolo. N. Cani, G.C. Stella, L'Armata perduta. Studi e ricerche preliminari sulla Battaglia di Ravenna dell'11 aprile 1512 e ritrovamento del campo di battaglia, Lugo 2001.

3 L'episodio, accaduto sul campo di battaglia di Zorndorf il 25 agosto 1758 ai danni di un reggimento di granatieri russo, è ricordato in J. W. Archenholz, Geschichte des siebenjährigen Krieges in Deutschland, Vol. I, Berlin 1793, p. 254. L'autore, che partecipò alla battaglia combattendo nell'esercito di Federico II nei ranghi del Reggimento Forcade (IR 28), cita come testimone da parte nemica il capitano d'artiglieria sassone Tielke, assai noto per i suoi scritti militari, che allora serviva nell'esercito russo, ed era presente alla battaglia. Tielke effettivamente vide come una palla [di cannone] uccise 42 uomini in uno dei reggimenti di granatieri. Questa mattanza fu resa possibile dalle dense formazioni adottate dai russi, contro i quali si accanivano le artiglierie prussiane le quali, tirando principalmente a ricochet [cioè facendo rimbalzare i proiettili sul terreno], abbattevano interi ranghi per volta. J.G. Tielke, Beiträge zur Geschichte des Krieges von 1756 bis 1763, Vol. II, Freyberg 1776, pp. 97–98.

4 R.J. Knecht, Francis I, Cambridge 1982, pp. 246–248; P.G. Daniel, Histoire de la Milice Françoise, et des changemens qui s'y sont faits depuis l'établissement de la Monarchie dans les Gaules jusq'à la fin du Regne de Luis le Grand, Vol. II, Paris 1721, pp. 331–333.

5 Sull'efficienza di combattimento dei quadrati svizzeri cfr. O. Bangerter, «Le bien passoit le mal?». La performance des mercenaires suisses en Italie, in Schweizer Solddienst. Neue Arbeiten, neue Aspekte, a cura di R. jaun, P. Streit, Pottentruy 2010, pp. 41–60.

6 D. Maffi, Il Baluardo della Corona. Guerra, esercito, finanze e società nella Lombardia seicentesca (1630–1660), Firenze 2007, pp. 85–86.

7 Sugli armamenti a miccia delle Guerre italiane cfr. C. Calamandrei, Meccanismi di accensione. Storia illustrata dell'acciarino dal serpentino alla retrocarica, Sesto Fiorentino 2003; S. Masini e G. Rotasso, Armi da fuoco. Le armi individuali dal '500 ad oggi, Milano 1987, pp. 12–22; G. Zinoni, Vivere il ferro. Materiali per una storia della siderurgia bresciana in epoca moderna, Quaderni della Fondazione Micheletti, n. 14, 2003.

8 V. Belhomme, L'Armée Française en 1690, Paris 1895, p. 26.

9 D. Chandler, The Art of Warfare in the Age of Marlborough, Staplehurst 1990, p. 75.

10 Cfr. la ristampa anastatica del testo di Jacob de Gheyn: B. Kist, The Exercise of Armes. All 117 Engravings from the Classic 17th-Century Military Manual Jacob de Gheyn, Mineola 1999. Nel trattato del Wallhausen i movimenti ascendono a ben 123 passaggi: J. J. von Wallhausen, Kriegskunst zu Fusz, Oppenheim 1615. Il trattato di Jacob de Gheyn ebbe una vasta diffusione e rimase attuale sino alla seconda metà del XVII secolo. Ad esempio cfr. P. von Kunsthändlern, Die Drillfunst, Nürnberg 1664. I movimenti per il caricamento sono identici a quelli di Gheyn.

11 Per uno studio comparativo delle perdite cfr. G. Bodart, Losses of Life in Modern Wars. Austria-Hungary; France, Oxford 1916, pp. 21–23. Per la battaglia si rimanda a R. Brzezinski, Lützen 1632. Climax of the Thirty Years War, Oxford 2001. Simili dati si possono ritrovare anche in P. Engerisser, P. Hrˇciˇrík, Nördlingen 1634. Die Schlacht bei Nördlingen – Wendepunkt des Dreißigjährigen Krieges, Weißenstadt 2009. Sulla percezione della Guerra dei Trent'Anni da parte dei contemporanei come l'vento distruttivo per eccellenza cfr. G. Mortimer, Eyewitness Accoun-

ts of the Thirty Years War 1618-48, Basingstoke 2004, pp. 164-178; P. H. Wilson, The Thirty Years War. Europe's Tragedy, Cambridge 2009, pp. 822–851.

12 R. Brzezinski, The Army of Gustavus Adolphus, Vol. I, London 1991, p. 10.

13 Contrario a questa visione è W. Hahlweg, Die Heerreform der Oranier und die Antike, Berlin 1941. Tuttavia le tattiche secentesche, con il loro complesso gioco di movimenti, sono state criticamente analizzate da B. P. Hughes, Firepower. Weapons Effectiveness on the battlefield, 1630–1850, London 1974, e C. Schulten, Une nouvelle approche de Maurice de Nassau (1567–1625), in Le soldat, la strategie, la mort. Mélange André Corvisier, a cura di P. Chaunu, Paris 1989, pp. 42–53. Per una visione globale del dibattito storiografico legato alla Rivoluzione Militare, con una analisi dei testi di Parker e Roberts, cfr. La Révolution Militaire en Europe (XVe – XVIIIe siècles), sous la direction de J. Bérenger, Paris 1998; G. P. Motta, Marte liberato. Rivoluzione Militare e Rivoluzione Industriale, Torino 1998; The Military Revolution Debate. Readings on Military Transformation of Early Modern Europe, edited by C. J. Rogers, Oxford 1995; L. Pezzolo, La «rivoluzione militare»: una prospettiva italiana 1400–1700, in Militari in Età Moderna. La centralità di un tema di confine, a cura di A. Dattero e S. Levati, Milano 2006, pp. 15–62.

14 W. Watt, The Swedish Discipline, London 1634, p. 24.

15 Sulle tattiche impiegate dai principali eserciti che combatterono nel corso della Guerra dei Trent'Anni il lavoro più recente è quello di K. Roberts, Pike and Shot Tactics 1590–1660, Oxford 2010. Per un primo approccio ai testi del periodo dedicati al maneggio delle armi e alla tattica cfr. M. P. de Ejea, Preceptos militares, orden y formacion de esquadrones, Madrid 1632; L. de Montgommery, La Milice Françoise contenant plusieurs belles et notables instructions sur ce qui doit être observé à bien ordonner des batailles, dresser battaillons, situer places & forteresse, & le moyen de les attaquer & deffendre, Paris 1636; P. Sardi, Fucina di Marte, nella quale con mirabile industria, e con finissima tempra d'instruzioni militari s'apprestano tutti gli Ordini appartenenti a qual si voglia Carico, essercitabile in Guerra, Venezia 1641; L. von Troupitz, Kriegs Kunst nach Königlicher Schwedischer Manier eine Compagny zu richten in Regiment Zug und Schlacht Ordnung zu bringen zum Ernst anzuführen zu gebrauchen und in esse würcklich zu unterhassen, Frankfurt 1638.

16 Per un panorama generale della guerra nel XV e XVI secolo cfr. B. S. Hall, Weapons & Warfare in Renaissance Europe, London 1997.

Prova d'illustrazioni

1 *Fanti svizzeri in assetto da combattimento*
Museo Nazionale Svizzero, Zurigo, Svizzera. Il gruppo di tre fanti sulla destra esemplifica l'uso tipicamente svizzero della picca lunga. Il fante in primo piano si appresta a ricevere la carica di un cavaliere nemico: ha bloccato il calzo dell'asta sotto il piede destro e, curvatosi in avanti con le gambe leggermente piegate, dirige la punta della picca contro il cavaliere o il suo destriero. Gli altri due, in posizione eretta, brandiscono l'asta con le mani attorno alla zona del baricentro, tenendola all'altezza delle anche o sopra le spalle. Tre dei quattro fanti sulla sinistra maneggiano alabarde, mentre il quarto (al centro della composizione) tiene appoggiato sulla spalla destra un martello di Lucerna. I corsaletti da piede indossati dai sette manichini sono di due tipi: alla massimiliana per cinque di loro, attribuibili al periodo tra il 1510 e il 1530, decorati a bande per gli altri e databili verso il 1560. Si tenga però presente che la maggior parte dei fanti svizzeri, soprattutto per i secoli XIII-XV, portava un semplice corsaletto (composto da petto e schiena) ovvero niente, nel qual caso si parla di fante nudo.

2 *Cannone*
Christoph Seselschreiben, Büchsenmeisterbuch (foglio 43a Cgm 973) 1524. München, Bayerische Staatsbibliothek. Questo disegno del 1524 mostra un cannone, l'affusto ed alcuni strumenti per il funzionamento e il trasporto. Si notano gli agganci per il traino da quattro buoi. Scovolo e cucchiara, il recipiente di rame (o legno) per il caricamento della polvere, sono alloggiati sul fianco

della cassa. Tra i due cosciali dell'affusto è collocata la cassa portamunizioni. Ben visibili sono i due lunghi tiranti in ferro che rendono solidali tra loro i mozzi delle ruote e la parte terminale dell'affusto, sistemazione tipica delle artiglierie della prima metà del XVI secolo. L'utilizzo di guarnizioni in ferro sempre più robuste e disegni più razionali delle ordinanze renderanno questi accorgimenti superati. Le parti in legno e quelle in metallo sono solitamente colorate con colori molto vivaci; rosso, giallo o nero

3 *Quadrato di lanzichenecchi*
Erhard Schön (1492–1542), ca. 1540. Incisione. Germanische National Museum, Nürnberg, Germania. La fitta selva di lance e alabarde di un quadrato lanzichenecco – qui in quieta attesa di ordini per muovere, con i fanti in muta o chiacchierata sospensione – rende bene l'idea della minacciosa massa che si offriva alla vista del nemico, tenendo anche conto del fatto che Erhard Schön ha raffigurato in questo caso una riga di soli 11 uomini, circa 1/10 del fronte solitamente schierato in battaglia. A parte l'uomo al centro della prima riga, si nota come i Katzbalger siano portati sul lato posteriore e di traverso, per non impacciare il maneggio della lunga picca. Decisamente più corte e maneggevoli, le alabarde servivano a rompere le picche avversarie e per il combattimento ravvicinato, insieme a spade e coltelli, una volta formatasi la mischia.

4 *Svizzeri e lanzichenecchi in combattimento*
Hans Holbein il Giovane (1497–1543), ca. 1530. Incisione. Albertina, Vienna, Austria. Il Giovane Holbein ha inciso con notevole naturalismo – accentuato da un'insolita, per l'epoca, prospettiva accidentale – la mischia tra fanterie di linea nella prima metà del Cinquecento. Svizzeri e lanzichenecchi, maestri e allievi, si confrontano con armi e tecniche speculari, mentre alla concitazione di alcuni, per esempio il tamburino in corsa sulla sinistra, fanno da contrappunto la ruvida attesa di chi si trova nei ranghi posteriori e l'inerte passività dei caduti, calpestati da nemici e compagni. Solo poche smorfie deformano le espressioni di questi professionisti, i cui volti e corpi sono mossi più dall'addestramento che dalle passioni. Mentre le linee aeree delle aste disegnano il movimento di fondo dello scontro, i contendenti ricorrono a tutte le alternative disponibili in fatto di armi per affrontare il combattimento ravvicinato. Si notano varie alabarde, un roncone – sull'estrema destra, portato all'indietro e quasi parallelo al terreno – almeno due martelli di Lucerna (il primo a terra, sulla sinistra, vicino alla spada sovrastata da una picca rotta; il secondo nel terzo quarto di immagine sulla destra, subito a sinistra dell'uomo che porta sulla spalla sinistra lo spadone a due mani e quasi assorto), almeno un paio di partigiane e altre armi in asta, spade a una mano, una mano e mezza e due, un coltello portato correttamente al collo dell'avversario, mentre il fante che lo impugna (al centro) alza la sinistra per intercettare l'avambraccio o la mano che sta per calare la spada contro di lui. Sempre al centro della contesa, un fante si fa scudo con il tamburo alzandolo con la mano sinistra, mentre la destra carica un fendente di spada. Da notare l'estrema varietà delle protezioni personali, mentre berretti e scarpe giacciono sparsi sul terreno. All'estrema sinistra, al riparo di un albero morto e deforme, una donna assiste allo scontro, la testa riparata da un elegante cappello: la guerra resta sempre uno spettacolo, anche per occhi meno interessati di quelli di un artista, uno storico o un lettore.

Ein falscher Sieg und falsche Boten – Nachrichtenübermittlung und -verbreitung zur Zeit von Marignano

Klara Hübner

Chaotisch. So stand es um den Informationsaustausch zwischen den eidgenössischen Kampagnenführern, deren militärische Optionen im Sommer 1515 nahezu ausgeschöpft waren. Aus der Besetzung des Herzogtums Mailand war ein Zurückweichen vor den Truppen des Französischen Königs Franz I. geworden, die nach und nach alle strategisch wichtigen Orte in der Lombardei übernahmen. Doch erst der Eintritt Spaniens und des Papstes, die nun ebenfalls Ansprüche auf das Herzogtum Mailand erhoben, brachten die innerlich fragile Eidgenossenschaft an den Rand des Kollapses. Während die Innerschweizer Eidgenossen jede Art von Einigung ablehnten, entschieden sich Bern und seine Westschweizer Verbündeten für den Verhandlungsweg.[1] Der langsame Rückzug der Berner Kontingente nach Domodossola wurde daher nicht nur von intensivster Diplomatie begleitet, sondern auch von der Sorge, dass die eidgenössischen Bündnispartner nicht rechtzeitig über die neuesten Entwicklungen unterrichtet würden. Letzteres wurde zunehmend schwieriger, da die Nachrichtenboten immer häufiger Gebiete durchqueren mussten, die von feindlichen Truppen kontrolliert wurden. Eine Erfahrung, die alles andere als neu war. Seit das politisch-militärische Engagement der Eidgenossen in Norditalien in den 1490er Jahren zugenommen hatte, waren auch die Informationswege deutlich länger geworden. Die Verwaltungssitze in Norditalien und die Zentren der Entscheidung waren nun durch geographische Distanzen und Hindernisse getrennt, die sich ausserhalb jener Räume abspielten, welche die zehnörtige Eidgenossenschaft als eigentlichen Wirkungsbereich kannte. Bis zu den Burgunderkriegen (1473–1477) hatten sich auch die Konflikte zumeist nahe an den politischen Zentren abgespielt, so dass weder Gesandte noch Truppenkontingente selten länger als eine Tagesreise zu Fuss unterwegs sein mussten, um ihre Räte oder die eidgenössische Tagsatzung zu unterrichten. Fünfzehn Jahre später war die Eidgenossenschaft zu einer Besetzungsmacht in Norditalien geworden, was die Entscheidungswege deutlich verlängerte.[2] Der Austausch von Informationen zwischen den Hauptleuten und Diplomaten auf den hiesigen Kriegsschauplätzen und den Räten der West- und Zentralschweizer Orte war nun mit der Überwindung mindestens einer Alpenkette verbunden. Die schlechte Verständigung hatte allerdings auch politische Gründe: So waren häufig Bündnispartner über den militärisch-politischen Nutzen der kurzen Feldzüge uneins. Die latenten Spannungen zwischen Stadt- und Landorten entzündeten sich aber zumeist an der ungleichmässigen Verteilung französischer und päpstlicher Pensionengelder: Der «Verleih» eidgenössischer Söldnern war vor allem für die Städte ein lukratives Geschäft.[3]

Abb. 1 **Überfall auf Boten im Schiff**

In solchen Zeiten konnte die Verbreitung von Nachrichten zu einer Frage von Leben und Tod werden. Im März des Jahres 1511 wurde das zentrale Informationsorgan der Eidgenossen, die Tagsatzung, mit dem seltsamen Fall eines Berner Nachrichtenübermittlers konfrontiert, welcher zusammen mit einem Freiburger und Schwyzer Kollegen in Norditalien von französischen Söldnern gefangen wurde. Er brachte mehrere Monate in ihrer Gewalt zu und wurde gefoltert. Im Gegensatz zu seinen Kollegen überlebte er seine Gefangenschaft weil er fliehen konnte.[4] Dieses krasse Zuwiderhandeln gegen die allgemein anerkannte diplomatische Immunität, welche in beschränktem Masse auch für Nachrichtenboten galt, konnte die zerstrittenen Eidgenossen für einmal einen. Im November 1511 wurde eine später als Kaltwinterfeldzug bekannte militärische Unternehmung gegen Stellungen des französischen Königs nördlich von Mailand organisiert, welche allerdings ohne territoriale Ergebnisse blieb.[5]

Auch ohne unmittelbare Bedrohung für Leib und Leben des Übermittlers, stellten die Norditalienischen Konflikte eine besondere Herausforderung für die politische Entscheidungsfindung dar. Davon zeugt etwa die dichte Korrespondenz der Berner, die zwischen Juli und August 1515 einerseits mehrere eidgenössische Kontingente im weitgesteckten Gebiet zwischen dem Piemontesischen Pinerolo, dem Hinterland von Mailand und in der Nähe der Städte Gallarate und Arona am südlichen Ende des Lago Maggiore unterrichten mussten. Gleichzeitig sollten sich die Berner Führung und die Verbündeten auf dem Laufenden halten – ein nachrichtentechnischer Spiessrutenlauf! Am 31. Juli drückten die Räte etwa ihre Sorge darüber aus, dass der Bote Hans Streler nicht nach Bern zurückgekehrt war.[6] Die Gefahren auf den Strassen erschwerten auch die Diplomatie. Immer wieder mussten die Gesandtschaften der Berner vor Ort auf die Zustellung von Geleitbriefen warten, um sicher nach Vercelli reisen zu können, wo sich unter dem Schutz des Herzogs von Savoyen die meisten Verhandlungen zwischen Frankreich und den westlichen Eidgenossen abspielten.[7] Von hier aus sollten dann auch die Zentralschweizer unterrichtet werden. Da die Verbündeten ihren gegenseitigen Nachrichtenaustausch allerdings nur ansatzweise koordinierten, war es praktisch unmöglich, Truppenführer und Räte gleichzeitig über die diplomatische Dynamik zu unterrichten. Dies war nicht nur ein eidgenössisches Problem. Auch die übrigen Herrschaftsträger bekundeten Mühe mit der Geschwindigkeit der politischen Entwicklung. Selbst das für seine Zeit ausgezeichnet organisierte Päpstliche Nachrichtenwesen, das aus berittenen Kurierlinien bestand, geriet angesichts dieses Verhandlungsmarathons an seine Grenzen. Ende Juli 1515 warf ihm der Päpstliche Legat Monsignore Goro Gheri Pistoiese sogar Langsamkeit vor. Es sei ein Schande – é una vergogna! – dass Briefe aus Rom über die laufenden Verhandlungen zwischen dem Französischen König und den Eidgenossen mehr als sechs Tage brauchten, um ihn in der Nähe von Mailand zu erreichen.[8]

In der Tat gehörte die rasche und regelmässige Übermittlung von Informationen in Kriegszeiten zu den grössten Herausforderungen des Spätmittelalters. Die Grenzen der damaligen technischen Mittel lassen sich an den Ereignissen von Marignano besonders deutlich aufzeigen. Nachdem die Kriegshandlungen am 13. September zugunsten der Zentralschweizer Eidgenossen ausgegangen waren, wurden umgehend Boten mit Nachricht vom Sieg über die Alpen geschickt. Als nun am zweiten Tag die vernichtende Niederlage der Innerschweizer Kontingente gegen die Franzosen erfolgte, hatte sich die falsche Siegesnachricht dank einer Stafette aus Urner und Luzerner Boten bereits grossräumig verbreitet. Am 16. September erreichte sie Basel und Bern.[9] Doch nicht einmal Kardinal Giulio Medici wusste Näheres, als er am 15. September seinem Verwandten Lorenzo einen Brief nach Florenz sandte. Seine Residenz in der Nähe von Bologna lag nur wenige Stunden zu Pferd vom Ort des Geschehens.[10] Schon am 16. September verbreitete sich die Nachricht vom Sieg der Franzosen, allerdings über ganz Norditalien. Die Schweizer mussten indes noch eine Woche warten, bis sie vom wahren Ausgang der Schlacht erfuhren.

Die beschriebenen Übermittlungsschwierigkeiten hängen mit der Organisation des eidgenössischen Nachrichtenwesens zusammen, das aus den Botenwesen seiner einzelnen Mitglieder bestand. Wie überall, waren auch die Nachrichtenorganisationen der Eidgenossen auf einen Einsatz in Friedenszeiten ausgerichtet. Sie bestanden zumeist aus einer kleinen Gruppe von städtischen Amtsträgern, die mit Kleidung und Insignien ihrer Auftraggeber ausgestattet waren. Häufig standen sie nicht nur in einem besonderen Vertrauensverhältnis zu ihren Räten, sondern hatten einen Schwur auf das Gemeinwohl geleistet - Daher ihre Bezeichnung geschworene Boten.[11] Nachrichten wurden zudem von einer grossen, homogenen Gruppe von Gelegenheitsboten verbreitet, zu welcher etwa vertrauenswürdige Kaufleute, Kleriker, fahrende Schüler oder Gastwirte gehört haben.[12] Wer von ihnen für welchen Auftrag herangezogen wurde, hing einzig von der Bedeutung ab, die Rat und Kanzlei einer entsprechenden Nachricht beimass.

Seit die Nachrichtenverbreitung über diese Boten im 14. Jahrhundert schriftlich fassbar wurde, lässt sie sich auch geographisch verorten. Demnach wurden Boten am häufigsten in jenes Gebiet geschickt, das sich in Tagesdistanz um das Herrschaftszentrum herum befand. Da Nachrichtenübermittlung zwischen Bündnispartnern auf Gegenseitigkeit beruhte, war die Fernwirkung von Nachricht im engmaschigen eidgenössischen Bündnisgeflecht deutlich grösser. Auf diese Weise gelangten sie auch in überregionale Verteilsysteme, die häufig mit bedeutsamen Verkehrsachsen zusammenfielen.[13] Es ging dabei keineswegs um eine gleichmässige, an feste Übermittlungszeiten gebundene Informationsverteilung nach modernem Muster. Die Bedeutung von Nachrichten konnte von Stadt zu Stadt schwanken. Schon in den 1980er Jahren hat der österreichische Forscher Roland Schäffer aufgezeigt, dass nur Ausserordentliches gute Chancen hatte, schnell über den geographischen Einflussbereich von Bündnissen transportiert zu werden. Dazu gehörten Nachrichten über den Tod von Königen und Päpsten, Warnungen vor herannahenden Seuchen oder Hungersnöten sowie Berichte über ausser Kontrolle geratene Söldner, die nach Abschluss von Kriegszügen marodierend durch die Lande zogen.[14]

Die Geschwindigkeit der Informationsverbreitung war Erfahrungssache, feste Übermittlungszeiten gab es nicht. Die Zeitgenossen scheint dies nicht gestört zu haben; sie empfanden dieses offene System als zureichend. In friedlichen Zeiten wurden Verzögerungen daher nur selten kommentiert. Kriege konnten diese lockere Organisationsform allerdings auf eine harte Probe stellen. Einer der ersten, der die Wirkung von Konflikten auf den Nachrichtenaustausch beschrieb, war der Nürnberger Erhard Schürstab.[15] In seiner Chronik zum ersten Markgräflerkrieg, einem Konflikt der 1449 zwischen der Reichsstadt Nürnberg und dem Markgrafen Albert Achilles von Brandenburg-Ansbach ausbrach, berichtet er detailliert, wie letzterer mit allen Mitteln versuchte, die Kommunikationswege der Reichsstadt zu stören. Dadurch wurde Nürnberg vor allem als Vorort des Schwäbischen Städtebundes empfindlich getroffen; die wichtigen Zugangsstrassen waren blockiert, ebenso der freie Zugang zur Stadt, da der Rat aus Angst vor Spionen angeordnet hatte, jeden Passanten an den Stadttoren zu erfassen.[16] Wenn die Stadttore nachts geschlossen wurden, durften nur beglaubigte Nachrichtenboten durch eine kleine, Irhetürlein genannte Öffnung in die Stadtmauer gelangen.[17] Die Übermittlung von Briefen verzögerte sich merklich. Als der Feldzug des Markgrafen vom Sommer 1449 die Verbindungsstrassen zwischen Weil der Stadt und Ulm blockierte, mussten Nürnberger Boten einen Umweg bis nach Esslingen machen.[18] Kompromittiert war auch die Korrespondenz zwischen der Stadt und ihrem Diplomaten Nikolaus Muffel, welcher sich in Wien am Hofe Friedrichs III. um eine politische Lösung bemühte. Eine der Folgen des Konfliktes war zudem der Verlust von Briefen, so dass die Wichtigsten unter ihnen immer in mehreren Ausführungen losgeschickt werden mussten. Aus Gründen der Geheimhaltung wurden Namen und Orte mit einem numerischen Code verschlüsselt. Zudem beschlagnahmte und öffnete der Nürnberger Rat alle privaten Briefe, deren er habhaft werden konnte. So wurden auch die Boten des Gegners gefangengesetzt und ihre Briefe geöffnet. Alle Massnahmen konnten aber nicht verhindern, dass der übliche Informationsfluss in und aus der Stadt massiv zurückging. Nach Beendigung des Konflikts übte Schürstab daher Kritik an der offenen Nachrichtenübermittlung und schlug Verbesserungen vor: Künftig seien vertrauenswürdige lokale Späher und Boten in genügender Zahl so um die Stadt aufzustellen – und zwar in einem Abstand von 20 Meilen – dass der Rat in Kriegszeiten rund um die Uhr über die neuesten Entwicklungen informiert werden könne.[19]

Damit spricht er implizit vier Aspekte an, die für die städtische Nachrichtenübermittlung in Kriegszeiten am Ausgang des Mittelalters charakteristisch waren: Die extreme Zunahme der Briefproduktion, der deutlich höhere Anspruch an die Geheimhaltung, welcher die Sicherheit der Briefinhalte, allerdings auch jene der Übermittler betraf sowie die Geschwindigkeit, welcher plötzlich besonders grosse Bedeutung beigemessen wurde.[20] Diese Auswirkungen lassen sich auch in der Eidgenossenschaft lange vor Marignano nachweisen. Jede Kriegserklärung hiess zuerst einmal das Ende der offiziellen Diplomatie und ihre Fortführung mit anderen Mitteln. Was folgte, war ein administrativer Ausnahmezustand, den die Kanzleischreiber als erste zu spüren bekamen. Neben der täglichen Verwaltungskorrespondenz mussten sie nun auch noch das kriegsspezifische Schrifttum anfertigen: Aufgebotsbriefe in entsprechender Zahl an die Untertanen in der Landschaft, Bitten um Kriegshilfe an die Verbündeten, Geleitsbriefe und Instruktionen an Diplomaten, Spione und weitere Informanten.

Eine Stadt wie Bern, die über ein ausladendes Untertanengebiet zwischen Alpen und Jura verfügte, das sich Ende des 15. Jahrhunderts auf 34 Amtssitze verteilte, mussten mehrere Dutzend Briefkopien mit den entsprechenden Stellungsbefehlen in äusserst kurzer Zeit verfasst und verschickt werden. So etwa Ende Februar 1474, wenige Tage vor der Schlacht bei Grandson, als der Berner Stadtschreiber Thüring Fricker und etliche Kanzleischreiber 104 Mobilmachungsbriefe in nur einer Nacht verfassen mussten.[21]

Der Umfang der Kriegskorrespondenz liess die Zahl der Nachrichtenboten kurzfristig in die Höhe schnellen, hatte allerdings auch langfristige Auswirkungen. In Bern erhöhte sich die Zahl der vereidigten Stadtläufer von fünf in den 1450er Jahren auf 13 Läufer im Jahre 1519.[22] Bei den Aushilfsboten waren die Schwankungen noch ausgeprägter. Zwischen dem erfolgreichen Zug der Berner nach Novara 1513 und dem diplomatischen Nachspiel der Schlacht von Marignano im Frühjahr 1516 tauchen in den Berner Abrechnungslisten für Botendienste bis zu 60 weitere Personen auf. Sie waren in erster Linie für die Übermittlung der Alltagskorrespondenz zuständig, während der Informationsfluss zwischen dem Rat, den Kontingenten oder den Zwischenhändlern Sache der vertrauenswürdigen vereidigten Läufer blieb.[23] Hierfür spielte das Vertrauensverhältnis zwischen beiden die wichtigste Rolle.

Gerade in Konflikten wurde die Nachrichtenübermittlung als umfassender Prozess verstanden. Selten ging es dabei nur um den Transport von Briefen oder mündlichen Nachrichten, sondern vor allem um passives Kundschaften, welches bis hin zu kleinen Spionageaufträgen gehen konnte. Selbst wenn vereidigten Boten selten die Professionalität geübter Spione abverlangt wurde, waren sich sowohl ihre Auftraggeber, wie auch die Empfänger stets der dop-

Abb. 2 **Geharnischte Boten und Überfall auf Boten**

pelten Natur von Übermittlungsaufträgen in Konfliktsituationen bewusst. Daher verweist der Französische Diplomat Phillippe de Commynes in seinen Memoiren auch auf den doppelten Charakter von Nachrichtenboten als Informationsträger und informelle Kundschafter: Für eine Botschaft oder einen Gesandten, den sie (die Gegner) mir schicken, würde ich ihnen zwei senden; werden sie ihrer überdrüssig und sagen, man solle keine mehr schicken, so würde ich es doch wieder tun [...] Und wenn eure Leute zu zweien oder dreien kommen, dann ist es unmöglich, dass man so gut acht geben kann, dass nicht der eine oder andere irgendwelche Worte, ein Geheimnis oder etwas anderes von irgend einem auffängt...[24]

Die Verpflichtung zur Geheimhaltung sowie Loyalität zur eigenen Obrigkeit war deshalb häufiger Inhalt städtischer Amtseide, welchen Boten mindestens einmal pro Jahr vor ihrem Rat schwören mussten. Besondere Beachtung fanden darin mündliche Nachrichten. Sie waren nicht nur wortgetreu wiederzugeben, sondern verlangten den Boten auch besondere Diskretion ab.[25] Überhaupt war letztere in vielerlei Hinsicht wesentlicher Bestandteil vieler Ratsdienste, zu denen Boten ebenfalls beigezogen werden konnten. In Luzern konnten Läufer schon mal als Mundschenke zur Bewirtung von Gästen im Rathaus eingesetzt werden.[26] Ihre Nähe zum politischen Geschehen, an welchem sie allerdings nicht aktiv teilnehmen durften, war einer der Gründe, warum die Zahl der geschworenen Boten immer klein gehalten wurde. Aus ihren Reihen rekrutierten sich auch jene Boten, welche die Truppenkontingente nach Norditalien begleiten durften.

Als der Berner Hauptmann Burkhard von Erlach im Jahre 1512 mit einem Kontingent nach Pavia zog, bezahlte er nicht nur einen Übersetzer, sondern auch zwei geschworene Läufer, die einerseits für den Informationsaustausch zwischen den Heereskontingenten, andererseits auch für Erkundungen vor Ort eingesetzt wurden. Ferner waren sie auch für den Nachrichtenaustausch mit den Räten in Bern zuständig.[27] Wo auch immer sie sich aufhielten, wurden Übermittler stets als Vertreter ihrer Obrigkeiten wahrgenommen. Feinde konnten sich diesen Umstand leicht zugute machen. Ende Juni 1515 entschieden die Eidgenossen mehr Truppen nach Norditalien zu entsenden, wobei ein Teil der verbündeten Kontingente nach Ivrea, der andere nach Vercelli ziehen sollte. Ein heimlicher Sympathisant der Norditalienischen Kräfte sabotierte diese Absicht, indem er einen offiziell aussehenden, jedoch falschen Nachrichtenboten zu den Luzerner, Schwyzer und Zürcher Kontingenten schickte, die sich bereits auf den Weg gemacht hatten. Er richtete den Hauptleuten aus, dass sie umkehren sollten, da die Kampagne abgerufen worden sei. Dieser Zwischenfall machte falsche Boten längere Zeit zum Thema der Korrespondenz zwischen den Verbündeten. Bern und Fribourg entschieden, in Zukunft nur noch allgemein bekannte Boten für die Übermittlung kriegswichtiger Nachrichten auszusenden, damit willentliche Verzögerungen oder sogar der Verlust von Briefen verhindert werden konnten.[28]

Vertrauen und Geheimhaltung gehörten in Kriegszeiten zu den gefragtesten Tugenden eines Nachrichtenübermittlers. Übergriffe konnten sie dennoch nicht verhindern. Die Gefangennahme eines gegnerischen Übermittlers war seit dem frühen 15. Jahrhundert auch in der Eidgenossenschaft eine gängige Kriegspraxis, die in erster Linie dem Unterbruch seines Informationsaustausches und der Offenlegung seiner Pläne dienen sollte. Tötungen von Nachrichtenübermittlern sind hier allerdings erst im Alten Zürichkrieg nachweisbar, als während der Schlacht von St. Jakob an der Birs 1444 auch mehrere Nachrichtenboten zu Tode kamen.[29] In den Burgunderkriegen, allerdings auch im Schwabenkrieg von 1499 häufen sich die Nachrichten von getöteten Boten. Obwohl kein Rat seine Boten vor dieser Gefahr wirksam beschützen konnte, entstanden dennoch Strategien, die vor allem ihrer Unauffälligkeit dienten. Bereits Schürstab berichtet, dass die als Pilger verkleideten Nürnberger Boten im Markgräflerkrieg ihre Nachrichten in hohlen Pilgerstäben transportiert haben. Läufer, die nicht in ihrer farbenprächtigen Amtskleidung, ohne Insignien und in grösseren Menschengruppen reisten in Kriegen also deutlich sicherer. Manchmal konnten ihnen aber selbst diese Vorsichtsmassnahmen nicht helfen. Am 5. Juli 1513 berichtete der Solothurner Hauptmann aus ihrem Feldlager nahe des italienischen Alessandria in einem Schreiben an die daheimgebliebenen Räte über die Todesumstände ihres Läufers Hans Cratzer. Nachdem ihn der Wirt der Taverne, in welcher er zusammen mit einem Unterwaldner Kollegen untergekommen war, erkannt und an die Feinde verraten hatte, waren beide überfallen, ihrer Briefe beraubt und ermordet worden.[30]

Die Inhalte von Briefen waren praktisch nicht zu schützen. Alle Verschlussmechanismen galten als unsicher. Zudem war die Benützung von Geheimsprachen unter den Eidgenossen bis in die Mitte des 16. Jahrhunderts so gut wie unbekannt. Eine gewisse Überprüfbarkeit konnte nur das Nummerieren der ausgehenden Post gewährleisten, so wie es der Freiburger Schultheiss und Hauptmann, Peter Falk 1512 auf dem Pavierzug gemacht hatte.[31]

Am schwierigsten galt in Kriegszeiten aber die Einhaltung der Geschwindigkeit und der Chronologie der Nachrichten. Die Geschwindigkeit der Nachrichtenboten hing von der Durchgängigkeit der Wege und ihrer Geländekenntnis ab, allerdings auch dem politischen Konsens zwischen den Auftraggebern und – nicht zuletzt – vom Glück ab. Um diesen Faktoren entgegenzuwirken, bedurfte es der Koordination. Städtebünde waren die ersten, die sich aufgrund ihrer exponierten Verfassungslage um die rasche Weitergabe kriegswichtiger Nachrichten bemühten.[32] Angesichts der Hussitengefahr entschlossen etwa die Mitglieder des Schwäbischen Städtebundes 1416, einander umgehend über drohende Konflikte zu unterrichten. Dazu teilten sie ihren Interessenbereich in sieben Informationszirkel auf, die sich von Strassburg im Westen, Zürich im Süden, Frankfurt im Norden und Wien im Osten erstreckten. Selbst wenn sich heute nicht mehr feststellen lässt, ob dieser Plan wirklich umgesetzt wurde, waren solche Absprachen zeittypisch. Ähnliche Koordinationsbestrebungen lassen sich auch zwischen den Eidgenossen feststellen, selbst wenn es wegen der politischen Gegensätze zwischen den eidgenössischen Verbündeten fast das gesamte 15. Jahrhundert dauerte. Doch auch nach der berühmten Einigung in Stans 1481 galt gegenseitige Information zwischen Stadt- und Länderorten nicht als selbstverständlich.[33] Ging es um die Aufteilung von Kriegsbeute, waren sogar Verbündete bereit, sich ihre Informationskanäle gegenseitig zu blockieren. Zum Teil mit weitreichenden Folgen: Am 24. Juli 1515 wurde Albrecht von Stein, offizieller Gesandter der Tagsatzung und Hauptmann der Berner Kontingente von Glarner und Schwyzer Truppen angegriffen und festgesetzt, während er in Vercelli auf die Gesandtschaft der Spanier und des Papstes wartete. Die ganze Wut über den schlechten Verlauf des Feldzuges, die erzwungenen Gewaltmärsche, seine hohen Kosten, die auch im krassen Gegensatz zum erbeuteten Gut standen, entlud sich nun auf den Berner Patrizier.[34] Ganz nebenher unterbrach seine Gefangennahme auch den Informationsaustausch zwischen den Truppenkontingenten der «Berner» und den Städten jenseits der Alpen. Dies betraf einen Solothurner Boten, der zuerst auf von Steins Freilassung warten musste, bevor er dessen Bitte um Verstärkung über die Alpen tragen konnte.

Es waren Zwistigkeiten dieser Art, welche die Einrichtung gemeinsamer Botenstafetten zwischen den Eidgenossen verhinderten, wie sie zur selben Zeit der Papst, die Sforza, Visconti oder die Venezianer unterhielten. Doch auch die eidgenössische Kriegsstrategie, die auf kurze Kriegszüge mit schnellem Rückzug ausgerichtet war, machte das Ansinnen eines halbwegs geordneten, regelmässigen Informationsaustausches zunichte. In den Tagen von Marignano bestanden zwei schnelle Verbindungslinien über die Alpen. Eine von ihnen führte über den Gotthardpass und wurde von einer Stafette aus Urner, Luzerner und Zürcher Boten bedient. Die andere, am 16. August 1515 vom Berner Rat eingerichtete Postenlinie verband Domodossola über den St. Bernhard-Pass und Saanen mit Bern.[35] Über diese Route gelangte vermutlich auch die Nachricht, dass die westlichen Eidgenossen mit dem Französischen König am 9. September 1515 einen Teilfriedensschluss ausgehandelt hatten. Als die Neuigkeit über den Ausgang der Schlacht von Marigano Bern erreichte, bestand die Postenlinie allerdings nicht mehr.

Abb. 3 **Standesläufer von Schwyz**

Anmerkungen

1 Grundlegend: Paolo Ostinelli, Art. Mailänderkriege, HLS-DHS online: http://www.hls-dhs-dss.ch/textes/d/D8893.php (7.6.2013), Emil Usteri, Marignano. Die Schicksalsjahre 1515/1516 im Blickfeld der historischen Quellen, Zürich 1974; Bernhard Stettler, Die Eidgenossenschaft im 15. Jahrhundert. Die Suche nach einem gemeinsamen Nenner, Zürich 2004; Esch, Arnold, Mit Schweizer Söldnern auf dem Marsch nach Italien. Das Erlebnis der Mailänderkriege 1510–1515 nach bernischen Quellen. In: Alltag der Entscheidung. Beiträge zur Geschichte der Schweiz an der Wende vom Mittelalter zur Neuzeit (Festschrift zum 60. Geburtstag von Arnold Esch). Bern-Stuttgart-Wien 1998, S. 249–329.

2 Esch, Söldner, 1998, S. 285–87.

3 Hans Conrad Peyer, Diewirtschaftliche Bedeutung der fremden Dienste für die Schweiz vom 15. bis zum 18. Jahrhundert, in: Ludwig Schmugge, Roger Sablonier, Konrad Wanner (Hg.), Könige, Stadt und Kapital. Aufsätze zur Wirtschafts- und Sozialgeschichte des Mittelalters, Zürich 1982, S. 219–231.

4 Amiet, Bruno, Solothurnische Geschichte, Bd. 1. Solothurn 1952, S. 401.

5 Klara Hübner, Im Dienste ihrer Stadt. Boten- und Nachrichtenorganisationen in den schweizerisch-oberdeutschen Städten des späten Mittelalters (Mittelalter Forschungen 30), Ostfildern 2012, S. 269

6 Brief des Berner Rates an die Hauptleute im Feld (31.7.1515), (...) Wir sind ettwas unruhig und klam unns nit gnug vernommen deren, dass und dehein bottschafts zu kommpt dann nach strelers des löiffers zukunnfft ist und dahein verkundung beschachen; StaBE, Deutsch Missiven, AIII 16 N, S. 396v.

7 Brief der Hauptleute an Bern, Militärische Nachrichten, Verhandlungen zu Vercelli mit Frankreich, StaBE, U.P., A V 1433, Nr. 63, auch: EA III, 2, Nr. 902.

8 Wenn Giuliano noch in Rom sei, möchte er beim Postmeister eine Beschleunigung der Briefe aus Rom bewirken, die mindestens 6 Tage brauchten, *che é una vergogna*; in Usteri, Marignano, 1974, S. 228, Anm. 91 zit. nach: Lettere die Monsignore Goro Gheri Pistoiese, in: Archivio storico italiano, Appendice, vol.6, Firenze 1842ff.

9 Esch, Söldner, 1998, S. 287.

10 Usteri, Marignano, 1974, S. 495, Anm. 133.

11 Hübner, Im Dienste, 2012, S. 104–119, 127–169.

12 Zu weiteren Übermittlungsmöglichkeiten Siehe: Claudius Sieber-Lehmann, Spätmittelalterlicher Nationalismus. (Veröffentlichungen des Max-Planck-Instituts für Geschichte, 116), Göttingen 1991, S. 354–362.

13 Pierre Monnet, Courriers et messages: un réseau de communication à l'échelle urbaine dans les pays d'Empire à la fin du Moyen Âge. In: Claire Boudreau, Claude Gauvard, Michel Hébert Et Al. (Hg.): Information et société en Occident à la fin du Moyen Âge, Paris 2004, S. 281–308; ders: (2000): Wan es stet ubel in disin landen mit grossem kriege... Die Aussenbeziehungen der Reichsstadt Frankfurt am Main im Spätmittelalter. In: Horst Brunner (Hg.): Die Wahrnehmung und Darstellung von Kriegen im Mittelalter und in der Frühen Neuzeit (Imagines medii aevi 6), Wiesbaden 2000, S. 199–222.

14 Roland Schäffer, Zur Geschwindigkeit des «staatlichen» Nachrichtenverkehrs im Spätmittelalter. In: Zeitschrift des Historischen Vereins für Steiermark 76 (1985), S. 101–121, S. 106.

15 Lore Sporhan-Krempel, Nürnberg als Nachrichtenzentrum zwischen 1400 und 1700, Nürnberg 1968, S. 14.

16 Zeilinger, Gabriel, Lebensformen im Krieg. Eine Alltags- und Erfahrungsgeschichte des süddeutschen Städtekriegs 1449/50, (Vierteljahrschrift für Sozial- und Wirtschaftsgeschichte, Beihefte 196) Stuttgart 2007.

17 Josef Bader (Hg.), Erhard Schürstabs Beschreibung des ersten Markgräflichen Krieges gegen Nürnberg, München 1860 (Quellen zur bayerischen und deutschen Geschichte 8), Nr. 185; Pierre Monnet, De la rue à la route: messages et ambasades dans les ville allemandes de la fin du Moyen Âge. In: Gerhard Jaritz (Hg.): Die Strasse. Zur Funktion und Perzeption öffentlichen Raums im späten Mittelalter. Wien 2001 (Forschungen des Instituts für Realienkunde des Mittelalters und der Frühen Neuzeit 6), S. 71–90, S. 71.

18 Zeilinger, Lebensformen, 2007, S. ---

19 Sporhan-Krempel, Nürnberg, 1968, S. 14, Anm. 46.

20 Hübner, Im Dienste, 2012, S. 257–271.

21 Arnold Esch, Alltag der Entscheidung. Berns Weg in den Burgunderkrieg. In: Alltag der Entscheidung. Beiträge zur Geschichte der Schweiz an der Wende vom Mittelalter zur Neuzeit (Festschrift zum 60. Geburtstag von Arnold Esch). Bern-Stuttgart-Wien, 1998, S. 11–86, S. 28–35.

22 Hübner, Im Dienste, 2012, S. 258Ff.

23 Ebd.

24 Sporhan-Krempel, Nürnberg, 1968, S. 14, Anm. 47.

25 Zum Umgang mit mündlichen Nachrichten: Hübner, Im Dienste, 2012, S. 79, 104, 264.

26 Der Einsatz von Läufern als Aushilfs-Mundschenke war nicht ungewöhnlich. Bereits die Frankfurter Botenordnung von 1425 verlangte, dass sie auch das winschenckens, so sie in der stat sin, mit ganzem flisse und ernste zu warten und das, so des not ist, helffen zu tun und auch wyderumb der stede fleschen und kannen helffen by eyn zu tragen, in: Karl Bücher Et Al. (1915): Frankfurter Amts- und Zunfturkunden VI., Zweiter Teil: Amtsurkunden, Eidbuch A und Eidbuch B., Frankfurt a. M 1915, Eidbuch A: Nr. 24 Bl. 41a

und Eidbuch B: Bl. 99 b, S. 82–83, Für die Luzerner Weibel, die sich gelegentlich als Mundschenke verdingen mussten siehe auch ihren Amtseid von 1477 in: SSRQ Luzern 3, S. 175f.

27 Auszug aus Burkhards von Erlach, des Berner Hauptmanns, Berichten, und Rechungen, den Pavierzug von 1512 betreffend. Ein Beitrag zur Geschichte der Meyländischen Feldzüge der Schweizer, in: der Schweizerische Geschichtsforscher 1 (1812), S. 193–249, Rödel: S. 242–249.

28 Zum Phänomen der falschen Boten siehe auch: Usteri, Marignano, 1974, S. 195, Schwinkhart, Chronik, 1941, S. 97, Sieber-Lehmann, Nationalismus, 1995, S. 356, Anm. 56, Valentin Groebner, Gefährliche Geschenke. Ritual, Politik und die Sprache der Korruption in der Eidgenossenschaft im späten Mittelalter und am Beginn der Neuzeit, Konstanz 2000, S. 91, Anm. 113.

29 Hübner, Im Dienste, 2012, S. 268; Marc Moser, Das Basler Postwesen I. Geschichte des Fürstbischöflichen Post- und Botenwesen. Das städtische Botenwesen, I. Teil: 1360–1450, Basel 1971, S. 59, Siehe dort Anm. 343.

30 Staso, Denkwürdige Sachen, Bd. 30, Nr. 5.

31 Esch, Söldner, 1998, S. 284–292; Alexandre Daguet (Hg.), Extrait de la Correspondence diplomatique du bourgmestre Pierre Falk, Envoyé des Cantons suisses et de l'Etat de Fribourg en particulier, auprès du papes Jules II et Léon X (1512–1513), in: Anzeiger für Schweizerische Geschichte 3 (1878–1881), S. 371–380.

32 Dietrich Kerler, Deutsche Reichstagsakten. Zweite Abteilung 1421–142, Gotha 1956, S. 216–219, S. 217, Nr. 180.

33 Ernst Walder, Das Stanser Verkommnis. Ein Kapitel eidgenössischer Geschichte neu untersucht. Die Entstehung des Verkommnisses von Stans in den Jahren 1477 bis 1481, in: Beiträge zur Geschichte Nidwaldens, Heft 44, Stans 1994, S. 13–51.

34 Usteri, Marignano, 1974, S. 250F.

35 Die Wechselstationen befanden sich jeweils auf dem St. Bernhard-Pass, in Martigny, Aigle, Obersimmental, Saanen und Erlenbach; siehe den entsprechenden Eintrag im Berner Ratsmanual vom 16. August 1515, StaBE, RM 166, A II 73, S. 78, mehr dazu: Klara Hübner, «Nüwe mer us Lamparten». Entstehung, Organisation und Funktionsweise spätmittelalterlicher Botenwesen am Beispiel Berns. In: Klaus Wriedt, Rainer C. Schwinges (Hg.): Gesandtschafts- und Botenwesen im spät- mittelalterlichen Europa (Vorträge und Forschungen 60), Ostfildern 2003, S. 265–287.

Bildnachweis

1 *Überfall auf Boten im Schiff*
Der Luzerner Bote Jacob Jeger wird beim Schloss Oberheim in der Nähe von Linz der für König Mattias Corvinus bestimmten Briefe beraubt (1479).
Quelle: Die Luzerner Chronik des Diebold Schilling 1513, Folio 245; Kommentar Folio 121r, Faksimile-Verlag, Luzern 1981

2 *Geharnischte Boten und Überfall auf Boten*
Geharnischte Boten berichten den bündnerischen Truppen vor dem tirolischen Glurns, was sie mit den königlichen Räten Kaiser Maximilians I. wegen der Tagung von Feldkirch beraten haben. Hinten überfallen die Knechte der königlichen Räte die Boten, welche die Stiftsleute zur Feldkircher Tagung zusammenrufen sollten (1499).
Quelle: Die Luzerner Chronik des Diebold Schilling 1513, Folio 355; Kommentar Folio 176r, Faksimile-Verlag, Luzern 1981

3 *Standesläufer von Schwyz*
Kostüm des 15. Jahrhunderts. Er trägt den Brief auf einem Stock und zeigt damit an, dass er einen Absagebrief überbringt, was in der Regel einer Kriegserklärung gleichkam.
Quelle: Die Standesläufer der XIII Alten Orte. Hrsg. Schweizerisches PTT-Museum, Bern 1964; nachempfundenes Aquarell nach alten Bildvorlagen, von Fritz Boscovits junior, um 1910; http://i69.servimg.com/u/f69/15/99/52/44/schwyz10.jpg

L'armée de François Ier à l'époque de la bataille de Marignan

Pierre Streit

1515... Une date qui résonne dans la mémoire collective française comme un coup de canon. Elle renvoie à une grande victoire militaire, Marignan, et à l'un des plus grands rois de France, François Ier. Celui-ci a renforcé durant son règne l'autorité royale en posant les bases d'un Etat centralisé. Il est également connu comme le «Prince de la Renaissance», qui a fait diffuser en France la Renaissance italienne. Deux conflits importants marquent le début du XVIe siècle: les guerres d'Italie et, après l'élection impériale de 1519, la lutte entre la France et l'empire de Charles Quint. En 1515, à vingt ans et quelques mois, François Ier peut apparaître comme le plus puissant souverain d'Europe. Mais il doit faire face à deux autres royaumes: le royaume d'Angleterre d'Henri VIII, mais surtout le futur empire de Charles de Habsbourg, dit Charles Quint. En 1515, la France, alliée à Venise et à Gênes, s'oppose à une coalition hétéroclite formée par le Pape Léon X, le duc de Milan, l'empereur Maximilien, le roi Charles d'Aragon et les Suisses. Officiellement, l'Angleterre reste alliée à la France, mais elle laisse toujours planer la menace d'un revirement. Dans cette conjoncture, le nouveau roi de France parvient à dissimuler les préparatifs d'une campagne d'Italie que son prédécesseur Louis XII a lancés: «Il fallait d'abord que l'Europe, s'il était possible, ignorât ces préparatifs; mais comme on devait peu se flatter de les lui cacher longtemps, il fallait du moins qu'elle se méprît sur l'objet».[1] La Bourgogne et le Dauphiné restent menacés par les Suisses depuis la bataille de Novare (1513), alors que le Pape et les princes italiens ne croient pas à une campagne avant une année. François Ier va jouer sur l'effet de surprise, dont le succès n'est que partiel: «L'Empereur et le roi d'Aragon ne donnèrent pas dans le

Ill. 1 **Portrait de François Ier.**

piège. Ils connaissaient l'activité du jeune roi; n'ignorant pas d'ailleurs l'amour et l'estime des peuples pour François, ils ne doutèrent pas qu'il ne lui fût plus facile qu'à ses prédécesseurs de disposer de toutes les forces de la France».[2]

François Ier: Un jeune roi ambitieux

François Ier fut-il un grand roi? Par la taille on ne peut en douter: l'armure d'apparat qui est présentée au Musée de l'Armée à Paris montre bien que l'homme était un colosse d'une taille peu commune pour l'époque: près d'un mètre quatre-vingt-dix! En revanche, en ce qui concerne son sens politique, il est permis de s'interroger. Les guerres incessantes et inutiles qu'il va livrer à Charles Quint, les dispendieuses campagnes d'Italie ne renforcent pas la grandeur du royaume de France. Les châteaux et demeures qu'il fait construire par dizaines ruinent les finances et rendent exsangue le pays. Mais dans l'imaginaire collectif, François Ier reste l'archétype du roi-mécène, d'un roi brillant.

François, duc d'Angoulême, est un beau cavalier, haut de taille et large de carrure. Il aime la chasse, le luxe, les femmes qui raffolent de sa galanterie et de sa prestance. Il a vingt ans et quatre mois quand, le 1er janvier 1515, la mort du souverain régnant est annoncée. Depuis longtemps, Louis XII, sans descendant mâle, avait prévu que François, son cousin, lui succéderait, et lui avait donné en mariage sa fille, Claude de France. Celle-ci possède par son père le Milanais, Gênes, la Bourgogne et la Bretagne. Elle était d'abord fiancée à Charles de Habsbourg, le futur Charles Quint. Mais, en 1506, conscient de la menace que représente le futur empereur, Louis XII réagit en annulant les fiançailles de sa fille en faveur de François. Sacré à Reims le 25 janvier, François premier du nom, fait son entrée à Paris puis entraîne la cour dans la vallée de la Loire. S'il n'est pas encore totalement aguerri aux fonctions de roi, François Ier sait s'entourer de personnes efficaces. La cour que le roi rétablit à Paris, en édifiant le nouveau Louvre, devient le véritable coeur du pouvoir. Sa mère, Louise de Savoie, entre au Conseil privé; elle sera deux fois régente du royaume. François Ier se montre reconnaissant vis-à-vis des personnes qui ont servi Louis XII: la Trémoille, de Lautrec et de La Palice. Jusqu'en 1541, Anne de Montmorency, nommé premier gentilhomme de la chambre du roi, va connaître la faveur royale et une brillante carrière.

Un puissant royaume

François Ier hérite du royaume le plus cohérent d'Europe, même si les institutions moyenâgeuses compliquent beaucoup l'exercice du pouvoir royal: privilèges des provinces, pouvoirs seigneuriaux encore très puissants, comme ceux du connétable Charles de Bourbon qui règne presque comme un roi sur le centre du pays. La France couvre à peu près 450 000 km² et compte 15 à 18 millions d'habitants, ce qui en fait le pays le plus peuplé d'Europe. Les étrangers envient la richesse de la France. Elle exporte ses grains, ses vins, du sel, des toiles... Chaque année, des milliers de paysans et d'artisans vont travailler en Espagne d'où ils reviennent les poches garnies de monnaies frappées dans l'argent originaire des Amériques. A cette époque, 90% des Français vivent à la campagne.

Ill. 2 **Bataille de Marignan (miniature)**

Avec ses 200 000 habitants, Paris passe pour une mégapole. Lyon, devenue un grand centre d'affaires, compte 50 000 habitants qu'enrichissent les foires, les activités bancaires, les fabricants de soieries ainsi que les imprimeries qui en font la capitale européenne du livre. De cette France riche, active, bien peuplée, le roi tire des ressources énormes. Et pourtant… L'entretien d'une cour qui atteint jusqu'à 15 000 personnes et d'une armée composée avant tout de mercenaires, sans compter les constructions royales, autant de dépenses qui nécessitent des moyens considérables. Le roi se trouve donc sans cesse à court d'argent. Paysans et citadins sont soumis à de nombreux impôts, dont les plus lourds sont la taille et la gabelle. Le clergé doit consentir à verser de fortes sommes, mais de nombreux privilégiés échappent toujours à l'impôt. Les ressources du roi sont donc limitées.

L'organisation du royaume

François Ier est un roi obéi; le gouvernement royal s'organise et gagne en efficacité. Les conseils royaux se spécialisent: le connétable (chef des armées) et le chancelier (chef de la justice et de l'administration) exercent une forte autorité. Le roi multiplie les nominations d'officiers et

Ill. 3 **Scène de bataille sur le tombeau de François Ier.** ▼

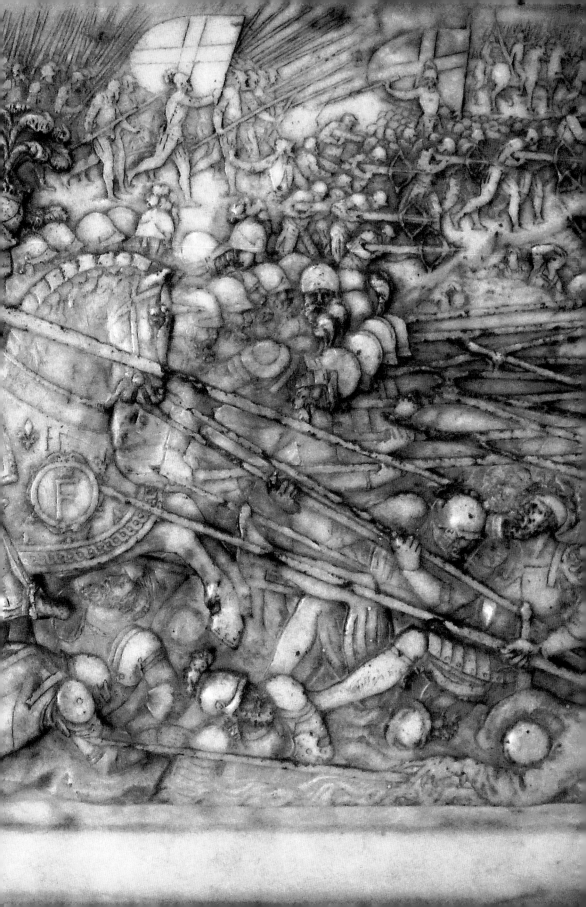

fonctionnaires qui achètent leurs charges. Ils sont entre 8000 et 9000 à la fin de son règne. Certains historiens affirment que la monarchie absolue commence avec François Ier.[3] Les institutions qu'il met en place vont permettre à ses successeurs de renforcer toujours plus leur autorité. La noblesse reste vigilante sur le maintien de ses privilèges, mais le roi réussit à se débarrasser de son plus grand seigneur: Charles de Bourbon, qui partira servir Charles Quint.

La guerre au début du XVIe siècle

Des guerres incessantes se déroulent à l'époque de François Ier. Du début jusqu'à la fin de son règne, la France ne connaîtra presque aucun répit. En 1536, le pays sera même envahi par les Impériaux alliés avec les Anglais pour l'occasion. Les troupes de Charles Quint approcheront jusqu'à deux cents kilomètres de Paris. Mais à l'échelle de l'Europe, la France est un pays très étendu et le plus peuplé. La conquête et surtout l'occupation d'un territoire aussi grand n'est pas chose aisée pour les armées peu nombreuses de ce siècle. En ce début du XVIe siècle et malgré les réflexions de Machiavel, l'idée de conscription reste encore lointaine. Les armées de la Renaissance restent des armées rétribuées. De ce fait, et en raison de ses ressources financières limitées, François Ier ne pourra jamais réunir plus de 50 000 hommes pour ses campagnes, ce qui est pourtant considérable pour l'époque. La guerre reste une activité saisonnière et les théâtres d'opérations restent géographiquement limités. Des villes sont pillées, des exactions sur les populations sont monnaie courante, mais elles n'ont pas encore le caractère massif et systématique des guerres ultérieures (comme pendant la guerre de Trente ans). D'ailleurs, l'armement ne le permettrait pas: passer une ville entière au fil de l'épée est une activité épuisante et fastidieuse qui peut prendre des jours entiers. D'où le caractère exceptionnel et exemplaire de cette pratique, qui relève plus de la guerre psychologique. Et comment tenir militairement un pays quand on se trouve en infériorité numérique?

Le nerf de la guerre

En ce début du XVIe siècle, l'argent est devenu le *nerf de la guerre*.[4] C'est d'ailleurs souvent lui qui décide du sort des armées majoritairement constituées de mercenaires, et donc du sort des batailles. Le budget de l'armée française dépend de «l'ordinaire de la guerre» et celui de la guerre de «l'extraordinaire de la guerre».[5] Celui-ci doit permettre de subvenir aux besoins d'une armée en campagne, et particulièrement aux gages des troupes mercenaires, comme les lansquenets allemands. Avec des guerres qui deviennent incessantes, ces troupes deviennent de plus en plus permanentes. Les budgets qui leur sont alloués ne quittent pas la caisse de l'extraordinaire de guerre qui se vide ainsi même en temps de paix. De nombreux détournements financiers ont alors lieu. Et des détournements sont organisés du haut en bas de l'échelle, y compris dans l'entourage royal. La solde est versée chaque trimestre lors de revues. Des «passe-volants» sont parfois embauchés à l'occasion pour donner l'illusion du nombre. La différence peut ainsi être empochée par les gradés. Pour réprimer ces abus, le Roi nomme des contrôleurs, mais ceux-ci s'entendent parfois pour profiter aussi de la situation. La taille et le taillon sont les impôts créés pour alimenter les caisses du budget de la guerre. Vu l'ampleur des dépenses, François Ier est amené à demander des crédits de plus en plus importants aux banquiers allemands et même italiens. Un hallebardier touche 6 livres par mois, un arquebusier 7 et un Suisse 9. Ces payes ne sont pas toujours assurées régulièrement, ce qui provoque de nombreuses défections militairement catastrophiques, telle celle d'Andrea Doria, chef de la marine génoise qui change de camp pour se mettre au service de Charles Quint contre espèces sonnantes. Il empêche ainsi François Ier de remporter une victoire pratiquement assurée devant Naples en 1529.

Une armée en mutation

Dans ce contexte, l'armée de François Ier apparaît comme une armée en mutation. Vestige du Moyen-Age, le ban et l'arrière ban existent encore et se composent de tous les nobles qui possèdent des fiefs et qui doivent un soutien militaire au roi. Les roturiers n'en font pas partie et payent une taxe estimée entre 15 et 20 % du revenu foncier. C'est le bailli qui procède à une «monte en robes». Cette «monte» consiste en un conseil de révision qui sélectionne les nobles qui rejoignent l'armée dès que le roi décrète une levée du ban. Chaque homme doit être équipé de deux chevaux et d'une cuirasse complète, avec lance et épée pour l'homme d'arme, épieu et pistolet pour l'archer. Chaque homme est rétribué pour sa participation selon son grade. Les compagnies sont fortes de cent hommes d'armes et deux cents archers. Ban et arrière ban vont toutefois disparaître, car cette force militaire ne pouvait être disponible que pour une durée limitée à trois mois. Avec l'artillerie, la cavalerie constitue la principale force de frappe de l'armée de François Ier.

Cavalerie

Les compagnies d'ordonnance constituent le premier embryon d'une armée permanente française. Il s'agit de la cavalerie lourde de François Ier. Les hommes qui la composent sont des soldats volontaires, tous de souche noble. C'est une armée permanente, qui reçoit une solde annuelle. Les compagnies sont logées dans des villes de garnison. Elles sont organisées en «lances». Chaque lance est un groupe de soutien du cavalier «lourd». Il se compose de deux artilleurs, d'un haquebutier, d'un coutilier, chargé d'exécuter les cavaliers ennemis tombés en les poignardant à travers leurs cuirasses, et d'un ou deux valets. Quant à lui, le cavalier, on devrait dire le chevalier, est entièrement cuirassé; son cheval est protégé sur les flancs, la tête et le cou. Mais la vulnérabilité de ces cavaliers lourds est évidente: à terre, ils sont égorgés par les coutiliers, et ils s'empalent sur les longues piques des fantassins suisses ou allemands. Enfin, l'arme à feu sonne la fin théorique du cavalier cuirassé. Mais il faudra pourtant attendre les désastreuses charges de 1870 face aux fusils allemands pour le voir définitivement disparaître du corps de bataille français.

Infanterie

L'infanterie reste le parent pauvre de l'armée royale. Depuis Charles VII, tous les rois de France ont tenté de créer une infanterie nationale permanente, mais sans succès. D'où le recours à des

Ill. 4
Artillerie

troupes étrangères, et notamment aux lansquenets allemands, qui représentent probablement trois quarts des fantassins «français» présents sur le champ de bataille de Marignan.[6] Il faudra attendre le XVIIe siècle pour que l'armée française dispose d'une infanterie de qualité. Il y a là différentes raisons qui expliquent ces échecs répétés. Contrairement à l'Angleterre ou aux Cantons suisses, la France est alors peuplée de paysans qui ne veulent ni ne peuvent porter les armes, avec à leur tête un Etat incapable de se donner les moyens politiques nécessaires à la création d'une telle infanterie et surtout une noblesse hostile à un tel projet. De plus, la guerre de Cent ans a laissé des séquelles durables dans les campagnes. Des bandes de plusieurs milliers d'hommes, les «Ecorcheurs», ont mis à mal les campagnes françaises, pillant, violant, brûlant et tuant à satiété.

Dans ces conditions, l'infanterie française est presque toujours levée en catastrophe et licenciée sitôt la crise passée. Il y a bien les «bandes de Picardie», mais elles ne soutiennent pas la comparaison face aux Allemands ou aux Suisses. Les Gascons sont considérés comme les rares bons fantassins français de l'époque.[7] Mal habillés, sales, l'air farouche, tous les récits des contemporains s'accordent à reconnaître qu'ils font peur à voir. Brantôme les décrit ainsi: «la plupart, gens de sac et de corde, méchants garnements, échappés de la justice, surtout force marqués de la fleur de lys sur l'épaule, essorillés, et qui cachaient les oreilles, à vrai dire, sous de longs cheveux hérissés, avec des barbes horribles, tant pour cette raison que pour se montrer effroyables aux ennemis. L'infanterie française était donc alors «sur un mauvais pied».[8] Lorsque François Ier se met en campagne, près de 18 000 d'entre eux ont été recrutés, mais seuls environ 8000 sont finalement présents sur le champ de bataille de Marignan. L'immense masse de l'infanterie qui combat et meurt pour le roi de France vient d'Allemagne : ce sont les lansquenets. Si leur recrutement ne pose guère de problème, il n'en va pas de même pour leur organisation, leur encadrement et leur entraînement. Car l'une des principales caractéristiques de ces corps de troupe est leur esprit de corps particulièrement développé, avec à la clé une organisation très moderne car réglementée et hiérarchisée comme aucune armée médiévale ne le fut jamais. En effet, les lansquenets comptent dans leurs rangs des sous-officiers et sont organisés en régiments avec un nombre variable d'enseignes de 400 hommes (théoriquement: 282 piquiers, 100 hallebardiers et «joueurs d'épée» porteurs d'espadons, 18 arquebusiers). En 1515, François Ier prend 23 000 lansquenets à son service, dont environ 5500 Gueldrois (les fameuses «bandes noires»). Les 17 000 hommes restants comprennent 12 000 piquiers, 2000 arquebusiers, 2000 «joueurs d'épée», ainsi que plus de 8000 hallebardiers. Le roi ne tarde pas à rencontrer beaucoup de difficultés avec ces Allemands qui ne cessent de lui réclamer de l'argent (trois mois d'avance au début de la campagne) et dont le commandement nécessite de grands talents.[9] Le premier jour de la bataille de Marignan, le connétable de France, Charles de Bourbon, en fait l'expérience: «Le connétable, si digne de vaincre avec son roi, rangea promptement l'armée en bataille, confia la garde de l'artillerie aux lansquenets, rivaux redoutables, ennemis mortels des Suisses, et disposa autour des lansquenets sa cavalerie sur deux ailes. Les Suisses s'avançaient avec un silence farouche vers l'artillerie; pour mieux surprendre les Français, ils n'avaient ni trompettes ni tambours; leur dessein était de s'emparer d'abord de l'artillerie, de l'enclouer ou de la tourner contre les Français. C'était par cette manœuvre qu'ils avaient gagné la bataille de Novare; ils négligèrent donc la cavalerie des deux ailes, et chargèrent les lansquenets avec une vigueur forcenée; l'affectation apparente de cette démarche alarma les lansquenets; ils savaient qu'on avait traité de la paix avec les Suisses; ils ne purent croire qu'elle eût été sincèrement rompue; ils s'imaginèrent qu'ils en étaient le prix, et que les Français étaient convenus de les sacrifier aux Suisses. Frappés de cette idée, ils reculèrent cent pas, gardant leurs rangs, observant amis et ennemis d'un œil plus inquiet qu'effrayé. Le connétable vit ce mouvement et en pénétra la cause; il lut dans l'âme des lansquenets le soupçon injurieux dont elle était remplie; il jugea qu'il fallait, en les désabusant, leur inspirer encore une émulation utile; il fit avancer les bandes noires, le roi à leur tête, pour la défense de l'artillerie que les ennemis saisissaient déjà; la gendarmerie soutient les bandes noires, les deux ailes réunies fondent sur les Suisses. Un dépit magnanime saisit les lansquenets, ils rougissent de leur erreur et volent pour la réparer; ils préviennent les bandes noires et reprennent leur premier poste; les bandes noires de leur côté veulent justifier le choix que le connétable avait fait d'elles pour remplacer les lansquenets; une ardeur jalouse réunit d'abord tous les différents corps, et les Suisses sont pressés de toutes parts sans être ébranlés; ils résistent, ils attaquent avec la même vigueur; on se mêle, les bataillons se coupent, on combat par pelotons; ici l'ennemi est défait, là il est vainqueur».[10] L'engagement sur le terrain des lansquenets est tout sauf évident et, en certaines circonstances, ils ne valent pas mieux que les fantassins irréguliers français.

Artillerie

Les guerres d'Italie jouent un rôle central dans l'évolution de l'artillerie française, de loin la meilleure du monde à l'époque de la bataille de Marignan.

| Streit: L'armée de François Ier

Ill. 5 **Statue équestre d'un chevalier**

L'avance française est le fruit d'efforts entrepris par quatre rois (Charles VII, Louis XI, Charles VIII, Louis XII). Sous François Ier, l'artillerie constitue le principal «service» de l'armée. Depuis Charles VII, des efforts ont été entrepris pour concentrer cette force dans les mains de l'autorité royale.[11] A sa tête se trouve le grand-maître de l'artillerie, une fonction qui a été créée sous son règne et qui consacre une véritable révolution. Un lieutenant général sert sous ses ordres pour le commandement des troupes, un contrôleur général s'occupe de l'administration. Le parc de l'artillerie est placé sous la responsabilité d'un garde général; il est desservi par des canonniers rémunérés. Ce sont donc des professionnels. Le matériel et les fournitures sont répartis entre différentes «bandes». Pour le transport, des charretiers sont embauchés. Le poids des canons nécessite un grand nombre de chevaux. Le roi détient le monopole de la vente des poudres et, en 1572, le monopole de sa fabrication. François Ier réduit aussi le nombre de calibres utilisés: le double canon, le canon serpentin, la grande couleuvrine, la bâtarde, la moyenne et le faucon. Sous son fils Henri II, le double canon est éliminé et c'est vraisemblablement par une ordonnance royale de 1544 que les «six calibres de France» finissent par s'imposer.[12] Vu les coûts de l'artillerie (fabrication des pièces, entretien, personnel, attelages), aucun noble, aussi riche soit-il, ne peut disposer d'une telle force que seul le budget royal peut se permettre. L'artillerie est donc royale là où la chevalerie était noble et l'infanterie mercenaire. C'est ainsi que sa généralisation non seulement révolutionne l'art de la guerre mais, indirectement, accélère le processus de centralisation du pouvoir entre les mains du roi.

A Marignan, François Ier met en ligne entre 60 et 72 pièces lourdes et deux à trois cents pièces légères selon les sources. C'est là une force considérable comparée à la dizaine de pièces légères dont disposent les Suisses de leur côté.[13] Alors que l'armée royale ne compte que 80 canonniers et 170 auxiliaires, les effectifs ne cessent d'augmenter et, à Marignan, ils sont plus de 2500. Commandée par Jacques dit «Galiot» de Genouillac, dont les compétences et l'expérience militaires étaient très grandes, cette artillerie fait des ravages dans les rangs suisses durant les deux jours de bataille à Marignan. La nuit du 13 au 14 septembre, François Ier passe la nuit auprès de ses batteries d'artillerie; il y mange et y dort tout armé sur une charrette d'artillerie.[14] Pourtant, le mérite de la victoire est attribué à la charge des chevaliers avec, à leur tête, le roi. Peut-être parce que celui-ci a voulu ménager ses vassaux, qui sont propriétaires de leurs troupes, alors que l'artillerie lui appartenait en propre.

Efficacité opérationnelle

A peine est-il monté sur le trône de France que François Ier lance sa campagne d'Italie. Attiré par un pays morcelé et en proie aux convoitises, il s'est toutefois prudemment réservé les faveurs de la puissante république de Venise et rejoint son armée à Lyon, avec comme objectif de s'emparer du duché de Milan (tout comme son prédécesseur). Pour François Ier, il s'agit aussi d'éviter que le Saint Empire romain germanique ou une autre puissance italienne ne fassent main basse sur l'une des régions les plus riches d'Europe. De nombreux incidents marquent le déplacement de l'armée de François

Streit: L'armée de François Iᵉʳ

Ill. 6
Lansquenets

Ier depuis Vienne et Grenoble en direction des cols. Les lansquenets se montrent toujours aussi insatiables et obtiennent notamment du roi qu'il les garde six mois à son service.[15] En quelques jours, il fait franchir à son armée les Alpes au col de Larche (près de 2000 m).[16] Commandée par le maréchal de La Palice, l'avant-garde française passe le col, alors que les Suisses, alliés du duc de Milan, gardent les débouchés des deux seules bonnes routes qui existaient alors à travers les Alpes, celle du Mont-Cenis et celle de Montgenèvre. Plus au sud, le col de Larche n'était alors emprunté que par un sentier à peine praticable par des chevriers. Fin juillet 1515, 3000 sapeurs y ouvrent un chemin carrossable où, du 4 au 9 août 1515, passe une grande partie de l'armée française, soit environ 30 000 fantassins, 9000 cavaliers, 72 gros canons et 300 pièces de petits calibres. La stupeur est telle dans le camp adverse qu'un de leurs chefs, le condottière Prospero Colonna, est capturé à Villefranche par les troupes de Bayart et de La Palice, alors qu'il est encore à table.[17] Exploit remarquable pour l'époque avec une telle armée équipée d'une imposante artillerie. Car c'est là l'atout militaire premier de François Ier qui, arrivé devant Milan, pense obtenir avoir satisfaction sans combattre.

Le roi de France n'a pas sous-estimé ses adversaires. Il cherche à éviter la bataille en achetant la neutralité des troupes suisses. Cependant, faute d'avoir reçu les 150 000 écus promis, les Suisses attaquent le 13 septembre le camp des Français près de la ville de Marignan. La bataille est d'une rare violence: après une première préparation d'artillerie, François Ier multiplie les charges de cavalerie lourde pour enfoncer et anéantir les carrés suisses. Les combats ne cessent que vers minuit. Le lendemain, le 14 septembre 1515 au petit jour, l'arrivée inopinée de troupes vénitiennes fait basculer la victoire dans le camp du roi de France. Pour la première fois les troupes suisses, réputées pourtant invincibles, sont vaincues. Toutefois, les pertes sont sévères: 6000 hommes hors de combat du côté français, entre 8000 et 12 000 du côté suisse, essentiellement fauchés par l'artillerie française.

Côté français, Marignan se révèle la première grande bataille où trois armes ont interagi: l'artillerie, la cavalerie et l'infanterie. De ce «nouveau *dosage* interarmes» les Suisses sortent perdants.[18] Le combat devient désormais une affaire de professionnels qui s'entraînent à exécuter des manoeuvres et des tactiques compliquées, une conception totalement étrangère à celle des Suisses qui recherchent l'engagement décisif pour en finir et qui, s'il ne survient pas, quittent le théâtre d'opérations.[19] Composée de mercenaires recrutés en Allemagne et de soldats provenant des provinces françaises, l'armée royale est encadrée par la noblesse qui continue de mépriser la «piétaille». Cependant, la guerre coûte cher: non seulement il faut recourir aux services de mercenaires, mais il faut aussi payer des armes à feu collectives et individuelles. Les batailles entrent dans une nouvelle dimension et, même si François Ier cultive le mythe des antiques héros (Hannibal, César) et se fait adouber chevalier sur le champ de bataille par Bayard, la bravoure des chevaliers au combat est désormais supplantée par l'efficacité de la tactique, et par la combinaison des trois armes, infanterie, cavalerie et artillerie. Pour l'avoir oublié, le roi de France en fera d'ailleurs l'amère expérience à Pavie en 1525 lorsque, en raison de l'utilisation inefficace de son artillerie, il perd la bataille avant d'être fait prisonnier.

Si la cavalerie s'illustre à Marignan, elle ne représente plus sous le règne de François Ier que 10 % de son armée. En 1494, elle en formait encore les deux tiers.[20] L'infanterie occupe donc une place grandissante dans l'armée royale. Cette évolution est encore renforcée par le développement de l'artillerie et son emploi réservé aux «gens de pied». Car la victoire de Marignan est avant tout celle de l'artillerie française. «Marignan, a-t-on dit, est une bataille très simple qui n'ajoute rien à l'histoire de la tactique militaire. Elle y ajoute, si l'on reconnaît qu'elle est la première où l'artillerie soit devenue une des trois armes, et où ces trois armes aient à peu près atteint l'importance relative qu'elles auront dans les siècles suivants. Ce n'est pas à l'infanterie française qu'est dû, ce jour-là, le succès de nos armes: elle ne valait pas celle des cantons helvétiques. Ce n'est pas non plus à la cavalerie: les trente belles charges de la gendarmerie contribuèrent beaucoup au gain du combat, mais il leur fallut parfois s'arrêter net devant une haie de six cent piques; le terrain, d'ailleurs, leur était défavorable. Le rôle décisif, c'est l'artillerie qui l'a joué; sans elle, comme le comprit Trivulce, la victoire était aux Suisses; grâce à elle les meilleurs soldats de l'Europe, les fantassins du plus froid courage, furent écrasés».[21] En réalité, malgré leurs lourdes pertes, les Suisses se sont retirés en bon ordre sur Milan, en emportant leurs blessés. Dans le camp français, la nuit qui suit la fin de la bataille n'est pas de tout repos: les pertes françaises ont été importantes, la menace d'une nouvelle offensive des Suisses plane toujours et le butin a été maigre, contrairement à la campagne de 1495.[22]

Marignan reste un engagement isolé. Durant tout le XVIe siècle, les armées européennes se dotent d'une artillerie qui se mouvoit avec les troupes mais qui, au moment de la bataille, du fait de son manque de mobilité tactique due à son poids, reste immobile. Le canon est alors autant craint pour les coups qu'il porte, que pour son effet psychologique sur les combattants et les cavaliers alors que, grâce au progrès dans la fabrication des poudres et l'alésage des tubes, les vitesses initiales passent de 100 à 300 m/seconde environ. Les portées peuvent alors atteindre mille mètres. En dépit de ces efforts, partout l'artillerie reste disparate. Charles Quint compte même dans ses armées plus de cinquante modèles de canons différents. Pour rationaliser l'artillerie, il faut donc un État fort. Il s'agit là d'une spirale: l'artillerie fait naître, en quelque sorte, l'Etat moderne. Mais à elle seule, cette évolution n'est pas suffisante. «Les Français, qui ont démontré les premiers au monde les capacités de l'artillerie de campagne, se sont montrés sur le long terme plus mauvais tacticiens que les Espagnols, dont l'arme vitale fut le mousquet. Ce constat explique pourquoi l'artillerie de campagne est restée négligée durant les dernières décennies du XVIe siècle».[23]

Grâce à sa victoire de Marignan, François Ier consolide son pouvoir en Italie, et le Pape Léon X doit signer l'année suivante, en 1516, le concordat de Bologne par lequel il reconnaît au roi de France le pouvoir de nommer les évêques en son royaume. Par ailleurs, en emmenant la noblesse française se battre en Italie, le roi de France renforce son ascendant sur elle. Les guerres d'Italie assurent donc la paix à l'intérieur et permettent aussi au Valois de concentrer davantage encore les pouvoirs entre ses mains.

La victoire de Marignan donne au roi de France de nouveaux pouvoirs et un prestige considérable. Toutefois, on peut s'interroger sur la politique extérieure des Valois en Italie, «quand l'avenir s'inscrivait sur les océans» et dans la conquête du Nouveau Monde.[24]

Notes

1 Gabriel-Henri Gaillard, *Histoire de François Ier, roi de France*, Paris, J.J. Blaise, 1819, vol. 1, p. 158.

2 Francesco Guicciardini, *Histoire des guerres d'Italie*, Londres, Chez Paul & Isaac Vaillant, 1738, vol. 2, p. 394.

3 Voir Arlette Jouanna, *La France du XVIe siècle*, 1483-1598, Paris, PUF, 2012, 720 p.

4 A l'origine une citation grecque complétée par Jean Bodin (La République, 1576): «les finances sont le nerf de la République». Il ne peut exister d'Etat sans finances.

5 Alfred Spons, «Marignan et l'organisation militaire sous François Ier» in: *Revue des questions historiques*, XXII (1899), p. 60.

6 Eugène Fieffé, *Histoire des troupes étrangères au service de France*, Paris, Librairie militaire, 1854, vol. 1, p. 93. Fieffé sous-estime les effectifs des lansquenets au service de François Ier. De manière générale, il est difficile d'établir un état des effectifs réellement en service. Voir Louis Susane, *Histoire de l'ancienne infanterie française*, Paris, J. Corréard, 1849, vol. 1, p. 79, note 2.

7 Alfred Spons, op. cit., p. 60.

8 Jean-Baptiste Joseph Damarzit de Sahuguet d'Espagnac, *Essai sur la science de la guerre*, La Haye, Gosse & Neaulme, 1751, vol. 3, p. 159.

9 Alfred Spons, op. cit., p. 65.

10 Gabriel-Henri Gaillard, op. cit., p. 187-188.

11 Jean-Baptiste Brunet, *Histoire de l'artillerie*, Paris, Gaultier-Laguionie, 1842, vol. 1, p. 284-285.

12 J.F. Finó, «L'artillerie en France à la fin du Moyen Age» in: *Gladius*, XII (1974), p. 20.

13 Daniel Reichel, Le feu (I), Berne, Service historique de l'armée suisse, 1982, p. 13.

14 Ibid., p. 14.

15 Alfred Spons, op. cit., p. 67.

16 Le col de Larche présentait un intérêt stratégique du fait de son altitude plus faible que les autres cols alpins. Il était donc une voie d'invasion naturelle entre la France et l'Italie et fait partie des cols qui auraient pu être utilisés par Hannibal en 218 av. J.-C. pour le passage des Alpes.

17 Alfred de Terrebasse, *Histoire de Pierre Terrail, seigneur de Bayart*, Paris, Ladvocat, 1828, p. 393.

18 Daniel Reichel, *Le feu* (I), op. cit., p. 13.

19 Hannsjoachim Wolfgang Koch Koch, *La guerre au Moyen Age*, Paris, Nathan, 1980, p. 190.

20 André Corvisier (dir.), *Dictionnaire d'art et d'histoire militaires*, Paris, PUF, 1988, p. 155.

21 Daniel Reichel, Le feu (I), op. cit, p. 17-18.

22 Alfred Spons, op. cit., p. 75.

23 Frederick Lewis Taylor, The Art of War in Italy 1494-1529, Londres, Greenhill, 1993 (1921), p. 101-102.

24 Voir *Pierre Goubert, Initiation à l'histoire de France*, Paris, Fayard-Tallandier, 1984, 490 p.

Preuve d'illustrations

1 *Portrait de François Ier. Tableau de Jean Clouet, entre 1530 et 1535*
Source: Musée du Louvre, Paris

2 *Bataille de Marignan (miniature) sur parchemin, attribuée au Maître à la Ratière, vers 1515*
Source: Musée Condé, Château de Chantilly, Chantilly

3 *Scène de bataille sur le tombeau de François Ier. Bas-reliefs de Pierre Bontemps*
Source: Nécropole des rois de France, Basilique Cathédrale de Saint-Denis, Paris

4 *Artillerie, bas-relief en pierre dorée représentant un canon et un artilleur, inspiré de l'artillerie des guerres d'Italie*
Source: Rue Bellecordière, Lyon

5 *Statue équestre d'un chevalier du XVème siècle*
Source: Musée de l'Armée, Hôtel national des Invalides, Paris

6 *Lansquenets (Landsknechte um 1490)*
Source: Albrecht Dürer, http://images.zeno.org/Kunstwerke/I/big/323D006a.jpg

Esercito veneziano del primo Cinquecento

Angiolo Lenci

I veneziani «non heranno molto animossi nec ettiam aptti alo exercito militare»[1] ed erano reputati «gente ... tutta atta più presto alla marineria e alla mercanzia, che a difender muraglie»[2] e quindi contavano, come d'altra parte la maggior parte degli Stati dell'epoca, sulle forze mercenarie assoldate per le guerre che furono numerose per buona parte del Quattrocento e che diventarono croniche dopo l'invasione dell'Italia di Carlo VIII, a partire dal 1494.[3]

I veneziani venivano inviati a servire nell'Armata, la flotta da guerra, sin da giovani e si formavano come combattenti navali a difesa del grande Stato da Mar della repubblica di San Marco che si estendeva dalla laguna fino a lambire le coste della Siria. I veneziani, quindi, gentiluomini o meno che fossero, non solo non erano abituati a combattere sulla terraferma mentre tale compito veniva affidato a delle regolari compagnie di soldati professionisti, ma erano anche diffidati dal farlo.

A differenza di altri Stati che contavano su una nobiltà locale addestrata alle armi e che poteva essere utilizzata anche come milizia professionista Venezia aveva preferito privilegiare il settore della marina da guerra per i propri abitanti.

Quando ci riferiamo ai veneziani, intendiamo, comunque, gli abitanti in senso stretto della città lagunare, perché, invece, gli esempi di sudditi veneziani dei territori della terraferma veneta o dello Stato da Mar che appartenevano alla casta militare sono abbastanza numerosi.

Non solo, ma Venezia, a differenza di altri Stati europei tra tardo Quattrocento e inizio Cinquecento, privilegiava reclutare le proprie truppe mercenarie tra quelle appartenenti alla «nazione» italiana, a parte i propri sudditi dei Balcani, anziché oltralpe dove era possibile trovare soldati professionalmente anche più abili degli italiani.

L'esercito veneziano costituirà il più potente complesso militare tra gli Stati italiani del periodo preso in esame tenendo sempre conto della elasticità che prevedevano gli arruolamenti dei contingenti dell'epoca che si dilatavano in occasioni di guerra e si restringevano notevolmente nei periodi di tregua o di pace. Il vantaggio economico di utilizzare degli eserciti formati in maggioranza da soldati mercenari era proprio quello di poter licenziare le truppe nel momento in cui la guerra era finita o nei periodi dell'anno in cui si combatteva di po' di meno come l'inverno.

Ma anche in quest'ambito Venezia cercherà di vincolare molti abili combattenti stipulando dei contratti che le permettevano di mantenere una forza militare abbastanza stabile o facilmente mobilitabile, con il sistema delle mezze paghe o dei vitalizi.

I tentativi, infine, di Venezia di organizzare delle milizie non professioniste di sudditi, dapprima prevalentemente di estrazione contadina come le ordinanze o cernide, saranno tra i più seri ed organici a livello europeo.

Le artiglierie veneziane, infine, erano di ottima qualità e il primo scontro navale della storia in cui le artiglierie a bordo di navi avranno un ruolo decisivo e saranno impiegate in massa, sarà proprio tra veneziani e turchi durante la battaglia della Sapienza e dello Zonchio nel 1499. L'Arsenale, uno dei primi veri e propri grandi complessi industriali a livello europeo, era in grado non solo di armare navi e bastimenti ma anche di fondere pezzi d'artiglieria di notevole fattura da impiegarsi a bordo delle galee o al fianco dell'esercito.

La fanteria, come per altri Stati, era composta da fanti provisionati e da milizie contadine, chiamate Ordinanze o cernide.

I provisionati erano organizzati in compagnie comandate da capitani che si facevano ingaggiare con i propri uomini. La consistenza delle compagnie variava di molto in relazione alla fama del singolo comandante e poteva oscillare da cento a più di mille uomini come pure la retribuzione. In effetti Venezia preferiva affidarsi a capitani di larga esperienza che venivano generalmente reclutati in Romagna o in Umbria che erano le regioni, unitamente alla bassa Toscana, l'Alto Lazio e le Marche da dove provenivano la maggior parte dei soldati di professione italiani. In particolare il reparto considerato il migliore era quello dei fanti di Brisighella e della Val Lamone, i così detti «Brisighelli» che, con le loro vesti bianche e rosse, combattevano secondo il modello svizzero.[4]

Il metodo svizzero era conosciuto in Italia dalla fine del Quattrocento e diversi condottieri, come Vitellozzo Vitelli o Piero dal Monte a Santa Maria, l'avevano adottato per le proprie truppe, a volte pure cercando di perfezionarne l'impiego. Ma, in generale, le fanterie italiane erano inferiori nel combattimento in campo aperto a svizzeri e tedeschi mentre si dimostravano piuttosto abili nella difesa di fortificazioni.

III. 1 Homeni d'arme e cavalli leggeri veneziani

Il problema dei provisionati, come quello di altri reparti dell'epoca, era che spesso, in mancanza della possibilità di una immissione nei ruoli di abili soldati, potevano essere sostituiti da truppe raccogliticce o anche da contadini arruolati al momento. Inoltre, quasi sempre, i ruoli non corrispondevano agli effettivi realmente in campo come pure l'armamento si dimostrava deficitario. Tutte le cifre che si trovano citate nei documenti a proposito della consistenza dei singoli reparti vanno considerate al ribasso. Il soldo corrisposto per un fante era di tre ducati ogni quaranta giorni, non molto distante dalla paga agricola dell'epoca. La speranza di far molto denaro era però data dal saccheggio, piuttosto frequente all'epoca, che veniva concesso proprio per far sfogare i soldati e fargli arrotondare i magri stipendi.

La altre truppe «a piede» erano le Ordinanze contadine o cernide.

Con il termine di ordinanza si indicava più propriamente l'ordinamento del reparto, anche destinato a combattere in campo aperto e lontano dai propri territori di reclutamento, mentre con quello di cernida o zernida, nei territori croati craine, il singolo combattente e quello che rimaneva a difesa del proprio paese. I due termini, comunque si trovano molto spesso usati come sinonimi e risulta difficile una loro precisa connotazione. Le ordinanze erano organizzate in squadre e centurie sotto il controllo degli uomini

Lenci: Esercito veneziano

più esperti e il comando delle unità più grandi era affidato generalmente a soldati di professione o, più raramente, a nobili delle terre di provenienza. Queste milizie rurali, unitamente ai bombardieri, reclutati con criteri simili tra le «fraglie «degli artigiani delle città, rimarranno fino alla fine della repubblica marciana sebbene il loro rendimento militare appaia spesso poco apprezzato dai militari professionisti e da alcune autorità veneziane.

Dopo la battaglia di Agnadello del 1509, dove la metà delle forze di fanteria veneziana era costituite da ordinanze, il loro impiego in campo aperto verrà diminuendo e saranno impiegate, generalmente, a stretta difesa del territorio.[5]

Il problema delle «Armi Proprie», come definirà il Machiavelli la necessità di creare un esercito reclutato tra i sudditi, sarà al centro del dibattito militare cinquecentesco ma non verrà risolto definitivamente fino alla coscrizione obbligatoria degli eserciti di massa.[6]

La cavalleria veneziana era costituita da compagnie di homeni d'arme, cioè di cavalieri pesantemente armati, e da una cavalleria leggera composta da vari reparti con una forte componente di elementi reclutati nei Balcani.

Nel primo Cinquecento il cavaliere pesante viene chiamato in Italia homo d'arme mentre altrove è generalmente conosciuto come lancia, lanza… ma già al tempo di Marignano molte fonti veneziane sembrano aver accettato pure loro il termine di lanza.

In realtà l'homo d'arme e la lanza non sono costituiti da un unico combattente ma costituiscono una piccolissima unità che comprende alcune persone che cooperano tatticamente tra di loro. Per le sue esigenze personali e durante il combattimento il cavaliere aveva bisogno del concorso di altri elementi che potessero aiutarlo e sostenerlo. L'homo d'arme italiano comprende, generalmente, quattro cavalli contro, ad esempio, i sei della lancia francese. A generare, però, ulteriore confusione occorre precisare che l'homo d'arme al servizio veneziano di fatto era composto di soli tre elementi e non dei quattro «fiscali»: il cavaliere su destriero (capo lanza o caval grosso), il saccomano, scudiero armato alla leggera montato su un corsier e un servitore su ronzino (terzo o bagaglione). Nel computo dei combattenti spesso appare, di fatto, il numero dei cavalli che, però, non sempre corrisponde a quello effettivo: infatti, sempre più spesso, gli incaricati del controllo degli uomini e dell'equipaggiamento durante le mostre accetteranno questa piccola frode fino a renderla definitivamente legale nel 1519.[7]

L'homo d'arme italiano risulta, pertanto, più leggero di quello di altri eserciti.

L'armamento dei cavalieri era abbastanza simile nei vari eserciti e subirà un'evoluzione piuttosto complessa nel corso del Medioevo e nel Cinquecento si arriverà alla sua espressione più articolata e pesante proteggendo anche il destriero con la barda. Gli homeni d'arme erano organizzati in squadre, generalmente di venticinque elementi e più squadre componevano una compagnia e più compagnie, all'inizio di una campagna, potevano essere raggruppate in colonnelli come pure le fanterie, con al comando i condottieri di maggior prestigio.

Venezia cercava di mantenere al proprio servizio la miglior gente d'arme d'Italia utilizzando contratti di lungo periodo. Infatti i veneziani elargivano piccoli feudi, abitazioni e mantenimento per truppe e cavalli, vitalizi per vedove … incoraggiando i migliori soldati a rimanere al proprio servizio in maniera abbastanza stabile.

Una specialità militare di tipica tradizione italiana era data, invece, dalla formazione di compagnie di cavalleria leggera che, unitamente a quelle di origine balcanica, rappresentavano una caratteristica dell'esercito veneziano. Venezia, infatti, si serviva di unità di cavalleria leggera soprattutto nelle guerre in Oriente tenendo conto del clima torrido e del terreno aspro su cui dovevano combattere oltre che della miglior facilità di imbarcare tali truppe sulle navi.

La maggioranza della cavalleria leggera veneziana era costituita da balestrieri a cavallo che generalmente combattevano appiedati, salvo spostarsi con le proprie cavalcature. Il loro ruolo era piuttosto duttile (esplorazione, scorta, guarnigione, corrieri …) e il loro armamento risultava leggero mentre la tendenza era quella di sostituire la balestra con lo schiopetto.

La più nota cavalleria leggera al servizio veneto era quella degli stradiotti, soldati a cavallo reclutati nella Grecia del nord e in Albania. Risultavano piuttosto utili e spietati nelle operazioni di guerriglia ma poco disciplinati e feroci anche verso gli stessi sudditi veneziani.

Dalla seconda metà del Quattrocento le artiglierie divengono sempre più micidiali nella guerra d'assedio determinando la fine della difesa verticale di tipico stampo medioevale, ma risultano ancora di scarso peso nelle battaglie campali.

Nel corso dei primi anni del Cinquecento, però, si assiste ad un miglioramento delle bocche da fuoco che si dimostreranno sempre più micidiali anche sul campo di battaglia. Proprio Marignano rappresenta uno dei primi esempi di impiego di massa in campo aperto. I pezzi da campagna saranno costituiti in maggior parte da bocche da fuoco piccole, falconetti, i più diffusi proprio tra i veneziani, falconi, passa volanti ma anche colubrine e cannoni che cominciano ad avere un discreto calibro. Viene migliorato il dosamento (termine tecnico) della polvere da sparo e la loro manovrabilità.

L'Arsenale di Venezia, una delle prime e più grandi vere e proprie fabbriche al mondo è in grado fonderne a centinaia. Ad esempio in un mese, nell'estate del 1509, verranno prodotte almeno un'ottantina di pezzi. Le galee veneziane erano le più armate di artiglierie del Mediterraneo. Un'altra caratteristica dell'esercito veneziano era data, come per altri eserciti non dipendenti da un sovrano unico e autocratico, da una complessa organizzazione di controllo delle milizie non prevedendo Venezia la discesa in campo del Doge alla testa delle proprie truppe.

Il comandante militare dell'esercito era il Capitano Generale, nominato dal Senato e scelto tra i migliori condottieri disponibili.

Al fianco dei militari professionisti venivano messi uno o più Provveditori Generali al Campo con compiti di controllo e di collegamento tra apparato militare e politico. Spesso i Provveditori Generali possedevano delle conoscenze, anche estese, in materia bellica e non di rado si trovavano a dover combattere come un normale soldato. Nel 1515 i Provveditori Generali saranno Giorgio Emo e Domenico Contarini. Inoltre venivano creati altri Provveditori destinati a specifiche incombenze di natura politica e, soprattutto, di controllo dei soldati o dei singoli capitoli di carattere militare come gli stradiotti, le artiglierie, le fortezze, le biade… Anche questi erano generalmente armati e pronti a combattere sebbene non fosse un requisito indispensabile per ricoprire tale carica.

In definitiva, Venezia cercava di esercitare il massimo controllo politico sulle

proprie truppe anche se questo sistema poteva determinare confusioni, ritardi equivoci e malcontenti.

La complessa macchina militare esigeva pure un apparato burocratico amministrativo che a Venezia era rappresentato dal Collaterale Generale, carica di prestigio e remunerativa, affidata a nobili veneziani o della terraferma. Vicecollaterali ed altri funzionari, come i Pagatori, completavano il servizio amministrativo e logistico dell'esercito.

Nel 1515 il Capitano Generale dell'esercito veneziano è il condottiero umbro Bartolomeo d'Alviano.[8]

D'Alviano è stabilmente al servizio veneziano dal 1506, anche se pure in precedenza è stato stipendiato dalla repubblica.

Ill. 2
Stradiotti con tipico cappelletto

ca saranno piuttosto aggressive ma anche rischiose, rispetto alla scuola italiana che prevedeva soluzioni di logoramento e lente manovre imperniate sull'impiego delle fortificazioni. Infatti, non a caso, tra i suoi più brillanti successi, spiccano la battaglia del Garigliano e Marignano, nelle quali agirà in collaborazione con spagnoli e francesi. Si dimostrerà, comunque, anche un valente architetto militare costruendo fortezze nelle sue terre e iniziando il disegno di fortificazioni permanenti veneziane della terraferma veneta.

Sarà pure un uomo di grande cultura, educato da giovane dall'umanista Antonio Pacini e, sostenitore di artisti e letterati, fonderà pure una importante Accademia a Pordenone.

D'Alviano nel 1515 è Capitano Generale dell'esercito veneziano, con tanto di bastone d'argento e stendardo, nominato nel 1513 al ritorno di una lunga prigionia in terra di Francia dopo la sconfitta di Agnadello del 1509, ad opera di Luigi XII.

Anzi, la sua liberazione, farà parte delle clausole del trattato di alleanza tra Venezia e la Francia.

Nel giugno del 1515 le sue forze ammontano a circa settecentotrenta uomini d'arme, duemilacinquecento fanti e milleduecento cavalli leggeri. Alla fine d'agosto le sue forze sono aumentate di altre cento uomini d'arme e le fanterie sono salite a settemila unità.[9]

Il compito principale dell'esercito veneziano è quello di controllare gli spagnoli, comandati da Cardona, e pontifici impedendo il tentativo di congiungersi con svizzeri e milanesi; quindi, d'Alviano gravita fino ad oltre la metà d'agosto nella zona del Po, verso il Polesine, tenendosi alle spalle le fortificazioni di Padova dove, già nel giugno, si è ritirato di fronte alla pressione spagnola.

E' un condottiero contraddittorio sia per sue vittorie, come al Garigliano e in Cadore, sia per le sconfitte, come La Motta o il suo discusso comportamento ad Agnadello.

Ma, indubbiamente, rimane uno dei comandanti italiani migliori del primo scorcio del XVI secolo. Nonostante un fisico infelice (era molto basso, mezzo gobbo e di brutto aspetto) la sua strategia e tatti-

Infine, nel momento in cui gli spagnoli si dirigono a Isola della Scala e a Verona, d'Alviano si muove lungo il corso del Po, lasciando Badia Polesine e, passando per Ficarolo, arriva a Ostiglia il 2 settembre. Passa poi per Governolo, Marcaria, Bozzolo e intima la resa di Cremona, tenendosi, però lontano dalle artiglierie della città.

Gli spagnoli decidono, a questo punto, di dirigersi verso Piacenza, probabilmente, tagliandosi fuori definitivamente dalla possibilità di prestare soccorso ai propri alleati svizzeri. Ne approfitta d'Alviano che, in questo modo, può cercare il ricongiungimento con i francesi che, nel frattempo, si stavano concentrando attorno a Milano e difendere da un attacco alle spalle il proprio alleato.

Infatti va a Soresina, mantiene un forte presidio con Renzo di Ceri, a Crema, e arriva a Lodi Vecchio il 10 settembre. Da questa posizione può tenere sotto controllo gli ispano-pontifici e dar manforte al re di Francia.

D'Alviano, che d'abitudine stava all'avanguardia del proprio esercito, ebbe, il 10 settembre, a pranzo, un importante colloquio con Francesco I che lo aveva informato delle trattative in corso con gli svizzeri che, a quel momento, sembravano avere esito favorevole. Da questo importante incontro, a cui partecipano pure il Trivulzio, Carlo di Borbone e Carlo d'Alençon sembra emergere la volontà del re di sferrare un immediato attacco agli spagnoli se gli svizzeri verranno tacitati con il denaro.[10]

D'Alviano lascerà, comunque, Mercurio Bua con l'esercito francese, al comando di quattrocento cavalli leggeri, probabilmente non solo stradiotti ma anche balestrieri. Mercurio Bua era uno dei migliori comandanti di stradiotti, originario di Nauplio in Grecia, ha combattuto con l'Impero e la Francia ma dal 1513 è al servizio di Venezia dove rimarrà fino alla morte nel 1542. Bua dovrà fungere da collegamento tra d'Alviano e Francesco I.[11]

Ma la situazione precipiterà verso la battaglia tra svizzeri e francesi. Quindi, alla vigilia dello scontro, i veneziani si trovano concentrati a Lodi Vecchio, con il d'Alviano, e a Crema, con Renzo di Ceri che, alla fine della battaglia, scaduto il contratto, lascerà il servizio veneziano per logoranti e insanabili dissidi con il Capitano Generale.[12]

Il Sanudo, la fonte veneziana più attendibile, riporta una lettera del d'Alviano in cui il condottiero riferisce di come è stato informato della battaglia del 13 settembre dal cancelliere del Bua e, inviato Martino, un suo fedelissimo, al campo francese, distante una dozzina di chilometri, viene sollecitato dal re di intervenire al più presto.[13]

Il giorno 14, ricevuta la richiesta dal re verso le 8 di mattina da «Martino mio», parte subito da Lodi Vecchio. Si pone alla testa dei suoi «gentilhomeni», cinquanta uomini d'arme, e arriva sul campo di battaglia nelle prime ore del pomeriggio.[14]

E' importante sottolineare come il d'Alviano parta immediatamente con gli uomini del suo entourage facendosi subito seguire dal resto dei quattrocento uomini d'arme e dalle più lente fanterie.

Di fatto quando arriva sul luogo degli scontri d'Alviano sembra avere, sotto il suo diretto comando, cinquanta dei suoi cavalieri pesanti e il reparto di Mercurio Bua.

Con queste truppe attaccherà gli svizzeri, consapevole, però, di poter contare sul rinforzo del resto dell'esercito che è già in cammino dietro di lui.

A questo punto, come capita per molte battaglie, la situazione diventa più ingarbugliata e le fonti veneziane non sempre coincidono con le altre.

Ill. 3 Bartolomeo d'Alviano

Comunque, d'Alviano attacca subito sul fianco gli svizzeri che, forse, sono già in ritirata, e, secondo il Contarini, soccorre i francesi in difficoltà, un reparto di forse quattrocento «lanze», che lui stesso sembra riordinare e riportare in battaglia.[15]

In definitiva il primo attacco del d'Alviano è condotto da cinquanta homeni d'arme e dai quattrocento uomini di Bua che, come sostiene lo stesso d'Alviano, manovreranno come cavalieri pesanti e non leggeri caricando duramente il nemico.[16] Questa prima carica, però, verrà, poco dopo, sostenuta dal resto degli homeni d'arme veneziani giunti, nel frattempo, sul campo di battaglia. A seguire, erano in arrivo settemila fanti veneziani con le artiglierie.

Le stesse fonti veneziane appaiono contraddittorie sul numero degli svizzeri che si trova ad affrontare d'Alviano: lui sostiene essere seimila ma, altrove, si riportano cifre diverse, probabilmente confondendo anche varie sequenze della battaglia. Altra difficoltà il calcolo preciso delle perdite svizzere nel settore dell'attacco veneziano. Indubbiamente le perdite maggiori in questo genere di battaglie veniva inflitto dalla cavalleria durante la fuga del nemico. In linea di massima non sembra, però, che gli svizzeri si siano dati ad una precipitosa fuga ma si siano ritirati in ordine e con dignità, limitando le perdite

I veneziani avranno comunque, pochissime perdite, tra queste Chiappino Orsini, figlio del Pitigliano, già Capitano Generale veneziano durante la guerra della Lega di Cambrai, e una decina di altri cavalieri leggeri. Mercurio Bua sarà ferito al volto ma catturerà due bandiere e quattro pezzi d'artiglieria nemica. Una di queste bandiere viene indicata come quella «dalla balla, ch'è la principal loro e la generale de tutte le leghe di sguizari».[17]

In ultima analisi rimane da definire con chiarezza l'effettivo contributo dei veneziani alla battaglia, o meglio, se l'intervento del d'Alviano, sia stato fondamentale o meno per la sconfitta degli svizzeri.

Indubbiamente, nel momento dell'intervento del d'Alviano la battaglia era arrivata al culmine ma gli svizzeri avevano già subito pesantissime perdite e i francesi si erano ripresi dallo sbandamento iniziale. Addirittura diverse fonti sostengono che fossero già in piena ritirata.

Occorre, però, osservare come il sopraggiungere, nel pieno della battaglia di un buon numero di truppe fresche sul fianco di avversari, già indeboliti da quasi due giorni di combattimenti, abbia potuto costituire la fine di ogni speranza di ribaltare la situazione da parte degli svizzeri.

L'intimidazione strategica del d'Alviano potrebbe essere stata assai più risolutiva dell'effettivo contributo, sul piano tattico, di qualche centinaio di cavalieri, in una battaglia che aveva visto fronteggiarsi decine di migliaia di uomini, ed aver bloccato, anche psicologicamente, ogni ulteriore tentativo di riscossa svizzera.

Come a Waterloo, anziché Grouchy i francesi videro arrivare Blücher, a Marignano gli svizzeri si ritrovarono addosso i veneziani invece di contare sugli ispano-pontifici. Uno shock non indifferente per chi è sottoposto ad un combattimento, con alterne vicende, di quasi ventiquattro re consecutive.

I veneziani riportano spesso segnali di entusiasmo per il re «bellicoso, liberale, bello, domestico,che più non se potesse dire»[18] che aveva combattuto con la picca in mano rianimando i suoi, ma anche le lodi dei francesi verso d'Alviano «tanto ben visto dal re, qual de lui si sente tanto satisfato ... Tutti li francesi lo amano e quodammodo ne fano reverentia».[19] Il giovane re, inoltre, incontrando il Provveditore Contarini alla fine della battaglia lo»abrazò con grandissime acoglientie, e disse a sua excellentia «Monsignor vui ne aveti data la vitoria, et lo scrivemo a madona nostra madre» ringratiando molto la Celsitudine vostra».[20]

Molti cronisti, memorialisti e storici di varia provenienza e origine hanno poi cercato, come spesso accade in questi casi, di magnificare la propria parte a danno dell'altra, rendendo ancora più difficile un'obiettiva valutazione dei fatti.[21]

Note

1 G. Priuli, I Diarii, in Rerum Italicarum Scriptores, n. ed., XXIV, a cura di R. Cessi, Città di Castello-Bologna, 1912–41, vol IV, p. 269.

2 L. Da Porto, Lettere storiche, Firenze 1857, p. 127.

3 Per l'esercito veneziano cfr., tra gli altri, M. E. Mallet, L'organizzazione militare di Venezia nel' 400, Roma 1990 (già edita in Cambridge 1984); J. R. Hale, L'organizzazione militare di Venezia nel' 500, Roma 1990 (già edita, come la precedente, in Cambridge 1984).
Inoltre P. Del Negro, La Milizia, in Aa. Vv., Storia di Venezia-Dalle origini alla caduta della Serenissima. Roma 1995, vol. VII, pp. 509–531; E. Concina, Le trionfanti et invittissime Armate Venete. Le milizie della Serenissima dal XVI al XVIII secolo, Venezia 1972.
Per cernide e Ordinanze. C. Pasero, Aspetti dell'ordinamento militare del territorio bresciano durante il dominio veneto (sec. XVI), in «Commentari dell'Ateneo di Brescia», 1937, pp. 9–39; F. Rossi, Le armature, la munizione e l'organizzazione delle cernide nel Bresciano, in «Archivio Storico Lombardo» XCVI, s. IX, vol. VIII (1969), pp. 169–186 che illustra anche le armi in dotazione alle milizie; G. Fabbiani, Le milizie del Cadore, in «Archivio Storico di Belluno, Feltre e Cadore», XLIII (1972), pp. 12–152; J. H. Hale, Brescia ed il sistema della milizia veneta nel 500, in Aa. Vv., Armi e cultura nel bresciano 1420–1870, Atti del Convegno, Brescia 1981, pp. 97–119; A. Tagliaferri, Struttura delle fortezze e delle milizie venete nel quadro dell'organizzazione militare di Terraferma, in T. Miotti, Castelli del Friuli, vol. V, Storia ed evoluzione dell'arte delle fortificazioni in Friuli, Udine 1981, pp. 239–272; L. Pezzolo, Milizie e contadini nelle campagne vicentine (Lisiera nel '500 e '600), in Aa.Vv., Lisiera. Storia e cultura di una comunità veneta, a. c. di C. Povolo, Vicenza 1981, pp. 421–434 ed ancora, dello stesso autore, L'archibugio e l'aratro. Considerazioni e problemi per una storia delle milizie rurali venete nei secoli XVI e XVII, in «Studi Veneziani», n. ser., 7, 1983, pp. 59–80; D. Gasparini, «Mediocri, faze tonde, castegnoli, ceglie conzonte»: contadini di Bigolino alle armi, in Aa. Vv., Bigolino. Documenti e materiali per una storia, a cura di G. Follador e B. Brunoro, Bigolino 1986, pp. 21–3,; I. Cacciavillani, La Milizia Territoriale della Serenissima, Padova 2000.
Sugli stradiotti vedasi C. N. Sathas, Documents inédits relatifs à l'Histoire de la Grece au Moyen Age, Paris 1880–1890, voll. VII, VIII, IX; E. Barbarich, Gli Stradiotti nell'arte militare veneziana, in «Rivista di Cavalleria», 1904, pp. 52–72, 249–268; F. Babingen, Albanische Stradioten im Dienste Venedigs im ausgehenden Mittelalter, in «Studia Albanica» I, 2 1964 (Tirana), pp. 95–105.; P. Petta, Stradiotti. Soldati albanesi in Italia (sec. XV-XIX), Lecce 1996.
Sulle guarnigioni ed il presidio delle fortificazioni vedasi A. Tagliaferri, Società veneta e istituzioni militari: il ruolo della fortezza nel sistema difensivo di Terraferma, in Aa. Vv., Studi in memoria di Luigi Dal Pane, Bologna 1982, pp. 415–425 e A. Lenci, Un aspetto della securitas veneta: la presenza dei presidi militari, in Aa.Vv., L'architettura militare veneta del Cinquecento, Milano 1988, pp. 29–33.

4 Sui «Brisighelli» cfr. A. Lenci, Brisighelli alla armi: guerra e tecniche militari nel primo Cinquecento, in Aa.Vv., Magnificenza dei Naldi, (Atti Convegno), Brisighella 2009, pp. 41–57.

5 Su Agnadello e la guerra di Cambrai, con ampi riferimenti alle guerre d'Italia vedasi, tra gli altri, A. Lenci, Il leone, l'aquila e la gatta, (prefazione P. Del Negro), Vicenza 2002 con ampia bibliografia; Aa.Vv. La rotta di Ghiaradadda. Agnadello – 14 maggio 1509, a. c. del Centro Studi Storici

della Geradadda, Pagazzano 2009; A. Lenci, Agnadello: La battaglia, in Aa. Vv., L'Europa e la Serenissima. La svolta del 1509. Nel V centenario della battaglia di Agnadello, Convegno di Studi dell'Istituto Veneto di Scienze lettere ed Arti, Venezia 2011, pp. 75-114.

6 Cfr. L.Pezzolo, «Un San Marco che in cambio di libro ha una spada in mano». Note sulla nobiltà militare veneta nel Cinquecento, in AA.VV., I ceti dirigenti in Italia in Età moderna e Contemporanea, Atti del Convegno, a c. di A. Tagliaferri, Udine 1984, pp. 81-94; Id., Le «Arme Proprie» in Italia nel Cinque e Seicento: problemi di ricerca, in AA.VV., Saggi storia economica. Studi in onore di Amelio Tagliaferri, a cura di T. Fanfani, Pisa 1998, pp. 52-72.

7 A. Lenci,Il leone, l'aquila e la gatta, op. cit.pp. 34, 35.

8 Per il d'Alviano vedasi, tra gli altri, L. Leonij, Vita di Bartolomeo di Alviano, Todi 1858; M. Tenneroni, Vita di Bartolomeo d'Alviano, Perugia 1937; L. Puppi, Bartolomeo d'Alviano regista del territorio (1500-1515), «Bollettino del Museo Civico di Padova», a. LXXV, 1986, pp. 81-114; E. Filippi, Una beffa imperiale. Storia ed immagini della battaglia di Vicenza (1513), prefazione di L. Puppi, Vicenza 1996; S. Bassetti, Historia de lo governador zeneral di la zente d'arme de la Serenissima nostra Veneta Republica Bartholomeo «Liviano» d'Alviano, unego sior de Pordenon, Terni 1999; A. Lenci, Guerra di montagna nel Rinascimento: la battaglia di Riosecco, in Aa.Vv., La battaglia di Cadore. 2 marzo 1508 (Atti della Giornata Internazionale di Studio (26 settembre 2009), a c. di L. Puppi e M. Franzolin, pp. 27-68.

9 Per le vicende della battaglia di Marignano la fonte principale, da parte veneziana, rimane, ancora una volta, il Sanudo che riporta lettere, dispacci e relazioni degli «oratori» veneziani presso il re, dei Provveditori Generali e dello stesso d'Alviano oltre a informazioni di varia provenienza. Per il conteggio delle forze dell'esercito marchesco, Sanudo fornisce meno precisazioni del suo solito. Cfr. M. Sanudo, I Diarii, Venezia 1879-1903 (rist. Bologna 1969-70), tomo XX, coll. 546. Queste cifre divergono di poco con quelle di altre fonti come il Guicciardini ma, per questo aspetto, come per altri della battaglia, vedasi l'ottimo lavoro di M. Traxino sulla battaglia di Marignano da me ripreso dal suo sito on line, che compara egregiamente le varie fonti.

10 Ivi, tomo XXI, coll. 77, 78.

11 Ivi, coll. 100.

12 Ivi, coll. 108.

13 Ivi, coll. 100.

14 Ibidem.

15 Ivi, coll. 102.

16 Ivi, coll. 101.

17 Ivi, coll. 101, 106.

18 Ivi, coll. 91.

19 Ivi, coll. 106.

20 Ivi, coll. 103.

21 Il problema della difesa dell'«italico valore» è un tema dominante, e un po' apprensivo, della storiografia militare italiana tra Ottocento e Novecento. Sulle questioni del ruolo dei veneziani, o degli italiani in generale, e sulla svalutazione fattane dagli autori stranieri si rimanda, tra gli altri, all'opera e alla bibliografia di P. Pieri, Il Rinascimento e la crisi militare italiana, Torino 1952, e alla ricostruzione e alle considerazioni sulla battaglia di Marignano alle pp. 514-525, che rimane ancora una fonte imprescindibile delle vicende militari di questi anni. Ed ancora si veda il già citato lavoro di M. Traxino.

Prova d'illustrazioni

1 *Homeni d'arme e cavalli leggeri veneziani, sullo sfondo Padova e Sant'Antonio*
Fonte: Filippo da Verona, affresco, 1509, Scuola del Santo, Padova

2 *Stradiotti con tipico cappelletto e altri cavalieri*
Fonte: Hans Burgkmair der Ältere, La battaglia del Cadore, 1514-1516, particolare

3 *Bartolomeo d'Alviano (Liviano)*
Fonte: Aliprando Capriolo, Ritratti di cento capitani illustri: con i lor fatti in guerra breuemente scritti intagliati, Domenico Gigliotti, Roma 1596 (1600), incisione

Monarchie française et politique d'Italie dès 1500

Jean-Pierre Dorand

Contexte général: diplomatie et forces armées vers 1500

De nouveaux usages diplomatiques[1]

C'est dans l'Italie de la Renaissance que naît une nouvelle forme de diplomatie. Les divisions politiques de la péninsule expliquent le souci des Etats de s'allier entre eux, de dissoudre les alliances hostiles existantes, de surveiller les intentions des autres et de les espionner.

Venise fait figure de pionnier à la fin du XVème siècle. Jusqu'alors les Etats assuraient leurs relations par des envoyés chargés d'une mission précise ou par des ambassades extraordinaires. Les consuls veillaient aux intérêts de leurs nationaux et du commerce de leur pays. Venise innove en envoyant des représentants permanents auprès des rois de France, d'Espagne et d'Angleterre ainsi que chez l'Empereur romain germanique. Les autres Etats imitent la Sérénissime République, notamment auprès des Etats italiens. Le pape Léon X (un Médicis de Florence) ouvre des nonciatures dès 1513, mais c'est François Ier qui dote la France du plus grand réseau diplomatique en Europe, avec notamment une ambassade permanente à Soleure (auprès des Suisses), à Stockholm et à Istanbul.

Des usages diplomatiques s'imposent. Le latin est la langue des ambassadeurs et des ministres des affaires étrangères. Les diplomates entrent en contact avec les

Ill. 1 **Pape Léon X de Medici**

souverains, leurs ministres et leurs conseillers. Ils conversent de manière publique ou privée. Ils s'entourent de personnel qui les aide à observer, écouter et intriguer. Les ambassadeurs dirigent des réseaux d'influence et d'information, quand ils ne vont pas jusqu'à l'espionnage. Les moyens sont variés et plus ou moins légaux: jeux d'influence, corruption ou assassinat (une spécialité florentine).

Le XVIème siècle est «un siècle de fer», marqué par de nombreux conflits. La diplomatie n'a pas réduit le nombre de ceux-ci. Elle a favorisé, par la création incessante de nouvelles alliances (ces «ligues» que nous verrons à l'œuvre en Italie), des reprises des opérations militaires après les accords signés par les souverains.

La durée et la fréquence des guerres évoluent aussi à cause de la taille des armées, de leur armement et de leur tactique sur le champ de bataille.

Une révolution militaire: nombre, puissance de feu et tactique[2]

Les armées du XVIème siècle ne sont plus celles du Moyen Âge fondées sur l'ost vassalique, soit le service militaire dû gratuitement à un suzerain pour une durée de 40 jours, terme au-delà duquel une solde doit être versée. Les armées changent de taille: quelques milliers d'hommes au XVème siècle, mais des dizaines de milliers à la fin du siècle suivant. La guerre devient plus

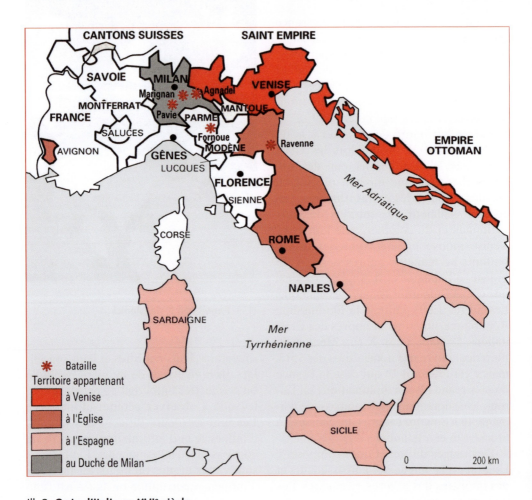

Ill. 2 **Carte d'Italie au XVIe siècle**

exigeante: elle dure plus longtemps, elle s'étend sur des espaces plus vastes et elle se perfectionne sur le plan technologique.

Les formations armées formées de chevaliers et de piétaille ne suffisent plus. Il faut un début d'armée professionnelle afin d'organiser les forces mobilisées par décision royale. La France a commencé, vers la fin de la Guerre de Cent Ans, cette évolution qui devient irréversible. Ce sont donc les Etats organisés autour d'une monarchie centralisatrice et de plus en plus absolutiste qui peuvent s'appuyer sur des armées bien instruites et dotées d'un armement moderne.

L'évolution vers ce type d'armée n'est pas linéaire. Les armées féodales sont souvent remplacées par des armées de mercenaires, conduites par des généraux entrepreneurs qui passent un contrat avec un Etat. La France connaît un système mixte: elle a des régiments nationaux et des mercenaires ou soldats capitulés suisses sans discontinuité jusqu'en 1792.

L'armement évolue considérablement. Les armées du XVème siècle ont un armement offensif varié: armes de main, armes de choc, armes d'hast et armes de jet. Les armures se perfectionnent mais si leur utilité est prouvée au corps à corps, leur efficacité contre les projectiles d'arc et d'arbalète est relativement faible.[3] Au XVIème siècle, les armes de main (épée et couteau) restent utilisées au corps à corps, alors que la pique connaît un grand succès auprès de l'infanterie suisse, tant en défense contre la cavalerie qu'en attaque contre les fantassins adverses. La lance lourde est utilisée par les formations de cavalerie pour frapper l'infanterie par l'effet de choc et la désorganiser.

Les armes à feu progressent lentement. L'artillerie est encore lourde et difficilement transportable sur le champ de ba-

Ill. 3 **François Ier, roi de France, à cheval**

taille. Elle décide pourtant, en coordination avec les autres armes, de l'issue de certaines batailles: Ravenne en 1512, Marignan en 1515.[4] L'arme à feu individuelle se développe plus rapidement: l'arquebuse est encore une couleuvrine allégée et améliorée, mais le mousquet espagnol marque une transition importante car il est plus efficace que la pique. Il est bien évident que seuls les plus grands Etats, à commencer par la France, l'Espagne, l'Angleterre ou le Saint Empire romain germanique peuvent se doter d'une panoplie complète d'armements.

Ces progrès techniques changent bien sûr la tactique employée sur le champ de bataille. La cavalerie était l'arme reine au Moyen Âge. Les monarques et leurs généraux sont obligés de constater que les

III. 4
Tombeau
de François Ier et
Claude de France

«hommes à pied» sont une menace pour leurs formations équestres: les piquiers suisses puis les mousquetaires espagnols obligent à redonner à l'infanterie un rôle central, surtout si elle peut être appuyée par l'artillerie.

L'Espagne inaugure un nouveau système de combat: les tercios. Ces formations sont ternaires. Elles comprennent un régiment formé de piquiers et de mousquetaires, un corps de cavalerie lourde et légère et un corps d'artillerie. Ces tercios disciplinés combinent le fer et le feu de manière idéale pour l'époque. La France peine à suivre cette évolution: elle tente de créer sept légions de six mille hommes chacune (1534). Cette armée permanente de 42 000 hommes ne voit pas le jour, faute de ressources. Les rois se contentent de lever ce qui ressemble aux anciennes bandes du XVème siècle, appuyées par des mercenaires suisses et germaniques.

La guerre: dernier argument des rois[5]

Les conflits féodaux du Moyen Âge sont bel et bien terminés. L'émiettement féodal cède la place à des Etats plus vastes: la France, qui a bouté les Anglais hors de son territoire, l'Espagne issue de l'union de la Castille et de l'Aragon, l'Angleterre, que les Tudors unifient après la Guerre des Deux Roses, les Etats des

Habsbourg en Europe centrale détenant le titre impérial ou la Suède de la dynastie Vasa. C'est la fin des grands féodaux qui succombent face aux coups de boutoir des monarques, à l'exemple de Charles le Téméraire de Bourgogne, écrasé par les Suisses influencés par Louis XI.

La grandeur d'un Etat est de plus en plus liée à sa capacité guerrière. Le maréchal italien Montecuccoli (1609-1680), au service des Habsbourg de Vienne, aurait affirmé:

«Quand les armes sont florissantes, les arts, le commerce et tout l'Etat fleurissent sous leur ombre, mais dès qu'elles viennent à languir, il n'y a plus ni sûreté, ni force, ni gloire, ni valeur.»[6]

C'est dans ce contexte de luttes entre monarques que commence l'affrontement majeur qui durera deux siècles et demi entre la maison de France et la maison d'Autriche. La France se sent encerclée alors que les Habsbourg prétendent créer une monarchie chrétienne universelle. L'espace de ce conflit est double: au sud le Roussillon et la Catalogne et au nord-est tout l'espace entre la Mer du Nord et le Milanais, qui est parcouru par le «camino espanol» ou la Rocade bourguignonne reliant Milan à Gand, voie royale pour les déplacements des troupes du «Roi Très Catholique».

L'Italie du Nord est donc embarquée dans le tourbillon des guerres entre Maison de France et Maison d'Autriche.

Les guerres d'Italie (1494-1519)

L'Italie: une proie facile?[7]

L'Europe est sortie de la catastrophe de la fin du Moyen Âge, marquée par les épidémies, les mauvaises récoltes et les dégâts collatéraux de la Guerre de Cent Ans. Le continent est en plein essor démographique. Les progrès techniques et commerciaux se multiplient. La vie intellectuelle se renouvelle.

L'Italie joue un rôle clef dans ce renouveau économique, intellectuel et artistique. Elle est l'entrepôt de l'Europe où arrivent, avant les découvertes hispano-portugaises, les épices d'Orient ainsi que l'or et l'ivoire d'Afrique. Ses places financières sont fortes et les flottes de Venise et Gênes comptent pour beaucoup dans la maîtrise navale de la Méditerranée. Cet enrichissement conduit au mécénat qui engendre la création d'académies et d'œuvres d'art remarquables. Les papes et un dirigeant comme Laurent de Médicis illustrent le faste de cette Italie artistique et intellectuelle.

L'Italie n'est, au plan politique, qu'une expression géographique. Elle comprend une douzaine d'entités politiques, hostiles les unes aux autres, chacune voulant dominer la péninsule ou garder son indépendance. Certains hommes d'Etat essayent, tel Laurent de Médicis, de concilier les intérêts de ces Etats rivaux, mais leur œuvre ne leur survit pas. De plus la puissance militaire de ces Etats est faible, car formée d'armées de mercenaires conduites par des condottieri qui ne feront pas le poids contre les armées modernes des grandes monarchies ou les piquiers suisses. Quels sont les Etats de la péninsule italienne.

- L'Etat pontifical ou Patrimonium Petri
- Le royaume de Sicile et de Naples, espagnol comme la Sardaigne
- Le grand duché de Toscane
- Les duchés de Savoie, Parme, Mantoue, Modène et de Lucques
- Les marquisats de Saluce et de Montferrat
- La République de Venise qui possède notamment la Crète et Eubée
- La République de Gênes qui a aussi des intérêts en Méditerranée orientale

Les préoccupations géostratégiques des grandes puissances

L'Europe orientale n'intervient qu'indirectement dans la lutte qui se livre à l'ouest et au sud du continent. L'ascension de la Moscovie, de la Suède et de l'Empire ottoman ou le maintien d'une Pologne-Lituanie encore forte passent presque inaperçus dans les capitales occidentales. Les Ottomans joueront un rôle après l'invasion de la Hongrie et les menaces pesant sur Vienne: ils sont une alliance de revers contre les Habsbourg, le «Roi Très Chrétien» de France n'hésitant pas à s'allier au «Grand Turc».

L'Espagne est impliquée dans les affaires d'Italie par les possessions de la maison d'Aragon en Sardaigne, en Sicile et à Naples. Elle a d'autres intérêts en Europe, notamment les riches Pays-Bas, en Afrique du Nord afin de continuer la «Reconquista» contre les Maures et bientôt dans les Amériques, sources de métaux précieux. Le Saint Empire a son mot à dire dans la péninsule italienne car il y possède, au moins théoriquement, des territoires. Son souverain a longtemps été couronné à Rome après avoir été élu «Roi de Germanie» par les sept princes électeurs. Les Habsbourg d'Autriche, qui vont détenir la couronne impériale pendant trois siècles et demis, sont proches des vallées et des cols de la Haute Italie. L'Angleterre n'est pas impliquée directement dans les affaires italiennes. Elle peut pratiquer ce qui va devenir sa politique d'équilibre européen en combattant la puissance qui tend à l'hégémonie. Elle a aussi des arrière-pensées: faut-il mener une politique anti-française dans l'espoir de reprendre l'Aquitaine ou faut-il conduire des menées antihispaniques afin de se créer une place au soleil dans le Nouveau Monde? La Réforme à venir va compliquer encore davantage la donne diplomatique.[8]

La France a mené jusqu'alors une politique empreinte de sagesse et de prudence. Charles VII, Louis XI et leurs prédécesseurs ont accru le domaine royal et écrasé les grands féodaux. Ils ont réalisé des gains frontaliers, dépassant ainsi l'ancienne limite des quatre rivières: Rhône, Saône, Meuse et Escaut. Lorsque Louis XI s'éteint en 1483, il reste quelques questions territoriales à régler. La première est l'héritage de Bourgogne, les Habsbourg détenant la Flandre, les Valois l'Artois et la Franche-Comté comme dot de Marguerite d'Autriche. La deuxième est la Bretagne, Charles VIII ayant épousé la duchesse Anne et attendant en vain un héritier; il faudra le remariage d'Anne avec Louis XII et la naissance de sa fille Claude, qui épousera François Ier, pour intégrer la province dans le royaume. La troisième est le Roussillon que se disputent la France et l'Aragon.[9]

Ill. 5 **Paix perpétuelle conclu à Fribourg 1516; document avec texte**

On ne saurait clore cette partie sans parler des Suisses: leurs forces armées leur permettent de connaître momentanément une «heure de la puissance».[10] Ils ont écrasé la Bourgogne de Charles le Téméraire (1474–1477) puis repoussé facilement les assauts de l'empereur Maximilien et de la Ligue de Souabe (1499). Ils se sont détachés de facto du Saint Empire romain germanique. Leur alliance est évidemment recherchée vu la puissance de leur infanterie et leur position centrale de gardiens des cols alpins.

Si les Suisses sont redoutables militairement, ils n'ont pas les structures d'un Etat moderne et ils ne disposent pas d'une politique extérieure commune. Leur Confédération, qui compte 13 cantons en 1513, dispose bien d'une Diète fédérale, mais celle-ci n'est qu'une conférence d'ambassadeurs de ces Etats. Elle doit voter à l'unanimité pour voir une de ses décisions appliquée. Elle n'est compétente que dans la signature des alliances, la décision de déclarer la guerre, de conclure la paix et de gérer les bailliages communs. De plus, cantons-villes et cantons-campagnes peinent à s'entendre.

Dans cette confédération aux liens peu étroits, chaque canton mène sa diplomatie et son expansion comme il l'entend. Il y a au moins trois courants principaux: le bloc de Suisse centrale, les cantons du nord et ceux de l'ouest. La Suisse centrale rêve de contrôler le versant sud du Gothard jusqu'à l'importante place économique de Milan; ils sont soutenus par deux alliés importants: les Trois Ligues des Grisons qui lorgnent sur la vallée de l'Adda et les Dizains valaisans qui s'intéressent de près au val d'Ossola. Les cantons de Suisse du Nord (Zurich, Schaffhouse, Bâle et Appenzell) suivent avec intérêt les évènements en Allemagne du Sud et leur position y est renforcée par les alliés qu'ils ont dans cette région (Rottweil) ou en Alsace (Strasbourg et Mulhouse). Le bloc occidental, formé de Berne, Fribourg et Soleure, a une toute autre vision et s'intéresse de près à la Franche-Comté et aux possessions du duc de Savoie au nord des Alpes (Pays de Vaud, Chablais, Genevoix, Gex, Faucigny). Pour ce qui est de la Savoie, ils peuvent compter sur le Valais qui veut accroître son autorité sur la vallée du Rhône. On est donc loin d'une politique extérieure commune, ce que Louis XI sut exploiter en 1476–1477 contre Berne et ce que François Ier saura utiliser en 1515–1516.

Les guerres d'Italie (1494-1516)[11]

Phases	Nom du conflit	Bataille importante
1494-1495	Première guerre de Naples	Fornoue (1495)
1499-1500	Première guerre du Milanais	
1500-1504	Seconde guerre de Naples	
1508-1509	Guerre de Venise ou guerre de la Ligue de Cambrai	Agnadel (1509)
1511-1513	Deuxième guerre du Milanais ou guerre de la Sainte Ligue	Ravenne (1512) Novare (1513)
1515-1516	Troisième guerre du Milanais	Marignan (1515)

Les politiques italiennes de Charles VIII, de Louis XII et de François Ier s'écartent considérablement de la politique de leurs prédécesseurs. Les liens dynastiques ont joué leur rôle: Charles VIII reprend à son compte les droits de la maison d'Anjou sur Naples, que Louis XI avait négligé, pour se consacrer à la prise de la Provence, du Maine et de l'Anjou. Quels sont les desseins de Charles VIII, une fois Naples prise? Une croisade? La reconquête de Constantinople? Louis XII est intéressé par les affaires du Milanais car il a une grand-mère Visconti, la dynastie renversée par les Sforza dans la cité lombarde. Les opérations militaires auraient été rapidement réglées en faveur des armées françaises si elles n'avaient eu en face d'elle que les forces des Etats italiens. Or les prétentions sur Naples se heurtent à l'Aragon, alors que les visées sur Milan butent se heurtent à celles du Saint Empire romain germanique pour qui le Milanais est toujours un fief impérial. On comprend dès lors la complexité de ces conflits qui mettent aux prises les maisons de France, d'Espagne et d'Autriche, avec, en sus, les interventions des Suisses. Les Etats de la péninsule ne font pas le poids à moins de créer des coalitions avec les poids lourds militaires.

La première guerre de Naples (1494–1495) commence par des préparatifs diplomatiques de la France. Charles VIII achète la neutralité de Maximilien d'Autriche en lui cédant l'Artois et la Franche-Comté et celle du roi d'Aragon en renonçant au Roussillon (la France mettra plus d'un siècle et demi à récupérer ces territoires). La mort du roi d'Aragon (1494) favorise les desseins français, de même que l'appel à l'aide de Ludovic Sforza, qui règne à Milan après avoir écarté les Visconti du pouvoir. Les Français traversent l'Italie comme un torrent irrésistible et parviennent à Naples (février 1495). L'armée de Charles VIII compte des mercenaires suisses. On peut observer que les autorisations ou interdictions de la Diète fédérale de recruter des soldats ne sont jamais respectées.

Charles VIII triomphe à Naples mais ses arrières sont minés. N'hésitant pas à trahir leurs engagements ou promesses, l'Empereur Maximilien, le roi d'Espagne, Venise et Milan s'unissent contre la France. Charles VIII doit quitter Naples pour ne pas être isolé. Il parvient à se dégager du piège qui lui était tendu en remportant la bataille de Fornoue (juillet 1495). Cette victoire n'empêche pas la reprise de Naples par l'Espagne et l'échec total des ambitions de Charles VIII.

Louis d'Orléans (le futur Louis XII, 1498–1515) travaille plus habilement en faveur des ambitions milanaises du royaume.[12] Il tente de rallier les Suisses, prêts à l'écouter grâce aux écus distribués et à sa politique d'opposition aux Habsbourg, ennemis héréditaires des Suisses. Louis d'Orléans se rend compte qu'il a besoin du concours militaire des cantons. Il propose à la Diète fédérale tenue à Lucerne (août 1495) des soldes, des pensions et la cession de Bellinzone, Lugano, Locarno et Arona. Les cantons de Suisse centrale sont prêts à écouter cette demande d'appui martial, mais Berne (expansion vers l'ouest) et Zurich (intérêts commerciaux à Milan) s'y opposent. Les mercenaires suisses en profitent pour s'engager dans les deux camps.

La première guerre du Milanais (1498–1499) coïncide avec l'avènement du roi Louis XII, qui se proclame aussitôt duc de Milan. Il profite de la Guerre de Souabe opposant les cantons helvétiques à Maximilien, protecteur de Ludovic Sforza, pour obtenir des Suisses, pour une fois unanimes, la liberté d'enrôler des soldats.[13] Son armée, renforcée de 5000 combattants des X cantons, conquiert sans coup férir le duché de Milan. Ludovic Sforza se réfugie à Innsbruck. Le triomphe français semble total et Louis XII tourne son regard vers Naples.

La seconde guerre de Naples (1500–1504) commence, elle aussi, par une manœuvre diplomatique française. Louis XII partage le royaume méridional avec Ferdinand d'Aragon: Naples et sa région deviennent françaises alors que la Sicile, les Pouilles et la Calabre restent espagnoles. Mais un danger menace les Français au nord. Profitant de la paix entre Maximilien et les Suisses, Ludovic Sforza engage des lansquenets allemands et 6 000 Suisses pour reconquérir facilement son duché (mars 1500). La France réagit en courtisant la Diète, qui avait interdit de s'enrôler dans les deux camps. Louis XII obtient 14 000 hommes qui assiègent Novare, où Ludovic Sforza s'est replié avec ses mercenaires suisses. Une convention permet aux Suisses enfermés dans la ville de la quitter. Ils déguisent Ludovic Sforza en guerrier suisse, mais il est trahi par un Uranais et les Français le capturent.

Les cantons suisses profitent de la reconquête de Milan pour rappeler à Louis XII ses promesses de 1495, mais le roi se dérobe. Les Suisses lancent des expéditions au Tessin (1500, 1501 et 1503) en pillant et en occupant les territoires qu'ils estiment leur être dus. Louis XII, guerroyant à Naples, est obligé de céder: le traité d'Arona assure la domination helvétique sur le Tessin et confirme tous les privilèges commerciaux antérieurs accordés aux Suisses à Milan. Pendant ce temps, Louis XII perd le contrôle de Naples (1503–1504) et des milliers de Suisses y laissent la vie, ce qui provoque un sursaut: la Diète décide de s'emparer du contrôle de la politique extérieure et de l'enrôlement des mercenaires.[14] Comme toujours, cette tentative de centraliser la politique extérieure et le recrutement de soldats échouera devant les intérêts particuliers des cantons.

La guerre de Venise (1508–1509) est marquée par l'action du pape guerrier Jules II qui veut affaiblir la puissante République vénitienne, qui est un obstacle à ses desseins de contrôle de l'Italie. Il crée la Ligue de Cambrai où il s'allie à l'Empereur, au roi de France et à Florence. L'armée française écrase les Vénitiens à Agnadel (août 1509) et ceux-ci sont obligés de mettre fin à la guerre en signant des paix séparées avec leurs adversaires. Louis XII, vu la force de la Ligue de Cambrai, pense pouvoir se passer de l'appui des Suisses et éventuellement engager des soldats par des voies non officielles. Les Suisses ne voient pas l'intérêt de renouveler l'alliance de 1499 (qui arrive à échéance en 1509) avec un partenaire devenu si proche de Maximilien Ier.[15]

Les années 1510–1511 sont marquées par un ballet diplomatique. Le pape Jules II veut chasser les étrangers d'Italie et y asseoir l'hégémonie du trône de Saint Pierre. Il se sert de l'évêque de Sion Matthieu Schiner, qui obtient de la Diète (1510) le droit pour le souverain pontife de recruter 6000 soldats afin de protéger le Saint Siège. Schiner obtient aussi la neutralité des Suisses à l'égard des éventuels adversaires de Jules II. Louis XII manque plusieurs occasions de retourner la situation à son avantage pendant que le pape et ses émissaires créent la puissante Sainte Ligue, qui réunit le Saint Siège, l'Espagne, Venise et l'Angleterre contre la

Ill. 6 **Paix perpétuelle conclu à Fribourg 1516; document avec sceau**

Ill. 7
Médaille commémorative de la bataille de Marignan; recto et verso

France (4 octobre 1511). Les Suisses, sans être membres formels de cette alliance, sont prêts à agir dans le but de chasser les Français d'Italie du Nord mais aussi de soutenir l'Eglise menacée par Louis XII qui convoque un concile à Pise afin de renverser le terrible Jules II![16]

La deuxième guerre du Milanais (1511–1513) commence bien pour Louis XII, dont les armées écrasent les troupes pontificales et les Espagnols à Ravenne (11 avril 1512). A cette occasion, le général français Gaston de Foix combine pour la première fois les avantages de l'infanterie, de la cavalerie et de l'artillerie, déplaçant cette dernière et inaugurant la manœuvre des feux.[17] Ce succès tactique n'a pas de suite car 18 000 Suisses entrent en campagne et rejoignent les Vénitiens à Villafranca (1er juin 1512. Ces forces réunies prennent sans coup férir Crémone, Pavie et Milan. Les Français repassent les Alpes. Les Suisses deviennent les «Défenseurs des libertés de l'Eglise», ce qui ne les empêche pas de revendiquer le Tessin, alors que leurs alliés des Grisons s'emparent de la Valteline, de Bormio et de Chiavenna. Les Suisses restaurent les Sforza: Maximilien Sforza règne sur Milan, ce qui écarte la mainmise d'une grande puissance en Italie du Nord. Il reconnaît les annexions des Suisses et de leurs alliés.[18]

Louis XII essaie de reprendre pied en Italie mais son armée est surprise à Novare (1513) par les Suisses.[19] Ceux-ci passent aussi le Jura et mettent le siège devant Dijon… pour se retirer contre promesses de grosses sommes et l'engagement que la France renonce au Milanais. Ces succès aveuglent les Suisses. Louis XII résiste à la coalition et celle-ci se désagrège après la mort de Jules II. Les Suisses sont dangereusement isolés. Ils sont impopulaires à Milan.

La troisième guerre du Milanais oppose François Ier aux Suisses (1515–1516). Les Suisses sont surpris par l'itinéraire emprunté par les armées du roi. Ils se replient vers Milan. François Ier leur fait de somptueuses offres de paix: ils peuvent garder leurs conquêtes transalpines et ils reçoivent le double de l'argent stipulé à Dijon, soit 700 000 ducats ou 2,5 tonnes d'or! Même l'honneur serait sauf car Maximilien Sforza deviendrait duc de Nemours![20]

Ces offres divisent les Suisses. Les contingents et les renforts annoncés des cantons occidentaux (Berne, Fribourg et Soleure) regagnent leur patrie. Schiner exhorte les autres Suisses à se battre. La bataille des 13 et 14 septembre 1515 opposent 30 000 Français à 20 000 Confédérés. L'armée de François Ier remporte une

Ill. 8
Médaille François Ier et Marignan;
recto et verso

Ill. 9
Medaille. Frankreich. François Ier;
Vorder- und Rückseite

victoire difficile en combinant la puissance de feu de son artillerie, la résistance et le sacrifice de son infanterie et la mobilité de sa cavalerie.[21] Une constatation amère devient évidente pour les Suisses: leur armée essentiellement basée sur l'infanterie n'est plus assez forte face à celles des grandes monarchies qui disposent de canons et de cavalerie!

Les Suisses en tirent les conséquences, d'autant que François Ier leur offre une paix généreuse, leur permettant de garder leurs conquêtes sauf le val d'Ossola. La Paix perpétuelle entre la France et les XIII cantons suisses est signée à Fribourg le 29 novembre 1516. Elle durera jusqu'en 1798. François Ier étant embarqué dans un conflit continental contre Charles Quint, il a besoin d'alliés solides. L'Alliance perpétuelle du 5 mai 1521, signée à Lucerne, lui garantit la sauvegarde d'une partie de sa frontière orientale et un accès privilégié aux mercenaires helvétiques.

Notes

1. Bois Jean-Pierre: Les guerres en Europe, 1494–1792, pp. 26-27
2. Ibidem, pp. 7–8, 28–31
3. Les armures complètes résistent relativement bien à ces projectiles, mais pas les chevaux montés par les chevaliers!
4. Certains experts affirment que le rôle majeur de l'artillerie existe déjà en 1453 à la bataille de Castillon remportée par les Français contre les Anglais.
5. Ibidem, pp. 3–7
6. Ibidem, p. 4
7. Ibidem, pp. 9–11
8. Kennedy Paul: Naissance et déclin des grandes puissances, pp. 31 à 60
9. Bois Jean-Pierre: op. cit., pp. 11–13
10. Nouvelle histoire de la Suisse et des Suisses, vol. 1, pp. 276–329
11. Bois Jean-Pierre: op.cit. pp. 11-17
12. Nouvelle histoire de la Suisse et des Suisses, p. 308
13. Ibidem, pp. 309–310
14. Ibidem, p. 311
15. Ibidem, pp. 312–313
16. Ibidem, pp. 315–317
17. Guerre et Histoire, n.7, juin 2012: Ravenne 1512 et la guerre moderne fut!
18. Nouvelle histoire de la Suisse et des Suisses, pp. 316–317
19. Bangerter Olivier: Novare, 1513, dernière victoire des fantassins suisses.
20. Nouvelle histoire de la Suisse et des Suisses, p. 321
21. Champs de bataille, n. 43, décembre–janvier 2012: La bataille des géants, Marignan

Preuve d'illustrations

1. *Pape Léon X de Medici, Quadro di Raffaello, Uffizi, Firenze*
   Quelle: Giuseppe Gerosa Brichetto, La Battaglia di Marignano, Milano 1965

2. *Carte d'Italie au XVIe siècle*
   Source: Jean-Pierre Bois, Les guerres en Europe 1494-1792, Belin, Paris 2003, p. 12

3. *François Ier, roi de France, à cheval, tableau de François Clouet, 1540*
   Source: Musée des Offices, Florence
   http://commons.wikimedia.org/wiki/File:FrancoisI-de-France.jpg

4. *Tombeau de François Ier et Claude de France. Bas-reliefs de Pierre Bontemps*
   Source: Nécropole des rois de France, Basilique Cathédrale de Saint-Denis, Paris
   https://commons.wikimedia.org/wiki/File:Grab Franz_I_Claude_von_Frankreich.jpg

5. *Paix perpétuelle conclu à Fribourg, le 29 novembre 1516; document avec texte et sceaux des Confédérés*
   Source: Archives de l'Etat de Fribourg

6. *Paix perpétuelle conclu à Fribourg, le 29 novembre 1516. Document avec sceau de François Ier, roi de France*
   Source: Archives de l'Etat de Fribourg

7. *Médaille commémorative de la bataille de Marignan*
   Recto: Franciscvs . I . Francorvm . Rex; recto
   Verso: Vici . Ab . Vno . Caesare . Victos; verso
   Source: Reproduction de l'original, existant à la monnaie de Paris
   http://www.ac-grenoble.fr/lycee/diois/Latin/archives/ico/Renaissance%20(France-Itali...

8. *Médaille François Ier et Marignan par Matteo del Nassaro, actif dès 1515, orfèvre de Vérone (fonte ancienne, bronze),*
   Recto: A/FRANCISCVSPRIMVS.F.R.INVICTISSIMVS. Buste cuirassé de François Ier.
   Verso: Scène de la bataille de Marignan
   Source:http://www.inumis.com/vso//fran%C3%A7ois-ier-la-bataille-de-marignan-par-matteo-...

9. *Medaille. Frankreich. François Ier.*
   Vorderseite: Porträtbildnis von Franz I. von Frankreich. F.I.REX.FRANCO.PRI.DOM.HELVETIOR (Franz I., König der Franzosen, erster Bezwinger der Schweizer, nach der Niederlage von Marignano)
   Rückseite: Salamander auf einem Stein. NVTRISCO.EXTINGVO. Symbolisiert die Unbezwingbarkeit des siegreichen Franzosen
   Quelle: Jahresbericht des Schweizerischen Landesmuseums 1995, Abb. 29/30 und Umschlag, Text S. 38; Bronce, Schule von Mantova, kurz nach 1515 (Inv. M 14808)

Neutralität am Ende?
500 Jahre Neutralität der Schweiz

Alois Riklin

1. Einleitung

Neutralität bedeutet Nichtbeteiligung eines Staates an einem Krieg anderer Staaten. Was Nichtbeteiligung nach Völkerrecht konkret beinhaltet, unterliegt dem Wandel der Zeiten. Vom Neutralitätsrecht ist die Neutralitätspolitik zu unterscheiden. Sie umfasst alle Massnahmen, die ein neutraler Staat im Krieg oder ein dauernd neutraler Staat bereits im Frieden über seine neutralitätsrechtlichen Verpflichtungen hinaus nach eigenem, freien Ermessen trifft, um die Wirksamkeit und Glaubwürdigkeit seiner Neutralität zu sichern.

Die Schweiz hat die Neutralität nicht erfunden. Ältere Beispiele finden sich im Alten Testament, in der griechischen und römischen Antike, im Mittelalter und in der frühen Neuzeit. Thukydides, Livius, Machiavelli u.a. haben darüber berichtet. Aber die Schweiz hat die Neutralität weltweit am längsten praktiziert, nämlich rund ein halbes Jahrtausend. Und sie hat zur völkerrechtlichen Ausgestaltung der Landneutralität am meisten beigetragen.

Abgesehen von der Zeit zwischen 1798 und 1815, ist die Geschichte der schweizerischen Neutralität im grossen Ganzen eine Erfolgsgeschichte. Sie hat mitgeholfen, die Existenz der Eidgenossenschaft zu sichern und das Land aus Kriegen herauszuhalten. Deshalb ist sie im Bewusstsein vieler Schweizer zu einem nationalen Identitätsmerkmal geworden. Aus ausländischer Sicht wurde die schweizerische Neutralität unterschiedlich wahrgenommen, von den einen als honoriger Friedensbeitrag begrüsst oder wenigstens als Politik der Selbstbehauptung respektiert, von anderen als Heuchelei, Feigheit, Schwarzfahrerei oder Profitsucht beargwöhnt. Aus Schweizer Sicht galt sie eher als Ausdruck kluger Interessenwahrung, als legitime Politik des Kleinstaates gegenüber Grossmächten; in Ermangelung der Macht, über die grössere Staaten gebieten, versuchte der neutrale Kleinstaat mit Schlauheit über die Runden zu kommen. Mitunter wurde das nüchterne Kalkül durch die Idee einer humanitären Mission der Schweiz verklärt.

Von den verantwortlichen Amtsträgern wurde die schweizerische Neutralität, mit Ausnahme der Zeit des «Kalten Krieges» (1945–1989), überwiegend nicht als Selbstzweck aufgefasst, sondern als Mittel zur Verwirklichung bestimmter Ziele. Als übergeordnete Zielsetzung lässt sich aus der schweizerischen Neutralitätsgeschichte die Wahrung und Förderung des inneren und äusseren Friedens in relativer Unabhängigkeit und menschenwürdigen Lebensverhältnissen ableiten. Im Rahmen dieser Zielsetzung können fünf Neutralitätsfunktionen identifiziert werden: Integrations-, Unabhängigkeits-, Freihandels-, Gleichgewichts- und Dienstleistungsfunktion. Die Integrationsfunktion diente dem inneren Frieden und dem inneren Zusammenhalt. Die Unabhängigkeits- oder Schutzfunktion gewährleistete den äusseren Frieden, indem Kriege vom eigenen Land abgehalten und hegemoniale Bestrebungen der Grossmächte mehr oder weniger abgewendet werden konnten. Die Freihandelsfunktion ermöglichte die Weiterführung des Wirtschaftsverkehrs mit den Kriegführenden und sicherte so das wirtschaftliche Überleben des rohstoffarmen, auf Aussenhandel angewiesenen Kleinstaates. Die geostrategische Gleichgewichtsfunktion entsprach über lange Zeit europäischen Interessen. Die Dienstleistungsfunktion trug dazu bei, das neutralitätsbedingte Abseitsstehen durch Tatbeweise internationaler Solidarität auszugleichen.

Im Folgenden werden fünf Perioden der schweizerischen Neutralitätsgeschichte unterschieden: Allmähliche Gestaltnahme (15. Jahrhundert – 1798), Verfestigung (1815–1914), Bewährung mit Vorbehalten (1914–1945), Übertreibung (1945–1989), Verunsicherung (nach 1989).

2. Allmähliche Gestaltnahme (15. Jahrhundert – 1798)

Die schweizerische Neutralität entstand nicht schlagartig aufgrund eines einmaligen Willensaktes, sondern erwachte «allmählich aus dem Dämmer völkerrechtlicher Verflechtungen zu klarem Bewusstsein» (Bonjour). Dabei waren innen- und aussenpolitische Gründe im Spiel. Innenpolitisch wurden neue Bundesmitglieder ab dem 15. Jahrhundert für den Fall von Konflikten zwischen den Orten zum «Stillesitzen» und zur Vermittlung verpflichtet. Aussenpolitisch bewirkte der Schock der Niederlage von Marignano (1515) den Zusammenbruch der eidgenössischen Grossmachtpolitik. Bald danach zirkulierte unter den Eidgenossen ein Niklaus von Flüe aus der Zeit des Stanser Verkommnisses (1481) zugeschriebener, aber nicht authentisch gesicherter Ratschlag: Machend den zun nit zu wit (...) beladend üch nit frembder sachen. Die erste offizielle Neutralitätserklärung der Tagsatzung stammt aus dem Jahre 1674.

Die alteidgenössische Neutralität wich freilich von der späteren Neutralitätsauffassung ab. Erstens war der Neutrale gemäss dem autoritativen Völkerrechtskompendium von Hugo Grotius (1625) verpflichtet, Kriegsführenden den militärischen Durchmarsch zu gewähren; von dieser Verpflichtung löste sich die Eidgenossenschaft während dem Dreissigjährigen Krieg. Zweitens galt der Abschluss von Defensivbündnissen nach damaligem Völkerrecht als zulässig. Entsprechend schlossen die Eidgenossen, gesamthaft oder in Teilen, Allianzen vor allem mit Frankreich, Österreich, Savoyen und Spanien. Drittens stellte die Schweiz Soldtruppen zur Verfügung und gestattete die öffentliche Anwerbung von Söldnern durch ausländische Agenten. Viertens vertrat Grotius bezüglich des Handelsverkehrs die Auffassung, der Neutrale dürfe nichts tun, was den Verfechter der ungerechten Sache stärke bzw. den Verteidiger der gerechten Sache schwäche, und im Zweifelsfall müsse er beide Parteien gleich behandeln; erst der Neuenburger Völkerrechtler Emer de Vattel attestierte dem Neutralen 1758 die Freiheit des Handels mit den Kriegführenden.

Der Schwerpunkt der alteidgenössischen Neutralität lag auf der Integrations- und der Unabhängigkeitsfunktion. Ohne Neutralität hätte die Schweiz schwerlich überlebt und wäre kaum vom lockeren Verbund zum immer engeren Staatenbund und schliesslich zum Bundesstaat zusammengewachsen. Die aussenpolitische Abstinenz war eine wesentliche Bedingung für das Wechselspiel von Konsolidierung und Vertiefung der Integration. Zu keiner Zeit waren alle Stände an den inneren Wirren und Bürgerkriegen beteiligt. Der konföderale Wabenbau federte die inneren Erschütterungen ab. Die Neutralität erfüllte eine einheitsstiftende Rolle.

Dass die äussere Neutralität die Unabhängigkeit voraussetzt, wurde erst allmählich bewusst, mit der faktischen Loslösung vom Reich im Basler Frieden (1499) und der völkerrechtlichen Anerkennung der Souveränität im Westfälischen Friedensschluss (1648). Dank dem Schutzwall neutraler Unabhängigkeitspolitik gelang es der alten Eidgenossenschaft, sich aus den Glaubens-, Eroberungs- und Erbfolgekriegen des 16. bis 18. Jahrhunderts herauszuhalten. Nur zögernd nahm die bewaffnete Neutralität Gestalt an. Trotz innereidgenössischer Bündnisverpflichtungen oblag die Hauptlast des Grenzschutzes zunächst den Grenzorten. Erst nach mehreren Grenzverletzungen kam gegen Ende des Dreissigjährigen Krieges im «Defensionale von Will» (1647) eine gesamteidgenössische Wehrordnung zustande. Diese schuf einen kollegialen Kriegsrat und bestimmte die Kontingente der einzelnen Orte. Ergänzt wurde das mehrfach erneuerte Defensionale durch die sogenannten Vormauern, d.h. einem an die Eidgenossenschaft grenzenden Gürtel neutralisierter Zonen, in denen Truppenansammlungen und Kampfhandlungen verboten waren.

Entgegen den Restriktionen von Grotius setzte die Eidgenossenschaft das Freihandelsrecht auch in Kriegszeiten durch. Allerdings verbot sie in der Regel die Belieferung Kriegführender mit Waffen und Munition.

Die Dienstleistungsfunktion der alteidgenössischen Neutralität war noch schwach ausgeprägt. Sie beschränkte sich auf die Aufnahme von Glaubensflüchtlingen (französische Hugenotten, piemontesische Waldenser, südfranzösische Camisarden, englische Katholiken und Puritaner), auf mehrere Versuche zur Friedensvermittlung (z.B. 1636 im Dreissigjährigen Krieg) und auf die Rolle als Gastgeber internationaler Friedenskongresse (Baden 1714, Basel 1795).

3. Verfestigung (1815-1914)

Der Einmarsch der Franzosen und die innere Revolution führten 1798 zum Einsturz der Alten Eidgenossenschaft. Die Schweiz wurde zum Kriegsschauplatz, zum besetzten Land und Durchmarschgebiet. Weder Frankreich noch die Alliierten respektierten die Neutralität. Napoleon schockierte den Schweizer Gesandten mit der Erklärung:

«*Vis-à-vis de moi, cette neutralité est un mot vide de sens(...).*»

Die Alliierten erzwangen den Durchmarsch mit der von Friedrich von Gentz formulierten Begründung:

«*Wahre Neutralität aber kann ohne den Besitz wahrer Unabhängigkeit nicht bestehen.*»

Wie durch ein Wunder ging die schweizerische Neutralität aus dieser tiefsten Krise gestärkt hervor. In der Deklaration über die schweizerische Neutralität vom

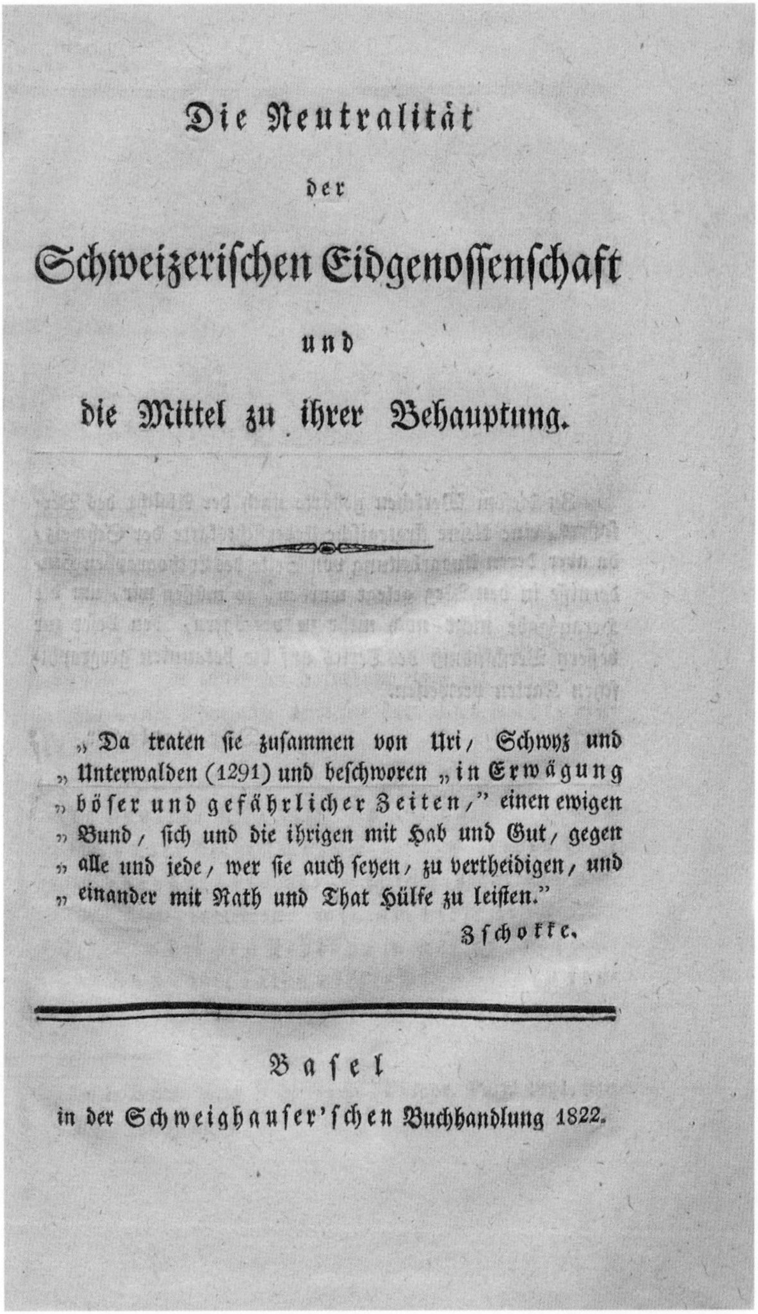

Die Neutralität

der

Schweizerischen Eidgenossenschaft

und

die Mittel zu ihrer Behauptung.

„Da traten sie zusammen von Uri, Schwyz und
Unterwalden (1291) und beschworen „in Erwägung
böser und gefährlicher Zeiten," einen ewigen
Bund, sich und die ihrigen mit Hab und Gut, gegen
alle und jede, wer sie auch seyen, zu vertheidigen, und
einander mit Rath und That Hülfe zu leisten."

Zschokke.

Basel

in der Schweighauser'schen Buchhandlung 1822.

Abb. 1 **Die Neutralität der Schweizerischen Eidgenossenschaft**

20. März 1815 versprach der Wiener Kongress, die Neutralität der Schweiz anzuerkennen, sofern die Tagsatzung den neuen, erweiterten Grenzen zustimme. Dabei tauchte erstmals die Formel «neutralité perpétuelle» auf. In Einlösung des Versprechens erliessen die fünf Grossmächte Österreich, Frankreich, Grossbritannien, Preussen und Russland am 20. November 1815 anlässlich der Pariser Friedenskonferenz den «Acte portant reconnaissance et garantie de la neutralité perpétuelle de la Suisse et de l'inviolabilité de son territoire». Es war ein Glücksfall, dass diese erste völkerrechtliche Anerkennung der «immerwährenden Neutralität» der Schweiz im Wesentlichen vom Genfer Pictet de Rochemont formuliert worden war, der peinlich darauf achtete, dass aus der «Garantie» kein Interventionsrecht der Grossmächte abgeleitet werden konnte.

Dem aussenpolitischen Erfolg von 1815 folgte der innenpolitische von 1848, als der Schweiz nach der Krise des Sonderbundskrieges die Gründung des Bundesstaates gelang. Beides, die Festigung der Neutralität und die Stärkung des Bundes, war notwendig, damit sich die mehrsprachige Schweiz gegen die auf jeweils eine Sprache fixierten Nationalbewegungen in der unmittelbaren Nachbarschaft abgrenzen konnte. Die Integrationsfunktion der Neutralität wurde so um die sprachlich-kulturelle Vielfalt der politischen Willensnation erweitert.

Auch die Unabhängigkeitsfunktion der Neutralität wurde bewusster wahrgenommen. Zwar verzichtete die Tagsatzung darauf, im Zweckartikel der Bundesverfassung die Neutralität festzuschreiben. Vielmehr definierte sie die Neutralität als ein «Mittel zum Zweck», als eine zur Zeit «angemessen erscheinende Massregel, um die Unabhängigkeit der Schweiz zu sichern»; sie wollte nicht ausschliessen, dass die Neutralität unter anderen Umständen «im Interesse der eigenen Selbständigkeit verlassen werden müsse». Dementsprechend ist die «Behauptung der Neutralität» lediglich in den Kompetenzartikeln der Bundesversammlung und des Bundesrates enthalten. Aber zur Stärkung der neutralen Unabhängigkeitspolitik verbot die Bundesverfassung den Kantonen, Bündnisse mit dem Ausland einzugehen, und führte die allgemeine Wehrpflicht ein, womit freilich erst nach 1874 wirklich ernst gemacht wurde. Dem gleichen Zweck diente die sukzessive Abschaffung der Soldverträge bis hin zum definitiven Söldnerverbot ab 1859. So gestärkt, konnte sich die Schweiz aus den Einigungs- und Befreiungskriegen und aus den Deutsch-französischen Krieg heraushalten.

Die Pressionen und Interventionsdrohungen der Grossmächte folgten sich indessen während des ganzen Jahrhunderts auf dem Fuss. In der Restaurations- und Regenerationszeit verlangte Österreich unter der Federführung Metternichs, die revolutionären Umtriebe von Emigranten zu unterbinden und die Pressefreiheit einzuschränken. Österreich und Frankreich unterstützten den Sonderbund, und die vier Kontinentalmächte versuchten, die Gründung des Bundesstaates zu hintertreiben. Danach begehrte der König von Sardinien die schweizerische Unterstützung der lombardischen Aufständischen gegen Österreich, machte Preussen die Schweiz für die badischen Aufstände mitverantwortlich und forderten italienische Irredentisten die Abtrennung des Tessins. Schlag auf Schlag folgten der Neuenburg-Konflikt mit Preussen und der Savoyen-Konflikt mit Frankreich.

Schliesslich drohte das Deutsche Reich unter Bismarck wegen der Duldung sozialistischer Emigranten und der Ausweisung eines deutschen Agenten mit der Aberkennung der Neutralität (Wohlgemuth-Affäre). Die Schweiz wurde als republikanischer Stachel im Fleisch der umliegenden Monarchien empfunden. Mit dosiertem Widerstand, demonstrativer Verteidigungsbereitschaft und wachsendem Nationalbewusstsein, aber auch dank der Rivalität der Grossmächte und der Unterstützung Englands, konnten die Bedrohungen allemal, nicht immer ohne Blessuren, abgewendet werden.

Einen Bedeutungsgewinn verzeichnete ebenfalls die geostrategische Gleichgewichtsfunktion der Neutralität. Als «Hüterin der Alpenpässe» kontrollierte die Schweiz strategisch wichtige Nord-Süd-Verbindungen. Durch den Bau des wintersicheren Gotthardtunnels (1882) wurde diese Rolle noch verstärkt. Auch die Ost-West-Achse durch das Mittelland hatte strategischen Rang. Durch ihre Mittellage trennte und verband die Schweiz drei der bedeutendsten europäischen Sprach- und Kulturräume. Als berechenbares, stabilisierendes, sicherheits- und friedensförderndes Element im europäischen Gleichgewicht konnte die Schweiz gelten, wenn sie willens und fähig war, die Neutralität auf Dauer zu bewahren, in europäischen Kriegen keine Partei zu unterstützen, jeder fremden Macht die Errichtung von Stützpunkten, den Durchmarsch und die Besetzung zu verwehren und die Unabhängigkeit notfalls mit Waffengewalt zu verteidigen. In diesem Sinne stellte die Schweiz einen nicht zu unterschätzenden Gleichgewichtsfaktor im Kalkül der europäischen Mächte dar. Deshalb erklärten sie 1815, die neutrale Unabhängigkeit der Schweiz liege «dans les vrais intérêts de la politique de l'Europe entière». Und deshalb begrüssten Preussen und Frankreich 1867 die Neutralitätserklärung mit dem Hinweis auf die alte Anschauung von der Funktion der neutralen Schweiz, das europäische Gleichgewicht wahren zu helfen.

Die Dienstleistungsfunktion der Neutralität wird in einer Bundesratsbotschaft erstmals 1870 erwähnt. Sie erhielt im 19. Jahrhundert beachtlichen Auftrieb. Fortgesetzt wurde die Asylpolitik; nun kamen nicht mehr Glaubensflüchtlinge, sondern Freiheitskämpfer, Republikaner, Liberale und Sozialisten. Eine Sonderleistung war die Evakuierung der Zivilbevölkerung aus dem belagerten Strassburg. Die anlässlich der Brüsseler Konferenz 1874 bestätigten Regeln für die Internierung ausländischer Truppen auf neutralem Boden hatte die Schweiz zuvor bei der Aufnahme österreichischer Verbände aus Italien und der 90 000 Mann starken Bourbaki-Armee aus Frankreich entwickelt. 1870 anerbot sich die Schweiz erstmals als Schutzmacht für die diplomatische Vertretung der Interessen kriegführender Staaten und ihrer Angehörigen. Initiativ wirkte sie bei der Entwicklung von Schiedsverfahren zur friedlichen Streitbeilegung und stellte zu diesem Zweck Schweizer Persönlichkeiten zur Verfügung (z.B. altBundesrat Stämpfli im Alabama-Fall zur Seeneutralität). Ferner profilierte sich die Schweiz neu als Sitzland internationaler Organisationen und Konferenzen. Der nachhaltigste Beitrag war die Gründung des Roten Kreuzes aufgrund einer Initiative des Genfers Henry Dunant. Die 1864 von der Schweiz einberufene Staatenkonferenz legte den Grundstein für die Genfer Konventionen und das humanitäre Kriegsvölkerrecht.

Die Periode der Verfestigung endete mit der Kodifizierung des bisher vor allem auf dem Völkergewohnheitsrecht beruhenden Neutralitätsrechts im V. und XIII. Haager Abkommen vom 1907. Danach ist es dem Neutralen verboten, den Kriegführenden Truppen und Operationsbasen zur Verfügung zu stellen, den Durchmarsch zu gestatten, aus staatseigenen Beständen Kriegsmaterial zu liefern, Staatskredite für Kriegszwecke zu gewähren oder militärische Nachrichten zu übermitteln. Er ist ferner verpflichtet, neutralitätswidrige Handlungen Kriegführender auf seinem Gebiet abzuwehren. Schliesslich muss er die Kriegführenden im Fall staatlicher Regelungen der privaten Aus- und Durchfuhr von Kriegsmaterial gleich behandeln.

Die Kriegführenden sind verpflichtet, die Neutralität zu respektieren und sich dementsprechend jeder Verletzung des neutralen Staatsgebietes zu enthalten. Der Neutrale hat insbesondere das Recht, den wirtschaftlichen Verkehr mit den Kriegführenden – abgesehen von den erwähnten Ausnahmen – aufrecht zu erhalten, Flüchtlingen Asyl zu gewähren, Kombattante kriegführender Staaten auf seinem Territorium zu internieren und Neutralitätsverletzungen, notfalls auch mit militärischer Gewalt, abzuwehren. Wird ein neutraler Staat unter Verletzung des Völkerrechts angegriffen, ist er selbstverständlich vom Bündnisverbot befreit.

Abb. 2 **Neutralité. Il s'agit d'arriver au bout!**

4. Bewährung mit Vorbehalten (1914–1945)

Einmal mehr war die Neutralität im 1. Weltkrieg für den inneren Zusammenhalt der Schweiz wichtig; denn mindestens in der Anfangsphase richteten sich die Sympathien der Deutschschweizer nach Deutschland, jene der Romands nach Frankreich. In Verletzung des eben erst in den Haager Abkommen bestätigten

Freihandelsrechts der Neutralen wurde die Schweiz in den Wirtschaftskrieg einbezogen; sie musste sogar ausländische Kontrolleure im eigenen Land dulden. Umgekehrt war der einseitige Nachrichtenaustausch der Armee mit Deutschland eine klare Verletzung des Neutralitätsrechts (Obersten-Affäre). Die mündlichen Eventualabsprachen des Generalstabs mit der deutschen und der französischen Heeresleitung für den Fall eines Angriffs auf die Schweiz waren neutralitätspolitisch heikel, aber neutralitätsrechtlich in Ordnung. Fragwürdiger war der Versuch Bundesrat Hoffmanns, einen deutsch-russischen Separatfrieden zu vermitteln; er musste deshalb nach dem Bekanntwerden unverzüglich zurücktreten. Dagegen wurden die «guten Dienste» bezüglich der Vertretung diplomatischer Interessen (25 Mandate) und der Internierung fremder Truppen (68 000) allseits geschätzt.

Die Gründung des Völkerbundes läutete die aktivste Periode der schweizerischen Aussenpolitik ein. Federführend waren die Bundesräte Calonder und Motta sowie der Völkerrechtler Max Huber. Im Versailler Friedensvertrag (Art. 435) wurden die Garantien der Neutralitätsakte vom 20. November 1815 als «internationale Abmachung zum Zwecke der Aufrechterhaltung des Friedens» anerkannt. Der Völkerbundsrat bestätigte die Anerkennung in der Londoner Erklärung vom 13. Februar 1920. Darin wurde die Schweiz von der Teilnahme an militärischen, nicht aber an wirtschaftlichen Sanktionen befreit («differentielle Neutralität»). Nach hartem Abstimmungskampf stimmten Volk (56%) und Stände (11½ : 10½) dem Beitritt zu. Gegen Konkurrenz wurde Genf als Sitz des Völkerbundes auserkoren. Wichtige Konferenzen fanden in der Zwischen-

Abb. 3 **La Suisse comme île**

kriegszeit in der Schweiz statt (Lausanne 1923, Locarno 1925). Kein anderes Land engagierte sich so stark für Schieds- und Schiedsgerichtsverfahren, nicht nur in bilateralen Verträgen, sondern auch durch die Beteiligung von Schweizern an Streitschlichtungen aufgrund der Friedensverträge. Auch vor hochpolitischen Mandaten schreckte die Schweiz nicht zurück (altBundesrat Calonder im Oberschlesischen Grenzkonflikt, Saarland-Plebiszit, C. J. Burckhardt als Hochkommissar des Völkerbundes in der freien Stadt Dan-

zig). An militärischen Beobachter- und Überwachungsmissionen wollte sich die Schweiz dagegen nicht beteiligen. Im Wilna-Konflikt verweigerte sie den Durchmarsch der Völkerbundstruppen. In Folge der Austritte Japans, Deutschlands und Italiens aus dem Völkerbund und der Sanktionen im Abessinien-Konflikt kehrte die Schweiz mit Billigung des Völkerbundsrates vom 14. Mai 1938 zur «integralen» Neutralität zurück.

Im 2. Weltkrieg war die Schweiz existentiell bedroht. Mit einem militärischen Angriff Deutschlands musste gerechnet werden. Bereits zirkulierten Landkarten, auf denen die Deutschschweiz als Teil Grossdeutschlands und die Südschweiz als Teil Italiens eingetragen waren. Der innere Zusammenhalt der Sprachregionen war indessen nie gefährdet. Die wirtschaftliche Versorgung der Schweiz mit Lebensmitteln und Kohle verlangte zwingend nach wirtschaftlichen Gegenleistungen. Gemäss dem Haager Neutralitätsrecht war, mit einigen Ausnahmen, die Freiheit des staatlichen und privaten Wirtschaftsverkehrs mit den Kriegführenden garantiert. Die Ausnahmeregeln freilich hat die Schweiz selbst mehrfach verletzt: durch Staatskredite an Deutschland und Italien für Kriegsmateriallieferungen, durch einige marginale Exporte von Kriegsmaterial aus bundeseigenen Produktionsstätten, durch ebenfalls marginale behördliche Ungleichbehandlungen des privatwirtschaftlichen Kriegsmaterialexports sowie durch die ungenügende Kontrolle des Transitverkehrs zwischen Deutschland und Italien. Eine Neutralitätsverletzung war zudem die Duldung der amerikanischen Nachrichtenzentrale in Bern. Keine Verletzung des Neutralitätsrechts waren die in La Charité von den Deutschen beschlagnahmten geheimen Eventualabsprachen zwischen dem schweizerischen und dem französischen Generalstab für den Fall eines deutschen Angriffs auf die Schweiz; dann sobald ein neutraler Staat völkerrechtswidrig einer Aggression zum Opfer fällt, ist er frei, ein Bündnis einzugehen. Aber das «pactum de contrahendo» war neutralitätspolitisch brisant. Die Kriegsparteien hielten sich nicht immer an das Neutralitätsrecht: Deutschland forderte unter Berufung auf «strikte Neutralität» die Einschränkung der Meinungs- und Pressefreiheit, die

Abb. 4 **Neutralität im 2. Weltkrieg**

USA erzwangen gegen Kriegsende den weitgehenden Abbruch des Wirtschaftsverkehrs mit Deutschland, und beide Kriegsparteien verletzten vielfach den schweizerischen Luftraum. Moralisch verwerflich waren die Goldkäufe der schweizerischen Nationalbank, die Rückweisung von Flüchtlingen, die an Leib und Leben bedroht waren, und nach dem Krieg die Verschleppung einer gerechten Lösung für die nachrichtenlosen Vermögen auf Schweizer Banken. Anderseits leistete die Schweiz in nie dagewesenem Mass «gute Dienste»: 1200 Personen betreuten 319 Einzelmandate für 35 Länder. Über 100 000 Soldaten und Offiziere wurden interniert. Rund 60 000 Flüchtlinge, darunter annähernd die Hälfte Juden, fanden vorübergehend oder dauernd Aufnahme in der Schweiz. 62 000 Juden und andere Verfolgte verdankten ihre Rettung dem Schweizer Konsul Carl Lutz in Budapest. Das IKRK beschäftigte 4000 Personen zur Betreuung von Kriegsgefangenen und zur Suche nach Vermissten. Trotz der erwähnten Vorbehalte verdienen Volk und Behörden der Aktivdienstgeneration alles in allem Respekt. Dank der ungeplanten Mischung von Widerstand, Anpassung und internationalen Dienstleistungen, vor allem aber dank dem Sieg der Anti-Hitler-Koalition, blieb die Schweiz vom Krieg verschont.

5. Übertreibung (1945–1989)

Unmittelbar nach dem 2. Weltkrieg war nicht nur die Neutralität der Schweiz, sondern die Neutralität allgemein diskreditiert. Bei der Gründung der UNO wandte sich insbesondere Frankreich gegen die Aufnahme neutraler Staaten. Völkerrechtler vertraten die Meinung, das Kriegsvölkerrecht und damit auch das Neutralitätsrecht habe ausgedient. Das änderte sich aber rasch. Schon 1946 trat Schweden als neutraler Staat den Vereinten Nationen bei. Mit den Genfer Konventionen von 1949 wurde der humanitäre Teil des Kriegsvölkerrechts aufgewertet. Im Moskauer Memorandum erklärte sich Österreich 1955 bereit, «immerwährend eine Neutralität der Art zu üben, wie sie von der Schweiz gehandhabt wird». In zwei Berichten von 1964 und 1966 bewertete die UN-Völkerrechtskommission die Vereinbarungen über die schweizerische Neutralität als Teil des für alle Staaten verbindlichen Völkergewohnheitsrechts. Die Schlussakte der KSZE von 1975 bestätigte allen Teilnehmerstaaten «das Recht auf Neutralität». Im Rahmen der Entspannungspolitik und zuvor schon bei der Anerkennung der österreichischen Neutralität erlangte die geostrategische Funktion der Neutralität eine neue Bedeutung: Österreich und die Schweiz bildeten zusammen einen 800 km langen Querriegel zwischen NATO-Mitte und NATO-Süd; die vier Neutralen (Finnland, Schweden, Österreich, Schweiz) trennten zum Teil die beiden Militärbündnisse NATO und Warschauer Pakt. In der KSZE erfüllten die neutralen und blockfreien Staaten zudem eine vermittelnde Rolle.

Obwohl der Kalte Krieg kein zwischenstaatlicher Krieg im Sinne des Völkerrechts und folglich kein neutralitätsrechtlich relevanter Konflikt war, und obwohl sich die Vorwirkungen der Neutralität im Frieden auf das Aggressions-, Bündnis- und Stützpunktverbot sowie auf das, von den Befürwortern der Armeeabschaffungsinitative von 1989 (36% Ja) bestrittene Rüstungsverbot beschränken, wurde die Neutralität von Bundesrat, Parlament und den tonangebenden Kreisen der Wirtschaft zur allumfassenden Staatsdoktrin überhöht. Trotz geheimer Zweifel von Bundesrat Petitpierre mass man fast jedes aussenpolitische Problem an einem übertriebenen Neutralitätsbegriff. Dokumentarischen Ausdruck fand diese Haltung in der sogenannten Bindschedler-Doktrin von 1954, die alsbald ohne Genehmigung der zuständigen Organe zur «offiziellen Schweizer Konzeption der Neutralität» mutierte. Entsprechend wurde der Beitritt zu den Vereinten Nationen, der Montanunion und den Europäischen Gemeinschaften abgelehnt, ja selbst die Mitgliedschaft im Europarat bis 1963 verzögert. Noch 1981 erklärte der Bundesrat die Neutralität als wichtigstes Mittel der schweizerischen Aussenpolitik und die

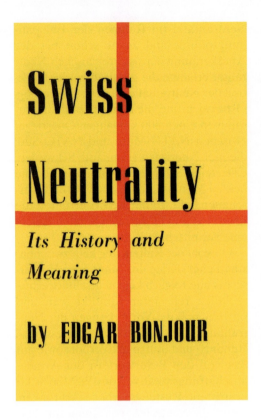

Abb. 5 **Edgar Bonjour, Swiss Neutrality**

Unabhängigkeitsbehauptung als wichtigstes Ziel. Dabei wurde Unabhängigkeit trotz wachsender Interdependenz im Sinne eines formalen Vetorechts in Internationalen Organisationen verstanden. Der jahrzehntelangen Indoktrination entsprechend lehnten 1986 Volk (75%) und Stände (alle Kantone) den UN-Beitritt ab.

Dennoch konnte die Schweiz dem Image als «Neutrale des Westens» nicht entgehen. Ideologisch stand sie verständlicherweise auf der Seite der westlichen Demokratien, und wirtschaftlich war sie zwingend in die marktorientierten Länder eingebunden. 1947 unterstützte sie im Rahmen der OEEC den Marshallplan für Westeuropa. Im lange Zeit geheim gebliebenen Hotz-Linder-Abkommen von 1951 beugte sie sich dem amerikanischen Druck und beteiligte sich an den Embargo-Massnahmen gegenüber den kommunistischen Staaten. In der Korea-Mission zur Überwachung des Waffenstillstandes (seit 1953) akzeptierten Schweden und die Schweiz die Rolle als «westliche Neutrale» neben den «östlichen Neutralen» Polen und CSSR, und in der Kommission zur Repatriierung der Kriegsgefangenen (1953–54) dienten die vier «Neutralen» unter dem Vorsitz des «Super-Neutralen» Indien. Als Antwort auf die Volksinitiative für ein allgemeines Waffenausfuhrverbot (49,7% Ja) erliess das Parlament 1973 ein Gesetz, das die Ausfuhr von Kriegsmaterial in Gebiete verbot, in denen Krieg herrscht oder unmittelbar droht oder in denen die Menschenrechte systematisch verletzt werden; in der Praxis wurde das Gesetz indessen nicht immer konsequent angewendet (z.B. Türkei, Südafrika).

Die Schweiz bemühte sich, dem zweiten Teil der Devise «Neutralität und Solidarität» Substanz zu geben. Sie beherbergt bis heute den europäischen Hauptsitz und zahlreiche Spezialagenturen der UN. Sie betreute die Staatenkonferenzen zur Weiterentwicklung der Genfer Konventionen von 1949 und der Zusatzprotokolle von 1977. Als Schutzmacht besorgte sie bis zu 24 Mandate, darunter die Vertretung der Interessen der USA in Kuba und im Iran. Wichtige Konferenzen fanden in der Schweiz statt (Indochina-Konferenz 1954, Genfer Gipfelkonferenz 1955, Algerien-Konferenz 1960/61, SALT- und START-Verhandlungen, Treffen Reagan/Gorbatschow 1985). Trotz Nichtmitgliedschaft wurden Schweizer mit hochrangigen UN-Mandaten betraut. Bei friedenserhaltenden Operationen der UNO beschränkte sich die Schweiz im Gegensatz zu anderen Neutralen auf materielle Unterstützungen. 1989 beschäftigte das IKRK 800 Delegierte und 4500 lokale Angestellte. Es verteilte 34 000 Tonnen Hilfsgüter in 33 Ländern. Seine Delegierten besuchten 80 000 Gefangene in 45 Ländern.

6. Verunsicherung (seit 1989)

Die Implosion des kommunistischen Systems veränderte die Weltlage fundamental. In sechs Berichten definierte der Bundesrat die Stellung der Schweiz in neuen internationalen Umfeld: drei Neutralitätsberichte von 1993, 2000 und 2005, zwei aussenpolitische Berichte von 1993 und 2000 sowie ein sicherheitspolitischer Bericht von 2000. Ihr Grundtenor lautet: Abkehr vom bisherigen Primat der Unabhängigkeitsbehauptung, Einordnung des Unabhängigkeitsziels in eine mehrdimensionale aussenpolitische Zielsetzung, Redimensionierung der Neutralität auf ihren völkerrechtlichen Kerngehalt, UN- und EU-Beitritt unter Wahrung der Neutralität, Teilnahme an Wirtschaftssanktionen und an friedenserhaltenden Operationen der UNO und der OSZE (auch mit eigenen Truppen), Unterstützung militärischer Sanktionen der UNO (z.B. Transit, aber keine Beteiligung eigener Truppen), bündnisfreie internationale Kooperation in der Sicherheitspolitik.

Seit 1989 fanden fünf neutralitätsrelevante Volksabstimmungen statt. 1994 wurde die Blauhelm-Vorlage abgelehnt (57%). 1999 nahmen Volk (59%) und Stände (13:10) die neue Bundesverfassung an; darin ist die mehrdimensionale aussenpolitische Zielsetzung festgeschrieben, während die Neutralität wie in den Bundesverfassungen von 1848 und 1874 lediglich in den Kompetenzartikeln verankert blieb. 2001 befürworteten die Stimmbürger (51%) die Bewaffnung von Schweizer Freiwilligen für friedensfördernde Operationen, aber unter Ausschluss der Beteiligung an Kampfhandlungen; zuvor schon hatte die Schweiz an solchen Einsätzen mit unbewaffneten Militärpersonen teilgenommen (Westsahara, Namibia, Bosnien, Kosovo). Im gleichen Jahr verwarfen alle Kantone und 78% der Stimmenden die Armeeabschaffungs-Initiative. 2002 beschlossen Volk (55%) und Stände (12:11) den UN-Beitritt; im Beitrittsgesuch hielt der Bundesrat fest: «Die Schweiz bleibt auch als Mitglied der Organisation der Vereinten Nationen neutral.» 2003 nahm das Volk (76%) das Gesetz für die Armee XXI an.

Die vier wichtigsten zwischenstaatlichen Kriege seit 1989 waren unter dem rechtlichen Aspekt sehr verschieden: völkerrechtskonform aufgrund eines UN-Mandats der Irak-Krieg 1991, völkerrechtlich umstritten die sogenannte humanitäre Intervention der NATO gegen Serbien 1999, als Akt der Selbstverteidigung von der UN-Charta gedeckt der Krieg der USA gegen Afghanistan 2001, Völkerrechtswidrig mangels UN-Mandat der Irak-Krieg 2003. Abgesehen vom Afghanistan-Krieg, der keine neutralitätsbedingten Massnahmen zu erfordern schien, verhielt sich die Schweiz trotz Verschiedenartigkeit der Konflikte in den drei andern Fällen ähnlich: Beteiligung an Wirtschaftssanktionen, Nichtbeteiligung an Kampfhandlungen, Überflug- und Transitverbote mit Ausnahme humanitärer Transporte, lockere und parteiische Handhabung des Verbots der Kriegsmaterialausfuhr entsprechend den wirtschaftlichen Interessen. Das bisherige strenge Verbot der Kriegsmaterialausfuhr in Kriegs- und Krisengebiete von 1973 wurde 1998 durch ein neues Gesetz abgeschwächt und 2005 durch eine neue Interpretation eben dieses Gesetzes noch mehr verwässert.

Die Zusammenarbeit mit der NATO im Rahmen der «Partnerschaft für den Frieden» (ab 1996) ist neutralitätspolitisch diskutabel, aber neutralitätsrechtlich unbedenklich, weil damit keine Beistandspflicht verbunden ist. Der UN-Beitritt kann sowohl neutralitätsrechtlich als auch neutralitätspolitisch mit guten Gründen vertreten werden: Das Neutralitätsrecht wurde letztmals 1907 festgeschrieben; damals gab es keine universelle kollektive Sicherheitsorganisation; folglich besteht im Völkerrecht eine Lücke; diese Lücke zu füllen, liegt im Ermessen der UNO und der Schweiz; die UN-Organe, die Schweiz und alle anderen neutralen Staaten halten die UN-Mitgliedschaft mit der Neutralität für vereinbar.

Mit dem Europarat, der Organisation für Sicherheit und Zusammenarbeit in Europa (OSZE) und den bilateralen Abkommen zwischen der Schweiz und der Europäischen Union (EU) hat die Neutralität überhaupt nichts zu tun. Auch ein Beitritt zur EU wäre neutralitätsrechtlich unbedenklich, solange sie kein Verteidigungsbündnis ist und solange die neutralen Mitgliedstaaten nicht verpflichtet sind, an friedenserzwingenden militärischen Kampfeinsätzen teilzunehmen. Selbst wenn der «Vertrag über eine Verfassung für Europa» doch noch in der ursprünglichen oder in anderer Form in Kraft träte, ist nicht zu erwarten, dass der sicherheitspolitisch massgebliche Artikel 40, der die Neutralitätsoption offenhält, verstärkt würde. Demnach erfordert die Einführung einer gemeinsamen Verteidigung erstens einen einstimmigen Beschluss des Europäischen Rats, d.h. indirekt der Regierungen aller Mitgliedstaaten. Zweitens müsste dieser Beschluss in jedem Mitgliedstaat gemäss seinen verfassungsrechtlichen Vorschriften genehmigt werden, d.h. durch Parlamentserlasse oder Referenden. Drittens ist ausdrücklich festgehalten, dass der besondere Charakter der Sicherheits- und Verteidigungspolitik bestimmter Mitgliedstaaten durch Artikel 40 nicht berührt wird. Viertens wird explizit zugesichert, dass bei einer eventuellen späteren Militärallianz nicht alle Mitgliedstaaten mitmachen müssen. Diese Vorbehalte sind u.a. auf Betreiben der neutralen EU-Staaten in den Artikel 40 eingegangen. Sie haben sich damit die Beibehaltung der Neutralität ausbedungen.

Eine unangenehme Überraschung waren in den 90er Jahren die massiven Angriffe aus den USA gegen das schweizerische Verhalten im 2. Weltkrieg; im Eizenstat-Bericht von 1997 wurde die damalige Neutralität schlichtweg als amoralisch verurteilt. Trotz der berechtigten Kritik an Neutralitätsverletzungen, an der Flüchtlingspolitik, an den Goldkäufen der Nationalbank und an der Behandlung nachrichtenloser Vermögen durch die Privatbanken verkannte dieser pauschale Vorwurf die bedrohliche Lage, in der sich das rundum von den Achsenmächten eingeschlossene kleine Land bis zur Ardennen-Offensive um die Jahreswende 1944/45 tatsächlich befand. Hätte die Schweiz Deutschland den Krieg erklären sollen? Hätte sie damit nicht die Juden, die Flüchtlinge und die aktiven Anti-Faschisten in der Schweiz fahrlässig gefährdet? Es gibt kein moralisches Gebot zum nationalen Selbstmord.

Heute ist die praktische Bedeutung der Neutralität stark geschrumpft. Sie ist gegenüber den meisten internationalen Problemen weder ein Hindernis noch eine Orientierungshilfe. Die fünf Neutralitätsfunktionen greifen kaum.

Die Integrationsfunktion hat ihre Bedeutung verloren, seitdem die Schweiz nicht mehr eine republikanische Insel im Meer von rivalisierenden monarchischen, nationalistischen, expansionistischen, faschistischen und totalitären Grossmächten bildet, sondern rundum bis tief in den Osten Europas von demokratischen, im wesentlichen gleichgesinnten und friedlich zusammenarbeitenden Rechtsstaaten umgeben ist.

Die Unabhängigkeitsfunktion droht sich ins Gegenteil zu wenden, weil die Schweiz ohne Mitbestimmung faktisch in hohem Mass in die Europäische Union integriert ist und so immer mehr zu einem nichtautonomen, nichtsouveränen Nachvollzugsland absinkt. Versteht man unter Unabhängigkeitsbehauptung die Wahrung des grösstmöglichen Einflusses auf das eigene nationale Schicksal, stellt sich die Frage, ob der Einfluss im Rahmen einer interdependenten Welt eher durch formaljuristisches Festhalten an einem anachronistischen Souveränitätsbegriff oder durch die Mitwirkung an Entscheiden inter- und supranationaler Organisationen gewähr-

Abb. 6 **Die Schweiz in der Uno, Flagen der Schweiz und der Uno**

leistet werden kann, an Entscheiden wohlverstanden, von denen die Schweiz so oder so, ungeachtet ob Mitglied oder Nichtmitglied, betroffen ist.

Die Unabhängigkeitsfunktion dient dem Schutz vor äusseren Gefahren und Bedrohungen. Die Schutzfunktion der Neutralität ist heute indessen gering. Zwischenstaatliche Kriege in Europa sind auf absehbare Zeit sehr unwahrscheinlich. Gegen die Fernwirkungen aussereuropäischer zwischenstaatlicher Kriege und die Folgen innerstaatlicher Bürgerkriege innerhalb und ausserhalb Europas geht von der Neutralität kaum eine Schutzwirkung aus. Zur Bewältigung anderer Grossrisiken wie der Verbreitung von Massenvernichtungswaffen, der Migration, der internationalen Kriminalität, von Wirtschaftskrisen, Naturkatastrophen, technologischer Katastrophen, ökologischen Katastrophen, Epidemien und religiösen Fundamentalismen nützt die Neutralität überhaupt nichts. Auch die Behauptung, die Neutralität schütze vor dem internationalen Terrorismus, ist höchst fragwürdig. Zwar ist die Schweiz zur Zeit kein prioritäres Ziel des internationalen Terrorismus. Sie tut gut daran, sich nicht mit allem zu solidarisieren, was unter dem Vorwand des «Krieges gegen den Terrorismus» geschieht. Dennoch kann sich die Schweiz nicht unter Berufung auf die Neutralität von der internationalen Zusammenarbeit gegen den Terrorismus dispensieren. Abgesehen davon, dass die Schweiz schon heute logistisch in die Terror-Szene involviert ist und im Ausland auch Schweizer Bürger zu Terroropfern geworden sind, können terroristische Anschläge in der Schweiz gegen diplomatische Vertretungen, Internationale Organisationen, internationale Konferenzen, Konzernzentralen und andere Einrichtungen jetzt und in Zukunft nicht ausgeschlossen werden.

Die Freihandelsfunktion ist seit dem 1. Weltkrieg angeschlagen. Die privatwirtschaftliche Ausfuhr von Kriegsmaterial in Kriegs- und Krisengebiete hat die Schweiz 1973 freiwillig eingeschränkt, ohne dazu neutralitätsrechtlich verpflichtet zu sein. Die Kehrtwende, die der Bundesrat im Jahre 2005 beschloss, indem er nicht nur private Kriegsmateriallieferungen in bisher gemiedene Konfliktgebiete zulassen, sondern sogar staatliches Kriegsmaterial aus der Liquidationsmasse der Armee in solche Konfliktgebiete verkaufen will, dient weder der neutralitätspolitischen Glaubwürdigkeit noch der Prävention gegen den Terrorismus.

Die frühere Gleichgewichtsfunktion der schweizerischen Neutralität im «europäischen Konzert» ist heute inexistent. Dass die europäischen Staaten nach zwei verheerenden Weltkriegen und dem «Kalten Krieg» freiwillig in der Rechtsgemeinschaft der Europäischen Union friedlich zusammenarbeiten, ist eine historische Sensation, die in der Schweiz noch nicht überall begriffen worden ist.

Bleibt die Dienstleistungsfunktion. Eine Präferenz für Dienstleistungen neutraler Staaten ist kaum mehr festzustellen, mit der Ausnahme, dass die schweizerische Neutralität die (andersgeartete) «Neutralität» des Internationalen Komitees vom Roten Kreuz und die Rolle der Schweiz als Sachwalterin der Genfer Konvention stützt. Die Vertretung der Interessen von Staaten, die keine diplomatischen Beziehungen zueinander unterhalten, ist auf wenige Mandate geschrumpft. «Gute Dienste» im Sinne von Vermittlung werden vor allem von Internationalen Organisationen und Grossmächten, aber auch von nichtneutralen Staaten (z.B. dem NATO-Mitglied Norwegen) und von Privaten geleistet. Der vom Eidgenössischen Departement für auswärtige Angelegenheiten behauptete komparative Vorteil des neutralen Kleinstaates für «gute Dienste» ist eine gut gemeinte, nostalgische Selbstüberschätzung.

7. Neutralitätsverzicht nicht opportun

Im Ausland erfährt die schweizerische Neutralität heute wenig Anerkennung, und zum Teil stösst sie auf Unverständnis. Das schwindende Ansehen der schweizerischen Neutralität im Ausland steht in scharfem Kontrast zur wachsenden Hochschätzung im Inland. Von 1993–2006 sprachen sich 79–90% der Schweizer Bevölkerung für die Beibehaltung der Neutralität aus, und 67–81% hegten die Meinung, die Neutralität sei untrennbar mit dem schweizerischen Staatsgedanken verbunden. Die Zustimmung zur Neutralität übertrifft selbst jede zur direkten Demokratie.

Die jüngste Steigerung der Zustimmungsraten hat offensichtlich mit dem Irak-Krieg zu tun. Ein Jahr nach dem UN-Beitritt wurde die Schweiz von einer Situation überrascht, die sie veranlasste, gegenüber diesem völkerrechtswidrigen Krieg das herkömmliche Neutralitätsrecht anzuwenden. Es ist nicht auszuschliessen, dass der von der UN-Charta geächtete Präventivkrieg Schule macht, zumal ihn die USA in ihrem sicherheitspolitischen Konzept vom September 2002 offen propagieren. Sollte sich diese Neuauflage des angeblich «gerechten Krieges» durchsetzen und auch von anderen Staaten übernommen werden, erhielte die Neutralität neuen Auftrieb. Insofern bleibt die Neutralität eine wichtige Reserveposition.

Der Verzicht auf die Neutralität ist unter den heutigen Gegebenheiten nicht praktikabel. Die einzige reale Option, die den Neutralitätsverzicht zur Folge hätte, wäre der NATO-Beitritt. Dazu besteht kein Anlass. Weder der Bundesrat noch das Parlament noch irgendeine Partei strebt den NATO-Beitritt an. Er hätte bei Volk und Ständen im obligatorischen Referendum ohnehin keine Chance.

In jüngster Zeit liefern sich Bundesrätin Micheline Calmy-Rey und Bundesrat Christoph Blocher öffentliche Neutralitätskontroversen. «Aktive Neutralität» steht gegen «umfassende Neutralität». Unter «aktiver Neutralität» versteht die Aussenministerin intensive internationale Zusammenarbeit auf der Grundlage des Völkerrechts und der aussenpolitischen Ziele der Bundesverfassung (Art. 54). Der Justizminister plädiert im Rahmen seiner «umfassenden Neutralität» für den aussenpolitischen Alleingang, hält wenig vom Völkerrecht und ignoriert den aussenpolitischen Verfassungsauftrag. Beide Auffassungen sind Übertreibungen. Beide stehen im Widerspruch zu den Berichten des Bundesrates von 1993–2005 über die schweizerische Aussenpolitik und die Neutralität. Im Grunde handelt es sich nicht um verschiedene Neutralitätskonzepte, sondern um kontroverse Konzeptionen der schweizerischen Aussenpolitik im Allgemeinen.

Der Zustand der Welt bietet einen unermesslichen Überfluss an Möglichkeiten, durch sinnvolle Dienstleistungen den Tatbeweis internationaler Solidarität zu erbringen und so das selten notwendige neutralitätsbedingte Abseitsstehen mehr als auszugleichen. Hohe Priorität kommt dabei dem Einsatz für das humanitäre Völkerrecht zu. In diesem Rahmen hat die Schweiz als Initiantin und Sachwalterin der Genfer Konventionen eine besondere Verantwortung. Aber man hüte sich davor, die Neutralität zur umfassenden aussenpolitischen Doktrin der Schweiz aufzuplustern.

Quelle des Textes

Alois Riklin, Neutralität am Ende? 500 Jahre Neutralität der Schweiz, in: Zeitschrift für Schweizerisches Recht, Neue Folge, Band 125, 2006, I, Heft 5, S. 583–598; ohne Schlagworte, Zusammenfassung, Résumé.
Publiziert mit Bewilligung des Autors und des Verlags Helbing und Lichtenhahn in Basel.

Bildnachweis

1 *Die Neutralität der Schweizerischen Eidgenossenschaft und die Mittel zu ihrer Behauptung*
Quelle: Schweighauser'sche Buchhandlung, Basel 1822

2 *Neutralité. Il s'agit d'arriver au bout! Vers 1870*
Quelle:http://www.swissinfo.ch/media/cms/images/ swissinfo /2007/03/sriimg20070315_7623...

3 *La Suisse comme île. Carte postale allégorique, 1914*
Quelle: Musée national suisse, 1998–15453, Château de Prangins

4 *Neutralität im 2. Weltkrieg*
Quelle: http://static.tvtropes.org/pmwiki/pub/images/Schweiz_neutral_4646.gif

5 *Edgar Bonjour, Swiss Neutrality. Its History and Meaning*
Quelle: George Allen & Unwin, London 1946; 2nd ed. 1952; Edgar Bonjour, Geschichte der schweizerischen Neutralität, 9 Bde., Helbing & Lichtenhahn, Basel 1965–1976

6 *Die Schweiz in der Uno, Flaggen der Schweiz und der Uno*
Am 3. März 2002 stimmte das Volk dem Beitritt der Schweiz zur Uno zu; die Schweiz wurde am 10. September 2002 als 190. Staat Mitglied der Uno

La neutralité du Corps helvétique avant, pendant et après la Guerre de Trente Ans

Hervé de Weck

Géographiquement, les treize Cantons souverains et les Pays alliés occupent une position centrale en Europe. A leurs frontières se trouvent trois grandes puissances, le Saint Empire romain germanique[1], la France, et l'Espagne qui occupe l'Italie du Nord. S'y ajoute la Savoie. Les passages alpins permettent de faire passer des flux de marchandises entre le sud et le nord du continent mais également d'amener des troupes en Italie, dans le sud du Saint Empire, voire en France. La liaison entre l'Autriche et le Royaume d'Espagne, dont le Duché de Milan fait partie, passe par le Splügen, la Valteline et l'Engadine.

1. Le Corps helvétique et ses voisins au début du XVIIe siècle

La Réforme a creusé un profond fossé en Suisse, aggravant les divergences traditionnelles entre les Cantons qui vivent dès lors dans un climat de méfiance et de tensions religieuses. Le prosélytisme sévit dans les bailliages communs. Le pouvoir fédéral se déplace dans les camps confessionnels. Trois conférences d'ambassadeurs des Cantons coexistent plutôt mal que bien: la Diète catholique de Lucerne, la Diète protestante d'Aarau et la Diète fédérale, sans pouvoir politique véritable, où se retrouvent les ambassadeurs des Treize Cantons et de plusieurs Pays alliés, tous munis d'instructions. Les tensions religieuses en aggravent la lenteur traditionnelle. La volonté de la majorité ne contraint pas la minorité; pour qu'une décision entre en vigueur, il faut l'unanimité. Depuis la Réforme et la Réforme catholique, le Louable Corps helvétique s'est beaucoup affaibli, alors que les Etats, ses voisins, dont les conflits ont toujours une connotation religieuse, cherchent à rallier à leur cause les Cantons de leur confession.

Les dissensions intérieures imposent la neutralité...

Juridiquement, qu'en-est-il de la neutralité au XVIIe siècle? *«Selon Grotius, le célèbre juriste néerlandais,[2] un Etat neutre ne fait rien qui pourrait favoriser le belligérant menant une guerre injuste et défavoriser ses adversaires. Dans le cas où il n'est pas possible de porter un jugement moral, une impartialité absolue s'impose dans l'octroi d'aides en tous genres et dans celui du droit de passage. En temps de conflit, les belligérants peuvent recruter des mercenaires dans un pays neutre et celui-ci a le droit de continuer sans autre son commerce d'armes et de munitions. En cas de protestation de l'un des belligérants, il lui est recommandé de faire preuve de retenue. Les parties en conflit ont le devoir de reconnaître une volonté déclarée de neutralité et de respecter le territoire de cet Etat.*

Il ne faut pas que le neutre soit contraint d'entrer en guerre.»[3] Le droit de passage pacifique de troupes belligérantes est conforme à la neutralité, dans la mesure où il découle de traités préexistants.

On ne saurait affirmer que les gouvernements des Cantons connaissent et appliquent les conceptions de Grotius! Quoi qu'il en soit, les sources suisses ne parlent pas de neutralité mais de *rester immobile, calme, inactif* (en allemand *stillsitzen*), ce qui sauvegarde la paix intérieure de la Confédération. Une autre politique exigerait une organisation plus centralisée, un véritable pouvoir fédéral. William Martin affirme que *«la mise au point du concept de neutralité constitue un apport spécifiquement suisse dans la doctrine européenne du droit des gens.»*

En 1602, tous les Cantons souverains, à l'exception de Zurich qui ne le fera qu'en 1614, renouvellent l'alliance avec la France d'Henri IV, le calviniste converti au catholicisme, sans pour autant renoncer à leurs alliances avec les autres Etats européens. Un article garantit à la Ville et République de Berne la possession du Pays de Vaud. Les bailliages communs ainsi que l'alliance française apparaissent comme des facteurs de cohésion au sein du Corps helvétique. L'alliance française révèle l'existence d'intérêts analogues, une volonté d'action commune de la part des Cantons catholiques et protestants, à une époque où les visées savoyardes sur Genève débouchent sur une crise sérieuse.[4]

Charles-Emmanuel Ier de Savoie projette de faire de Genève, la République protestante, riche et prospère, sa capitale au nord des Alpes. Il veut également lutter contre le calvinisme avec l'appui du pape Clément VIII. Dans la nuit du 11 au 12 décembre 1602, 2000 de ses soldats débarquent par surprise aux environs de la ville et tentent d'en escalader les remparts. Les citoyens genevois, armés de courage et de hallebardes, sortent défendre la cité aux côtés de la milice bourgeoise et de la garde. Les Savoyards l'auraient peut-être emporté, s'ils avaient pu faire sauter la porte Neuve, dont la herse tombe au dernier moment, barrant le passage au gros de la troupe. Ils repartent bredouilles, laissant derrière eux une cinquantaine d'hommes. Les Genevois comptent 18 morts. Ce n'est qu'en 1617 que le Duc de Savoie renonce au Pays de Vaud et signe une alliance défensive avec la Ville et République de Berne.

En 1604, les Cantons alliés avec l'Espagne renouvellent en l'élargissant le traité conclu en 1587. L'Espagne s'assure une route non contrôlée par la France – le Gothard – entre la Lombardie et les Flandres. Les dispositions relatives à la sauvegarde du territoire suisse lors de passages de troupes hispano-milanaises sont précisées. Ils s'effectueront par détachements, échelonnés et non armés, de 200 hommes. Chacune des parties peut demander l'interdiction des cols à une force militaire qu'elle désignera. Ce traité n'en représente pas moins un danger pour l'indépendance de la Confédération et ses relations pacifiques avec l'extérieur. Au début du XVIIe siècle, La République de Venise, inquiète des projets du Roi d'Espagne, se rapproche des Ligues rhétiques protestantes[5], dans le but d'utiliser leurs passages alpins et recruter dans la région. L'Espagne s'oppose vivement aux manœuvres vénitiennes.

Après l'assassinat d'Henri IV en 1610, le Corps helvétique se trouve de nouveau entraîné dans l'engrenage de la politique européenne et soumis aux fluctuations des relations entre les Etats, ses voisins. Au nom de la neutralité, les Cantons protes-

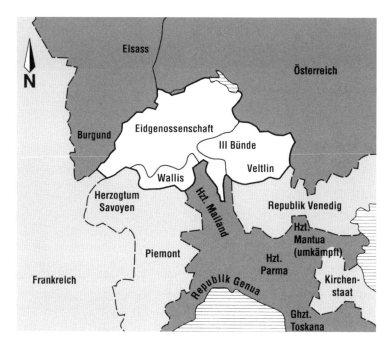

Ill. 1
Les Etats aux frontières du Corps helvétique au début du 17ᵉ siècle

☐ Eidgenossenschaft und zugewandte Orte

▨ Länder die Österreich-Spanien feindlich gegenüberstanden

■ Habsburger Mächte (Österreich-Spanien)

Hzt. = Herzogtum
Ghzt. = Grossherzogtum

tants refusent de s'allier avec l'Union protestante du Saint Empire. Il n'en reste pas moins que, si des guerres éclataient entre les puissances voisines de la Suisse, il lui serait extrêmement difficile, en raison des promesses faites concernant les passages à travers les Alpes, de pratiquer une neutralité correcte et de sauvegarder son indépendance. Elle risquerait d'être entraînée dans les crises européennes.[6]

2. La Guerre de Trente Ans épargne les Confédérés (1618–1648)

La guerre de Trente Ans (1618-1648) implique l'ensemble des Etats européens selon qu'ils sont pour ou contre le Saint Empire, à l'exception de l'Angleterre et de la Russie qui œuvrent néanmoins indirectement contre les Habsbourg. Ferdinand II, qui devient empereur en 1619, veut restaurer le catholicisme dans ses Etats et dans l'ensemble de l'Allemagne, remettant en cause l'équilibre du continent. Il cherche également à créer dans l'Empire une autorité plus directe et plus forte. Les Habsbourg d'Espagne et du Saint Empire, soutenus par l'Église catholique romaine, se battent pendant trente ans contre les États allemands protestants, alliés aux puissances européennes voisines à majorité protestante, les Provinces-Unies, le Danemark et la Suède. La France, catholique, qui combat les huguenots chez elle, entend réduire la puissance des Habsbourg; elle s'engage donc avec les puissances protestantes.

Toutes les armées comprennent des mercenaires. Brutalités et pillages sont quotidiens, les populations souffrent, d'autant que les troupes vivent sur l'habitant. Les combats se déroulent dans la partie «Europe centrale» du Saint Empire, puis ils touchent la Flandre, le nord de l'Italie et la péninsule ibérique. Batailles, famines, massacres provoquent plusieurs millions de morts. Cette *guerre civile européenne* pèse lourdement sur la démographie et l'économie des États allemands et du Royaume d'Espagne, mais elle assoit l'hégémonie de la France, qui va encore se renforcer avec le règne personnel de Louis XIV, depuis 1651.

La politique extérieure des Cantons suisses

Les trois Ligues rhétiques, alliées des Confédérés, qui n'ont pas une organisation commune, sont faibles militairement et n'entretiennent pas entre elles des rapports pacifiques. Les protestants appellent les Français pour chasser les Espagnols, puis les catholiques appellent les Espagnols pour chasser les Français. On comprend que les Grisons deviennent un théâtre d'opérations pendant la Guerre de Trente Ans!

La politique extérieure des Confédérés, pendant cette période, s'avère délicate. Vu l'exiguïté de leurs territoires et leurs faibles ressources, ils peuvent craindre de se faire occuper, voire annexer, malgré une *Alliance héréditaire* avec l'Autriche, signée en 1511, ainsi qu'une *Alliance perpétuelle*, conclue avec la France en 1521. Ces deux Etats considèrent le territoire des Confédérés inviolable et s'engagent à le défendre en cas d'attaque. Pourtant, ces promesses et les régiments suisses au service des deux monarchies n'apparaissent pas forcément comme un *bouclier* suffisant aux yeux des Suisses.

D'emblée, la Guerre de Trente Ans prend une dimension religieuse, les Cantons catholiques et protestants, pour

Le territoire de la Suisse vers 1600

- 🟥 Territoires confédérés
- 🟦 Pays alliés
- 🟩 Baillages communes

Ill. 2 **Le territoire de la Suisse vers 1600**

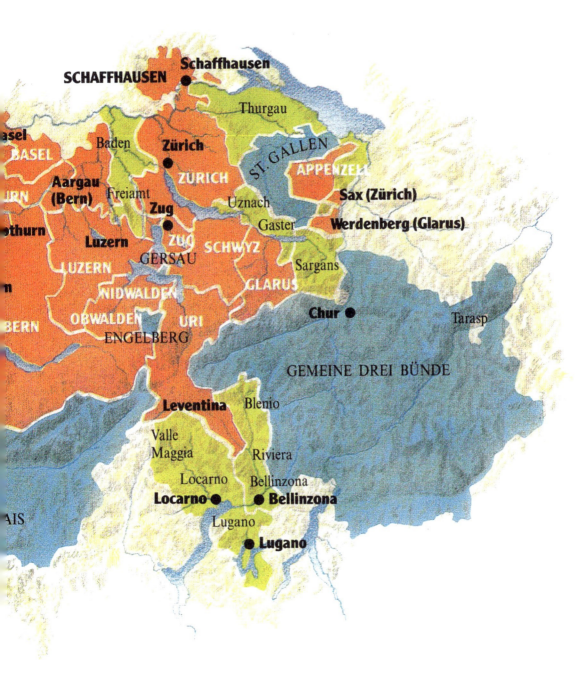

maintenir leur cohésion, pratiquent une politique extérieure de prudente réserve. Les premiers refusent leur aide à la Ligue catholique, les seconds à l'Union évangélique. Cela n'empêche l'Empereur, catholique, de situer les Cantons protestants dans le camp français et de considérer que les Cantons catholiques sont toujours de cœur avec lui. Sa politique apparaît dangereuse pour l'indépendance du Corps helvétique. Ferdinand III, empereur depuis 1637, envoie un commissaire en Suisse, non un ambassadeur. En 1640, des protestations s'élèvent dans la Confédération, parce qu'il cherche à y lever des troupes comme si la Diète n'existait pas, comme si les Treize Cantons faisaient partie de l'Empire. En 1641, Bâle et Schaffhouse reçoivent une convocation à l'Assemblée d'Empire comme les Villes impériales.

Si l'Empire peut inspirer des craintes en Suisse, la France s'efforce d'y maintenir ce qu'on appellerait aujourd'hui l'unité nationale. Elle a reconnu en 1632 l'indépendance du Corps helvétique dans dix traités de paix et d'alliance. Au nom du principe «Diviser pour régner», cette monarchie catholique soutient les princes allemands protestants, car des luttes, voire des guerres au sein de l'Empire l'empêchent de devenir une puissance menaçante pour la France, dont le Roi se veut l'ami de tous les Suisses. Ses ambassadeurs calment les dissensions confessionnelles. *«La France, fille aînée de l'Eglise, inspirait confiance aux Cantons catholiques par sa politique intérieure, mais la politique extérieure du Roi très Chrétien n'inspirait pas une moindre confiance aux Cantons réformés.»*[7] La France se trouve pressée par d'urgentes nécessités militaires et doit tirer de l'Helvétie tous les soldats qu'elle s'est réservé le droit d'y recruter. Il s'oppose donc à tout ce qui pourrait tarir la source de ces renforts indispensables: la pépinière de recrues doit rester en paix, afin qu'elle fournisse son plein rendement. D'autre part, l'indépendance des Suisses convient au Roi qui, dans un souci de sécurité nationale, aide les petits Etat à obtenir leur indépendance.

La politique extérieure des Confédérés, toujours subordonnée à la politique intérieure, est donc sous l'influence des diplomaties impériales et françaises, auxquelles s'ajoutent les intrigues espagnoles souvent favorisées par les Cantons catholiques.

Les aléas de la Guerre de Trente Ans amènent des succès, tantôt du camp catholique, tantôt du camp protestant.[8] En fonction de la situation, les factions qui leur correspondent en Suisse prennent le dessus. Entre 1630 et 1640, les victoires de Gustave-Adolphe, roi de Suède, permettent aux Cantons réformés d'amener leurs homologues catholiques à interdire tout passage de troupes espagnoles sur territoire suisse. Quand Zurich et Berne veulent s'allier aux Suédois, les démarches de Bâle et de Shaffhouse parviennent à les en dissuader.

La Diète fédérale, en mai 1632, décide à l'unanimité de supprimer le droit de passage aux Impériaux et aux Suédois. Selon les termes des recès, les Cantons veulent *«n'accorder à personne le passage sur le territoire fédéral et à en empêcher quiconque avec la dernière sévérité.»*[9] Pour quelles raisons se mettent-ils exceptionnellement d'accord sur une ligne de conduite? A cause du grand nombre de traités contradictoires qu'ils ont signés, ils doivent en arriver à une politique de retenue, puis à une abstention complète. Cette neutralité n'*«était pas dictée seulement par une prudente réserve, elle avait aussi pour cause la divergence (…) entre Zwingli et Luther; des deux côtés du Rhin s'étaient développées des façons de penser et des idées politiques dissemblables. (…) De leur côté, les catholiques suisses sympathisaient avec la cause catholique, mais pas directement avec la cause impériale. Ils considéraient surtout les victoires de l'Autriche sous Wallenstein comme des victoires politiques (…) qui pouvaient faire renaître les prétentions* [autrichiennes] *envers la Suisse.* »[10]

Cette neutralité demeure fragile, car des désaccords apparaissent lors de la violation du territoire confédéral par les Suédois en 1633. Les Cantons catholiques, qui soupçonnent fortement les Zurichois de complicité avec l'envahisseur, se cherchent un allié en la personne du Roi d'Espagne. En 1634, ils lui ouvrent les passages des Alpes. Cet accord, qui n'est pas conforme au stillesitzen, créée de fortes inquiétudes dans les Cantons protestants, d'autant que des troupes espagnoles se trouvent dans les Grisons. En 1635, les Cantons protestants accordent droit de passage aux troupes du duc de Rohan, qui font mouvement depuis l'Alsace, justifiant leur décision par l'aide qu'il faut apporter aux protestants des Grisons. En 1639, la Ligue catholique rhétique en fait de même pour les forces espagnoles. Le 2 février 1638, la Diète fédérale décide à l'unanimité de ne plus accorder de droit de passage à quiconque et de repousser par la force toute violation des frontières, ce qui n'empêche pas le Duc de Saxe-Weimar de violer le territoire helvétique, les catholiques pensent immédiatement à une complicité de la Ville et République de Berne. Les Confédérés peinent à empêcher des passages de troupes!

Ces violations amènent en 1640 les Cantons protestants à l'idée d'une neutralité reposant sur un Défensional, soit une force commune à plusieurs Cantons; différentes versions de ce projet échouent à cause de l'opposition des Cantons catholiques. Ceux-ci, à cause d'intérêts divergents et du manque d'argent, ne discutent même pas d'un Défensional propre à leur religion. Au mois de janvier 1647, les deux partis adoptent le Défensional de Wil, lorsque la Suède et la France occupent le Rheintal. Oubliant leurs discordes confessionnelles, les Treize Cantons donnent instruction à leurs ambassadeurs à la Diète fédérale d'assurer la défense du Corps helvétique. «*On décide à l'unanimité d'interdire l'accès du territoire confédéral, et notamment de la ville de Constance, à tous les belligérants et, cas échéant, de s'opposer avec toutes les forces réunies à une agression. On approuve à l'unanimité le projet annexé au recès, relatif à l'occupation des frontières confédérales et on prend acte de son exécution. Pour assurer le maintien de l'ordre et de la discipline, on approuve une formule de serment et une ordonnance pour tous les chefs et leurs troupes.*»[11]

Le Défensional de Wil, première organisation militaire fédérale, repose sur l'idée que la défense de la neutralité ne saurait être l'affaire exclusive des Cantons frontaliers, qu'elle relève de l'ensemble de la Confédération. Le document comporte des directives opératives pour la protection de la frontière menacée au Nord et à l'Ouest, ainsi que les principes d'une organisation de l'armée en cas de guerre: un Conseil de guerre formé de représentants de l'ensemble des Cantons, une première levée de 12 000 hommes, deux autres contingents de mêmes effectifs tenus en réserve. Chaque compagnie comprend 200 hommes (120 mousquetaires, 60 piquiers, 20 hallebardiers). Quelques Cantons fournissent entre 2 et 8 canons. On tente de se protéger contre une invasion et, ce faisant, on renforce le lien fédéral. L'ébauche d'une neutralité armée du Corps helvétique apparaît.

Depuis 1636, on semble aussi s'orienter – bien timidement – vers une neutralité active. La Diète, qui veut montrer son désir de paix, propose ses bons offices aux puissances belligérantes. Les Cantons déclarent à l'unanimité vouloir travailler pour arrêter l'inhumaine effusion de sang et venir en aide *«au peuple chrétien qui appelle de ses soupirs et de ses cris la paix chérie et salutaire (…).»*[12] Cette proposition rencontre peu de succès. Les Princes répondent qu'ils ne désirent que la paix! Et l'Empereur ajoute que les Confédérés devraient commencer par prouver leur amour de la paix en rappelant les mercenaires qui servent en France. Cette tentative n'en permet pas moins aux protestants et aux catholiques d'agir de concert, au-delà de leurs dissensions.

La neutralité, en période de conflit, suscite de vives critiques de la part des belligérants. C'est une constante de l'histoire! En 1633, le chevalier Christoph Ludwig Rasche, ambassadeur suédois, qui recherche une alliance avec les Confédérés protestants, traite leur neutralité *«d'oreiller de paresse, d'hypocrisie et de traîtrise»!*[13]

Les belligérants manifestent un grand intérêt pour les passages alpins, les mercenaires et les marchandises suisses. Afin de pouvoir en profiter de manière optimale, ils sont amenés à reconnaître qu'une guerre sur territoire de la Confédération ou un démembrement de son territoire sur des bases confessionnelles s'avéreraient contreproductifs. De plus, une annexion unilatérale ou une occupation préventive n'aurait aucune chance de réussir. La neutralité du Corps helvétique semble déjà dans l'intérêt des puissances européennes.

Depuis le XVIe siècle, les Confédérés pratiquent une politique dite du *Vormauersystem*[14]. Au lieu de construire de coûteuses fortifications, ils s'efforcent de neutraliser par des traités les territoires situés immédiatement au-delà de leurs frontières, les villes du sud-ouest de l'Allemagne, l'Alsace, la Franche-Comté, la Savoie, dans le but d'éviter un contact direct avec les grandes puissances environnantes. A la Diète de Baden, en octobre 1639, on envisage de collaborer à la défense de la Bourgogne à laquelle les Cantons ont longtemps porté un vif intérêt et dont l'avenir semble compromis par les ambitions rivales des belligérants. Le Roi de France s'oppose à la création d'une sorte de *cordon sanitaire* entre son Etat et la Suisse.

Johann Rudolf Wettstein aux négociations de paix

Au début des années 1640, les pressions françaises et suédoises se font de plus en plus fortes du côté du Rhin et du Danube, l'empereur Ferdinand III se trouve forcé de négocier: il vient de perdre l'Alsace et les Trois-Evêchés (Metz, Toul, Verdun). Des pourparlers commencent à Cologne en octobre 1636, mais les discussions sérieuses ne débutent qu'en 1643 à Münster la catholique, siège d'un évêché, et à Osnabrück la protestante. Auparavant, l'ambassadeur de France a déclaré à la Diète fédérale en juillet que la reine-régente, Anne d'Autriche, veut intégrer les alliés suisses de son fils (Louis XIV est encore mineur) dans le traité que les Français s'apprêtent à négocier à Münster. La France veut un Corps helvétique indépendant, alors que Ferdinand III considère les Cantons de Bâle, de Schaffhouse, d'Appenzell comme faisant partie du Saint Empire, puisqu'ils ne figurent pas dans la paix de 1499 qui met fin à la Guerre de Souabe. Il en va de même pour Saint-Gall.

A plusieurs reprises, la Chambre impériale de Spire a cité Bâle à comparaître, et les tensions augmentent en 1646. La ville rhénane, qui s'estime lésée dans son commerce par la procédure, convainc la Diète fédérale, Anne d'Autriche et le cardinal Mazarin d'intervenir auprès de Ferdinand III. Le duc d'Orléans-Longueville, ambassadeur français à Münster, se trouve en relation avec les Confédérés en sa qualité de prince de Neuchâtel. La France accueille favorablement la demande bâloise, car elle ne veut pas perdre de son prestige dans les Ligues réformées allemandes. Orléans-Longueville reçoit la mission de défendre à Münster les intérêts des Suisses. Il doit demander l'inclusion des Confédérés dans les traités de paix, veiller à ce qu'on ne décide rien de préjudiciable à leur liberté et à leurs intérêts. L'intervention de la France fait naître de grandes espérances dans les Cantons protestants.

Comme Orléans-Longueville ne peut pas promettre un maintien du statu-quo en Alsace, les Cantons protestants, emmenés par Zurich et Berne, proposent d'envoyer deux plénipotentiaires par religion à Münster et à Osnabrück. Dans les paix précédentes, la Confédération n'était pas mentionnée. Si, cette fois, elle n'est pas inclue dans les traités, il lui sera difficile, ultérieurement, de défendre ses libertés et ses privilèges. Les Cantons catholiques s'y opposent. Il faut, selon eux, attendre la réalisation de la promesse française. Pour Lucerne, chef de file des catholiques, la Confédération, qui n'a pas participé à la guerre, ne doit pas prendre part aux négociations de paix. S'y ajoute le non-dit! On craint que les plénipotentiaires réformés prennent des contacts avec leurs coreligionnaires d'outre-Rhin. Si des délégués du Corps helvétique se trouvent à Münster, soutenus par la France, on risque de devoir lui céder l'Alsace. S'ils ne participent pas aux négociations, on se garde la possibilité d'intriguer en sous-main pour conserver ses privilèges en Alsace.

Les Cantons réformés autorisent tout de même les autorités de Bâle à envoyer au Congrès de paix le bourgmestre Johann Rudolf Wettstein[15] qui a toujours défendu à la Diète fédérale une politique de stricte neutralité. Muni de lettres de recommandation de l'ambassadeur français Caumartin et des cités évangéliques, il part en décembre 1646, avec des instructions:

– Veiller à ce que le Congrès ne décide rien de préjudiciable pour le Corps helvétique.
– Obtenir l'inclusion de la Confédération dans les traités de paix.
– Amener les plénipotentiaires impériaux et français à accepter l'exemption de Bâle du Saint Empire et de la Chambre impériale de Spire, Ferdinand III à accorder par un décret officiel l'indépendance de l'ensemble de la Confédération. A la place d'une déclaration d'exemption, Wettstein devrait obtenir une déclaration de droit public de la France et de la Suède. Cette possibilité influence la décision de Ferdinand III d'accorder le décret du 16 mai 1647.

La mission de Wettstein s'avère délicate. Tant qu'il s'agit de discuter, pour le compte de Bâle, l'annulation des sentences de la Chambre impériale, les lettres de créance des cités évangéliques suffisent. En revanche, elles ne couvrent pas l'inclusion du Corps helvétique dans les traités de paix et l'exemption de l'Empire. Il lui faut des lettres de créance de tous les Cantons. Entre le 15 et le 25 janvier 1647, il demande à Zurich, le *Vorort* fédéral,[16] «*de lui envoyer au moins une lettre de recommandation de la Confédération à l'intention des ambassadeurs français et impériaux. (…) On aurait mieux fait d'envoyer des ambassadeurs des deux religions.*»[17] Grâce à un subterfuge de Zurich qui agit sans en référer aux autres Cantons, Wettstein reçoit une *Favorschreibung* qui semble l'accréditer comme plénipotentiaire de l'ensemble de la Confédération. Cet artifice montre à quel point certains gouvernements cantonaux sont peu soucieux du bien commun: même à propos de problèmes vitaux, ils n'arrivent pas à s'entendre. Pour faire croire à une politique étrangère suisse, il faut recourir à des finesses de chancellerie. Wettstein se tourne alors vers les ambassadeurs impériaux, français et suédois qui s'engagent séparément à reconnaître l'indépendance du Corps helvétique. Le duc d'Orléans-Longueville et le comte d'Avaux en font même une condition *sine qua non* de la poursuite des négociations.

L'exemption n'apporte pas un changement véritable pour la Confédération. Elle est liée depuis longtemps avec la France, et le Saint Empire, qui n'exige plus de contributions de la part des Suisses, n'a pas protesté. Dans ses discussions avec les représentants de Ferdinand III, qui ont mission de prévenir les influences françaises, Wettstein exploite les rivalités entre grandes puissances.

En novembre, le Bâlois quitte Münster, confiant la poursuite de la mission à Valentin Heider, bourgmestre de Lindau. Il rentre chez lui, alors que la majorité des Electeurs et la Chambre impériale de Spire refusent de se soumettre à la décision impériale. Il a obtenu des Français la promesse que les privilèges suisses ne subiront aucune modification en Alsace, que les magistrats de Spire seront rappelés à l'ordre. Il peut sembler bizarre que l'ambassadeur suisse en Westphalie fasse une telle délégation à un diplomate étranger. Peut-être considère-t-il sa mission comme achevée. Valentin Heider, à ses yeux, ne serait alors qu'un observateur.

Après le retour de Wettstein, tous les Cantons soutiennent la politique préconisée par Zurich et Berne. Il est temps car, à Münster, les prétentions des Confédérés sont réduites à leur plus simple expression, l'inclusion dans les traités de paix. En revanche, la reconnaissance explicite de l'indépendance de la Confédération se heurte toujours à maints obstacles. La promesse de l'Empereur de ne pas placer de garnison à Lindau et celle du Roi de France de ne pas modifier le statut de l'Alsace ont peu de chances d'être tenues.

Quand, en 1646, la France parle d'annexer l'Alsace, Volmar, plénipotentiaire impérial, avance que les Suisses pourraient réagir comme deux siècles auparavant, lorsque Charles le Téméraire s'en était emparé. Leurs discordes confessionnelles interdisant une réaction violente, ils tentent une manœuvre diplomatique qui n'a aucun résultat. Le procès-verbal de la Diète reste vague, parce que les Cantons, surtout les protestants, penchent pour un double jeu: se faire soutenir par la France, tout en l'empêchant de prendre possession de l'Alsace qui est leur grenier et leur cave. La France pourrait freiner les exportations de grains, se donnant ainsi des moyens de pression sur le Corps helvétique. Des Confédérés y possèdent des domaines. Wettstein, personnellement, est opposé à l'annexion de l'Alsace par la France, parce que Bâle serait quasiment encerclé, sa navigation sur le Rhin entravée. D'instinct, il redoute une hégémonie française en Europe; pour lui, l'équilibre européen est la plus sûre garantie de l'indépendance de la Confédération. L'ambassadeur Caumartin, qui a flairé la manœuvre des Confédérés, s'oppose dans un premier temps à l'envoi de délégués suisses à Münster.

La Suisse dans les traités de Westphalie

Les traités signés le 24 octobre 1648 par les plénipotentiaires impériaux et les délégués des Electeurs, à Münster avec les puissances catholiques, à Osnabrück avec les puissances protestantes, règlent les litiges politico-confessionnels européens en faveur de la Suède et de la France, aux dépens d'un Saint Empire tombé dans l'impuissance: les Etats particularistes allemandes acquièrent une souveraineté à peu près complète. Les Confédérés ont joué la partie avec la France comme partenaire et ils ont fait son jeu.

Des traités de paix mettent fin à la guerre en 1648. Dans l'article 61 du traité de Münster et l'article 6 du traité d'Osnabrück, les grandes puissances européennes reconnaissent juridiquement – ce qui était une réalité depuis les guerres de Souabe – la complète indépendance du Corps helvétique par rapport au Saint Empire. Cette demande d'exemption intervient à la demande de Bâle qui ne veut plus être considéré comme une Ville impériale au statut similaire à celui de Strasbourg. Il s'agit également, pour la ville rhénane, d'annuler les procès engagés contre certains de ses ressortissants devant la Chambre impériale de Spire.

Un article «Suisse» dans les traités de Münster et d'Osnabrück

«Ensuite de la plainte portée devant Sa Majesté impériale, émanant de la Ville de Bâle et de toute l'Helvétie, transmise au Congrès par ses envoyés plénipotentiaires, au sujet de quelques procès et mandats exécutifs de la Chambre d'Empire contre ladite Ville et autres Cantons confédérés des Helvètes, des conseillers et de leurs sujets, et ensuite de la délibération du Conseil d'Empire parues dans les décrets spéciaux du 16 mai de l'année écoulée, par lesquels il est spécifié que la Ville de Bâle, ainsi que tous les autres Cantons des Helvètes, sont exemptés en toute liberté de tous les dicastères, et ne sont plus soumis à la juridiction de l'Empire, il a été convenu et arrêté qu'il en serait de même actuellement et inséré dans le présent contrat de paix officiel et que tous les procès et toutes les saisies effectuées de ce fait en tout temps seront levés et déclarés sans valeur.»

| de Weck: Neutralité du Corps helvétique

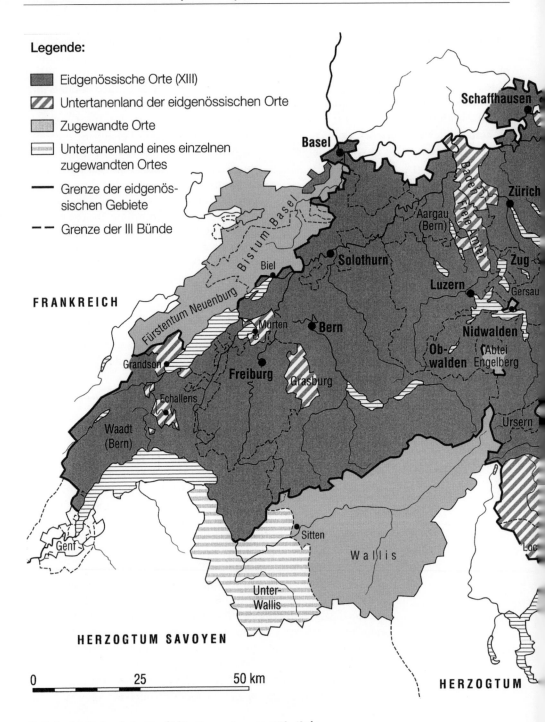

Ill. 3 **Le territoire de la Confédération suisse au 17ᵉ siècle**

Le décret impérial du 16 mai 1647, qui figure intégralement dans les traités, date en réalité du 19 octobre. L'Empereur l'a accordé sans le préavis des Etats allemands et l'a antidaté, pour ne pas donner l'impression de céder aux sollicitations des Français et de Johann Rudolf Wettstein, le représentant des Confédérés. Il se trouve en mauvaise posture. Cette finesse de chancellerie est son dernier espoir de se conserver l'amitié des Cantons et d'empêcher qu'ils ne passent tous dans le camp français.

Les Etats signataires reconnaissent formellement l'indépendance et la souveraineté du Corps helvétique, ce qui peut s'expliquer par les *«efforts que notre pays avait faits, pendant tout le cours de la guerre, pour maintenir sa neutralité.»*[18] Faut-il admettre, comme Maxime Reymond, que la décision à l'unanimité de la Diète de Baden en 1632 de refuser le droit de passage aux Impériaux et aux Suédois, constitue *«le fondement juridique de la reconnaissance de la neutralité de la Suisse qui fut faite seize ans après au Congrès de Münster en Westphalie»?*[19] En fait, elle ne sera officiellement reconnue qu'au Congrès de Vienne en 1815. Quoi qu'il en soit, les Confédérés, pendant et après la Guerre de Trente Ans, évitent de s'engager, lorsque les intérêts immédiats du Corps helvétique ne sont pas en jeu. Ils ne prétendent plus agir sur les relations internationales en Europe. La Confédération passe d'une neutralité occasionnelle à une neutralité permanente. Il lui manque toutefois les moyens de se défendre efficacement contre l'extérieur, c'est-à-dire une organisation militaire fédérale adéquate.

Si l'on fait exception des Ligues rhétiques, des alliées abandonnées par les Treize Cantons, la neutralité a permis à la Confédération de rester à l'abri des horreurs de la Guerre de Trente Ans, malgré le fait que des régions frontalières ont été exposées à des incursions, par suite de l'insuffisance du dispositif défensif. Jusqu'en 1798, ils ne subiront plus la guerre, l'invasion et des violations graves de leurs territoires. Pendant la Guerre de Trente Ans, les belligérants mettent en revanche à mal le commerce des Confédérés, saisissant ou réquisitionnant des marchandises. Plusieurs d'entre eux, à l'extérieur des frontières de la Confédération, se sont fait capturer et rançonner.

3. La seconde moitié du XVIIe siècle

Après la Guerre de Trente Ans, le système des alliances confessionnelles n'empêche pas des alliances d'intérêt. Les Confédérés tirent profit des rivalités entre les puissances européennes pour obtenir des avantages matériels tels que pensions, emplois militaires, livraisons de sel et de céréales. Dans un premier temps, ils bénéficient de l'équilibre continental fondé sur la rivalité entre le Saint Empire et la France. L'alliance avec la France catholique, qui joue un rôle majeur dans la stabilité du Corps helvétique, est renouvelée en 1663, mais l'impérialisme de Louis XVI et ses prétentions sur la Hollande, la Belgique espagnole et la Franche-Comté provoquent une détérioration de ses relations avec les Suisses. Le Roi engage les régiments suisses sans tenir compte des capitulations militaires en vigueur, il fait établir par Vauban, en 1680, une tête de pont à Huningue sur la rive gauche du Rhin, qui tient Bâle sous ses feux. En 1685, il y a surtout la révocation de l'Edit de Nantes. Un nombre important de huguenots français s'exilent, quelque soixante mille d'entre eux transitant ou s'établissant dans les territoires protestants de la Confédération. En 1693, le Canton de Zurich conclut une capitulation militaire avec les Etats généraux de Hollande, annonciatrice d'un revirement à l'égard de la France de la part des Cantons réformés.

La politique du *Vormauersystem*, qui avait mal passé dans les négociations de Westphalie, s'avère globalement un échec des Treize Cantons. Après 1648, ils ne parviennent pas à intégrer Genève dans ce système; rapidement, ils ne peuvent plus compter, à l'Ouest et au Nord-Ouest, sur d'importants *territoires-tampons* qui évitent des contacts directs avec la France et pourraient servir d'avant-terrains opératifs. L'Alsace des Habsbourg-Autriche devient française en 1648, à l'exception de Strasbourg, ville impériale alliée des Suisses, rattachée à la France en 1681. Les Cantons catholiques et protestants, qui craignent les visées françaises sur la Franche-Comté espagnole, acceptent en 1668 le Défensional de Baden qui renforce celui de Wil. Le premier ban de l'armée fédérale comprend dès lors 13 400 hommes avec 16 pièces de campagne et quelques centaines de cavaliers[20]. L'alliance héréditaire de 1511 avec les Habsbourg avait en effet confié la protection de ce territoire espagnol aux Suisses. Le Roi-Soleil annexe malgré tout la Franche-Comté en 1674, mettant *«le talon sur le cou de la Confédération».*[21] La paix de Nimègue, en 1678, lui attribue encore Fribourg en Brisgau. Au Sud, l'Espagne contrôle le Duché de Milan.

Le Comté de Neuchâtel, allié des Confédérés, appartient à la maison française d'Orléans- Longueville qui s'éteint en 1707. Louis XIV fait proclamer comme successeur le prince Conti, neveu du grand Condé. Berne et le parti confédéré à Neude Weck: Neutralité du Corps helvétique

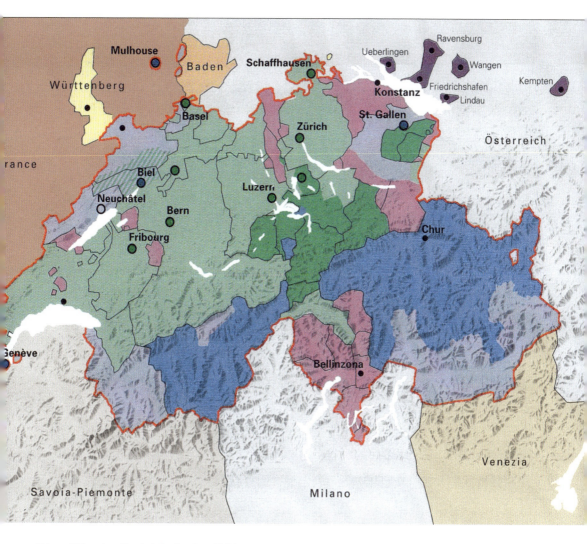

Répartition territorial de la Confédératio vers 1700

- Territoire des cantons confédérés et des pays alliés
- Cantons ruraux avec communes autonomes
- Cantons urbains
- Régions sujettes des divers cantons
- Bailliages communs
- Pays alliés avec communes autonomes
- Régions sujettes de pays alliés
- Cantons urbains alliés
- Villes libres impériales

Ill. 4 **Territoire de la Confédération suisse et puissances environnantes**

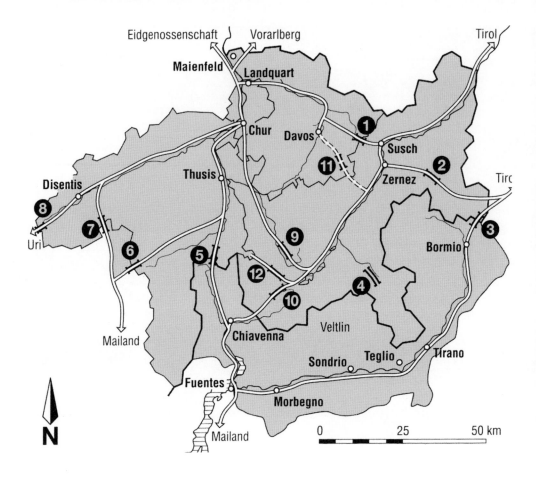

Ill. 5 **Les cols et les axes dans les Grisons**

- ❶ Flüela
- ❷ Ofenpass
- ❸ Stilfserjoch
- ❹ Bernina
- ❺ Splügen
- ❻ San Bernardino
- ❼ Lukmanier
- ❽ Oberalp
- ❾ Julier
- ❿ Maloja
- ⓫ Scaletta
- ⓬ Septimer

châtel s'enquièrent d'un prince protestant pas trop proche du Comté. Frédéric Ier, roi de Prusse devient prince de Neuchâtel, ce qui renforce le *Vormauersystem* des Confédérés, qui comprend essentiellement des bailliages et des Pays alliés.

La situation de la Suisse se révèle critique durant les guerres de la Ligue d'Augsburg (1688–1697) et de Succession d'Espagne (1701–1714), lorsque les Cantons, toujours divisés confessionnellement, s'avèrent incapables de s'opposer à des armées qui violent leur territoire. Il n'en reste pas moins que, malgré l'absence d'une volonté d'assumer financièrement une défense commune et le caractère très partiel du Défensional, la neutralité helvétique bénéficie d'une légitimation progressive, qui correspond aux intérêts des puissances.[22]

Quelle est la situation à l'intérieur de la Confédération? Au cours de la terrible Guerre des paysans qui touche les Cantons de Berne, Lucerne, Soleure, Bâle et les bailliages argoviens, les *rebelles* mettent sur pied quelque vingt mille hommes armés. La révolte remonte à une ordonnance des autorités dépréciant les monnaies étrangères et suisses mises à mal pendant la Guerre de Trente Ans. Les gouvernements des Cantons concernés, très inquiets, oublient leurs méfiances religieuses et coopèrent sans arrière-pensées et par-delà leurs frontières: la répression est féroce.

La première guerre de Vilmergen en 1656 se termine sur une victoire des Cantons catholiques (Fribourg et Soleure sont restés neutres). Il faut l'intervention des représentants de l'Angleterre, de la France, de la Hollande, de la Savoie et de Venise pour en arriver à un accord de paix, dont l'application restera problématique. Les dirigeants catholiques croient avoir compris que seule la souveraineté cantonale, poussée jusqu'à ses limites extrêmes, peut leur permettre de dominer à l'intérieur du Corps helvétique

---

Notes

1. Concrètement, la Principauté de Bavière et le Margraviat de Bade au Nord, l'Autriche à l'Est.

2. Hugo Grotius (1583–1645), qui vit à l'époque de la Guerre de Trente Ans, fonde le droit international sur le droit naturel. Calviniste de tendance modérée, il entretient des contacts avec des catholiques, espérant une réunification des églises chrétiennes. En 1625, il publie De jure belli ac pacis.

3. Hans Rudolf Fuhrer: «La neutralité suisse pendant la Guerre de Trente ans», Revue militaire suisse, octobre 1998, p. 40.

4. Johannes Dierauer: Histoire de la Confédération suisse, t. III. Lausanne, Payot, 1910, pp. 483–484.

5. La ville de Coire, la Ligue des Dix-Juridictions, la Ligure de la Maison-Dieu sont protestantes, la Ligue grise est catholique.

6. Johannes Dierauer: Histoire de la Confédération suisse, t. III. Lausanne, Payot, 1910, pp. 514–518, 533, 544.

7. William Martin: Histoire de la Suisse. Lausanne, Payot, 1966, p. 121.

8. Il n'y a pas forcément une seule religion dans chacun des camps…

9. Abschiede V, 2, p. 1068.

10. Peter Dürrenmatt: Histoire illustrée de la Suisse, t. I. Lausanne, Payot, 1964, pp. 323–324.

11. Abschiede V, 2, I, p. 1407, 1409, 1418, 225–2260.

12. Abschiede V, 2, pp. 995–996.

13. Pieth, Friedrich: «La Suisse pendant la Guerre de Trente ans», Histoire militaire de la Suisse, 6e cahier. Berne, Commissariat central des guerres, 1916, pp. 92.

14. Système de défense avancée.

15. Johann Rudolf Wettstein (1594–1666) est élu bourgmestre de Bâle en 1645, après avoir exercé différentes charges municipales. Il rend de grands services, non seulement à sa Ville, mais aussi à la Confédération. Il passe à l'étranger pour le Roi de la Suisse.

16. Jusqu'en 1798, le Canton Vorort convoque la Diète fédérale en et en assume la présidence. Après la scission confessionnelle de la Confédération au XVIe siècle, Lucerne se trouve à la tête des Cantons catholiques, qui y tiennent la plupart de leurs délibérations séparées.

17. Hinterlassenen Schriften Wettstein's, Bd V, Nr 62, 63.

18. Friedrich Pieth: op. cit., p. 100.

19 Maxime Reymond: Histoire de la Suisse des origines à nos jours, t. II. Lausanne, Haeschel-Dufey, 1943, p. 348.

20 Le commandement en chef alterne entre Zurich et Lucerne, Berne et Uri. Chaque Canton a deux délégués au Conseil de guerre.

21 Johannes Dierauer: Histoire de la Confédération suisse, t. IV. Lausanne, Payot, 1913, p. 127.

22 François Walter: «L'âge classique (1600–1750)», Histoire de la Suisse, t. 2. Neuchâtel, Alphil, 2009, pp. 96–99.

Preuve d'illustrations

1 *Les Etats aux frontières du Corps helvétique au début du 17e siècle (Machtverhältnisse in Europa am Anfang des 17. Jahrhunderts)*
Source: Hans Rudolf Fuhrer, Graubünden im Dreissigjährigen Krieg, Militärische Führungsschule, Au/ZH, S. 5

2 *Le territoire de la Suisse vers 1600*
Source: Hans Peter Treichler, L'Aventure Suisse, Migros, (Zürich) 1991, S. 139

3 *Le territoire de la Confédération suisse au 17e siècle (Die XIII-örtige Eidgenossenschaft im 17. Jahrhundert)*

Source: Hans Rudolf Fuhrer, Graubünden im Dreissigjährigen Krieg, Militärische Führungsschule, Au/ZH, S. 8

4 *Territoire de la Confédération suisse et puissances environnantes*
Source: Dictionnaire historique de la Suisse et Hervé de Weck

5 *Les cols et les axes dans les Grisons (Passverbindungen und Verkehrsachsen durch Graubünden)*
Source: Hans Rudolf Fuhrer, Graubünden im Dreissigjährigen Krieg, Militärische Führungsschule, Au/ZH, S. 10

Bibliographie

1648 – Die Schweiz und Europa: Aussenpolitik zur Zeit des westfälischen Friedens. Marco Jorio Hrsg. Zürich, Chronos Verlag, 1999.

Amtliche Sammlung der eidgenössischen Abschiede. Hrsg. unter Leitung von Jakob Kaiser.

Bonjour, Edgar: La neutralité suisse. Synthèse de son histoire. Neuchâtel, La Baconnière, 1978.

Fuhrer, Hans Rudolf: Graubünden im Dreissigjährigen Krieg. Militärgeschichte zum Anfassen. Au, Militärische Führungsschule, 1994.

Fuhrer, Hans Rudolf: «Das ‹Stillesitzen› – Zur Problematik der schweizerischen Neutralität im Dreissigjährigen Krieg», Travaux et recherches/Beiträge zur Forschung. Bern, Schweizerische Vereinigung für Militärgeschichte und Militärwissenschaft, 1997, pp. 7–33.

Fuhrer, Hans Rudolf: «Octobre 1648: indépendance complète de la Confédération suisse à la paix de Westphalie – La neutralité suisse durant la Guerre de Trente Ans», Revue militaire suisse, octobre, novembre 1998, pp. 40–42, 32–39.

Gallati, Frieda: «Eidgenössische Politik zur Zeit des Dreissigjährigen Krieges», Jahrbuch für Schweizerischen Geschichte, 1918, pp. 6–258.

Koop, Peter: Commémoration de la paix de Westphalie: 350 ans de Suisse indépendante 1648–1998. Schaffhausen, Kommissionsverlag Novalis, 1998.

Pedrazzini, Dominic: «Opérations franco-suisses en montagne: la campagne de la Valteline (1635)», Revue internationale d'histoire militaire N° 65/1988, pp. 141–157.

Pieth, Friedrich: «La Suisse pendant la Guerre de Trente ans», Histoire militaire de la Suisse, 6e cahier. Berne, Commissariat central des guerres, 1916, pp. 65–108.

Wicki, Otto: Bauernkrieg 1653. Schüpfheim, 2003.

Zurfluh, Anselm: «Trente Ans, guerre de», Dictionnaire historique de la Suisse, t. 12. Hauterive, Attinger, 2013.

Die Eidgenossenschaft in den westfälischen Unterhandlungen 1646-1648

Derck Engelberts

Abb. 1 **Johann Rudolf Wettstein, Bürgermeister von Basel**

Am 24. Oktober 1648 wurde in Osnabrück das Instrumentum Pacis Osnabrugensis unterzeichnet. Wie schon oben erwähnt,[1] wird dieser Tag oft als die erste internationale und allgemeine Anerkennung der «schweizerischen Souveränität» betrachtet. Wirklichkeit oder Mythos?

Wie ist es so weit gekommen, wie wird die Eidgenossenschaft in Osnabrück in diese Friedensverhandlungen einbezogen? Welche Rolle spielten Wettstein, Henri II. d'Orléans-Longueville und Ferdinand III. in dieser Sache? Wie wird in der heutigen Forschung der Westfälische Frieden bewertet? Solche Fragen versuchen wir zu beantworten.

Warum und wie wurde die Eidgenossenschaft in diese Verhandlungen einbezogen?

Es handelt sich um eine Frage der Persönlichkeit und seiner spezifischen Lage. Wir denken hier natürlich an Johann Rudolf Wettstein[2], eine hervorragende Persönlichkeit der Schweizer Geschichte, manchmal als «roi des Suisses» erwähnt. In eine Zürcherische Familie geboren, sind Leben und Werk Wettsteins in Basel oft und meistens sehr prägnant dargestellt worden. Hier ist es nur wichtig zu erwähnen, dass er nach seiner Grundausbildung am Gymnasium in Basel, in die heutige Westschweiz nach Yferten und Genf ging, um dort die französische Sprache zu erlernen.

Dank seiner Heirat mit Anna Maria Falkner im Jahre 1611, konnte er in die höchsten Kreise der Basler Gesellschaft aufsteigen.[3] Er kam 1616 aus Venedig zurück mit einem Hauptmannsbrevet. Ab 1619 folgten die verschiedenen Ämter des *cursus honorum* in Basel, die ihn dann 1645 zur letzten Stufe der Basler Ämterlaufbahn führten: dem Bürgermeisteramt.

Auf eidgenössischer Ebene vertrat er schon seit 1630 den Stand Basel an der Tagsatzung. Er wird es sechzigmal tun bis 1664.[4]

Als Bürgermeister des Standes Basel befindet sich Wettstein in einer ungeklärten gesetzlichen Lage gegenüber dem Heiligen Römischen Reich Deutscher Nation. Im Ringen des Dreissigjährigen Krieges sind mehrere Basler Händler betroffen und werden vor das Reichskammergericht in Speyer zitiert, welches ihre Waren arretiert.

Diese Lage war die Folge der geschichtlichen Entwicklung der Verhältnisse zwischen der XIII-örtigen Eidgenossenschaft und dem Reich. Der Friede von Basel von 1499 hatte die damals aus zehn Orten bestehende Eidgenossenschaft zum Reichsunmittelbaren «Staatenbund» gemacht. Da aber Basel und Schaffhausen erst 1501 der Eidgenossenschaft beitraten, war ihre Lage anders. Sie waren nicht in diese Reichsunmittelbarkeit miteinbezogen, es waren Reichsstädte. Als solche wurden immer wieder Basler und Schaffhauser Kaufleute in ihrer Handelsfreiheit gehemmt.

Es kam während des Dreissigjährigen Krieges zu ernsthaften Schwierigkeiten. «Zudem forderte das [Reichskammer]gericht von Basel und Schaffhausen deren Beiträge als Reichsstädte, die sich im Falle von Basel mit den Ausständen 1647 immerhin auf die stattliche Summe von 14 295 Reichstalern beliefen. Zudem brachte der Kriegsverlauf am Oberrhein die beiden Städte militärisch und versorgungsmässig oftmals in eine schwierige Lage. Daher empfanden Basel und in etwas geringerem Masse Schaffhausen in den 1640er Jahren ein besonders starkes Bedürfnis nach einer Klärung der staatsrechtlichen Stellung der eigenen Stadt und der gesamten Eidgenossenschaft.»[5]

Wenn jetzt das «warum» einigermassen geklärt ist, wie ist es Wettstein gelungen an den 1644 in Münster begonnenen Friedensverhandlungen teilzunehmen? Musste oder konnte die XIII-örtige Eidgenossenschaft sich daran beteiligen? Sie war ja weitgehend vom Dreissigjährigen Krieg verschont geblieben, nur Randgebiete und zugewandte Orte hatten gelitten.[6] Es sind auch einige Truppendurchzüge zu erwähnen, welche die Schweizerische Neutralität verletzt hatten. Man denke hier vor allem an die verschiedenen Kontingente, die an den Bündner Wirren beteiligt waren.[7] Diese Bündner Wirren zeigten klar, dass um die Eidgenossenschaft herum eine Grossmachtpolitik betrieben wurde und eine sehr gefährliche Lage entstand, dagegen sie nicht gewappnet war, weder militärisch noch politisch. In den stattfindenden Diskussionen spielte Frankreich die bestimmende Rolle.

Um also an den Verhandlungen teilnehmen zu können, brauchte die Eidgenossenschaft eine Unterstützung. Sie wird von Seiten Frankreichs kommen; Prinz Henri II. d'Orléans-Longueville wurde als Leiter der Delegation ernannt. Es ist hier wichtig in Erinnerung zu rufen, dass er sich selber als «prince et seigneur souverain des comtez de Neufchastel et Vallangin» nannte. Neuenburg hatte schon seit dem 13. Jahrhundert verschiedene Burgrechte geschlossen mit Ständen, die seitdem zum Teil zur XIII-örtigen Eidgenossenschaft gehörten: Freiburg (1290), Biel (1295), Bern (1308 und 1406), Solothurn (1369) und später noch Luzern. Es war ein Ziel des Neuenburger Fürsten sich stärker an die Eidgenossenschaft zu binden.

Die Rolle Frankreichs in der vorbereitenden Phase

Obwohl Frankreich anfangs eine eidgenössische Beteiligung ohne Furcht unterstützte, änderte sich diese Stellung im März 1646. Dann versuchte Frankreich cinc eidgenössische Beteiligung am Friedenskongress zu verhindern um *in fine* doch wieder Wettsteins Mission zu unterstützen. Dieser Stellungswechsel war darauf zurück zu führen, dass die Abtretung des Elsass an Frankreich erst 1646 feststand. Diese wechselnde Haltung Frankreichs ist gut zu verfolgen in der Korrespondenz zwischen der Botschaft in Solothurn und mit Paris, z.B. Lefèvre de Caumartin[8] als Ambassador und in Paris sowohl Staatssekretär Brienne[9] als regierender Minister Mazarins[10].

Am 29. Mai 1645 sieht man wie die Schweizerische Sache von Solothurn aus und in Paris beobachtet wird: «N'ayant pu parler au conseil de la plainte que font Messrs de Basle contre ceux de la chambre impériale de Spire, je ne puis vous y donner de résolution par cet ordinaire mais vous dire seulement que je recognois bonne disposition à favoriser les Suisses et à ne pas souffrir qu'ilz reçoivent aucun préjudice en toutes les choses qui leur appartiennent»,[11] schreibt Caumartin an Brienne.

Kaum ein Jahr später spürt man beim französischen Gesandten, dass er der Idee einer schweizerischen Beteiligung am Friedenskongress nicht mehr positiv gegenübersteht: «(...) en la dernière assemblée de Bade (...) on mit en délibération d'envoyer des députez catholiques et protestans à Munster, tant sur le sujet des entreprises de la Chambre impériale de Spire que pour estre compris entre les Princes et Estats reservez dans les traitez de paix et pour prendre garde qu'il ne se passa aucune chose à leur préjudice. La résolution estoit sur le point destre unanimement pris lorsque j'eus l'avis de Mrs les Plénipotentiaires de France que le bruit estoit que lesd. deputez avoient ordre de s'opposer à ce que l'Alsace et deppendances dicelle soient données à la France pour sa satisfaction affin d'éviter tous inconveniens, j'ay fait former soulz main quelques intrigues qui mettent de l'empeschement à cette résolution (...).»[12]

An Mazarin schreibt Caumartin am selben Tag:

«*J'ay advis de défférends lieu qu'on doit faire instances aux cantons de Suisse de depputter à Münster pour s'opposer à la satisfaction que la France demande pour les fraiz de la guerre. Il est vray qu'ilz n'apprendront pas volontiers que l'Elsace et autres provinces voysines lesquelles confinent leur pays demeurent à leurs M. Mté par les traittez de paix la considération d'estat leur donnant occasion de désirer qu'elles ne passent pas en main si puissante. (...) j'ay trouvé le moyen de faire former soubz main des difficultez à cette depputation soubz des prétextes de leurs interestz, de crainte que sur le point de leur départ on y adiousta un article secret sur le fait de la susd. satisfaction ou que lesd. depputtez ou partie d'eulx estans sur les lieux par corruption ou autrement n'outrepassassent leurs pouvoirs.*»[13]

Die Antwort aus Paris ist glasklar:

«Le service que vous rendrez sera bien considérable si vous pouvez adroitement dettourner la députation des cantons à Munster puisque le sentiment de Mrs nos plénipotentaires est qu'elle ne scauroit rien produire à notre advantage. Vous avez très bien faict de commencer d'agir suivant les ordres que vous avez reçus d'eux et les Suisses auroient grand tort de s'opposer à ce que l'Alsace soit délaissée au Roy (...).»[14]

Diese Briefe zeigen eindeutig, dass Frankreich den Takt angibt, ohne dass die Eidgenossen sich dessen bewusst sind. Ein neues Schreiben vom 4. Mai 1646 bestätigt die Bemühungen von Caumartin gegen die Teilnahme einer Schweizerischen Delegation in Münster.[15]

Die französischen Intrigen gehen in Richtung einer Spaltung zwischen den verschiedenen Kantonen und auch gegen die Gesandten vom Reich und Spanien. So stellt er die Legitimation eines Urners an der Tagsatzung in Baden in Frage:

«un agent de l'Empereur du canton d'Ury et qui a la seconde charge si est trouvé du nombre des députtez. Et quoy qu'il ne prenne point la qualité ny le rang d'agent, n'ayant communiqué sa commission qu'à ses amys particuliers sans bailler de lettre de créance de l'Empereur aux Cantons il ne laisse pas d'en faire les fonctions verballement et par escript (...).»[16]

Der französische Botschafter versucht, und zwar erfolgreich, alles mögliche und handelt gleichermassen gegen den Grafen Casati[17] der Spanien an der Tagsatzung zu vertreten versucht. Auch hier interveniert Caumartin aktiv:

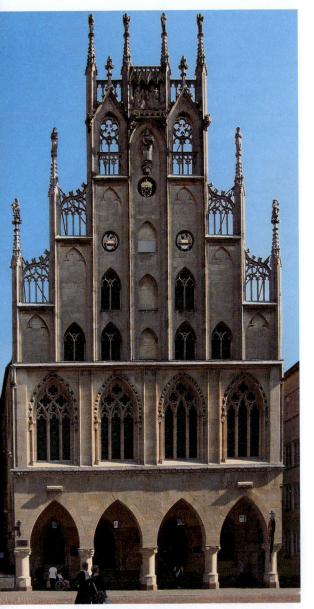

Abb. 2 **Historisches Rathaus zu Münster in Westfalen**

«(...) J'ay mis le tout pour le tout à l'effect de luy faire recevoir quelque disgrâce et perdre pour iamais la volonté de se trouver doresnavant aux diettes génerales. J'ay contesté avec justice et raison sa qualité d'Ambassadeur et me suis opposé à ce qu'il fut receu en autre que d'agent du Gouverneur de Milan (...).»[18]

Der Wind dreht dann wieder in die Richtung eine Delegation nach Münster zu senden, als im Laufe des Sommers 1646 die Frage des Elsasses geregelt war, aber auch weil den französischen Delegierten in Münster klar geworden war, dass sie die Frage des Reichskammergerichtes nicht für die Basler regeln konnten, trotz der vielen Bemühungen Henri II. d'Orléans-Longueville.[19]

Die Reise nach Westfalen und die Ziele Wettsteins

Vor seiner Reise hatte Wettstein mehrmals Kontakte mit dem französischen Ambassador in Solothurn. Diese französische Unterstützung wurde später entscheidend. Wettstein «hatte den Auftrag, zunächst – und daraus spricht das vordergründige Interesse Basels und Schaffhausens – die Ansprüche des Reichskammergerichts niederzuschlagen, dann aber auch dafür zu sorgen, dass man die Schweiz ruhig, unangefochten und unbekümmert bei ihren Freiheiten lasse und dass die Eidgenossenschaft im Friedenswerk aufgenommen würde. Es war ihm untersagt, auf grundsätzliche Erörterungen über die staatsrechtliche Stellung der Eidgenossenschaft zum Reich einzutreten.»[20]
Nicht einmal zu den Unterhandlungen eingeladen, brauchte Wettstein formell auch noch ein eidgenössisches Beglaubigungsschreiben. Vergeblich versuchte er es zu erhalten, denn nur die vier reformierten Städte und die Zugewandten Orte Biel und Sankt-Gallen unterstützten ihn.

Wettstein reist von Basel im Dezember ab, mit seinem Sohn, zwei Bediensteten und einem Sekretär per Schiff bis Wesel, und schliesslich in einem Gepäckwagen nach Münster. Im Vergleich zu anderen Delegationen war dies natürlich ungewöhnlich bescheiden. Wo die anderen Delegierten mit Kutschen reisten und in Palästen abstiegen, wirkte sein Logis bei einem Wollwerker sogar als ärmlich.[21]

«Der Plan einer eidgenössischen Abordnung und die Frage eines formellen Mandats waren keineswegs evident. Dies ist kein Zufall, sondern die typische Reaktion eines Landes, das auf internationaler Ebene keine Rolle spielen will, solange man es in Ruhe lässt. Da man als Eidgenossenschaft keine spezifischen Interessen zu vertreten hatte, erschien es – vor allem den katholischen Orten – ratsamer, die formell ungelöste Souveränitätsfrage auf sich beruhen zu lassen, statt auf eine klare völkerrechtliche Regelung zu drängen (...).»[22] Ist diese Beurteilung nicht eine perfekte Abbildung des Eidgenössischen «Stillesitzens»[23] mit als Konsequenz einer Handlungshemmung für denjenigen der Unterhandeln soll. Dazu komme noch eine Furcht vor unvorhersehbaren Kosten, mit dem Motto: Wie viel wird eine solche Deputation kosten und wie wird man später diese Kosten unter den Eidgenossen teilen?

Die Unterhandlungen und ihre Ergebnisse

Die Stellung Wettsteins in Münster ist schwierig: Ohne Einladung, ohne formelle Legitimation, mit sehr beschränkten

Mitteln die ihn manchmal in eine prekäre Stellung gegenüber anderen Gesandten versetzten. Die Unterhandlungen sind schwierig, weil beide Grossmächte, Frankreich und das Reich versuchen die Schweiz günstig zu stimmen.

Es wird ein Ringen zwischen den beiden. Es ist im Interesse Frankreichs die Schweizer vom Reich abzutrennen, um jenes damit zu schwächen. Wettstein «nimmt nie an den Versammlungen teil, sondern wirkt in unzähligen Audienzen auf die Kongressgesandten ein. Geschickt nutzt er die Rivalitäten unter den Großmächten aus.»[24]

Wenn Wettstein anfangs versuchen wollte die alten Privilegien zu erneuern, merkte er in Osnabrück schnell, dass dies nicht angepasst sei. So kam der französische Botschafter Godefroy am 3. Februar 1647 zu Wettstein, um eine schon in einem Gespräch am 11. Mai 1646 in Solothurn erwähnte neue Lösung vorzuschlagen. In sein Tagebuch schreibt Wettstein:

«Herr Godefroy [ist] zue mir khommen und hatt mir, was er von den Privilegiis halte, ein schriftlichen Discours übergeben. Da er vermeint man solte solche nicht producirn, sonndern sich allein mit der Pohsehsion behelffen, das übrig, was angezogen wurde, dass Basel eine Reychsstatt gewesen und was des Dings mehr, solte man mitt Stillschweygen übergehen, wie Frankhrych und anndere Stände, die Provincien gehabt, so vor diesem dem Reych unnderworffen wahren, auch ettwan gethan haben.»[25]

Er bleibt bis Anfangs 1647 und wartet auf das eidgenössische Beglaubigungsschreiben, das dann endlich am 20. Februar eintrifft. Jetzt fordert Wettstein am 24. Februar, «dass bemelte Aydtgenoßschaft bey ihrem freyen souverainen Standt und Herkommen fürbass ruhig und unturbieret bleiben zu lassen sei.»[26] Die Exemtion der Schweiz vom Deutschen Reich ist also das neue Ziel, mehr als die mittelalterliche Reichsunmittelbarkeit.

Welchen Unterschied gibt es zwischen Reichsunmittelbarkeit und Exemtion? Die Reichsunmittelbarkeit war der Status der Personen oder Stände die direkt dem Heiligen Römischen Reich Deutscher Nation unterworfen waren bzw. unterstanden und somit keinem Landesherrn. Die Situation der Städte Basel und Schaffhausen war klar: Sie unterstanden direkt der königlichen Gerichts- und Steuerherrschaft[27]. Es ist zu unterstreichen, dass eine solche Lage natürlich bestätigt, dass die Reichsunmittelbaren eben Teil des Reiches sind. Eine solche Lage wurde in der Eidgenossenschaft vor den Verhandlungen nicht in Frage gestellt.

Die Exemtion ist vor allem ein rechtlicher Begriff: «Im eigentlichen engeren Sinne versteht man darunter die gänzliche Herauslösung von (...) Orten aus dem Gerichtsverband (Gerichtsfreiheit) und die Zuerkennung einer eigenen Gerichtsbarkeit. Im weiteren Sinne ist die Exemtion jede Befreiung aus der ordentlichen Gerichtsbarkeit und die Zuerkennung eines eigenen Gerichtstandes *(Privilegium [electionis] fori)*. Diese Exemtion war im Heiligen Römischen Reich Deutscher Nation ein Reservatrecht des Kaisers.»[28] Wenn man diese Definition genauer betrachtet hat man, je nach Ansicht, eine Beschreibung des Souveränitätsprinzip wie es auch in gewisser Hinsicht Jean Bodin beschrieben hat, oder man betrachtet in diesem Falle die Eidgenossenschaft als «höchstgefreiter» Reichsstand und zählt sie weiterhin zum Reich, wie eine Art von «Superreichsunmittelbarkeit».[29] Es er-

Abb. 3 Die Gesandten beschwören 1648 im Ratssaal zu Münster den Frieden

staunt nicht, dass aus französischer Sicht diese Exemtion sofort mit Souveränität als gleich erfasst wurde.

Es ist hier nicht der Ort in die öfter sehr detaillierten Untersuchungen der Unterhandlungen tiefer einzudringen. Es genügt zu erwähnen, dass Wettstein stark von Henri II. d'Orléans-Longueville unterstützt wurde. So schrieb Wettstein am 4. Juni 1647 in sein Tagebuch:

«*Inn alleweeg solle ich versichert sein, dass sie sich [Henri II.] inammen des Königs dess Geschäfts [die Schweizerartikel] mitt Ernst wollen anemmen, undt er ein MittEydtgenoss seye.*»[30]

Etwas später liest man,

«*Dorauff er anfieng zesagen, er habe ein sonnderbahre extraordinari Vertawen und Zueneygung zue mir gefasst, und dahero wolle er vertrawlich mitt mir reeden alss einem, dessen Interehse mitt dem unnsern gemein seye.*»[31]

Wettstein musste aber auch die Reichsstände und den Kaiser davon überzeugen, dass die Eidgenossen ohne Verlust aus dem Reich scheiden konnten. Auch war es wichtig zu beweisen, dass die Schweizer nicht neu als französischer Satellit agieren würden. Erstaunlicherweise unterstützten die kaiserlichen Gesandten den Antrag sofort beim Kaiser, «nachdeme gemeine XIII Orte der Eidgenossenschaft so viel lange Zeit und Jahr in possessione vel quasi eines freien und ausgezogenen Standes gewesen»[32] sei. Auf kaiserlicher Seite spielte vor allem Dr. Isaak Volmar[33] eine grosse Rolle. Der Tübinger Protestant Volmar war in jungen Jahren zum Katholizismus konvertiert und in den Dienst des Fürstabtes von St. Gallen getreten - er kannte also die Schweizer Verhältnisse bestens.»[34]

Am 19. Oktober 1647 wird ein auf den 16. Mai 1647 vordatiertes kaiserliches Exemtionsdekret von Ferdinand III. versandt, dass die französische Version des *Artikels de Helvetiis* von August 1647 bestätigt und gleichzeitig dank der Vordatierung unnütz macht. Caumartin spricht von «un Estat libre et souverain»,[35] wobei den Begleitbrief zum Dekret von «bemelte Aydtgenossenschaft bey ihrem souverainen Standt und Herkommen fürbas ruhig und unturbiert bleiben zu lassen (...).»[36] So war die Mission Wettsteins mit Erfolg gekrönt und er konnte schon im Dezember 1647 nach Basel zurückkehren. Die Friedensunterhandlungen dauerten aber noch fast ein Jahr.

Abb. 4 **Vertrag zu Osnabrück, Ausschnitt mit Siegeln**

Der Schweizerartikel wurde mit gleichem Wortlaut als 61. Paragraphen[37] *des Instrumentum Pacis Monasterensis* vom 15. Mai 1648 und als VI. Artikel des *Instrumentum Pacis Osnabrugensis* am 24. Oktober 1648 Teil des Friedens von Westfalen:

«Nachdem ferner die Kaiserliche Majestät auf die Beschwerden, die im Namen der Stadt Basel und der gesamten Eidgenossenschaft wegen zahlreicher vor dem Reichskammergericht gegen die zuvor erwähnte Stadt und andere Verbündete Orte der Schweiz, ihre Bürger und ihre Untertanen geführter Prozesse und erlassener Vollstreckungsbefehle vor die versammelten kaiserlichen Bevollmächtigten des gegenwärtigen Kongresses gebracht worden sind, nach Einholung von Rat und Urteil der Reichsstände durch kaiserliches Dekret vom 14. Mai verflossenen Jahres erklärt hat, dass die vorerwähnte Stadt Basel und die übrigen Orte der Schweiz völlige Freiheit und Exemtion vom Reich haben und in keiner Weise den Gerichtshöfen und Gerichten des Reiches unterworfen sein sollen, ist bestimmt worden, dass diese [Regelung] in den [gegenwärtigen] öffentlichen Friedensvertrag aufgenommen, als gültig und wirksam anerkannt werden und alle Prozesse dieser Art einschließlich der damit zusammenhängenden und zu irgendeiner Zeit erlassenen Verfügungen in jeder Hinsicht nichtig und ungültig sein sollen.»[38]

Es ist hier noch interessant zu erwähnen, wie sich im Friedensvertrag die schweizerische Neutralität ausdrückt, namentlich durch den Inhalt der 10. und 11. Paragraphen des Artikels XVII im Friedensvertrag von Osnabrück. Hier werden die schweizerischen Kantone und die Bündner auf beiden Seiten erwähnt, sowohl als «Verbündeter und Anhänger seiner Majestäts [des Kaisers]» als «der Königin und des Königreichs Schweden».[39]

Aktuelle Wertung der Mission Wettsteins und des westfälischen Friedens aus der Sicht der internationalen Beziehungen

«Wettstein wurde ohne jeglichen Repräsentationsaufwand nach Westfalen entsandt. Der Geiz seiner Behörden – und deren Neid! – liess sein Auftreten zur Lächerlichkeit verkommen. (...) Der Geiz in Bezug auf die diplomatische Repräsentation war offenbar schon damals eine Schwäche, die als eidgenössische Tugend verstanden wurde (...).»[40] In solchen Verhältnissen ist es erstaunlich, dass Wettstein trotzdem so viel erreicht hat. Dazu kann man noch erwähnen, dass der Friedensvertrag in Abwesenheit der Schweiz unterzeichnet wurde!

Allgemein merkt man klar, dass Wettstein als eine der hervorragendsten Persönlichkeiten der schweizerischen Geschichte anerkannt wird, nicht nur für die Geschichte des 17. Jahrhunderts. Er war gewiss sehr begabt und konnte die internationale Lage so ausnützen, dass er mehr als erwartet erreichte. «Da Wettstein an einem internationalen Kongress weilte, bot sich die seltene Möglichkeit, die Exemtion durch die damaligen europäischen Grossmächte in einem völkerrechtlichen Vertrag verankern zu lassen. ... nun hab ichs nunmehr von allen drei Kronen frohlockte Wettstein im Tagebuch.»[41]

Es folgt jetzt noch die Frage der Wertung des westfälischen Friedens. Theoretiker der internationalen Beziehungen haben lange diesen Vertrag als Grundstein ihrer Disziplin beurteilt wie folgende Zitate es klar unterstreichen: «*La conférence réunie en Westphalie à la fin de l'été 1648 a un caractère inédit sinon révolutionnaire. C'est en effet la première fois que se retrouvent autour d'une table de négociation les grands Etats d'Europe. Et c'est la première fois aussi que sont définies les relations entre les Etats dans le respect de la souveraineté de chacun.*»[42] «*Nach heutigem Verständnis wird der Westfälische Friede als historischer Beitrag zu einer europäischen Friedensordnung gleichberechtigter Staaten und als Beitrag zur friedlichen Toleranz der Konfessionen gewertet. Die Verträge von Münster und Osnabrück stehen am Ausgangspunkt einer Entwicklung die zur Herausbildung des modernen Völkerrechts geführt haben.*»[43]

Allgemein geht man also davon aus, dass nicht nur die Souveränitätsfrage fundamental ist, sondern auch der Bedarf nach einer Reorganisation Europas mit neuen Regeln. «(...) even to this day two [Westphalian] principles of interstate relations codified in 1648 constitute the normative core of international law: (1) the government of each country is unequivocally sovereign within its territorial jurisdiction, and (2) countries shall not interfere in each orther's domestic affairs».[44] Hans Morgenthau, Begründer eines systematischen realistischen Erklärungsansatzes in den Internationalen Beziehungen betrachtet den Vertrag oft folgenderweise: «certain rules of international law were securely established in 1648 ... the Treaty of Westphalia ... made the territorial state the cornerstone of the modern state system.»[45]

Erst seit Ende des 20. Jahrhunderts findet man einige Forscher die diesen Standpunkt in Frage stellen, vor allem im Bereich der Interpretation des Begriffes der Souveränitätsfrage, aber sogar als Eckstein der internationalen Beziehungen. So zum Beispiel Hedley Bull, der den Frieden von 1648 in der Perspektive von Grotius interpretiert: «because it states one of the classic paradigms that have since determined both our understanding of the facts of inter-state relations and our ideas as to what constitutes right conduct therein. (...) Grotius advanced (...) that states and the rulers of states in their dealings with one another were bound by rules and together formed a society. (...) Even without central institutions, rules and peoples might constitute a society among themselves, an anarchical society or society without government. (...) Grotius most propagated the idea of international society that ‹was given concrete expression in the Peace of Westphalia. Grotius may be considered the intellectual father of the first general peace settlement of modern times.› This peace did ‹not mark the beginning of the modern international system or states system› but rather ‹of an international society as distinct from a mere international system, the acceptance by states of rules and institutions binding on them in their relations with one another, and of a common interest in maintaining them›».[46]

Daniel Philpott[47] geht in eine andere Richtung indem er argumentiert, dass die Wurzeln der Staatenbildung und internationalen Beziehungen in die protestantische Reformation zurückzuführen sind mit dem Hauptargument: Ohne Reformation kein Westfälischer Frieden: «Westphalia signals the consolidation, not the creation ex nihilo, of the modern system. It was not an instant metamorphosis, as elements of sovereign statehood had indeed been accumulating for three centuries. Even modernity's victory after Westphalia must be qualified, for some medieval anomalies persisted.»[48] Man denke hier unter anderem einerseits an die schweizerische Staatenbildung, andererseits an die Beibehaltung mittelalterlicher Institutionen im Heiligen Römischen Reich Deutscher Nation.

Seinerseits meint Benno Teschke, dass nur die Bildung des ersten modernen Staates – England – eine durchschlaggebende Wende der internationalen Beziehungen bringt. Er bindet die Frage an die wirtschaftliche Entwicklung vom vorkapitalistischem Eigentumssystem zum «capitalist agrarian property system», dass sich erst nach 1688 in England verbreitet.[49]

Die schwerste Kritik an der allgemeinen Meinung kommt seitens A. Osianders. Er behauptet, dass die Beurteilung des Westfälischen Friedens «is erally a product of the nineteenth- and twentieth-century fixation on the concept of sovereignty».[50] Die allgemeine Idee eines Kampfes zwischen Universalismus und Partikularismus hat wenig mit dem Dreissigjährigen Krieg zu tun.

Nach Osiander, hatte der Krieg vor allem als Ziel, die Macht der Habsburger

Abb. 5 **Rathaus zu Osnabrück**

zu mindern; dieselben Habsburger hatten aber keineswegs den Willen die Unabhängigkeit der anderen Beteiligten zu bedrohen. Man merkt hier, dass das unter anderem der Fall der Eidgenossenschaft war: Sie wurde nie in ihrer Existenz bedroht. Was den Krieg dreissig Jahre dauern liess, war die Aggression durch reichsexterne Mächte: Schweden und Frankreich, die nie in ihrer Unabhängigkeit vom Reich bedroht wurden, sondern seine Macht einschränken wollten. Der Krieg war also vor allem ein reichsinternes Problem, ein Deutscher Krieg mit fremder Einmischung. Osiander zitiert Stephen Kraser:

«the conventional view that the Peace of Westphalia of 1648 marks a turning point in history ins wrong and that the peace was not a clear break with the past.»[51]

Nach Osiander bestätigt der Friedensvertrag keine einzige Souveränität, weder Frankreichs noch Schwedens, die ja nicht in Frage gestellt wurden, aber auch von keinem einzigen anderen Land. Um seine Argumentation zu unterstützen wählt Osiander die spezifische Lage der Schweiz und schreibt:

«The complete autonomy of Switzerland vis-à-vis the empire was uncontroversial in practice (…).»[52]

Sie sei nur am Friedenskongress beteiligt gewesen wegen der spezifischen Lage Basels und den Problemen mit dem Reichskammergericht. Die Anliegen Basels wurden anerkannt und: «This clause, which explicitly names Basel as its initiator and beneficiary, restates the immunity *(exemptio)* of the Swiss cantons from the jurisdiction of the empire and their complete autonomy *(plena libertas)*. Both terms were traditional, and neither signifies, or even presupposes, sovereignty in the modern sense. A recent article by Franz Egger repeats the traditional assertion that Swiss ‹sovereignty› was recognized in 1648. Paradoxically, the same article furnishes strong evidence that the Swiss themselves saw no discontinuity but still regarded themselves as associated with the empire. In conclusion, Egger concedes with evident puzzlement that most Swiss»had not realised that Switzerland had become a sovereign state independent of the empire.»[53] But the explanation for this is simply that indeed it had not, at least not in the sense that its status had changed in 1648. For several more decades, at least two Swiss cantons retained references to the Holy Roman Empire in their oath of citizenship.[54]

Diese andauernde Referenz der Kantone an das Reich wird auch von Brigitte Meles unterstrichen in ihrer Studie des verschwinden des Reichsadlers auf Münzen, Bauten und Standesscheiben. «Die Herrschaftszeichen des Reichs, (…) wurden auch als formaljuristische Kriterien in der übrigen alten Eidgenossenschaft obsolet. Als Jacques Le Fèvre de Caumartin 1650 den eidgenössischen Gesandten Hans Jacob vom Staal fragte, warum die Schweizer immer noch den Reichsadler über ihren Wappen führten, tue dies doch ihrer soeben erworbenen Souveränität Abbruch, antwortete dieser dem ehemaligen französischen Ambassador, sie hätten vom Reich nichts zu befürchten, da es ihre Unabhängigkeit anerkenne, der Doppeladler sei ein ehrwürdiges Symbol jener Privilegien, die schon die Vorfahren errungen hätten.»[55] Meles beschreibt eine Menge an Referenzen die weit bis ins 18. Jahrhundert gehen. Es ist zweifellos ein Beweis der Kontinuität, so wie sie im Lande gespürt wurde.

Zurück bei Osiander; dieser stellt als Ergebnis seiner Studie dar, dass die Geschichte der internationalen Beziehungen und ihr Verständnis des Souveränitätsbegriffes, auf einem Missverständnis der Rolle des Heiligen Römischen Reiches Deutscher Nation als Teil des europäischen Systems beruht. Seine Argumentation stellt die Interpretation des Begriffes in Frage, in Verbindung mit der Frage einer Souveränität nach innen (wie Bodin sie beschreibt) und die Anerkennung der äusseren Souveränität gegenüber anderen Staaten. «International relations scholars have tended to assume that sovereignty – or, more generally, actorhood – in the European system originally presupposed the ability of actors to defend themselves against each other, making the concept little more than a label for a certain level of military capability. (...) This power-political view of the classical European system has been criticized. (...) I think that this deemphasizing of military power as a factor in the evolution of the European system is quite justified. While I would not deny that war making and military rivalry played a large role in the evolution of European states, I would also point out that, in fact, even before the twentieth century European actors hardly ever ceased to exist because of military defeat.»[56] Das Weiterbestehen der Niederlanden und der Schweiz zur Zeit der Batavischen und der Helvetischen Republik können hier als Beispiel erwähnt werden.

Osiander unterstreicht, dass das Konzept der Souveränität zwar wenigstens frühneuzeitlich ist, aber das es meistens aus der Sicht der Juristen des 19. und 20. Jahrhunderts interpretiert wird. Er hingegen zeigt, dass eine aktuelle Tendenz eher zu einer Sicht aus der Lage des Reiches neigt: «There is a clear de facto trend in international politics away from classical sovereignty and toward something closer to *landeshoheit*, territorial jurisdiction under an external legal regime shared by the actors. Like the estates of the empire, modern states are also tied into a complex structure of governance that creates a network both of cooperation and of mutual restraint. Participation in this network is voluntary in principle but difficult in practice to escape because of the high cost escaping would entail.»[57]

Dieser hohe Preis der Unabhängigkeit ist der Schweiz wohl bekannt. Wurde die Eidgenossenschaft also im 17. Jahrhundert neulich total souverän? Oder war dies erst der Fall als das Heilige Römische Reich Deutscher Nation sich 1806 auflöste? Damals war die Schweiz ja ein Satellitenstaat des französischen Reiches. Diese Souveränitätsfrage bleibt meiner Ansicht nach offen. Je nach Auffassung stellen verschiedene Forscher verschiedene Weichen und dieser Aufsatz hat nur zum Ziel, diese unterschiedliche Interpretation zusammenzufügen. Eine gänzliche Integration der Städte Basel und Schaffhausen in die Rechtslage der Eidgenossenschaft ist unbestritten, ebenso die Kompetenz des Basler Bürgermeisters J. R. Wettstein.

Auch ist zu erwähnen, dass diese Unterhandlungen Wettsteins einen Auftakt der schweizerischen Diplomatie darstellen. Schlussendlich, als Neuenburger, kann man die Rolle des Prinzen Henri II. d'Orléans-Longueville nicht vernachlässigen. Die Rolle dieses Kantons in der Aussenpolitik der Schweiz ist damit unterstrichen.

Eine effektive und unbestreitbare Souveränität, an eine ewige Neutralität gebunden, wurde im Wiener Kongress verankert. Aber das ist eine andere Geschichte.

Anmerkungen

1 Siehe oben Text von Hervé de Weck.

2 J.R. Wettstein, * 27.10.1594, † 12.4.1666.

3 Die Familie Falkner gehört zu den ältesten der Stadt Basel. Sie waren Mitglieder der Rebleutenzunft zu der auch der Vater von J.R. Wettstein gehörte. S. http://www.hls-dhs-dss.ch/textes/d/D20962.php, 4.4.'13 konsultiert.

4 Raith, Michaël, Johann Rudolf Wettstein, 1594–1666, www.riehener-jahrbuch.ch/de/archiv/1990er/1994/zrieche/johann-rudolf-wettstein-1594-1666.html, 31.3.'13 konsultiert.

5 Jorio, Marco: «Die Schweiz und der Westfälische Friede von 1648», in: 1648–1798–1848–1998: 350 Jahre bewaffnete Neutralität der Schweiz, Bern, ASHSM/SVMM, 1999, S. 15.

6 Man denke hier vor allem an Gebiete des Bistums Basel und des Bündnerlandes.

7 Siehe Text von Hervé de Weck, S. 3–4

8 Jacques Lefèvre de Caumartin, * unbekannt, † 10.12.1667, Ambassador in Solothurn von 1641 bis 1648.

9 Henri-Auguste de Loménie, comte de Brienne, * 1594, † 3.11.1666, Staatssekretär für ausländische Angelegenheiten von Mazarin während der Regentschaft von Ludwig XIV.

10 Jules Mazarin, * 14.7.1602, † 9.3.1661, regierender Minister in Paris.

11 Brief von Brienne an Caumartin, vom 29. Mai 1645, in: Copies Rott, Ambassades en Suisse, vol XLI, Correspondance politique janvier 1641 – janvier 1648, fol. 147, Kopiensammlung der Bibliothèque publique et universitaire de Neuchâtel, hiernach «Copies Rott»

12 Copies Rott, fol 460, Caumartin an Brienne, 30. März 1646,

13 Copies Rott, fol 461, Caumartin an Mazarin, 30. März 1646.

14 Copies Rott, fol 191, Brienne an Caumartin, 16. April 1646.

15 «Plusieurs des cantons continuent dans le désir d'envoyer des depputtez à Munster et Osnabrug... j'ay empesché l'union des cantons dans cette résolution unanime de sorte que les catholiques n'en veullent point entendre parler et prennent de grandes deffiances des intentions des Protestans (...).» Copies Rott, fol 463–464, Caumartin an Mazarin, 4. Mai 1646.

16 Copies Rott, fol 471, Caumartin an Mazarin, 3. Juli 1646.

17 Francesco Casati, * 1610, † 31.3.1667, Resident der Lombardei in Chur, 1639–1648.

18 Copies Rott, fol. 473, Caumartin an Mazarin, 13. Juli 1646.

19 Rott, Edouard, Histoire de la représentation diplomatique de la France auprès des cantons suisses..., T. VI, 1643–1663, Berne, Staempfli, 1917, S. 140 ff.

20 Jorio, Marco, op. cit., S. 24.

21 Siehe Stalder, Peter: «Der Westfälische Friede und die Eidgenossenschaft», und Blankart, Franz, «Der Westfälische Friede aus der Sicht eines Diplomaten von heute», in: 1648, Die Schweiz und Europa, Aussenpolitik zur Zeit des Westfälischen Friedens, Zürich, Chronos, 1999.

22 Blankart, Franz, op. cit., S. 17.

23 Siehe Text Hervé de Weck, S. 2

24 Egger, Franz, cf: http://www.lwl.org/westfaelische-geschichte/portal/, 2.4.'13 konsultiert.

25 Egger, Franz, «Wettsteins Leistung am Westfälischen Friedenskongress», in: 1648, Die Schweiz und Europa, Aussenpolitik zur Zeit des Westfälischen Friedens, Zürich, Chronos, 1999, S. 81.

26 Jorio, Marco, op. cit., S. 25.

27 Nach www.hls-dhs-dss.ch/textes/d/D9832.php, Artikel Reichsunmittelbarkeit, 5.4.'13 konsultiert.

28 http://de.wikipedia.org/wiki/Exemtion, 5.4.'13 konsultiert.

29 Nach www.hls-dhs-dss.ch/textes/d/D6626.php, Artikel Heiliges Römisches Reich, 5.4.'13 konsultiert.

30 Johann Rudolf Wettsteins Diarium (1646–1647) S. 170–171, p.p. Julia Gauss (Quelle zur Schweizer Geschichte, NF, III, Abt., Bd. VIII), Bâle, 1962, von Rémy Scheurer zitiert in «Henri II d'Orléans-Longueville, les Suisse et le comté de Neuchâtel à la fin de la guerre de Trente Ans», in: 1648, Die Schweiz und Europa, Aussenpolitik zur Zeit des Westfälischen Friedens, Zürich, Chronos, 1999, S. 102.

31 Diarium Wettstein, S. 259, Scheurer op.cit.

32 Zit. nach Handbuch der Schweizer Geschichte, Band 1, Zürich 1972, S. 642.

33 Diarium Volmar, bearb. von Joachim Foerster und Roswitha Philippe, 3 Bde. = Acta pacis Westphalicae Serie 3, Abt. C, Bd. 2, Münster 1984-93.

34 Jorio, Marco, ibid.

35 Caumartin an Wettstein, 15.8.1647, in: Rott, op. cit., S. 149, Fussnote 5.

36 Zitiert durch Peter Stadler, «Der Westfälische Friede und die Eidgenossenschaft», in: 1648, Die Schweiz und Europa, Aussenpolitik zur Zeit des Westfälischen Friedens, Zürich, Chronos, 1999, S. 69, Fussnote 20.

37 Im lateinischen Originaltext lautet es folgenderweise: [Art. VI IPO = § 61 IPM] Cum item Caesarea maiestas ad querelas nomine civitatis Basiliensis et universae Helvetiae coram ipsius pleni potentiariis ad praesentes congressus deputatis propositas super nonnullis processibus et mandatis executivis a camera Imperiali contra dictam civitatem aliosque Helvetiorum unitos cantones eorumque cives et subditos emanatis requisita ordinum Imperii sententia et consilio singulari decreto die 14. mensis Maii anno proxime praeterito [1647] declaraverit praedictam civitatem Basileam caeterosque Helvetiorum cantones in possessione vel quasi plenae libertatis et exemptionis ab Imperio esse ac nullatenus eiusdem Imperii dicasteriis et iudiciis subiectos, placuit hoc idem publicae huic pacificationis conventioni inserere ratumque et firmum manere atque idcirco eiusmodi processus una cum arrestis eorum occasione quandocunque decretis prorsus cassos et irritos esse debere. Kollationsvorlage:Acta Pacis Westphalicae. Hrsg. von der Nordrhein-Westfälischen Akademie der Wissenschaften in Verbindung mit der Vereinigung zur Erforschung der Neueren Geschichte e.V. durch Konrad Repgen. Serie III Abteilung B: Verhandlungsakten. Band 1: Die Friedensverträge mit Frankreich und Schweden. 1: Urkunden. Bearb. von Antje Oschmann. Münster 1998, 128–129. www.pax-westphalica.de/ipmipo/index.html, 10.4.'13 konsultiert.

38 Laut Internet-Portal Westfälische Geschichte, www.lwl.org/westfaelische-geschichte/portal/Internet/finde/langDatensatz.php, 30.3.'13 konsultiert. Eine Transkription der in altdeutscher Sprache gedruckten Ausgabe von 1649 findet man in: http://de.wikisource.org/wiki/Westfälischer_Friede_-_Vertrag_von_Osnabrück, 30.3.'13 konsultiert.

39 Die Komplette Fassung lautet folgenderweise: [§ 10] In den gegenwärtigen Friedensschluss sollen eingeschlossen sein auf Seiten des allerdurchlauchtigsten Kaisers: sämtliche Verbündeten und Anhänger Seiner Majestät, namentlich der katholische König, das Haus Österreich, des Heiligen Römischen Reiches Kurfürsten und Fürsten, unter diesen auch der Herzog von Savoyen, sowie die übrigen Reichsstände unter Einschluss der freien Reichsritterschaft und der Hansestädte; desgleichen der König von England, der König und die Königreiche von Dänemark und Norwegen mit den dazugehörigen Ländern sowie das Herzogtum Schleswig, der König von Polen, der Herzog von Lothringen und alle Fürsten und Stadtrepubliken Italiens, die Generalstaaten der Vereinigten Niederlande, die Kantone der Schweiz und Graubünden und der Fürst von Siebenbürgen.
[§ 11] Auf Seiten der allerdurchlauchtigsten Königin und des Königreichs Schweden [sollen eingeschlossen sein]: alle Verbündeten und Anhänger, namentlich der allerchristlichste König, die Kurfürsten, Fürsten und [sonstigen] Stände einschliesslich der freien Reichsritterschaft und der Hansestädte, der König von England, der König und das Königreich von Dänemark und Norwegen mit den dazugehörigen Ländern, das Herzogtum Schleswig, der König von Polen, der König und das Königreich von Portugal, der Grossfürst von Moskau, die [Stadt]republik Venedig, die Vereinigten Niederlande, die Schweiz mit Graubünden und der Fürst von Siebenbürgen. Laut Internet-Portal Westfälische Geschichte, op.cit.

40 Blankart, op. cit., S. 19.

41 Egger, op. cit., S. 82.

42 http://www.herodote.net/24-octobre_1648-evenement-16481024.php , 29.3.'13 konsultiert.

43 http://www.uni-protokolle.de/Lexikon/Westfälischer_Friede.html, 6.4.'13 konsultiert

44 Brown, Seydom, International Relations in a Changing Global System: Toward a Theory of the World Polity, Boulder, Westview, 1992, zitiert in: Osiander, Andreas, «Sovereignty, International Relations and the Westphalian Myth», in: International Organization 55, 2, Spring 2001, S. 261, hiernach «Osiander».

45 Morgenthau, Hans J., Politics Among Nations: The Struggle for Power and Peace, 6th ed., Revised and edited by Kenneth W. Thompson, New York, McGraw-Hill, 1985, in Osiander, S. 261.

46 Brauch, Hans Günther, The Three Worldviews of Hobbes, Grotius and Kant, www.afes-press.de/pdf/Hague/Brauch_Worldviews.pdf, 3.4.'13 konsultiert.

47 Philpott, Daniel, «The Religious Roots of Modern International Relations», in World Politics 52, January 2000.

48 Philpott, op. cit., S. 209

49 Teschke, Benno, «Theorizing the Westphalian System of States: Internation Relations from Absolutism to Capitalism», in: European Journal of International Relations, Vol. 8, SAGE-Publications, 2002. S. 5–48.

50 Osiander, op. cit., S. 251.

51 Krasner, Stephen D., «Westphalia and All That». In Ideas and Foreign Policy: Beliefs, Institutions, and Political Change, edited by Judith Goldstein and Robert O. Keohane, 235–64. Ithaca, Cornell University Press, 1993, S 235, zitiert in Osiander, op. cit.,, S. 265

52 Osiander, op. cit., S. 267.

53 Egger, Franz, «Johann Rudolf Wettstein und die internationale Anerkennung der Schweiz als europäischer Staat» In 1648: Krieg und Frieden in Europa. Textband I: Politik, Religion, Recht, und Gesellschaft, edited by Klaus Bussmann and Heinz Schilling, 423–32. Munich: Bruckmann 1998, S. 431, Osiander, ibidem.

54 Stadler, Peter, «Der Westfälische Friede und die Eidgenossenschaft» In Der Westfäische Friede: Diplomatie – politische Zäsur – kulturelles Umfeld – Rezeptionsgeschichte, edited by Heinz Duchhardt, 361–91. Munich, Oldenbourg, 1998, S. 391, Osiander, ibidem

55 Meyerm Erich, «Hans Jakob vom Staal der Jüngere, (1589–1657)», in: Jahrbuch für Solothurnische Geschichte, Bd. 54, 1981, S. 221 ff, zitiert von Meles, Brigitte, «Das Entschwinden des Reichsadlers», in Jorio, op.cit., S. 148.

56 Osiander, op.cit., S. 277.

57 Osiander, op. cit., S. 283.

Bildnachweis

1 *Johann Rudolf Wettstein, Bürgermeister von Basel*
Quelle: http://upload.wikimedia.org/wikipedia/commons/6/61/Wettstein%2C_Johann_Rudolf....

2 *Historisches Rathaus zu Münster in Westfalen*
Quelle:http://upload.wikimedia.org/wikipedia/commons/c/cb/RathausM%C3%BCnster.jpg

3 *Die Gesandten beschwören am 15. Mai 1648 im Ratssaal zu Münster den Frieden von Münster; Gemälde von Gerard Terborch 1648, im Rijksmuseum Amsterdam*
Quelle: http://upload.wikimedia.org/wikipedia/commons/thumb/8/8as/Westfaelischer_Friede_i...

4 *Vertrag zu Osnabrück, Ausschnitt mit Siegeln*
Quelle: http://www.osnabrueck.de/images_design/Grafiken_Inhalt_Pressedienst/friedensinstru...

5 *Rathaus zu Osnabrück*
Quelle: http://upload.wikimedia.org/wikipedia/commons/b/b7/Rathaus_Osnabrueck.jpg

Die ewige Neutralität der Schweiz 1815
Neutralität und Neutralitätsschutz im Wandel, eine Skizze

Hubert Foerster

Über die Neutralität wurde und wird viel geschrieben.[1] Dies gilt auch für die die Schweiz betreffende Neutralitätserklärung durch die ausländischen Mächte 1814/1815. Hier soll nun versucht werden, ohne die bekannten Fakten und Interpretationen zu wiederholen, einen neuen Aspekt zu skizzieren. Wie wirkten sich die Neutralitätserklärungen praktisch auf den Neutralitätsschutz aus?

Auf die Neutralitätstheorie, auf den Vergleich der Darstellungen in den verschiedenen Schweizergeschichten, auf die Wechselbeziehungen zwischen Politik, Militärpolitik, Wehrkraft und Einsatz der Armee kann hier nicht eingegangen werden. Feste Konstanten blieben die Erhaltung von Ordnung und Sicherheit im Landesinnern der Schweiz und Schutz vor Angriffen aus dem Ausland zur Erhaltung der Souveränität und Freiheit des Landes. Unter dem Aspekt der vom Wiener Kongress erklärten ewigen Neutralität der Schweiz müssen die Verhältnisse am Wiener bzw. Pariser Kongress 1814/15 und der Vertreter der europäischen Mächte, der Schweizer Delegation, die Lage in den Kantonen und der Tagsatzung und die damit verbundenen Auswirkungen auf die eidgenössische Armee und auf das kantonale Militärwesen näher abgeklärt werden. Hier können nur einige Eckpunkte zum Militär in Verbindung mit der Neutralität angetönt werden.

Die Bevölkerung der Schweiz zählte 1800 nach der helvetischen Volkszählung 1 493 726 Personen.[2] Auch bei einem Abzug von +/- 25 000 Mann im fremden Dienst waren die Produktivität, Handel und Wandel und namentlich die Wehrhaftigkeit der Eidgenossenschaft (196 000 Mann! gemäss Anhang 1) nicht gefährdet. Der fremde Dienst bot eine zusätzliche und willkommene Alternative für den Broterwerb im Ausland, was den demographischen Druck bei der schnell wachsenden Bevölkerungszunahme im Landesinnern minderte, zumal es sich bei diesen Soldaten mehrheitlich um junge Männer im heiratsfähigen Alter handelte.

Die Neutralität vor 1798, ein «Selbstbedienungsladen»

Die vorhandenen Wehrmittel ermöglichten es den eidgenössischen Ständen[3], Unruhen im Landesinnern zu meistern. Nur als Beispiele seien der Livinenhandel 1755, der Chenaux-Handel im Kanton Freiburg 1781 oder der in Stäfa 1795 genannt.[4] Dies geschah entweder nur mit den kantonseigenen Milizen oder auch unter Zuzug freundnachbarlicher Hilfstruppen.

Die Neutralität der Eidgenossenschaft verstand sich darin, allen Interessen gerecht zu werden. Dies zeigt sich überdeutlich beim fremden Dienst.[5] Frankreich hatte bis 1792 neben den 100-Schweizern

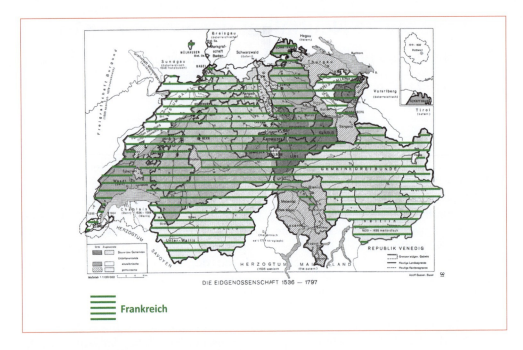

Abb. 1 **Der fremde Dienst in Frankreich 1792**

ein Garderegiment und 11 Linienregimenter eidgenössischer Truppen geworben und deckte mit seiner Werbung die ganze Schweiz ab. Als Gegengewicht erlaubten die Stände die Rekrutierungen aus den reformierten Kantonen für die Niederlande (1 Garderegiment, 5 Linienregimenter), aus den katholischen Kantonen für Spanien (4 Linienregimenter) und religiös gemischt für Sardinien-Piemont (100-Schweizer, 4 Linienregimenter und eine Centurie). Zum Dienst in Neapel können noch keine Angaben gemacht werden, wurden doch die Schweizerregimenter (1 Garderegiment, 3 Linienregimenter aus der katholischen Innerschweiz und Glarus) 1789 aufgehoben und in zwei Fremdregimenter umgewandelt. Der Anteil und die Herkunft der Schweizer sind noch nicht erarbeitet.[6] Die Aufhebung des französischen Dienstes nützen Sardinien-Piemont (3 neue Regimenter und die Aufstockung der Centurie[7] in ein Regiment) und Spanien (2 neue Regimenter) aus. Parallel dazu rekrutierte England erfolgreich ein Regiment, von Roll, obwohl die Werbung dafür landesweit verboten war. Daneben übernahm es nach der Besetzung der Niederlande durch die Franzosen das Neuenburgerregiment de Meuron, das von der niederländischen Ostindienkompanie geworben worden war. Die wiederholten Reklamationen des französischen Botschafters gegen diese «Verletzung der Neutralität» konterte die Tagsatzung klar und unmissverständlich:[8]

«*Jene Recrutierung sei als eine unvermeidliche Folge der plötzlichen Abdankung aller in Frankreich gestandenen*

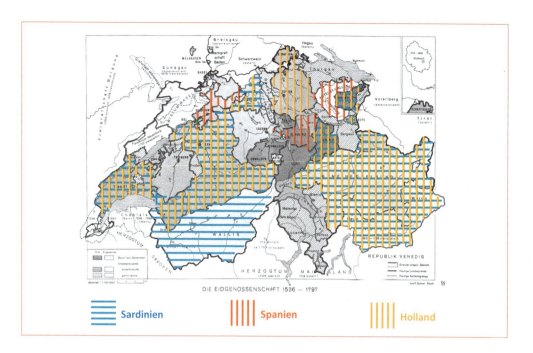

Abb. 2 **Der fremde Dienst 1792**

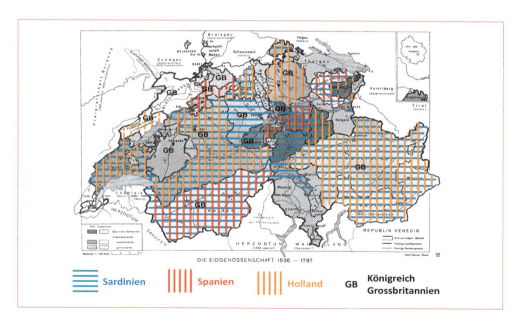

Abb. 3 **Der fremde Dienst 1795**

Abb. 4 **Jean de Montenach**

Schweizertruppen anzusehen und man habe Mitbürger, Mitlandleute und freie Angehörige, die ihr Leben dem Kriegsberufe gänzlich gewidmet, nicht hindern können, eine unentbehrliche und sonst unerhältliche Versorgung anderswo zu suchen und zwar umso weniger, da man auch gegen so viele ungeachtet der Auflösung ihrer Regimenter in Frankreich zurückgebliebene Schweizersoldaten Nachsicht haben werde. Ausserdem fehle es nicht an häufigen Beispielen, dass eidgenössische Stände in Kriegszeiten Privatwerbungen zugelassen und wirklich Capitulationen ohne Einwendungen auswärtiger Mächte geschlossen haben.»

Faktisch bedeuteten ja die für Sardinien und Spanien bewilligten neuen eidgenössischen Truppen nur eine «moralische» Unterstützung und militärisch angesichts der gegen diese beiden Monarchien eingesetzten Truppenmassen des revolutionären Frankreich wenig. Spanien hatte 1793 rund 85 000 Mann und Sardinien 28 000 aufgestellt.[9] Neben dem 1789 bestehenden Heer mit 150 000 Mann mobilisierte Frankreich 1792 doch 32 600 «Volontaires» in Freiwilligenbataillonen und 50 000 Mann zu den Linientruppen, zusätzlich am 24. Februar 1793 noch 300 000 Mann.

Mit dem ersten Koalitionskrieg erfolgte 1792 die Neutralitätserklärung der Schweiz. Zur Durchsetzung wurde ein militärischer Grenzschutz für Basel befohlen. Was als machtvolle politisch-militärische Demonstration gedacht war, verkam allerdings mangels politischen Willen und bei abnehmender Truppenstärke zu einem nur symbolischen Akt. Immerhin fand diese Aktion einen reichhaltigen Niederschlag in Kriegsliedern und in vielen farbigen Stichen mit Militärsujets ... Und nachdem das Völkerrecht von Frankreich nicht beachtet wurde, wie z. B. 1792 der französische Einmarsch in Savoyen und Nizza ohne Kriegserklärung an Sardinien-Piemont zeigte – Napoleon wiederholte es 1812 gegenüber Russland –, war die deklarierte eidgenössische nur als Wunschdenken und schönes Papier zu werten.

Nicht zu vergessen sind dabei die Handelsbeziehungen.[10] Frankreich erliess 1792, noch vor dem Kriegsausbruch, neben der Salzsperre auch ein Getreideexportverbot gegen die Schweiz. Dies betraf nicht nur die eigene Ausfuhr aus dem

Burgund, sondern auch die internationale Ware, die in Marseille per Schiff eintraf und auf den Weitertransport wartete. Die Kompensationslieferungen von Korn aus Süddeutschland und von Reis aus dem Piemont waren gefährdet, da gewissenlose bzw. geschäftstüchtige Schweizer Händler diese Lebensmittel nach Frankreich weiterleiteten. Daneben und entgegen der kantonalen Verbote wurden Schlachtvieh, Pferde, Schuhe, Leder, Stoff, alles was den französischen Kriegsvorbereitungen dienen konnte, in grossen Mengen ordentlich auf den Märkten verkauft und nach Frankreich geschmuggelt, was Unmut und Zorn der Nachbarmächte steigerte und sie gegen die Eidgenossenschaft aufbrachte. Die Neutralität der Eidgenossenschaft wurde durch den Handel mit dem begünstigten Frankreich unterlaufen. Dies war zwar nach der Lehrmeinung des Staatsrechtlers Vattel erlaubt. Wie die Kantone bei den Werbungen und beim Handel auch entschieden, ein Nachbar der Schweiz war immer unzufrieden. Und so blieb es bis zum ersten Friedensschluss 1795 in Basel.

Dass Frankreich aus politischen Überlegungen gegen die Werbungen protestierte, war im herrschenden Meinungs- und Pressekrieg nur logisch. Den praktischen Nutzen, den Frankreich in diesen Jahren trotzdem aus der eidgenössischen Neutralität zog, bestätigte 1800 der französische Aussenminister Auguste de Talleyrand:

«Il est juste de ne pas oublier que, quand nous étions encore sur la route de cette gloire militaire dont nous avons atteint le comble lors des premiers succès de la première coalition, il nous fut utile de voir toutes les parties faibles de nos frontières couvertes par le rempart de la neutralité helvétique.»[11]

Abb. 5 **Charles Pictet de Rochemont**

Und der schweizerische Botschafter Albrecht Stapfer konnte und durfte am 2. April 1802 Talleyrand gegenüber unwidersprochen in Erinnerung rufen, die Schweiz habe mit ihrer Neutralität Frankreich gerettet.[12]

Ein leidvolles Kapitel Schutz der Landesgrenzen und Wahrung der Souveränität bildeten 1798 der französische Einmarsch und die Besetzung, wenn nicht ganz ohne

Abb. 6 **Wiener Kongress 1814-1815** ▼

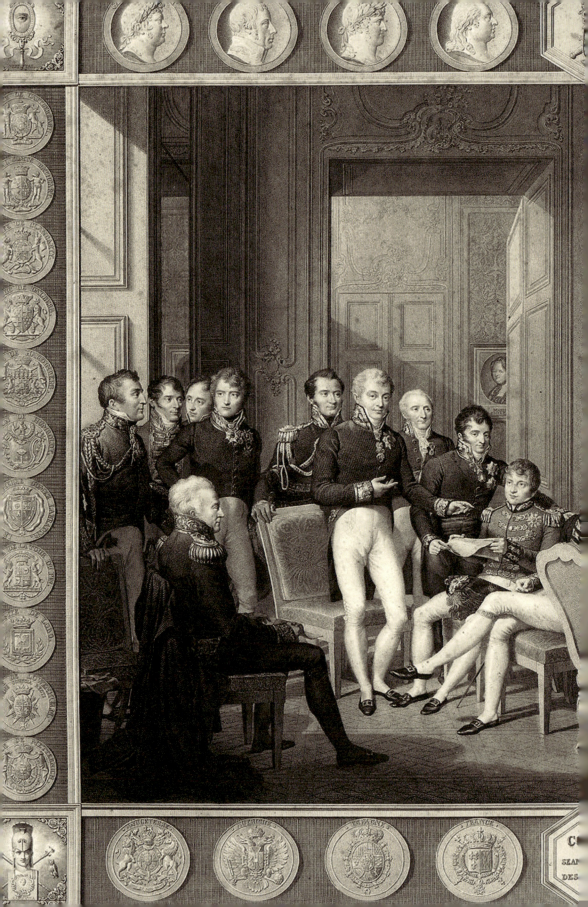

Kämpfe, der Schweiz. Politische Uneinigkeit auf allen Stufen und kleinliches «Talkesseldenken» beim militärischen Einsatz liess die Mängel der Schweizer Regierungsform und militärischen Vorbereitung deutlich und folgenschwer erkennen. Folgen davon waren u. a. 1798 die der Eidgenossenschaft unangepasste Staatsform der Helvetischen Republik, einem «Satellitenstaat» Frankreichs, und 1799 die Kämpfe zwischen den französischen und österreichisch-russischen Armeen auf Schweizerboden.

Die «hilflose» eidgenössische Neutralität 1803–1813

Die Mediationsakte von 1803 übertrug die Gewährleistung der Verfassung, des Territoriums, der Freiheit und Unabhängigkeit gegen innen und aussen gegenseitig den Kantonen. Als Mittel dazu diente eine eidgenössische Bundesarmee von 15 203 Mann, knapp 1% der Bevölkerung.[13] Dazu hatten die Kantone ihr eidgenössisches Truppenkontingent (vgl. Anhang 2) zu liefern. Da diese Zahl nach Ansicht vieler Politiker und Militärs zu gering schien, schufen einige Kantone zusätzliche Milizreserven und / oder Freiwilligeneinheiten zur Verstärkung der Militärmacht (vgl. Anhang 2).

Der Einsatz der Militärmittel wurde während der Mediationszeit verschiedentlich aktuell. So schuf der Einsatz einer kleinen eidgenössischen Armee von rund 4000 Mann mit zusätzlichen Zürcher Milizen 1804 anlässlich des «Bockenkriegs»[14], dem Aufstand eines Teils der Zürcher Landbevölkerung, die Voraussetzung für den friedlichen inneren Aufbau der Schweiz. Anlässlich des 3. und 5. Koalitionskriegs 1805, 1809 und des Befreiungskriegs (6. Koalitionskrieg) 1813 erfolgte die Bekanntgabe der Schweizer Neutralität (siehe Anhang 3 zu 1805).[15] Sie war allerdings nur einseitig deklariert. Österreich nahm sie 1805 und 1809 zur Kenntnis. Napoleon erklärte hingegen 1809, diese nur so lange zu respektieren, wie sie ihm nütze. Die bis zu 10 000 Mann starken Truppen unter General von Wattenwyl, dem Berner Schultheissen, reichten zum Grenzschutz im Kordonsystem völlig aus. Deserteure, Landstreicher und ausländische Detachemente wurden am Betreten des Schweizer Bodens abgehalten. Als unerwarteter Nebeneffekt wirkte sich dieser Truppenzusammenzug in der Bildung und Stärkung des Staatsgefühls aus, standen doch die kantonalen Kontingente erstmals gemeinsam unter eidgenössischem Befehl und ausserhalb der eigenen Kantonsgrenzen im eidgenössischen Dienst.

1813 sah es anders aus.[16] Napoleon war geschlagen und die Alliierten Armeen drängten nach Frankreich. Der eidgenössische Grenzschutz war angesagt. Die Tagsatzung hatte nach einer erneuten Neutralitätserklärung aber zur Schonung der von den Kantonen gespeisten eidgenössischen Kriegskasse und zur Erhaltung der Produktivität namentlich der Landwirtschaft, Bauern bildeten ja den Hauptteil der Truppen, nur kleine Kantonskontingente wieder unter dem Befehl von General von Wattenwyl aufgeboten. Und Oberst Herrenschwand[17] von Murten sollte erst[18] mit zwei Infanteriebataillonen und einigen Scharfschützen namentlich Basel innerhalb der Nordostgrenze bis Rheinfelden verteidigen! Angesichts der offensichtlichen alliierten Übermacht mit über 195 000 Mann mit 682 Geschützen unter Feldmarschall von Schwarzenberg kapitulierte er und zog sich, entgegen dem

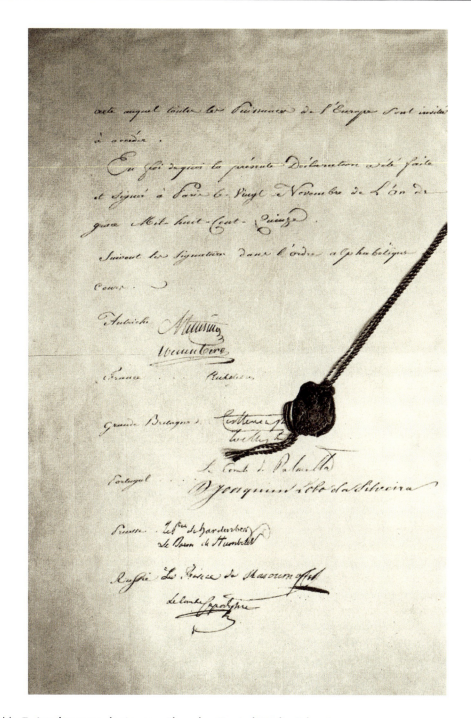

Abb. 7 **Anerkennung der immerwährenden Neutralität der Schweiz**

Abb. 8 **Schweizer Uniformen 1807**

erhaltenen Befehl, doch mit nachträglicher Billigung von General von Wattenwyl, zur Verhinderung eines nutzlosen Blutvergiessens zurück. Die zusätzlichen Kontingente (vgl. Anhang 4) kamen nicht mehr zum Einsatz. Die zu spät erfolgte Mobilisation, die Mühen der überstürzten Aushebungen, teilweise unausgebildete Mannschaften, der Mangel an eingespielten Mobilisationsorten und das Ungenügen der Zeughäuser verhinderten den von den Politikern zu verantwortenden Neutralitätsschutz. Man hatte es unterlassen, zur richtigen Zeit neben dem eidgenössischen Kontingent einsatzbereite Reserven zu bilden.

Die eidgenössische Tagsatzung hob auf österreichischen Druck und gestützt auf die landesweite Opposition darauf die Mediationsverfassung auf und liess den alliierten Durchmarsch zu. Der Verzicht auf den militärischen Grenzschutz hatte aber seine gute Seite: Die Alliierten anerkannten die Geste der Eidgenossenschaft und hoben diese in der Urkunde zur Gewährung der ewigen Neutralität 1815 gebührend hervor.[19]

Fazit: Die eidgenössische Neutralität war während der Mediation nur eine gut gemeinte, doch einseitige, von den kriegführenden Parteien nicht bindend anerkannte und damit «hilflose» Absichtserklärung. Der Mangel an Wehrbereitschaft führte zu einem politischen Systemwechsel, von der Mediation zur Restauration.

Die ewige Neutralität der Schweiz 1815

1815 hat eine grosse Bedeutung für die Schweiz. Einerseits wurden die inneren und äusseren Grenzen des Staats- und Kantonsterritorium festgelegt, andererseits wurde der Schweiz der Status der ewigen Neutralität unter dem Schutzschirm der ausländischen Mächte zugesprochen.

Der Wiener Kongress legte am 20. März 1815 (vgl. Anhang 5) die Anerkennung der immerwährenden Neutralität[20] der Schweiz fest. Dieser Entscheid wurde jedoch mit der Rückkehr Napoleons nach Frankreich hinfällig, wurde aber vom Pariser Kongress mit der Urkunde vom 20. November (vgl. Anhang 6) gleichen Jahres wieder aufgegriffen, von den europäischen Länderdelegierten unterschrieben und besiegelt und in Kraft gesetzt. Inwieweit die Schweizer Delegierten, der Genfer Pictet de Rochemont und der Freiburger Jean de Montenach den Kongress mit den Gesandten Castlereagh von England, Capo d'Istria von Russland, Talleyrand von Frankreich und Metternich von Österreich beeinflussen konnten – Capo d'Istria soll Pictets Vorschlag in den Grundzügen übernommen haben –, ist näher abzuklären. Es lohnt sich auch heute noch, diese grundlegenden Texte mit der Anerkennung und Gewährleistung der immerwährenden Neutralität und Territorialität der Schweiz zu lesen!

Die Neutralität erforderte natürlich militärische Machtmittel, um diese auch durchzusetzen. Nach der Bundesverfassung sollten 2 % der Bevölkerung in kantonalen Kontingenten die eidgenössische Armee bilden. Konkret billigte die Tagsatzung am 20. August 1817 das «Allgemeine Militairreglement» mit den diesbezüglichen Massnahmen. Um der Eidgenossenschaft ein wirksames Militärinstrument in die Hand zu geben, wurde zusätzlich zum Bundeskontingent eine gleich starke Reserve gebildet (vgl. Anhang 7). Mit total 57 816 Infanteristen, 4000 Scharfschützen, 2840 Kanonieren, 1911 Trainsoldaten, 213 Sappeuren-Pontonieren, 736 Kavalleristen (4 % der Bevölkerung) konnte bei laufenden Verbesserungen so z. B. mit dem Generalstab, der eidgenössischen Zentralschule in Thun, den Übungslagern, Reglementen, der Vereinheitlichung der Waffen und Uniformen usw. einem möglichen Angreifer aus dem Ausland auch mit Aussicht auf Erfolg die Stirne geboten werden.[21] Diese Ordnung wurde erst mit dem Gesetz zur Militärorganisation 1850 bzw. dem von 1874 beibehalten.

Fazit: Die heute noch bekannte territoriale Gliederung der Kantone und die immer noch gültigen Grenzen der Schweiz wurden durch die europäischen Mächte eigentlich recht dauerhaft[22] festgesetzt. Nur mit der von den europäischen Mächten garantierten Neutralität konnte sich die Schweiz gesichert fühlen. Mit ihrer Erklärung der «ewigen Neutralität» wurde zwar in die Souveränität der Schweiz eingegriffen, doch, wie es sich herausstellen sollte, zu deren grossem Nutzen. Mit bzw. nach der Neutralitätserklärung erfolgte der grosse Ausbau des Schweizer Militärwesens, um diesen Status der Neutralität auch wirkungsvoll schützen und den begründeten Erwartungen des Auslands nachkommen zu können. Es bleibt den Nachkommen vorbehalten, diese unbestrittenen Errungenschaften zum Wohle der Allgemeinheit zu erhalten, zu pflegen und auszubauen.

Anhang 1
Die Stärke der kantonalen Milizen vor 1798[23]

Kanton	Infanterie[24]	Jäger oder Scharfschützen	Kavallerie	Artillerie	Varia[25]	Total
Zürich	25430	670	860	890	150	28000
Bern	55450	2500	4500	2500	200	64450
Luzern	10100	250	210	140	100	10800
Uri	2407	300	–	300	–	3007
Schwyz	5050	400	–	400	Landsturm[26]	5850
Unterwalden	1823	420	–	32	–	2275
Zug	2820	220	–	–	–	3040
Glarus	3810	450	–	50	–	4310
Basel	2650	200	160	200	Freiwillige[27]	3210
Freiburg	10900	600	168	100	Freiwillige[28]	11768
Solothurn	4260	500	230	100	–	5090
Schaffhausen	2835	–	200	60	–	3095
Appenzell	4040	800	50	160	–	5050
St-Gallen-Abtei	6100	800	–	80	–	6980
St-Gallen-Stadt	610	–	50	50	–	760
Graubünden	18000	2000	–	33	–	20000
Wallis	8000	1000	–	–	–	9000
Thurgau[29]	2000	60	–	–	Freiwillige	2060
Sargans/Rheintal	1500	–	–	–	–	1500
Baden/Freiamt	1200	–	–	–	–	1200
Tessin	3600	–	–	–	–	3600
TOTAL	173432	11170	6428	5095		196125

Das Bedürfnis nach einer eidgenössischen Armee bestand schon vor 1798. So sollten die 13 alten Orte nach dem «Wiler Defensionale» von 1647, aufgeteilt in drei Auszüge, 36000 Mann und 147 Geschütze stellen. 1667 wurde dieser Bestand auf 40000 Mann erhöht, um eine wirkliche Landesverteidigung zu gestatten. Infolge politischer und religiöser Unstimmigkeiten und bei kantonalen Egoismen bestand diese eidgenössische Armee schlussendlich aber nur noch auf dem Papier.[30] Immerhin war die Idee einer gemeinsamen Verteidigungsarmee geboren und entwickelte sich in den Fachkreisen in zunehmendem Masse.

Anhang 2

Die Bildung der kantonalen Truppen 1803-1813[31]

Die Organisation der kantonalen Militärorganisationen erfolgte in der Regel nach der Annahme des eidgenössischen Militärreglements von 1804. Neben der Miliz bildeten sich Freiwilligeneinheiten (Freikorps, Standeslegion) mit den verschiedenen Waffengattungen, fest besoldete Standeskompanien als permanentes Berufsmilitär und die militärisch organisierten Landjägerkorps.

Kanton	Miliz	Freikorps /Standeslegion	Standes-Kompanie	Land-Jäger
Zürich	1803	1804	1803	1804
Bern	1804	1804	1803	1803
Luzern	1804	1804	–	1803
Uri	1804	–	–	1804
Schwyz	1805	1806 ?	–	1803
Nidwalden	1804	–	–	1811
Obwalden	1804, 1813	–	–	1804
Glarus	1804/05	–	–	1804
Zug	1805, 1808	1804	–	1804
Freiburg	1804	1804	1803	1804
Solothurn	1804, 1807, 1812	1804	1803	1804
Basel	1804	–	1804	1806
Schaffhausen	1804, 1810	1808	–	1805
Appenzell AR	1805	1804	–	1803
Appenzell IR	1804	–	–	1803
St. Gallen	1804	1807	–	1803
Graubünden	1809	–	–	1804
Aargau	1804, 1808	1803	1803	1803
Thurgau	1804, 1811	1804	–	1803/07
Tessin	1804	–	–	1804
Waadt	1803, 1813	–	–	1803

Neben der Organisation der Miliz zur Bildung des kantonalen Bundeskontingents der Infanterie für die eidgenössische Armee wurden zusätzliche Reserven gebildet. Diese sahen auf dem Papier sehr gut aus, waren aber mangels Ausbildung, Bewaffnung und Ausrüstung nicht durchgängig und sofort einsatzfähig.

Die Stärke der Milizinfanterie während der Mediation			
Kantone mit eidgen. Bataillonskontingent (total kantonale Bataillone)		Kantone mit eidgen. Kompaniekontingenten (kantonalen Bataillonen)	
Luzern	1 Bataillon (6)	Uri	1 Kompanie (12 Kp[34])
Zürich	3 (6)	Schwyz	3 (10 Kp)
Bern	4 (8)	Unterwalden	2 (3 Bat)
Freiburg	1 (2)	Glarus	3 (10 Kp)
Solothurn	1 (6/2/1)	Zug	1 (6 Bat)
Appenzell	1 (15 Kp[33])	Basel	3 (5 Bat[35])
Sankt Gallen	2 (4)	Schaffhausen	2 (2 Bat)
Graubünden	2 (-)		
Aargau	2 (8)		
Thurgau	1 (3)		
Tessin[32]	1 (?)		
Waadt	2 (8)		

Anhang 3

Die Neutralitätserklärung der Schweiz vom 23. September 1805[36]

«Wir der Landammann der Schweiz und die bevollmächtigten Gesandten der 19 Kantone der Schweizerischen Eidgenossenschaft:

Nachdem Wir uns ausserordentlicherweise in Solothurn versammelt, und in unserer ersten Satzung die innere Lage der Schweiz, so wie die Stellung und Verhältnisse derselben gegen die auswärtigen hohen Mächte, zum Gegenstand eines sorgfältigen Nachdenkens genommen haben, Erklären hiemit im Namen der 19 verbündeten Kantone einhellig und feyerlich:

Dass bey der sich erzeigenden traurigen Aussicht eines nahen Ausbruchs des Kriegs zwischen den grossen Mächten, deren Lande das Schweizerische Gebiet beynahe umschliessen, die Tagsatzung, geleitet durch den Geist der Schweizerischen Treue, in sorgfältiger Beobachtung der mit benachbarten Staaten bestehenden Verträge und freundschaftlichen Verhältnisse, durch die anererbte friedliche und achtungsvolle Gesinnung gegen alle Mächte und in reifer Ueberlegung des Bedürfnisses des Schweizerischen Volkes, dem zu seinem Wiederaufblühen, Frieden, gerechte Schonung des Auslandes und ungestörte Sicherheit unentbehrlich sind – es als ihre heilige Pflicht ansehe, sich im Falle eines ausbrechenden Krieges vollkommen neutral zu verhalten, diese Neutralität gewissenhaft und unpartheyisch gegen jede der Kriegführenden hohen Mächte und dero Verbündete zu beobachten, und durch ihre Angehörigen beachten zu lassen.

Zur Handhabung dieser Neutralität und zur Sicherung der Ordnung in dem Umfang des Schweizerischen Gebiets hat sich daher die Tagsatzung entschlossen, die Schweizerischen Grenzen mit Eidgenössischen Truppen zu besetzen und die Sicherheit und Unverletzlichkeit ihres Gebiets mit den Waffen zu beschützen.

Die Tagsatzung schöpft indessen aus den bisherigen Aeusserungen der beyden Kaiser-Höfe, aus der wohlwollenden Theilnahme, welche von denselben an den Schicksalen der Schweiz, und noch neuerdings in Bezug auf die gegenwärtigen Kriegrüstungen bezeugt werden, die zuversichtliche Hoffnung und erwartet von der Gerechtigkeit dieser Monarchen, dass sie diese Neutralität eines friedfertigen und unabhängigen Volkes bey keinem Verhältnis des Krieges bekränken und verletzen, und zu diesem Ende an die Anführer ihrer Armeen die gemessensten Befehle ergehen lassen werden, dass dieselben das neutrale Schweizerische Gebiet nicht berühren, viel weniger auf demselben Posto fassen oder den Durchpas nehmen sollen.

Kraft dessen ist die gegenwärtige Erklärung, deren gehörige Mittheilung und Bekanntmachung Seiner Excellenz dem Landammann der Schweiz aufgetragen ist, mit dem Eidgenössischen Siegel und der Unterschrift des Landammanns und des Eidgenössischen Kanzlers versehen werden.

In Solothurn, den 23. Herbstmonat 1805
L. S.   Der Landammann der Schweiz
Peter Glutz Ruchti
Der Kanzler der Eidgenossenschaft Mousson.»

Anhang 4

Die eidgenössischen Truppen 1813

Wenn auch die Mobilisation der unten verzeichneten Truppen anlässlich der geplanten Grenzbesetzung und des Neutralitätsschutzes nicht durchgängig und vollständig durchgeführt wurde, so sind die Pläne dafür, der Bestand überschritt die vorgeschriebene Stärke der eidgenössischen Bundesarmee, doch beeindruckend.

Dauer	Truppen	Kosten
Dienstperiode: (Juni)/September bis 29. Dezember Rechenperiode: 3. September 1813 bis 11. Januar 1814	17 896 Mann[37] – 31 Bataillone Infanterie (3 AG, 5 BE, 1 BS/GL, 2 FR, 2 GR, 2 LU, 2 SG, 1 SH/AP, 2 TI, 1 TG/LU, 1 TG/SH, 1 TG/SH/BS/SG, 1 TG, 3 VD, 1 SO/ZG, 3 ZH) – 13 Kp Scharfschützen (3 BE, 1 BS, 1 FR, 1 LU, 2 Kp SG, 2 VD, 3 ZH) – 6 ½ Artillerie-Kompanien (1 AG, 2 BE, ½ BS, FR, VD,ZH) – 6 Kavalleriekompanien (AG, BE, FR, GR, 2 ZH)	Fr. 781 736,15

Anhang 5

«Die Erklärung des Wiener Kongresses über die Angelegenheiten der Schweiz vom 20. März 1815[38]

Les puissances, appelées à intervenir dans l'arrangement des affaires de la Suisse, pour l'exécution de l'article 6 du traité de Paris du 30 Mai 1814, ayant reconnu que l'intérêt général réclame en faveur du Corps helvétique l'avantage d'une neutralité perpétuelle, et voulant par des restitutions territoriales et des cessions lui fournir les moyens d'assurer son indépendance et maintenir sa neutralité;

Après avoir recueilli toutes les informations sur les intérêts des différens Cantons, et pris en considération les demandes qui leur ont été adressées par la légation helvétique,

Déclarent:
Que dès que la Diète helvétique aura donné son accession en bonne et due forme aux stipulations renfermées dans la présente transaction, il sera fait un acte, portant la recconnoissance et la garantie de la part de toutes les puissances de la neutralité perpétuelle de la Suisse dans ses nouvelles frontières, lequel acte fera partie de celui de celui qui, en exécution de l'article 32 du susdit traité de Paris du 30 Mai, doit compléter les dispositions de ce traité.

Transaction

§ 1. L'intégrité des XIX Cantons, tels qu'ils existoient en corps politique à l'époque de la convention du 29 Décembre 1813, est reconnue pour base du système helvétique.

§ 2. Le Valais, le territoire de Genève, la Principauté de Neuchâtel, sont réunis à la Suisse et formeront trois nouveaux Cantons. La vallée des Dappes ayant fait partie du Canton de Vaud, lui sera rendue.

§ 3. La Confédération helvétique ayant témoigné le désir que l'Evêché de Bâle lui fut réuni, et les puissances intervenantes voulant régler définitivement le sort de ce pays, le dit Evêché et la ville et territoire de Bienne feront à l'avenir partie du Canton de Berne.

On excepte que les districts suivans:
– 1. Un district d'environ 3 lieues quarrées d'étendue, renfermant les communes d'Allschweiller, Schönbuch, Oberweiler, Terweiler, Ettingen, Fürstenstein, Platten, Pfeffingen, Aesch, Bruck, Reinach, Arlesheim, lequel district sera réuni au Canton de Bâle.

– 2. Une petite enclave située près du village Neuchâtelois de Lignières et laquelle étant aujourd'hui, quant à la jurisdiction civile, sous la dépendance du Canton de Neuchâtel, et quant à la jurisdiction criminelle, sous celle de l'Evêché de Bâle, appartiendra en toute souveraineté à la Principauté de Neuchâtel.

§ 4. Les habitans de l'Evêché de Bâle, et ceux de Bienne réunis aux Cantons de Berne et de Bâle, jouiront à tous égards, sans différence de religion (qui sera conservé dans l'état présent) des mêmes droits politiques et civils dont jouissent et pourront jouir les habitans des anciennes parties des dits Cantons. En conséquence ils concourront avec eux aux places de Représentans et aux autres fonctions suivant les constitutions cantonales. Il sera conservé à la ville de Bienne et aux villages, ayant formé sa jurisdiction, les privilèges municipaux compatibles avec la constitution et les règlements généraux du canton de Berne.

– 1. La vente des domaines nationaux sera maintenue et les rentes féodales et les dîmes ne pourront point être rétablies.

– 2. Les actes respectifs de réunion seront dressés, conformément aux principes ci-dessus énoncés, par des commissions composées d'un nombre égal de députés de chaque partie intéressé. Ceux de l'Evêché de Bâle seront choisis par le Canton directeur parmi les citoyens les plus notables du pays. Les dits actes seront garantis par la Confédération suisse. Tous les points sur lesquels les parties ne pourront pas s'entendre, seront décidés par un arbitre nommé par la Diète.

– 3. Les revenus ordinaires du pays seront perçus pour le compte de l'administration actuelle, jusqu'au jour de l'accession de la Diète helvétique à la présente transaction. Il en sera de même pour l'arriéré des dits revenus ; ceux levés extraordinairement et qui ne seraient point encore entrés en caisse, cesseront d'être perçus.

– 4. Le ci-devant Prince-Evêque de Bâle, n'ayant reçu ni indemnité, ni pension pour la quote-part de l'Evêché qui autrefois faisait partie de la Suisse, le recés de l'Empire germanique de 1803, n'ayant stipulé qu'en raison des pays qui ont fait partie, intégrante du dit Empire, les Cantons de Berne et de Bâle se chargent de lui payer en augmentation de la dite pension viagère la somme de 12'000 florins d'empire à dater de la réunion de l'Evêché de Bâle aux cantons de Berne et de Bâle. La cinquième partie de cette somme sera employée et restera affectée à la sustentation des Chanoines de l'ancienne Cathédrale de Bâle, pour compléter la rente viagère qui a été stipulée par le dit recés de l'Empire germanique.

– 5. La Diète helvétique décidera, s'il en est besoin, de conserver un Evêché dans cette partie de la Suisse, ou si ce diocèse peut être réuni à celui qui par suite des nouvelles dispositions, sera formé des territoires Suisses qui avaient fait partie du diocèse de Constance.

En cas, que l'Evêché de Bâle dut être conservé, le Canton de Berne fournira dans la proportion des autres pays, qui à l'avenir seront sous l'administration spirituelle de l'Evêque, les sommes nécessaires à l'entretien de ce Prélat, de son Chapitre et de son Séminaire.

§ 5. Pour assurer les communications commerciales et militaires de Genève avec le Canton de Vaud et le reste de la Suisse, et pour compléter à cet égard l'article 4 du traité de Paris, Sa Majesté très-Chrétienne consent à faire placer la ligne de douanes de manière, à ce que la route qui conduit de Genève par Versoy en Suisse soit en tout temps libre, et que ni les postes, ni les voyageurs, ni les transports de marchandise n'y soient inquiétés par aucune visite des douane, ni soumis à aucun droit. Il est également entendu, que le passage des troupes Suisses ne pourra y être aucunement entravé.

Dans les règlements additionnels à faire à ce sujet, on assurera de la manière la plus avantageuse aux Genevois l'exécution des traités relatifs à leurs libres communications entre la ville de Genève et le Mandement de Peney. Sa Majesté très-Chrétienne consent en outre à ce que la gendarmerie et les milices du Canton de Genève passent par la grande route du Meyrin du dit mandement à la ville de Genève, et réciproquement, après en avoir prévenu le poste militaire de la gendarmerie française le plus voisin. Les puissances intervenantes interposeront de plus leurs bons offices pour faire obtenir à la ville de Genève un arrondissement convenable du côté de la Savoie.

§ 6. Pour établir des compensations mutuelles, les Cantons d'Argovie, de Vaud, du Tessin et de St-Gall fourniront aux six anciens Cantons de Schwyz, Unterwalden, Uri, Glaris, Zoug et Appenzell (Rhodes intérieures) une somme qui sera appliquée à l'instruction publique et aux frais d'administration générale, (mais principalement au premier objet) dans les dits Cantons. La quotité, le mode de payements et la répartition de cette compensation pécuniaire sont fixés ainsi qu'il suit:
- 1. Les Cantons d'Argovie, de Vaud et de St-Gall fourniront aux Cantons de Schwyz, Unterwalden, Uri, Zoug, Glaris et Appenzell (Rhodes intérieures) un fond de cinq cent mille livres de Suisse.
- 2. Chacun des premiers payera l'intérêt de sa quote-part à raison de cinq pour cent par an, ou remboursera le capital, soit en argent soit en bienfonds à son choix.
- 3. La répartition, soit pour le payement, soit pour la recette de ces fonds, se fera dans les proportions de l'échelle de contribution réglée pour subvenir aux dépenses fédérales.
- 4. Le Canton de Tessin payera chaque année au Canton d'Uri la moitié du produit des péages dans la vallée Léventine. Une commission nommée par la Diète, veillera à l'exécution des dispositions précédentes.

§ 7. Pour mettre un terme aux discussions qui se sont élevées par rapport aux fonds placés en Angleterre par les Cantons de Zurich et de Berner, il est statué:

- 1. Que les Cantons de Berne et de Zurich conserveront la propriété du fond capital, tel qu'il existoit en 1803 à l'époque de la dissolution du gouvernement helvétique, et jouiront à dater du 1er janvier 1815 des intérêts à échoir.
- 2. Que les intérêts échus et accumulés depuis l'année 1798 jusque et y compris l'année 1814, seront affectés au payement du capital restant de la dette nationale, désignée sous la dénomination de dette helvétique
- 3. Que le surplus de la dette helvétique restera à la charge des autres Cantons, ceux de Berne et de Zurich étant exonérés par la disposition ci-dessus. La quote-part de chacun des Cantons qui restent chargés de ce surplus, sera calculée et fournie dans la proportion fixé pour les contributions destinées au payement des dépenses fédérales. Les pays incorporés à la Suisse depuis 1813 ne pourront pas être imposés en raison de l'ancienne dette helvétique. S'il arrivait après le payement de la dette susdite, qu'il y eut un excédent d'intérêt, cet excédent sera reparti entre les Cantons de Berne et de Zurich, dans la proportion de leurs capitaux respectifs.
- 4. Les mêmes dispositions seront suivies à l'égard de quelques autres créances, dont les titres sont déposés sous la garde du Président de la Diète.

§ 8. Les puissances intervenantes, voulant concilier les contestations élevées à l'égard des Lauds abolis sans indemnité, statuent qu'une indemnité sera payée aux particuliers propriétaires de Lauds. Afin d'éviter tout différent ultérieur à ce sujet entre les Cantons de Berne et de Vaud, ce dernier payera au gouvernement de Berne la somme de trois cent mille livres Suisses, pour être ensuite repartie entre les ressortissans bernois propriétaires de Lauds. Les payemens se feront à raison d'un cinquième par an, à commencer du premier janvier mille huit cent seize.

§ 9. Les Puissances intervenantes, reconnaissant qu'il es juste d'assurer au Prince Abbé de St-Gall une existence honorable et indépendante, statuent que le Canton de St-Gall lui fournira une pension viagère de six mille florins d'empire, et à ses employés une pension viagère de deux mille. Ces pensions seront versées à dater du premier janvier mille huit cent quinze, par trimestre, dans les mains du Canton directeur, qui les remettra respectivement à la disposition du Prince Abbé de St-Gall et de ses Employés.

Les puissances intervenantes dans les affaires de la Suisse donnent par la déclaration ci-dessus une preuve manifeste de leur désir, d'assurer la paix intérieure de la Confédération. Elles se font également un devoir de ne rien négliger, qui puisse en hâter l'accomplissement.

En conséquence elles s'attendent à ce que les Cantons, sacrifiant au bien toute considération secondaire, ne tarderont plus à adhérer au Pacte fédéral librement arrêté par la grande majorité de leurs co-états, l'intérêt commun exigeant impérieusement que toutes les parties de la Suisse se réunissent le plutôt possible sous la même Constitution fédérative.

La Convention du 16 Août 1814, annexée au Pacte fédéral, ne saurait plus retarder cette réunion. Son but étant déjà rempli par la déclaration des Puissance, elle devient par le fait comme non avenue.

Pour consolider de lus en plus le repos de la Suisse, les Puissances désirent qu'une amnistie générale soit accordée à tous les individus qui, induits en erreur par une époque d'incertitude et d'irritation, ont pu agir de quelque manière que ce soit contre l'ordre existant; loin d'affaiblir l'autorité légitime des Gouvernemens, cet acte de clémence leur donnera de nouveaux titres à exercer cette sévérité salutaire contre quiconque oserait à l'avenir susciter des troubles dans le pays.

Enfin les Puissances intervenantes aiment à se persuader que le patriotisme et le bon jugement des Suisses leur prescriront la convenance ainsi que la nécessité de se sacrifier mutuellement le souvenir des différens qui les ont divisés, et de consolider l'œuvre de leur réorganisation en travaillant à la perfectionner dans un esprit conforme au bien de tous sans aucun retour sur le passé.

La présente déclaration a été insérée au Protocole du Congrès réuni à Vienne dans la séance du 19 Mars 1815. Fait et certifié véritable par les plénipotentiaires des huit puissances signataires du traité à Paris. A Vienne, le 20 Mars 1815.

Suivent les signatures dans l'ordre alphabétique des cours :

- Autriche: Le Prince de Metternich. Le Baron de Wessenberg.
- Espagne: S. Gomez Labrador.
- France: Le Prince de Talleyrand. Le Duc de Dalberg. Le Comte de Latour-du-Pin. Le Comte Alexis de Noailles.
- Grande-Bretagne: Wellington. Clancarty. Cathcart. Stewart.
- Portugal: Palmella. Saldanha. Lobo.
- Prusse: Le Prince de Hardenberg. Le Baron de Humbold.
- Russie: Le Comte de Stackelberg. Le Comte de Rasoumoffsky. Le Comte de Nesselrode.
- Suède: Le Comte de Loewenhielm.»

Anhang 6

«Anerkennungs- und Gewährleistungsurkunde der immerwährenden Neutralität der Schweiz und der Unverlezbarkeit ihres Gebiets vom 20. November 1815[39]

L'accession de la Suisse à la déclaration donnée à Vienne le vingt Mars mil huit cent quinze, par les Puissances Signataires du traité de Paris, ayant été dûment notifiée aux Ministres des Cours Impériales et Royales par l'acte de la Diète Helvétique du vingt-sept Mai suivant, rien ne s'opposait à ce que l'acte de la reconnaissance et de la garantie de la neutralité perpétuelle de la Suisse dans ses nouvelles frontières fut fait conformément à la déclaration susdite. Mais les Puissances ont jugé convenable de suspendre jusqu'à ce jour la signature de cet acte, à cause des changemens, que les événemens de la guerre et arrangemens, qui devaient en être la suite, pouvaient apporter aux limites de la Suisse, et des modifications, qui pouvaient aussi en résulter dans les dispositions relatives au territoire associé au bienfait de la neutralité du Corps Helvétique.

Ces changemens se trouvant déterminés par les stipulations du traité de Paris de ce jour, les Puissances Signataires de la déclaration de Vienne du vingt Mars font, par le présent acte, une reconnaissance formelle et authentique de la neutralité perpétuelle de la Suisse, et Elles lui garantissent l'intégrité et l'inviolabilité de son territoire dans ses nouvelles limites, telles qu'elles sont fixées, tant par l'acte du Congrès de Vienne que par le traité de Paris de ce jour, et telles qu'elles le seront ultérieurement, conformément é la disposition du protocole du 3 Novembre ci-joint en extrait, qui stipule en faveur du Corps Helvétique son nouvel accroissement de territoire à prendre par la Savoie, pour arrondir et désenclaver le canton de Genève.

Les Puissances reconnaissent et garantissent également la neutralité des parties de la Savoie, signées par l'acte du Congrès de Vienne du 29 Mars mil huit cent quinze et par le traité de Paris de ce jour, comme devant jouir de la neutralité de la Suisse de la même manière, que si elles appartenaient à celle-ci.

Les Puissances Signataires de la déclaration du vingt Mars reconnaissent authentiquement par ce présent acte, que la neutralité et l'inviolabilité de la Suisse et son indépendance de toute influence étrangère sont dans les vrais intérêts de la politique de l'Europe entière.

Elles déclarent, qu'aucune induction défavorable aux droits de la Suisse, rélativement à sa neutralité et à l'inviolabilité de son territoire, ne peut ni ne doit être tirée des événemens, qui ont amené le passage des troupes alliées sur une partie du sol helvétique. Ce passage, librement consenti par les Cantons dans la convention du vingt Mai, a été le résultat nécessaire de l'adhésion franche de la Suisse aux principes manifestés par les Puissances Signataires du traité d'Alliance du 25 Mars.

Les Puissances se plaisent à reconnaitre, que la conduite de la Suisse, dans cette circonstance d'épreuve, a montré qu'elle savait faire de grands sacrifices au bien général et au soutien d'une cause, que toutes les Puissances de l'Europe ont défendue; et qu'enfin la Suisse était digne d'obtenir les avantages qui lui sont assurés, soit par les dispositions du Congrès de Vienne, soit par le traité de Paris de ce jour, soit par le présent Acte, auquel toutes les Puissances de l'Europe sont invitées à accéder.

En foi de quoi la présente Déclaration a été faite et signée à Paris le 20 Novembre de l'an de grâce mil huit cent quinze. Suivent les signatures dans l'ordre alphabétique des Cours:

- Autriche: Le Prince de Metternich. Le Baron de Wessenberg.
- France: Richelieu.
- Grande-Bretagne: Castlereagh. Welington.
- Portugal: Le Comte de Palmella. D. Joachi, Lobo da Silveira.
- Prusse: Le Prince de Hardenberg. Le Baron de Humbold.
- Russie: Le Prince de Rasoumoffsky. Le Comte Capo d'Istria.»

Anhang 7

Tabelle[40] zur Zusammensetzung der eidgenössischen Armee 1817

Tab. VI.

Generaletat des Bundesheeres und Vertheilung desselben auf die Kantone.

Kantone.	Genie.		Artillerie.		Kavallerie.	Scharfschützen.	Infanterie.		Total des Personellen.	Trainpferde.
	Sappeure.	Pontoniere.	Bei den Kompagnien.	Uneingetheilte Trainmannschaft.			Stab der Bataillone.	Bei den Kompagnien.		
Zürich	100	100	828	30	192	400	152	4954	6756	451
Bern	200	.	1092	82	320	600	266	9521	12,081	707
Luzern	.	.	369	14	64	200	76	2994	3717	172
Ury	.	.	.	8	.	100	9	288	405	14
Schwyz	.	.	.	21	.	200	25	968	1214	35
Unterwalden ob d. Wald	.	.	.	7	.	100	7	257	371	12
Unterwalden n. d. Wald	.	.	.	6	.	100	6	194	306	10
Glarus	.	.	.	30	.	200	19	622	871	45
Zug	.	.	.	10	.	100	10	336	456	16
Freyburg	.	.	195	14	96	200	57	2115	2677	98
Solothurn	.	.	195	8	64	.	38	1570	1875	88
Basel-Stadttheil*)	.	.	197	3	.	.	13	360	573	83
Basel-Landschaft	.	.	73	36	64	100	25	900	1198	55
Schaffhausen	.	.	.	33	64	.	19	823	939	51
Appenzell A.Rh.	.	.	.	49	.	200	38	931	1218	74
Appenzell J.Rh.	.	.	.	5	.	.	9	279	293	8
St. Gallen	.	.	369	29	128	200	95	3844	4665	195
Graubünden	.	.	.	67	.	200	57	2153	2477	60
Aargau	100	100	488	37	128	300	114	4162	5429	361
Thurgau	.	.	.	92	64	200	57	2066	2479	144
Tessin	.	.	.	84	.	.	76	3162	3322	132
Waadt	100	.	686	43	256	400	114	3790	5389	368
Wallis	.	.	.	66	.	200	57	1918	2241	60
Neuenburg	.	.	195	11	.	200	38	1218	1662	94
Genf	.	.	268	11	64	.	38	1024	1405	93
	500	200	4955	796	1504	4200	1415	50,449	64,019	3426

*) Basel-Stadttheil gibt zu der zu stellenden Zwölfpfünderkanonenbatterie nur 124 Mann, und es ist der reglementarische Bestand dieser Kompagnie durch 18 Mann, nämlich: 2 Traingefreite, 12 fahrende und 4 überzählige Trainsoldaten mit 24 Zugpferden aus den Reserveparks zu ergänzen.

Anmerkungen

1 Nur zur Erinnerung: Paul Schweizer, Geschichte der Schweizerischen Neutralität, Frauenfeld 1895, Edgar Bonjour, Geschichte der schweizerischen Neutralität. Drei Jahrhunderte eidgenössischer Aussenpolitik, Basel 1946, Alois Riklin, Neutralität am Ende? 500 Jahre Neutralität in der Schweiz, in: Zeitschrift für Schweizerisches Recht, N. F. 125 (2006), S. 583–598. Zur Entstehungsgeschichte der Neutralität namentlich Thomas Maissen, «Wie aus dem heimtückischen ein weiser Fuchs wurde. Die Erfindung der eidgenössischen Neutralitätstradition als Anpassung an das entstehende Völkerrecht des 17. Jahrhunderts», in: Michael Jucker/Martin Kintzinger (Hrsg.), Rechtsformen internationaler Politik. Theorie, Norm und Praxis vom 12. bis 18. Jahrhundert, Berlin 2011, S. 241–272.

2 André Schluchter, Die Bevölkerung der Schweiz um 1800, eine Auswertung der Helvetischen Volkszählung von 1798 und anderer zeitnaher Erhebungen, mit Einbezug der Bevölkerungsentwicklung bis 1980, Bern 1988, S. 17.

3 Wie zeitgemäss üblich, werden die Ausdrücke «Stand» und «Kanton», «Eidgenossenschaft» und «Schweiz» parallel gebraucht.

4 Conrad Peyer, Verfassungsgeschichte der alten Schweiz, Zürich 1978, S. 139–141. Die Liste der Unruhen ist obwohl lang, doch unvollständig.

5 Weiterführend bei Hubert Foerster, Der eidgenössische Söldnermarkt am Ende des 18. Jahrhunderts, Ms. Freiburg. Die Karten im Bildteil zum Dienst in Frankreich vor 1792 und die anderen Staaten vor 1792 und 1795, ich danke H. Jürg Keller, Sugiez, für die Herstellung, zeigen die Kantone, in denen rekrutiert wurde. Die «Gemeinen Herrschaften» sind grau gehalten, da dort die verschiedenen Kantone je nach ihrer Verwaltungszuständigkeit werben liessen.

6 Robert-Peter Eyer, Die Schweizer Regimenter in Neapel im 18. Jahrhundert (1734–1789), Bern 2008. behandelt den Dienst in Neapel nur bis 1789. Er geht dabei nicht bis zur Ebene der Kompanien.

7 Verband von zwei Kompanien.

8 Gerold Meyer von Knonau, Die eidgenössischen Abschiede 1778–1798, Bd. 8, Zürich 1856, S. 195.

9 Jean Meyer/André Corvisier, La Révolution Française, Paris 1991, Bd. 1, passim, hier bes. S. 602. Neben der numerischen Überzahl waren die Franzosen auch bezüglich Motivation und Taktik im Vorteil. John A. Lynn, The Bayonets of the Republic. Motivation and Tactics in the Army of Revolutionary France 1791–1794, Illinois 1984.

10 Philippe Gern, «Les relations économiques franco-suisses pendant la Révolution française (1793–1794)», in: Cinq siècles de relations franco-suisses. Hommage à Louis-Edouard Rouet, Neuenburg 1984, S. 153–166, in Fortführung seiner Artikel «Les échanges commerciaux entre la Suisse et la France au XVIIIe siècle», in: Schweizerische Zeitschrift für Geschichte 1971, S. 64–95, und «Approche statistique du commerce franco-suisse de l'an V à 1821», in: Schweizerisches Bundesarchiv (Hrsg.), Studien und Quellen 7 (1981), S. 77–118.

11 Johannes Strickler, Actensammlung aus der Zeit der helvetischen Republik, Bd. 5, Bern 1895, S. 829 ff.

12 Johannes Strickler, Actensammlung aus der Zeit der helvetischen Republik, Bd. 6, Bern 1897, S. 788.

13 Ausführlich mit den Quellen- und Literaturangaben bei Hubert Foerster, «Die eidgenössische Militärorganisation 1804–1813. Das Bundesheer und der Beitrag der Kantone», in: Kolloqiumsakten der ASHSM / SVMM (Hrsg.), 1801–1803–1814 Guerre et paix en Europe – Les enjeux militaires de l'Acte de médiation, Bern 2004, S. 79–125.

14 Zuletzt Hubert Foerster, «Der militärische Ordnungseinsatz zum Wohle des Vaterlandes», in: Joseph Jung (Hrsg.), Der Bockenkrieg 1804. Aspekte eines Volksaufstandes, Zürich 2004, S. 73–98.

15 Ausführlich mit den Quellen- und Literaturangaben bei Hubert Foerster, «Die bewaffnete Neutralität der Schweiz während der Mediation, 1803–1813/15», in: Kolloquiumsakten der ASHSM / SVMM (Hrsg.), 1648–1798–1848–1998: 350 Jahre bewaffnete Neutralität der Schweiz, Bern 1999, S. 53–77.

16 Wilhelm Oechsli, Die Verbündeten und die schweizerische Neutralità im Jahre 1813, Zürich 1898.

17 Die Denkschrift des gewesenen eidgenössischen Obersten von Herrenschwand über seine militäri-

rischen Verhandlungen als Commandierender der zweyten Division der eidgenössischen Truppen im Spätjahr 1813 als Vertheidigung gegen die wider ihn ausgestreuten Beschuldigungen und Vorwürfe und als Beytrag zur Geschichte der Ereignisse dieses Zeitpunkts, Bern 1814, ist auch heute noch als Beispiel einer unerfüllbaren Befehlsgebung lesenswert.

18 Der Bestand wurde sukzessive auf acht schwache Infanteriebataillone, vier Scharfschützenkompanien, 200 Kanoniere mit 14 Geschützen und 40 Kavalleristen aufgestockt …

19 Abzuklären bleibt der Eindruck der militärischen Beiträge der Eidgenossenschaft im Kampf gegen die Franzosen 1799 in der Schweiz und bis 1801 auf der Seite der Österreicher im englischen Sold, gegen die Helvetik 1802, zur Erhaltung der Ordnung im Landesinnern 1804 und anlässlich der Grenzbesetzungen 1805 und 1809 auf die Alliierten.

20 Bedauerlich bleibt, dass die ewige oder immerwährende Neutralität vom Wiener Kongress nicht definiert wurde.

21 Kurt Münger, Militär, Staat und Nation in der Schweiz, 1798–1874, Münster i. W. 2002, passim.

22 Wenn auch der Kanton Basel 1833 in Basel-Stadt und Basel-Land bei gleichbleibendem Kantonsterritorium getrennt wurde, so erlitt nur der Kanton gebietsmässig durch die Bildung des Kantons Jura 1978/79 eine territoriale Beschneidung.

23 Oberst Wieland, Geschichte der Kriegsgegebenheiten in Helvetien und Rhaetien als Handbuch zum Militairunterricht für Schweizeroffiziere aller Waffen, Bd. 2, Basel 1827, S. 213.

24 Mit dem Stab.

25 Sappeure, Pioniere, Matrosen.

26 Landsturm bewaffnet mit dem Morgenstern.

27 Kompanien Freiwilliger aus der Stadt.

28 Kompanien Artillerie aus der Stadt.

29 Die Vogteien Thurgau, Sargans/Rheintal, Baden/Freiamt und im Tessin führten keinen Stab, weder Artillerie noch Kavallerie.

30 Hans Conrad Peyer, Verfassungsgeschichte der alten Schweiz, Zürich 1978, S. 93–97, und Georges Grosjean, Berns Anteil am evangelischen und eidgenössischen Defensionale im 17. Jahrhundert, Bern 1953, gibt am Ende einen Ausblick in das 18. Jahrhundert.

31 Näheres dazu mit den Quellen- und Literaturangaben bei Foerster, «Eidgenössische Militärorganisation» (wie Anm. 13).

32 Staatsarchivar Dr. Ghirighelli, Bellinzona, erklärt mit dem Fehlen jeglicher (!) Unterlagen die Unmöglichkeit, die Stärke der kantonalen Bataillone angeben oder die Namen von Feldchirurgen finden zu können. Dies erstaunt, dennoch danke ich für den freundlichen Hinweis vom 17. Dezember 2008.

33 Ausserrhoden organisierte 12 Kompanien Kantonsmiliz, Innerrhoden deren drei.

34 Nach freundlicher Mitteilung von Staatsarchivar Dr. Rolf Aebersold, Altdorf, ich danke ihm herzlich, sah Uri neben drei Auszugskompanien und zusätzlich 9 Kompanien Kantonsmiliz keine Bataillonsorganisation vor.

35 Nach dem Militärgesetz von 1804 hatte der Kanton Basel drei kantonale Regimenter zu je zwei Bataillonen, also deren sechs, vorgesehen, der Kreis Basel mit der Stadt stellte aber in der Folge nur ein Bataillon aber mit einem Regimentsstab.

36 Abschied der ausserordentlichen Tagsatzung 1805, Beilage G.

37 Bundesarchiv Bern, BABE, C 477

38 Wilhelm Fetscherin, Repertorium der Abschiede der eidgenössischen Tagsazungen aus den Jahren 1814 bis 1848, Bd. 2, Bern 1876, S. 786–794.

39 Fetscherin, Repertorium der Abschiede (wie Anm. 37), S. 812–815.

40 Allgemeines Militär-Reglement für die Schweizerische Eidgenossenschaft vom 20. August 1817, Tabelle 6, Zürich 1818,

Bildnachweis

1 *Der fremde Dienst in Frankreich 1792*
   Quelle: Hektor Ammann und Karl Schib (Hrsg.), Historischer Atlas der Schweiz, Sauerländer, Aarau 1951; auf der Grundlage der Karte «Die Eidgenossenschaft 1536–1797», S. 31, nach den Angaben von Hubert Foerster durch Jürg Keller erstellt

2 *Der fremde Dienst 1792 (Sardinien, Spanien, Holland)*
   Quelle: Wie 1.

3 *Der fremde Dienst 1795 (Sardinien, Spanien, Holland, Königreich Grossbritannien)*
   Quelle: Wie 1.

4 *Jean de Montenach, genannt «der Türke», 1766–1842*
   Quelle: Staatsarchiv Freiburg, Freiburg (Schweiz)

5 *Charles Pictet de Rochemont, 1755–1824*
   Quelle: http://upload.wikimedia.org/wikipedia/commons/thumb/7/7d/Charles_pictet_de_roche...

6 *Wiener Kongress 1814–1815*
   Sitzung der Bevollmächtigten der acht unterzeichnenden Mächte des Vertrages von Paris
   Quelle: http://www.histoire-image.org/photo/zoom/nic08_isabey_02f.jpg

7 *Anerkennung der immerwährenden Neutralität der Schweiz im 2. Pariser Frieden vom 20. November 1815. Letzte Seite der Urkunde;*
   Haus-, Hof- und Staatsarchiv, Wien
   Quelle: Edgar Bonjour, Geschichte der Schweizerischen Neutralität, Bd. I, Helbing & Lichtenhahn, Basel 1970; Frontispitz

8 *Schweizer Uniformen 1807*
   Vorschlag zur Uniformierung des eidgenössischen Bundesheeres 1807. Beilage zum Militärreglement 1807
   Quelle: Privatbesitz

Bibliografie

Edgar Bonjour, Geschichte der schweizerischen Neutralität. Drei Jahrhunderte eidgenössischer Aussenpolitik, Basel 1946.

Wilhelm Fetscherin, Repertorium der Abschiede der eidgenössischen Tagsatzungen aus den Jahren 1814 bis 1848, Bd. 2, Bern 1876.

Hubert Foerster, «Die bewaffnete Neutralität der Schweiz während der Mediation, 1803–1813/15», in: Kolloquiumsakten der ASHSM / SVMM, 1648–1798 –1848–1998: 350 Jahre bewaffnete Neutralität der Schweiz, Bern 1999, S. 53–77.

Hubert Foerster, «Die eidgenössische Militärorganisation 1804–1813. Das Bundesheer und der Beitrag der Kantone», in: Kolloqiumsakten der ASHSM / SVMM, 1801–1803–1814 Guerre et paix en Europe – Les enjeux militaires de l'Acte de médiation, Bern 2004, S. 79–125.

Hubert Foerster, «L'armée suisse, école de la Nation? La formation de l'esprit national pendant la Médiation (1803–1813/14)», in: Alain-Jacques Czouz-Tornare (Hrsg.), Quand Napoléon Bonaparte recréa la Suisse, Actes du colloque en 2003 à Paris (= Collection des études révolutionnaires No 7), Paris 2005, S. 41–70.

Alois Ricklin, «Neutralität am Ende? 500 Jahre Neutralität in der Schweiz», in: Zeitschrift für Schweizerisches Recht, N. F. 125 (2006), S. 583–598.

Thomas Maissen, «Wie aus dem heimtückischen ein weiser Fuchs wurde. Die Erfindung der eidgenössischen Neutralitätstradition als Anpassung an das entstehende Völkerrecht des 17. Jahrhunderts», in: Michael Jucker/Martin Kintzinger (Hrsg.), Rechtsformen internationaler Politik. Theorie, Norm und Praxis vom 12. bis 18. Jahrhundert, Berlin 2011, S. 241–272.

Kurt Münger, Militär, Staat und Nation in der Schweiz, 1798–1874, Münster i. W. 2002.

Wilhelm Oechsli, Die Verbündeten und die schweizerische Neutralità im Jahre 1813, Zürich 1898.

André Schluchter, Die Bevölkerung der Schweiz um 1800, eine Auswertung der Helvetischen Volkszählung von 1798 und anderer zeitnaher Erhebungen, mit Einbezug der Bevölkerungsentwicklung bis 1980, Bern 1988.

Paul Schweizer, Geschichte der Schweizerischen Neutralität, Frauenfeld 1895.

Oberst Wieland, Geschichte der Kriegsgegebenheiten in Helvetien und Rhaetien als Handbuch zum Militairunterricht für Schweizeroffiziere aller Waffen, Bd. 2, Basel 1827.

Neutralité suisse et Société des Nations

Antoine Fleury

A l'issue du premier conflit mondial, la Suisse pouvait prétendre à faire entendre sa voix par rapport aux projets d'un nouvel ordre mondial, que ses promoteurs esquissaient comme un ordre de paix et de sécurité pour tous les peuples. La Suisse n'avait-elle pas été souvent au centre du mouvement pacifiste puisque c'est à Berne que s'était installé le Bureau international de la Paix, dirigé d'ailleurs par des Suisses? Pendant le conflit, c'est en Suisse qu'un certain nombre de pacifistes européens avaient trouvé refuge et avaient tenté de poursuivre leur combat pour l'avènement d'un monde régi par la Paix. Pour leur part, les autorités fédérales avaient assumé dès le début du conflit diverses tâches de bons offices, de représentations des intérêts des puissances belligérantes; en plus, elles ont assumé des responsabilités humanitaires et de secours aux victimes de la guerre en collaboration ou en parallèle au Comité international de la Croix-Rouge. Au sein du Conseil fédéral, on estima devoir faire connaître en novembre 1918 aux autres puissances l'intérêt de la Suisse à prendre part à la conférence de la Paix destinée à jeter les bases du nouvel ordre international. A défaut de ne pas y être invité, le gouvernement pensait pouvoir contribuer à sa manière à l'édification du nouvel ordre international. Il esquissait même diverses idées de missions qui pourraient être confiées à la Suisse, au vu des expériences durant le conflit mondial, notamment en matière de médiation entre les Etats. En Suisse comme dans la plupart des autres Etats, milieux pacifistes et gouvernements s'organisaient pour préparer l'après-guerre; des projets de nouvel ordre international étaient publiés et débattus avant même la fin du conflit.[1]

Dans ce contexte, le discours de Paix du Président des Etats-Unis, Woodrow Wilson, du 18 janvier, marqua une étape décisive; dans le 14e point de son programme de Paix, il postulait la création d'une «association internationale des Nations»; dès lors, de divers côtés, des projets de «Société des Nations» ou de «League of Nations» se multiplièrent. Le Conseil fédéral chargea, le 4 mai 1918, le Département politique de nommer une commission consultative pour étudier la réorganisation du droit des gens. Cette commission élargie, le 18 septembre, aborda les implications d'une participation de la Suisse à une Société des Nations (SdN). Basée sur un rapport détaillé du juriste Max Huber, la commission proposa sa conception d'une future organisation internationale. Les experts suisses ont clairement reconnu que «l'abandon du principe de la neutralité permanente dans le système d'une Société générale des Nations est un postulat logique; mais c'est là une exigence doctrinaire et qui ne tient pas un compte équitable de la situation spéciale de nombre d'Etats…..

Les Etats à neutralité permanente font sans doute une politique qui correspond aux tendances de la Société des Nations. Ils se tiennent sur le terrain du droit et ne sont un danger pour personne.»[2] En janvier 1919, la commission d'experts établit un projet de *Pacte fédéral, incluant un Statut constitutionnel de la Ligue des Nations*, très détaillé sur les fondements et les compétences de la future organisation mondiale.[3] Dans un *Memorandum relatif à la neutralité de la Suisse*, adressé aux Puissances représentées à la Conférence de la Paix à Paris, daté du 8 février 1919,[4] le Conseil fédéral après avoir dressé un historique de la neutralité suisse tient à «affirmer qu'en maintenant sa neutralité, la Suisse rendra à la Ligue un service plus grand qu'en prêtant son concours actif à des sanctions militaires, même au cas où il s'agirait de ses voisins. Elle continuera à assurer, par ses propres forces, la garde de la forteresse centrale de l'Europe et à offrir un asile sûr à la Croix-Rouge internationale et aux autres services qui pourraient y être rattachés». Dans son rapport à l'Assemblée fédérale commentant ces documents relatifs au projet de Société ou Ligue des Nations, daté du 11 février 1919, le Conseil fédéral informé de l'éventualité de l'installation du siège de la nouvelle organisation de la Paix en Suisse tient à relever que «les petits Etats qui, par leur politique constamment pacifique offrent des garanties durables d'impartialité – et tout spécialement la Suisse, traditionnellement et constitutionnellement neutre, et reconnue comme telle – sont particulièrement aptes à recevoir le siège des institutions permanentes de la Ligue des Nations; une situation spéciale devrait être aussi faite à leurs représentants dans certains organes de cette Ligue…».[5]

Etat neutre, la Suisse n'a pas été invitée à prendre part à la Conférence de la Paix qui débuta à Paris, en janvier 1919, mais elle exprima son intérêt, à l'instar d'autres Etats neutres, de faire valoir ses vues sur les questions pouvant la concerner abordées à la Conférence de la Paix. Le 11 février 1919, elle lui adressa le *Mémorandum relatif à la neutralité de la Suisse*, complété de son projet de *Pacte fédéral*. Le 20 mars 1919, treize Etats neutres furent convoqués à Paris pour être entendus par les Puissances alliées et associées. La délégation suisse fut entendue, mais elle dut constater que les idées qu'elle avait avancées avaient déjà été reprises par d'autres délégations ou avaient été mises de côté. Cependant, après bien des négociations avec les Puissances actives au sein de la Conférence de la Paix, chargées de préparer la nouvelle organisation internationale, le Conseil fédéral dont des délégués s'étaient rendus à Paris (les Conseillers fédéraux Ador et Calonder ainsi que Max Huber et William Rappard), enregistre avec une grande satisfaction la confirmation du choix de Genève comme siège de la Société des Nations dans le texte du *Pacte de la Société des Nations* (Covenant), adopté le 28 avril par la Conférence de la Paix, intégré au Traité de Versailles, signé le 28 juin 1919[6] ainsi que dans tous les Traités de Paix signés en 1919–1920.[7]

Dès lors, la question essentielle est de savoir quelles conséquences impliqueraient pour la Suisse, pour sa neutralité, pour ses activités économiques, l'acceptation ou le rejet du Pacte proposé ainsi que l'installation du siège en Suisse de la nouvelle organisation internationale. C'est dans le *Message du Conseil fédéral concernant la question de l'accession de la Suisse à la Société des Nations (du 4 août 1919)* qu'est examiné en détail l'enjeu que constitue la participation à la SdN. Le Conseil fédéral y propose l'adhésion de la Suisse et son approbation par le peuple et les cantons, inaugurant ainsi une étape importante de la démocratie directe sur les engagements internationaux du pays. Les Chambres fédérales approuvent, le 21 novembre 1919, la proposition du gouvernement, mais l'assortissent d'une condition, celle de la ratification du Pacte de la Société des Nations par les cinq Etats qui auront un siège permanent au Conseil de la SdN. Cette clause dite «américaine», du fait des difficultés connues du Président Wilson à faire avaliser son projet de SdN aux Etats-Unis, menaçait de suspendre le processus d'adhésion de la Suisse. Devant les lenteurs prises par la ratification, le Conseil Suprême allié adressa, le 2 janvier 1920, une note à la Suisse, lui contestant certaines interprétations du Pacte en ce qui concerne sa mise en vigueur et ses réserves au sujet du statut de neutralité. Une négociation devenait impérative entre le Conseil Suprême et la Confédération si celle-ci voulait s'assurer son statut de membre fondateur de la SdN et l'approbation de son adhésion par le peuple. Une délégation conduite par l'ancien Président de la Confédération, Gustave Ador, et le Professeur Max Huber, se rendit d'abord à Paris, en janvier 1920, puis à Londres en février, pour y rencontrer le nouveau Conseil de la Société des Nations. La négociation aboutit à la célèbre «Déclaration de Londres» du 13 février 1920.[8] La Suisse obtenait une reconnaissance explicite de sa neutralité, la libérant de la participation aux sanctions de caractère militaire, mais pas des sanctions commerciales et financières qui pourraient être prises par la SdN. Cette déclaration instaurait un nouveau statut de neutralité que l'on a qualifiée de «différentielle»; elle allait faciliter la tâche du gouvernement fédéral pour faire approuver l'adhésion à la SdN. Le Conseil fédéral demanda aux Chambres fédérales de se réunir en toute urgence; dans une séance du 5 mars, celles-ci annulaient la «clause américaine», ouvrant la voie au référendum que le Conseil fédéral fixa au 16 mai 1920. Le peuple suisse accepta sans enthousiasme l'entrée à la SdN, puisque celle-ci fut approuvée par 416 870 votants et rejetée par 323 719 citoyens et par onze Cantons et demi contre dix Cantons et demi. Cette consultation inaugurait un début de démocratisation de la politique étrangère suisse qui sera confortée par le referendum du 30 janvier 1921 qui prévoit de soumettre à l'approbation du peuple les traités internationaux à durée indéterminée ou supérieure à 15 ans signés par la Suisse.

Membre à part entière de la SdN, la Suisse y jouit rapidement d'une situation privilégiée, du fait qu'elle est le siège de la nouvelle organisation, fixé à Genève, selon l'article 7 du Pacte. La tenue de la première assemblée de la SdN à Genève, en novembre 1920, apporta à la Suisse et à Genève un rayonnement mondial d'une ampleur inédite. Ses représentants au sein de la SdN, notamment le Conseiller fédéral Giuseppe Motta, chef du Département politique (Affaires étrangères) jusqu'en 1940, qui fut invité à présider plusieurs commissions, ont acquis une réputation incontestable; de même le Professeur William Rappard, directeur de la Commission des mandats de la SdN, ainsi que plusieurs autres Suisses engagés soit au Secrétariat de la SdN, soit en tant que membres de plusieurs de ses commissions, contribuèrent pour leur part à assurer une présence active de la Suisse au sein de la nouvelle organisation de coopération internationale. Déterminé à consolider son

Ill. 1 **Gustave Ador**

Ill. 2 **Giuseppe Motta**

statut de neutralité, le Conseil fédéral renonça explicitement, le 13 décembre 1920, à tout siège au sein du Conseil de la SdN.

La neutralité a été l'objet d'une première crise quelques mois seulement après la première assemblée à Genève en novembre 1920. Confronté au conflit entre la Lithuanie et la Pologne au sujet de l'appartenance de Vilna, le Conseil de la SdN demanda à Berne l'autorisation de faire transiter par la Suisse un contingent de troupes françaises, britanniques et espagnoles, mandaté pour maintenir l'ordre dans la région de Vilna. Cette demande souleva une tempête en Suisse. Motta qui avait accepté le principe du transit dut faire marche arrière et réussit à convaincre avec beaucoup de difficultés les dirigeants de la SdN de renoncer à leur demande.[9]

A la suite de cette première alerte, la diplomatie suisse fit preuve d'une grande retenue à l'égard de plusieurs initiatives de la SdN, notamment des conférences internationales telles que celle de Barcelone, en mai 1921, sur un régime des voies de communication et du transit, celle de Gênes en avril 1922, visant à restaurer l'économie mondiale ou encore celles réunies à Genève dès 1927 portant sur la réduction des obstacles aux échanges internationaux, sur les mesures à prendre dans le contexte de la grande crise économique mondiale dès octobre 1929, ou encore la conférence économique et monétaire, convoquée à Londres en été 1933. Face à cette diplomatie multilatérale naissante, la Suisse redoutait de s'engager, craignant des conséquences pour les intérêts du pays; elle estimait pouvoir mieux les sauvegarder par des moyens éprouvés de négociation bilatérale. La diplomatie suisse s'est même évertuée à s'opposer à toute entente avec d'autres petits Etats, justement pour établir plus fortement sa propre politique de

Ill. 3 **Max Huber**

Ill. 4 **William Rappard**

neutralité, écartant ainsi tout reproche de s'associer à des coalitions d'Etats susceptibles de lui attirer des reproches de la part de certaines Puissances.[10]

La Suisse se montra aussi très prudente dans l'action entreprise par la SdN pour le sauvetage économique et financier de l'Autriche. Elle accepta de fournir une prestation directe à l'Autriche, mais refusa de s'associer à l'emprunt international, par souci de ne pas apparaître dans un bloc d'Etats anti-allemands. Pourtant, la Banque Nationale Suisse accepta d'assurer la gestion technique du programme financier patronné par la SdN.[11]

Lors du lancement du Plan Briand d'union européenne devant la 10e assemblée de la SdN, à Genève, en septembre 1929, le délégué suisse, Motta, exprima aussi son intérêt pour le *Memorandum sur l'organisation d'un régime d'union fédérale européenne*, présenté par le gouvernement français, le 1er mai 1930, il indiqua plusieurs réserves, notamment sa crainte de voir la nouvelle organisation régionale porter atteinte à la vocation universelle de la SdN, argument avancé aussi par d'autres délégations; l'assemblée se rallia au renvoi du projet à une *Commission d'étude pour l'Union européenne*; les travaux de cette commission s'enlisèrent dès 1933.[12]

Avec l'approfondissement de la crise économique mondiale et ses répercussions politiques et sociales, la Suisse se montra de plus en plus réservée envers les activités de la SdN, notamment à la suite du départ du Japon (affaire de Mandchourie) et de l'Allemagne (désarmement) en 1933, bientôt suivie par l'Italie de Mussolini, à la suite des sanctions édictées contre elle du fait de sa conquête de l'Ethiopie. En septembre 1934, le Conseil fédéral s'opposa à l'entrée de l'Union soviétique à la SdN.[13] Le discours de Motta à la 6e commission de l'Assemblée de la SdN, le 17 septembre, expliquant les raisons de la position suisse, a retenu l'attention de l'opinion internationale, recueillant l'approbation des uns et suscitant de sévères critiques des autres, surpris par les propos du représentant d'un Etat réputé pour sa neutralité et sa modération.[14]

L'exacerbation croissante de tensions internationales (conflit sino-japonais, conflit italo-éthiopien, guerre civile espagnole, Anschluss) conduit le Conseil fédéral à solliciter dans un *Memorandum sur la neutralité de la Suisse au sein de la Société des Nations* adressé le 29 avril 1938 aux membres du Conseil de la SdN, la reconnaissance de sa «neutralité traditionnelle», en la libérant de l'obligation de prendre part aux sanctions de caractère économique. Cette demande a suscité un débat nourri au sein du Conseil de la SdN, en mai 1938. Dans sa résolution du 14 mai, le Conseil prit acte «de l'intention exprimée par la Suisse invoquant sa neutralité perpétuelle, de ne plus participer en aucune manière à la mise en œuvre des dispositions du Pacte relatives aux sanctions, et déclare qu'elle ne sera pas invitée à y participer». Seuls les représentants de la Chine et de l'URSS se sont abstenus lors de l'adoption de cette résolution qui restitue à la Suisse sa «neutralité intégrale».[15] L'argument avancé par le gouvernement suisse, reconnu par les membres de la SdN, c'est que «sous la réserve de la non-participation à la mise en œuvre de sanctions, la situation de la Suisse en tant que membre de la SdN et en tant qu'Etat sur le territoire duquel est établi le siège de la SdN reste inchangée. Demain comme hier la position de la Suisse demeure inchangée par rapport à toutes les prescriptions du Pacte, sauf celles concernant les sanctions; de même, la Suisse assurera aux organes de la SdN la pleine liberté nécessaire à leur fonctionnement».[16] Quant à l'abstention soviétique lors de cette délibération du Conseil de la SdN, le 14 mai 1938, elle était justifiée par l'argument difficilement réfutable du précédent que constituait la reconnaissance d'une solidarité non-réciproque et inégalitaire entre tous les membres de la SdN, contrairement au principe de solidarité universelle: «Si l'on avait la certitude que notre décision ne s'appliquera uniquement qu'à la Suisse, on pourrait, en passant par-dessus les considérations de logique et de justice, consentir une exception dans son cas, mais je suis obligé de déclarer que je n'ai pas cette certitude», déclare le délégué de la Russie soviétique.[17]

A la suite de cette victoire diplomatique à Genève, les autorités suisses estiment «qu'en se repliant sur sa neutralité intégrale, la Suisse ne se nourrit pas d'égoïsme sacré, mais qu'elle entend tirer, au contraire, de son statut d'Etat perpétuellement neutre les moyens de se vouer plus activement que jamais à adoucir les souffrances des victimes de la guerre»[18] Déjà durant l'été 1938, on établit un inventaire des mesures que la Suisse pourrait offrir aux belligérants au titre d'une neutralité active en temps de guerre.[19]

L'évolution de la position Suisse au sein de la SdN s'explique par la nouvelle configuration des rapports de force au cœur d'une Europe divisée entre Etats démocratiques, membres de la SdN, et Etats totalitaires. Au fur et à mesure que les tensions se profilaient entre les Puissances au cours des années trente, la neutralité était devenue une formule à la mode. Les Etats-Unis d'Amérique ne se dotent-ils pas déjà en 1935 de la première Loi de Neutralité complétée en 1936, 1937 et encore en 1939 avant de la remplacer par la Loi du Prêt-

Bail, le 11 mars 1941, acte de solidarité avec l'Angleterre dans son combat contre Hitler, alors triomphant. La Belgique elle-même, liée à la France dénonce le 6 mars 1936 son alliance avec la France de septembre 1920. En 1938, l'acte en faveur de la neutralité suisse du 14 mai légitima et encouragea un mouvement en faveur d'une prise de position neutre, notamment dans l'ensemble des pays nordiques lesquels réunis à Stockholm ont adopté, le 27 mai, des règles communes sur le droit de la neutralité; ils les spécifièrent encore lors de leur réunion à Copenhague, le 24 juillet 1939, en déclarant le caractère facultatif de la participation aux sanctions prévues dans l'article 16 du Pacte de la SdN.

Il va sans dire que la diplomatie allemande n'a pu qu'apprécier et encourager des prises de position des petits Etats européens. Dans le cas suisse de la déclaration du 14 mai 1938, le texte adopté à Genève a été transmis par voie diplomatique à Berlin,[20] démarche qui visait à obtenir l'approbation de la Wilhemstrasse. En fait, c'est Hitler en personne qui s'est exprimé sur l'attachement de l'Allemagne à la neutralité traditionnelle de la Suisse; elle représente à ses yeux, un élément important de la paix mondiale, déclara-t-il, à l'occasion de la remise des lettres de créance d'un nouveau représentant de la Confédération à Berlin, le 9 juin 1938.[21]

Malgré toutes les assurances reçues depuis mai 1938, on s'interroge tout de même à Berne, sur les garanties que l'une ou l'autre Puissance pourrait donner à la Suisse en cas d'agression. Berlin ayant eu vent de ces réflexions suisses, le Conseil fédéral a dû répondre aux récriminations allemandes, en déclarant qu'une intervention étrangère en Suisse ne pourrait résulter que d'une demande explicite du gouvernement fédéral.[22]

A partir de ce moment, le Conseil fédéral s'est fixé comme règle, y compris face à des mouvements d'opinion à l'intérieur du pays qui réclamaient une attitude favorable aux Etats démocratiques, de pratiquer une stricte impartialité à l'égard des coalitions qui se formaient en Europe.[23] Au moment de l'ouverture des hostilités par l'Allemagne contre la Pologne, fin août 1939, le Conseil fédéral transmit à toutes les puissances, le 31 août, une *Déclaration de neutralité* dans laquelle il affirmait «à nouveau son inébranlable volonté de ne pas se départir en rien des principes de neutralité qui inspirent sa politique depuis plusieurs siècles...».[24]

En septembre 1939, le Conseil fédéral prit note avec soulagement du renvoi de l'Assemblée de la SdN, prévue annuellement en septembre, du fait de la situation de guerre. A l'assemblée convoquée en décembre, le point principal porté à l'ordre du jour ne comportait pas l'agression dont la Pologne était victime de la part du Reich et de l'URSS, mais uniquement le conflit entre la Finlande et l'URSS; celle-ci a été condamnée et expulsée de la SdN. Le Conseil fédéral, arguant de sa neutralité, donna à sa délégation l'instruction de s'abstenir.

Pendant la guerre, la Suisse redoutait que les activités déployées à Genève puissent porter atteinte à sa politique de neutralité. Le Conseil fédéral négocia le retour sous contrôle helvétique de «Radio-Nations», lancée en 1930, en tant qu'instrument de liaisons et de propagande au service de la SdN. Il dénonça, le 27 janvier 1940, la convention de 1930, avec effet à partir du 2 février 1942. Un contentieux au sujet du partage des biens rattachés à Radio-Nations n'a été liquidé qu'en juillet 1943. Cette affaire et d'autres mesures prises à l'encontre de la SdN (refus de payer la cotisation annuelle dès 1941, contrôle des télégrammes et téléphones, chauffage du Palais des Nations, etc.) traduisent l'évolution de la politique suisse à l'égard de la SdN : disponibilité au départ, tant qu'il n'y a pas de risques, qu'il y a même du prestige à recueillir, puis réticence progressive à assumer un quelconque risque.[25] A vrai dire, les activités politiques conduites au sein de la SdN, notamment à Genève, ont été suspendues pendant toute la durée des hostilités. Le Secrétariat de la SdN à Genève a été pratiquement déserté, ne laissant subsister que quelques services techniques.

En 1945, le Secrétariat de la SdN reprit partiellement ses activités; sa tâche principale consista à assurer la transition avec l'Organisation des Nations unies. Une dernière assemblée de la SdN réunie à Genève, du 8 au 18 avril 1946 entérina l'effacement de la SdN au profit de l'ONU, lui cédant ses avoirs matériels: immeubles, équipements, archives et tous les pouvoirs et fonctions qu'elle avait exercés. Un accord de transfert a été conclu avec l'ONU, le 19 juillet 1946: le Palais des Nations devint l'Office européen des Nations Unies. Sur le plan juridique, la SdN cessa d'exister, le 31 juillet 1947. Le gouvernement suisse joua un rôle de partenaire incontournable dans toutes les tractations qui ont conduit au transfert de la SdN à l'ONU, avec laquelle il signa de nouvelles conventions. L'Assemblée générale approuva le 14 décembre 1946, les nouveaux arrangements passés entre l'ONU et le gouvernement suisse relatifs au transfert du Palais des Nations, au statut des fonctionnaires internationaux et aux activités que pourront déployer les Nations Unies en toute liberté à Genève.

Ill. 5 **Palais Wilson à Genève**

Dans la nouvelle organisation des Nations Unies, la Suisse aurait bien souhaité que sa neutralité puisse être reconnue et confirmée par les Puissances; l'objectif un moment esquissé en 1946 de rééditer la Déclaration de Londres de février 1920 n'a cependant pas pu être atteint.[26]

Notes

1 Nous renvoyons avant tout aux volumes des Documents diplomatiques suisses, (DDS), surtout les volumes 6 à 16, qui fournissent les rapports, notes et mémoires des autorités fédérales et des experts sollicités. Les principaux documents mentionnés pour la période 1918–1919 ont été réunis dans la publication ad hoc en allemand, français, italien et anglais intitulée Message du Conseil fédéral à l'Assemblée fédérale concernant la question de l'accession de la Suisse à la Société des Nations (du 4 août 1939), avec Annexes, Berne, Wyss Erben, 1919, 409 p., cité ci-après Message

2 Message, annexe I, 4, p. 232.

3 Message, annexe I, 7 et 8, p. 269–288.

4 DDS, vol 7-1, N° 177, p. 352–354.

5 DDS, vol 7-1, N° 178, p. 358; aussi Message, p. 269–277.

6 Pour des développements sur l'ensemble de cette négociation, cf. FLEURY Antoine: «L'enjeu du choix de Genève comme siège de la Société des Nations», L'historien et les relations internatio-

nales: Recueil d'études en hommage à Jacques Freymond, Genève, IUHEI, 1981, p. 251–278.

7 Fleury Antoine: «Die Pariser Vorortverträge», Europäische Erinnerungsorte 2: Das Haus Europa, München, Oldenbourg Verlag, 2012, p. 505–515.

8 DDS, vol 7-2, N° 247, p. 510–512.

9 DDS, vol 8, rubrique I.3: L'affaire de Vilna.

10 Fleury Antoine, «La politique étrangère de la Suisse et la Nouvelle Diplomatie», Itinera, N° 7, 1987, p. 54–75; id. «The Role of Switzerland and the Neutral States at the Genoa conference», Genoa, Rapallo and the European reconstructionin 1922, Carole FINK (ed.), Cambridge University Press, 1991, p. 201–216; id. «La Suisse et la question du désarmement dans l'entre-deux-guerres», A. Migliazza et E. Decleva (eds), Diplomazia e storia della Relazioni interazionali. Studi in onore de Enrico Serra, Milan, Giuffré, 1991, p. 303–320.

11 DDS, vol 8, rubrique I.4: Le relèvement économique de l'Autriche.

12 Fleury Antoine – Lubor Jilek, Le Plan Briand d'union fédérale européenne, Berne, Peter Lang, 1998.

13 DDS, vol 11, N° 62.

14 Suisse-Russie: Contacts et ruptures 1813–1955, Fleury Antoine – Tosato-Rigo Danièle (éds), Berne, Paul Haupt, Doc. N° 169, discours de Motta, p. 450–455.

15 DDS, vol. 12, N° 293, p. 678–688.

16 Ibid., p. 681.

17 Ibid. p. 685.

18 Notice interne du Département politique fédéral du 1er juin 1938, DDS vol. 12, N° 312, p. 727.

19 DDS, vol 12, N° 496, p. 1153–1154.

20 DDS, vol 12, N° 296, p. 694.

21 DDS, vol 12, N° 318, p. 742 et No 330, pp. 764–766.

22 DDS, vol 13, N° 120, p. 280–284.

23 DDS, vol 13, N° 122, p. 286–288.

24 DDS, vol 13, N° 139, p. 323; aussi Fleury Antoine, «La neutralité suisse à l'épreuve de la Deuxième Guerre mondiale», Guerres mondiales et conflits contemporains, Paris, N° 194, 1999, p. 29–59.

25 Fleury Antoine, «La Suisse et Radio-Nations», «La Société des Nations: rétrospective», Genève, Berlin, Walter de Gruyter, 1983, p. 196–220.

26 Sur la tentative d'une reconnaissance de la neutralité au sein de la nouvelle organisation des Nations Unies, cf. DDS, vol 16 (1945–1947) rubrique III.3 La Suisse et l'ONU ainsi que de nombreux documents accessibles sous www.dodis.ch.

Preuve d'illustrations

1 *Gustave Ador 1845–1928, Conseiller fédéral 1917–1919*
Quelle: http://www.redcross.int/images/jpg_large/g_ador.jpg

2 *Giuseppe Motta 1871–1940, Consigliere federale 1912–1940*
Quelle: http://www.seniorweb.ch/files/imagecache/gen-half/2._Ritratto_fotografico_di_Giuse...

3 *Max Huber Max Huber 1874–1960, Diplomat*
Quelle: http://upload.wikimedia.org/wikipedia/commons/d/d6/Max_Huber.jpg

4 *William Rappard 1883–1958, Diplomate, Professeur*
Quelle: http://www.group8.ch/projects/205/William_rappard.gif

5 *Palais Wilson à Genève (état actuel); Siège de la Société des Nations jusqu'à 1936*
Source: http://www.panoramio.com/photo/61312397

Neutralité suisse et Union Européenne dans la Guerre froide

Antoine Fleury

A l'issue du deuxième conflit mondial, la Suisse a participé avec toutes ses ressources à la reconstruction économique du continent européen, tout en développant ses relations avec l'hémisphère américain. Pourtant, cet effort d'universalisation des intérêts économiques ne s'est pas accompagné d'une participation aux organisations internationales créées à la fin de la guerre.

La Suisse a internationalisé ses intérêts pour justifier d'autant mieux son statut de neutralité qui l'a détournée d'entrer en 1945 à l'ONU, au FMI ou à la Banque Mondiale. Pour le Conseil fédéral, tout engagement multilatéral paraissait contraire à terme à la politique d'indépendance qu'avait si bien contribué à garantir la neutralité lors des grands conflits contemporains; l'objectif consistait à faire en sorte que la neutralité soit reconnue universellement et considérée comme digne d'intérêt par tous les Etats.

L'émergence de nouvelles tensions internationales, l'apparition de la division du monde et bientôt de l'Europe entre deux systèmes socio-politiques incompatibles, fondés sur des idéologies conquérantes, risquaient rapidement d'isoler complètement la Suisse en cas de durcissement des oppositions entre Moscou et Washington, entre communisme et capitalisme. La Suisse ne saurait survivre en cas de conflit ouvert entre les deux systèmes; elle devrait choisir et s'engager; en revanche, en cas de compromis, de beaux jours attendent la Suisse, car dans ces périodes de détente, les pays charnières sont recherchés comme lieu de rencontres, d'échanges et de trafics de tous ordres. D'où le refus des plus hauts responsables de la Confédération suisse de prendre en compte la perspective d'une rupture entre l'Est et l'Ouest; ils ont au contraire misé sur une diplomatie de maintien de la paix, de compromis. Ce «wishfull thinking» des dirigeants suisses a été heureusement corroboré par les événements qui ont marqué toute la période de la tension Est-Ouest.

La position prise par la Suisse à l'égard du Plan Marshall est particulièrement intéressante à évoquer, car cette initiative américaine de reconstruction de l'Europe est retenue comme un élément déclencheur de la Guerre froide. Aussi la réponse donnée au discours du Secrétaire d'Etat américain du 5 juin 1947 traduit-elle en effet la volonté des autorités suisses de sortir de l'isolement diplomatique, d'en prévenir le renforcement en cas d'action économique concertée en Europe et d'appuyer une initiative que l'on interpréta en Suisse comme ayant un caractère exclusivement économique. Pourtant, on se posa plusieurs questions. Au cas où une organisation européenne prendrait effectivement corps, quels en seraient les effets sur l'économie suisse? A fortiori si cette organisation comportait à terme un dessein politique, quelle attitude une Suisse neutre devrait-elle adopter à son égard? En participant activement à un programme de reconstruction économique, la Suisse ne risquait-elle pas d'y sacrifier sa neutralité? En refusant, n'était-ce pas l'isolement économique, puis diplomatique qui en résulterait, sans possibilité de rééquilibrage ailleurs? Faisant géographiquement, culturellement et idéologiquement partie de l'Occident, la Suisse pouvait-elle prendre le risque de se replier sur elle-même, ou au contraire de miser sur l'universalité de ses relations au nom de la neutralité au moment où la division s'accentuait en Europe et dans le monde entre communisme et libéralisme?

C'est dans ce contexte de perspectives pleines d'incertitudes et de contradictions que le chef de la diplomatie suisse de février 1945 à juin 1961, Max Petitpierre, prit la décision de faire connaître le point de vue du gouvernement fédéral au sujet de la proposition américaine, en communiquant aux Puissances, le 27 juin 1947: «que la Suisse ne peut que souhaiter ardemment la réalisation d'un plan de relèvement économique auquel tous les Etats européens pourraient être associés, en dehors de toute contingence politique. Notre pays, s'il est sollicité, doit être prêt à collaborer, sur un pied d'égalité avec les autres Etats, à l'établissement de ce plan, qui permettrait à l'Europe de réaffirmer, dans le domaine économique, une solidarité rompue ensuite de la dernière guerre».

Invité le 4 juillet 1947 par les gouvernements britannique et français à prendre part à la conférence européenne chargée d'établir un programme de redressement des économies du continent, le gouvernement suisse accepta, mais il tint d'emblée à préciser, dans sa réponse du 9 juillet, trois points importants qui stipulaient dans quel esprit et dans quelles limites la diplomatie suisse estimait pouvoir participer à l'oeuvre de reconstruction économique proposée par les Etats-Unis d'Amérique:

1. «Il va de soi que la Suisse ne prendra aucun engagement qui serait incompatible avec son statut traditionnel de neutralité».
2. «Les résolutions de la conférence, qui affecteraient l'économie suisse, ne pourront devenir obligatoires à l'égard de la Confédération que d'entente avec elle».
3. «La Suisse se réserve la liberté de maintenir les accords commerciaux qu'elle a conclus avec les Etats européens qui ne participeront pas aux travaux de la conférence, et d'en conclure de nouveaux».

En procédant de la sorte, la diplomatie suisse prévenait toute critique qui émanerait soit d'une opinion publique toujours prompte à dénoncer un abandon de la neutralité, soit d'une Puissance comme l'URSS qui serait portée à y voir un alignement sur les USA. Dans le cadre de la Conférence des Seize qui se déroula à Paris durant l'été 1947, la Suisse put faire connaître son point de vue et apporter sa contribution à la recherche de solutions en vue d'établir des mécanismes efficaces de coopération européenne. Enfin, au moment où, en janvier 1948, il est question de mettre sur pied une organisation de coopération européenne, dont on ne voit pas l'utilité à Berne, le Conseil fédéral a fait connaître son opposition à une organisation qui serait habilitée à exercer un contrôle sur son territoire. Au moment de la création de l'Organisation

Ill. 1 **Max Petitpierre** Ill. 2 **Friedrich Traugott Wahlen**

de coopération économique européenne (OECE), à l'instigation des Américains, les négociateurs suisses se sont d'emblée appliqués à se doter d'une situation particulière. En effet, forte de sa santé économique et surtout de sa monnaie, la Suisse pouvait, tout en indiquant ses bonnes dispositions à participer à l'oeuvre de coopération économique européenne, signifier qu'elle n'avait nul besoin pour elle-même de l'apport financier des Etats-Unis et qu'en l'occurrence elle ne se trouvait pas dans la nécessité de soumettre ses activités économiques à une autorité extérieure.

Convaincue de sa position unique, la diplomatie suisse réussit, au moment de l'élaboration de la convention de coopération économique européenne, signée à Paris le 16 avril 1948, à faire adopter une «clause suisse» dans l'article 14, où il est stipulé qu'en dépit du principe de la décision unanime, l'abstention d'un membre «ne fait pas obstacle aux décisions, qui sont obligatoires pour les autres membres».

Cette clause permit à la Suisse, tout en adhérant à l'OECE, de concilier les exigences de la neutralité et celles de sa participation aux actions de coopération économique européenne. C'est d'ailleurs en évoquant ces mêmes arguments (santé de son économie et de sa monnaie) que Berne réussit à refuser, après une longue négociation, l'accord bilatéral que le gouvernement américain proposait au titre de l'Economic Coopération Act à tous les bénéficiaires du Plan Marshall. Une fois de plus, la situation particulière de la Suisse était reconnue.

Au sein de l'OECE comme de l'Union européenne des payements (UEP), qui en sera l'instrument monétaire, la Suisse s'est constamment efforcée de veiller à ce que les structures de la coopération européenne soient le moins contraignantes possible; elle s'est toujours déclarée en faveur de mécanismes efficaces et pragmatiques qui sauvegarderaient la liberté d'action des Etats membres.

Le gouvernement suisse ne se départira pas de cette position fondamentale qui avait déjà été clairement définie par rapport au «Plan Briand» en 1930, lorsque de nouveaux projets apparaîtront dans les années cinquante; s'étant déjà abstenu, au nom de sa neutralité, de participer au Conseil de l'Europe en 1949 – que la Suisse n'intégrera qu'en 1963 – il se tient à l'écart de toutes les initiatives qui vont dans le sens d'une construction politique de l'Europe. Ainsi, il assiste avec crainte et déception à la mise en place du Marché commun issu des Traités de Rome de mars 1957, car il y voit le germe d'une organisation politique supranationale. L'intégration européenne est un concept qui lui fait peur, même si ses définitions sont ambigües et souvent contradictoires d'ailleurs! D'où sa préférence pour l'Association européenne de Libre Echange (AELE) créée en 1960, à la suite de l'échec de la négociation relative à la Grande Zone de Libre Echange qui aurait compris les Six Etats du Marché commun et tous les autres Etats membres de l'OECE, formant ensemble un vaste espace économique en Europe.

La Suisse s'est sentie à l'aise dans l'AELE, qui constituait tant que l'Angleterre en fut membre une vaste zone d'échanges en Europe, et qui avait l'avantage de n'exiger aucune subordination à une quelconque autorité. Dans les années soixante, l'opposition du Général De Gaulle à l'entrée de la Grande-Bretagne dans le Marché commun arrangeait bien Berne. Cependant, toute la dynamique européenne va se renverser dès l'entrée du Royaume-Uni dans la Communauté économique européenne, le 22 janvier 1972, entraînant à sa suite l'Irlande et le Danemark. Dès lors, la Suisse, à l'instar des autres Etats de l'AELE (Portugal, Suède, Autriche, Finlande, Islande, Norvège) négocie un Accord de libre échange industriel signé à Bruxelles le 22 juillet 1972. Or, rapidement, cet accord destiné à se développer et à s'élargir apparut comme insuffisant par rapport aux nouvelles perspectives européennes et à l'élargissement à 12 Etats de la CEE, au cours des années 1980.

Les deux groupes économiques (CEE et AELE) éprouvèrent en effet la nécessité de développer des relations entre eux; il y eut la réunion des ministres de la CEE et de l'AELE à Luxembourg, le 9 avril 1984, qui posa les bases d'une nouvelle coopération intereuropéenne; celle-ci aboutit après de longues négociations à la conclusion du Traité sur l'Espace économique européen (EEE), le 22 octobre 1991, signé à Porto le 2 mai 1992. L'entrée en vigueur de ce Traité a été fixée au 1er janvier 1993. Toutefois, le peuple suisse s'est prononcé par référendum le 6 décembre 1992 contre la participation de la Suisse, aux côtés des autres pays de l'AELE, à l'Espace économique européen.

Dans l'intervalle, le Conseil fédéral a été interpellé au sujet de sa politique européenne, de ses objectifs, de ses finalités; aussi bien l'opinion publique, certes très divisée, que l'environnement international, marqué par la fin de la Guerre froide, l'ont incité à se prononcer. Le 10 mai 1991, le gouvernement suisse déclarait que l'adhésion à la CE était devenue pour la

Suisse «l'option d'intégration européenne à étudier en priorité». Une année plus tard, le 26 mai 1992, la Suisse déposait à Bruxelles une demande «d'ouverture de négociations en vue de l'adhésion» à la CE, provoquant une confusion sur les réels objectifs du gouvernement au sein de l'opinion publique. Certains auteurs attribuent l'échec du référendum sur l'adhésion à l'EEE à cette demande de négociation avec Bruxelles.

A la suite de l'échec de l'adhésion à l'EEE, le 6 décembre 1992, le gouvernement fédéral, après deux ans de tâtonnement d'une «voie solitaire» -Alleingang – proposa à Bruxelles d'engager des négociations directes. Elles ont débuté le 12 décembre 1994. Une première série d'accords sectoriels entre la Suisse et la Communauté européenne a été signée le 21 juin 1999, juste avant la fin du 20e siècle. C'est la politique dite des «accords bilatéraux, qui s'est poursuivie durant la première décennie du 21e siècle, en dépit de divers blocages techniques et institutionnels. Entre temps, la Guerre froide s'était terminée avec la fin de l'URSS, le démembrement du bloc soviétique et la restauration de la Russie, qui a dû se résigner à voir pratiquement tous ses anciens Etats satellites rejoindre l'Union européenne, voire pour certains d'entre eux l'OTAN elle-même. Ainsi disparaissait la division de l'Europe et du monde entre les deux grands systèmes politico-idéologiques qui avaient dicté l'organisation du monde depuis 1945.

Remarques

Dans le contexte de la Guerre froide qui avait prévalu pendant quelques décennies, il importe de relever l'importance du facteur «neutralité» dans la formulation de la position suisse face aux projets d'union européenne. Il n'est pas question d'envisager une quelconque adaptation de la neutralité aux impératifs de l'union européenne. Il n'est pas non plus question de revenir à une «neutralité différentielle» telle qu'elle avait été établie en 1920 dans la déclaration de Londres qui avait permis à la Suisse de prendre part aux activités de la Société des Nations, tout en étant libérée des obligations de solidarité militaire. Après 1945, sur la base de l'expérience de la neutralité durant le second conflit mondial, les autorités et le peuple suisse sont fermement attachés au maintien d'une neutralité traditionnelle, même si le contexte moral de l'époque ainsi que les Grandes Puissances ne sont pas favorables aux Etats neutres qui ont échappé aux sacrifices consentis par les Puissances alliées dans leur combat contre le nazisme et le fascisme au cours du conflit mondial.

Or, à peine la solidarité universelle inscrite au cœur des Nations-Unies a-t-elle connu ses premières fissures qu'un retour à la pratique d'une neutralité traditionnelle s'imposa en Suisse. Certes, aucune puissance et a fortiori les Nations-Unies n'étaient disposées à reconnaître un statut particulier et explicite de neutralité à un quelconque Etat, même à la Suisse dont le statut avait été consacré par le Congrès de Vienne en 1815 et reconnu par le Conseil de la Société des Nations en 1920. Mais désormais il ne s'agissait plus d'obtenir la reconnaissance d'un statut international, mais il incombait bien à la Suisse - et de son propre chef - de mettre en oeuvre une volonté de pratiquer une politique de neutralité dans une perspective universelle. C'est au moment où s'est posée la question d'une participation ou non au Plan Marshall que le Conseil fédéral a estimé nécessaire, notamment eu égard à l'opinion intérieure de revenir à une pratique de la neutralité sur le plan diplomatique, en faisant valoir sa pertinence dans un contexte naissant de rivalités entre Grandes Puissances. Dès 1947, la diplomatie suisse s'est évertuée à renforcer sa politique de neutralité par rapport aux deux groupes de puissances qui commencent à se profiler sur la scène internationale, donnant naissance à ce phénomène de Guerre froide; la Suisse perçoit dans la réaffirmation de son statut de neutralité la condition première pour satisfaire à ses objectifs nouvellement proclamés de politique étrangère: universalité, disponibilité et solidarité. La Guerre froide qui a marqué les prochaines décennies légitima, sans grande discussion ni au sein du gouvernement ni dans l'opinion publique, le maintien haut et fort de la neutralité. Certes, le gouvernement dut accepter quelques compromis pratiques et embarrassants dans les moments exacerbés de crises et de conflits Est-Ouest, mais l'axe cardinal de la position neutre de la Suisse continuait à être affirmé et à être respecté d'ailleurs par les puissances étrangères.

En ce qui concerne l'union européenne, qui franchit des étapes importantes dans les années 50 et 60, la Suisse resta fermement attachée aux réserves émises au moment du Plan Marshall: oui à une participation à tout effort de coopération économique, non à toute initiative d'union ou d'intégration qui poursuit des objectifs politiques.

La question était tellement entendue que l'on n'éprouvait même plus la peine d'invoquer le rôle de la neutralité au moment où l'on négocie des arrangements avec la CE.

En deuxième lieu, il faut souligner l'importance de l'argument économique. La conception des relations économiques de

III. 3 **Teilnehmer an der Konferenz von Helsinki 1975**

la Suisse est, en y regardant de plus près, un facteur qui vient se superposer à celui de la neutralité dans la définition de la position à l'égard de la CE.

Le Conseil fédéral insista à plusieurs reprises sur l'importance d'une économie la plus libre d'entraves possible: «Notre politique commerciale a pour but d'encourager, dans un cadre aussi large que possible, les échanges aussi libres que possible». Se proposant à nouveau d'évaluer sa politique européenne en 1988, le Conseil fédéral écrit dans son rapport: «Dès lors que la Communauté joue un rôle essentiel dans la coopération et l'intégration européennes, les relations de la Suisse avec la CE sont au centre de ces considérations. Les aspects économiques - dans un sens très large, il est vrai - de cette coopération viennent évidemment au tout premier plan». Si dans ce rapport, on cite pour mémoire les réticences de la Suisse

Ill. 4
**Finlandia Halle
Helsinki**

à s'associer pour des raisons de neutralité, aux premières initiatives devant conduire à l'intégration européenne et même à se tenir à l'écart, jusqu'en 1963, du Conseil de l'Europe, jugé trop politique, on cherche en vain une analyse des implications de la politique de concertation menée avec la CE pour la neutralité; tout au plus une réserve est indiquée: «Une coordination institutionnalisée de la politique étrangère de la Suisse avec celle des Etats membres de la CE ne serait guère compatible avec la politique de neutralité actuellement suivie par la Suisse». Cependant, «la situation actuelle de la Suisse en Europe de l'Ouest montre très clairement que» notre pays est étroitement lié à son «entourage» européen sur le plan politique, institutionnel et économique».

Après avoir signalé l'importance que revêt le maintien de l'universalité de sa politique économique extérieure, le rapport rend hommage au système de libre-échange qui a permis la conduite simultanée de sa politique européenne et de son ouverture au monde, et qui a permis «également à la Suisse de sauvegarder l'indépendance que requiert sa politique de neutralité».

Autrement dit, le système d'échanges économiques pratiqué de préférence et par principe par la Suisse - le libre-échange - aurait permis de sauvegarder la neutralité du pays. Celle-ci en 1988 est encore reconnue comme une donnée quasi immuable et qu'il n'est donc pas nécessaire d'expliciter, car «la politique étrangère de la Suisse ne s'arrête pas aux frontières de l'Europe, mais elle a un caractère universel».

Cependant, le Conseil fédéral qui, à l'époque, déclare tout entreprendre pour rendre la Suisse «apte à l'Europe», évoque l'éventualité d'un mouvement populaire d'adhésion à la CE auquel il ne croit d'ailleurs pas et estime qu'il faudrait alors payer le prix sur le plan politique en échange de cette adhésion. Le Conseil fédéral ne dit pas que le prix politique à payer consisterait en premier lieu à l'abandon de la neutralité et à sacrifier une certaine part des institutions démocratiques. Or, quatre ans plus tard, dans son Rapport sur la question d'une adhésion de la Suisse à la Communauté européenne du 18 mai 1992, le Conseil fédéral annonce clairement, sans qu'un mouvement populaire se soit prononcé en ce sens, que l'adhésion de la Suisse à la CE est aujourd'hui l'objectif d'intégration européenne. Par rapport au nouvel objectif clairement exprimé de la politique européenne de la Suisse, le Conseil fédéral, sans proposer une analyse en profondeur des incidences de sa nouvelle politique d'intégration européenne sur la neutralité fournit cependant quelques considérations qui révèlent sa nouvelle perception de la place de la neutralité dans la nouvelle architecture européenne. D'emblée, il souligne que la neutralité «ne constitue pas un obstacle essentiel à l'adhésion», mais que l'Etat neutre «doit être disposé... à accepter que sa neutralité perde éventuellement toute pertinence au cas où l'Union européenne deviendrait un jour une communauté de défense». Mais, en attendant cette éventualité, il revient «à l'Etat neutre lui-même de décider si l'appartenance à la CE est compatible avec le statut de neutralité. Si cet Etat désire adhérer à la Communauté, il lui incombe de procéder aux adaptations nécessaires de sa politique étrangère».

Autrement dit, le gouvernement suisse donne clairement à entendre que désormais, l'objectif d'intégration à la CE aura à moyen et à long terme la priorité sur la politique traditionnelle de neutralité.

La Suisse s'adapte désormais à l'Europe, la neutralité doit suivre le mouvement et est soumise à de nouvelles interprétations. La question qui se pose désormais, c'est de savoir si les adaptations et les interprétations nouvelles de la neutralité selon les nouvelles réalités européennes conduiront à enlever toute crédibilité à la politique de neutralité de la Suisse. Si cela était, la Suisse aura tourné une page décisive de son histoire et effacé une image séculaire de «Pays neutre par excellence». Mais le Conseil fédéral, qui a accordé toutes ces dernières années une attention soutenue aux enjeux économiques de l'intégration européenne, s'est engagé à fournir une appréciation sur «la valeur présente et future de la neutralité en tant qu'instrument de la politique étrangère suisse». Mais l'exercice s'avère difficile tant il n'est pas simple d'innover par rapport à un concept qui s'est élevé au rang d'un mythe dans la conscience aussi bien du peuple que de ses élites. D'aucuns estiment que de toute façon, la neutralité suisse, pour autant qu'elle puisse encore avoir un sens dans le cadre communautaire et dans un système international marqué par une interdépendance accrue entre les Etats, accentuée depuis la fin de la Guerre froide, ne peut plus remplir sa fonction traditionnelle qui procurait à la Suisse une position sinon privilégiée, du moins «spéciale» dans les relations internationales. Dans quelle mesure, cette position pourra être maintenue ou renforcée à la suite de l'entrée de la Suisse à l'ONU en septembre 2002 reste d'autant plus ouverte que l'organisation universelle a pris note sans commentaire de la volonté de la Suisse de maintenir sa politique de neutralité, tout en déclarant sa solidarité avec les mesures prises par l'ONU au nom de la paix et de la sécurité internationale.

Si l'on conçoit la neutralité comme un legs du passé, qui selon les circonstances a constitué un atout important dans les démêlés avec les Puissances, il est impératif de réfléchir aux moyens à mettre en œuvre pour que la Suisse soit à même de relever le défi d'une fonction internationale renouvelée, digne de son passé et qui soit à la hauteur des attentes de la communauté internationale.

Preuve d'illustrations

1 *Max Petitpierre 1899–1994, Bundesrat 1945–1961*
Quelle: Urs Altermatt (Hrsg.), Die Schweizer Bundesräte. Ein biographisches Lexikon, 63 Max Petitpierre, S. 431

2 *Friedrich Traugott Wahlen 1899-1985, Bundesrat 1959-1965*
Quelle: Urs Altermatt (Hrsg.), Die Schweizer Bundesräte. Ein biographisches Lexikon, 72 Friedrich Traugott Wahlen, S. 478

3 *Teilnehmer an der Konferenz von Helsinki 1975*
Quelle:http://www.ndr.de/geschichte/grenzenlos/glossar/ksze106_v-contentgross.jpg

4 *Finlandia Halle Helsinki*. Im Juli 1975 wurde hier die KSZE-Schlussakte unterzeichnet
Quelle: http://inzumi.com/images/destinations/FI_Helsinki_Finalndiatalo_Finlandia_Halle_...

Orientation bibliographique

Pour les références aux citations, nous renvoyons à la collection des Documents diplomatiques suisses 1848–1945 (DDS), Berne, Benteli Verlag, 15 volumes publiés entre 1979 et 1997 dont les textes sont accessibles par internet; pour la période traitée ici, on se reportera surtout aux volumes 16 à 24, parus jusqu'ici (2013) à Chronos Verlag ainsi qu'aux documents disponibles dans la base de données www.dodis.ch.

Documents officiels

Voir les rapports du Conseil fédéral, notamment celui du 11 août 1971: L'évolution de l'intégration européenne et la position de la Suisse et celui du 25 août 1988: La position de la Suisse dans le processus d'intégration européenne et surtout le Message du Conseil fédéral relatif à l'approbation de l'accord sur l'Espace économique européen (EEE), Berne Chancellerie fédérale, 1992, 650 p., aussi le Rapport du Conseil fédéral sur la question d'une adhésion de la Suisse à la Communauté européenne du 8 mai 1992, surtout chapitre 5: Neutralité.

Pour un bilan historiographique

«La politique étrangère de la Suisse», Relations internationales, Paris/Genève, N° 30, été 1982; «Les relations internationales de la Suisse», Relations internationales, Paris/Genève, N° 113, printemps 2003; «L'histoire politique en Suisse: une esquisse historiographique», Traverse-Revue d'histoire, Zurich, Chronos, N° 1, 2013.

Quelques études particulières

Fleury, Antoine: «La situation particulière de la Suisse au sein de l'organisation européenne de coopération économique (OECE)», in Histoire des débuts de la construction européenne, Raymond Poidevin (éd.), Bruxelles, Bruylant, 1986, pp. 95–117 ; «La Suisse: le projet de Grande Zone de libre échange et la création de la CEE», in Il rilancio dell'Europa e i Trattati di Roma, E. Serra (éd.), Milano, Giuffrè, 1989, pp. 393–413; « La Suisse et la construction européenne: les constantes et les nouveaux défis », in: Histoire de la construction européenne. Cinquante ans après la Déclaration Schuman, Michel CATALA (éd.), Nantes, Ouest-éditions, 2001, pp. 285–300.

Moeckli, Daniel; Neutralität, Solidarität, Sonderfall. Die Konzeptionierung der schweizerischen Aussenpolitik der Nachkriegszeit. Zürich, 2000.

Trachsler, Daniel; Bundesrat Max Petitpierre. Schweizerische Aussenpolitik im Kalten Krieg. Zürich, 2011.

Pour une présentation générale de la Suisse face à l'intégration européenne, cf. DU BOIS Pierre: La Suisse et le défi européen 1945–1992, Lausanne, Favre, 1989.

Rupture ou évolution? La neutralité suisse 1975–2012

Hervé de Weck

Lorsqu'un Etat perd ou abandonne sa neutralité perpétuelle, il s'avère impossible de la revendiquer à nouveau et d'être crédible.

Depuis le XIX siècle, la Suisse se distingue sur la scène internationale. Outre le chocolat, la fondue et la raclette, sa *spécialité* reconnue est… la neutralité! Un statut et une politique qu'il n'est pas facile de faire admettre, surtout en période de crise ou de conflit. Lorsque la guerre sévit aux frontières du petit Etat, fédéraliste, multiculturel et plurilingue, les belligérants l'accusent de laisser les autres se battre à sa place, de rester un spectateur indifférent et égoïste, un profiteur, une sorte de traître. Ils ne respectent pas tous ses droits et ses intérêts. Normal, puisque la neutralité est le moyen du faible qui cherche à ne pas être entraîné dans les guerres des forts. Dès 1945, les Alliés, vainqueurs, manifestent l'intention de mettre la Suisse au ban des nations, tout en sachant que, pendant le conflit, ses autorités, l'écrasante majorité de sa population leur étaient favorables et que, pour l'essentiel, la Confédération n'a pas violé son statut de neutralité. Les dangers et les menaces, au début de la Guerre froide, font vite oublier cette volonté de punir la Suisse, qui doit pourtant passer à la caisse.

1. Des politiques de neutralité évolutives et polymorphes

La neutralité suisse, que l'on désignait aux XVI et XVII siècles par l'expression *stillesitzen*, est permanente depuis près de cinq cents ans; grâce à elle, le pays a été préservé de la guerre depuis 1815. On ne peut pas en dire autant de la Belgique, des Pays-Bas, du Cambodge et du Laos.

Le but ultime de tout Etat normal est de vivre en paix et dans l'indépendance la plus grande possible. La neutralité figure parmi les moyens qui lui permettent d'atteindre à ces buts. Elle se trouve définie dans le droit international. En temps de paix, l'Etat neutre jouit d'une grande liberté d'action, mais il lui est interdit de prendre des engagements politiques et militaires qui l'empêcheraient de remplir ses obligations en cas d'affrontements militaires entre ses voisins. Il ne participe pas à un conflit; ses autorités ne prennent pas position pour un des belligérants; il doit avoir mis sur pied une défense crédible. Pour la Suisse, cela signifie être capable de se défendre d'abord seule et de retarder le plus possible l'entrée en vigueur d'une alliance. Si elle laissait subsister un vide militaire, un belligérant, soucieux d'assurer sa sécurité, pourrait, sans autre forme de procès, intervenir sur le territoire de ce neutre qui ne remplit pas ses obligations. Sinon personne n'a le droit de s'en prendre à lui. Au cas où, malgré tout, il était envahi, il retrouverait tous les droits dont jouit un Etat souverain et pourrait adhérer à une alliance, afin de retrouver son indépendance ainsi que l'intégrité de son territoire.

Tout sert à l'effort de guerre d'un belligérant, même le lait condensé et le chocolat! Il n'y a pas d'exportations innocentes et on ne saurait vendre à un Etat en guerre des biens dont il n'a pas besoin. Le droit international n'interdit pas à l'Etat neutre d'exporter vers des zones touchées par la guerre des armes, des composantes d'armes, des matériels dits stratégiques à condition, précise la IIe Convention de la Haye, qu'ils soient produits par des entreprises privées. Dans ce domaine comme dans les autres, l'Etat neutre accorde des possibilités similaires à toutes les puissances belligérantes.

La politique de neutralité résulte de décisions librement prises par le Gouvernement, qui ne sont pas en contradiction avec le statut de neutralité. Ainsi, la Suisse favorise l'action du Comité international de la Croix-Rouge, propose ses bons offices, participe à des actions humanitaires, accueille sur son sol des rencontres internationales susceptibles de désamorcer ou d'éviter des conflits…

Si le statut de neutralité connaît quelque évolution depuis l'époque de Grotius et de la Guerre de Trente ans, les changements concernent surtout la politique de neutralité. La Suisse pratique une *neutralité intégrale* pendant la Première Guerre mondiale, une *neutralité différenciée* durant l'Entre-deux-guerres, alors qu'elle siège à la Société des Nations; elle en revient à une neutralité intégrale à la veille de la Seconde Guerre mondiale. Après 1945, elle se veut *«neutre et solidaire»* – formule chère à Max Petitpierre – une politique faite de passivité et d'initiative, de présence et d'abstention. Après 1945, les Etats ne se déclarent pas la guerre mais se lancent dans des *conflits armés, des opérations de police* destinées à maintenir l'ordre[1], alors que le statut de neutralité est surtout défini en fonction de conflits conventionnels. Aujourd'hui, la neutralité passe pour une notion dépassée aux yeux des dirigeants occidentaux, alors que les neuf dixièmes des citoyens et citoyennes suisses y restent viscéralement attachés: pour eux, elle a une valeur mythique pour ne pas dire mystique. *«La Suisse, se demande François Walter, pourra-t-elle supporter de devenir ordinaire quand toute son histoire a reposé sur la conviction d'être unique?»*[2]

Une approche comparative révèle que les politiques des Etats neutres sont très différentes dans leur conception et leur portée.[3] Les Alliés vainqueurs de la Seconde Guerre mondiale neutralisent l'Autriche, ce qui avantage l'Union soviétique. Les puissances occidentales ne peuvent plus utiliser le Brenner, un passage alpin stratégique. Un second coin, en plus de la Suisse, s'enfonce entre les fronts Nord et Sud de l'OTAN. C'est une source d'inquiétude, car l'Autriche ne dispose pas d'une armée capable de défendre véritablement son territoire.[4] Lors de l'intervention militaire en Irak autorisée par l'ONU en 1991, elle laisse transiter par chemin de fer du matériel militaire américain à destination du Golfe et, par voie aérienne, des avions britanniques qui transportent des munitions, alors que Berne interdit de tels transports sur son territoire. En 2003, l'in-

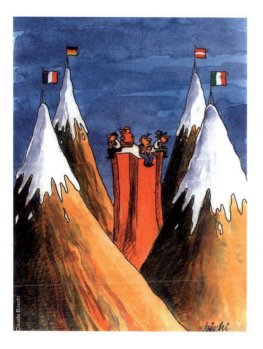

Ill. 1 **La Suisse en 2007 selon Claude Büschi**

tervention militaire des Etats-Unis n'ayant pas l'aval du Conseil de sécurité, la Suisse interdit le survol de son territoire, sauf pour des vols humanitaires et médicaux.

Pendant la Seconde Guerre mondiale, la politique de la Suède neutre s'avère très favorable à l'Allemagne nazie, contrairement à celle de la Suisse. Stockholm envoie une mission militaire auprès de la *Wehrmacht* pendant l'offensive allemande à l'Ouest en mai-juin 1940. Choisissant entre une neutralité profitable et l'asservissement, la Suède fournit aux Allemands tout le minerai de fer dont ils ont besoin. La Directive N° 21 du *Führer* (décembre 1940) – Opération «BARBAROSSA» ne manque pas de clarté: *«On peut s'attendre à ce que les routes et chemins de fer suédois soient disponibles pour la concentration du Groupe d'armées du Nord, au plus tard au début des opérations.»*[5]

A partir des années 1970, la Suède et la Suisse prévoient de produire ou d'acquérir des armes nucléaires.[6] A la même époque, l'Etat-major de la Marine suédoise, à l'insu du Gouvernement et du chef d'Etat-major général, transmet aux Danois des plans de minage des eaux territoriales, afin de permettre aux forces de l'OTAN de faire mouvement au plus vite vers la base soviétique de Kaliningrad et le port polonais de Gdynia[7], alors que la Suisse refuse toute conversation d'états-majors. Lors de la Guerre du Golfe en 1991, la Suède met à disposition de la coalition anti-irakienne un hôpital de campagne et plus de cinq cents militaires.

Les différences entre Etats neutres (2006)

Pays	Adhésion à l'ONU	Adhésion à l'UE	Militaires en missions de paix	Troupes dans les *battle-groups* de l'UE
Suisse	2002	–	274	non
Autriche	1955	1995	1236	oui
Suède	1946	1995	945	oui
Finlande	1955	1995	779	oui
Irlande	1955	1973	676	oui

2. Les quinze dernières années de la Guerre froide

«Toute l'histoire de la Confédération moderne (...) s'est écrite sous le signe de la menace extérieure.»[8]

Pendant la Guerre froide, «une combinaison permanente de dissuasion, de persuasion et de subversion[9]», la Suisse officielle, comme la population, se situe idéologiquement dans le camp occidental. Elle n'en demeure pas moins neutre, une attitude difficile à faire comprendre à des Américains qui tendent à raisonner «Ami ou ennemi», mais qui prennent pourtant en compte que la Suisse peut assurer une flanc-garde crédible en cas d'affrontement Est-Ouest en Europe, ainsi que la défense d'un secteur stratégiquement important.

Quelles menaces planent alors sur la Suisse? En cas d'offensive contre l'OTAN, plus particulièrement d'opérations aériennes initiales, les forces du Pacte de Varsovie pourraient contourner les défenses antiaériennes occidentales, en utilisant le couloir neutre constitué par la Suisse et l'Autriche, afin d'atteindre des objectifs situés dans la profondeur du dispositif de l'Alliance. Les structures de surveillance aérienne de ces neutres constitueraient alors des objectifs prioritaires, avant ou dans les premières heures d'un conflit[10]. Les forces aériennes autrichiennes et suisses risqueraient d'être rapidement saturées. Par la suite, les opérations pourraient déborder sur territoire suisse, les commandements de l'OTAN et du Pacte de Varsovie exiger le libre passage. Un chantage nucléaire n'est pas à exclure. Ces scénarios, les exercices d'états-majors et de troupes les prennent en compte dans l'Armée 61.

Le statut de neutralité est-il compatible avec des conversations d'états-majors, officieuses ou officielles, visant à une collaboration militaire avec un Etat tiers, dans l'hypothèse d'une invasion de la Suisse? Il s'agit de régler les problèmes techniques que pose une coopération militaire, d'établir une planification, ce qui accélérerait la signature d'une alliance par le Conseil fédéral, lorsque l'Etat neutre serait envahi. De telles mesures de précaution, voire de dissuasion apparaissent comme un volet possible de la politique de neutralité, surtout si les interlocuteurs sont des Etats démocratiques, mais elles s'avèrent potentiellement dangereuses, si elles ne sont menées qu'avec un des camps. Pendant la Guerre froide, le Conseil fédéral et l'Etat-major général suisse craignent comme la peste des discussions similaires à celles menées avec les Allemands, les Autrichiens et les Français avant et durant la Première Guerre mondiale, avec les Français entre 1936 et 1940. Ils apparaissent tétanisés par le *syndrome de La Charité-sur-Loire.*[11]

La *Conduite des troupes 1951* semble claire: «*On ne saurait guère imaginer une guerre dans laquelle notre pays puisse être animé d'une volonté de résistance et entraîné en dehors d'une conflagration générale entre les grandes puissances (...). Il n'empêche que l'on commettrait une grave erreur en tablant sur un appui extérieur, incertain au triple point de vue de ses délais, de son étendue et de son efficacité, et qui peut ne pas être sans danger pour notre indépendance. Aussi bien notre Armée doit-elle être apte à se défendre seule, même contre un ennemi qui lui serait de beaucoup supérieur. (...) Pour cela, l'Armée doit pouvoir compter sur le soutien entier d'un peuple et d'autorités animés d'une volonté de résistance et d'un amour de la liberté, au mépris des sacrifices qui pourraient en résulter.»*[12] La *«neutralité par la coopération»* deviendra officielle avec les débuts de l'Armée 95.

L'Armée suisse est-elle nécessaire[13]*?*

Année	Pourcentage des Suisses qui répondent positivement
1970-1983	85-87%
1984	83%
1986	79%
1988	72%
1990	66%

Des contacts officiels et secrets avec des représentants étrangers ont pourtant lieu dès la fin des années 1940, sans déboucher sur des projets d'opérations coordonnées. Ils impliquent des conseillers fédéraux (Max Petitpierre, Paul Chaudet), des militaires suisses de haut rang et des représentants de l'OTAN, dont le maréchal Montgomery. On y évoque les transports aériens, la doctrine d'engagement de l'aviation et des blindés, l'instruction des troupes mécanisées suisses sur des terrains de manœuvre étrangers, notamment au camp du Valdahon en France (le projet de place d'armes à Bure se heurte alors à une violente opposition), l'appui de l'Alliance par des troupes suisses, même une éventuelle subordination de l'Armée au commandement de l'OTAN. Au début des années 1990, les commandants du 2e corps d'armée français en Allemagne, du 2e corps allemand et du corps d'armée de campagne 2 suisse se rencontrent régulièrement, visitent des infrastructures militaires, entre autres sur territoire suisse. S'agit d'une simple activité de loisir ou d'une coopération?[14]

Les archives du corps d'armée de campagne 1 révèlent des réflexions menées, dès les années 1960, concernant une collaboration avec l'OTAN ou un Etat voisin, en cas d'offensive du Pacte de Varsovie, des hypothèses qui n'apparaissent jamais dans les scénarios d'exercices. Il semble s'agir d'initiatives de quelques officiers généraux. Roch de Diesbach, commandant du corps d'armée de campagne 1 de 1968 à 1971, fait étudier une telle solution durant l'exercice «NIKLAUS», qui concerne le saillant de Genève. Les documents prévoient une jonction avec les troupes françaises, voire avec celles de l'OTAN, ainsi qu'un élargissement au-delà de la frontière des secteurs tenus par les troupes suisses. On parle «d'allié potentiel» en collaboration avec lequel on établirait un dispositif défensif. Une solution similaire est prévue pour l'Ajoie.

En 1977, la situation générale de l'exercice des états-majors du corps d'armée de campagne 1 précise que l'aile gauche du front Nord du Pacte de Varsovie pousse sur le Plateau en direction de Genève. *Une alliance entre la Suisse et les forces de l'OTAN n'a pas encore été conclue»*, mais on peut espérer que l'OTAN engagera des armes nucléaires au profit des forces suisses. Au début des deux exercices «EPERON» de la brigade frontière 2 en 1985–1986, les forces du Pacte de Varsovie ont atteint le Rhin en dix jours; elles poussent en France, le long de la frontière suisse en direction de Lyon, et pourraient s'emparer de l'aéroport de Cointrin. L'introduction écrite de l'exercice précise que *«le cas de la jonction ne peut être étudié que dans ses grandes lignes»*, car on ne connaît pas *«les hypothèses opératives du commandement de l'Armée.»* Au cours d'état-major général V dans les années 1980, des groupes de travail étudient l'engagement d'une division mécanisée suisse en Allemagne du Sud.

La Suisse neutre et utile

Depuis le XIXe siècle, la Suisse neutre fournit ses bons offices, avec une pointe d'activité pendant la Seconde Guerre mondiale. Elle représente alors trente-cinq Etats auprès de gouvernements avec lesquels ils n'ont plus de relations diplomatiques, y compris la représentation réciproque du IIIe *Reich*, des Etats-Unis et de la Grande-Bretagne. Ce type de prestation apparaît comme une sorte de monopole de la Suisse neutre.

Pendant la Guerre froide, la diplomatie suisse joue à plusieurs reprises un rôle dans des crises, certaines d'une dangerosité extrême. Elle n'a pas de frontière commune avec les pays communistes, ce qui augmente ses possibilités d'action. Depuis 1919, Genève abrite la Société des Nations et ses institutions spécialisées. La Suisse accueille des conférences internationales destinées à réduire ou à désamorcer des risques de conflit. Ainsi celle de Locarno en 1925 au cours de laquelle des diplomates allemands, belges, britanniques, français et italiens concluent un pacte de garantie mutuelle et mettent au point des procédures d'arbitrage. Si Genève n'obtient pas le siège du Conseil de sécurité et de l'Assemblée générale de l'ONU, ses institutions spécialisées s'y installent[15].

Olivier Long du Département fédéral des affaires étrangères, au début des années 1960, facilite en Suisse les pré-négociations secrètes entre Algériens et Français. Pendant les négociations proprement dites, la délégation du Gouvernement provisoire de la République algérienne loge en Suisse et se rend à Evian pour les discussions, à bord d'hélicoptères suisses.[16] Lors de la crise des missiles soviétiques à Cuba qui risque de déboucher sur une guerre nucléaire, le secrétaire d'Etat américain à la défense, Dean Rusk, demande à August Lindt, ambassadeur à Washington, d'informer Fidel Castro, via l'ambassade helvétique à La Havane, que des avions *U-2* vont photographier les sites la nuit suivante, pour vérifier si les missiles ont été retirés. Pour ce faire, il faut lancer des moyens d'éclairage très bruyants. Le *Leader Maximo* doit savoir qu'il ne s'agit pas d'un bombardement! Les forces aériennes cubaines ne bougeront pas. En 1977, Jimmy Carter, président des Etats-Unis, discute à Genève avec Hafez-el-Assad, le chef d'Etat syrien; en 1985, une rencontre au sommet Reagan – Gorbatchev a lieu au bout du lac.

Bien que le Conseil fédéral condamne ouvertement des décisions comme le bannissement d'Andrei Sakharov et l'intervention militaire en Afghanistan, les Soviétiques recourent à des diplomates suisses comme relais ou facilitateurs pour des discussions Est-Ouest qui restent le plus souvent secrètes.[17] A la Conférence pour la sécurité et la coopération en Europe, les neutres et les non alignés jouent le rôle de médiateurs entre l'Est et l'Ouest.

3. Après l'implosion de l'Union soviétique

Le Mur de Berlin tombe le 9 novembre 1989. Malgré la *glasnost et la perestroïka* de Michael Gorbatchev, l'Union soviétique ne tarde pas à faire implosion, seize Républiques naissent de ses cendres, l'Allemagne se réunifie. L'Organisation du Pacte de Varsovie disparaît et, dans la foulée, la grave menace qui planait sur l'Europe occidentale. Les pays-satellites retrouvent leur indépendance. La Guerre froide est terminée! On croit vivre la *fin de l'histoire*, on veut bénéficier des *dividendes de la paix*. En Europe, les forces armées nationales deviennent des bonzaïs, incapables de faire face seules à une crise.

De multiples foyers de tension, des nationalismes virulents ne tardent pas à émerger, avec leurs avatars, la guérilla, le terrorisme national et transnational. On ne peut exclure, même aux confins de l'Europe, l'apparition d'*États décadents*, d'*États échoués*, d'*États-voyous*, d'*Etats islamistes*, susceptibles, avec leurs capacités militaires, de provoquer des violences armées, pas des conflits symétriques. Dans l'appréciation de la menace, il faut également prendre en compte la prolifération nucléaire, les bombes *sales*, les armes chimiques et bactériologiques, les missiles balistiques, la cyber-guerre, des agressions avec des moyens détruisant l'environnement, ainsi que le crime organisé. La désétatisation et la déterritorialisation des risques, des dangers et des menaces font baisser l'importance de la neutralité. La Suisse perd une place *confortable* dans un monde bipolaire. Dès lors, elle a peu d'amis!

La menace ne concerne pas le seul domaine militaire. La prospérité, la stabilité et la moralité politique tendent à s'amenuiser dans une économie toujours plus mondialisée, ce qui favorise le chantage, voire la piraterie. En 1995, la Suisse – ses autorités tombent de nues! – est l'objectif de l'opération «Fonds juifs en déshérence», menée par le Congrès juif mondial et l'administration Clinton. Les banques suisses se trouvent forcées de verser un milliard et demi de francs! Des actions similaires sont menées contre le secret bancaire, visant à imposer l'échange automatique d'informations fiscales. De *vénérables* démocraties, comme l'Allemagne et la France, achètent au prix fort des données volées dans des banques suisses. Qui aurait pu penser qu'elles recourraient un jour à de telles méthodes?

Le président de la Confédération, Ueli Maurer, rappelle en janvier 2013 que «*la crise de la dette et une récession mondiale accentuent les divergences d'intérêts. La tentation croît pour les grands Etats de ne plus accepter les petits comme des partenaires d'égale valeur: pourquoi un grand Etat se lancerait-il dans des négociations, longues et compliquées, avec un Etat plus petit, alors qu'il pourrait simplement lui dicter ses conditions? Alors qu'il serait plus facile de déclarer que son ordre juridique s'applique également au-delà des frontières.*»[18]

Quoi qu'il en soit, les Suisses croient dur comme fer que leur pays, pendant la Seconde Guerre mondiale, a été préservé grâce à la neutralité. Ils la considèrent comme inaliénable, tout en ayant conscience qu'ils font partie du camp occidental. En 1988, 64% d'entre eux ne se représentent pas une Suisse qui aurait abandonné sa neutralité; en 1999, 74% disent tenir à la neutralité, seul le quart d'entre eux étant des isolationnistes. La neutralité s'avère une composante de l'identité nationale, comme les droits populaires. Elle joue sans doute un rôle en 1986 dans le refus par 75% des votants d'une adhésion à l'ONU.[19] Il faudra attendre jusqu'en 2002 un vote positif.

Le peuple refuse également en 1989 la création d'un bataillon de Casques bleus suisses. On a conscience qu'il existe «*un décalage entre des centres de décision répondant à une logique et à une échelle des* valeurs du temps de paix et les militaires, confrontés sur le terrain à des logiques absurdes engendrées par le renversement ou l'anéantissement de toutes valeurs, en fait à la réalité de la guerre. Les moyens directement actionnés par les Nations unies sont d'une efficacité toute relative en raison du faible soutien de la communauté internationale qui les a engagés. Faute d'une volonté politique, l'institution est incapable de faire respecter l'élémentaire intégrité physique de ses Casques bleus dans l'accomplissement de leurs missions. Comment dès lors faire exécuter des résolutions de paix sans un bras armé reconnu et respecté, capable de décourager ou de rompre sur le terrain la tentation de la violence? Dès lors, pour éviter un enlisement ridicule s'ouvre le choix entre l'escalade et le retrait (...).»[20]

Les Suisses favorables à la neutralité intégrale ou à la neutralité différenciée

Année	%	Année	%
1969	89%	1993	82%
1983	93%	1997	80%
1989	89%		

Au début des années 2000, même la Commission Bergier reconnaît, en le regrettant, qu'«il n'y a pas de critère unique pour définir l'unité du pays. On recourt donc à l'histoire mais aussi aux mythes et aux légendes qui évoquent la fondation de la Confédération. Cette mémoire culturelle répand les trois principes sur lesquels s'est constitué l'Etat fédéral: le fédéralisme, la neutralité et la démocratie directe[21].»

La Suisse s'ouvre – Chronologie

1953	Depuis 1953, des officiers suisses font partie du *Neutral Nations Supervisory Commission* (NNSC) en Corée
1960	Adhésion à l'Association européenne de libre échange (AELE).
1963	Adhésion au Conseil de l'Europe.
1964	Acquisition de l'avion de combat français *Mirage-III*, entre autres parce qu'il peut emporter une arme nucléaire.
1966	Adhésion au *General Agreement on Tariffs and Trade (GATT)*, aujourd'hui Organisation mondiale du commerce.
1972	Accord de libre échange avec la Communauté économique européenne, aujourd'hui Union européenne.
1974	Signature de la Convention européenne des droits de l'homme.
1975	L'acte final de la Conférence sur la sécurité et la coopération en Europe, aujourd'hui Organisation pour la sécurité et la coopération en Europe, est signé par la Suisse.
1977	Signature du Protocole additionnel de la Convention de Genève (1949).
1977–1990	Organisations «P-26» (organisation secrète de résistance en cas d'occupation) et «P-27» (service secret de renseignement en conditions extraordinaire). Ces deux organisations conformes à la Constitution fédérale, font l'objet d'investigations d'une Commission d'enquête parlementaire.
1979	La Suisse représente les intérêts américains en Iran, suite à l'affaire des otages et la rupture des relations diplomatiques entre les deux Etats.

1985	Rencontre à Genève de Ronald Reagan, président des Etats-Unis, et de Michael Gorbatchev, secrétaire général du Parti communiste d'URSS.
1986	Rejet par 75% des votants et tous les Cantons de l'adhésion à l'ONU.
1989	Rejet en votation populaire de la 1ère initiative du Groupe pour une Suisse sans armée.
1989–1990	Une unité sanitaire suisse est engagée en Namibie.
1989	*9 novembre* – Chute du Mur de Berlin.
1990	Premiers observateurs militaires suisses au service de l'ONU.
1990–1991	Première Guerre du Golfe.
1991–1994	Une unité sanitaire suisse engagée au Sahara occidental.
1991	*Décembre* – Implosion de l'Union soviétique, dissolution des structures militaires du Pacte de Varsovie.
1992	Refus de l'adhésion à l'Espace économique européen, adhésion à la Banque mondiale/ Fonds monétaire international.
1994	Rejet en votation de la création d'un bataillon suisse de Casques bleus.
1995	Autorisation de survol du territoire suisse par des appareils de l'OTAN engagés dans les Balkans.
1996	Une unité logistique suisse (Bérets jaunes) engagée à Sarajevo.
1996	Collaboration avec l'OTAN dans le cadre du Partenariat pour la paix.
1997	Exercice franco-suisse de sauvetage «LEMAN 97».
1998	Ratification de la Convention d'Oslo sur les mines anti-personnel.
1999	Acceptation par le peuple et les Cantons d'une nouvelle Constitution fédérale.
1999	Une compagnie suisse (Swisscoy) engagée au Kosovo, sans armes dans un premier temps
1999	Exercice franco-suisse de sauvetage et de sécurité «LEMAN 99».
2000	Acceptation en votation populaire des accords bilatéraux avec l'Union européenne.
2000	Echange franco-suisse de compagnies de chars pour l'instruction.
2001	Rejet en votation populaire de la 2e initiative pour une Suisse sans armée, acceptation de la loi sur la coopération avec l'étranger.
2001	*11 septembre* – Attentats islamistes aux Etats-Unis.
2001	Rejet de l'initiative populaire «Oui à une adhésion à l'UE» (76% des votants).
2002	Le peuple et les Cantons acceptent l'adhésion à l'ONU.
2003	Deuxième Guerre du Golfe: la Suisse interdit le transit militaire des belligérants, sauf les transports humanitaires.
2003	Acceptation en votation populaire de la loi sur l'Armée XXI.
2003	*1er décembre* – Lancement de l'Initiative de Genève, un plan alternatif de paix israélo-palestinien, soutenue par la conseillère fédéral Micheline Calmy-Rey.
2005	Acceptation en votation populaire d'une 2e série d'accords bilatéraux avec l'Union européenne, dont les accords de Schengen; acceptation de l'extension de la libre circulation aux nouveaux Etats membres de l'Union européenne.

2006	Acceptation en votation populaire d'une aide de 1 milliard de francs suisses aux pays de l'Est membres de l'Union européenne.
2008	*27 février* – La Suisse reconnaît le Kosovo et y ouvre une ambassade.
2008–2010	Affaire des otages suisses retenus en Libye, à la suite de l'arrestation à Genève d'un fil de
2009	*18 mars* – La Suisse figure sur la liste grise de l'OSCE recensant les «paradis fiscaux».
2009	Acceptation en votation populaire de l'interdiction des minarets et de l'extension de la libre circulation à la Bulgarie et à la Roumanie.

La perception et la pratique de la neutralité a-t-elle évolué depuis 1975?

A la fin de la Guerre froide, les puissances – les grandes et les autres – n'ont plus besoin, sur la scène internationale ou dans les coulisses, des bons offices d'Etats neutres. La Suisse perd son quasi-monopole de médiatrice entre les deux blocs. Les gouvernements étrangers tendent à considérer les neutres comme des opportunistes qui ne coopèrent pas en matière de défense, de sécurité et de politique internationale. En janvier 2013, l'Allemagne, qui hésite à participer aux côtés de la France à l'opération «Mali», se fait traiter de «grande Suisse»[22]. La Confédération et sa neutralité n'ont pas bonne presse.

Pour le Conseil fédéral et une forte majorité de la population, l'adhésion à une organisation militaire et les obligations d'assistance qui lui sont liées restent exclues. Le droit de la neutralité permet pourtant des coopérations avec l'OTAN et l'Union de l'Europe occidentale, le bras militaire de l'Union européenne aujourd'hui disparu, sans que la Suisse adhère à ces alliances. Elle peut collaborer dans l'exploration par satellites, la surveillance de l'espace aérien et hertzien, l'info sphère, le cyberespace, le renseignement stratégique et militaire. Rien n'interdit à son Armée de prendre part à des opérations internationales de maintien de la paix, sous mandat du Conseil de sécurité de l'ONU ou de l'Organisation pour la sécurité et la coopération en Europe, de collaborer avec des Etats étrangers pour l'instruction des hommes et des formations, le développement de technologies militaires. Un Alleingang de la Suisse n'est techniquement pas possible ou d'un prix impossible à supporter. Aucun Etat européen n'envisage d'ailleurs sa sécurité d'une manière entièrement autonome.

Les fonctions de la neutralité

– Intégration et cohésion à l'intérieur du pays
– Indépendance
– Liberté d'action
– Echanges économiques avec l'ensemble des Etats, même en période de conflit
– Bons offices (asile, internement, protection, médiation, promotion de la paix, contrôle d'armistice, siège d'organisations internationales, lieu de conférences internationales)
– Facteur d'équilibre en Europe[23]

«Depuis 1989, les (…) fonctions de la neutralité ont toutes perdu de leur importance. Sa fonction d'intégration souffre du fait que le cercle des pays démocratiques entourant la Suisse et collaborant pacifiquement s'est élargi loin vers l'Est. Sa fonction de sauvegarde de l'indépendance

menace d'être contreproductive, parce que la Suisse, intégrée de fait dans l'Union européenne, est réduite à en appliquer les règles sans participer à leur élaboration. Sa fonction protectrice est faible: des guerres entre Etats membres de l'UE sont peu vraisemblables dans un proche avenir et la neutralité n'est guère utile pour pallier les effets de guerres entre pays lointains, celles de guerres civiles en Europe, sur d'autres continents ou le terrorisme. Elle est nulle face aux autres risques majeurs (prolifération d'armes de destruction massive, migrations, criminalité internationale, crises économiques, catastrophes écologiques).

Sa fonction dans les échanges économiques a aussi décliné depuis la Première Guerre mondiale, de même que sa fonction géostratégique dans l'équilibre européen et sa fonction de solidarité (si ce n'est que la neutralité facilite l'action du CICR), car les pays neutres n'ont guère la préférence en matière de bons offices. Mais cette situation peut changer. La neutralité garde donc son sens au moins comme position de repli.»[24]

Pendant la Guerre froide, le Conseil fédéral estimait que la Suisse ne devait pas participer à des sanctions économiques. Il a accepté de le faire deux fois, en 1966 à l'encontre de la Rhodésie, en 1977 de

Ill. 2
La Suisse en 2009 selon Chappatte

Ill. 3 **La Suisse et l'Union européenne en 2011**

l'Afrique du Sud. Après 1990, il réduit la neutralité à son noyau militaire, un changement fondamental dans la politique de sécurité de la Suisse. Le droit de la neutralité ne s'applique pas aux sanctions économiques, ni aux sanctions militaires prises par le Conseil de sécurité de l'ONU. Il ne restreint pas la liberté de commerce: les entreprises privées implantées en Suisse peuvent continuer à fournir du matériel ou des prestations de nature militaire aux Etats en guerre. Le Conseil fédéral, qui veut pourtant éviter que certaines en livrent, destinés directement ou indirectement au conflit en Irak, soumet à un régime d'autorisation les exportations de la RUAG et des entreprises privées. S'il n'y a pas décision du Conseil de sécurité, c'est un conflit auquel s'applique le droit de la neutralité.[25] Le Conseil fédéral prend des sanctions économiques contre l'Irak, met à disposition de l'ONU des experts chargés de découvrir, puis de détruire les éventuelles armes biologiques et chimiques de Saddam Hussein, ainsi que leurs moyens de production.

Il y a dès lors la conception *«Neutralité permanente»* des traditionalistes et la conception *«Neutralité active»*, qu'il ne faut pas confondre avec la *«Neutralité et solidarité»* de l'époque Max Petitpierre[26]! Se fondant sur la doctrine élaborée à la fin des années 1980, cette attitude débouche sur le Rapport de 1993 sur la neutralité. *«La sécurité par la neutralité»* devient *«La sécurité par la coopération»*. En été 2006, la controverse sur les positions de la Suisse, parfois critiques envers

Israël, et l'application du droit de la neutralité mettent en évidence des divisions au sein du Conseil fédéral et des partis. La conception de la lutte des Etats-Unis contre le terrorisme, l'invasion de l'Irak, l'affaire des fonds en déshérence poussent de nombreux Suisses à vouloir que leur pays prenne ses distances face aux Etats-Unis et aux institutions de sécurité euro-atlantiques.

Contrairement à ce que certains prétendent, les militaire ne sont pas les plus réactionnaires! Un officier de carrière, lieutenant-colonel d'état-major général, plaide pour un abandon de la neutralité en 1997 dans la Revue militaire suisse.[27] Il convient de préciser que son mémoire a été rédigé l'année précédente au Collège interarmées de défense à Paris. Hans-Peter Brunner fait des considérations similaires en 2001, regrettant que la Suisse n'ait pas renoncé à sa neutralité en 1945![28] Sur le site Internet du périodique militaire romand, on peut lire en 2010: *«Neutralité, neutralité... Voilà bien un terme que la plupart des Suisses semblent brandir uniquement lorsque ça les arrange bien. On pourrait appeler cela la neutralité à la sauce du jour. Il serait souhaitable de plancher une fois pour toute sur ce terme et de le repositionner correctement. Car il ne faut pas se leurrer, la Suisse n'est neutre que sur le papier et dans la tête de certains politiciens frileux, lorsqu'il s'agit de contribuer à un effort international, par exemple dans le cadre du maintien de la paix. La neutralité avait son rôle à jouer dans l'affrontement Est-Ouest... Est-ce toujours le cas dans un environnement globalisé?»*[29] Cela explique vraisemblablement les accusations lancées par les isolationnistes contre des militaires qui rêvent d'une adhésion à l'OTAN, d'autant qu'un commandant français publie dans la Revue militaire suisse un mémoire intitulé «Suisse, neutralité en trompe-l'œil».[30]

Dans sa prise de position du 25 juin 2011, la Société suisse des officiers rappelle que la neutralité armée de la Suisse doit être maintenue, car elle correspond aux intérêts des pays voisins. Son contenu de base – rester en dehors des conflits des puissances européennes – doit permettre d'atteindre des buts stratégiques. La politique de neutralité est conçue de façon à servir de manière efficace les intérêts stratégiques de la Suisse. A ce stade, l'adhésion à une alliance n'entre pas en ligne de compte, d'autant plus qu'à l'heure actuelle, l'OTAN, alliance de défense, se trouve dans une période de changements radicaux et se transforme en une coalition d'intervention à l'échelle planétaire. La Suisse n'a pas d'intérêt stratégique à défendre dans ce contexte. La neutralité n'exclut pas que la Suisse collabore ponctuellement avec des pays européens pour la défense hors d'Europe.[31]

Qu'en est-il de la neutralité du Comité international de la Croix-Rouge? Le contrôle de l'application des Conventions de Genève par le CICR fait indirectement partie de ces bons offices, bien que les agents diplomatiques de Berne n'assument aucune tâche «CICR» et que les délégués ne s'installent jamais dans des locaux diplomatiques suisses. Près de trois mille cinq cents Confédérés travaillent, en partie bénévolement pour le CICR. Plus de la moitié des fonds dont celui-ci dispose entre 1939 et 1945 proviennent de Suisse.[32]

«Pour le CICR comme pour toute institution de la Croix-Rouge ou du Croissant-Rouge, il ne saurait y avoir de neutralité vis-à-vis des violations des Conventions de Genève. Si le CICR, en dehors de certains cas particuliers (…), s'abstient de dénoncer publiquement des violations du

droit humanitaire dont il a connaissance, c'est parce que son expérience de plus d'un siècle l'a convaincu que la persuasion, le dialogue confidentiel avec les belligérants et la diplomatie humanitaire restent les moyens d'action les plus efficaces pour mettre un terme à ces violations. (…) Pour la Suisse, la neutralité est un moyen de préserver son unité, son intégrité territoriale et son indépendance. Pour le CICR, la neutralité est une condition de l'action (…). Ayant pris conscience de la nature spécifique de sa neutralité, le CICR a cherché les moyens d'en renforcer l'assise et de trouver la juste distance vis-à-vis de la Suisse. Il l'a notamment fait par deux moyens: d'une part, en élargissant la base de recrutement de son personnel. Depuis décembre 1992, la nationalité suisse n'est plus une condition au recrutement des délégués. Aujourd'hui, près de la moitié de nos délégués sur le terrain ne sont pas de nationalité suisse.»[33]

De l'Armée 61 à l'Armée XXI

Dans l'Armée 61, un engagement efficace des forces aériennes suisses postulait déjà une collaboration avec l'étranger dans les domaines de l'instruction et de l'entraînement. Elles prennent des longueurs d'avance sur les autres Armes. A partir de 1965, des contacts, des visites aux forces aériennes américaines, britanniques, israéliennes et suédoises deviennent réguliers, débouchant sur des entraînements de pilotes suisses en Sardaigne et en Suède, où ils bénéficient de possibilités qui n'existent pas dans leur pays, sur la venue à Payerne, tenue rigoureusement secrète à l'époque, de pilotes israéliens. Des essais d'avions de combat ont lieu aux Etats-Unis, des tirs de missiles DCA en Ecosse.

Lorsque le Mur de Berlin tombe en 1989, l'Armée 61 aligne des effectifs et des moyens considérables. La Suisse consacre à sa défense environ 4,5% de son produit national brut, alors que les grandes puissances entretiennent en Europe des potentiels militaires inquiétants. Ses atouts ne sont pas négligeables: elle a la couverture militaire la plus dense d'Europe, 15 soldats au km2 contre 1,5 en moyenne dans les pays voisins. Bien que peu mobiles, ceux-ci assurent le quadrillage du pays par la superposition des troupes de l'élite, de la landwehr et du landsturm. Ils bénéficient d'un terrain fort et peuvent compter sur un réseau dense de destructions préparées, susceptibles de couper les axes de pénétration. Des abris civils et militaires, de nombreux ouvrages fortifiés augmentent leur capacité de résistance. Enfin, le concept de défense générale, basé sur le système de milice, fait la liaison entre le citoyen et le soldat, entre la population et les différentes composantes de la défense du pays. Hommes et cadres peuvent se sentir, pour reprendre la formule du président Mao, comme des poissons dans l'eau.

La réforme «Armée 95» et le principe de la *sécurité par la coopération*, entraîne une importante diminution des effectifs, des armements et de la capacité opérationnelle, mais le gros de l'armée reste concentré sur la défense contre une attaque militaire massive. Toutes les formations disposent de leur équipement et de leur matériel, ce qui n'est plus le cas dans l'Armée XXI. Le règlement *Conduite opérative 95* prévoit des *«préparatifs en vue d'une collaboration avec des armées étrangères, pour des engagements opératifs de sûreté ou pour la défense.»* On collabore – prudemment – avec les armées des Etats voisins: exercice «BRÜCKENSCHLAG»

de Weck: Rupture ou évolution?

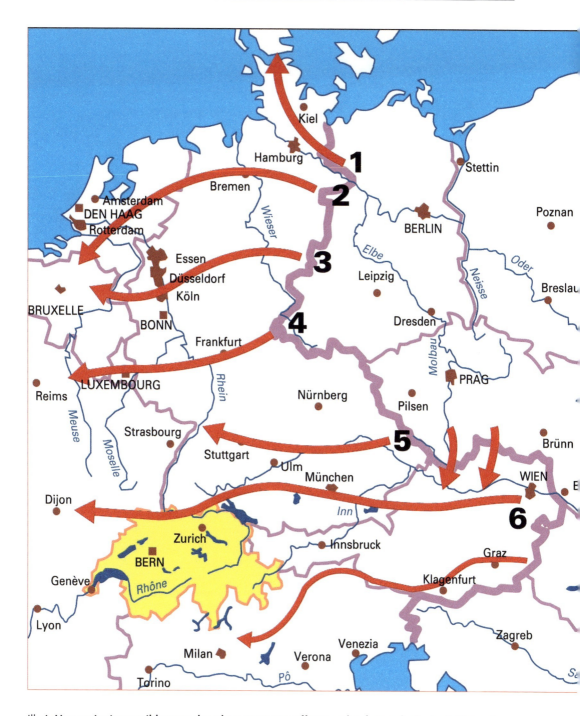

Ill. 4 **Une variante possible pour des plans pour une offensive des forces du Pacte de Varsovie**

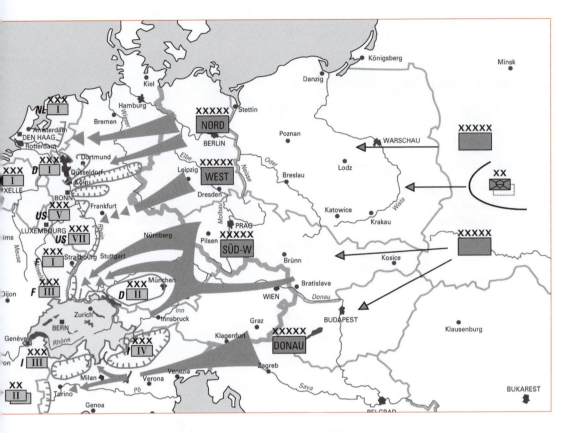

Ill. 5 **Une autre variante: des grandes unités de l'Otan se trouvent acculées aux frontières de la Suisse**

avec la *Bundeswehr*, «LÉMAN 97» et «LÉMAN 99» avec l'Armée française. Ces exercices ne concernent que la collaboration transfrontalière pour la sauvegarde des conditions d'existence. Des officiers de renseignement suisses visitent des formations étrangères, entre autres la brigade franco-allemande et le 40e régiment d'artillerie à Suippes. Des formations mécanisées vont s'entraîner en Suède avec des *Leopard-2* du pays-hôte, en France avec leurs propres chars. Des tankistes suédois viennent travailler sur les simulateurs de Thoune; leurs collègues français débarquent avec leurs *AMX-30* sur des places de tir des Alpes. Des officiers étrangers participent à des travaux d'états-majors suisses: à la direction de l'exercice d'Armée 1998, on trouve un général américain en retraite et un colonel allemand.

Les règlements suisses reprennent les procédures et les normes de l'OTAN, car il s'agit de devenir inter opératif. La Confédération adhère en 1996 au Partenariat pour la paix créé par l'OTAN, en 1997 au Conseil de partenariat euro-atlantique. Des Bérets jaunes, une formation

III. 6 **La situation que le chef de l'instruction opérative, le divisionnaire Gustav Däniker, propose**

logistique, partent pour la Bosnie-Herzégovine en 1996, des unités sanitaires (Bérets bleus) pour la Namibie (1989–1990) et le Sahara occidental (1991–1994). La Swisscoy, une compagnie d'abord sans armes, sert depuis 1999 au Kosovo, subordonnée à un bataillon autrichien.

4. Conclusion

Jusqu'en 1990, la Suisse vit et se développe dans un contexte de guerres en Europe, de menaces militaires. Depuis l'implosion de l'Union soviétique, pour exister, elle coopère avec l'extérieur. Feu le brigadier Erwin Dahinden, chef des relations internationales au Département de la défense, résumait bien le problème essentiel qui se pose à la Suisse au début du XXIe siècle: l'importance de la neutralité n'est pas la façon dont l'Etat neutre la respecte ou la pratique, c'est la façon dont les Etats tiers l'apprécient et lui accordent de l'importance.[34]

Après la chute du Mur de Berlin, les chantres de la solidarité internationale proclament la *mort de la neutralité*, le discours internationaliste caritatif se fait de plus en plus envahissant, complètement déconnecté de la réalité brutale sur le terrain.[35] Considérer la neutralité comme une *«relique de la Guerre froide»* – ce qu'a prétendu le commissaire européen Martin Bangemann – relève de la pensée politiquement correcte à très courte vue.[36] On peut même demander si le désordre actuel n'incitera pas certains Etats à opter pour un statut et une politique de neutralité…

Dans la Constitution fédérale adoptée en 1999, la neutralité ne figure que dans les articles 173 et 185, traitant des compétences du Conseil fédéral, du Conseil national et du Conseil des Etats. La Suisse, Etat souverain, peut renoncer à ce statut, sans se référer aux puissances qui l'ont reconnu en 1815, mais il faut qu'une majorité de la population souhaite une telle mutation. On pourra l'envisager au moment où le monde aura trouvé un ordre basé sur le respect mutuel, non sur un système vertical de domination. Ce n'est pas pour demain!

Une fable pour terminer. Des victimes des principaux pays engagés dans la Première Guerre mondiale arrivent au Paradis.

«Ces ombres commencent à se plaindre de la neutralité et de la désinvolture du petit Suisse, lui aussi présent, qui fume la pipe. La neutralité, affirment-ils, c'est comme une chauve-souris, ni oiseau ni poisson, ni jour ni nuit, Accusé, le petit Suisse demande s'il fallait vraiment participer au carnage pour avoir droit au statut d'Européen sans possibilité de savoir qui a raison et qui a tort dans le conflit? Ne valait-il pas mieux patienter jusqu'au moment où les ruines allaient rendre les Européens plus raisonnables? Alors que les plaintes des autres redoublent d'intensité, Dieu intervient en expliquant que l'attentisme n'est pas suffisant et que, de surcroît, il est indécent de fumer tranquillement sa pipe quand le reste de l'Europe souffre de la guerre et de la faim. Et Dieu de rappeler l'histoire du déluge biblique en remarquant que l'ensemble du monde doit sa reconnaissance à Noé d'être resté tranquillement en toute neutralité dans son arche au milieu du tonnerre et des éclairs. A la différence près que le patriarche ne disposait pas de tabac dans son embarcation, la Suisse est selon Dieu une nouvelle arche de Noé et il loue le courage de ses habitants d'être demeurés telle une île au milieu de la tempête.»[37]

Notes

1 Ainsi la France pendant la Guerre d'Algérie.

2 La Suisse au-delà du paysage. Paris, Gallimard, 2011, p. 95.

3 Hervé de Weck: «La Suède, la Hollande, la Belgique et la Suisse en période de crise…. Neutralité et défense militaire», Revue militaire suisse, février, avril 1990, pp. 80–96, 195–207. Eric Flury-Dasen: «La Suisse et la Suède face aux défis de la Guerre froide…», Relations internationales No 113/2003, pp. 76–94. Nathalie Blanc-Noël: La politique suédoise de neutralité active: de la Seconde Guerre mondiale à l'entrée dans l'Union européenne. Paris, Economica, 1997.

4 Peter Braun: «La perception de la menace pendant la Guerre froide», La Guerre froide et la Suisse. Recueil des conférences 2008. Pully, Centre d'histoire et de prospective militaires, 2011, pp. 48–49.

5 Winston Churchill: Mémoires sur la Deuxième guerre mondiale, t. I, Genève, La Palatine, 1948, p. 223. Voir également Jean-Jacques Langendorf; Pierre Streit: Le général Guisan et l'esprit de résistance. Bière, Cabédita, 2010, p. 224.

6 Pierre M. Gallois: Le sablier du siècle. Mémoires. Lausanne, l'Age d'homme, 1999, p. 392. Jürg Stüssi-Lauterburg: Aperçu historique de la question d'un armement nucléaire pour la Suisse. Berne, 1995.

7 TTU Europe, 6 avril 2000.

8 Jean-Claude Favez: «L'avenir de la politique», Socialisme, cultures, histoire: itinéraires et représentations. Mélanges offerts à Miklos Molnar. Berne, Lang, 1999, p. 318.

9 Hervé Coutau-Bégarie: Traité de stratégie. Paris, Economica, 1999, p. 429.

10 Jacques Baud: Les forces spéciales de l'Organisation du Pacte de Varsovie. Paris, L'Harmattan, 2002, p. 118.

11 En juin 1940, les Allemands découvrent dans un wagon à la gare de la Charité-sur-Loire le dossier complet des conversations d'états-majors franco-suisses qui prenaient en compte une invasion de la Suisse par la Wehrmacht. Hervé de Weck: «Le général Henri Guisan et les conversations franco-suisses dans l'hypothèse d'une invasion de la Suisse par la Wehrmacht», Des deux côtés de la frontière: le Jura bernois, les régions françaises et alsaciennes avoisinantes (1939–1940). Actes du colloque franco-suisse de Lucelle du 29 avril 2006. Porrentruy, Société jurassienne des officiers, 2007, pp. 15–40. Hervé de Weck: «L'ennemi peut venir de l'Ouest et du Nord-Est: le corps d'armée de campagne 1, un holding à la tête de Janus (1970–1990)», La planification de la défense combinée dans l'Armée 61. Actes du colloque du 17 octobre 2008. Berne, association suisse d'histoire et de science militaire, 2009, pp. 177–206.

12 Conduite des troupes. Approuvée par le Conseil fédéral le 26 décembre 1951, pp. 1, 4.

13 En 1986, 49% des Suisses pensent pourtant que l'Armée n'a aucune chance en cas de conflit conventionnel, ils sont 60% en 1990. Ricklin, Alois: «Funktionen der schweizerischen Neutralität», Passé pluriel. En hommage au professeur Roland Ruffieux. Fribourg, Presses universitaires, 1991, pp. 361–394.

14 Les ouvrages des brigades frontière sont encore opérationnels. Témoignage du commandant du 2e corps français à un colloque de la Fondation Charles de Gaulle. Paris, novembre 2002.

15 Vers la fin de la Guerre froide, on y dénombre 14 organisations internationales, 108 non gouvernementales, employant quelque 3000 fonctionnaires internationaux.

16 Hervé de Weck: «Une mission suisse pour la paix en Algérie en 19161-1962 – Les pré-négociations secrètes algéro-françaises», Revue militaire suisse, avril 2004, pp. 32–40.

17 Edouard Brunner: «Le maniement de notre neutralité durant la Guerre froide», 1950–1990: la Suisse et la Guerre froide. Berne, Association suisse d'histoire et de science militaires. 2003, pp. 31–41.

18 Discours d'Ueli Maurer à l'occasion de la présentation des vœux de Nouvel-An du Corps diplomatique le 9 janvier 2013.

19 Le 15 mai 1920, le peuple (76,5% de participation) accepte l'adhésion à la Société des Nations par 416 000 oui contre 323 719 non (11½ Cantons contre 10½).

20 C.G. Fricaud-Chagnaud: «Gestion des crises et démocratie», Défense nationale, février 1993, p. 60.

21 Commission indépendante d'experts Suisse – Seconde Guerre mondiale: La Suisse, le national-socialisme et la Seconde Guerre mondiale. Zurich, Pendo, 2002, p. 58.

22 TTU Europe, 16 janvier 2013.

23 D'après Alois Ricklin: op. cit., pp. 361–394.

24 Article «Neutralité», Dictionnaire historique de la Suisse, t. 9, p. 196.

25 Emmanuel Bichet: La neutralité suisse à l'épreuve des deux guerres du Golfe (1991–2003). Berne, DFAE, s.d. Manuscrit.

26 «Neutralité et capacité d'action extérieure de la Suisse», Politique de sécurité: analyse du Center for Security Studies (CSS) ETH Zürich, N° 20, septembre 2007, pp. 1–3.

27 Daniel Escher: «La neutralité fait-elle obstruction à l'intégration européenne de la Suisse», Revue militaire suisse, septembre 1997, pp. 11–17.

28 Revue militaire suisse, avril 2001, pp. 9–13.

29 Blog de David Humair, 19 août 2010.

30 Cdt Dupuy, Cahiers de Mars 167/2000, pp. 200–202. Revue militaire suisse, juin-juillet 2001, pp. 19–20.

31 Développement de l'Armée: prise de position de la Société suisse des officiers du 25 juin 2011, p. 8.

32 Jean-Claude Favez: Une mission impossible? Le CICR, les déportations et les camps de concentration nazis. Lausanne, Payot, 1988, pp. 45–47.

33 Bugnion, François: La neutralité suisse dans l'optique du Comité international de la Croix-Rouge. Genève, 2004.

34 Exposé à l'Assemblée générale 2006 de la Société fribourgeoise des officiers.

35 Jean-Jacques Langendorf: Histoire de la neutralité. Une perspective. Gollion, Infolio, 2007, pp. 334–338.

36 Alois Ricklin: op. cit., p. 394

37 Dieu et la Suisse, tel est le titre d'une nouvelle publiée en 1917 par Heinrich Federer (1866–1928) connu pour ses romans montagnards. Cité par François Walter: «La création de la Suisse moderne (1830–1930)», Histoire suisse, t. 4. Neuchâtel, Alphil, 2010, p. 137.

Preuve d'illustrations

1 *La Suisse en 2007 selon Claude Büschi*
Source: Le magazine de l'Université de Fribourg, Organe de l'Association des Amis de l'Université, 2005.1, p. 11

2 *La Suisse en 2009 selon Chappatte*
Source: Caricature de Patrick Chappatte

3 *La Suisse et l'Union européenne en 2011*
Source: Dessin de Ben paru dans « Le Matin » du 25 mai 2011

4 *Une variante possible pour des plans pour une offensive des forces du Pacte de Varsovie contre l'Ouest*
Source: La Suisse et la guerre froide. Die Schweiz und der Kalte Krieg 1950–1990. Association suisse d'histoire et de sciences militaires. Schweizerische Vereinigung für Militärgeschichte und Militärwissenschaft, Berne 2003, p. 97

5 *Une autre variante: des grandes unités de l'Otan se trouvent acculées aux frontières de la Suisse. Exercice de défense générale 1988*
Source: Voir 4., p. 132

6 *La situation que le chef de l'instruction opérative, le divisionnaire Gustav Däniker, propose au départ d'un exercice opératif. Exercice de défense générale 1988.*
Et l'Otan et la Pacte de Varsovie exigent le libre passage...
Source: Voir 4., p. 134

Bibliographie

1648–1798–1848–1998: 350 Jahre bewaffnete Neutralität. Bern, Schweizerische Vereinigung für Militärgeschichte und Militärwissenschaft, 1999.

Beigbeder, Yves: «La neutralité suisse en question», Revue belge de droit international 24/1991, pp. 27–45.

Bichet, Emmanuel: «La neutralité suisse à l'épreuve des deux guerres du Golfe (1991–2003)», Politorbis 35/2004, pp. 38–47.

Brunner, Hans-Peter: «Neutralität der Schweiz: Wie weiter?», Die neutrale Schweiz im Europa-Test. Bienne, Libertas, 2000.

Brunner, Hans-Peter: «Neutralité suisse: son avenir?», Revue militaire suisse, avril 2001, pp. 9–13.

Brunner, Edouard: Lambris dorés et coulisses. Souvenirs d'un diplomate. Genève, Georg, 2001.

Brunner, Edouard: «Le maniement de notre neutralité durant la Guerre froide», 1950–1990: la Suisse et la Guerre froide. Berne, Association suisse d'histoire et de science militaires. 2003, pp. 31–41.

Bugnion, François: La neutralité suisse dans l'optique du Comité international de la Croix-Rouge. Genève, 2004.

Bugnion, François: «La neutralité du Comité international de la Croix-Rouge et celle de la Suisse», Paix en liberté. Festschrift für Michael Bothe. Zürich, 2008.

Commission indépendante d'experts Suisse – Seconde Guerre mondiale: La Suisse, le national-socialisme et la Seconde Guerre mondiale. Zurich, Pendo, 2002.

Dominicé, Christian: «La neutralité de la Suisse au carrefour de l'Europe», Semaine judiciaire 23/1991, pp. 396–435.

Fuhrer Hans Rudolf; Neval, Daniel: «Die Schweiz und ihre Neutralität aus sowjetischer Sicht», Beilage zur Allgemeines Schweizerisches Militärzeitschrift 1/2002.

Gabriel, J.M.: Schweizer Neutralität im Wandel. Hin zur EG. Frauenfeld, Huber Verlag, 1990.

Furgler, Kurt: «Politisch-strategische Bilanz der bewaffneten Neutralität der Schweiz», 1648–1798–1848–1998: 350 Jahre bewaffnete Neutralität. Bern, Schweizerische Vereinigung für Militärgeschichte und Militärwissenschaft, 1999, pp. 87–97.

Langendorf, Jean-Jacques: «Le martyre de la neutralité», La Suisse face à l'Empire américain. L'or, le Reich et l'argent des victimes. Genève, 1997, pp. 25–92.

Langendorf, Jean-Jacques: «Grandeur et scandale de la neutralité», Les conditions de la survie. La Suisse, la Deuxième Guerre mondiale et la crise 90. Lausanne, 2002, pp. 185–208.

Langendorf, Jean-Jacques: Histoire de la neutralité. Une perspective. Gollion, Infolio, 2007.

La neutralité de la Suisse. Berne, DDPS, 4e édition revue et corrigée, 2044.

«Neutralité et capacité d'action extérieure de la Suisse», Politique de sécurité: analyse du Center for Security Studies (CSS) ETH Zürich, 20/2007, pp. 1–3.

Ricklin, Alois: «Funktionen der schweizerischen Neutralität», Passé pluriel. En hommage au professeur Roland Ruffieux. Fribourg, Presses universitaires, 1991, pp. 361–394.

Ricklin, Alois: «La neutralité suisse et son évolution», Beiträge und Berichte des Instituts für Politikwissenschaft 179/1992.

Ricklin, Alois: «La neutralité suisse face au défi européen», Beiträge und Berichte des Instituts für Politikwissenschaft 212/1993.

Ricklin, Alois: «Neutralité», Dictionnaire historique de la Suisse, t. 9, pp. 191–196.

Wartburg, Wolfgang. von: Neutralität der Schweiz und ihre Zukunft. Schaffhausen, Novalis Verlag, 1992.

SOG: Neutralität der Schweiz – Ein Sonderfall Schweiz. S.l., SOG, 1993.

Torelli, Maurice: «La neutralité en question», Revue générale de droit international public 96/1992, pp. 5–43.

Weck, Hervé de: La Suisse peut-elle se défendre seule? Bière Cabédita, 2011.

Widmer, P.: Schweizer Aussenspolitik. Von Charles Pictet de Rochemont bis Edouard Brunner. Zürich, 2003.

Der Bildhauer Josef Bisa 1908–1976

Erwin Horat

Josef Bisas Lebensweg

Josef Bisa wurde am 2. Januar 1908 in Brunnen als Sohn des Josef Bisa, Vorarbeiter bei der Zementfabrik Hürlimann, und der Magdalena Suter geboren. Die Schul- und Jugendjahre verbrachte er in Brunnen.

Zwischen 1923 und 1927 absolvierte er die Steinbildhauerlehre bei Johann Rigendinger in Zürich, daneben besuchte er Abendkurse an der Kunstgewerbeschule (Aktzeichnen und Modellieren). Nach der Rekrutenschule arbeitete er während eines Jahres als Bildhauergeselle bei Erwin Biberstein in Solothurn. Das Jahr 1929 diente der Weiterbildung: Bisa reiste durch Deutschland, arbeitete teilweise als Bildhauer und belegte Kurse bei Bildhauer Karl Lammers in Düsseldorf. Von 1930 bis 1934 war er bei den Gebrüdern Schibler in Olten als Bildhauer tätig. Die Jahre 1934 und 1935 verbrachte er zur Weiterbildung und Horizonterweiterung in Paris und kam mit bedeutenden Bildhauern wie Alberto Giacometti und Cuno Amiet in Kontakt. Insbesondere beeinflusste ihn der Bildhauer und Plastiker Aristide Maillol. Dieser Lebensabschnitt prägte seine künstlerische Entwicklung nachhaltig.

Nach der Rückkehr Ende 1935 eröffnete Bisa in Brunnen ein eigenes Atelier und arbeitete als freischaffender Bildhauer; er schaffte den grossen Schritt vom Handwerker zum Künstler. Bisa

Abb. 1 **Selbstporträt von Josef Bisa**

beteiligte sich an Wettwerben und Ausstellungen, erhielt Aufträge der öffentlichen Hand und von Privatpersonen. Die damit verbundenen Schwierigkeiten und finanziellen Sorgen waren sein ständiger Begleiter. 1975, ein Jahr vor seinem Tod, fand in Brunnen, dem Heimat- und Arbeitsort, die erste und einzige Ausstel-

| Horat: Josef Bisa

lung seines Werkes statt, die auf grosse Beachtung stiess. Richard Wyrsch, einer der Organisatoren sagt, dass Josef Bisa sehr stolz gewesen sei, einen kleinen Teil seines Schaffens den Mitbürgern zeigen zu können.

1946 heiratete er Annemarie Härtsch, 1949 wurde der Sohn Peter geboren. Das Violinspiel war sein Hobby, die Geige hat ihn auch während den Lehr- und Wanderjahren begleitet. Der Tod seiner Frau 1972 setzte ihm schwer zu; am 25. Oktober 1976 starb Josef Bisa.

Wichtig war für Josef Bisa der Kontakt mit Künstlerkollegen. Dazu zählte der rege Gedankenaustausch mit den Malern Heinrich Danioth (1896–1953) und Hans Schilter (1918–1988); Verbindungen bestanden auch nach Zürich. Ebenso bedeutsam war der Brunner Freundeskreis, zu dem neben anderen die Gebrüder Schoeck, der Dichter Meinrad Inglin, der Kulturfreund Hermann Stieger, Theodor Wiget und Theophil Wiget gehörten. Hier sammelte Bisa Kraft und Ideen für die langen Stunden allein im Bildhaueratelier, im Ringen mit dem Stein. Hans Schilter hat in seinem Nachruf diese Seite Bisas gewürdigt:

«*Josef Bisa war in seinen guten Stunden ein glänzender Erzähler, der jeden Zuhörer in seinen Bann zu schlagen verstand. Ob sich das Gespräch um Probleme der Bildhauerei, der Literatur, der Politik oder der Malerei drehte; mit grosser Klugheit wusste der belesene und bewanderte Mann daran teilzunehmen – auch als Zuhörer.*»

Abb. 2 **Josef Bisa porträtiert**

Werke für die Öffentlichkeit

Auch wenn Josef Bisa die Lehre als Steinmetz absolviert und als Bildhauer/Künstler gearbeitet hat, beschäftigte er sich während der Ausbildung und auch später mit der Malerei; davon legen die beiden Bände «Werkstattzeichnungen» sowie «Skulpturen und Skizzen» Zeugnis ab. In der Öffentlichkeit präsent ist er als Bildhauer, deshalb liegt das Schwergewicht dieses Beitrags auf seinem bildhauerischen Werk.

Der Weg in die Selbständigkeit begann mit einem Paukenschlag; Josef Bisa gewann den ersten Preis beim Wettbewerb um eine Brunnenplastik im Bundesbriefarchiv in Schwyz; heute ist die Figur «Bälzi» in der Vorhalle des Bundesbriefmuseums aufgestellt. In der Folge beteiligte sich Josef Bisa an vielen Kunstausstellungen und schuf Porträtbüsten, Plastiken, viele Brunnenfiguren und auch Grabmäler. Eine Auswahl wichtiger Werke sei im Folgenden vorgestellt. 1950 kaufte der Schwyzer Regierungsrat anlässlich der ersten Ausstellung der Urschweizer Maler und Bildhauer die Skulptur «Penthesilea und Prothoe». 1950/51 folgte die Bronzegruppe «Verbindung Nord-Süd» beim Bahnhofbrunnen in Brunnen, 1954 die Porträtbüste von Heinrich Danioth, 1955/56 ein Denkmal, das an den Bergsturz von Goldau erinnert, eine Kindergruppe in Bronze und 1958/59 das Denkmal für den Komponisten Othmar Schoeck, eine Bronzeplastik mit dem Titel «Die Ergriffene». 1963 schuf er im Auftrag des Bezirks Schwyz den «Chlefelerknaben», aufgestellt zuerst im Lehrerseminar Rickenbach. 1964/65 führte er seinen international bedeutendsten Auftrag aus, das Marignano-Denkmal in Zivido. Eine besondere Stelle nimmt das 1972 einge-

weihte Raff-Denkmal in Lachen ein; es handelt sich um eine der wenigen abstrakten Schöpfungen Bisas. Die Porträtbüste des Schriftstellers und Freundes Meinrad Inglin blieb unvollendet. Der Künstler Josef Rickenbacher übernahm die fachgerechte Fertigstellung.

Immer wieder beschäftigte sich Bisa mit der Fragestellung der Gegenständlichkeit oder der Abstraktion. Meist hat er sich in der Nachfolge Maillols für die Gegenständlichkeit entschieden, der jahrtausendealten Tradition seit der Antike folgend. Hans Schumacher hat diese schwierige Entscheidung folgendermassen beschrieben:

Horat: Josef Bisa

Abb. 3 **Das Marignano-Denkmal während seiner Entstehungszeit**

Abb. 4 **Das Mariganno-Denkmal in Zivido** ▼

«Josef Bisa also gehört zu jenen bildenden Künstlern, die sich der Realität stellen, um sie in ihrem Werk sicherzustellen – auf neue Weise! Es ist klar: eine schiere Reproduktion der Wirklichkeit – einer menschlichen Figur beispielsweise – in Stein oder über eine Lehmplastik in Bronze etwa, sozusagen ihre Verdoppelung, wäre sinnlos. (...) Noch immer aber ist dabei die eine menschliche Figur als solche erkennbar; doch selbst der feinste und kleinste Zug in einem menschlichen Antlitz, um dieses Beispiel zu wählen, ist in der alltäglichen Wirklichkeit nicht nachweisbar in der Art und Weise, wie ihn der Künstler geschaffen hat. Er ist im Lebendigen irreal. Er existiert nur in der Version des Schaffenden und tritt nun, Stein oder Metall geworden, in der Plastik in Erscheinung – als das Neue, als etwas, das es vorher nicht gab.»

Hans Schilter hat im Nachruf das Ringen des Künstlers um sein Werk treffend formuliert:

«Zwischen diesen Daten (gemeint sind Geburts- und Todesdatum) entfaltete sich ein reiches, wunderbares Leben, sicher nicht frei von Not, Angst, Sorge und Leid, aber exemplarisch für einen freischaffenden Künstler, der ob all dem Ungemach die Schönheiten, die das Leben mit sich bringt, dankbar angenommen hat.»

Das Marignano-Denkmal in Zivido

Die Schlacht von Marignano zählt zu den bekannten Ereignissen der Schweizer Geschichte. Dafür verantwortlich sind mehrere Gründe. Zum einen ist es das erbitterte Ringen der beiden Heere, die der Schlacht auch die Bezeichnung «Battaglia

dei Giganti» eingetragen hat. Zweitens sind die damit verbundenen tiefgreifenden politischen Implikationen gemeint; militärische und aussenpolitische Ambitionen fanden ein jähes Ende. Drittens hat die Schlacht von Marignano wie nur wenige andere Geschehnisse das schweizerische Geschichtsbild geprägt – hier sei die Idee der immerwährenden Neutralität geboren worden.

Unter diesen Umständen erstaunt es nicht, dass 1965 Anstrengungen auf Schweizer Seite unternommen wurden, den 450jährigen Erinnerungstag gebührend zu begehen. Ein wichtiger Förderer war der Brunner Rechtsanwalt und Kunstförderer Hermann Stieger (1902–1964). Sein Vorschlag zur Schaffung eines Schlachtdenkmals fiel bei Bundesrat Philipp Etter (1891–1977) auf fruchtbaren Boden. Als Künstler gewann Hermann Stieger Josef Bisa für dieses Vorhaben.

Josef Bisa schuf das Denkmal «Ex clade salus» auf dem Werkgelände eines Granitsteinbruchs in Iragna/TI. Dem Betrachter des Denkmals fällt die Diskrepanz zwischen der Darstellung bei Ferdinand Hodler (1853–1918) «Der Rückzug der Schweizer aus der Schlacht von Marignano» und der Gestaltung durch Josef Bisa auf. Tragen die Eidgenossen bei Hodler trotz der Niederlage und des Rückzugs heldenhafte Züge, prägt bei Bisa der Zwiespalt zwischen dem entschlossen wirkenden jungen Krieger und dem sterbenden älteren Krieger das Denkmal; darin klingt der Misserfolg der Eidgenossen an. Mit der Inschrift «Ex clade salus» (aus der Niederlage erwächst Heil) aber erhält das Scheitern Sinn.

Theophil Wiget (1912–1986) hat anlässlich der Einweihung des Denkmals in den Schwyzer Lokalzeitungen das Denkmal wie folgt gewürdigt:

«Dieser ehrenvolle Auftrag wurde ihm zuteil, und unser Künstler hat sich seine Aufgabe nicht einfach gemacht. In seiner kraftvollen Art hat er zwei Gestalten in Granit gemeisselt: den sterbenden Krieger, der noch im Tode seine Waffe umklammert und den jungen Kämpfer, der seinem gefallenen Bruder zu Hilfe eilt. Beider Speere formen sich auf dem gewaltigen Stein zum Kreuzeszeichen – Sinnbild des christlichen Gedenkens an die vielen Gefallenen, welche dort unten, fern der Heimat, ihr Grab gefunden haben (…) Wir freuen uns, dass der Gedanke, unsern Vorfahren, welche bei Marignano gefallen sind, ein Denkmal zu setzen, in Brunnen seinen Ursprung und seine Verwirklichung gefunden hat. Bildhauer Josef Bisa beglückwünschen wir zu seinem Ehrentag.»

Das Weiterleben des Werkes nach dem Tod des Künstlers

Das künstlerische Werk von Josef Bisa ist auch nach seinem Tod in der Öffentlichkeit präsent geblieben; wesentlich verantwortlich dafür war die Bisa-Gesellschaft. Im Folgenden werden einige Skulpturen vorgestellt; das Schwergewicht der Kunstwerke liegt in der Gemeinde Ingenbohl-Brunnen, Josef Bisas Lebenszentrum. In der Gemeindeverwaltung Ingenbohl-Brunnen befindet sich eine Büste; am Bristenquai ist das Othmar Schoeck-Denkmal und beim Brunnen vor der Kleinstadt die Brunnenfigur «Die Quelle» aufgestellt. Im Alterswohnheim Brunnen ist das «Bisa-Stübli» eingerichtet worden mit zwei Bildern und drei Skulpturen, darunter der «Beethovenkopf» und «Stehende mit gelöstem Haar». In der Filiale der Kantonalbank in Brunnen ist eine Büste platziert. Und beim Bahnhof

Brunnen ziert eine Bronzegruppe den Brunnen; die Plastik trägt den Titel «Verbindung Nord Süd».

Seit 1988 steht vor dem Alters- und Pflegeheim Biberzelten in Lachen ein Hauptwerk Bisas, «Das sitzende Mädchen», geschaffen 1939 für die Landesausstellung in Zürich. 1992 erhielt die Kantonale Berufsschule Goldau den Bronzeabguss «Der Aufbruch des Berges».

Auf diese Weise hat die Aussage von Hans Schilter anlässlich des Erscheinens des ersten Buches über Josef Bisa ihre Gültigkeit behalten:

«So bist Du es, lieber Josef Bisa, der uns alle reich beschenkt, durch das Da-sein Deiner selbst, das uns noch viele Jahre erhalten sein möge in immer grösserer und reinerer Schaffenskraft und durch das grosse und vielfältige Werk, das uns überall entgegenblickt, in Schwyz, Brunnen, Gersau, im Urnerland, drunten in der Lombardei, in Basel und im Bündnerland. Glücklicher Mensch, der über so viele geschaffene Geschöpfe zurückblicken kann, da gehen die Jahre der Not vergessen.»

Drei Kunstwerke im Bundesbriefmuseum in Schwyz

Das Bundesbriefmuseum in Schwyz erweist mit drei Werken Josef Bisa besondere Referenz. Am 5. August 1985 wurden der Öffentlichkeit zwei Werke übergeben. Beim ersten handelt es sich um ein Bronzeporträt Heinrich Danioths, des geschätzten Freundes und wichtigen Gesprächspartners Josef Bisas. Es ist der zweite Bronzeabguss des Daniothporträts, der erste befindet sich seit 1954 im Rathaus in Altdorf. Am gleichen Tag wurde das neu gegossene Relief «Zäch»

Abb. 5 **Bälzi, Bronzeplastik**

eingeweiht; geschaffen hatte es der Künstler im Aktivdienst 1940. Der Titel widerspiegelt die Einstellung der Schwyzer Soldaten.

Mit der Übergabe dieser Werke schliesst sich der Kreis mit der 1935/1936 geschaffenen Bronzefigur «Bälzi». Die Figur zierte den 1936 in der Eingangshalle des Bundesbriefmuseums errichteten

Brunnen. Dieser wurde fünf Jahre später aus klimatisch-konservatorischen Gründen entfernt. Die Bronzefigur «Bälzi» wurde in der Bogenhalle aufgestellt; dort hat sie ihren Platz behalten.

Bisa-Gesellschaft

1977, ein Jahr nach dem Tode Josef Bisas, gründeten Freunde die Bisa-Gesellschaft, die sich um die Erhaltung und die Förderung des Werkes des Künstlers kümmerte. So wurden die beiden Bände «Werkstattzeichnungen» sowie «Skulpturen und Skizzen» initiert. Das Hauptaugenmerk lag auf der Umgiessung von Gips-Modellen zu Bronzeplastiken, um diese Werke für die Nachwelt zu erhalten. Diese Zielsetzung konnte, wie oben dargestellt, erfolgreich umgesetzt werden. Nach Jahren der Stille beschloss die Bisa-Gesellschaft 2012 ihre Auflösung. Als letzte Handlung wird momentan der Nachlass der Bisa-Gesellschaft katalogisiert und anschliessend dem Staatsarchiv Schwyz zur Aufbewahrung übergeben.

Bildnachweis

1 *Selbstporträt von Josef Bisa, entstanden 1957*
Quelle: Bisa-Gesellschaft

2 *Josef Bisa, porträtiert durch seinen Freund Hainrich Danioth, enstanden 1938*
Quelle: Staatsarchiv Schwyz

3 *Das Marignano-Denkmal während seiner Entstehungszeit auf Bisas Arbeitsplatz in Iragna*
Quelle: Bisa-Gesellschaft

4 *Das Mariganno-Denkmal in Zivido, undatierte Aufnahme*
Quelle: Bisa-Gesellschaft

5 *Bälzi, Bronzeplastik, geschaffen als Brunnenfigur für den Brunnen im Bundesbriefmuseum 1936*
Quelle: Staatsarchiv Schwyz

Blibliografie

Der Bildhauer Josef Bisa, Geleitwort von Hans Schumacher, Schwyz 1972.

Der Schwanau-Fonds stellt vor: Josef Bisa, in: Bote der Urschweiz, Nr. 42, 26.5.1967, S. 15.

Josef Bisa – Skulpturen und Skizzen, Vorwort von Theophil Wiget, Gersau 1982.

Josef Bisa – Werkstattzeichnungen, Auswahl und Einleitung von Georg Schoeck, Schwyz [1979].

Marty Bruno, Bisa-Denkmal für Joachim Raff, in: Schwyzer Zeitung, Nr. 65, 14.8.1972, S. 7.

Schilter Hans, Lieber Josef Bisa, in: Schwyzer Zeitung, Nr. 104, 29.12.1972, S. 5.

Schilter Hans, Sepp Bisa ist tot – es lebe sein Werk, in: Schwyzer Zeitung, Nr. 93, 19.11.1972, S. 9.

Wiget Theophil, Marignano und sein Denkmal, in: Schwyzer Zeitung, Nr. 72, 10.9.1965, S. 17.

Santa Maria della Vittoria
Breve storia della nascita di una Cappella espiatoria
Stefano Sportelli

Piccola e doverosa premessa

Tanto si è scritto e tanto si è detto sulla Battaglia di Marignano, denominazione non corretta, in quanto dovrebbe denominarsi Battaglia dei Giganti, o Battaglia di Zivido, perché Marignano ieri, Melegnano oggi, non può annoverare sul suo territorio, nessun avvenimento riferito all'epica battaglia, perché non è mai avvenuto.

L'errata denominazione deriva dal fatto che la Pieve di San Giuliano, all'epoca dei fatti, comprendeva un vastissimo territorio sul quale esistevano molte e piccole frazioni abitative comprensive di vasti cascinali dove svolgevano la loro attività lavorative un gran numero di contadini; una di queste frazioni era appunto Zivido.

In quel periodo temporale, quando avvenne lo scontro, Marignano, era una realtà socio-politica più visibile e più conosciuta e per il numero di abitanti, tutti concentrati nella stessa zona e per un passato storico già esistente per aver annoverato la presenza di Visconti e di Duchi che per il loro nobile blasone e per

Ill. 1 **Chiesa Santa Maria delle Vittorie**

Ill. 2 **Colonna commemorativa**

Ill. 3 **Iscrizione sulla Colonna commemorativa**

la loro dimora e per il dominio sul territorio davano a Marignano una notorietà più visibile, a scapito dei paesi limitrofi. Di conseguenza i cronisti dell'epoca trovavano più facile e più semplice citare Marignano, più nota, che non San Giuliano o addirittura Zivido, piccolissimi centri frazionati e senza alcuna storia significativa alle spalle.

Questo potrebbe considerarsi una delle ragioni dell'errato nome dato alla battaglia, ma il motivo per cui si continui a citare Melegnano o meglio Marignano, non sarà facile eliminare dai testi storici, anche attuali.

Ogni lettore o curioso di storia che abbia voglia di ampliare le sue conoscenze relative a quel grande avvenimento bellico che sancì numerosi lutti nelle famiglia Francesi, Svizzere e Venete, potrà consultare svariati testi che descrivono in dettaglio la battaglia e tutte le sue conseguenze.

Noi tralasciamo completamente la ricostruzione dello scontro, per soffermarci sulle Chiese di Santa Maria delle Vittorie e di S. Eusebio e della loro edificazione limitandoci a riassumere un lavoro storico compiuto dal Sac. Raffaele Inganni, rileggendo il volume edito nel 1889 dallo stabilimento Tipografico Ditta Giacomo Agnelli dell'orfanotrofio maschile, dal titolo – Origine e vicende della Cappella Espiatoria Francese a Zivido presso Melegnano 1515/1606 – autore Sac. Raffaele Inganni, Membro della Società Archeologica di Francia e Cappellano della piccolissima Pieve.

La decisione di costruire una Cappella votiva

Il conflitto è finito, Francesco I torna in Francia e non dimentica il voto fatto alla Madonna per ricordare la vittoria e consacrare il luogo dell'epica battaglia.

Decide di far costruire sul luogo del conflitto una Cappella espiatoria, dedicata a Santa Maria, affidando all'Intendente Generale delle Finanze in Lombardia, Sebastiano Ferraris, l'incarico di contattare i proprietari dei terreni dove avvenne l'orrenda lotta, di acquistarli in nome suo e di fare realizzare una Chiesa e un Monastero. Opere che ritiene giuste ed appropriate per ricordare la memoria di tutti i caduti.

Sebastiano Ferraris si attiva prontamente, contatta la famiglia Brivio, proprietaria dei terreni, acquistando una vigna di centoventicinque pertiche detta di Santo Eusebio posta sul territorio di Zivido, pieve di San Giuliano, Ducato di Milano e con loro ne stabilisce il prezzo.

Il 19 gennaio 1518 notaio milanese Francesco Besozzo redige l'atto di acquisto, per il quale «il signor Carlo Brivio, in nome proprio, del fratello e della madre D. Lucrezia Visconti, cedeva agli agenti del cristianissimo Re di Francia, Francesco I, duca di Milano, una vigna di centoventicinque pertiche detta di Santo Eusebio posta sul territorio di Zivido, pieve di San Giuliano, Ducato di Milano, nella quale si doveva fabbricare una chiesa ed un monastero – *ordinis Coelestinorum Franciae observantiae, sub titulo, seu nomine Divae Sanctae Mariae Virginis Matris Christi della Victoria, in petia infrascripta terrae vineae, ubi, et in qua, ac parti bus circumstantibus, fuit de anno 1515 proxime praeterito commissum praelium seu commissa pugna inter Majestatem suam, et ejus felicissimum exercitum parte una, ac gentes exercitus D. D. Maximiliani parte altera...*» tradotto «dell'ordine dei Celestini di osservanza francese, dedicati alla Divina Santa Maria Vergine Madre di Cristo della Vittoria, nell'appezzamento a vigneto descritto di seguito, là dove (in quel sito e nelle parti circostanti) nello scorso anno 1515 fu combattuta la battaglia ovvero fu ingaggiato il combattimento tra sua Maestà e il suo felicissimo esercito da un parte e le truppe dell'esercito duca Massimiliano dall'altra».

(Archivio Notarile di Milano, documento A)

Sebastiano Ferraris notifica al Re l'avvenuto acquisto e subito si dà inizio alla costruzione della Chiesa e del Monastero, come chiaramente si rileva da un motivato di causa del 1533 *«Facta dicta emptione eo anno (1518) dictum Monasterium et dictam Ecclesiam sub nomine Sanctae Mariae de la Victoria inchoatum fuit construi et fabricari in dicta patria terrae....»* tradotto «avvenuto il detto acquisto, in quell'anno (1518) si cominciò a costruire e a erigere nel detto appezzamento il detto Monastero e la detta Chiesa nominata Santa Maria della Vittoria....»

(Archivio Notarile di Milano, documento B)

Su continue insistenze e richieste dei Padri Celestini, che abitano e vivono alle Vittorie di Zivido, Francesco I ordina al

Ferraris di esaudire i loro desideri facendo acquistare per essi, dal Marchese Brivio, altre venticinque pertiche di terreno attigue alle già comperate l'anno precedente. Siamo nel 1519.

Leggiamo dal documento B, che il signor Carlo Brivio «*suo et nominibus quibuscumque, die octavo julii 1519 praefato Illustrisssimo Domino Generali, nomine praefati Serenissimi Regis ad commodum et utilitatem praedictae Ecclesiae seu Monasterii Ordinis Coelesterinorum Franciae de observantia, sub titulo seu nomine Sanctae Mariae de la Victoria.... alienavit perticas vigintiquinque terrae ex et de petia una terrae vineae sita in territorio dicti loci Zividi, plebis Sancti Juliani, diocesis Mediolani, cui tunc cohaerebat ab una parte superscripta terrae vineae pertica rum centumquindecim, ut supra primo loco vendita, cui dicitur ad vineam S. Eusebii; a balia strata praefatorum Dominorum Brippiorum, ab alia strata, et ab alia Domini Nicolai della Strata, et ipsis perticis vigintiquinque venditis coharebat ut supra seu similiter et ipsa tota petia erat pertica rum centum triginta vel circa....*» tradotto «a nome suo e di ciascuno, l'8 luglio 1519 alienò al suddetto illustrissimo Signor Generale, a nome del suddetto Re serenissimo, per l'utilità e il comodo della predetta Chiesa ovvero del Monastero dell'Ordine dei Celestini di Francia dedicati a Santa Maria della Vittoria... 25 pertiche di terreno dall'appezzamento a vigneto sito in località Zivido, nella pieve di San Giuliano della Diocesi di Milano, allora detta Novella; e con questo terreno confinavano da una parte il suddetto vigneto di 11 pertiche, venduto per primo, detto vigna di S. Eusebio; da altra parte le terre dei suddetti signori Brivio, da altra strada e da altra quelle del signor Nicolò della Strata, e confinavano proprio con le 25 pertiche vendute come sopra detto o pressappoco; l'intero appezzamento era 130 pertiche all'incirca...».

Al termine dei lavori, i Padri Celestini prendono possesso della Chiesa e del Monastero, potendo così diseppellire e tumulare alla Vittoria i resti dei soldati caduti.

Nel periodo che va dal 1521 fino alla pace di Barcellona stipulata il 29 giugno 1529, dopo alcuni anni di guerra che vedono protagoniste le truppe fedeli al Pontefice da una parte e la Francia di Francesco I dall'altra, la Francia abbandona definitivamente le sue pretese sul Ducato di Milano, decisione che lascia costernati ed addolorati i Padri Celestini che dimorano a Zivido.

Questi dimorano ancora alcuni anni nel territorio di Zivido, ma desiderosi di far ritorno in Francia, tra il 1532 e il 1533 vendono tutto quello che possono, abbandonando definitivamente il Monastero.

Il Sommo Pontefice Paolo III, per non lasciare in uno stato di trascuratezza i terreni di Zivido, concede in beneficio tutto quello che prima era in dotazione ai Padri Celestini, al m.r. Diego de Mendoza con l'obbligo di «*...et post eorum recessum, quum dictum Monasterium, Ecclesia et bona essent derelicta, Monasterium et Ecclesia praedicta Sanctae Mariae de la Victoria, ac bona praetenta fuerunt per olim Sanctum Paulum Papam tertium erecta in beneficium et unitum cum Ecclesia Sancti Eusebii ibi contigua et de eis omnibus per praefatum Pontificem provisum fuit in favorem domini Didaci de Meldosa...*» tradotto «... e dopo il loro ritiro, giacché il detto monastero, la chiesa e i possedimenti erano in stato di abbandono, il monastero e la chiesa suddetta di Santa Maria della Vittoria e i beni posseduti furono eretti in beneficio dall'allora santo Papa Paolo III. Esso fu unito alla chiesa contigua di Sant'Eusebio e di tutti questi beni fu provveduto dal predetto Pontefice in favore del signor Diego di Mendoza...».

Costui, dopo alcuni anni si ritira a vita privata; il Sommo Pontefice provvede a nominare un altro spagnolo, D. Martino Jbara o Yubara. «... *quod dictas Ecclesias... resignavit in minibus praefato Summi Pontificis, qui de illis providit Reverendo Domino Martino Yuare....die 14 octobris 1545 per dominum Nicolaum Castellum Curiae Archiepiscopalis Mediolani notarium...*» tradoto «...poiché riconsegnò le dette Chiese nelle mani del suddetto Sommo Pontefice, il quale circa esse provvide in favore del reverendo don Martino Yubara con strumento rogato il 14 ottobre 1545 dal signor Nicola Castello notaio della Curia Arcivescovile di Milano...».

Dalla morte di costui avvenuta nel 1552 e fino al 1575, si susseguono ad avere il beneficio delle Vittorie e provvedere ai bisogni del Monastero e delle Chiese, prima Don Umberto Strazza, poi il canonico Massimiliano Delfino, per darlo definitivamente alla Curia di Milano (una piccola curiosità: si annoverò anche un detentore illegale che non risultava essere un canonico).

Nel 1575, dunque, Papa Giulio III conferisce l'assoluto possesso di quei beni all' Arcivescovo di Milano Carlo Borromeo. La grande pestilenza scoppiata in quell'an-

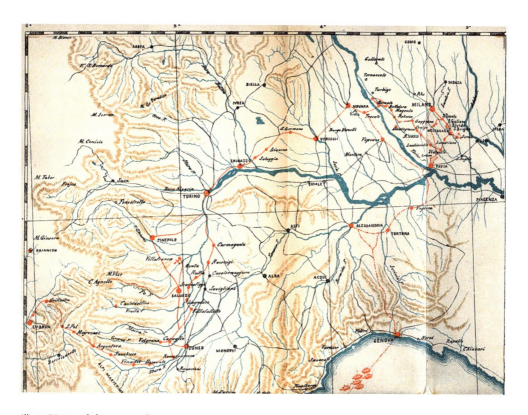

Ill. 4 **Piante del viaggio di Francesco I verso la Lombardia**

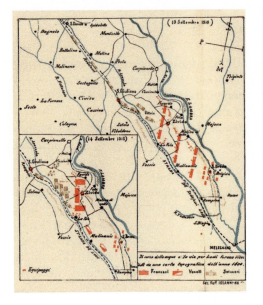 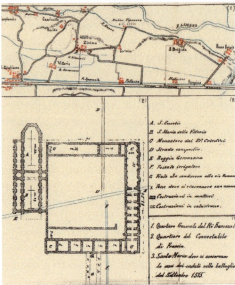

Ill. 5 **Luogo della Battaglia di Marignano**

no a Roma e propagatasi anche a Milano, induce l'Arcivescovo a mandare nello stabile delle Vittorie di Zivido circa trecento poveri che stavano rinchiusi nel portico di S. Stefano Maggiore a Milano, sotto la sorveglianza di due Padri Cappuccini.

Dall'Arciboldi apprendiamo «presso l'ottava pietra miliare dalla città lungo la via Romana vi è una costruzione che Francesco I, re di Francia, eresse come monumento alla Vittoria dopo aver sconfitto l'esercito svizzero e da ciò la costruzione fu chiamata della Vittoria. Ottenuta facoltà dai possessori (possessore di questo edificio era lo stesso Carlo) fece trasferire in questo edificio più di trecento poveri che fino ad allora aveva tenuti rinchiusi nel porticato che circonda la chiesa di Santo Stefano. E benché non mancassero uomini pii che contribuivano ad acquistare arredi e a procurare cibo, Egli stesso contrasse debiti per continuare gli aiuti. Scelse poi una coppia di frati francescani piuttosto severi per formare quella gente nullafacente con sacro culto e con gli esempi di vita cristiana»

Terminata la peste nel 1577, S. Carlo dona all'Ospedale Maggiore di Milano, il possesso dell'edificio. Questa donazione fa insorgere i Padri Celestini di S. Pietro in Milano che reclamano per loro questi beni; il tutto si risolve amichevolmente con un atto notarile, il 12 luglio 1586, per il quale l'Ospedale Maggiore continua ad avere il possesso e l'amministrazione di tali beni, ma condivisi con i Padri Celestini

«Quodque donec dicta bona vendantur ut supra, Hospitale remaneat ad eorum possessionem, et tenatum, pro sua terzia parte, et pro aliis duabus dictum Monasterium, et melioramenta, et reparationes, quae fieri contigerit ab hodie in antea in dictis bonis, fiant per ambas par-

tes ad ratam superscriptam, data semper notitia praefato Monasterio, et non aliter fieri possint, quoniam sic…» tradotto «E finché i suddetti beni non siano venduti come sopra, l'Ospedale resti nel loro possesso e tenuta per un terzo e il detto Monastero per gli altri due terzi; i miglioramenti e le riparazioni che bisognerà fare da oggi in poi sui detti beni avvengano per ambedue le parti secondo i rapporti suddetti, dandone sempre informazione al suddetto Monastero, né diversamente si faccia, giacché promisero…».
(Archivio Notarile di Milano documento C)

Essendo le nominate chiese della Vittoria in demolizione *«quodque, si in futurum reperiatur praefatum Monasterium obligatum est ad aliqua divina officia, vel alia ad cultum divinum pertinentia ad illa teneantur ipsi RR. Religiosi in sua Ecclesia, et ita promiserunt…»* tradotto «e se in futuro si troverà che il suddetto Monastero è obbligato a officiature divine o ad altri doveri riguardanti il culto divino, ad essi provvedano gli stessi religiosi nella loro Chiesa, e così essi promisero…».

Riguardo ai materiali si concorda che tutto rimanga sul luogo per le opportune riparazioni *«Quodque omnis materia, sive soluta, sive solvenda, si quae reperiatur praeparata pro melioramentis, dictorum bonorum, remanere debeat dictis bonis, attenta conventione…»* tradotto «tutto il materiale demolito o da demolirsi, se si trova qualcosa per il restauro dei detti beni, rimanga riservato ai detti beni, col rispetto attento..»
(Archivio Notarile di Milano documento C)

Negli anni a venire, constatato l'enorme debito che l'Ospedale contrae per le sue necessità si decide di alienare i beni di Zivido *«Cum sit quod Venerabile Hospitale Magnum Mediolani sit in magna necessitate constitutum, tum ob magnum pauperum concursum ad ipsum Hospitale confugientium, tum etiam ob qualitates temporum, et propterea nullus alius modus reparatur, quod aliqua ipsius Hospitalis Immobilia bona alienare, ut succurreri possit aliqua in parte ipsius Hospitalis indi gentiis set propterea rebus bene discussis..»* tradotto «Poiché il venerabile Ospedale Grande di Milano si trova in grande bisogno sia per il gran numero di poveri che si rifugiano nello stesso Ospedale sia per la situazione contingente, e poiché non si trova altro modo che alienare alcuni beni immobili dello stesso Ospedale per poter aiutare le ristrettezze dello stesso Ospedale, per questi motivi dopo aver ben ponderato la questione…».
(Archivio Notarile di Milano documento D)

Il 19 settembre 1603 si conviene di fare un'asta per vendere i beni di Zivido. Tra coloro che aderiscono all'acquisto il migliore offerente risulta essere l'illustrissimo Carlo Brivio al quale vengono assegnati gli stabili per la somma di settemila lire imperiali.

L'acquisto non contempla l'area su cui sorgono le chiese, essendo queste rimaste in possesso della Curia Arcivescovile. Carlo Brivio si rivolge direttamente al Cardinale Federico Borromeo chiedendo di poterla rilevare, dichiarandosi pronto a qualsiasi ottemperanza.

Le condizioni per una vendita vengono così sintetizzate: Carlo Brivio deve fare trasportare nel cimitero di S. Maria della Vittoria in Zivido le ossa dei defunti che riposano nel terreno già prima occupato dalla Chiesa di S. Maria della Vittoria compresa in quella di S. Eusebio; depositare la somma di centoquindici lire im-

periali, e la celebrazione nella predetta chiesa di Zivido, ogni anno, di un officio con messe a suffragio di quei defunti, inoltre «... *Duximus petitioni praefati D. Brippii satisfacere et propterea tum auctoritate nostra ordinaria quam etiam vigore sacri Concilii Tridentini aliasque omni meliori modo, jure, via, causa et forma quibus melius et validius possumus, in primis ossa omnia defunctorum in dicta petiola terrae exisistentia exhumari et in coemeterium Ecclesiae Sanctae Mariae loci Zividi transferri, ibique reponi debere per presentes decernimus, et postquam ossa defunctorum ut praefertur transalata fuerint, petiolam praedictam terrae profanamus et profanatam fore ed esse declaramus et ad profanos usos, non tamen sordidos, reducimus et reduci concedimus prout etiam dicta translatione secua ut supra... concedimus.... transferimus... dominium et possesionem dictae petiolae terrae et hoc pro dicto praetio librarum centum quindecim imperialum quas volumus et mandamus cum effectu implicari in aliqua proprie tate idonea... ex cujus fructibus et redditibus celebretur in dicta Ecclesia Zividi annuale unum cum illo missarum numero ad ratam dictorum fructuum in perpetuum pro animabus dictorum defunctorum.*» tradotto «... ritenemmo di accogliere la richiesta del suddetto sig. Brivio e pertanto sia per la nostra autorità ordinaria che per la forza del Sacro Concilio Tridentino e comunque nel modo migliore e nella forma, motivazione, causa e diritto con i quali meglio e più validamente possiamo, stabiliamo innanzitutto che tutte le ossa dei defunti esistenti in detto terreno siano esumate e trasferite nel cimitero della chiesa di Santa Maria in località Zivido e che là debbano essere deposte per mano dei presenti; dopo che le ossa dei defunti siano state traslate come sopra detto, sconsacriamo il predetto appezzamento e dichiariamo che è e sarà sconsacrato e lo destiniamo ad usi profani, tuttavia non sordidi, e concediamo che a ciò sia destinato dopo che sia avvenuta la traslazione come sopra detto.... Concediamo e trasferiamo il possesso del detto appezzamento al prezzo detto di 115 lire imperiali che vogliamo e stabiliamo siano garantite su altra proprietà idonea.... e coi frutti e coi proventi di essa sia celebrata in perpetuo a suffragio delle anime dei defunti suddetti nella chiesa di Zivido una cerimonia annuale con quel numero di messe secondo i frutti suddetti...».
(Archivio Notarile di Milano documento E)

Avendo il signor Brivio ottemperato ai suoi doveri, Mons. Antonio Albergato, gli concede qualsiasi diritto sull'area «*in qua alias, ut fertur, constructa erat Ecclesia sub titulo S. Eusebii, positam interbona appellata della Vittoria, in plebe S. Juliani dioecesis Mediolanum...*» tradotto «nella quale un tempo, come si tramanda, era stata edificata la chiesa di S. Eusebio, posta tra i possedimenti chiamati della Vittoria, nella Pieve di San Giuliano della Diocesi di Milano...».

Il 26 giugno 1609 la Curia Arcivescovile di Milano, su richiesta della famiglia Brivio, concede definitivamente alla stessa i beni della Vittoria.

Trenta anni dopo, siamo nel 1639, il Monastero delle Vittorie ormai in uno stato di completo abbandono e ridotto a un rudere, viene definitivamente abbattuto. Da questo momento cade completamente nell'oblio e nessuno più lo menziona!

Dopo un lunghissimo silenzio e una completa dimenticanza, nel 1887 un fortuito ritrovamento alla profondità di circa un metro e mezzo, nella zona detta della

Vittoria a Zivido, a seguito di alcuni lavori nei campi, vengono alla luce le fondamenta delle due chiese di S. Eusebio e di S. Maria insieme a quella dell'attiguo Monastero dei Celestini di Francia.

Leggiamo come il sacerdote don Raffaele Inganni descrive il ritrovamento:

«Presentano esse un grandioso quadrilatero, due lati del quale, il settentrionale cioè e quello di mezzodì, hanno la dimensione di m. 71, laddove quelli di ponente e di levante ne misurano 83,50. Esclusa la muraglia di levante, dello spessore di m. 1,50 a mattoni, nella quale si osservano ancora la parte inferiore dei finestroni che davano luce ai sotterranei, ingombri di materiale per essere stati distrutti i rispettivi volti, le altre tre, la settentrionale cioè, la occidentale e quella di mezzodì, sono costrutte in calcestruzzo e non più robusta di m. 1,25. Le fondamenta poi della cappella espiatoria di S. Maria, meno lo spessore (m. 1,60), sono eguali ed identiche ai tre lati del Monastero or ora menzionati. Esse rappresentano tre navi: due laterali, larghe ciascuna m. 3,60, ed una centrale di m. 11,20 su di una lunghezza complessiva di m. 29 circa. Quelle di S. Eusebio, unite alle prime, sono affatto identiche a queste nella forma e nello spessore, ma ne differenziano pel coro ad angoli ottusi dello spessore di m. 2,30, per la lunghezza totale di m. 33, e per la qualità del materiale, essendo la superficie di esse coperta da uno strato di calce cristallizzata. Di quanto si ergeva sopra queste massicce fondamenta non si conoscono oggidì, oltre alla già citata pietra sacra dell'altare di S. Maria delle Vittorie, nella quale si conservavano le reliquie dei SS. MM. Saturnino e Donato vescovi, che due colonne di granito, cedute nel 1846 circa dal compianto marchese Annibale Brivio alla nobile famiglia Greppi, che le dispose a sostegno di un portico in una casa di sua proprietà sita in Milano al n° 10 di via S. Marta, più alcuni pezzi, pure in pietra e conservanti tuttora il profilo delle modanature architettoniche, che svelano la loro antica pertinenza ad una delle due chiese distrutte. Restano però ancora, a testimonianza della terribile tragedia svoltasi nel 1515, 13 e 14 settembre, sui campi di Zivido, due lapidi intere, e parte di una terza, recentemente rinvenuta negli scavi praticati sull'area della distrutta chiesa di S. Francesco grande in Milano e dall'egregio signor Lodovico Pogliaghi, pittore, premurosamente donata al Museo patrio archeologico».
(Arch. Notarile Lombardo)

Nella Chiesa si possono leggere le seguenti iscrizioni incise sulle lapidi

Il Fratello Carlo pose questo monumento per il cuore e le viscere del valoroso Francesco di Borbone, Duca di Chatellerault, morto nella guerra elvetica presso Marignano

Qui giacciono i resti di Giliberto di Lorris, signore di Presles Cande e Perous, valoroso scudiero e intendente del Duca di Borbone, luogotenente del Re, morto nella guerra elvetica il 14 settembre 1515

Per la pace e il ricordo degli illustri che combatterono nella guerra gallico-elvetica e nei giorni 13 e 14 settembre 1515 qui gloriosamente morirono.

Piante del viaggio di Francesco I verso la Lombardia e il luogo della Battaglia di Marignano

Rielaborazione storico-bibliografica di Stefano Sportelli
Traduzione dal latino prof. Piervirginio Bagnacani

Prova d'illustrazioni

1 *Chiesa Santa Maria delle Vittorie*
   Fonte: Archivio del'autore

2 *Colonna commemorativa, vicino alla Chiesa Santa Maria delle Vittorie*
   Fonte: Archivio Fondazione Pro Marignano

3 *Iscrizione sulla Colonna commemorativa*
   LA PACE ITALICA SOL MEMORE DELLE LOTTE STRANIERI NEGLI STORICI RICORDI QUI' SOTTO IL COMUN SEGNO DI PACE E D'AMORE LE OSSA COMPOSE DE' FORTI CHE DALL'ELVEZIA E DA FRANCIA TRATTI A FAMOSA PUGNA CADDERO IN QUESTI CAMPI NEI GIORNI XIII E XIV 7MBRE
   (SETTEMBRE) MDXV.
   Fonte: Archivio Fondazione Pro Marignano

4 *Piante del viaggio di Francesco I verso la Lombardia*
   Fonte: Archivio del'autore

5 *Luogo della Battaglia di Marignano*
   Fonte: Archivio del'autore

Cronaca di una storica inaugurazione
Monumento ai caduti svizzeri

Stefano Sportelli

Le cause e la decisione della costruzione del monumento

Corre l'anno 1965, esattamente 450 anni da quel lontano 1515, anno particolarmente sentito dagli svizzeri per un avvenimento bellico avvenuto in terra lombarda alle porte di Milano.

Una data storica quella del 1515, che sancisce l'inizio verso un passo futuro che vedrà la Confederazione Svizzera fuori da ogni partecipazione a qualsiasi guerra con i suoi soldati mercenari, che al soldo dei regnanti dei vari Stati europei, non disdegnano di formare Reggimenti militari e recarsi a combattere nei luoghi e nelle terre, dove viene richiesto il loro intervento.

Il 15 settembre 1965, ricorre dunque il 450° anniversario della «Battaglia di Marignano» o «Battaglia dei Giganti». E' un ricordo di guerra, nella storia della Confederazione, che vede un suo esercito, costituito essenzialmente da soldati mercenari al soldo di un potente europeo, in questo caso del Duca di Milano Massimiliano Sforza, in forte contrasto con la potentissima Francia di Francesco I, dando luogo ad un cruento e spaventoso scontro, dove trovarono la morte circa 5000 soldati svizzeri, per non aggiungere i quasi 7000 tra francesi e veneti.

A fronte di questa ennesima ricorrenza storica, un gruppo di studiosi e di intellettuali svizzeri, propone di commemorare questa importante data, per ricordare e tramandare nel tempo un evento che, oltre ad essere stato un avvenimento memorabile, sancisce un percorso politico/sociale della Confederazione Svizzera, che va ad una rinunzia solenne della guerra e a qualsiasi tipo di partecipazione, palese od occulto, così da ricordare, rispettare ed onorare, ma soprattutto mantenere nella memoria, la gigantesca Battaglia che portò lutto e dolore all'intera Confederazione.

Si costituisce un Comitato denominato «Comitato per la commemorazione della Battaglia di Marignano e delle sue conseguenze», formato da un gruppo eterogeneo di persone, comprendente autorità politiche, ufficiali e cappellani militari e personaggi della cultura nazionale elvetica, sotto il Patrocinio della Fondazione Pro Marignano, con l'intento di ricordare la Battaglia e di tramandarla, di anno in anno, a tutte le future generazioni, come severo monito.

Il Comitato così costituito in occasione della ricorrenza dei 450 anni, propone di porre nell'area antistante la chiesetta della Natività di Maria Santissima in Zivido, in ricordo di tutti i soldati caduti in combattimento, siano loro francesi, svizzeri, veneti, un monumento celebrativo dell'epico scontro.

L'incarico della realizzazione del monumento, viene affidato allo scultore del cantone di Svitto Josef Bisa.

Il Comitato, inoltre si attiva per ottenere il placet dal proprietario della Chiesetta, il Marchese Don Annibale Brivio Sforza, svolgendo nel contempo tutte le azioni per avere le varie autorizzazioni burocratiche/amministrative per la collocazione dell'opera, studiando anche un programma di manifestazioni per la giornata inaugurale, prevedendo la presenza di personalità politiche, civili, ecclesiastiche e di varie Associazioni sia svizzere che italiane.

Per onore di cronaca, la notizia della realizzazione del monumento e della sua collocazione sul territorio della Battaglia, non giunge nuova agli abitanti di Zivido.

La notizia era già apparsa su un quotidiano nazionale, «Il Corriere della Sera» nell'edizione del 18 settembre 1964, con un articolo nelle pagine della Cronaca Milanese.

Scrive il Corriere:

«... a Melegnano sorgerà un monumento per ricordare gli svizzeri caduti in quella che fu definita – la battaglia dei giganti – combattuta tra gli svizzeri e i francesi nel 1515».

Il giornale erroneamente cita Melegnano, perché lo scontro è stato tramandato col nome di Battaglia di Marignano, ma la stessa, però, si svolse interamente sul territorio di Zivido, presso la località Cascina Rovido, e comportò, oltre ai numerosissimi morti, anche la distruzione e gli incendi di case di contadini che facevano parte del complesso della cascina stessa e della zona limitrofa.

Un anno dopo, esattamente il 30 maggio 1966, il Marchese Don Annibale Brivio Sforza, proprietario dei terreni, formalizzò ufficialmente sia l'assenso alla collocazione del monumento nell'area della Chiesetta sia la concessione del terreno in uso perpetuo alla «Fondazione Pro Marignano», stipulando un atto notarile a Milano alla presenza del Console Generale di Svizzera, Dottor Georges Bonnand.

La giornata inaugurale

Da alcuni giornali locali (Sguardo Panoramico che ha cessato le pubblicazioni nel 1968, a firma di A.M. Pogliaghi) e da alcune testimonianze di cittadini presenti il giorno dell'inaugurazione, possiamo descrivere la storica giornata della celebrazione, avvenuta domenica 12 settembre 1965.

Sin dalle prime ore del mattino, il Borgo di Zivido è invaso da gente curiosa, da mezzi di trasporto, da persone che indossano vestiti d'epoca sgargianti e colorati; si ode il suono di tamburi, di pifferi e di trombe; picche ed alabarde sorrette da militari in divise d'epoca che si esprimono in lingua tedesca, francese ed anche italiano; si ammirano oltre ai bellissimi costumi delle persone che formeranno il corteo, copricapo con pennacchi, aste con lame aguzze, svariati tipi di tamburi con stemmi e fregi, e tanto altro in una fantasmagoria di colori e di un continuo vocio.

Ecco che arrivano le prime autovetture dalle quali scendono le personalità invitate; dal Vescovo all'Ambasciatore, dal Generale dei Carabinieri, dal Generale svizzero, dal Console al Sindaco e tanti altri; è un susseguirsi di movimenti, di rumori, di vocio, di urla; una vera festa nella festa.

Numerosi anche i giornalisti di varie testate sia locali che nazionali; si nota anche la presenza di una troupe della TV svizzera che riprende l'intero avvenimento. La presenza del pubblico è veramente maestosa, soprattutto bambini e giovani che ammirano e apprezzano tutto quello che vedono passare davanti ai loro occhi.

Si sentono all'improvviso tre forti e secchi battiti di tamburo, una voce possente lancia un segnale, iniziano a suonare i pifferi, al primo tamburo si uniscono tutti gli altri; come per magia il caos sparisce, la moltitudine di gente e la ressa delle persone che prima occupavano la sede stradale si riordina e si compatta per dare vita alla manifestazione, inizia la sfilata.

Il pubblico arretra ai bordi della strada per facilitare l'incedere del corteo che avanza maestosamente e lentamente al ritmo cadenzato del rullio dei tamburi e al suono dei pifferi di Basilea, con i suonatori nelle loro variopinte e bellissime divise, seguiti degli alabardieri di Svitto con le loro lunghe aste e i loro caratteristici cappelli.

Parte dunque il corteo, dalla piazzetta antistante la casa del Bergognone (oggi scomparsa), lungo la stretta via del Borgo, per arrivare sino alla zona dove è posto il Monumento.

Sfilano anche, tra lo sventolio dei vessilli e delle bandiere dei due Stati, Svizzera ed Italia, anche le personalità invitate e che hanno aderito alla giornata commemorativa.

Si riconoscono nel corteo:

Dottor Georges Bonnand (Console Generale di Svizzera a Milano), Philippe Etter (Presidente e Consigliere Federale), Franz Nager (Generale di Corpo d'Armata), Colonnello Seemisch (Addetto Militare a Roma), Philippe Zutter (Ambasciatore), Peter Vogelsanger (Cappellano Militare e Pastore a Zurigo), Dottor Karl Kistler (Colonnello medico di Zurigo) Dottor Werner Oswald Presidente del Comitato per la commemorazione della battaglia di Marignano), Dottor Maurice Zermatten, Dottor Emil Steffen, Dottor Guido Calgari, Fernand Cottier (Consigliere Nazionale).

Molti del Comitato per motivi di lavoro o per motivi personali non presenziano all'avvenimento, rimanendo nelle loro sedi di lavoro in Svizzera, ma inviando un caloroso saluto. Ne ricordiamo alcuni:

Dottor Siegfried Frey, Dottor Antonio Largiadèr, Mgr. Josefus Hasler, Dottor Robert Kappeli, Prof. Dottor Georg Thurer, Albin Peter Menz, Prof. Dottor Karl Schmid, Dottor Hermann Steiger, Dottor Meinrad Inglin, Prof. Dottor Jacob Wyrsch.

A fianco delle autorità svizzere, si notano anche quelle italiane:

Mons. Monza (Diocesi di Milano), don Luigi Carcano (Prevosto di San Giuliano Milanese), don Emilio Cavalloni (Parroco di Zivido), Italo Ravizza (Sindaco di San Giuliano Milanese), dottor Sergio Spasiano (Prefetto di Milano), Generale di Divisione Sella e tante altre personalità locali.

Accolgono il Corteo all'entrata del cortile della chiesetta due picchetti d'onore: gli Artiglieri del II Reggimento «Artiglieria a cavallo» di Milano e un plotone di Gendarmi dell'Esercito svizzero

Mentre ai lati del Monumento, coperto da un grande drappo, si schierano due militari; un Carabiniere e un Guardia svizzera, indossando l'alta uniforme della loro rispettiva Arma.

Tutto, in una cornice di festa e di applausi da parte dei presenti. Quante emozioni suscitano il suono dei pifferi e il rullio dei tamburi, quanta ammirazione e applausi vengono tributati alla sfilata e ai loro partecipanti, quanta gioia e soddisfazione è in tutti, siano essi personalità o semplici cittadini. Una vera festa che ha

Sportelli: Monumento

Da sinistra: Gen. di Corpo d'Armata Nager, Ex consigliere federale Etter, Cappellano Militare Vogel-Sanger, Dott. Kistler.

Pichetto d'onore - Gli artiglieri di uno dei nostri più bei reggimenti, le « Batterie a cavallo ».

La folla in attesa dell'arrivo delle autorità.

reso la giornata commovente e carica di tenerezza, di fremiti e di (...) ricordi, seppur questi ultimi siano stati tramandati o solo letti sui libri o nei documenti storici.

Uno spettacolo, nello spettacolo!

Il gruppo dei pifferi e dei tamburi di Basilea, traggono le loro origini dalle bande militari che accompagnavano gli eserciti nelle varie campagne belliche. La marcia veniva cadenzata dal tamburo maggiore che caratterizzava il ritmo del passo militare. Altri tamburi di minori dimensioni accompagnavano quello maggiore; alcuni più profondi, altri più piccoli. La maggior parte dei fusti erano di legno, in seguito si preferì costruirli in ottone o rame o differenti leghe metalliche. Ogni Reggimento abbelliva i tamburi con stemmi o fregi che identificavano la truppa di appartenenza. Basilea diventa famosa per l'utilizzo del tamburo grazie ai numerosi Ufficiali Militari che servivano poten-

I pifferi di Basilea per le vie di Zivido.

Da sinistra: il sig. Prevosto Don Luigi Ca Mons. Monza, e Don Emilio Cavalloni.

Sportelli: Monumento

orges Bonnant, Console generale di Svizzera.

Da sinistra: Mons. Monza, Prefetto Vespasiano, Mons. Hasler Vescovo di S. Gallo e segretario.

Da sinistra: Gen. di divisione Sella, Gen. di corpo d'armata Ernest, Colonnello Seemisch addetto militare a Roma.

tati stranieri. Anche i pifferi, insieme ai tamburi, hanno caratterizzato, sin dal Medioevo, le marce degli eserciti in trasferimento da un luogo ad un altro. Da semplice impiego popolare, specialmente nelle sagre contadine o feste popolari, il piffero diventa quasi indispensabile, con il tamburo, negli spostamenti degli eserciti. Col passare dei secoli e con la determinazione di diventare Stato neutrale, l'uso dei pifferi e dei tamburi si rivolse unicamente alle feste e alle sagre popolari. Relativamente agli alabardieri di Svitto, troviamo, su alcune cronache storiche relative al Regno Borbonico di Ferdinando II, la costituzione del 3° Reggimento della Confederazione Elvetica composta da reclute dei cantoni Vallese, Svitto e Grigioni. I musicanti del Reggimento portano l'uniforme dello stesso colore della mostrina del 3° Reggimento e le mostrine del colore di appartenenza. La bandiera reca su un verso lo stemma del Regno delle due Sicilie, al rovescio la croce bianca in campo rosso, simbolo della Confederazione Elvetica. La lingua ufficiale è il tedesco.

Si conosce il monumento e il suo autore

Il momento tanto atteso, arriva nella curiosità generale. I cittadini ed anche le personalità presenti, in un silenzio quasi sacro, attendono che l'enorme drappo che copre il monumento, sia rimosso, così da poter ammirare l'opera nella sua completezza.

lati Svizzeri in costume dell'epoca '500.

Nove illustrazioni del inaugurazione del monumento a Zivido nel 1965

I militari del picchetto d'onore si allontanano dalla scultura, così che la visione sia più completa, si alzano in piedi tutte le autorità, un leggero rullo di tamburo accompagna il responsabile addetto alla rimozione del drappo e finalmente tra gli applausi di tutti i presenti, il drappo viene tolto così che può esser vista da tutti i presenti.

Si ammira la bellissima opera dello scultore Josef Bisa. Un grosso blocco di granito di Iragna (Comune del Canton Ticino), rappresentante due svizzeri: l'uno morente, l'altro in atteggiamento protettivo. Sul marmo è incisa la frase «EX CLADE SALUS» (dalla disfatta alla salvezza).

Conosciamo Josef Bisa grazie da una pubblicazione di Pierino Esposti, Presidente dell'Associazione Culturale Zivido, che abbiamo un po' sintetizzato.

« Josef Bisa nasce a Brunnen il 2 gennaio 1908 (…) collabora col famoso scultore Jules Schwyzer a Zurigo e nello stesso tempo frequenta i corsi serali della scuola d'arte. Diventa alunno del pittore Ernest Georg Ruegg (…) nel modellare, dello scultore Dallmann.
(…) Partecipa per la prima volta ad un concorso di scultura a Dornach, arrivando terzo … gira per alcuni Cantoni svizzeri, arriva anche a Parigi per raffinare le sue conoscenze scultoree, fino a ritornare nella sua Brunnen. Inizia presentare le sue opere in alcune Esposizioni Nazionali. Nel 1941 scolpisce nella Chiesa di Brunnen un fonte battesimale (…).
Gli vengono affidati molti lavori di scultura e molte sono le sue opere sparse un po' ovunque in Svizzera: da Altdorf a Zurigo, da Bellinzona a Svitto e tante altre ancora (…).
Si spegne nella sua Brunnen, il 25 ottobre 1976 …».

Gli interventi

Terminate le emozioni iniziano gli interventi delle personalità, dal palco allestito per l'occorrenza.

Prende la parola, il Marchese Don Annibale Brivio Sforza, figura conosciutissima e molto stimata in tutto il territorio che dà il benvenuto agli ospiti svizzeri e alle autorità italiane presenti. Fa un brevissimo passaggio sulle vicende della Battaglia, ricordando come la stessa abbia aumentato il blasone della famiglia Brivio e che sia stata strettamente legata alle vicende future della storica Casata Brivio.

Don Cesare Amelli, direttore dell'Istituto Storico melegnanese, declama una sua preghiera, carica di umanesimo e cristianità inerente all'avvenimento. Il testo della preghiera viene depositato per i posteri nella cappella della chiesetta di Mezzano.

Il prof. Guido Calgari, titolare della cattedra di Lingua e Letteratura italiana nella Scuola Politecnica Federale di Zurigo, fa un lungo percorso di «ricordi» dell'epica battaglia, della sconfitta svizzera, dolorosa ma onorevole, dalla quale una Nazione (Svizzera) trae il viatico futuro «… della determinazione di percorrere una nuova strada, quella della neutralità da ogni conflitto bellico, perseverando nella pace da sostenere nel tempo con meravigliosa saggezza e tenacia…».

Il cappellano Militare di Zurigo, dottor Peter Vogelsanger, con voce rauca e greve, ricorda il grande aiuto morale dato alle truppe, spossate, stanche e decimate, dal Cappellano Ulrich Zwingli, presente sul campo e dispensatore di parole di conforto e di aiuto morale per i suoi soldati glaronesi.

Ulrich Zwingli, nasce nel 1484 a Wildhaus (Toggenburg), in un feudo dell'Abbazia di San Gallo, da una famiglia di contadini agiati. Frequenta l'Università di Vienna, poi quella di Basilea, dove consegue il titolo di baccalaureato e il titolo di «magister artium» (1506). Dopo gli studi è consacrato sacerdote. Diventa curato di Glaris, partecipando come elemosiniere delle truppe svizzere al soldo del Papa, alla battaglia di Marignano.

Divenne, una volta in Patria, il più grande fautore e propugnatore di una politica di pace, dopo l'orrendo massacro di cui era stato testimone (la cronaca stabilisce in 5000 i soldati svizzeri che lasciarono la loro vita nei campi di Santa Brigida, località dove avvenne lo scontro e dove erano accampate le truppe francesi). Denuncia con tutte le sue forze la bruttura della guerra e della sopraffazione dell'uomo sull'uomo. Prende posizione contro il servizio mercenario, diventando un vero paladino della neutralità svizzera e dell'abiura a partecipare a qualsiasi tipo di conflitto.

Terminati i primi interventi, si passa alla cerimonia della benedizione del Monumento ad opera del Monsignor Monza in rappresentanza di Sua Eminenza il Cardinale Colombo. Con lui sono presenti il Prevosto di San Giuliano Milanese, don Luigi Carcano e il Parroco di Zivido, don Emilio Cavalloni.

Seguono ulteriori interventi: Sindaco di San Giuliano Milanese, Italo Ravizza, Prefetto di Milano, dottor Sergio Spasiano, Presidente della Provincia di Milano, dottor Erasmo Peracchi, e dell'Ambasciatore di Svizzera, dottor Philippe Zutter.

Continuazione della cerimonia

La cerimonia continua poi a Mezzano, località vicino a Zivido, dove c'è l'ubicazione dell'Ossario dei caduti e della Cappella della Madonna della Neve. Non ci sono grosse personalità, non ci sono i pifferi e i tamburi di Basilea, non ci sono i picchetti d'onore. Una cerimonia sobria, quasi fra intimi, ma non meno toccante e significativa.

Don Cesare Amelli celebra una S. Messa, in suffragio di tutti i caduti della Battaglia, soffermandosi particolarmente sui «Morti di Mezzano», ma in primis sulla pietà e sulla venerazione che la gente del luogo, principalmente contadini dediti ai duri lavori nei campi, sentono e dimostrano verso i defunti. La tangibile testimonianza di questo rispetto viene data dal modo come custodiscono, accudiscono, venerano il luogo, sede dell'Ossario. Dopo la S. Messa vengono scoperte e benedette alcune lapide collocate all'esterno e all'interno della cappella e dell'Ossario. Don Amelli, a perpetuo ricordo legge una preghiera da lui composta e che viene conservata per i posteri all'interno della Cappella. Non possono mancare i bambini di Mezzano e di Pedriano, che aspettano l'avvenimento con molta curiosità ed anche desiderio; ne hanno parlato talmente tanto a scuola con le loro maestre! A dimostrazione del loro interessamento recano con le loro piccole mani, come omaggio alla Nazione ospite, un enorme cesto di fiori dai colori rossi e bianchi, a rappresentare i colori della bandiera svizzera. Molto commovente l'intervento del dottor Karl Kistler, colonnello medico di Zurigo e del dottor Werner Oswald, Presidente del Comitato per la commemorazione della battaglia di Marignano.

Ambedue gli oratori pongono in primo piano l'enorme sacrificio e l'enorme contributo in vite umane, che la Confederazione ha lasciato su queste terre. Spesso la voce dei due oratori viene interrotta dalla commozione, segno della grande partecipazione emotiva che dà loro il ricordo dell'evento.

Le numerose personalità svizzere presenti fanno poi i complimenti ai residenti della zona, per l'amore e l'attenzione che hanno nel curare e venerare l'Ossario e la Cappella.

I bambini fanno a gara a passare davanti alle cinepresa della televisione svizzera, che trasmette la cerimonia in diretta, e gli operatori televisivi si soffermano spesso e volentieri sui volti sorridenti e gioiosi dei bimbi e sulla gente presente alla cerimonia.

Termina così una giornata particolare, carica di emozioni, di ricordi e diciamo anche di allegria.

Prova d'illustrazioni

Immagini tratte da Sguardo Panoramico, 1965
Archivio del'autore

Bibliografia

Il Corriere della Sera - Quotidiano Nazionale – redazione - 18/09/64

Sguardo Panoramico – mensile locale – M.A. Pogliaghi - 1965

ACZ – Josef Bisa – Pierino Esposti – San Giuliano Milanese 2004

San Giuliano- Una storia da raccontare Luciano Previato ed. Nuova Brianza Renate 1989

San Giuliano dalla cascina alla città – Stefano Sportelli Tipolito CD San Giuliano Milanese 2002

Rielaborazione bibliografica di Stefano Sportelli

Mezzano, Santa Maria della Neve e l'Ossario

Stefano Sportelli

Mezzano è una piccola frazione del comune di San Giuliano Milanese, ubicata a sud della Metropoli di Milano a ridosso di Melegnano. Si raggiunge percorrendo una strada comunale che unisce l'antico borgo di Viboldone con Melegnano, lungo la strada Provinciale direzione Locate. E' una via questa, stretta e tortuosa, che si snoda in mezzo a campi coltivati e che costeggia la tangenziale Est di Milano; lungo il suo percorso si possono ammirare le vecchie cascine storiche di Occhiò e di Montone. Giunti alla frazione si incontrano, a ridosso della strada, in tutta la loro bellezza l'Ossario e la cappella di Santa Maria della Neve. La frazione presenta un'unica strada che si snoda tra vecchie case oramai cadenti e pericolanti, in fondo alla quale esiste il Convento dei Frati Francescani, anch'esso pericolante e in uno stato di completo abbandono. Mezzano può anche essere raggiunto direttamente da Melegnano, direzione Pedriano.

La denominazione Mezzano, ma non si è certi, si pensa che derivi dal fatto che i primi cascinali agricoli costruiti sul territorio erano ubicati a mezza via tra Montone e a Pedriano. Nei due borghi esistevano già edifici religiosi con una consistenza presenza di abitanti dediti ai lavori nei campi. Nel circondario c'era un importante corso d'acqua, la Vettabia, che veniva usato dai contadini per irrigare i campi coltivati.

Mezzano e il suo territorio assumono notorietà, quando Castelfranco Pompeo scopre il 15 marzo 1881 alcune tombe galliche ricche di monili metallici.

Ma facciamo un passo indietro, per meglio conoscere questo luogo, poco noto ma tanto caro alla comunità elvetica, riportando alcune notizie tratte da una pubblicazione «Vicende storiche bimillenarie di una cascina lombarda – Mezzano di San Giuliano – scritta da Giuseppe Carminati – Colonnello Medico – che ha fatto un minuzioso studio sulla frazione, riportando alla luce documenti storici tratti dall'Archivio della Biblioteca Ambrosiana di Milano.

Corre l'anno 1750. Come è usanza dei Cardinali della Diocesi Milano, l'allora Arcivescovo della città, Giuseppe Pozzobonelli, effettua la visita pastorale nella Pieve di Melegnano.

Il Cardinale si avvale, per il suo peregrinare, di una personale cartina topografica sulla quale si può leggere «Dichiarazione delle Chiese ed Oratori contenuti nella Pieve di Melegnano».

Nella suddetta cartina la località di Mezzano è annotata come appartenente alla Pieve di Melegnano (ma è sempre stata di pertinenza della Pieve di San Giuliano).
(Biblioteca Ambrosiana di Milano)

Sul territorio, sin dal 1400, esisteva la chiesa dedicata a Santa Maria della Neve, dove i contadini presenziavano alle Messe officiate dal parroco di Melegnano, perché la parrocchia di San Giuliano, che allora aveva giurisdizione su Mezzano, si trovava molto più distante.

Non troviamo altre testimonianze documentali storiche relative all'Ossario, scritte prima di questa, mentre troviamo documenti sull'oratorio dedicato alla Beata Vergine della Neve (1567), scritti a seguito della visita pastorale del Cardinale Carlo Borromeo. (Biblioteca Ambrosiana)

Il Cardinale scrive:
«... *in detta località sono presenti: ben tre edifici religiosi – un oratorio sub titolo Sanctae Elisabeth ...un secondo oratorio ...sub titolo Sanctae Virginis ad Nivem...*»
e
«... *un ossarium elegantis structura ... in quo mortuorum ossa recto sunto in ordine disposta...*»

Un ossario di elegante struttura nel quale sono ordinatamente disposte ossa di morti.

Annota ancora lo stato di completo abbandono in cui versa l'oratorio: assenza di paramenti sacri, soffitto cadente, porta d'entrata priva del chiavistello di chiusura, pareti con intonaci cadenti ed ammuffiti,

interni completamenti non curati; inoltre non si celebrano uffizi divini se non nel giorno della festa patronale.

Da tempo è in atto un conflitto di competenze tra le parrocchie di Melegnano e di San Giuliano sulla titolarità di chi avesse voce in capitolo per ufficiare le Sante Messe, chi dare sepoltura cristiana ai morti, chi far propri i proventi delle doti e delle offerte dei fedeli, che porta inesorabilmente all'incuria e alla non manutenzione del luogo per mancanza di specifica responsabilità di chi deve provvedere in merito.

Abbiamo già detto sull'ubicazione territoriale di Mezzano, più prossima a Melegnano che a San Giuliano. Per questo motivo più di una volta gli abitanti del Borgo fanno istanza verso le autorità ecclesiastiche per passare definitivamente sotto la Parrocchia di Melegnano, non ricevendo mai risposte esaustive e complete, rimanendo sempre in questa situazione di precarietà.

Questa non definita situazione territoriale e la mancanza di chiarezza da parte della Diocesi di Milano contribuisce ad acuire i malumori nella popolazione residente nel luogo.

Passano ancora alcuni anni e nel 1597, il Cardinale Federico Borromeo, delega come suo rappresentante il Canonico Rusca, invitandolo a recarsi a Mezzano per studiare al meglio la situazione del luogo e lo stato dell'oratorio.

La relazione che ne scaturisce è alquanto negativa. L'altare non è costruito a norma ed è situato in una nicchia «depressa et angusta indecens», vi è solo un confessionale, il campanile ha una sola campana, l'oratorio è coperto da un semplice tetto senza alcun soffitto, l'ingresso è piccolo e di difficile accesso, i defunti vengono inumati nello stesso oratorio, non si celebrano funzioni religiose obbligatorie ma solo su richiesta degli abitanti, le pareti esterne della chiesa e la zona limitrofa sono ricoperte da erbacce e sterpaglie; infine, l'oratorio non percepisce più la dote di 1500 scudi d'oro, presa dai Padri Francescani per celebrare una Messa quotidiana, ma che nella realtà non viene officiata.

Ma cosa centrano i Padri Francescani con Mezzano? Facciamo un ulteriore passo indietro.

III. 1 **Santa Maria della Neve**

Ill. 2
Vergine con in grembo Gesù Bambino, uscente dalle nubi. In basso Papa Liberio (IV sec.) in processione sull'Esquilino, dove il 5 agosto 352 miracolosamente cadde la neve

I Padri Minori Conventuali di San Francesco, verso la metà del '400, risultano essere in Mezzano, proprietari di alcuni terreni adiacente alla già esistente chiesa di Santa Maria della Neve, e la comunità religiosa decide di stanziarsi in loco, con l'erezione di un Convento.

Leggiamo da G. Carmitati
«.... presso l'Archivio di Stato di Milano esiste una nota in carta pergamenata di un Rogito del Notaio Bartolomeo Antonio Fagnano del 18 ottobre 1485, secondo il quale veniva stipulata una convenzione fra i Padri del Convento di San Francesco, Pieve di San Giuliano, ed i Padri Umiliati della Casa di S. Pietro di Viboldone, per cui i padri Conventuali permettevano la costruzione di una roggia sul terreno pure di loro proprietà, atta a portare acqua per alimentare un mulino di proprietà dei Padri Umiliati. Ragione per cui si deve ri-

tenere che i padri Conventuali già prima del 1485 fossero possidenti ed abitanti di Mezzano e che pertanto la chiesa, indispensabile ad una collettività religiosa, fosse già stata edificata in precedenza...».

I Padri acquistano i relativi terreni edificando quello che si erano proposti di fare. Si insediano sul territorio, officiando S. Messe, cercando di non entrare in conflitto con la parrocchia di San Giuliano, l'unica deputata ad officiare Messe.

La presenza dei Padri Conventuali in Mezzano a lungo andare crea invidie e gelosie e quindi liti e scontri con le altre realtà del luogo, soprattutto con i proprietari dei terreni confinanti.

Annotiamo ancora dal Carminati
«... il 23 agosto 1511 sono in lite con luogo Pio delle Quattro Marie di Pedriano per ragioni di acque ... il 10 novembre 1637 il Priore Conventuale acquista dai Frati di Viboldone tutte le acque della Roggia Vettabia per l'irrigazione dei prati del Convento ... 13 dicembre 1558 lite con il luogo Pio delle Quattro Marie perché questi pretendono di ostacolare l'uso delle Acque vive e colatizie discendenti da Viboldone ...».

La relazione negativa fatta dal Delegato del Cardinale e le continue istanza degli abitanti di Mezzano per passare sotto la giurisdizione di Melegnano, inducono il Cardinale Carlo Borromeo a fare passare questa sotto la parrocchia di Melegnano.

Questa decisione non fa che aumentare i dissapori verso i Padri Francescani che si vedono ora costretti a litigare anche con il parroco di Melegnano che li accusa di introitare indebitamente le entrate destinate all'oratorio. Inoltre, il parroco li accusa anche di aver rimosso due dipinti riproducenti lo stemma dell'ordine di San Francesco e lo stemma della famiglia Barlassina, proprietaria dei terreni della zona.

La famiglia Barlassina godeva in enfiteusi i terreni di Montone e di Mezzano ed aveva ceduto ai Padri alcune proprietà; questi ultimi erano convinti di avere anche l'uso della chiesa e per riconoscenza avevano sistemato all'interno della stessa anche lo stemma della famiglia Barlassina.

L'oratorio però è pubblico e non di proprietà dei Padri. Su questo si batte fortemente il parroco di Melegnano, tanto che per porre definitivamente fine al contenzioso, il Vicario Generale emana un Decreto ingiuntivo, che viene consegnato direttamente al Priore dell'Ordine nella Casa Madre di Milano, costringendo i Padri di Mezzano a lasciare l'oratorio.

Ai Francescani è concesso il permesso di edificare una nuova chiesa in esclusivo uso proprio. Così viene costruita la chiesa di Santa Elisabetta destinata esclusivamente a loro, mentre l'oratorio di Santa Maria della Neve rimane ad esclusivo uso dei suoi abitanti.

Dobbiamo arrivare al 1602 per leggere una relazione positiva redatta dal Delegato del Cardinale Federico Borromeo che in visita a Mezzano annota che la chiesa è un buono stato, che l'altare è dotato di una croce e due candelabri, che sulle pareti interne ci sono pitture sacre, che viene insegnata la dottrina cristiana e che si celebrano le S. Messe in modo continuo e regolare.

Purtroppo per il parroco di Melegnano, questa nuova situazione non porta benefici. Infatti la maggior parte dei territori di Mezzano è di proprietà dei Padri Conventuali e le offerte dei pochi fedeli non riescono a coprire le spese di manutenzione.

A seguito dei continui furti, della mancanza di offerte, dell'esiguo numero di abitanti alla partecipazione alle S. Messe,

...attraverso la grata della finestra, quei poveri teschi allineati sotto l'altare...

il Cardinale decide di chiudere al culto l'oratorio (1653).

Ma gli abitanti di Mezzano si ribellano a questo stato di cose, inviando una petizione al Cardinale per far riaprire al culto l'antico oratorio e di eseguire i relativi lavori di ristrutturazione.

Leggiamo da Previato:
«... *oggi la chiesetta di Mezzano si presenta a noi nelle sue linee essenziali, così come venne costruita: semplice ed austera. In origine aveva la facciata affrescata da dipinti e così anche l'interno, ma oggi di queste pitture ne sono rimaste soltanto due, raffiguranti, una Sant'Antonio da Padova e l'altra Sant'Eurosia; il tempo 3ed i rifacimenti hanno fatto scomparire le altre raffigurazioni. L'oggetto più prezioso che la chiesa custodisce è la pila per l'acqua benedetta di epoca trecentesca; essa è costituita da un catino marmoreo lavorato, istoriato da uno stemma, sorretto da una colonnetta di granito. La pala dell'altare un'antica tela che ricorda il miracolo della neve caduta il 5 agosto del 352 a Roma è stata trafugata recentemente. Sul pavi-*

Ill. 3 ... **attraverso la grata della finestra**

Ill. 4 **L'Ossario**

mento della chiesa una lastra chiude un vano sepolcrale in cui venivano sepolti i corpi dei defunti di Mezzano appartenenti ad un certo censo; mentre gli altri venivano sepolti tutt'attorno alla chiesa, tanto che venne lamentato che l'edificio rimaneva quasi circondato e quasi chiuso dal cimitero. A questo scopo venne raccomandato che fosse edificata una stacconata divisoria, affinché le bestie non venissero a razzolare tra le tombe e, nel contempo, fosse lasciata libera una via d'accesso alla chiesa. Queste raccomandazioni fatte nel '600; dalla loro lettura si può capire come il cimitero di Mezzano fosse affollato ...».

Leggiamo ancora da Previato a riguardo dell'ossario:
«*(...) nelle relazioni relative alla visita pastorale del 1749, viene nominato, contestualmente alla descrizione di Mezzano, anche un ossario che è descritto così come lo vediamo oggi. La piccola elegante cappella ossario, costruita su una parte dell'antico cimitero di Mezzano, si affaccia sulla strada comunale; sotto un piccolo pronao sorretto da due eleganti colonnette in granito, vi è una piccola finestra chiusa da una grata, dalla quale si può vedere, all'interno, un altare, sotto il quale sono sistemati una ventina di crani assieme ad altre ossa umane. A chi appartengono questi resti? La tradizione vuole che siano appartenuti a soldati morti durante la battaglia dei giganti del 1515 e che, trovati casualmente, siano stati sistemati nell'ossario. Ad avvalorare questa tesi concorrono le analisi fatte all'Università di Berna con il metodo del carbonio (C14) dalle quali è risultato che si tratterebbe di resti umani di individui giovani, morti 400/500 anni fa, con evidenti segni di sfondamento nei crani.*
Ad arricchirla suggestione che l'ossario di Mezzano, da quando fu costruito, ha sempre emanato sta il fatto che esso si trovi proprio in faccia ad un campo, tradizionalmente denominato prato dei morti e nel quale furono rinvenute le necropoli preromana e romana (...) Non vi abitano più centinaia di braccianti e contadini, che lavoravano su queste terre, la sua scuola è chiusa dal 1960 per mancanza di alunni e così anche l'asilo, voluto dai Pogliaghi; pure la loro Corte è tristemente vuota e silenziosa, come pure non apre più il portale la sua chiesa plurisecolare: mancano i fedeli.
La grande Corte del cascinale, ex Convento dei Francescani, acquistato dai Carimati nell'ottocento, adempie ancora al suo compito di azienda rurale, vi pulsano macchine agricole (che hanno sostituto i contadini), animali che razzolano nel cortile, mentre

dalle stalle si sente il muggito delle vacche e d il cane corre incontro ai visitatori scodinzolando...».

Per onor di cronaca, questo ultimo passaggio scritto da Previato nel 1980, oggi non è più reale! Infatti tutto ciò che ha mirabilmente scritto e descritto rimane un pallido ricordo).

l cimitero viene chiuso nel 1784. Nel 1789 il convento di San Francesco e l'oratorio vengono soppressi ed i loro beni, dieci anni dopo, sono venduti all'asta.

Ill. 5 **Acquasantiera**

Ill. 6 **Affresco madonna col Bambino**

Bibliografia

G. Carimati, Vicende storiche bimillenarie di una cascina lombarda, Mezzano di S. Giuliano Milanese, pubblicazione del Rotary Club

L. Previato, San Giuliano Milanese, una storia da raccontare, Edizioni cooperativa editoriale Nuova Brianza, 1989, Renate

S. Sportelli, San Giuliano Milanese, dalle cascine alla città 1861–2000, Editrice Tipolito CD, 2002, San Giuliano Milanese

Sac. R. Inganni, Origine e vicende della Cappella espiatoria francese a Zivido presso Melegnano, Stabilimento tipografico ditta G. Agnelli, 1889, Milano

Don L. Brazzelli, San Giuliano ieri e oggi, 1965, San Giuliano Milanese

Rielaborazione bibliografica di Stefano Sportelli

Prova d'illustrazioni

Archivio del autore

La Battaglia dei Giganti e i condottieri della disfida

Vitantonio Palmisano

Ill. 1 **Massimiliano Sforza**

Con la pubblicazione di questa ricerca, vogliamo fornire dei nuovi e inediti elementi soprattutto con ricchezza di particolari a margine degli eventi bellici del 1515, riferiti sia ai luoghi, sia al personaggio che fu il protagonista e vincitore della *Battaglia dei Giganti*.

Marignano (attuale città di Melegnano posta a sud di Milano) riunisce in sé una data, un evento e soprattutto le gesta di un formidabile uomo sprezzante del pericolo: il re francese Francesco Primo di Valois – Angoulème (1494–1547). Chiariamo subito che, anche se l'evento è passato alla storia tout court come *battaglia di Marignano*, per onestà intellettuale dobbiamo riferire che diversamente la stessa è avvenuta nei campi delle località di Zivido (oggi comune di san Giuliano Milanese), cascina Santa Brera, Rocca Brivio, e Mezzano dove ancora oggi vi è la c.d. *cappella espiatoria* vicino alla chiesetta rurale di santa Maria della Neve. Ricordiamo che vicino al castello dei Brivio a Zivido, Francesco Primo, volle la costruzione di una cappella dedicata, appunto, alla Vittoria, ancora oggi esistente unitamente al piccolo borgo medioevale. I resoconti della battaglia sono rinvenibili, oltre che nel testo del *Portier Ordinaire* Pasquier Le Moyne «*Voyage et conquète du duchè de Milano en 1515 (…)*» pubblicato nel 1520 dall'editore Gillet Couteau che già operava a Parigi dal 1492; e nel successivo scritto del canonico Jean du Tillet: «*Cronique des roys de France*» del 1576, e della successiva pubblicazione di Clèment Jannequin: «*La bataille de Marignan*», oltre che nel carteggio di Marguerite d'Angoulème: «*Lettres*» edito a cura di F. Genin nel 1841.

Riteniamo altresì utile sostenere che, oltre alla bibliografia, anche nei dipinti dell'epoca che consentivano di rendere noti i grandi, talvolta sono più eloquenti della penna. Questo principe si scopre meglio nei dipinti, che svelano una personalità più complessa di quanto non voglia la leggenda del «re ventenne». Sappiamo

Ill. 2 **Gian Giacomo Trivulzio**

che Francesco nasce da Luisa di Savoia e da Carlo d'Angoulème il 12 settembre 1494, il padre muore quando lui aveva due anni, e per questo cresciuto dalla devozione e culto sia della madre che della sorella Margherita, la sua erudizione avverrà sotto il costante occhio di Luisa. All'età di sei anni Francesco dorme in camera con la madre, il messaggio è chiaro: incaricando il figlio di *«montare di guardia»* accanto a lei, Luisa rinuncia alla mondanità e sceglie innanzitutto il ruolo di madre dei suoi figli. Dopo aver ricevuto il titolo di duca di Valois nel 1499, Francesco entra nel successivo 1512 nel *Consiglio* e viene nominato comandante in capo dell'esercito della Guienna. Alla morte di Luigi XII avvenuta il 1 gennaio 1515, al trono di Francia succede così, appena ventenne, *Francesco I di Valois Angoulème*.

Francesco Primo volle inaugurare il suo regno con la riconquista appunto del Ducato di Milano. Alcuni autorevoli storici asseriscono però che qui l'ambizione politica poco c'entra, verosimilmente Francesco pare avesse sentito dire che a Milano c'era una signora che passava per la più bella donna d'Europa, e da quel sciupafemmine che era, voleva guadagnarsene le grazie; dalla lettura del diario di Luisa di Savoia si evince che la cosa ben si attaglierebbe al «re ventenne». L'Italia per Francesco rimaneva pur sempre un sogno, la sua ambizione era quella di patrocinare l'unificazione delle provincie del Nord e da questo punto di vista il ducato di Milano, benché minato da rivalità dinastiche interne, era il più fiorente. La sua posizione strategica allo sbocco dei valichi alpini rappresentava una carta vincente dal punto di vista economico e militare, il che ben spiegava le brame che esso suscitava nei suoi vicini, i cantoni svizzeri, Venezia nonché i desideri della stessa Francia e dalla casa d'Austria. Del resto Massimiliano Sforza (1493–1530) era signore del milanese e, anche se non riusciva a esercitarvi una reale sovranità, l'omaggio feudale gli era comunque dovuto.

L'avventura italiana non era poi così folle come potrebbe apparire retrospettivamente. I Valois, grazie alla loro superiorità politica e demografica, alla forza della loro monarchia già centralizzatrice, potevano svolgere un'azione federatrice in questa ancor fragile regione dell'Europa. Il giovane re francese Francesco Primo (1494–1547), diede prova, sin dai primi atti di regno, di una prudenza tale che non può essere dovuta unicamente ai suoi consiglieri, di fronte si trovava a fronteggiare una coalizione di una forza dir poco impressionante: la *falange elvetica* la più temibile e forte del tempo. I commenti posti nel Diario di *Pasquier Le Moyne* ci aiutano nel rendere attuali i fatti occorsi all'esercito francese sin dall'inizio del percorso per giungere in Italia. Il viaggio dura praticamente due mesi e mezzo circa, dal 28 giugno, data di partenza del Re Francesco da Amboise per Lione, quale punto di concentramento delle truppe, al 12 di settembre del 1515, data di arrivo in località Santa Brera limitrofa a Melegnano. Pasquier racconta tutti gli spostamenti, le tappe, le difficoltà del percorso, e per ogni tappa egli registra puntualmente dove alloggia il Re, dove il Connestabile, dove la cavalleria o la retroguardia.

Jack Lang nella biografia del re, racconta che nel 1515, Francesco I, disponeva di 2500 lance con oltre 10 000 uomini con sessanta cannoni. *Nella Battaglia di Marignano* vi erano al seguito dell'esercito francese oltre la guardia scozzese, circa 6000 *guasconi* condotti per l'occasione da Pedro Navarro, uno specialista di fortificazioni: questi uomini avevano

Ill. 3
Der Rückzug der Schweizer bei Marignan

Ill. 4 **Battaglia di Marignano**

un equipaggiamento più leggero di quello dei cavalieri nobili. Le loro armi consistevano in una picca di frassino, un'alabarda, una corta spada e un casco di ferro. I pezzi d'artiglieria erano armi potenti, cannoni o bombarde che sparavano palle da quindici venti centimetri di diametro o da colubrine e falconetti, che erano armi più leggere, i cui proiettili erano grossi come un'arancia. Per scendere in Italia, i francesi, potevano scegliere due itinerari: il passo di Susa al *Moncenisio* o il passo di Pinerolo al *Monginevro*, entrambi controllati però dagli svizzeri e dalle truppe papali. Fu così che il comandante italiano agli ordini della Francia, maresciallo Gian Giacomo Trivulzio (1440–1518) detto *il Grande*, che conosceva bene i luoghi, fece transitare tutto l'esercito francese dal passo secondario irto e insidioso dell'*Argentière*.

Il successo dell'impresa fu dovuto al coraggio degli uomini, ma soprattutto alla competenza degli zappatori e carpentieri che formavano un corpo speciale che generalmente veniva utilizzato nei lavori di assedio. Il re per l'occasione scrisse alla madre:

«*...Signora, siamo nel paese più strano che mai uomo di questa compagnia abbia visitato. Per chi non abbia visto ciò che vediamo sarebbe impossibile credere che si possano far avanzare i cavalli e l'artiglieria pesante come facciamo noi. Ma domani spero di essere nella pianura del Piemonte con la truppa che guido, il che sarà per noi un grande piacere, perché ci provoca grande fastidio trasportare le armi per queste montagne, giacché ciò ci costringe ad andare a piedi e a condurre i cavalli per le briglie per la maggior parte del tempo...*»

Prospero Colonna che si era boriosamente riproposto di prendere «*in trappola questi begli uccelletti di Francia*» al loro comparire a Villefranche, fu, invece, scomodato mentre pranzava dall'irruzione delle truppe dell'Aubigny che, con la solita furia francese, attaccarono le truppe confederate, avendone la meglio. Il Pasquier narra i fatti occorsi ai francesi con delle osservazioni improvvise condite con paragoni anche umoristici tesi a sdrammatizzare eventi tristi come appunto al passaggio del Po a Torino, su un ponte malconcio, qui sappiamo che molti francesi caddero in acqua e annegarono, egli annota cinico: *bevvero senza aver sete*; parlando poi dei Milanesi che vengono a Boffalora a fare atto di fedeltà al re, osserva che *fecero come Giuda, che baciò il suo maestro e poi lo tradì;* mentre gli Svizzeri sconfitti *alle uova fritte nel burro, che vengono strapazzate nella padella.*

Storicamente sappiamo che per gli svizzeri fu necessario trattare col re francese: il trattato di Gallarate dell'8 settembre 1515 infatti acconsentiva la sospensione delle ostilità. Non tutti i cantoni, però, firmarono l'accordo tant'è che i soldati di Zurigo, Lucerna e Uri, raggruppati in temibili drappelli di picche, si avvicinarono al borgo di *Marignano* (attuale città di Melegnano). Per precisione il combattimento avvenne vicino alla località *Saincte Brigide* avente accesso dalla limitrofa struttura difensiva della Rocca Brivio per cui, alcuni scrittori dell'epoca, i due giorni di combattimenti svoltisi in tale luogo furono tramandati ai contemporanei anche come le *giornate di Santa Brigida*. L'esercito francese passò dall'unico ponte esistente allora sul fiume Lambro (il Pasquier lo chiama *Dambre*) ed era quello che si trovava al centro del paese. All'epoca Marignano era già riposta sulla destra del fiume (la vecchia struttura distrutta nel 1234 da Federico II di Svevia era diversamente sul lato sinistro del fiume Lambro), e il fiume la divideva dai suoi tre sobborghi. Re Francesco alloggiò all'albergo del *Cappello Rosso* posto – secondo Pasquier – *vicino alla porta, all'uscita della città, andando verso Milano* (si trattava sicuramente del sobborgo di Milano al di là dell'omonimo ponticello stradale).

Ma in realtà annota il cronista il re alloggiò nel sobborgo di Marignano oltre il ponte (di Milano già citato) *un buon alloggio situato alla biforcazione di due strade, davanti al quale c'è un grande olmo*, storicamente riconosciuto essere posto davanti al piazzale dell'attuale chiesa del Carmine; i comandanti e il Connestabile si portarono invece oltre sulla gran via tra le cascine Bernarda, Legorina e a Sordio in località Bissone (attuale Villabissone). Infatti due giorni dopo Pasquier ripassa per Melegnano e conferma che nelle vicinanze dell'alloggio del re, v'è un piccolo convento di Nostra Signora del Carmelo.

Il successivo giorno re Francesco alloggia a Santa Brera così descritta: *un grande caseggiato, con quattro o cinque grandi portici pieni di paglia e fieno e attorniata da grandi prati e vigne, con tanta uva bianca più che in qualsiasi altro posto (…).* Il 13 settembre, alle due pomeridiane, il re Francesco stava provando la sua nuova armatura tedesca allorché soggiunse Bouillon de La Mark duca di Fleuranges (1491–1537), il quale gli portava l'annuncio da parte di Carlo di Borbone gran Connestabile di Francia (1490–1527) che gli elvetici avevano attaccato. Il re si mise subito in assetto di guerra e andò in aiuto del Borbone che stava soccombendo agli Svizzeri, infatti questi grazie alla tecnica di combattimento detta *falange* insidiarono non poco le truppe francesi, che sul fare della sera furono soccorse dallo stesso Francesco Primo, che giunto sul campo di battaglia si prodigò affinché la partita, almeno per quella giornata, si chiudesse con un sostanziale pareggio.

L'esercito francese era diviso in tre corpi che si erano attendati nella pianura fra Santa Brera (attuale struttura a cascinale di Santa Brigida) e lo stradale per Milano che il Pasquier Le Moyne chiama *le gran chemin*, per essere circondati a sinistra dalla roggia Spazzola che scorre parallelamente, e a destra da varie rogge ed altre acque compresa la roggia Nuova che scorre al basso verso il fianco del Lambro dal quale deriva. Il primo corpo francese era comandato dal *Connestabile*, con il *maresciallo Trivulzio* e il *Navarro*; il secondo tenuto dal Re col Monsignor gran Mastro, il Castiglione ed altri moltissimi Cavalieri esperti e valorosi, tra cui il Bajardo; il terzo, ossia la retroguardia, sotto gli ordini di *Monsignor di Lanson* unitamente all'Obignì ed Aimer du Prè, capitano di singolare esperienza. Il giovane re francese sfruttò la tregua notturna per tenere sotto pressione comunque le falangi svizzere, contribuendo, suo malgrado, ad alimentare ulteriormente la leggenda di Marignano.

«....*La notte*, scrive Franceso Primo alla madre, *gli svizzeri si accamparono così appresso a noi, ma così appresso che solo un fossato ci separava. Rimanemmo tutta la notte in sella, con la lancia in pugno, l'elmo in testa e i nostri lanzichenecchi pronti a combattere. E per il fatto che io ero il più vicino ai nostri nemici, ho dovuto fare la guardia, di modo che non fossimo sorpresi alla mattina, e dovete sapere che la battaglia durò dalle tre del pomeriggio fino alle undici o dodici della notte e si fecero una trentina di belle cariche. La notte ci divise per ricominciare la mattina e, credete, signora, che siamo stati ventotto ore a cavallo, con l'elmo in testa, senza mangiare né bere...*»

Ill. 5 **Il Fiume Lambro prima di Melegnano**

La battaglia riprese all'alba, con gli svizzeri che tentavano di accerchiare l'esercito francese che suo malgrado reagiva con una serie di cariche. «...*Alla fine*, scrive il giovane re, *da quella grande schiera che si trovava di fronte a me, inviarono cinquemila uomini, che travolsero alcuni miei gendarmi. Arrivarono fino ai lanzichenecchi, dai quali vennero accolti con così tante archibugiate, colpi di lancia e cannonate che non uno ne sfuggì...(...)*» All'indomani stesso della battaglia, uno dei suoi protagonisti, il maresciallo Trivulzio, coniò la definizione di *battaglia dei Giganti*, che riassumeva la violenza dello scontro, il suo carattere incerto e, soprattutto, la statura «sovrumana» del vincitore. Nel racconto – a tratti in prosa e altre in poesia con rima – di Pasquier le Moyne (a cui dobbiamo il credito circa l'interpretazione dei testi e la parziale traduzione dal francese del Cinquecento a due storici: Riccardo Felcaro e Giovanni Canzi), troviamo una serie di particolari curiosi, talvolta ingenui, spesso sfacciatamente laudativi, a volte molto poetici, che vale la pena di riferire. Egli ricorda, ad esempio, che mentre infuria la battaglia, il generale di Normandia cerca di rianimare un gruppo di soldati, al grido di «*Francia, Francia! Vittoria, vittoria*». Ma grazie al suo servo di nome Isacco, gli fa notare: «*Attenzione, sono Svizzeri! Li ho riconosciuti dalle calzature!*». Parlando invece di alcuni francesi poco coraggiosi,

Ill. 6 **La foce della Vettabbia nel Fiume Lambro a Melegnano**

che invece di affrontare il nemico si davano alla fuga, dice che *«corrono a dire i loro paternostri»*. Non c'è occasione, tra l'altro, che non gli dia lo spunto per tessere gli elogi del Re.

Durante un attacco, nel quale gli Svizzeri riescono a spingersi così avanti, che potrebbero impadronirsi di alcuni pezzi di artiglieria (se solo avessero la possibilità di trascinarli), è solo al grido del Re: *«Animo, ragazzi! Io voglio vivere o morire con voi!»* che i francesi si fanno coraggio e bloccano l'offensiva. Così durante la sosta notturna, mentre i contendenti riposano, il Re – dice Pasquier – non abbandona mai i suoi, *«facendo ufficio di imperatore, di capitano, di soldato. Neanche Giulio Cesare, Pompeo o Carlo Magno si comportarono più virtuosamente di Francesco. Egli prende un po' di vino, poi riposa su un pezzo di artiglieria»*. Poetica invece è la descrizione della fine dei combattimenti la sera del 13: *«Sono le 2 di notte, la luna è tramontata, l'oscurità abbraccia ogni cosa, si accendono i fuochi notturni. I contendenti sono stremati, molti sono feriti, a malapena anche prendendosi per mano ci si riconosce Una gran nuvola di polvere aumenta la confusione»*.

Ma anche per il mattino successivo il Nostro è ispirato: *«Appare la Signora Aurora, e la stella del mattino comincia a scoprire i suoi raggi, e a dare la sua chiarezza radiosa»*. Verso la fine del combattimento, quando gli Svizzeri vengono dispersi, alcuni fuggono verso Milano e circa 1500 si rifugiano a Zivido, nascondendosi nelle case, nelle cantine, nei granai, nelle colombaie. I francesi appiccano allora il fuoco al paese di Zivido e la maggior parte degli Svizzeri brucia, i superstiti vengono uccisi. Pasquier annota con cinismo che *«l'operazione richiese ben tre ore!»* I resoconti degli altri storici danno molta importanza all'intervento dei Veneziani, che avrebbe risolto la situazione, perchè gli Svizzeri avrebbero creduto di essere di fronte a tutto l'esercito della Serenissima; Pasquier cita l'episodio, ma dà ad esso poca importanza. D'altra parte non cita per niente l'allagamento delle campagne, suggerito dal Trivulzio, che avrebbe impantanato gli Svizzeri e che sarebbe stato invece una delle cause della loro disfatta, anzi, non cita mai il Trivulzio. Pasquier le Moyne continua nel suo Diario, che su ordine del generale di Normandia, i Francescani di Melegnano danno sepoltura ai morti: contano così 23 000 Svizzeri (erano partiti da Milano in 36 000) e 2000 Francesi. Secondo le voci che Pasquier raccoglie, gli Svizzeri, in caso di vittoria, avrebbero tradito il Duca Massimiliano, mandandolo in esilio e facendo del Ducato di Milano e della contea di Asti due loro cantoni: un'ipotesi inquietante, che nessuno storico abbia mai preso in considerazione e mai registrato.

Gli Svizzeri erano sconfitti, ma nel castello di Milano restarono asseragliati gli ultimi fedeli a Massimiliano Sforza. Resistono all'assedio per venti giorni; il 4 ottobre il castello di Milano si arrende, e Massimiliano viene portato prigioniero in Francia. Il racconto di Pasquier prosegue con gli ultimi atti compiuti da Francesco Primo: accoglie a Santa Brera l'omaggio di trecento cavalieri milanesi, va a San Donato, e poi a Pavia, fa il suo ingresso trionfale a Milano, e riparte per la Francia. Il diario termina una prima parte proprio con la fine della battaglia di Marignano, poi ne inizia un'altra del diario dove il Pasquier descrive i nostri paesi e i giudizi che - cinquecento anni fa - egli dà dei nostri monumenti. Rileviamo in sintesi che di San Donato (Milanese) dice che il Re ha alloggiato in *«una bellissima cascina* (l'attuale cascina Roma) *larga e spaziosa, nella quale c'erano le più belle scuderie per cavalli*

Ill. 7 Melegnano, Ponte sul Fiume Lambro

mai viste, molto fieno e paglia e legname, sia dentro che fuori; circondata da fossati con tanta acqua e fuori un grande giardino, bello e spazioso, chiuso da una muraglia. I terreni attorno sono molto fertili, tanto che vi si fanno due raccolti all'anno di grano o di miglio, e i campi sono attorniati da filari di viti. Tra la cascina e il fiume (in realtà si tratta della roggia ‹Spazzola›) *si trova la chiesa, non grande, dove si conservano molti ex voto»*. E' nel giardino di questa cascina che il venerdì 21 viene alzata la tenda reale, e, seduto sotto questa, Francesco Primo riceve il giuramento di fedeltà dei Milanesi.

A Pavia il Re ammira, nella chiesa degli Agostiniani (S. Pietro in Ciel d'Oro) i sepolcri di S. Agostino, e di Severino Boezio vissuto, per alcuni autori, nella struttura Cluniacense di santa Maria Assunta di Calvenzano a pochi passi da Marignano. Di Severino Boezio, Pasquier ricorda, che era stato a lungo prigioniero a Pavia in una torre rotonda di mattoni, a metà strada tra i conventi degli Agostiniani e dei Carmelitani; del Barbarossa che aveva ordinato la distruzione di Milano, facendone arare e cospargere di sale il terreno in segno di maledizione: questo per la malizia del Milanesi, che fin d'allora si erano dimostrati traditori, falsi e sediziosi. A Pavia il Re resta ammirato anche dal castello e dalla Certosa e vuole salire sulla costruzione, non del tutto terminata, per vedere come è fatta dentro e poter apprezzare la maestria dei costruttori. Anche a Milano le bellezza della città conquista il re, e Pasquier ricorda in particolare il Duomo (che dice fondato da S. Ambrogio), la chiesa di Santa Maria delle Grazie col convento dei Domenicani, posto nei sobborghi di porta Vercellina, il convento dei francescani riformati (S. Angelo).

Di ogni monumento egli riporta lunghezza e larghezza in passi. Del Convento di S. Maria delle Grazie egli ricorda il Cenacolo (che Leonardo aveva finito solo vent'anni prima) con queste parole: *«La cena che Nostro Signore fece coi suoi Apostoli, dipinta su una parete, all'entrata del refettorio, è una cosa singolare per eccellenza, perché vedendo il pane sopra la tavola direste che è pane vero e non dipinto; e così pure il vino, i bicchieri, i vassoi, la tavola e le tovaglie con le carni, ed anche i personaggi raffigurati»*. Del Castello dice che è una cosa inestimabile, meravigliosa per grandezza, ponti levatoi, alloggi, con due fortezze e la Rocchetta, che è imprendibile, essendo ben rifornita di viveri, munizioni, archibugi, balestre. Due torri guardano verso la città, con mura di nove passi di spessore, rivestite di pietra durissima a forma di diamante, che l'artiglieria non riesce a scalfire. Parla anche del Lazzaretto per gli infetti dalla peste, una costruzione quadrata circondata da un fossato, con duecentottanta camere. Re Francesco Primo riparte per la Francia l'8 gennaio 1516, e a conclusione il nostro Pasquier le Moyne annota che *tutta l'avventura è durata quasi 7 mesi*.

Prova d'illustrazioni

1 *Massimiliano Sforza, Scuola di Bernardino Luini, Castello Sforzesco, Milano*
  Fonte: Giuseppe Gerosa Brichetto, La battaglia di Marignano, Milano 1965, p. 164

2 *Gian Giacomo Trivulzio, Maresciallo di Francia*
  Fonte: Giuseppe Gerosa Brichetto, La battaglia di Marignano, Milano 1965, p. 58

3 *Der Rückzug der Schweizer bei Marignan, Lith. v. C. Studer, No 37*
  Fonte: Archivo del'autore

4 *Battaglia di Marignano, Bassorilievo di Pietro Bontemps alla Tomba di Francesco I, Bataille de Marignan, Bas relief de Pierre Bontemps au Tombeau de François Ier, Basilique cathédrale de Saint-Denis, Paris*
  Fonte: Archivo del'autore

5 *Il Fiume Lambro prima di Melegnano*
  Fonte: http://upload.wikimedia.org/wikipedia/commons/1/14/Lambro_a_melegnano01.jpg

6 *La foce della Vettabbia nel Fiume Lambro a Melegnano*
  Fonte: http://upload.wikimedia.org/wikipedia/commons/d/d7/Vettabbia_foce51.JPG

7 *Il Fiume Lambro a Melegnano*
  Fonte: Giuseppe Gerosa Brichetto, La battaglia di Marignano, Milano 1965, TAV. I, p. 17

Fonti

Il più importante documento storico consultato è il Diario del monaco francese Pasquier Le Moyne già citato (209 pagine diviso in 13 fascicoli ciascuno di 16 pagine in formato 22 x 17 cm. a stampa) riportiamo di seguito il titolo completo: «Incoronazione del Re Francesco, I° di questo nome, viaggio e conquista del Ducato di Milano, vittoria e cacciata degli usurpatori di questo, con molte particolarità sulle chiese, conventi, città, castelli e fortezze di questo Ducato fatto l'anno 1515, raccolte e redatte dal monaco senza tonaca Pasquier le Moyne». E' stato pubblicato nel 1520, dall'editore Gillet Coteau. Marguerite d'Angouleme, Lettres, a cura di F.Génin, 1841

Jean Duhamel «La captivité de Francois I et des Dauphins» ed. Hachette (Collezione L.Generani)

Jack Lang «Francesco I il sovrano francese che s'innamorò dell'Italia» traduzione di A. Benabbi, Mondadori editore, Milano 1999

Der Kunststreit um die Marignano-Fresken von Ferdinand Hodler

Lucia Angela Cavegn

Der Rückzug der Schweizer aus der Schlacht bei Marignano 1515 ist sicherlich eines der bekanntesten Werke Ferdinand Hodlers (1853–1918). Seit seiner Vollendung im März 1900 schmückt es acht Meter über dem Boden, verteilt auf drei halbrunde Nischen, die westliche Schmalwand der Waffenhalle im Schweizerischen Landesmuseum (SLM).

Wenn auch zu bezweifeln ist, dass heutzutage noch jeder Schweizer und jede Schweizerin Hodlers Wandbild kennt, so haben doch Generationen von Schulklassen die nationale Ruhmeshalle auf der Schulreise besucht. Während des Zweiten Weltkrieges war Hodlers Wandgemälde ein Bild von landesweiter Ausstrahlung – nicht nur wegen seines Symbolgehaltes,

Abb. 1 **Der Waffensaal im Landesmuseum Zürich**

sondern auch deshalb, weil die Post 1941 für ihre 70-Rappen- und 80-Rappen-Briefmarke die Krieger der Seitenfelder zur Vorlage nahm.[1]

Das Wandbild war bereits vor seiner Vollendung zu nationaler Berühmtheit gelangt. Hodler hatte 1897 in einem von der Eidgenössischen Kunstkommission ausgeschriebenen Wettbewerb zur Ausmalung der Waffenhalle den ersten Preis gewonnen. Heinrich Angst, damaliger Direktor des neu errichteten Landesmuseums, schrieb aus Empörung über das Urteil der Wettbewerbsjury einen geharnischten Zeitungsartikel (das sog. Exposé) und zettelte damit eine Pressekampagne gegen Hodlers moderne Malerei an.[2] In der Folge lieferten sich Gegner und Befürworter eine sich über drei Jahre hinziehende öffentliche Kunstdebatte, die als «Freskenstreit» in die Schweizer Kunstgeschichte einging.

Bevor die Fresken zur Ausführung gelangten, überarbeitete Hodler seine Entwürfe mehrmals, so dass heute neben seinem Konkurrenzentwurf (Massstab 1:10), vier Kartons (in Originalgrösse) und eine Vielzahl von Vorzeichnungen und Skizzen vorliegen. Während die Seitenfelder nur wenigen Wandlungen unterworfen waren, durchlief das Hauptbild während des mehrjährigen Entstehungsprozesses eine stetige Weiterentwicklung sowohl in der Komposition wie auch in der Formensprache. Hodler fand während seiner Vorbereitungsarbeiten für das Wandbild zu seinem ausgeprägten Monumentalstil, der dem Wunsch seiner Gegner nach einer anekdotischen, detailreichen Illustration des geschichtlichen Ereignisses diametral zuwiderlief.

Die zentrale Lünette (330 × 490 cm) zeigt die letzten Mannen des abziehenden Heeres nach links aus dem Bild schreitend. Zwei Verwundete werden auf Schultern getragen. Die aufragenden Hellbarden und Speere werden durch einen Fahnenwald hinterfangen, hinter dem

Abb. 2
Schweizerisches Landesmuseum Zürich, Waffenhalle

sich ein weiterer Heereshaufen verbirgt. Der Harst im Vordergrund wird rechts aussen von einem hünenhaften Hellebardier und einem vom Betrachter abgewandten Landsknecht mit Streitaxt gesichert. Markante Figuren bilden auch der weit ausschreitende Krieger mit geschulterter Hellebarde in der Bildmitte sowie der aus dem Bild schreitende Krieger mit Flamberg. Die der gewohnten Leserichtung entgegengesetzte Bewegung unterstreicht zusätzlich die Idee des Rückzugs; dieser wird jedoch nicht als Niederlage wahrgenommen, sondern als würdevoller Abgang. Im linken Seitenfeld (210 × 194,5 cm) ist der in seiner eigenen Blutlache sitzende Basler Bannerträger Hans Baer zu erkennen, der durch eine Kanonenkugel beide Unterschenkel verlor und mit letzter Kraft die rote Fahne hochhält. Im rechten Seitenfeld (205,5 × 194 cm) zeigt die Darstellung einen jungen Kämpfer mit Barett, der energisch zum Schlag mit seinem Zweihänder ausholt, um dem Feind (ausserhalb des Bildes) Einhalt zu gebieten. Umgeben von Gefallenen scheint er auf verlorenem Posten zu kämpfen.

Geschichte als identitätsstiftender Faktor im jungen Bundesstaat

Nach der Gründung des schweizerischen Bundesstaates bestand Bedarf an Symbolen, welche die nationale Einheit repräsentierten.[3] Die Geschichte der alten Eidgenossenschaft und ihre mythischen Figuren wie Tell und Winkelried boten sich als identitätsstiftende Vorlagen an, um den Nationalstolz an Zentenarsfeiern, Schützenfesten und Landesausstellungen zu zelebrieren.

Das ausgeprägte Interesse an Geschichte schlug sich in einer regen Forschungstätigkeit nieder. Monumentale Quellenwerke wie die *Amtliche Sammlung der älteren eidgenössischen Abschiede* wurden herausgegeben und neue Darstellungen zur Schweizergeschichte erschienen. Als Standardwerk galten die 1786 bis 1808 erstmals publizierten *Geschichten Schweizerischer Eidgenossenschaft* von Johannes von Müller. Ab Mitte des 19. Jahrhunderts entstanden zudem kantonale Sammlungen mit historischen Objekten. In den 1890er Jahren wurde dann der politische Weg für die Gründung eines gesamtschweizerischen Museums, des heutigen Landesmuseums, geebnet.

In dieser geschichtsbewussten Zeit blühte auch die Historienmalerei. Öffentliche Gebäude und historische Wallfahrtstätten wie z.B. die Tellskapelle oder die Kapelle der Hohlen Gasse wurden mit Szenen aus der nationalen Geschichte geschmückt. Darstellungen des eidgenössischen Zusammenhaltes und des Kampfes gegen eine fremde Macht erfreuten sich als Motiv besonderer Beliebtheit. Weil die Geschichtsforschung immer genauere Kenntnisse über historische Waffen und Kostüme lieferte, wuchs der Anspruch auf möglichst geschichtsgetreue Wiedergabe. Die Schilderung anekdotischer Einzelheiten führte dazu, dass die Historienmalerei an Monumentalität verlor. Werke wie August Weckessers *Aloys Reding nimmt Abschied von seinem Vater*[4] (1872) oder Ernst Stückelbergers Bild *Der letzte Hohen-Rätier*[5] (1883) zählt man heute zum «Genre historique», also zur Genremalerei historischen Inhalts. In der Schweiz freute man sich über den Aufschwung der Historienmalerei und sah darin den Beweis für die Vitalität des hiesigen Kunstschaffens, doch wurden auch Stimmen laut, die das Fehlen eines Nationalstils beklagten.[6]

Historienmalerei als Sprungbrett für Hodlers künstlerische Karriere

Ferdinand Hodler, der fünf Jahre nach der Gründung des Bundesstaates geboren wurde, erkannte schon als junger Künstler, dass die öffentlich ausgeschriebenen Wettbewerbe zur Ausschmückung von öffentlichen Gebäuden seine Chance waren, um an Aufträge heranzukommen und von einem grösseren Publikum wahrgenommen zu werden.[7]

Erste Erfahrungen als Historienmaler holte sich Hodler 1881 bei der Mitarbeit an Edouard Castres Panorama *Übertritt der Bourbaki-Armee bei La Verrière*. Im folgenden Jahr erhielt Hodler den Auftrag für die Festdekoration des kantonalen Schwingerfestes in Langenthal. Als Sujet für das Bühnenbild wählte er den Rütlischwur und für den Türschmuck zwei bewaffnete Landsknechte. 1884 gewann Hodler mit seinem Bild *Calvin und die Professoren im Hof des Genfer Gymnasiums*[8] den dritten Preis am Concours Diday und erhielt eine Prämie von Fr. 400.-. Zwei Jahre später wurde Hodler von Frédéric Landolt, dem Gastwirt der Genfer «Taverne du Crocodil» dazu eingeladen, gegen freie Kost Wandbilder zum Thema «L'Escalade»[9] zu malen.

Zum national bekannten Historienmaler avancierte Hodler mit 26 überlebensgrossen Landsknechts- und Handwerkerfiguren, die er als Dekoration für die Aussenpfeiler des Kunstpavillons an der eidgenössischen Landesausstellung 1896 in Genf schuf. Für die Ausschmückung der insgesamt 44 Pfeiler war im Jahr zuvor ein Wettbewerb ausgeschrieben worden, aus dem Hodler und Daniel Ihly als Sieger hervorgingen. Am Vorabend der Ausstellungseröffnung entfernten Unbekannte drei von Hodlers Figuren und ersetzten diese durch Trauerschleier. Dieser Handstreich war der Auftakt zur monatelangen, in der welschen Presse ausgetragenen Polemik über Hodlers Fassadenfiguren und seine Exponate in der Kunstabteilung der Landesausstellung.

Der Wettbewerb für die Ausmalung der Waffenhalle im Schweizerischen Landesmuseum

Das schweizerische Landesmuseum in Zürich wurde nach den Plänen des Stadtbaumeisters Gustav Gull erbaut. Zum Direktor dieser neuen Institution wurde Heinrich Angst, der Quästor der früheren Altertümer-Kommission, ernannt. Kurz vor Beendigung des Baus im Februar 1895 beantragte Angst in der Sitzung der Landesmuseumskommission, dass eine Eingabe bei der Eidgenössischen Kunstkommission eingereicht werde, mit dem Ziel, einen Wettbewerb für die künstlerische Ausschmückung des Museumsgebäudes ausschreiben zu lassen.[10] Rund zwei Jahre später begründete Angst in seinem Exposé die Notwendigkeit der Ausmalung wie folgt:

«Der Waffensaal ist eine, durch ungewöhnlich grosse Dimensionen ausgezeichnete Halle, in welcher das alte Kriegswesen der Schweizer zu Anschauung gebracht werden soll […]. Die Sache hat aber einen bedenklichen Haken, der in der Anlage und Konstruktion der Halle selbst liegt. Ihr Inneres besitzt zu sehr den Charakter einer Kirche. […] Den kirchenähnlichen Eindruck macht nun gerade diese gewölbte Decke, und es schien wünschenswert, ihn durch irgendwelche Mittel abzuschwächen. Panner [sic!], Stangenwaffen und militärische Ausrüstungsgegenstände überhaupt, verschwinden aber in jener Höhe, weshalb man auf die Idee kam, die beiden Halbrunde der Kurzseiten des Saales nebst den anschliessenden Lünetten mit historischen Wandmalereien zu verzieren, welche […] oben eine ähnliche Dekoration bilden würden, wie die Harnische, Schutz- und Trutzwaffen und Beutestücke unten.»[11]

Da sich der Museumsbau verzögerte, wurde das offizielle Gesuch an die Eidgenössische Kunstkommission aufgeschoben und erst 1896 eingereicht. Es scheint, dass Gull und Angst sich zuvor über die Einstellung der Kunstkommission erkundigt hatten, denn im Gesuch heisst es: «Anknüpfend an die mündlichen Mitteilungen […], erlauben wir uns hiermit, an Ihre Kommission mit dem Gesuche zu gelangen, sie möchte die künstlerische Ausschmückung des Landesmuseums übernehmen.»[12] Warum wollte die Landesmuseumskommission die Ausschreibung des Wettbewerbs der Eidgenössischen Kunstkommission überantworten? Der Grund lag darin, dass ihrer Ansicht nach die Stadt Zürich mit den Bau- und Einrichtungskosten des Museums schon genügend Kosten auf sich genommen habe und die Ausschmückung ohnehin in den Aufgabenbereich der Kunstkommission falle. Tatsächlich hatte der Bundesrat 1887 die Eidgenössische Kunstkommission mit dem Auftrag eingesetzt, für «die Ausführung von Werken der monumentalen Kunst, insbesondere der Bildhauerei und Wandmalerei zum Schmuck von öffentlichen Bauten, in erster Linie solchen, die eidgenössischen Zwecken dienen», zu sorgen.[13] Das Landesmuseum wurde zwar im Auftrag der Eidgenossenschaft erbaut, jedoch durch die Stadt Zürich finanziert. Denn mit der Übernahme des Museumsstandortes war Zürich die Verpflichtung eingegangen, die Baukosten zu übernehmen.[14]

Bei ihrem Vorstoss war sich die Landesmuseumskommission nicht bewusst, dass sie mit der Überantwortung des Wettbewerbes auch die Mitbestimmung an der Gestaltung der Ausschmückung aus der Hand geben würde. Ein Umstand, der beträchtliches Konfliktpotential in sich barg. Bereits am 15. Februar 1897, kurz nach der Bekanntgabe des Juryurteils, reichte die Landesmuseumskommission ein Gesuch an den Bundesrat, um ihr Recht auf Mitbestimmung in der Freskenangelegenheit zu proklamieren.[15] Die Antwort des Bundesrats vom 22. desselben Monats lautete dahingehend, dass die Landesmuseumskommission zwar ihre Beobachtungen äussern könne, dass die Rollen jedoch klar verteilt seien und der Bundesrat seine Entscheide auf die vorgängige Beurteilung durch die Kunstkommission stütze.[16]

Die Eidgenössische Kunstkommission hiess den Antrag der Landesmuseumskommission betreffend Ausschmückung des Museumsgebäudes an ihrer Sitzung vom 27. April 1896 gut. Der an die Sitzung eingeladene Architekt, Gustav Gull, stellte das Wettbewerbsprogramm vor. Mit grosser Wahrscheinlichkeit stammte dieses aus der Feder des Museumsdirektors, der in seinem Exposé[17] die Themen für die Waffenhalle (Ost- und Westwand) ausführlich begründete: Man habe nicht einfach eines der alten Schlachtenbilder gewollt, vielmehr habe man sich für «die geistigere, tiefere Auffassung des Zweckes dieser Fresken» entschieden, weshalb eine reine Kampfszene nicht in Frage gekommen sei.

«Indem man letztern [sic!] Gesichtspunkt akzeptierte, wurde für das erste Gemälde [...] der Einzug der Zürcher in die Stadt Bern auf dem Weg nach Murten 1476, auf der gegenüberliegenden Wand [...] der Rückzug der Schweizer aus der Riesenschlacht bei Marignano 1515 gewählt. Jenes ist [...] als Symbol der Vaterlandsliebe und des Gefühls der Zusammengehörigkeit der Eidgenossen aufzufassen. [...] Gegenüber der Niedergang! Nicht mehr zur Unterstützung angegriffener Bundesglieder oder zum Schutze des eignen Heims ziehen die Eidgenossen ins Feld, sondern als angreifender Teil, erfüllt von Grössenwahnsinn die einen, bestochen mit fremdem Gold die andern; bei Marignano erreichte sie die Nemesis [...] Welche Gefühle von Schmerz, Scham und Rache die besiegten Kämpfer auf dem Rückzuge von Marignano erfüllt haben mögen, ist leicht zu ermessen. Dass gerade dieser Moment ergriffen und von dem Künstler in packender Weise vor die Augen geführt werde, war die Absicht bei der Wahl des Gegenstandes. [...] der Rückzug von Marignano ist bestimmt, dem heutigen Geschlechte die Folgen der Korruption, Uneinigkeit und Überschätzung der eigenen Kraft vorzuführen.»[18]

Angst dachte vor allem an die «Schweizerjugend», für die das Landesmuseum, so hoffte er, ein «Wallfahrtstempel» werden sollte.[19]

Das dreiteilige Wettbewerbsprogramm umfasste nebst der Ausmalung der Waffenhalle (Programm I) auch Wandmalereien in der Durchgangshalle des Turmes mit Sujets aus der Zürcher Geschichte (Programm II)

Abb. 3 **Wettbewerbsentwurf, Detail des Mittelfeldes**

sowie vierzehn Glasmosaike zu Ereignissen aus der Geschichte der dreizehn Alten Orte (Programm III) für das Äussere des Gebäudes.[20] Die Kunstkommission nahm das vorgeschlagene Programm an und setzte den 1. August als Termin für die Veröffentlichung fest. Gleichzeitig bestimmte sie die Wettbewerbsbedingungen: Für die Ausmalung der Waffenhalle wurde ein Entwurf im Massstab 1:10 verlangt sowie eine Hauptfigur in Ausführungsgrösse. Für die definitive Ausmalung war «a tempera» oder «al fresco» vorgesehen. Die Entwürfe für die Waffenhalle hatten innert fünf Monaten, also bis 1. Januar 1897 eingereicht zu sein. Sie durften keine Signatur tragen, sondern nur mit einem Motto bezeichnet sein.

Nachdem die Wettbewerbsbedingungen festgelegt waren, schritt die Kunstkommission zur Wahl der Jury. Berufen wurden die Maler Albert Anker, Ernst Stückelberger[21], Paul Robert, Luigi Rossi, Charles Vuillermet und die Architekten Professor Alfred Friedrich Bluntschli und Gustav Gull. Angst beklagte sich 1900 in seinem *Spezialbericht*, dass weder Historiker, «noch irgend eine Autorität für Kostüme und Bewaffnungen noch ein Mitglied der Museumsbehörden» in der Jury vertreten gewesen seien, obschon es sich um historische Wandmalereien gehandelt habe.[22]

Am 26. Januar 1897 versammelte sich die vollständige Jury im Landesmuseum zur Beurteilung der eingegangenen Entwürfe für die Waffenhalle. Zwanzig Künstler hatten achtundzwanzig Projekte eingesandt, neunzehn zum *Rückzug von Marignano* und acht zum *Empfang der Zürcher in Bern*[23]; eines betraf keines der beiden Themen. Nach eingehender Erörterung beschloss die Jury mit fünf gegen zwei Stimmen, Hodler den ersten Preis zu 3000 Franken und Morax den zweiten Preis zu 1000 Franken zuzusprechen. Die Begründung für das Urteil lautete dahingehend, dass die meisten Entwürfe verworfen worden seien, «weil sie gänzlich des für Wandmalereien von dieser Dimension unerlässlichen monumentalen und dekorativen Charakters entbehren und eher in das Gebiet der Genremalerei und der Staffeleibilder gehören».[24] Die Wettbewerbsteilnehmer hätten den Bestimmungsort der Malereien zu wenig berücksichtigt, geschweige denn aufgesucht. Hodler und Morax seien aber hauptsächlich wegen ihrer Figur in Ausführungsgrösse ausgezeichnet worden.

Nicht befriedigt zeigte sich die Jury über die Gesamtanlage von Hodlers Konkurrenzentwurf: Sie befand, dass dieser zu wenig Klarheit aufweise und deshalb für eine Ausführung nicht in Frage komme. An die Kunstkommission gab sie die Empfehlung ab, eine «neue Skizze» von Hodler zu verlangen, «die nach einer nochmaligen Prüfung durch das Preisgericht [...] zur Ausführung gelangen könnte».[25] Die Kunstkommission nahm einen Tag später die Empfehlung der Jury einstimmig an und leitete sie tags darauf als Antrag an den Bundesrat weiter, wobei nun nicht mehr von einer neuen Skizze, sondern von einem Entwurf in Ausführungsgrösse (sog. Karton) die Rede war. Der Antrag wurde am 5. Februar vom Bundesrat gutgeheissen. Zieht man das damalige Kunstverständnis in Betracht, so muss man den Entscheid der Jury und der Eidgenössischen Kunstkommission als mutigen Schritt anerkennen.

Vom 31. Januar bis 14. Februar 1897 wurden alle Wettbewerbseinsendungen im Helmhaus Zürich ausgestellt. Das Publikum kam in Scharen und diskutierte heftig das Juryurteil. Hodlers prämierter Entwurf fand nicht sonderlich Anklang, am wenigsten bei Heinrich Angst und seinen Gesinnungsgenossen. Sie hatten nicht damit gerechnet, dass die Wahl auf einen künstlerisch fortschrittlichen Entwurf fallen würde. Was ihnen und vielen Zeitgenossen vorschwebte, war ein illustrierendes, kleinteiliges Bild in der Art des «Genre historique». Der Kunsthistoriker Josef Zemp schrieb am 28. Januar, noch vor Beginn der Ausstellung, an den Historiker Robert Durrer:

«Aber man muss anerkennen: jeder dieser Kerls ist, als ‹Akt› betrachtet und rein für sich genommen, eine brillante Leistung: Diese bestienähnlichen Henker sind von aussergewöhnlicher Gegenwärtigkeit, sie stehen brillant auf ihren wuchtigen Beinen und ihr herkulischer Bau ist von zwingender Wahrheit und Überzeugungskraft. Umso mehr, ja umso ängstlicher fragt man sich: was wollen diese Kerle hier, und ist ein Künstler, der das den Rückzug von Marignano nennt, denn wirklich bei gesunden Sinnen?»[26]

Josef Zemp favorisierte die dramatisch-sentimentalen Entwürfe von Alois Balmer[27] und Hans Beat Wieland:

«So im blutigen Abschied de Sonne, unter gelbem Abendhimmel, ziehen die Schweizer Söldner von der Walstatt. [...] Die Abziehenden marschieren in stumpfer Resignation nach vorn, in blaue und graue Dämmerschatten hinein. Eine Figur [...] vereinigt [...] noch speziell den Ausdruck des Ganzen in sich [...]. Es ist ein junger Krieger [...]. Den scharf geschnittenen Kopf wendet er im Schreiten nach dem Schlachtfelde zurück und wird dabei von einem goldenen Abendstrahl verklärt [...]. Dabei [ist] alles so edel, formenschön und von einem gewissen Stilgefühl durchdrungen, so dass die Erinnerung an holbeinische Schöpfungen wie von selbst auftaucht. Dazu eine imponierende Vertrautheit mit allen Einzelheiten von Kostüm und Waffen, und eine schweizerische Eigenart [...].»[28]

Am 24. Februar 1897 veröffentlichte dann Landesmusemsdirektor Angst in der Neuen Zürcher Zeitung sein Exposé «Die Konkurrenz für die Wandmalereien in dem Landesmuseum» mit dem vernichtenden Urteil:

«Wir unserseits konstatieren, dass die Komposition gleich Null ist: das ist nicht der Rückzug von Marignano, das ist nicht einmal eine flotte Rauferei, das ist weiter gar nichts als eine unverständliche, das Auge beleidigende, rohe Atelierversion; ferner konstatieren wir, dass die Zeichnung überall zu wünschen übrig lässt und die historische Treue desgleichen [...].»[29]

Am 10. März 1897 erschien eine Gegendarstellung zu Angsts Exposé vom Präsidenten der Kunstkommission, Alfred Bluntschli, ebenfalls in der Neuen Zürcher Zeitung. Bluntschli verteidigte in seinem Artikel den Entscheid der Jury: Hodler zeige «eine grosse Auffassung, wie sie monumentalen Kunstwerken zukommt und vermeidet alles Genrehafte». Die geschichtliche Treue liesse sich leicht anpassen und im Übrigen werde die Kunstkommission «keinen Entwurf zur Ausführung vorschlagen, den sie nicht als gelungen bezeichnen kann [...]».[30]

Zwei Jahre später, am 5. Juni 1899, gab Heinrich Angst an einer Sitzung der Landesmuseumskommission zu Protokoll, er habe sich die Mühe genommen «eine Liste geschichtlicher Quellen und Kunstwerke» für Hodler aufzustellen. Zudem habe er ihm schriftlich angeboten, «ihm den Lesesaal des Landesmuseums als Atelier und sämtliche Waffen, Rüstungen und Fahnen aus der Zeit, nebst lebenden Modellen zur Verfügung zu stellen.»[31] Hodler selbst habe das Angebot aus unbekannten Gründen nicht wahrgenommen. In Wahrheit hatte der Maler sehr wohl davon Gebrauch gemacht. In einem vom 12. Januar 1899 datierten Brief an Oscar Miller nimmt Hodler dazu Stellung:

«Dagegen mir von ihm [Angst] alles historische [sic!] notieren lassen; es war dann auch nichts, aber gar nichts Neues da für mich. Waffen und Scheiben, die er mir gezeigt, kannte ich zur Genüge.»[32]

Auch hatte sich Hodler mit Johannes von Müllers Standardschrift *Geschichten Schweizerischer Eidgenossenschaft* und deren Fortsetzung durch Robert Glutz von Blotzheim auseinandergesetzt.[33] Als Legende für den Wettbewerbsentwurf übernahm Hodler eine Passage aus der französischen Edition *Histoire de la Confédération Suisse*, die zwischen 1842 und 1851 erschienen war.

Der Freskenstreit – eine verlorene Schlacht für Heinrich Angst und seine Mitstreiter

Die Querelen um Hodlers Entwürfe beruhten nicht auf einem mangelnden Geschichtsverständnis seitens des Malers, sondern in der gegensätzlichen Kunstauffassung der beiden Hauptkontrahenten. Angst stellte sich unter einem Historiengemälde ein idealistisches, mit historischen Requisiten ausstaffiertes Bild im Stile des «Genre historique» vor;[34] während Hodler eine beschönigende Darstellung ablehnte und schrittweise seine Komposition dahingehend überarbeitete, dass sie – in Anbetracht ihrer endgültigen Platzierung als hochliegendes Wandbild – auch aus der Entfernung lesbar war. Anstelle von vielen narrativen Details setzte Hodler auf ausdrucksstarke Posen.

Die Entwicklungsschritte vom Konkurrenzentwurf über die vier der Kunstkommission vorgelegten Kartons bis zum Fresko waren vor einigen Jahren Gegenstand kunsthistorischer und kunsttechnologischer

Abb. 4 **Karton I, Staatsgalerie Stuttgart**

Abb. 5 **Karton II, Kunsthaus Zürich**

Abb. 6 **Karton III, Kunsthaus Zürich**

Forschungen. Die Autorin des vorliegenden Artikels rekonstruierte die Werkgenese des Wandbildes aufgrund von Vorzeichnungen in ihrer Lizentiatsarbeit (2000),[35] während das Schweizerische Institut für Kunstwissenschaft in Zürich die Zwischenzustände stratigraphisch anhand der Untermalungen an den Kartons selbst aufdeckte.[36]

Heute weiss man mit Sicherheit, dass Hodler am 10. August 1897 und am 12. Mai 1898 je zwei Kartons der Jury vorlegte. Während der Arbeit am ersten Karton (Stuttgarter Fassung)[37] musste der Maler von sich aus einen zweiten Karton (1. Zürcher Fassung)[38] begonnen haben, welche die Jury zur Weiterbearbeitung empfahl. Fast scheint es, Hodler habe Adolf Freys Bemerkung vom 17. Februar 1897 beherzigt, der in seinem NZZ-Artikel «Der Hodlersche Entwurf im Helmhaus» die Ansicht vertrat, dass das Thema des Marignano-Rückzuges «nur durch eine geschlossene Gruppe, also durch die letzten Mannen der Nachhut zur Darstellung gebracht werden» könne.[39] Den dritten Karton (2. Zürcher Fassung)[40] bekam die Jury erstmals am 12. Mai 1898 in unfertigem Zustand und ein zweites Mal vier Monate später im «vollendeten»[41] Zustand zu sehen. Dieser stellt eine Weiterentwicklung der Komposition im Sinne einer Verdichtung durch Hinzufügung zusätzlicher Figuren dar.

Inzwischen beschloss die Landesmuseumskommission, die Nischen in der Waffenhalle mit Waffentrophäen zu schmücken, da keine Aussicht mehr bestehe, dass die Fresken auf die Museumseröffnung hin beendet sein würden.[42] Die Einweihung des Landesmuseums fand am

Abb. 7/8/9/10 **Fritz Boscovits Jun., Karikatur Nr. 1, 2, 3, 4**

25. Juni 1898 statt. Am 23. August 1898 berichtete die *Zürcher Post*, Hodlers Entwürfe seien abgelehnt worden.[43] Vermutlich handelte es sich um eine bewusst gestreute Falschmeldung aus dem Lager der Hodler-Gegner, denn die Beurteilung des dritten Kartons durch die Jury der Eidgenössischen Kunstkommission fand erst am 12. September statt. Die Jury stellte das Ergebnis ihrer Begutachtung an der Sitzung vom 8. Oktober 1898 der Eidgenössischen Kunstkommission vor. Im französisch verfassten Bericht steht, sie anerkenne die monumentalen Qualitäten von Hodlers Malerei, die Kraft des Ausdruckes und den kriegerischen Charakter der Komposition. Doch sei man sich einig über gewisse Vorbehalte und Wünsche, die der Künstler hoffentlich ernsthaft berücksichtige:

«Das buntscheckige Gemisch von lebhaften Farben, gelb, blau, rot von gleicher Intensität, die sich der Wirkung des Gemäldes den Vorrang streitig machen, tut der Schönheit der Darstellung unzweifelhaft Eintrag und macht sie konfus und beinahe unverständlich. Die zu blaue Färbung der Harnische, welche die unmittelbare Nähe der Originalrüstungen der Waffensammlung noch schreiender macht, trägt viel zu der unangenehmen Zerstückelung der Massen bei. [...] Es freut die Jury, in einer der kleinen Skizzen einen Fortschritt in der Gruppierung und in der Haltung der Krieger konstatieren zu können. Die neue Disposition der Soldaten des Vordergrundes hat allgemeine Billigung gefunden und wird sicher einen bessern Effekt erzielen als die gegenwärtige Disposition, die nicht erlaubt, auf den ersten Blick die Handlung der Szene zu lesen.»[44]

Nach Anhörung des Juryberichts beschloss die Kunstkommission mit neun gegen drei Stimmen, «Hodler mit der Ausführung seiner Kartons in Freskomalerei zu betrauen.»[45] Indes kam die Landesmuseumskommission am 21. Oktober 1898 zum Schluss, ihr Gesuch um eine Ausmalung der Waffenhalle zurückzuziehen.[46] Damit erreichte der Freskenstreit seinen Höhepunkt. Heinrich Angst und seine Mitstreiter scheuten keine Mittel, um Hodlers Entwürfe zu diskreditieren. Die Uneinigkeit der Eidgenössischen Kunstkommission nutzten sie gezielt für

ihre Meinungsmache aus. Mittlerweile sah sich die Landesregierung zum Einschreiten veranlasst. Am 12. November reiste eine erste Delegation mit vier Bundesräten an, um zwischen den Parteien zu vermitteln. Am 14. November besichtigte zudem der Zürcher Stadtrat die provisorisch vor den Wandnischen aufgestellten Kartons in Anwesenheit dreier Vertreter der Landesmuseumskommission. Tags darauf beschloss die Stadtzürcher Regierung, dem Bundesrat von der Ausführung der Fresken abzuraten.[47] Ebenfalls am 14. November erhielt Hodler von Bundesrat Adrien Lachenal ein Telegramm mit der dringlichen Aufforderung, noch am Abend nach Bern zu kommen und seine beiden letzten kleinformatigen Farbskizzen mitzubringen. Er schlage eine kleine Vertragsänderung vor, in dem Sinne, dass die Korrekturen vor der Ausführung des Freskos am Karton angebracht werden.[48]

In jenen Wochen meldeten sich in allen Landesteilen der Schweiz zahlreiche Befürworter und Gegner in der Presse zu Wort. Professor Rahn, Mitglied der Landesmuseumskommission, veröffentlichte am 19. November, just an dem Tag, als die zweite bundesrätliche Delegation die Kartons besichtigte, im *Tagblatt der Stadt Zürich* seine negative Kritik, die er bereits an der Sitzung der Landesmuseumskommission vom 21. Oktober vorgetragen hatte: «Von Komposition kann nicht gesprochen werden, sondern nur von Ausschnitten, die über und hintereinander kleben. […]».[49] Desweitern resümiert er den oben zitierten Jurybericht und konstatiert, dass die neuen Entwürfe schlechter ausgefallen seien als die früheren.

In Zürich machte nicht nur die Landesmuseumskommission, sondern auch die Zünfte und der Lehrerverein gegen Hodlers Entwürfe mobil, während Künstlervereinigungen wie die Neuenburger Sektion der Gesellschaft Schweizerischer Maler und Bildhauer, die Zürcher und die Basler Kunstgesellschaft sich solidarisch mit dem angefeindeten Künstler erklärten.[50] Eine vierteilige Karikatur im *Nebelspalter* vom 3. Dezember 1898 kommentiert den Sachverhalt wie folgt:

«*Helm-Haus-Hallen-Helgen.*
Seht ihr die Bluttat an der Wand?/
Blut rinnt von Antlitz, Wams und Hand.
Das ist die neue Landeskunst./
Wer da sich wehrt, der tut's umsonst.
Denn so beschloss die Kunst-Jury;/
Der Hodler ist ein Mordsgenie.
Drum schliess' ich meinen Sang auf Hodler/
Mit einem nationalen Jodler.»[51]

Abb. 11 **Karton IV, Musée d'art et d'histoire, Genève**

Nach der bundesrätlichen Visite verblieben die Entwürfe noch einige Tage an dem für sie vorbestimmten Platz, so dass die Öffentlichkeit sich selbst von deren Wirkung ein Bild machen konnte. Mit über 8000 Personen in vier Tagen war der Andrang dermassen gross, dass der Museumsdirektor sich dazu veranlasst sah, die Ausstellung vorzeitig zu schliessen. Am 30. November fand die Eidgenössische Kunstkommission zu einer ausserordentlichen Sitzung zusammen, um sich über die mediale Hetze gegen Hodler zu beraten. Charles Giron brachte den Standpunkt der Kunstkommission mit folgenden Worten auf den Punkt:

«*Unsere Gegner hätten ohne Zweifel Federbüsche, Patrizier, Wappen der Komposition Hodlers vorgezogen, diesen ‹Bauern›, welche wir lieben[,] so wie sie sind. Wir haben rauhe starke Streiter gewünscht, die als Helden in den Tod gehen – ohne Federbusch.*»[52]

Der als Vorsteher des Departements des Innern beiwohnende Bundesrat Lachenal verlangte, dass Hodler erst dann mit der Ausführung der Fresken beauftragt werde, wenn die Beanstandungen der Jury berücksichtigt seien. Falls Hodler die Änderungen nicht am bestehenden Karton anbringen könne, müsse er einen neuen malen.[53] Am 3. Dezember, also drei Tage nach der Sitzung der Kunstkommission, beschloss der Bundesrat, dass der gegenwärtige Karton [für das Mittelfeld] durch einen neuen zu ersetzen sei, der den Bemerkungen der Jury Rechnung trage.[54] Hodler zeigte sich über diesen Entscheid erleichtert. In seinem Brief an Miller vom 17. Dezember 1898 schrieb er:

Abb. 12 Ferdinand Hodler, Der Rückzug bei Marignano, 1897–98

Abb. 13 Ferdinand Hodler, Rückzug der Eidgenossen von Marignano, 1899/1900

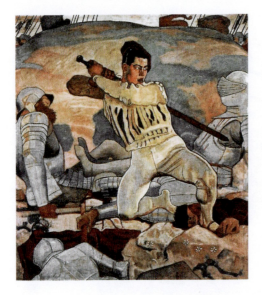

Abb. 14 **Ferdinand Hodler, Dietegen mit Schwert kämpfend**

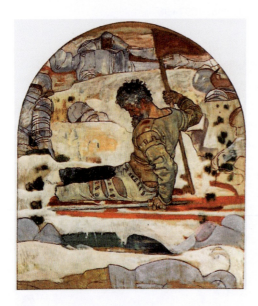

Abb. 15 **Ferdinand Hodler, Der verwundete Bannerträger Hans Bär**

«Im Ganzen genommen sind die neuen Bedingungen nicht ohne Vorteil für mich. Einen neuen Karton malen heisst nichts anderes als den ersten zu kopieren; allerdings sind dann auch die verrückten Bemerkungen der Jury beizubringen, diese beziehen sich nun hauptsächlich auf die Farbe. Es ist zuletzt keine Figur durch eine andere zu ersetzen, auch nicht irgendeine Bewegung eines Kriegers zu ändern, solches wäre dann von grösserer Wichtigkeit. Die Seitenbilder bleiben dieselben.»[55]

Der vierte Karton (Genfer Fassung)[56] entstand somit auf bundesrätlichen Geheiss und stellte eine bereinigte bzw. korrigierte Fassung des dritten Kartons dar. Am 18. Mai 1899 wurde dieser Karton als Vorlage für das Fresko akzeptiert und am 3. Juni im Landesmuseum aufgestellt. Hodler mutmasste in seinem Brief an Bundesrat Lachenal vom 10. April 1899, dass Angst seine Schweizer nun weniger primitiv finden werde.[57]

Die Landesmuseumskommission stellte sich im Wissen, nichts mehr gegen die Ausführung von Hodlers Bilder ausrichten zu können, auf den folgenden Standpunkt: Sie vermisse nach wie vor die ideale und historische Auffassung, welche sie für ein Monumentalbild unabdingbar halte. Sie überlasse deshalb im Falle einer Ausführung die Verantwortung gänzlich der Eidgenössischen Kunstkommission. Sie anerkenne «jedoch in dieser Arbeit einen erheblichen Fortschritt gegenüber den früheren Entwürfen.»[58] Angst konnte sich mit dieser Stellungnahme nicht einverstanden erklären und gab seinen separaten Protest zu Protokoll. Während der Zürcher Stadtrat, der wenige Tage zuvor noch ein Gutachten bei Professor Rahn bestellt hatte, an seiner Sitzung vom 14. Juni die Angelegenheit als erledigt betrachtete.[59]

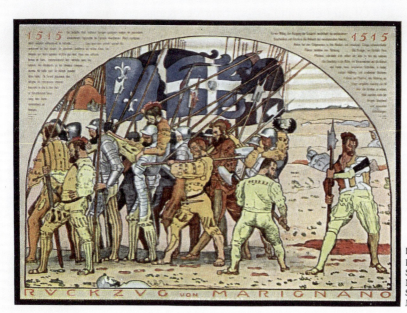

Abb. 16 Ferdinand Hodler, Rückzug der Eidgenossen von Marignano, 1899/1900

Am 26. Juni 1899 unterzeichnete Hodler den Schlussvertrag, drei Monate später wurde dieser vom Departement des Innern gegengezeichnet.[60] Es dauerte weitere zwei Monate, bis endlich das Gerüst stand. Angst versuchte nun Hodler durch Einschränkung der Arbeitszeiten zu schikanieren und wurde deswegen vom Departement des Innern zurechtgewiesen.[61] Am 27. März 1900 konnte Hodler die Fresken als vollendet melden und am 18. April wurden sie von der Eidgenössischen Kunstkommission abgenommen und einstimmig als gelungen bezeichnet.[62] Mit seinem Wandbild «Der Rückzug der Schweizer aus der Schlacht bei Marignano 1515» schuf Hodler ein monumentales Historiengemälde, mit dem er bald über die Landesgrenzen hinaus bekannt wurde. Die Genfer Fassung wurde 1904 an der XIX. Secessionsausstellung in Wien gezeigt und im Jahr darauf an der 9. Berliner Sezessionsausstellung. Die internationale Kritik war begeistert und feierte Hodler als überragenden Monumentalmaler.[63] Der Auftrag für die Ausmalung der Waffenhalle hatte wesentlichen Einfluss auf Hodler künstlerische und persönliche Entwicklung: Er galt fortan als der Schweizer Nationalmaler schlechthin und war ein gemachter Mann.[64] Mit dem Aufbruch der Jenenser Studenten in den Freiheitskrieg 1813 (Universität Jena) und der Einmütigkeit (Rathaus von Hannover) erhielt Hodler nach 1900 zwei wichtige Wandbildaufträge in Deutschland.

Im Gegensatz zu den Marignano-Fresken sind diese jedoch in Öl auf Leinwand ausgeführt. Elf Jahre nach dem Freskenstreit erhielt Hodler schliesslich den Auftrag, die östliche Schmalwand der Waffenhalle auszumalen. Wegen des vorzeitigen Ablebens des Künstlers kam es nicht zur Vollendung des zweiten Freskos. Zur Schlacht bei Murten existieren zwei Kartons in Ausführungsgrösse.[65]

Anmerkungen

1 Die Erfindung der Schweiz 1848–1998. Bildentwürfe einer Nation, Sonderausstellung des Schweizerischen Landesmuseums Zürich in Zusammenarbeit mit dem Schweizerischen Institut für Kunstwissenschaft Zürich, Zürich: Chronos, 1998, S. 396–397, Kat. Nr. 205.

2 Heinrich Angst: «Die Konkurrenz für die Wandmalereien in dem Landesmuseum», in: Neue Zürcher Zeitung, Nr. 55, 24. Februar 1897.

3 Die folgenden Ausführungen stützen sich vorwiegend auf Franz Zelger: Heldenstreit und Heldentod. Schweizerische Historienmalerei im 19. Jahrhundert, Zürich: Atlantis, 1973, S. 11–19.

4 Von Anker bis Zünd. Die Kunst im jungen Bundesstaat. 1848–1900, [Ausstellungskatalog] Kunsthaus Zürich; Musée d'art et d'histoire, Genf, Christian Klemm (Hg.), Zürich: Scheidegger & Spiess, 1998, S. 144, Kat. Nr. 34.

5 Von Anker bis Zünd, [Ausstellungskatalog] Zürich/Genf 1998, S. 140, Kat. Nr. 29.

6 Pierre Vaisse: «Schweizer Historienmalerei. Anmerkungen zu einem angeblichen Tod», in: Von Anker bis Zünd, [Ausstellungskatalog] Zürich/Genf 1998, S. 70.

7 Vgl. Matthias Fischer: «Chercher le public. Ferdinand Hodlers Beteiligung an Ausstellungen und Concours», in: Ferdinand Hodler. Die Forschung – Die Anfänge – Die Arbeit – Der Erfolg – Der Kontext, hrsg. von Oskar Bätschmann, Matthias Frehner und Hans-Jörg Heusser, Reihe outlines, hrsg. vom Schweizerischen Institut für Kunstwissenschaft, Bd. 4, Zürich 2009, S. 51–64.

8 Fischer 2009, S. 54, Abb. 2.

9 Mit «L'Escalade» ist der erfolgreiche Widerstand der Genfer gegen den Angriff der Savoyer von 1602 gemeint. Der Gedenktag dieses historischen Ereignisses ist der 11. Dezember.

10 Bibliothek SLM (Schweizerisches Landesmuseum), Protokoll LMK (Landesmuseumskommission), 1. Februar 1895, S. 2, Paragraph 544.

11 Zit. nach: Robert Durrer; Fanny Lichtlen: «Der Kampf um die Hodler-Fresken», in: Heinrich Angst. Erster Direktor des Schweizerischen Landesmuseums – Britischer Generalkonsul, Glarus: Tschudi & Co., 1948, S. 211–212.

12 Zit. nach: [Heinrich Angst:] Die Wandmalereien in der Waffenhalle des Schweizerischen Landesmuseums in Zürich. Dokumentierter Spezialbericht der Museums-Direktion an die Eidgenössische Landesmuseums-Kommission, Zürich: Orell Füssli, 1900 (Beilage zum 7./ 8. Jahresbericht der Eidgenössischen Landesmuseumskommission von 1898/1899), S. 1.

13 Zit. nach: Ernst Heinrich Schmid: Ferdinand Hodlers «Rückzug bei Marignano» im Waffensaal des Landesmuseums Zürich. Ein Beitrag zur Geschichte des Schweizerischen Wandbildes, Diss. Zürich (Teildruck), 1946, S. 17–18.

14 Lucius Grisebach: «Historienbilder», in: Ferdinand Hodler, [Ausstellungskatalog] Zürich/Berlin/Paris 1983, S. 260.

15 Vgl. Angst 1900 (Spezialbericht), S. 6.

16 Vgl. Angst 1900 (Spezialbericht), S. 7.

17 Heinrich Angst: «Die Konkurrenz für die Wandmalereien in dem Landesmuseum», in: Neue Zürcher Zeitung, Nr. 55, 24. Februar 1897 (sog. Exposé).

18 Zit. nach: Durrer/Lichtlen 1948, S. 212–213 (aus dem Exposé von Heinrich Angst).

19 Dito.

20 Bibliothek SLM, Sign. Cc 27: Protokoll EKK, 29. Sitzung, 27./28. April 1896, S. XVI–XVIII. In der Wettbewerbsausschreibung werden die Programme mit A, B und C bezeichnet).

21 Am 27. Januar 1897 durch Rudolf Koller ersetzt.

22 Angst 1900 (Spezialbericht), S. 4.

23 Hodler schuf auch zu diesem Thema einen Kompositionsentwurf; vgl. Ferdinand Hodler, [Ausstellungskatalog] Martigny 1991, S. 200, Kat. Nr. 82.

24 Zit. nach: Schmid 1946, S. 95.

25 Dito.

26 Zit. nach: Durrer/Lichtlen 1948, S. 215.

27 Vgl. Die Erfindung der Schweiz 1848–1998, S. 243–244, Kat. Nr. 72, Abb. 85.

28 Zit. nach: Durrer/Lichtlen 1948, S. 216–217.

29 Zit. nach: Angst 1900 (Spezialbericht), S. 7–12.

30 Alfred Friedrich Bluntschli: «Die Ausschmückung des schweizerischen Landesmuseums in Zürich mit Malereien», in: Neue Zürcher Zeitung, Nr. 69, 10. März 1897.

31 Bibliothek SLM, Protokoll LMK, 5. Juni 1899, S. 3, Paragraph 1994.

32 Abschrift von Jura Brüschweiler, Schweizerisches Institut für Kunstwissenschaft Zürich (SIK), 1998.

33 Robert Glutz von Blotzheim: «Geschichte der Eidgenossen. Vom Tode des Bürgermeisters Waldmann bis zum ewigen Frieden mit Frankreich», in: Johannes von Müller: Geschichten Schweizerischer Eidgenossenschaft, Bd. VI, Zürich 1816; vgl. Hans Frei: «Hodlers Plakat des Kriegers für die Retrospektive 1917 in Zürich», in: Ferdinand Hodler und das Schweizer Künstlerplakat 1890–1920, [Ausstellungskatalog] Zürich/ Wien/Lausanne 1983, S. 95, Anm. 7.

34 Vgl. auch Durrer/Lichtlen 1948, S. 233: Angsts Auge sei an alten Tafelbildern geschult gewesen, «wie denn seine Zeit die Malerei überhaupt nur als Tafelmalerei auffasste, während ihr der Sinn für wirkliche Wandmalereien abging».

35 Lucia Cavegn Khammassi: «Ferdinand Hodler: ‹Der Rückzug der Schweizer aus der Schlacht bei Marignano 1515› (1896-1900) – Eine mögliche Werkgenese», Lizentiatsarbeit der philosophischen Fakultät der Universität Zürich, 2000.

36 «Vom Karton zum Wandbild. Ferdinand Hodlers ‹Rückzug von Marignano› – Technologische Untersuchungen zum Entstehungsprozess», in: Zeitschrift für Schweizerische Archäologie und Kunstgeschichte (ZAK), Bald 57, 2000, Heft 3. Basierend auf den Ergebnissen der kunsttechnologischen Untersuchungen erörterte Paul Müller, Leiter des Projekts «Ferdinand Hodler. Catalogue raisonné der Gemälde» am Schweizerischen Institut für Kunstwissenschaft in Zürich, die Veränderung des Kompositionsschemas von der Achsensymmetrie zur translativen Symmetrie in seinem Aufsatz: «‹Parallelismus› – Hodlers programmatischer Anspruch», in: Ferdinand Hodler. Die Forschung – Die Anfänge – Die Arbeit – Der Erfolg – Der Kontext, S. 107–119.

37 Standort: Staatsgalerie Stuttgart, Abb. vgl. ZAK 2000, Tafel 1A.

38 Standort: Kunsthaus Zürich; Abb. vgl. ZAK 2000, Tafel 1B.

39 Adolf Frey: «Der Hodlersche Entwurf im Helmhaus», in: Neue Zürcher Zeitung, Nr. 48, 17. Februar 1897.

40 Standort: Kunsthaus Zürich; Abb. vgl. ZAK 2000, Tafel 5A.

41 Hodler hat sowohl die Stuttgarter Fassung wie auch die erste sowie die zweite Zürcher Fassung nachträglich stark überarbeitet.

42 Zit. nach: Angst 1900 (Spezialbericht), S. 17.

43 Brüschweiler: Ferdinand Hodler, [Ausstellungskatalog] Martigny 1991, S. 219.

44 Zit. nach: Durrer/Lichtlen 1948, S. 222.

45 Bibliothek SLM, Sign. Cc 27: Protokoll EKK (Eidgenössischen Kunstkommission), 42. Sitzung, 8. Oktober 1898, S. 12.

46 Bibliothek SLM, Protokoll LMK, 21. Oktober 1898, S. 3–4, Paragraph 1766/1767.

47 Stadtarchiv Zürich, V.B. a.13, Stadtratsprotokolle 1898, S. 470, 80. Sitzung, 16. November 1898, Paragraph 1345. Das Schreiben wurde am 30. November im Tagblatt der Stadt Zürich (S. 6) abgedruckt.

48 Abschrift von Jura Brüschweiler, SIK, 1998.

49 «Zur Aufklärung über die Vorgänge am Landesmuseum. Votum von Herrn Dr. J. R. Rahn [...] betreffend die Hodler'schen Entwürfe zu den Fresken [...], gehalten in der Sitzung der Landesmuseumskommission vom 21. Oktober 1898», in: Tagblatt der Stadt Zürich, Nr. 272, 19. November 1898, S. 5.

50 Vgl. Bibliothek SLM, Sign. Cc 27: Protokoll EKK, 43. Sitzung, 30. November 1898, S. 11 sowie Durrer/Lichtlen 1948, S. 228.

51 Nebelspalter, Jg. 22, Nr. 49, 3. Dezember 1898; Abbildung vgl. Matthias Fischer: Ferdinand Hod-

52 Bibliothek SLM, Sign. Cc 27: Protokoll EKK, 43. Sitzung, 30. November 1898, S. 11.

53 Bibliothek SLM, Sign. Cc 27: Protokoll EKK, 43. Sitzung, 30. November 1898, S. 12.

54 Bibliothek SLM, Sign. Cc 27: Protokoll EKK, 46. Sitzung, 20. Mai 1899, S. 14 sowie Protokoll EKK, 44. Sitzung, 28. Dezember 1898, S. 3.

55 Abschrift von Jura Brüschweiler, SIK, 1998.

56 Standort: Musée d'art et d'histoire, Genf; Abb. vgl. ZAK 2000, Tafel 5B.

57 Zit. nach: Schmid 1946, S. 112.

58 Bibliothek SLM, Protokoll LMK, 5. Juni 1899, S. 3, Paragraph 1994.

59 Stadtarchiv Zürich, V.B. a.13, Stadtratsprotokolle 1899, S. 214, 35. Sitzung, 14. Juni 1899, Paragraph 622.

60 Vgl. Schmid 1946, S. 109–111.

61 Schreiben vom 28. November 1899; vgl. Schmid 1946, S. 114–115.

62 Bibliothek SLM, Sign. Cc 27: Protokoll EKK, 50. Sitzung, 18. April 1900, S. 4.

63 Vgl. Bernd Nicolai: «Hodlers Monumentalität. Zur Neuformulierung von Historienmalerei und tektonischer Kunst um 1900», in: Ferdinand Hodler. Die Forschung – Die Anfänge – Die Arbeit – Der Erfolg – Der Kontext, S. 263–276.

64 Vgl. Sharon L. Hirsh: «Ferdinand Hodler, Painter of the Nation», in: dito, S. 165–176.

65 Standorte: Musée d'art et d'histoire, Genf und Schweizerisches Landesmuseum.

Bildnachweis

1 *Der Waffensaal im Landesmuseum Zürich mit Fresken Ferdinand Hodlers*
Quelle: Ausstellungskatalog Hodler. Eine symbolistische Vision. Kunstmuseum Bern, 9.4.–10.8.2008

2 *Schweizerisches Landesmuseum Zürich, Waffenhalle, Westwand, Wandmalerei,*
Gesamtansicht «Der Rückzug der Schweizer aus der Schlacht von Marignano 1515»
Quelle: Paul Müller, Einführung zu: Vom Karton zum Wandbild. Ferdinand Hodlers «Rückzug von Marignano» – Technologische Untersuchungen zum Entstehungsprozess, in: Zeitschrift für Schweizerische Archäologie und Kunstgeschichte, Bd. 57, Karl Schwegler, Zürich 2000, S. 187-192; zwischen Seiten 184 und 185, Tafel 2A

3 *Wettbewerbsentwurf (auch als Konkurrenzentwurf bezeichnet), Detail des Mittelfeldes.*
Kunsthaus Zürich, Graphische Sammlung, Inv. 1034, Leihgabe der Schweizerischen Eidgenossenschaft. Abbildung massstabsgetreu in Bezug zum Wandgemälde
Quelle: Vgl. 2, Tafel 2B

4 *Karton I, Staatsgalerie Stuttgart, Inv. 1295*
Quelle: Vgl. 2, Tafel 1A

5 *Karton II, Kunsthaus Zürich, Inv. 1143*
Quelle: Vgl. 2, Tafel 1B

6 *Karton III, Kunsthaus Zürich, Inv. 1584*
Quelle: Vgl. 2, zwischen Seiten 276 und 277, Tafel 5A

7 *Fritz Boscovits Jun., «Ein Ausweg. Die Hodlerbilder im Landesmuseum … soll man 1899 ausführen lassen und dann …»*
Quelle: Nebelspalter, 22. Jg., Nr. 49, 3.12.1898; abgedruckt in: Mathias Fischer, Ferdinand Hodler in Karikatur und Satire par la caricature et la satire, Benteli, Sulgen 2012, S. 88, Karikatur 1

8 *Fritz Boscovits Jun., «… der Entrüstung gemäss überkalken …»*
Quelle: Vgl. 7. S. 88, Karikatur 2

9 *Fritz Boscovits Jun., «Bis 1999 findet dann ein Maurer die Gemälde …»*
Quelle: Vgl. 7, S. 89, Karikatur 3

10 *Fritz Boscovits Jun., «… und der Jubel wird grenzenlos sein!»*
Quelle: Vgl. 7, S. 89, Karikatur 4

11 *Karton IV, Musée d'art et d'histoire, Genève, Inv. 1907-44*
Quelle: Vgl. 2, zwischen Seiten 276 und 277, Tafel 5B

12 *Ferdinand Hodler, Der Rückzug bei Marignano, 1897–98, (Mittelfeld, Zürcher Fassung III), Kunsthaus Zürich*

Quelle: Kunsthaus Zürich. Postkarte, Reiter Kunstverlag, Ebmatingen-Zürich

13 *Ferdinand Hodler, Rückzug der Eidgenossen von Marignano, Wandgemälde (Mittelfeld) in der Waffenhalle des MuseumS. Fresko und Tempera, 1899/1900*
Quelle: Postkarte, Schweizerisches Landesmuseum Zürich

14 *Ferdinand Hodler, Dietegen mit Schwert kämpfend, 1898/99, Musée d'art et d'histoire Genève*
Quelle: Mathias Fischer, Ferdinand Hodler in Karikatur und Satire par la caricature et la satire, Benteli, Sulgen 2012, S. 93

15 *Ferdinand Hodler, Der verwundete Bannerträger Hans Bär, 1898/99, Musée d'art et d'histoire Genève*
Quelle: Vgl. 14, S. 93

16 *Hodler Rückzug der Schweizer nach der Schlacht bei Marignano, Reproduktion einer als Kunstblatt erschienenen Originallithografie im Verlag von B.G. Teubner*
Quelle: B.G. Teubner, Leipzig 1911

Bibliografie

Quellen

Die Fresken von F. Hodler in der Waffenhalle, Mosaiken von H. Sandreuter im Hof SLM, Entstehungsgeschichte nach den Protokollen der eidg. Kunst-Kommission 1896–1919, Fotokopien 1978.

Protokolle der Sitzungen der Eidgenössischen Landesmuseum-Kommission, 1896–1900.

[Heinrich Angst:] Die Wandmalereien in der Waffenhalle des Schweizerischen Landesmuseums in Zürich. Dokumentierter Spezialbericht der Museums-Direktion an die Eidgenössische Landesmuseums-Kommission, Zürich: Orell Füssli, 1900 (Beilage zum 7./ 8. Jahresbericht der Eidgenössischen Landesmuseumskommission von 1898/1899).

Stadtarchiv Zürich, V.B. a.13, Stadtratsprotokolle 1898, S. 470, 80. Sitzung, 16. November 1898.

Stadtarchiv Zürich, V.B. a.13, Stadtratsprotokolle 1899, S. 214, 35. Sitzung, 14. Juni 1899.

Abschriften von Jura Brüschweiler, Schweizerisches Institut für Kunstwissenschaft Zürich (SIK), 1998.

Presseartikel

Adolf Frey: «Der Hodlersche Entwurf im Helmhaus», in: Neue Zürcher Zeitung, Nr. 48, 17. Februar 1897.

Heinrich Angst: «Die Konkurrenz für die Wandmalereien in dem Landesmuseum», in: Neue Zürcher Zeitung, Nr. 55, 24. Februar 1897.

Alfred Friedrich Bluntschli: «Die Ausschmückung des schweizerischen Landesmuseums in Zürich mit Malereien», in: Neue Zürcher Zeitung, Nr. 69, 10. März 1897.

«Zur Aufklärung über die Vorgänge am Landesmuseum. Votum von Herrn Dr. J. R Rahn […] betreffend die Hodler'schen Entwürfe zu den Fresken […], gehalten in der Sitzung der Landesmuseumskommission vom 21. Oktober 1898», in: Tagblatt der Stadt Zürich, Nr. 272, 19. November 1898.

Darstellungen

Robert Glutz von Blotzheim: «Geschichte der Eidgenossen. Vom Tode des Bürgermeisters Waldmann bis zum ewigen Frieden mit Frankreich», in: Johannes von Müller: Geschichten Schweizerischer Eidgenossenschaft, Bd. VI, Zürich 1816.

Ernst Heinrich Schmid: Ferdinand Hodlers «Rückzug bei Marignano» im Waffensaal des Landesmuseums Zürich. Ein Beitrag zur Geschichte des Schweizerischen Wandbildes, Diss. Zürich (Teildruck), 1946.

Robert Durrer; Fanny Lichtlen: Heinrich Angst. Erster Direktor des Schweizerischen Landesmuseums – Britischer Generalkonsul, Glarus: Tschudi & Co., 1948.

Franz Zelger: Heldenstreit und Heldentod. Schweizerische Historienmalerei im 19. Jahrhundert, Zürich: Atlantis, 1973.

Hans Frei: «Hodlers Plakat des Kriegers für die Retrospektive 1917 in Zürich», in: Ferdinand Hodler und das Schweizer Künstlerplakat 1890–1920, [Ausstellungskatalog] Museum für Gestaltung Zürich; Wiener Sezession; Musée des Arts Décoratifs de la Ville de Lausanne, Zürich: Kunstgewerbemuseum, 1983, S. 92–111.

Lucius Grisebach: «Historienbilder», in: Ferdinand Hodler, [Ausstellungskatalog] Zürich/Berlin/Paris 1983, S. 257–274.

Jura Brüschweiler: «La retraite de Marignan (1515) ou une défaite transformée en victoire (1896–1898)», in: Ferdinand Hodler, [Ausstellungskatalog] Fondation Pierre Gianadda Martigny, Martigny: Fondation Pierre Gianadda, 1991, S. 196–235.

Pierre Vaisse: «Schweizer Historienmalerei. Anmerkungen zu einem angeblichen Tod», in: Von Anker bis Zünd. Die Kunst im jungen Bundesstaat. 1848–1900, [Ausstellungskatalog] Kunsthaus Zürich, hrsg. von Christian Klemm, Zürich: Scheidegger & Spiess, 1998, S. 65–71.

Lucia Cavegn Khammassi: «Ferdinand Hodler: ‹Der Rückzug der Schweizer aus der Schlacht bei Marignano 1515› (1896-1900) – Eine mögliche Werkgenese», Lizentiatsarbeit der philosophischen Fakultät der Universität Zürich, 2000.

«Vom Karton zum Wandbild. Ferdinand Hodlers ‹Rückzug von Marignano› – Technologische Untersuchungen zum Entstehungsprozess», in: Zeitschrift für Schweizerische Archäologie und Kunstgeschichte, Bald 57, 2000, Heft 3.

Katharina Schmidt: «Hodlers Historienbilder (Marignano, Jena; Hannover)», in: Ferdinand Hodler. Eine symbolistische Vision, [Ausstellungskatalog] Kunstmuseum Bern/Szépművészeti Múzeum Budapest, hrsg. von Katharina Schmidt, Ostfildern: Hatje Cantz, 2008, S. 347–361.

Ferdinand Hodler. Die Forschung – Die Anfänge – Die Arbeit – Der Erfolg – Der Kontext, hrsg. von Oskar Bätschmann, Matthias Frehner und Hans-Jörg Heusser, Reihe outlines, hrsg. vom Schweizerischen Institut für Kunstwissenschaft, Bd. 4, Zürich 2009 (mit Beiträgen u.a. von Matthias Fischer, Sharon L. Hirsh, Paul Müller und Bernd Nicolai).

Matthias Fischer: Ferdinand Hodler in Karikatur und Satire, Bern/Sulgen/Zürich: Benteli, 2012.

Ausstellungskataloge (soweit nicht oben vermerkt)

«Un scandale artistique dans le sanctuaire de la mémoire nationale 81896-1900) – (Catalogue)», in : Die Erfindung der Schweiz 1848–1998. Bildentwürfe einer Nation, Sonderausstellung des Schweizerischen Landesmuseums Zürich in Zusammenarbeit mit dem Schweizerischen Institut für Kunstwissenschaft Zürich, Zürich: Chronos, 1998.

Mythos Marignano

Georges Wüthrich

«*Mythen sind wichtig, aber man muss über sie streiten. Das ist Arbeit am Selbstverständnis, an der Identität.*»

Georg Kohler, Philosoph

«Was ahnt die Blasmusik, als sie im Ziel den Marignano-Marsch spielt?»

Eine hoch interessante Frage aus dem Sommer 2010, gestellt in der Tageszeitung Blick. Es geht um die erste Bergetappe des Radrennens Tour de Romandie ins französische Châtel. Wir lesen weiter:

«*Die Schweizer Radgenossen geben sich alle Mühe, entgehen aber nur knapp einem ‹Marignano› – einer so vernichtenden Niederlage wie sie die Eidgenossen 1515 gegen die Franzosen kassierten.*»

Mythos Marignano. Im Sport immer wieder präsent und bemüht. Keinem Luzerner käme es in den Sinn bei einem Sieg des FC Luzern zu schreiben: «Luzern hat sein Sempach erlebt.» Es muss eine Niederlage sein... Die Franzosen erleben ihr Waterloo, die Schweizer ihr Marignano.

Nochmals im Blick, Mai 2001, nach der missglückten Eishockey-Weltmeisterschaft in Deutschland:

«*Keine gegenseitigen Schuldzuweisungen, keine Polemiken, keine Intrigen, Vielmehr ist es ein geordneter Rückzug wie einst aus Marignano. Während die Niederlage von 1515 das Ende aller Grossmachtträume war, soll Deutschland 2001 nur ein Zwischenhalt zur Eishockey-Weltgeltung sein.*»

«Geordneter Rückzug»
«Ende aller Grossmachtträume»

Die Jahreszahl 1515 stimmt, fast alle Ingredienzien des Mythos sind vorhanden. Es fehlen nur noch die «Wurzeln der Neutralität». Aber auch dieses Element wird sich bestimmt noch finden lassen...

Bei einer Volltextsuche ab September 1993 kommt der Begriff Marignano im Blick und im SonntagsBlick 26 mal vor. Seit diesem Zeitpunkt sind alle Artikel der beiden Zeitungen in der Schweizerischen Mediendatenbank gespeichert. Im gleichen Zeitraum schaffte es die NZZ und die NZZamSonntag auf 116 Nennungen. Während bei der Blick-Gruppe eine elektronische Volltextsuche vor 1993 nicht möglich ist, funktioniert das bei der NZZ ohne Zeiteinschränkung. Die Suchmaschine zeigt für die NZZ erstaunliche 1000 Treffer an.

Da wird es natürlich durchaus auch politisch. Die NZZ zitiert im Finanzkrisenherbst 2009 die französische Zeitung «Libération»:

«So weit die Erinnerung reicht, war die Demütigung der Schweizer nie so gross wie heute. Was waren schon Marignano oder Napoleon gegen Steinbrück und den amerikanischen Internal Revenue Service.»

Die Franzosen kennen Marignano ja auch – als Sieger. In diesem zeitgenössischen Fall sind es schadenfreudige Sieger.

Doch auch im SonntagsBlick wird Marignano sehr politisch verwendet. Unter dem Titel «Wendezeit» schreibt Ringier-Publizist Frank A. Meyer im Januar 2012:

«Der Mythos Marignano ist also auf wundersame Weise geeignet als historische Metapher, denn gerade gestern noch träumten die Herren unserer Banken den grössenwahnsinnigen Traum von der Geld-Weltmacht Schweiz. Ihre Söldner zogen plündernd durch die Kontinente und machten reiche Beute. Abermilliarden Steuerflucht-Gelder, die sie in Schweizer Safes zu schaffen wussten.»

Frank A. Meyer zieht einen für ihn logischen Schluss:

«Die Preisgabe des Bankgeheimnisses gegenüber den amerikanischen Steuerbehörden ist das Marignano des Schweizer Finanzplatzes.»

Seitenwechsel. Und da landet man natürlich automatisch bei Christoph Blocher. Er liefert den letzten der drei Pfeiler des Mythos Marignano. Nach «geordnetem Rückzug, nach dem «Ende der Grossmachtpolitik» verweist Blocher auf die «Wurzeln der Neutralität». Auf dem Höhepunkt der Auseinandersetzungen um

Abb. 1 **Referat von Christoph Blocher**

Abb. 2 **Publikum im Kursaal Bern**

die Rolle der Schweiz im Zweiten Weltkrieg geisselt er im Juni 1997 in Bern vor 1600 Zuhörern den Eizenstat-Bericht. Es ist nicht so sehr der Vorwurf im Bericht des amerikanischen Unterstaatssekretärs Stuart Eizenstat, dass die Schweiz den Krieg verlängert habe, der ihn wurmt, nein, es ist vor allem der Anwurf der «unmoralischen Neutralität» der Schweiz während des Krieges.

Blocher stellt im Kursaal Bern klar:

«Der Vorwurf, die schweizerische Neutralität sei unmoralisch gewesen, ist beleidigend und ein Angriff auf das Völkerrecht. Der Eizenstat-Bericht übersieht, dass die Neutralität der Schweiz keine momentane Haltung im Zweiten Weltkrieg war, sondern eine historische und völkerrechtlich fundierte Staatsmaxime, welche nach Marignano (1515) begann und seit dem Wiener Kongress von 1815 integrierender Bestandteil des internationalen Völkerrechts ist.»

Stimmt das?

Einige Historiker widersprechen, etwa Andreas Suter im Februar 1999 in der NZZ. Suters Analyse: Die Entdeckung von Marignano als Wurzel der schweizerischen Neutralität ist eine Erfindung des 19. Jahrhunderts. Suter schreibt:

«Wichtig war jedoch auch, dass für diese Geschichtskonstruktion bald ein gängiges, überaus symbolträchtiges Bild und die dazu passende Kurzformel ‹Neutral seit Marignano›, gefunden wurde. Beinahe schlagartig wurde diese Schlacht, die über Jahrhunderte vergessen war, Ende des 19. Jahrhunderts ins kollektive Bewusstsein gerückt.»

Machen wir die Probe aufs Exempel. Nicht historisch korrekt, sondern dem Zufall folgend. An den Pferdesporttagen vom Mai 2013 in Burgdorf entpuppt sich der Präsident des Organisationskomitees, Tierarzt Beat Wampfler, als geschichtsbeflissen. Als man auf Marignano zu sprechen kommt, verrät er im privaten Gespräch, dass er etliche antiquarische Geschichtsbücher besitze, die sich unter anderem auch mit dieser Schlacht befassten. Er leiht die zufällige Auswahl aus.

Beginnen wir mit dem ältesten Buch: «Schweizergeschichte zum Schul- und Privatgebrauch, von Jakob Sterchi, achte Auflage aus dem Jahre 1894. Zu Marignano und dem darauffolgenden Ewigen Frieden mit Frankreich schreibt Sterchi:

«*Die Eidgenossen gelangten in eine untergeordnete, neutrale Stellung unter den europäischen Völkern und traten von nun an nicht mehr als selbständige Kriegsmacht auf.*»

Das tönt noch nicht nach «Ex clade salus», aus der Niederlage das Heil. Und Roland Haudenschild wird sich freuen: Er hat 2003 in der Militärzeitschrift «Armee-Logistik» eine ganze Anzahl von Neutralitätsbegriffen aufgezählt – von der immerwährenden bis zur bewaffneten. Die untergeordnete Neutralität war noch nicht darunter.

Auch das nächste, wesentlich umfangreichere Werk, liefert entgegen anderslautenden Meinungen, noch nicht die vollständigen Wurzeln des Mythos Marignano. Welche Trouvaille! Es ist die epochale «Geschichte der Schweizerischen Neutralität» von Paul Schweizer aus dem Jahre 1895. Paul Schweizer pocht überraschenderweise nicht auf Marignano als entscheidende Wegmarke zur Neutralität. Für ihn steht eher der Ewige Friede mit Frankreich ein Jahr später im Vordergrund. Das ist nicht ganz dasselbe.

Rückt der Mythos «Neutral seit Marignano» etwa erst im 20. Jahrhundert ins öffentliche Bewusstsein?

Ernst Gagliardi, «Geschichte der Schweiz, Erster Band aus dem Jahre 1934. Auch hier ist der Mythos noch nicht vollständig. Gagliardi legt das Hauptgewicht auf den Pfeiler Rückzug:

«*Die Niederlage von Marignano – welche die Unüberwindlichkeit des infanteristischen Schweizerheeres zerbrach - prägte sich dem Gedächtnis von Mit- und Nachwelt doch vornehmlich durch den Heroismus des Rückzugs ein.*»

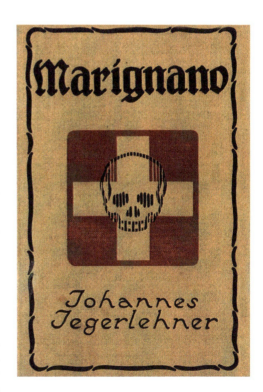

Abb. 3 **Johannes Jegerlehner, Marignano**

Abb. 4 **Carl Friedrich Wiegand, Marignano**

Nächstes Buch, herausgekommen während des Zweiten Weltkriegs: »650 Jahre Eidgenossenschaft – Ein vaterländisches Geschichtswerk mit vielen Hundert Bildern und zehn farbigen Kunstbeilagen», vom 1. August 1941, herausgegeben von Dr. Eugen Th. Rimli. Schon besser:

«*So brachte Marignano die Wende. Die Epoche des Stillsitzens begann, die Neutralität fing an, Wurzeln zu schlagen.*»

Und weiter: «Meine Heimat – Ein Buch für Schweizer im Ausland». Herausgegeben vom Auslandschweizer Werk, der Neuen Helvetischen Gesellschaft und der Stiftung Schweizer Hilfe. Mit einem Vorwort von Bundespräsident Philipp Etter, erschienen am 22. Oktober 1942. Volltreffer: «Marignano» bedeutet zweierlei:

«*Ende der Grossmacht und Geburt der Neutralität im Sinne der Ermahnung von Bruder Klaus: ‹Oh lieben Fründ, machend den Zun nit zuo wit, damit ir dest bass in Frid, Ruow, Eynigkeit und ewer sur erarnten (errungenen) Fryheit blyben mögent. Beladend üch nit fremder Sachen, buondend üch nit fremder Herrschaft...›*»

Es ist wohl eher eine Prophezeihung von Niklaus von Flüe als eine Ermahnung: Bruder Klaus war bei der Schlacht von Marignano schon 28 Jahre tot...

Und schliesslich Peter Dürrenmatts «Schweizer Geschichte» aus dem Jahre 1963: Erstaunlicherweise kommt der Begriff Neutralität im Zusammenhang mit Marignano nicht vor, dafür die schädlichen Auswirkungen der Reisläuferei:

«*Das Reislaufen und die eigenen eidgenössischen Kriegszüge in den vierzig Jahren zwischen dem Ausbruch des Burgunderkrieges und der Schlacht von Marignano brachten nicht nur reichlich flüssiges Geld in das Land, sondern auch neue Ideen. Umgekehrt erzeugten schwere wirtschaftliche und sittliche Schäden.*»

Soweit die Trouvaillen aus dem Bücherregal von Tierarzt Beat Wampfler aus Ersigen im Kanton Bern.

Weiter auf Spurensuche: Ein überraschender Fund im Antiquariat von Dr. Jaromir Konecny in München passt zu den bisherigen Mosaikstücken. Der Fund ist aussergewöhnlich: Es handelt sich um das Textbuch des Volksdramas «Marignano» des Schweizer Dramatikers Carl Friedrich Wiegand. Auf dem Umschlag prangt der rückzugsdeckende Eidgenosse, der auf Ferdinand Hodlers Fresken im Landesmuseum Zürich rechts aussen zu sehen ist. Das Volksdrama in 5 Aufzügen wurde 12 Jahre nach Hodlers Wandbildern in Morschach oberhalb des Vierwaldstättersees auf dem eigens errichteten National-Spielplatz als Freilichtthetar mit über 170 Mitwirkenden uraufgeführt. Die Morschacher Hoteliers, vorab natürlich das Grand Hôtel Axenstein, wollten im Sommer 1911 ihrer internationalen Kundschaft etwas bieten und warben, laut Theaterlexikon, «in ganz Europa für das Theaterspektakel.»

Die Crème de la Crème der damaligen Zürcher Theater- und Musikszene zu Beginn des 20. Jahrhunderts wurde für das Freilichttheater engagiert: Regie führte Hans Rogorsch, die Musik schrieb Hans Jelmoli. Zwei Jahre nach der Morschacher Uraufführung kam Wiegands

Abb. 5 **National-Spielplatz-Morschach. Marignano**

Abb. 6 **Marignano. Schweizer Volksdrama**

«Marignano» sogar bei der Enthüllung des Völkerschlachtdenkmals in Leipzig zu Ehren, zusammen mit Gerhart Hauptmanns «Florian Geyer» und Heinrich von Kleists «Die Hermannsschlacht.»

Das Volksdrama ist längst in Vergessenheit geraten. Der Name «National-Spielplatz» ist in Morschach wieder verschwunden. Der Platz heisst heute einfach nur wieder Mattli...

Der Pathos wäre heute kaum mehr aufführbar, aber das Volksdrama zeichnet sich durch bemerkenswert hohe historische Kenntnis aus – dass Kardinal Schiner mit zwei n geschrieben wird, tut dem keinen Abbruch, die Gestalt ist treffend dargestellt. Der tragische Held des Stücks, Werni Schwyzer, und dessen unglückliche Liebe zu Judith, der Nichte des Schwyzer Ammann Kätzi, ist beeindruckend. Die Rahmenhandlungen, auf dem Schlachtfeld von Marignano, sind ebenfalls spannend.

Wie steht es um den Mythos, um die Wurzeln der Neutralität in diesem Volksdrama? In erster Linie handelt es sich um ein Werk, das äusserst kritisch das Söldner(un)wesen anprangert. Aber es gibt Andeutungen in unserer Sache.

Hören wir die «würdige Priestergestalt» Thomas Horat nach verlorener Schlacht:

«*Es ist gekommen, wie er's voraussah, Mannen und Knaben! Am Felsen der Welt müsst ihr zerbrechen, wenn ihr die Scholle verachtet, die eure Eltern gepflügt. Klammert euch an die Heimat, die euren Schweiss und euer Blut getrunken. Ein kleines Volk muss ja im Meer ertrinken, wenn nicht Gott in der Feuerwalze zum Wasser sagt: Stehe zur gläsernen Wand erstarrt, siehe, mein Volk geht hinüber! Wir gingen alle in die Irre und fielen den Feinden in die Schlinge. Wer mutwillig das Eisen führt, fällt ins Schwert! Gericht kam über unser Volk! So straft Gott Zwietracht, Hoffahrt und Wahnwitz!*»

Randbemerkung: Das in München gefundene Textbuch enthält zahlreiche handschriftliche Korrekturen des Autors, dem Anschein nach für die Leipziger Aufführung. In Horats flammender Predigt ist der Satz »Wer mutwillig das Eisen führt, fällt ins Schwert!» durchgestrichen. Das passt nicht zu Deutschland am Vorabend des Ersten Weltkriegs...

Abb. 7
Frankomarken.
Historische Bilder
1941. 70 Rappen-
Marke

Abb. 8
Frankomarken.
Historische Bilder
1941. 80 Rappen-
Marke

Dafür passt ein anderer Satz zum Mythos Marignano: «Ein kleines Volk muss ja im Meer ertrinken...»

Also: Der Mythos Marignano ist zwar im Zweiten Weltkrieg sehr präsent, davor und danach weniger. Vorerst... Mitten im Zweiten Weltkrieg wurden 70-Rappen- und 80 Rappen- Marken mit Szenen aus den Hodler-Fresken gedruckt. Und Georg Kreis berichtet, «dass im Reduitbunker des Bunderates zwei kleine Repros des Rückzugs an der Wand des Sitzungszimmer hingen.»

Doch wieso können auch heute noch bei Rekrutenprüfungen erstaunlich viele das Datum der Schlacht von Marignano richtig sagen. Warum kommt in der Stammtischrunde in Burgdorf die Antwort wie aus der Kanone geschossen? «Marignano war das Ende der Grossmachtträume!» Warum findet Marignano im Jahr 2005 selbst den Weg in ein 1000 Fragen-Quiz im Blick:

Frage 813: Was ist auf dem Wandbild im Nationalratssaal abgebildet?
  a. Schlacht bei Marignano
  b. Rütliwiese
  c. Wilhelm Tell

Der Schlüssel liegt 50 Jahre zurück. Im Umfeld der 450jährigen Wiederkehr der Schlacht im Jahre 1965. Der Zeitpunkt für die Zementierung des Mythos Marignano ist günstig. Die, von den Alliierten gehasste, Schweizer Neutralität hat sich im Zeiten Weltkrieg letztlich bewährt. Die Schweiz ist 1965, wie Jürg Stüssi sagt, «fertig gebaut.» 1891 tritt der erste Konservative, Josef Zemp, in den Bundesrat ein. Die Reintegration des katholischen Volksteils in den Bundesstaat von 1848 ist abgeschlossen. Das Land ist versöhnt. 1959 wird die Zauberformel erfunden: Nun sind auch die Sozialdemokraten eingebunden. Jetzt gilt es die fertig gebaute Schweiz zu erhalten.

Eine kleine Gruppe von wichtigen Leuten macht sich ans Werk: Der langjährige Bundesrat Philipp Etter, der Besitzer der Ems-Chemie, Werner Oswald; Alfred Schaefer von der Bankgesellschaft und der Historiker Georg Thürer. Dessen Gedenkschrift «Die Wende von Marignano – Eine Besinnung zur 450. Wiederkehr der Schicksalstage von Mitte September 1515» ist ein flammendes Plädoyer für die neutrale Kleinstaatlichkeit.

Georg Thürer wagt auch eine interessante These. Henry Dunant hätte ohne die schweizerische Neutralität, also ohne Marignano, das Rote Kreuz nach Solferino nicht gründen können:

«Allein dieses Hilfswerk hätte kaum so wirksam aufgebaut werden können, wenn die seit Marignano beobachtete Neutralität ihm nicht in einem einigermassen gesicherten Land eine Stätte geboten hätte.»

Die Marignano-Begeisterung ist in dieser Zeit gross: Im Parlament wird sogar ein Postulat gutgeheissen, das das Schlachtfeld in Italien unter Schutz stellen will, was praktisch einem Kauf gleichgekommen wäre. Es versandet schliesslich im Laufe der Zeit.

Der damalige Teilzeitsekretär des «Komitees zur Würdigung der Schlacht von Marignano und ihrer Konsequenzen», ein junger Werkstudent, erinnert sich noch heute mit Inbrunst, wie er zusammen mit Schaefer und Oswald aufs Schlachtfeld gereist sei. «Das waren noch Unternehmer, die sich für so etwas engagieren konnten!» Der junge Werkstudent heisst Christoph Blocher.

Später übernimmt er von Oswald die Ems-Chemie. 1986 gründet er die Aktion für eine unabhängige und neutrale Schweiz, AUNS, in den Siebzigerjahren beginnt der aussergewöhnliche Aufstieg der blocherschen SVP.

Marignano stellt sich im Nachhinein als schicksalshafte Begegnung für Christoph Blocher heraus. Als Wurzel des beruflichen und politischen Aufstiegs dieses Ausnahmepolitikers, der wie kein anderer den Mythos Marignano hoch hält und damit auch erfolgreich geholfen hat, ihn zu zementieren. Nicht einmalmehr im Sport ist er wegzudenken.

So kann man die These wagen: Je länger die Schlacht von Marignano zurückliegt, desto grösser wird ihr Mythos, auch dank, aber keineswegs nur wegen Blocher, leider oder zum Glück, je nach Standpunkt.

Und die 500 Jahrfeier steht erst noch vor der Tür.

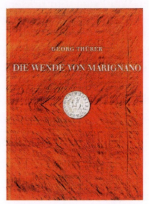

Abb. 9 **Georg Thürer, Die Wende von Marignano**

Bildnachweis

1 *Referat von Christoph Blocher «Die Schweiz und der Eizenstat-Bericht», am 21. Juni 1997, im Kursaal Bern*
  Quelle: Foto aus dem SonntagsBlick vom 22. Juni 1997; Ringier AG, Zürich

2 *Publikum im Kursaal Bern, am 21. Juni 1997, anlässlich des Referats von Christoph Blocher «Die Schweiz und der Eizenstat-Bericht»*
  Quelle: Vgl. 1

3 *Johannes Jegerlehner, Marignano. Eine Erzählung, G.Grote'sche Verlagsbuchhandlung, Berlin 1911. Umschlag Vorderseite*
  Quelle: Bibliothek am Guisanplatz, Bern

4 *Carl Friedrich Wiegand, Marignano. Drama in 5 Aufzügen, 2. Aufl., Rascher, Zürich 1911 (weitere Auflagen bis 1924); Bucheinband Vorderseite und Textausschnitte*
  Quelle: http://www.buchfreund.de/covers/10919/7005.jpg

5 *National-Spielplatz-Morschach. Marignano. Schweizer-Volksdrama in fünf Aufzügen von Carl Friedrich Wiegand (1911)*
  Quelle: Plakat (nach Ferd. Hodler), Polygraphisches Institut AG, Zürich

6 *Marignano. Schweizer-Volksdrama, Bild der Aufführung auf dem National-Spielplatz-Morschach (1911)*
  Quelle: Fotoarchiv Kulturgruppe Morschach, durch Herrn Beat Amstad zur Verfügung gestellt

7 *Frankomarken. Historische Bilder 1941. 70 Rappen-Marke mit kniendem Schwertkämpfer (Dietegen), Seitenbild (Lünette) rechts der Fresken des Rückzuges von Marignano von Ferdinand Hodler im Schweizerischen Landesmuseum Zürich*
  Quelle: Post, Telefon, Telegrafie (PTT), heute Die Schweizerische Post AG, Schweizer Briefmarken

8 *Frankomarken. Historische Bilder 1941. 80 Rappen-Marke mit sterbendem Bannerträger (Hans Bär), Seitenbild (Lünette) links der Fresken des Rückzuges von Marignano von Ferdinand Hodler im Schweizerischen Landesmuseum Zürich*
  Quelle: Vgl. 7

9 *Georg Thürer, Die Wende von Marignano: Eine Besinnung zur 450. Wiederkehr der Schicksalstage von Mitte September 1515, Komitee zur Würdigung der Schlacht von Marignano und ihrer Konsequenzen, Zürich 1965; Bucheinband Vorderseite*
  Quelle: http://pics.ricardostatic.ch/2_721009190_Big/antiquarische-buecher/die-wende-von-m...

Die Fondazione Pro Marignano

Roland Haudenschild

Bekanntheit der Schlacht von Marignano

In der langen Reihe von Schweizerschlachten ist Marignano eine unter vielen, wenn auch von ihrer Bedeutung her eine besondere, welche die alten Eidgenossen geschlagen haben; sie fand im damaligen Herzogtum Mailand statt und endete mit einer Niederlage für die Schweizer Reisläufer, wobei der geordnete Rückzug in die Mauern von Mailand nicht unerwähnt bleiben darf. Eine Schlachtjahrzeit oder ein regelmässig begangener Gedenktag hat sich in der Schweiz nicht herausgebildet. In Italien wird seit einiger Zeit der Schlacht der Giganten gedacht. Obschon verschiedentlich in Geschichtsdarstellungen erwähnt, ändert sich der Bekanntheitsgrad der Schlacht erst kurz vor der Jahrhundertwende um 1900.

Das 1890 gegründete (Baubeginn 1892) und 1898 eröffnete Landesmuseum in Zürich veranstaltete zur Ausschmückung der Waffenhalle einen Künstlerwettbewerb, bei welchem Ferdinand Hodler den ersten Preis gewann. Sein Vorschlag für die Gestaltung der Marignano Fresken führte zu einer jahrelangen und zum Teil gehässigen Kontroverse. Mit dem erfolgreichen Kampf um die Ausführung der dreiteiligen Wandmalerei «Rückzug von Marignano» 1897–1900, begründete Hodler unter anderem seinen Ruhm als «Schweizer Nationalmaler».

Im Jahr 1909 erschien die (bisher einzige) Dissertation über «Die Schlacht bei Marignano» in Göttingen (Deutschland), verfasst von Heinrich Harkensee.[1] Zu erwähnen ist auch das Buch von Johannes Jegerlehner, «Marignano. Eine Erzählung», erschienen im Jahr 1911.[2]

Abb. 1 **Ferdinand Hodler, Selbstbildnis**

Die erwähnten Darstellungen und weiteren Angaben sind auch im Quellen- und Literaturverzeichnis im Anhang des Bildbandes zu finden.

Der Theaterautor Carl Friedrich Wiegand, durch Hodlers Marignano Fresken inspiriert, verfasste ein Textbuch für ein Schweizer Volksdrama «Marignano» in fünf Akten[3]. Dieses wurde auf dem «National-Spielplatz» in Morschach (Kanton Schwyz) im Sommer 1911 mit spektakulärem Publikumserfolg uraufgeführt. Es folgte sogar eine Aufführung in Leipzig bei der Einweihung des Völkerschlachtdenkmals im Oktober 1913, womit Marignano europäisch bekannt wurde, was zu seiner Mythenbildung beitrug.

Sozusagen zum 400. Gedenktag von Marignano, welcher nicht in besonderer Form begangen wurde, veröffentlichte Emil Dürr im Jahr 1915 eine Broschüre in welcher er die auswärtige Politik der Eidgenossenschaft und die Schlacht bei Marignano beleuchtet.[4] «Es gilt einer Schlacht zu gedenken, die vor Jahrhunderten im Schicksal unseres Volkes schwer gewogen hat.» (Seite 3). Im gleichen Jahr 1915 behandelte Meinrad Lienert Marignano in seinen Schweizer Sagen und Heldengeschichten.[5]

Der Umfang der Marignano Literatur war im Zunehmen begriffen; erwähnenswert sind unter anderem Paul de Vallières «Treue und Ehre», Ausgaben 1912 und 1940,[6] Siegfried Frey in der «Schweizer Kriegsgeschichte» 1935[7] und Ernst Gagliardis «Geschichte der Schweiz von den Anfängen bis zur Gegenwart» 1939.[8] Jean Daetwyler komponierte 1939 im Auftrag des Zentralwalliser Musikverbandes einen Marsch, dem er den Namen «Marche de Marignan» gab.

Im Zweiten Weltkrieg diente die Schweizer Geschichte der geistigen Landesverteidigung, was zum Beispiel bei der Landesausstellung «Landi» in Zürich 1939 und beim 650 Jahr Jubiläum der Eidgenossenschaft in Schwyz 1941 zum Ausdruck kam.

Die Schweizerischen Post-, Telegraphen- und Telefonbetriebe (PTT) gaben 1941 eine neue Serie von neun Freimarken heraus, mit historischen Bildern und Persönlichkeiten. Auf der 60 Rappen Marke ist Hodlers Wilhelm Tell abgebildet, die 70 Rappen Marke zeigt den kämpfenden Krieger und die 80 Rappen Marke den sterbenden Krieger, beides Sujets in den beiden Seitenfeldern (Lünetten) rechts und links des Mittelfeldes von Hodlers Wandmalerei der «Rückzug von Marignano» im Schweizerischen Landesmuseum.

Publiziert wurden unter anderem 1942 auch die Werke von A. und B. Bruckner das «Schweizer Fahnenbuch»[9] und von E.A. Gessler «Die Banner der Heimat»,[10] die zur Identifizierung mit den Wappen und Flaggen der Schweiz dienten (vgl. Die Banner und Bannerträger der ruhmreichen dreizehn alten Orte im Anhang des Bildbandes).

Bis anfangs der 1960er Jahre wird Marignano in der Literatur eher wenig behandelt und ist in der Öffentlichkeit kaum präsent. Dies ändert sich 1965 vollständig, im Hinblick auf den 450. Jahrestag der Schlacht von Marignano. Von Marignano ist ein bestimmtes Bild der Schlacht überliefert bzw. präsent und es wird fast automatisch ein Zusammenhang mit der schweizerischen Neutralität hergestellt.

Abb. 2 **Clément Janequin,**
La bataille de Marignan

Abb. 3 **Das Marignanolied,**
Text (5 Strophen)

Das Marignanolied

1. Trommeln und Pfeifen mit hellem Klang
Zieh'n da den Weg entlang.
Nach Marignano ziehen sie,
Diridi, diridi.
Trommelfelle beben
In das lichte Morgenrot.
Pfeifen sind das Leben
Und die Trommeln sind der Tod.

2. Von den Gebirgen zieht Kriegesmacht
So stolz hinab zur Schlacht.
Nach Marignano ziehen sie,
Diridi, diridi.
In den Tod ergeben
Stürmt das erste Aufgebot.
Pfeifen sind das Leben
Und die Trommeln sind der Tod.

3. Aus dem Gewühl klingt Schwertgeklirr,
Und Krachen im Gewirr.
Bei Marignano kämpfen sie,
Diridi, diridi.
Der Korrnett will heben
Seine Fahn'n in Todesnot.
Pfeifen sind das Leben
Und die Trommeln sind der Tod.

4. Eidgenossen deckt ihr den Fluss,
Dieweil ich sterben muss.
Unsere Treue wanket nie,
Diridi, diridi.
Nach dem Siege sterben
Sollt ihr wie der Herr gebot.
Pfeifen sind das Leben
Und die Trommeln sind der Tod.

5. Aus sein Atem und aus die Schlacht,
Und blutig aus der Nacht.
Von Marignano ziehen sie,
Diridi, diridi.
Blonde Haare kleben,
Leib und Waffen tropfen rot.
Pfeifen sind das Leben
Und die Trommeln sind der Tod.

Gedenken an die Schlacht von Marignano und Gründung der Stiftung

Vorbereitungen

Marignano ist nun in verschiedener Hinsicht allgemein bekannt: Aus den Geschichtsbüchern, dem Geschichtsunterricht in der Schule, als Chanson «La bataille de Marignan», bzw. Marignanolied (mit fünf Strophen), als Gemälde und Fresko, als Volksdrama und als Marsch «Marche de Marignan».

Was noch fehlt ist ein Denkmal auf dem Schlachtfeld in Italien, da doch zahlreiche andere Schweizerschlachten bereits seit längerer Zeit ein solches besitzen. Das Schlachtfeld von Marignano liegt geografisch in der Region Lombardei, südöstlich von Mailand (Provinz Mailand), zwischen den Gemeinden San Giuliano Milanese (Ortsteil Zivido) und Melegnano (ehemals Marignano genannt).

Im Sommer 1964 beginnen Interessierte mit den Vorarbeiten im Hinblick auf den 450. Jahrestag der Schlacht von Marignano 1965.[11] Um ein Denkmal zu errichten braucht es ein Komitee, Aufrufe, eine Geldsammlung, einen Entwurf und Verhandlungen über den Standort.

Alt Bundesrat Philipp Etter kann als Präsident des Komitees gewonnen werden, welcher die diplomatischen Verhandlungen, unterstützt durch Bundesrat Max Petitpierre, mit der italienischen Regierung übernimmt. Im Juli 1964 wird der Bildhauer Josef Bisa über entsprechende Vorschläge orientiert und arbeitet einen Entwurf aus. Noch fehlt eine Inschrift auf dem Schlachtdenkmal; sie stammt aus der Feder von Peter Vogelsanger. Am 14. September 1964 spricht Philipp Etter als Vorsitzender des Organisationskomitees am Radio bzw. orientiert die Presse über das Vorhaben; damit ist der «Feldzug» für Marignano eröffnet. Das Projekt ist bereits konkretisiert:

– Auf dem Schlachtfeld von Marignano soll ein Gedenkstein errichtet werden, der an die Schweizer Krieger erinnert
– Mit der Ausführung des Werkes wird der Bildhauer Josef Bisa aus Brunnen beauftragt, als Material soll Gotthard Granit dienen
– Der Gedenkstein wird auf Vorschlag von Dr. Peter Vogelsanger, Pfarrer am Fraumünster in Zürich, folgende lateinische Inschrift tragen: «Ex clade salus», das heisst «aus der Niederlage kommt Heil».
– Der heutige Eigentümer des Areals, Marchese Brivio, stellt grosszügig einen Platz für die Errichtung eines Gedenksteins zur Verfügung
– Die italienische Regierung hat ihr Einverständnis dazu gegeben
– Die Verwirklichung des Projekts wird ca. 10 000 Franken kosten
– Zur Projektfinanzierung soll im ganzen Land eine Sammlung stattfinden.

Ferner wird bekannt, dass von einem andern Komitee, welches mit jenem von Alt Bundesrat Philipp Etter in Verbindung steht, im Hinblick auf den Erinnerungstag im Herbst 1965 zwei Veröffentlichungen über die Schlacht von Marignano vorgesehen sind:

– eine volkstümlich, vor allem für die Jugend bestimmt
– die andere streng wissenschaftlich ausgerichtet.

Das Denkmal wird von Josef Bisa im Steinbruch von Iragna im Tessin aus einem mächtigen Granitblock geschaffen. Die Reliefdarstellung auf der Vorderfront stellt auf der rechten Seite einen jungen

Krieger dar, welcher mit seinem Langspiess einen älteren verwundeten Krieger auf der linken Seite, ebenfalls mit einem Langspiess bewehrt, beschützt. In der oberen linken Ecke ist die Inschrift «EX CLADE SALUS» angebracht.[12] Im Januar 1965 hat das Komitee von Philipp Etter noch kein Geld für den Bildhauer. Deshalb entsteht im Februar 1965 der geplante Aufruf an die Eidgenossen, entworfen und verfasst von Peter Vogelsanger.

Das Komitee Pro Marignano von Philipp Etter trifft sich am 22. Februar 1965 in Zürich zu einer Sitzung. Die Traktandenliste ist umfangreich und enthält 15 Geschäfte. Es geht vor allem um die Aufgaben und Dispositionen die Sektion Italien betreffend (der Ableger des Komitees in Italien). In Italien und auch in der Schweiz wird ein gutes Sammlungsergebnis erwartet und eine würdige Feier zur Einweihung des Denkmals vorbereitet.

Der Aufruf auf Italienisch wird auch allen Schweizerbürgern in Italien zugestellt, mit Bildern des Denkmals und der Kirche von Zivido, dem zukünftigen Standort des Gedenksteins.[13] Den Standort beschreibt die Bildlegende wie folgt:

«Il monumento verrà eretto nel recinto di questa cappella di Zivido dei Brivii, ove riposano i morti, nei pressi di Melegnano, all'epoca denominata Marignano, e dove ebbe luogo la battaglia detta dei Giganti».

Die Broncetafel mit der Ordre de bataille der Schlacht wird aus der Sammlung der Italienschweizer bezahlt und soll in der Nähe des Denkmals plaziert werden.

Am 26. Februar 1965 hält Cesare Amelli aus Melegnano/Marignano, vor der Antiquarischen Gesellschaft in Zürich, einen Vortrag an der Universität Zürich mit dem Titel: «Marignano, la battaglia dei Giganti», zur Erinnerung an das 450 Jahre zurückliegende Ereignis.[14]

Zum Anlass wird auch das Istituto Storico Melagnanese drei Broschüren über Marignano auf Italienisch herausgeben (vgl. Literaturverzeichnis im Anhang).

Gründung der Stiftung

Der Aufruf für ein Marignano-Denkmal erscheint im Frühling 1965 und ist wie folgt abgedruckt: Auf Deutsch in der Allgemeinen Schweizerischen Militärzeitschrift (ASMZ), Nr. 4, April 1965, S. 185–186, mit einem Bild des Denkmals und der Inschrift «Ex clade salus», sowie allen 21 Namen der Mitglieder des Komitees Pro Marignano. En français dans la Revue Militaire Suisse (RMS), l'appel est publié dans le N° 4, Avril 1965, p. 149–153. In italiano nella Rivista Militare della Svizzera italiana (RMSI), l'appello è pubblicato nel Fascicolo II, Marzo–Aprile 1965, p. 124–126 (vgl. Beilage 1).

Das Komitee Pro Marignano Schweiz beauftragt seine Sektion Italien alle Schritte zu unternehmen, die zur Gründung der Stiftung notwendig sind. Als erste Mitglieder des Stiftungsrates werden alt Bundesrat Philipp Etter als Präsident, Guido Calgari, Maurice Zermatten, Georges Bonnard und Albin Peter Menz bezeichnet. Sitz der Stiftung ist Chiasso und ein Entwurf der Statuten auf Italienisch liegt bereits vor.

Die Gründung der Fondazione Pro Marignano erfolgt am 3. April 1965 (Datum der Statuten; vgl. Beilage 2) und der Eintrag der Stiftung in das Handelsregister des Kantons Tessin trägt das Datum des 6. April 1965. In einem Brief des Generalkonsuls der Schweiz in Mailand an das Eidgenössische Politische Departement in Bern vom 12. Juli 1965 wird über die bisher getroffenen Anordnungen im Hinblick

auf die Gedenkzeremonie vom 12. September 1965 orientiert (vgl. Beilage 3). Der Marchese Brivio erklärt sich bereit, das Terrain für das aufzustellende Denkmal unentgeltlich und unbefristet zur Verfügung zu stellen. Dies soll in einer notariellen Urkunde zwischen der Fondazione Pro Marignano und dem Marchese Brivio festgehalten werden. Die Familie Brivio ist seit jener Epoche des 16. Jahrhunderts Landbesitzer des Schlachtfeldes von Marignano und der Kirche von Zivido (auch Cappella espiatoria di Zivido genannt).

Der italienische Staat erlaubt gern die Errichtung dieses schweizerischen Denkmals, da jene Schweizer Krieger ja nicht gegen Italien, sondern im Fernziel eigentlich schon für dessen Einigung kämpften.

Einweihung des Denkmals von Marignano

Das Programm vom 12. September 1965 sieht die Besammlung der Teilnehmer beim Schweizerverein in Mailand vor, anschliessend folgt eine Fahrt nach Zivido, wo sich die Gäste zu einem feierlichen Zug sammeln, der zur Kirche Santa Maria der Marchesi Brivii marschiert: Eine italienische Militärmusik, ein Zug Alpini, Basler Trommler und Pfeiffer, ein Zug rote Schweizer in historischen Uniformen, der Kardinal Erzbischof von Mailand, italienische und schweizerische Autoritäten, das Komitee Pro Marignano mit alt Bundesrat Etter an der Spitze und den Zweierdelegationen aller 13 Kantone der damaligen alten Eidgenossenschaft um 1515.

Um 10.30 Uhr beginnt die Feier mit einem Gebet; der Enthüllung des Denkmals folgt die Segnung durch den Kardinal Erzbischof und den Pfarrer als Vertreter des schweizerischen evangelischen Kirchenbundes. Unter den Reden zur Einweihung des Denkmals seien zwei besonders erwähnt:

Eine Rede auf Italienisch hält Prof. Guido Calgari von der ETH Zürich. Unter dem Titel «Per Marignano 1515» behandelt er ausführlich die Niederlage, die beiden Lager und die weitere Politik:

«…*era giusto innalzare un monumento e invitare i giovani a riflettere sul passato della Confederazione, onde comprendere*

Abb. 4 **Einweihung Denkmal 1965, Umzug, vier Teilnehmer**

Abb. 5 **Einweihung Denkmal 1965, Umzug, Basler Pfeiffer und Trommler**

Abb. 6 **Einweihung Denkmal 1965, Umzug, Historische Gruppe Kanton Schwyz**

Abb. 7 **Einweihung Denkmal 1965, Historische Ehrenwache**

Abb. 8 **Einweihung Denkmal 1965, Enthüllung des Denkmals**

Abb. 9 **Teilnehmer an der Zeremonie**

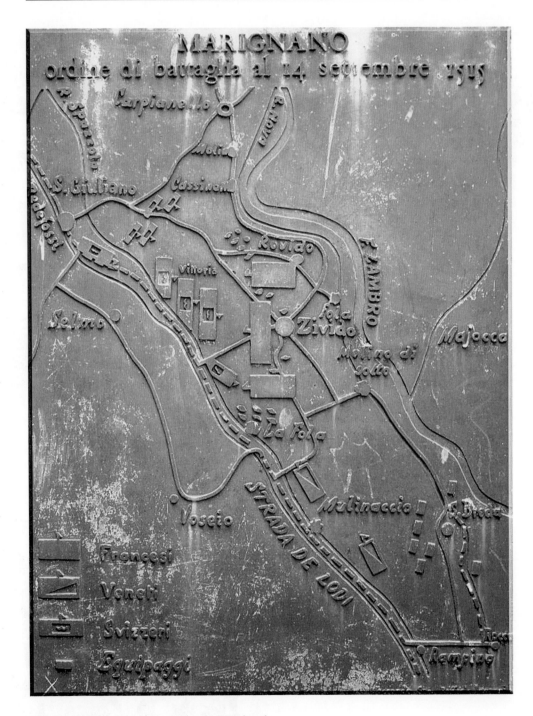

Abb. 10 Broncetafel in der Nähe des Denkmals

le lezioni offerteci dalla storia attraverso l'affannoso travaglio delle generazioni che s'inseguono sotto l'occhio imperscrutabile della Provvidenza.»[15]

Eine Rede auf Deutsch hält Peter Vogelsanger, Hauptmann-Feldprediger.[16] Er lässt die Geschichte von Marignano detailliert aufleben, hinterfragt die Motive, welche zur Schlacht geführt haben und begründet, warum es noch heute zeitgemäss sei, der 450 Jahre der Schlacht zu gedenken. Marignano ist in verschiedenen Bereichen von Bedeutung:
- In der Kriegsgeschichte, von der Infanterie zur Artillerie …
- Die grosse Wende in der Schweizergeschichte
- Die Absage an die Grossmachtpolitik
- Die Besinnung auf den Ursprung, das rechte Mass und die Grenzen der Eidgenossenschaft
- Ex clade salus – aus der Niederlage erwächst das Heil.

Es folgen die Reden der italienischen und schweizerischen Autoritäten.

Nach dem Festakt begeben sich die Gäste zu einem gemeinsamen Imbiss «alla Marignano» nach Zivido, wo sie von den Bürgern eingeladen sind. Ein gemeinsames Nachtessen im Restaurant des Schweizervereins in Mailand bildet den Abschluss des Tages.

Die schlichte, aber eindrucksvolle Einweihungsfeier des Marignano Denkmals hinterlässt in Mailand die beste Erinnerung. In der schweizerischen und italienischen Presse wird ausgiebig und wohlgesinnt über den Anlass berichtet.

Nun zum oben erwähnten andern Komitee, welches sich auch mit Marignano beschäftigt. Geschaffen von Dr. Werner Oswald, Besitzer der Emser Werke und Präsident des Komitees, mit Gleichgesinnten bestückt, unter anderem mit Alfred Schäfer, Präsident der Generaldirektion der Schweizerischen Bankgesellschaft, trägt es den Namen «Komitee zur Würdigung der Schlacht von Marignano und ihrer Konsequenzen». In seiner Biographie «Christoph Blocher. Der konservative Revolutionär»[17] hat Markus Somm auf den Seiten 122 bis 127 dieses Komitee beschrieben. Teilzeit-Sekretär des Komitees ist seit 1964 ein junger Student namens Christoph Blocher. Betont sollen die Konsequenzen werden, welche die Schweiz nach Marignano gezogen hat, das heisst die bewaffnete Neutralität. Der Verbreitung dieser Botschaft dienen zwei Publikationen, finanziert aus Spendengeldern oder Beiträgen der prominenten Mitglieder des Komitees.

Zum Jubiläum im September 1965 erscheint als erste Publikation «Die Wende von Marignano» von Georg Thürer[18], eine «dünne» Schrift (61 Seiten) für das breite Publikum, mit dem Untertitel «Eine Besinnung zur 450. Wiederkehr der Schicksalstage von Mitte September 1515». Das Geleitwort ist von Werner Oswald verfasst; das Werk erscheint ebenfalls auf Französisch und Italienisch, ferner existiert eine Übersetzung in Englisch.

Die zweite Publikation ist für die Geschichtskenner und Wissenschafter bestimmt und von Emil Usteri verfasst mit dem Titel «Marignano. Die Schicksalsjahre 1515/1516 im Blickfeld der historischen Quellen».[19] Das Vorwort stammt ebenfalls von Werner Oswald. In der Einleitung erwähnt Usteri, dass es Ernst Gagliardi nicht vergönnt war sein Werk «Der Anteil der Schweizer an den italienischen Kriegen 1494–1516» zu vollenden; die Darstellung reicht nur bis zum Ende des Jahres 1509.

Das Werk «Marignano» soll in begrenztem Mass eine Fortsetzung sein, mit der Beschränkung auf die Jahre 1515/1516. Entstanden ist eine Publikation von 602 Seiten mit zahlreichen Fussnoten und einem umfangreichen Quellen- und Literaturverzeichnis, die jedoch erst 1974 erscheint.

Die Mitglieder des «Komitees zur Würdigung der Schlacht von Marignano und ihrer Konsequenzen» finden sich im Herbst 1965 ebenfalls auf dem Schlachtfeld von Marignano ein. Werner Oswald hält eine Ansprache und gedenkt der Schlacht der Giganten; in Italien ist die Schlacht von Marignano unter dem Begriff «battaglia dei giganti» bekannt. Das Komitee hat im Übrigen die Renovation des Beinhauses (Ossario) von Mezzano finanziert, was vom anwesenden italienischen Gemeindepräsidenten verdankt wird.

Die «Fondazione Pro Marignano» und das «Komitee zur Würdigung der Schlacht von Marignano und ihrer Konsequenzen» haben sich in ihren Bemühungen zu Gunsten Marignanos gut ergänzt, bei allem Unterschied ihrer Aktivitäten und Ziele. Überdauert hat bis heute die 1965 gegründete «Fondazione Pro Marignano», die «Verwalterin» des Denkmals in Zivido.

Das Jahr 1965 ist gekennzeichnet durch eine breite Publizität über die Schlacht von Marignano, sowohl in der Schweiz wie auch in Italien (vgl. Literaturverzeichnis im Anhang).

Die notarielle Urkunde zwischen der Fondazione Pro Marignano und dem Marchese Brivio wird am 30. Mai 1966 in Mailand abgeschlossen. Damit wird der Fondazione Pro Marignano das Terrain für das aufgestellte Denkmal unentgeltlich und unbefristet zur Verfügung gestellt (vgl. Beilage 4, Auszug aus der Urkunde vom 30. Mai 1966, «portante Concessione di diritto d'uso»).

Auf der Beilage zur notariellen Urkunde ist der Übersichtsplan des Areals der Cappella espiatoria di Zivido dargestellt, auf welchem das Denkmal Marignano steht (vgl. Beilage 5, Allegato a al N. 31090/3785 di rep. Notaio de Mojana).

Von den 1960er bis in die 1980er Jahre erscheinen wenige grössere Publikationen über Marignano, mit Ausnahme des oben erwähnten Bandes von Emil Usteri. Der Fokus liegt eher bei der Darstellung der Neutralität wie beispielsweise beschrieben in der umfangreichen «Geschichte der Schweizerischen Neutralität» von Edgar Bonjour.[20]

Die weitere Entwicklung

Gemäss einem Brief des Eidgenössischen Politischen Departementes an die Schweizerische Botschaft in Rom vom 10. August 1966 muss die Fondazione Pro Marignano von den italienischen Autoritäten anerkannt werden, damit sie die Grosszügigkeit der unentgeltlichen und unbefristeten zur Verfügung-Stellung des Terrains für das aufgestellte Denkmal annehmen kann. Das konsultierte Eidgenössische Departement des Innern führt dazu folgendes aus:

«Gemäss Mitteilung des Schweizerischen Generalkonsulates in Mailand ist Marchese Brivio Sforza bereit, der Stiftung Pro Marignano auf seinem Grundeigentum ein dauerndes (unbefristetes) Gebrauchsrecht einzuräumen, soweit dies für die Errichtung und Erhaltung des Schlachtdenkmals notwendig ist. Unseres Erachtens steht einer Annahme dieses Gebrauchsrechtes durch die Stiftung nichts entgegen, ist es doch geeignet, zum bleibenden Bestand der Erinnerungsstätte an die Schlacht bei

Marignano wesentlich beizutragen. Die grosszügige Geste des Marchese Brivio Sforza verdient nicht nur unseren Dank, sondern verpflichtet uns auch, alles zu unternehmen, um die Anerkennung der Stiftung Pro Marignano durch die italienische Regierung zu erreichen, da nur unter dieser Voraussetzung eine ausländische juristische Person in den Genuss von Rechten an einem in Italien gelegenen Grundstück kommen kann.»

Deshalb sollen die notwendigen Schritte unternommen werden, um von den italienischen Autoritäten die Anerkennung der Stiftung Pro Marignano zu erreichen.[21]

Alt Bundesrat Etter, Präsident, lädt in einem Brief vom 27. August 1966 das Komitee Pro Marignano zu einer Schlusssitzung am 14. September 1966 nach Zürich ein.

Das Eidgenössische Politische Departement bestätigt der Schweizerischen Botschaft in Rom in einem Brief vom 31. August 1966, dass sich die Stiftung Pro Marignano bemüht, eine Anerkennung durch den Präsidenten der italienischen Republik zu erhalten.

Ein langwieriger Prozess beginnt, wobei die schweizerischen Autoritäten über Jahre hinweg nicht locker lassen, bis die Stiftung Pro Marignano in Italien anerkannt ist.

Einem Brief der Fondazione Pro Marignano, verfasst von Georges Bonnant, Generalkonsul der Schweiz in Mailand und Stiftungsratsmitglied, ist zu entnehmen:

«... di voler promuovere il decreto presidenziale che autorizzi la Fondazione ‹Pro Marignano› ad accettare a titolo gratuito la concessione di un terreno sito in San Giuliano Milanese ... .»

In einem Brief der Schweizerischen Botschaft in Rom an den Generalkonsul der Schweiz in Mailand vom 23. Januar 1967 wird bestätigt, dass die Angelegenheit in Bearbeitung ist:

«... il Ministro assicura che è in corso la procedura tendente ad ottenere l'autorizzanzione presidenziale ...; ... dovrebbe unicamente essere soggetto all'imposta di registro e quindi ad un importo particolarmente basso.»
  Allegato Nota Verbale Ministro degli Affari Esteri del 16 gennaio 1967.

In einem Brief der Schweizerischen Botschaft in Rom an den Generalkonsul der Schweiz in Mailand vom 16. September 1971 kommt die Angelegenheit zu einem Abschluss. In einer Beilage befindet sich eine Verbalnote des italienischen Aussenministeriums vom 18. August 1971 und in der andern Beilage eine Kopie des Dekrets des Präsidenten der italienischen Republik, ausgestellt in Rom, am 6. Juli 1971 (vgl. Beilage 6). Damit ist die Fondazione Pro Marignano vom italienischen Staat anerkannt und autorisiert, den unentgeltlichen und unbefristeten Gebrauch eines Landstückes vom Besitzer Annibale Brivio Sforza anzunehmen, in der Gemeinde San Giuliano Milanese gelegen, auf welchem sich das Denkmal Marignano befindet.

Zum 460. Jahrestag der Schlacht von Marignano im September 1975 beabsichtigt die philatelistische Vereinigung von San Giuliano Milanese eine Ausstellung und einen ausserordentlichen Posttransport mit Sonderstempel durchzuführen.

In einem Brief des Eidgenössischen Politischen Departements an den Schweizerischen Generalkonsul in Mailand vom 29. März 1977 geht es um die Zusammen-

setzung des Stiftungsrats, da alt Bundesrat Etter als Präsident beabsichtigt zurückzutreten und um das Weiterbestehen der Fondazione pro Marignano. Die Beilage des Briefes enthält «Bemerkungen zur gegenwärtigen Situation der Fondazione Pro Marignano».

Auszug des Textes:

«Der Hauptgrund, der aber gegen die Auflösung der Stiftung spricht liegt in den Beziehungen der Stiftung zum italienischen Staat. Nach italienischem Recht dürfen ausländische juristische Personen nur mit einer Bewilligung des Präsidenten der Republik über dingliche Rechte (Eigentum, Nutzniessung etc.) verfügen. Durch Vermittlung des Schweizerischen Generalkonsulats in Mailand und der Schweizerischen Botschaft in Rom konnte diese Bewilligung erwirkt werden. ...
Nachdem nun die Stiftung durch ein kompliziertes Verfahren in den Besitz eines unbefristeten Nutzniessungsrechts an einem Grundstück in Italien gekommen ist, scheint es mir völlig ausgeschlossen, dass sie sich auflöst und das mühsam erworbene Recht preisgibt. Ein solches Vorgehen würde denn auch von den italienischen Behörden und von den mit dem Nutzniessungsrecht belasteten Grundeigentümern (Familie von Annibale Brivio Sforza) nicht verstanden. Die Stiftung muss also bestehen bleiben und ihr Nutzniessungsrecht ausüben, wie sie auch ihre Aufgaben im Sinne der Zweckbestimmung zu erfüllen hat.»

In einem Brief des Eidgenössischen Departements des Innern vom 29. April 1977, hat die Aufsichtsbehörde, zufolge der Rücktritte von alt Bundesrat Etter als Präsident und anderen, die Nomination eines neuen Stiftungsrates vorgenommen, mit Hans Rudolf Kurz als Präsidenten. Die konstituierende Sitzung findet am 17. Mai 1978 in Lugano statt.

In einem Brief des Eidgenössischen Departements des Innern an das Eidgenössische Politische Departement vom 30. Mai 1984 wird orientiert, dass Hans Rudolf Kurz als Präsident und andere Mitglieder zurückgetreten sind und der Stiftungsrat gesamthaft zu erneuern ist. Als zukünftiger Präsident ist Jürg Stüssi vorgesehen. Im Weiteren wäre es begrüssenswert, wenn der jeweilige Generalkonsul in Mailand als drittes Stiftungsratsmitglied bezeichnet werden könnte.

In einem Brief des Eidgenössischen Departements des Innern an den Schweizerischen Generalkonsul in Mailand vom 19. Juni 1984, soll gemäss Rücksprache mit dem Eidgenössischen Politischen Departement eine Tradition fortgesetzt werden, wonach der jeweilige Generalkonsul von Amtes wegen Mitglied des Stiftungsrates der Fondazione Pro Marignano ist. Diese Tradition wird bis 2010 beibehalten.

Im Juli 1984 wird die Associazione Culturale Zivido[22] gegründet, die sich der Geschichte und Kultur von Zivido widmet sowie dem historischen Ortsteil von San Giuliano Milanese (Milano), wo auch das Denkmal für die Schlacht von Marignano steht.

Gemäss Brief von Jürg Stüssi, Präsident, vom 22. August 1984, soll die konstituierende Sitzung des neuen Stiftungsrates am 1. Oktober 1984 in Chiasso stattfinden.

Am 15. Dezember 1988 reicht Nationalrat Konrad Basler (SVP/ZH) ein Postulat ein, welches den Bundesrat ersucht zu prüfen, ob das von Ueberbauungen bedrohte Schlachtfeld von Marignano erworben oder das Gelände mit andern Mitteln geschützt werden könnte. Der Bundesrat ist am 13. Februar 1989 bereit das

Abb. 11 **Päpstliche Schweizergarde in Zivido 2006, Umzug, zivile und militärische Teilnehmer**

Abb. 12 **Päpstliche Schweizergarde in Zivido 2006, Umzug, Kommandant Oberst Pius Segmüller**

Abb. 13 **Päpstliche Schweizergarde in Zivido 2006, Ehrendetachement beim Denkmal**

Abb. 14 **Päpstliche Schweizergarde in Zivido 2006, Kranzniederlegung am Denkmal**

Postulat entgegenzunehmen (vgl. Beilage 7). Obschon der Urheber des Postulats offiziell auf eine Begründung verzichtet, hat Nationalrat Basler Ende Februar 1989 eine (persönliche) Begründung verfasst (vgl. Beilage 8). Die Verwirklichung des Postulats lässt auf sich warten. Im Geschäftsbericht des Bundesrates für das Jahr 1990 figuriert der parlamentarische Vorstoss Basler unter den Vorschlägen betreffend die Abschreibung von Motionen und Postulaten, die weniger als vier Jahre alt sind (vgl. Beilage 9). Das Parlament schreibt in der Sommersession 1991 mit der Genehmigung des Geschäftsberichtes 1990 das Postulat ab.

Im September 1991 findet die erste Erinnerungsfeier (Jahrestag der Schlacht), ein historisch geprägter Volksanlass, auf dem Schlachtfeld in Zivido statt, unter dem Namen Rievocazione storica «Ritornano i giganti» (Geschichtliche Erinnerung, die «Giganten kehren zurück»). Der Anlass ist organisiert durch die Cità di San Giuliano Milanese und die Associazione Culturale Zivido und wird in der Folge jährlich durchgeführt. Während mehreren Jahren findet dabei ein Empfang der italienischen und ausländischen Autoritäten im Stadthaus von San Giuliano Milanese statt; es folgt ein Umzug durch den Ortsteil von Zivido und anschliessend eine Vorführung von mittelalterlichen historischen Gruppen in einer offenen Arena. Die Veranstaltungen erfreuen sich stets einer grossen Resonanz in der Bevölkerung.

Marignano bewegt immer wieder die Öffentlichkeit. Im Begleitband zur Ausstellung «Sonderfall? Die Schweiz zwischen Reduit und Europa» des Schweizerischen Landesmuseums Zürich, vom 15. August bis 15. November 1992, werden der Bilderstreit um die Fresken von Ferdinand Hodler sowie die schweizerische Neutralität ausführlich dargestellt.[23]

Ein umfangreicher Band über die Geschichte von Zivido erscheint 1994 mit

Haudenschild: Fondazione Pro Marignano

Abb. 15 **Rievocazione storica in Zivido, Historische Gruppe, Arena**

Abb. 16 **Rievocazione storica in Zivido, Historische Gruppe, Schlachtszene**

dem Titel: «Zivido, mille anni di storia. Dall'alto medioevo alla battaglia dei giganti».[24] Der Herausgeber ist die Associazione Culturale Zivido.

Das Präsidium der Fondazione Pro Mariganno wechselt anfangs 2003 von Jürg Stüssi-Lauterburg zu Roland Haudenschild.

Die Bemühungen zum Schutz des Schlachtfeldes gehen weiter, indem die Idee auftaucht, einen Kulturpark zu errichten. Im Juli 2003 konstituiert sich eine Arbeitsgruppe, mit dem Ziel einen Parco dei Giganti (Park der Giganten) zu realisieren. Ein Projekt für einen solchen Park auf dem Schlachtfeld von Marignano, östlich der Kirche von Santa Maria, wo das Denkmal von Marignano steht, wird durch die Università degli Studi di Firenze 2003 im Detail ausgearbeitet. Die treibende Kraft ist die Associazone Culturale Zivido und ihr Präsident Pierino Esposti, die von der Città di San Giuliano Milanese unterstützt wird, welche das Land zur Verfügung stellen will. Das Projekt wird in den nächsten Jahren weiterverfolgt, aber die Realisierung des Parks der Giganten ist bis heute noch offen.

Hingegen besteht ein Parco Agricolo Sud Milano, welcher dem Tal des Flusses Lambro folgt sowie der sentiero dei Giganti, reich an Geschichte, Kunst, Natur und landwirtschaftlicher Kultur, mit verschiedenen Angeboten für das interessierte Publikum.

Im September 2005 findet die jährliche Erinnerungsfeier in Zivido statt und es wird auch des 40-jährigen Denkmals gedacht, mit der Herausgabe einer kleinen Postkartenserie.

Die Päpstliche Schweizergarde feiert 2006 das 500-Jahr-Jubiläum ihrer Gründung. Aus diesem Anlass begibt sich ein Detachement von Gardisten in Uniform

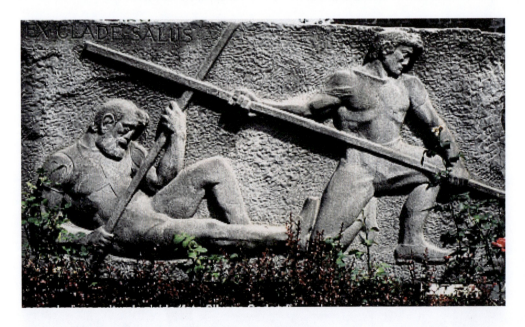

Abb. 17 **Denkmal Marignano in Zivido. Heutiger Zustand**

auf einen mehrtägigen Marsch von Bellinzona nach Rom. Von Mailand herkommend schalten die Schweizergardisten am 10. April 2006 beim Denkmal von Marignano in Zivido einen Marschhalt ein und es findet eine Zeremonie mit Kranzniederlegung statt.

Die vorerst letzte in der Reihe der Erinnerungsfeiern «Rievocazione storica» in Zivido findet im grösseren Rahmen im September 2009 statt.

Im August 2010 kann die Fondazione Pro Marignano das Ossario Santa Maria della Neve in Mezzano, Ortsteil von San Giuliano Milanese, von der Eigentümerin, der Familie Pogliaghi, käuflich erwerben (vgl. Beilage 10). Dies ist nur möglich dank der grosszügigen finanziellen Unterstützung eines Sponsors aus der Schweiz.

Da die Città di San Giuliano Milanese in finanziellen Schwierigkeiten steckt und ein Kommissar der Präfektur mit der Verwaltung beauftragt ist, wird die Erinnerungsfeier in Zivido im September 2010 abgesagt.

Auch als Schweizer Erinnerungsort wird die Schlacht bei Marignano detailliert erwähnt.[25] «Was für die Briten Trafalgar, ist für die Schweizer Marignano: Eine Schlacht von wirklich nationaler Bedeutung, belastet von Verlusten, gekrönt durch einen Sieg» (Seite 71). Das umstrittene Heldenfresko wird ebenso wie die Rückkehr nach Marignano? dargestellt. Kritisch die Feststellung: «Marignano ist ein Relikt aus einem überholten Geschichtsbild, das sich vor allem an den grossen Schlachten der älteren Zeit orientierte» (Seite 81). Wirklich?

Der Stiftungsrat der Fondazione Pro Marignano beginnt 2011 mit der eigentlichen Planung und den Vorbereitungen für das Projekt Marignano 2015 und die 500 Jahr Gedenkfeier 2015.

Abb. 18 **Schlachtfeld von Marignano in San Giuliano Milanese**

Abb. 19 **Ossario Santa Maria della Neve in Mezzano**

Abb. 20 **Ossario Santa Maria della Neve in Mezzano. Eingestürzter Vorbau**

Die jährlichen Erinnerungsfeiern in Zivido werden wieder aufgenommen und im September 2011 findet erneut eine solche statt, organisiert durch die Città di San Giuliano Milanese und die Associazione Culturale Zivido. Die Erinnerungsfeiern werden in der Folge wieder jährlich in kleinerem Rahmen durchgeführt.

Im November 2011 gibt die Fondazione Pro Marignano einen Projektbeschrieb Marignano 2015 heraus, der auf Deutsch, Französisch und Italienisch, in Form einer farbigen Broschüre erscheint.

Am 3. März 2012 stürzen die beiden Portalsäulen an der Vorderfront des Ossarios in Mezzano ein, verursacht möglicherweise in der Nacht durch die Kollision eines Fahrzeuges. Die Trümmer werden gesichert und ein Aufbau bzw. eine Renovation des sich in schlechtem Zustand befindlichen Bauwerkes ist unumgänglich geworden und geplant.

Die Fondazione Pro Marignano führt am 27. März 2012 im Schweizerischen Nationalmuseum in Zürich eine Pressekonferenz durch und tritt damit an die Öffentlichkeit. Ausführlich wird über die Stiftung und die einzelnen Projekte von Marignano 2015 orientiert sowie eine Dokumentation abgegeben.

Die Weltwoche startet im Januar 2013 eine neue Serie «Schweizer Schlachten» und Ende Januar wird darin die Schlacht von Marignano behandelt.[26]

Am 20. Juni 2013 reicht Nationalrat Marco Romano (CVP/TI) eine Interpellation ein, betreffend 500 Jahre Schlacht bei Marignano; die Antwort des Bundesrates datiert vom 13. September 2013 (vgl. Beilage 11). Am 27. September 2013 hat der Nationalrat die Interpellation Romano erledigt.

Im September 2013 erscheinen alle Artikel (mit Marignano) der «Schweizer

Abb. 21
Campo dei Morti in Mezzano, gegenüber dem Ossario

Schlachten» in einem Sonderdruck der Weltwoche.[27]

Am 24. September 2013 reicht Nationalrat Peter Keller (SVP/NW) eine Interpellation ein, betreffend Mehrfaches Jubiläumsjahr 2015; die Antwort des Bundesrates trägt das Datum vom 29. November 2013 (vgl. Beilage 12).

Projekt Marignano 2015

Es geht darum, das 500 jährige Gedenken der Schlacht von Marignano 2015 würdig, national und international, mit verschiedenen Anlässen zu begehen. Das Schwergewicht soll auf ihre Bedeutung für die «Wende» der Schweizer Geschichte gerichtet sein und damit nicht eine nostalgische militärische Erinnerung beinhalten.

Das Projekt Marignano 2015 hat eine bedeutende staatspolitische, geschichtliche und kulturelle Dimension und soll eine breite Wirkung in der Schweiz und in Italien auch für die Zukunft haben.

Im Gesamtprojekt sind folgende Einzelprojekte (Subprojekte) vorgesehen:

1. Erneuerung des Ossarios Santa Maria della Neve in Mezzano und Kauf eines kleinen Landstücks unmittelbar um das Ossario zur Erstellung einer Informationsecke sowie Renovation und Zugänglichmachung des Denkmals Marignano in Zivido
2. Im Bereich Wissenschaft/Publizistik, die Herausgabe eines Bildbandes Marignano, eines Flyers und Cartoons sowie die Durchführung eines Symposiums in Bellinzona am 29. März 2014 und eines Historischen Kongresses in Mailand am 13. September 2014.
3. Historisches Schiessen Marignano im Mendrisiotto bis 2015
4. 500 Jahr Gedenkfeier 2015 auf dem Schlachtfeld von Marignano am 13. September 2015.

Im Hinblick auf das Projekt Marignano 2015 wird die Fondazione Pro Marignano durch ein Ehrenpatronat und eine Projektleitung unterstützt; ferner ist eine Internetseite geschaffen worden, auf welcher alle Informationen über die Stiftung und das Projekt in Deutsch, Französisch und Italienisch enthalten sind, vgl. www.marignano1515.ch; ein E-Mail-Kontakt ist über info@marignano1515.ch möglich.

Die aktuelle Postadresse der Stiftung lautet:
Fondazione Pro Marignano
c/o Polizia Comunale di Chiasso
Via Cattaneo 5
CH-6830 Chiasso

Ausstellungen

Im Schweizerischen Nationalmuseum, Landesmuseum Zürich, wird vom 20. März 2015 bis zum 26. Juli 2015 eine Ausstellung «Zur Schlacht bei Marignano» stattfinden, mit dem Titel «Marignano – die Eidgenossenschaft im Kampf um das Herzogtum Mailand 1494-1521». Im Zentrum stehen die eidgenössischen Kriegszüge im Kampf um Mailand, das Söldnerwesen, das Kriegshandwerk und die Neutralität.

In Italien wird die Weltausstellung Expo 2015 durchgeführt mit dem Thema «Feeding the Planet, Energy for life» (Den Planeten ernähren, Energie für das Leben). Sie findet vom 1. Mai bis 31. Oktober 2015 in Mailand statt, auf dem Ausstellungsgelände in Rhò-Pero, nördlich der Stadt Mailand; die Schweiz wird mit einem eigenen Pavillon vertreten sein.

Beilage 1

Aufruf für ein Marignano-Denkmal

Liebe Miteidgenossen!

Am kommenden 14. September 1965 jährt sich zum 450. Male der Tag von Marignano. Unsere Pflicht ist es, diesen Gedenktag würdig zu feiern. Denn Marignano ist der Wendepunkt in unserer neueren Schweizergeschichte. In allem Tragischen, das mit jenem Ereignis verbunden war, bedeutet es die Wende zum Heil, den Übergang von Kriegs- und Grossmachtträumen zu einer konsequenten Friedens- und Neutralitätspolitik in den europäischen Händeln.

Wie es zur Schlacht von Marignano am 13./14. September 1515 kam, ist uns wohl allen von Jugend auf vertraut. In den Burgunder- und Schwabenkriegen waren Kraft und Kunst des schweizerischen Kriegertums zu europäischem Ansehen emporgestiegen. Kaiser und Könige, Päpste und Herzöge rissen sich um die tapferen Söldner aus unsern Alpentälern. Was aber jene zwanzigtausend Eidgenossen in den Augusttagen 1515 über die Bergpässe nach Mailand trieb, war nicht nur der Hunger nach fremdem Gold oder die drängende Not des Bevölkerungsüberschusses in den heimischen Tälern. Durch vorangehende Feldzüge waren die Eidgenossen sozusagen Herren der Lombardei geworden. Ein geeintes Italien, eine starke Eidgenossenschaft an der Flanke dieses Nationalstaates, schweizerische Herrschaft über die Lombardei und Festigung der eidgenössischen Landschaften im Tessin: das war ihr Ziel – das letzte Aufleuchten des eidgenössischen Grossmachtgedankens in der europäischen Geschichte. Um dieses Ziel wurde damals gerungen; denn ihm war ein mächtiger Gegner erstanden im französischen König Franz I. Mit dreifacher Überlegenheit stand er dem eidgenössischen Heer in Oberitalien gegenüber und verfügte über starke Artillerie und Reiterei, wovon die Schweizer nichts besassen. So stürzten sie sich wie Löwen in die Schlacht, die Mann an Mann und Brust an Brust anderthalb Tage dauerte. Und als sie sich beim Auftauchen des mit den Franzosen verbündeten venezianischen Reiterheeres zurückziehen mussten – siebentausend Eidgenossen lagen schon erschlagen auf der Kampfstätte –, da sammelten sie, was noch zu sammeln war, in ihren berühmten Viereck- und Igelharst, nahmen Verwundete und Panner in ihre Mitte, wie Hodler es später gewaltig malte, und zogen, vom Gegner unbehelligt, vom blutgetränkten Schlachtfeld ab. Das war kein geschlagenes Heer. Das war eine aus ehrenhafter Niederlage stolz und ungebeugt sich zurückziehende Heerschar, die eine der glänzendsten Seiten unserer Kriegsgeschichte geschrieben hatte. Der dunkle Tag von Marignano war wohl das Ende schweizerischer Grossmachtträume; aber er wurde ein befreiendes Erwachen zur Selbstbescheidung und Selbstbesinnung. Wir erkannten, dass die Sendung unseres Landes nicht darin besteht, mitzuhassen und mitzukämpfen, sondern mitzulieben und mitzudienen. Mit dem Rückzug von Marignano begann unser Rückzug in die Neutralität, freilich eine wehrbereite, bewaffnete Neutralität.

Noch heute zehren wir alle von den Früchten jener Tat. Und doch erinnert kein Denk- und Mahnmal dort unten auf dem Schlachtfeld vor den Toren Mailands an jene gefallenen Helden. Fast alle wichtigen Ereignisse unserer nationalen Geschichte haben ihre Denkmäler gefunden, der Untergang der Schweizergarde in Paris sogar das herrlichste von ihnen, das Löwendenkmal in Luzern. Die Kämpfer von Marignano aber warten noch heute auf ihr verdientes Ehrenzeichen. So hat sich jetzt eine Gruppe von einundzwanzig Männern zusammengetan – es sind die Unterzeichneten, Offiziere, Politiker, Vertreter der Wissenschaft, des nationalen Schrifttums, der Feldprediger, der Wirtschaft und vor allem auch unserer Italienschweizer –, um auf den 450. Jahrestag der Schlacht drunten auf dem Schlachtfeld selbst ein einfaches, würdiges und kunstgerechtes Grab- und Mahnmal zu setzen. Marchese Brivio, dessen Familie seit jener Epoche im Besitze des Schlachtfeldes steht, stellt grosszügig das Terrain dauernd zur Verfügung. Der italienische Staat erlaubt gern die Errichtung dieses schweizerischen Denkmals, da jene Schweizer Krieger ja nicht gegen Italien, sondern im Fernziel eigentlich schon für dessen Einigung kämpften. Und der Innerschweizer Bildhauer Bisa arbeitet bereits an einem mächtigen Granitblock, dessen Vorderfront in Reliefdarstellung einen Kämpfer zeigt, der seinen sterbenden Kameraden schützt. Darüber steht die Inschrift: «Ex clade salus» – «Aus der Niederlage erwächst Heil!»

Für das Denkmal aber fehlen uns noch wesentliche Mittel. Doch wir geben uns der frohen Hoffnung hin, dass schweizerischer Sinn für Würde und Dankbarkeit uns diese Mittel nicht verweigern wird. So richten wir an Sie die warme und herzliche Bitte, uns durch einen kräftigen Beitrag an unser Vorhaben zu helfen. Sie, Ihre Kinder und Enkel werden dereinst stolz darauf sein, zu diesem eidgenössischen Mahnmal beigetragen zu haben. Helfen Sie mit!

Mit freundeidgenössischem Gruss   *Das Komitee Pro Marignano*

Einzahlungen: Kantonalbank Zug, Für Marignano, Postcheck-Konto 80-192

Mitglieder des Komitees PRO MARIGNANO

Philipp Etter, alt Bundesrat, Dalmazirain 6, Bern (Präsident)
Oberstkorpskommandant Franz Nager, Hönggerstrasse 127, Zürich
Oberstdivisionär Carlo Fontana, Tischenlooweg 4, Thalwil
Carlo Beeler, Hotel Savoia-Beeler, Nervi (Genua)
Dr. Georges Bonnand, Schweizer Generalkonsul in Mailand
Dr. Guido Calgari, Professor an der ETH, Zürich
Fernand Cottier, ancien Conseiller national, Hôtel International et Terminus,
    rue des Alpes 20, Genève
Dr. Siegfried Frey, Direktor der Schweiz. Depeschenagentur, Gutenbergstrasse 1, Bern

Mgr. Josefus Hasler, Bischof von St. Gallen, St. Gallen
Dr. h.c. Meinrad Inglin, Schriftsteller, Schwyz
Dr. h.c. Robert Käppeli, Bettingerstrasse 106, Riehen
Oberst Dr. Karl Kistler, Bahnhofstrasse 21, Zollikon
Prof. Dr. Ant. Largiadèr, Bächtoldstrasse 11, Zürich
Albin Peter Menz, Zentralpräsident der Schweizervereine in Italien,
    Via Moscova 46-9, Milano
Prof. Dr. Karl Schmid, alt Rektor der ETH, Bassersdorf
Dr. Emil Steffen, Via Moscova 46-9, Milano
Dr. Hermann Steiger, Brunnen (gest.)
Prof. Dr. Georg Thürer, Teufen AR
Dr. Peter Vogelsanger, Pfarrer am Fraumünster, Kämbelstrasse 2, Zürich
Prof. Dr. Jakob Wyrsch, Stans
Dr. h.c. Maurice Zermatten, Schriftsteller, Sion

Quelle: Archiv Fondazione Pro Marignano; publiziert in:
Allgemeine Schweizerische Militärzeitschrift (ASMZ), Nr. 4, April 1965, S. 185–186

Appel

Pour commémorer la Bataille de Marignan

Le 14 septembre prochain aura lieu le 450ᵉ anniversaire de la bataille de Marignan. Il est de notre devoir de commémorer cette grande date. Car Marignan marque dans notre histoire nationale un tournant décisif. Tragique à plus d'un égard, cet événement n'en est pas moins à l'origine d'une ère nouvelle; il consacre l'abandon par nos confédérés d'une illusoire politique de force et de grandeur au profit d'une politique de paix et de neutralité dans une Europe souvent déchirée.

   Les circonstances qui conduisirent nos confédérés les 13 et 14 septembre 1515 à Marignan sont encore dans toutes les mémoires. Les guerres de Bourgogne et de Souabe avaient porté bien au-delà de nos frontières le renom des troupes confédérées, au point que les princes de l'Europe, empereurs, rois et papes, se disputaient le concours de nos mercenaires. Cependant, l'attrait de l'or étranger, le dénuement d'une population de montagne devenue trop dense ne furent pas seuls à entraîner, en août 1515, 20 000 confédérés à franchir les cols de nos Alpes pour se rassembler dans la région de Milan. Contribuer à l'unification de l'Italie, asseoir une Confédération forte aux flancs mêmes du nouvel Etat, contrôler la Lombardie, que de récentes campagnes militaires avaient pour ainsi dire mise entre leurs mains, consolider leurs possessions au Tessin, tels étaient les buts de nos confédérés, telles furent les dernières ambitions d'hégémonie européenne de la Suisse. C'est pour cet idéal que la lutte fut alors engagée. Mais un adversaire de taille apparut: le roi de France François Ier. Il opposa aux troupes confédérées une écrasante supériorité, car, à la différence des nôtres, il disposait d'une cavalerie et d'une artillerie importantes. Ce fut le début d'un combat sans merci, corps à corps, et qui dura un jour et demi. Lorsqu'ils durent enfin céder du terrain devant la cavalerie vénitienne qui volait au secours du roi de France – 7000 d'entre eux gisaient déjà sur le champ de bataille –, les confédérés rassemblèrent tout ce qu'ils purent rassembler de valide, formèrent leur fameux carré, prirent en charge les blessés et les mourants, ceux-là mêmes que le peintre Hodler a immortalisés, et battirent en retraite au mépris de l'adversaire, abandonnant pas à pas un champ de bataille sanglant. Retraite, mais non pas défaite honteuse. Une page glorieuse de notre histoire militaire se tournait. Mais ce jour sombre, qui mettait fin à nos rêves de grandeur, fut une sorte d'aurore pour notre pays. Car il nous rendit le sens de notre liberté et la conscience de nos limites. On comprit alors que la mission de notre pays n'était pas dans la haine et dans la guerre, mais dans la compréhension et la solidarité. C'est avec notre retraite à Marignan que commença notre retraite dans la neutralité, dans une neutralité armée et vigilante.

Nous n'avons vessé de recueillir les fruits de ce haut-fait, nous les recueillons encore aujourd'hui. Et, pourtant, aucun monument, si modeste soit-il, n'a été érigé sur le champ de bataille, aux portes de Milan, pour en perpétuer le souvenir. Rares sont les événements importants de notre histoire nationale qui n'ont pas trouvé leur monument; l'extermination de la Garde suisse à Paris a suscité peut-être le plus beau d'entre eux, le Lion de Lucerne. Mais les héros de Marignan attendent encore notre hommage. C'est la raison pour laquelle un groupe de 21 personnes – officiers supérieurs, hommes de science, écrivains, hommes d'Eglise et aumôniers, représentants de notre économie et, surtout, représentants de la Suisse italienne – s'est constitué récemment, afin que soit érigé sur les lieux de la bataille un monument simple, digne, et d'une haute tenue artistique. Le marquis Brivio, propriétaire du terrain, a eu la générosité de mettre celui-ci à notre disposition. De son côté, l'Etat italien a donné son accord à notre projet, n'oubliant pas que les jeunes Suisses d'alors ne combattaient pas contre l'Italie, mais luttaient déjà pour son unité. Enfin le sculpteur suisse Bisa, à qui nous en avons confié l'exécution, travaille actuellement à un bas-relief de granit où l'on peut voir un combattant qui protège son camarade mourant et où sera gravée la devise «Ex clade salus» – de la défaite naît le salut!

Cependant les moyens financiers nous font encore défaut. Nous plaçons donc tous nos espoirs dans la générosité de nos compatriotes, dans votre générosité. La réalisation de notre projet dépend de vous, et nous vous adressons un appel chaleureux en faveur du monument qui commémorera cette grande date de notre histoire. Nous sommes certains qu'il sera pour vous-mêmes, pour vos enfants et petits-enfants, un objet de fierté!

Le comité Pro Marignano

Prière de verser vos dons à la Banque contonale de Zoug (Ccp. 80-192)
Membres du Comité «Pro Marignano» (voir texte en allemand)

Source: Revue Militaire Suisse (RMS), No 4, Avril 1965, p. 149–153

Appello per un monumento a Marignano

Il 14 settembre prossimo ricorrerà il 450.esimo anniversario della battaglia di Marignano. E' nostre dovere commemorare degnamente questa data, perchè Marignano rappresenta la svolta decisiva verso la moderna storia della Svizzera. Malgrado tutto ciò che di tragico è collegato a questo avvenimento, esso ha il significato di una rinascita, di un passaggio da sogni di guerra e di potenza ad una saggia politica di pace e di neutralità nelle questioni europee.

Come si sia giunti alla battaglia di Marignano del 13 e 14 settembre 1515 è ben noto a tutti noi fin dagli anni della gioventù. La forza e l'abilità delle milizie svizzere si erano imposte alla considerazione dei paesi europei nel corso delle lotte tra la casa Borgogna e quella di Svevia. Re e imperatori, papi e duchi, si contendevano i valorosi mercenari delle nostre valli alpine. Ma ciò che in quei lontani giorni dell'agosto 1515 spinse 20 000 soldati elvetici a raggiungere Milano attraverso i valichi alpini non fu soltanto avidità di denaro straniero o bisogno impellente dovuto alla sovrapopolazione delle valli del nostro Paese. Con le precedenti campagne militari gli Svizzeri erano diventati per così dire padroni della Lombardia. Un'Italia unificata, una forte Confederazione Elvetica al fianco di questo stato nazionale, il dominio svizzero della Lombardia e il consolidamento dei territori svizzeri nel Ticino: questo il loro scopo – l'ultimo bagliore dell'ambizione elvetica di potenza nella storia d'Europa. Per questo scopo si lottava contro un potente oppositore, il re di Francia Francesco I. Questi affrontò l'armata federale nell'Italia settentrionale con forze tre volte superiori, disponendo anche di una artiglieria e di una cavalleria oltremodo efficienti, di cui gli Elvetici erano invece privi. Ma questi si buttarono come leoni nella battaglia, che durò un giorno e mezzo, in un furioso corpo a corpo, e quando furono costretti a ritirarsi per il sopraggiungere della cavalleria dei Veneziani, allora alleati dei Francesi, – già 7000 soldati elvetici giacevano sul campo di battaglia – raccolsero quanto possibile entro il loro famoso schieramento di battaglia a riccio, collocando nel mezzo i feriti e le bandiere, così come seppe magistralmente esprimere in seguito il pennello di Hodler, e si allontanarono da quel cruento campo di battaglia, senza subire disturbo da parte del nemico. Questo non era un esercito disfatto, ma un esercito che si ritirava, fiero e indomito, dopo una battaglia perduta con onore; esso aveva scritto una delle più belle pagine della nostra storia di guerra. L'oscura giornata di Marignano segnò certo la fine dei sogni di potenza della Svizzera, ma fu anche un benefico risveglio, un ritorno alla valutazione consapevole delle proprie possibilità. Comprendemmo che la missione del nostro Paese non è di unirsi agli altri nell'odio e nella guerra, ma nell'amore e nell'assistenza reciproca. Con la ritirata di Marignano ebbe inizio anche il nostro ritiro nella neutralità, neutralità armata, tuttavia, e pronta alla difesa del Paese.

Ancor oggi noi tutti godiamo dei frutti di quel lontano evento. E tuttavia laggiù, sul campo die battaglia alle porte di Milano non c'è nessun monumento a ricordare i nostri eroi caduti. Quasi tutti gli avvenimenti della nostra storia nazionale hanno il loro monumento; il più bello di tutti, quello del leone a Lucerna, rammenta lo sterminio della guardia svizzera alle Tuilerie a Parigi. I combattenti di Marignano invece attendono ancor oggi un segno di riconoscimento al loro valore. Ecco perchè si è formato ora un gruppo di 21 persone – i firmati di questa lettera -, uomini politici, ufficiali, esponenti della scienza, della letteratura e dell'economia nazionale, cappellani militari e rappresentanti della nostra comunità svizzera in Italia – per celebrare il 450.esimo anniversario di Marignano, collocando laggiù, sul campo di battaglia, un monumento commemorativo semplice, ma decoroso e artisticamente valido. Il proprietario delle terre che furono teatro di battaglia, il marchese Brivio, alla cui famiglia il suolo apparteneva già in quell'epoca, mette generosamente a disposizione il terreno e lo Stato italiano concede di buon grado l'autorizzazione alla erezione di questo monumento svizzero, perchè a Marignano i soldati elvetici non combatterono già contro l'Italia, ma, a ben considerare il fine ultimo, per la sua unificazione. Lo scultore svizzero Bisa sta già lavorando ad un massiccio blocco di granito, dalla cui faccia anteriore ricaverà la figura di un guerriero in atto di proteggere il camerata morente. Sul monumento si leggerà la scritta: «Ex clade salus» – dalla sconfitta la salvezza!

Per il monumento mancano però ancora i fondi necessari. Ci sostiene la speranza che il senso di dignità e di gratitudine innati nei nostri compatrioti non ci neghino questi mezzi. Ecco perchè Vi rivolgiamo la preghiera di voler concedere alla nostra iniziativa il Vostro valido apporto. Voi, i Vostri figli e nipoti sarete un giorno fieri di aver contribuito all'erezione di questo monumento nazionale!

Collaborate! *Il Comitato Pro Marignano*

Membri del Comitato «Pro Marignano» (vedere testo in tedesco)

Fonte: Rivista Militare della Svizzera italiana (RMSI), Fascicolo II, Marzo–Aprile 1965, p. 124–126

Beilage 2

Statuto della Fondazione «Pro Marignano», del 3 aprile 1965

Art. 1
E'costituita sotta la denominazione: FONDAZIONE «PRO MARIGNANO» una Fondazione ai sensi degli art. 80 ss CCS.

Art. 2
La Fondazione ha la sua sede in Chiasso. Il Consiglio direttivo ha la facoltà di trasferire la sede altrove.

Art. 3
Lo scopo della Fondazione consiste nella erezione e manutenzione di un monumento sul campo di battaglia e della ritirata dei confederati svizzeri del 13/14 settembre 1515. La Fondazione potrà raccogliere i fondi necessari per l'attuazione dello scopo anche mediante pubbliche sottoscrizioni. Il fondo su cui verrà eretto il monumento commemorativo potrà essere sia acquistato direttamente dalla Fondazione, sia gravato da un diritto reale limitato a favore della fondazione stessa. La Fondazione potrà inoltre appoggiare iniziative atte direttamente o indirettamente a fare ulteriore luce sulla battaglia di Marignano ed i fatti ad essa connessi e divulgarne i risultati.

Art. 4
E'devoluto alla Fondazione un patrimonio di Fr. 2000.– (franchi duemila), valuta 5 aprile 1965. Il fondo è alimentato da contribuiti pubblici e versamenti privati. La Fondazione è autorizzata ad organizzare delle pubbliche sottoscrizioni. I conti sono allestiti ogni anno al 31 dicembre, la prima volta al 31 dicembre 1965.

Art. 5
Sulla destinazione dei fondi decide (nell'ambito dell'art. 3) a libero giudizio il Consiglio direttivo, che potrà eventualmente emettere un regolamento.

Art. 6
Organi della Fondazione sono il Consiglio direttivo e l'Ufficio di revisione.
Il Consiglio direttivo è composto da 3 a 10 membri. L'Ufficio di revisione è designato dal Consiglio direttivo. Il Consiglio direttivo è nominato per 5 anni ed è immediatamente rieleggibile, l'Ufficio di revisione è nominato di anno in anno. Il Consiglio direttivo rappresenta la Fondazione di fronte ai terzi e designa le persone che sono autorizzate a firmare validamente per la Fondazione, come pure le modalità della firma.

Art. 7
Qualora la Fondazione, per un motivo qualsiasi dovesse cessare la sua attività, il patrimonio sarà devoluto al Dipartimento Federale dell'Interno, con l'impegno di impiegare i beni conformemente al fine della Fondazione.

Personelles Stiftungsrat

Präsidenten der Fondazione Pro Marignano seit der Gründung:

1965 – 1977	alt Bundesrat Dr. h.c. Philipp Etter
1978 – 1984	Prof. Dr. Hans Rudolf Kurz
1984 – 2003	Dr. Jürg Stüssi-Lauterburg
Seit 2003	Dr. Roland Haudenschild

Zusammensetzung des Stiftungsrates 2013 mit 7 Mitgliedern:

Dr. Roland Haudenschild	Präsident
Dr. Fulcieri S. Kistler	Vizepräsident
Cesare Pedrocchi	Sekretär
Christian Schelker	Kassier
Alfred Steiner	Mitglied
Mirko Tantardini	Mitglied
Dr. David Vogelsanger	Mitglied

Quelle: Archiv Fondazione Pro Marignano

Beilage 3

Brief Generalkonsul der Schweiz in Mailand an Eidgenössisches Politisches Departement in Bern

Double, pour information, à l'Ambassade de Suisse à Rome.

le 12 juillet 1965.

Q.69.2 - BTG/Rs
ad o.301.It.

A la
Division des organisations internationales
du Département politique fédéral,
B e r n e .

Monsieur le Ministre,

Je me réfère à ma lettre du 11 février 1965 concernant le 450e anniversaire de la bataille de Marignan pour vous mettre au courant des dispositions qui ont été prises jusqu'ici en vue de la cérémonie commémorative fixée au dimanche 12 septembre prochain.

En avril dernier un appel, dont vous trouverez le texte sous ce pli, a été lancé à tous les Suisses d'Italie pour obtenir les fonds destinés à financer les frais de la cérémonie elle-même, à assurer la mise en place du monument exécuté en Suisse par le sculpteur Bisa de Brunnen, à faire exécuter une plaque en bronze représentant le plan de la bataille et des channes d'étain portant la reproduction de la médaille commémorative frappée par François Ier (ces channes seront remises comme cadeau aux invités). La collecte n'est pas encore terminée, mais ses résultats sont d'ores et déjà pleinement satisfaisants.

De son côté, le Comité Pro Marignan, présidé par l'ancien Conseiller fédéral Etter est chargé de recueillir en Suisse la somme nécessaire au monument lui-même. Ce monument est déjà terminé et avec l'appui de l'Ambassade il sera prochainement importé en Italie en franchise de douane.

Le 3 avril a été constituée à Chiasso la Fondation de droit suisse "Pro Marignano", placée sous la surveillance du Département fédéral de l'intérieur. Cette Fondation, dont vous trouverez le statut en annexe, a pour but de veiller à l'érection et à la manutention du monument commémoratif. Un acte notarié entre la Fondation Pro Marignano*et le marquis Brivio d'autre part est sur le point d'être passé à Milan. Par cet acte le marquis Brivio cède à titre perpétuel à la Fondation la jouissance du terrain sur lequel sera érigé le monument, dans l'enceinte de la chapelle de Zivido (commune de S.Giuliano Milanese, située une quinzaine de kilomètres au sud de Milan).

* d'une part

– 2 –

        Je ne manquerai pas de vous donner connaissance du texte de l'acte en question dès que la négociation qui est en cours aura abouti.

        Le 21 juin, le Comité Pro Marignan, réuni à Zurich, a approuvé le programme provisoire suivant :

12 septembre 1965

- h. 09.45 départ de Milan pour Zivido
- " 10.30 prière
  allocution historique du professeur Guido Calgari
  bénédiction par le Cardinal Archevêque de Milan et le pasteur délégué par la Fédération des Eglises protestantes de Suisse
  discours de l'autorité italienne (Ministre ou Secrétaire d'Etat ?)
  discours de l'autorité fédérale (Conseiller fédéral ?)
- " 13.00 déjeuner dans la cour de l'ancien lazaret
- " 16.00 retour à Milan
- " 19.30 dîner au club suisse.

        En outre, M. Etter a été chargé d'effectuer les démarches en vue d'inviter à la manifestation, entre autres personnalités, un Conseiller fédéral, les représentants des autorités militaires, une délégation parlementaire, le Cardinal Journet, l'Evêque de Sion, les représentants des cantons qui ont participé à la bataille, un représentant du Gouvernement tessinois. Du côté italien devraient être présents, outre les éventuels représentants du Gouvernement, le préfet de Milan et les autres autorités civiles et militaires de la province.

        Il me serait nécessaire de savoir le plus tôt possible quel sera le rang des autorités fédérales qui prendront éventuellement part à la cérémonie. Aussi vous serais-je très obligé de m'en donner connaissance dès qu'une décision aura été prise à ce sujet.

        Veuillez agréer, Monsieur le Ministre, l'assurance de ma considération distinguée.

Le Consul général de Suisse :

sig. G. Bonnant

2 annexes mentionnées.

Beilage 4

Notarielle Urkunde betreffend Monument Marignano (Auszug)

Dott. Landoaldo de Mojana, Notaio

Copia dell'istrumento in data 30 maggio 1966 n. 31090/3785 di rep.
portante Concessione di diritto d'uso (Konzession des Gebrauchsrechts)

Milano, 17 giugno 1966 (Kopie des Originals)

Concessione di diritto d'uso (Konzession des Gebrauchsrechts)

Il 14 settembre 1965 è ricorso il 450° anniversario della battaglia di Marignano; …
si è costituito il Comitato Pro Marigano il quale ha lanciato un appello a tutti i cittadini svizzeri per l'erezione di un monumento. …
   Il proprietario delle terre che furono teatro della battaglia, il Marchese Brivio, alla cui famiglia il suolo apperteneva già a quell'epoca, mette generosamente a disposizione il terreno, e lo Stato Italiano concede di buon grado l'autorizzanzione all'erezione di questo monumento svizzero, perchè a Marignano i soldati elvetici non combatterono già contro l'Italia, ma a ben considerare il fine ultimo, per la sua unificazione. …
   Il Marchese Don Annibale Brivio Sforza, obbligandosi per sè, suoi eredi, successori ed aventi causa, affinchè di questo evento storico il ricordo sia ostensibile e ne risulti conservata la memoria, concede in uso perpetuo alla fondazione «Pro Marignano» per il collocamento, non spostabile, del monumento di cui infra.
   E'fatto obbligo alla fondazione «Pro Marignano» di usare il terreno unicamente per il collocamento di un monumento scolpito dallo scultore Bisa in granito del Gottardo della misura di metri 3 tre, per metri 2 due, per metri 0,60 zero virgola sessanta commemorante la Battaglia dei Giganti con la raffigurazione di due guerrieri dell'epoca, … .

Interpretation in deutscher Sprache:

Das Recht, das Denkmal auf dem Areal der Kapelle Espiatoria in Zivido aufzustellen und dort auf ewige Zeiten stehen zu lassen, ist der der Stiftung «Pro Marignano» notariell von Marchese Don Annibale Brivio Sforza eingeräumt worden. Die Stiftung besteht überhaupt nur, damit ein privater Rechtsträger vorhanden ist, der seine Hand über das Denkmal halten kann. Der Schweiz könnte es im Kriegsfall nach Völkerrecht weggenommen werden, der Stiftung nicht.

Quelle: Archiv Fondazione Pro Marignano

Beilage 5

Lageplan des Denkmals

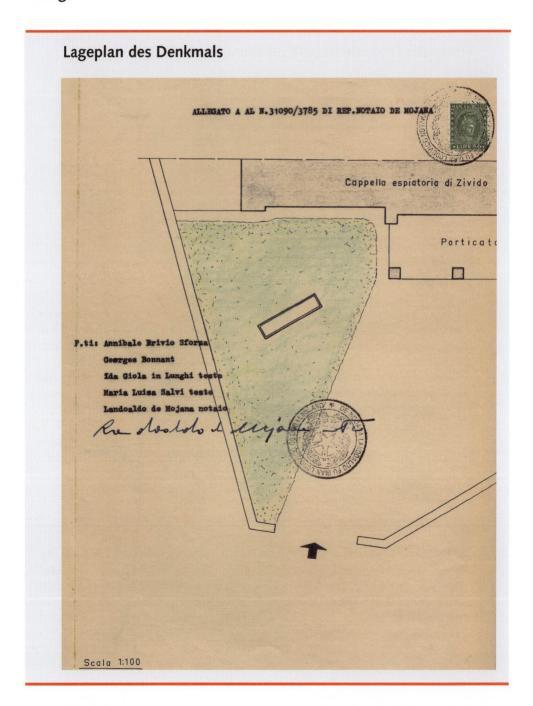

Beilage 6

Dekret des Präsidenten der italienischen Republik

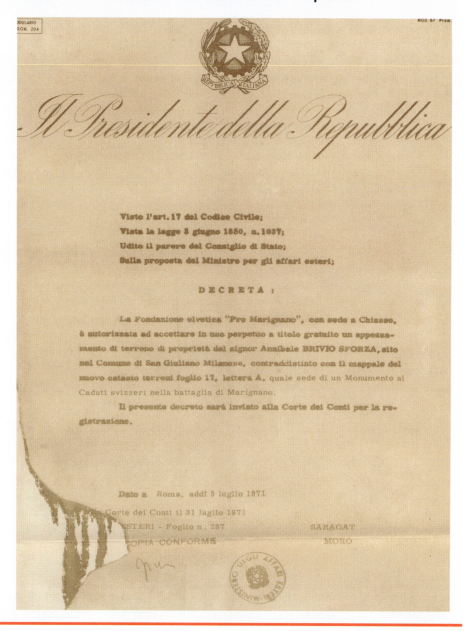

Beilage 7

Postulat Basler

88.874 Postulat Basler. Marignano. Schutz vor Ueberbauung

Wortlaut des Postulates vom 15. Dezember 1988
Gemäss Bundesbeschluss vom 7. Oktober 1988 werden zur 700-Jahrfeier der Eidgenossenschaft Sondermünzen ausgegeben. Ein Teil des Prägegewinns muss zur Finanzierung der Feierlichkeiten verwendet werden. Der verbleibende Betrag ist für kulturelle Werke mit lange dauernder Wirkung bestimmt.

Ich ersuche den Bundesrat zu prüfen:
- ob mit einem Teil des verbleibenden Prägegewinns das von Ueberbauungen bedrohte Schlachtfeld von Marignano erworben oder
- ob das Gelände mit andern Mitteln geschützt werden könnte.

Mitunterzeichner:
Allenspach, Bonny, Daepp, David, Dietrich, Dormann, Engler, Fischer-Hägglingen, Fischer-Sursee, Hari, Hess Peter, Jung, Keller, Kühne, Neuenschwander, Oehler, Ruckstuhl, Sager, Schnider, Schwab, Seiler Hanspeter, Wellauer, Widmer, Wyss Paul, Zölch (25)

Schriftliche Begründung: Der Urheber verzichtet auf eine Begründung und wünscht eine schriftliche Antwort.

Schriftliche Stellungnahme des Bundesrates vom 13. Februar 1989: Der Bundesrat ist bereit, das Postulat entgegenzunehmen.

Ueberwiesen

Quelle: Schweizerische Eidgenossenschaft. Amtliches Bulletin der Bundesversammlung. Nationalrat, 99. Jahrgang, 1989, S. 601

Beilage 8

Postulat Basler vom 15. Dezember 1988: Begründung

Marignano, Schutz vor Ueberbauung

Eine Autostunde südöstlich des Zentrums von Mailand liegt das etwa einen Quadratkilometer grosse Gebiet, auf dem am 13. und 14. September 1515 die für die Eidgenossenschaft schicksalsweisende Schlacht stattgefunden hat.

Noch wird das Gebiet landwirtschaftlich genutzt. Aber planlos entstehen nun längs der Strasse von Mailand nach Lodi Industrie- und Wohnbauten. Wenn heute nichts unternommen wird, so könnte dieses Feld in einem Jahrzehnt überbaut sein, ohne dass die Kulturschicht gehoben würde und die persönlichen Sachen der rund 6000 gefallenen Urner, Schwyzer, Zuger oder Zürcher gesichtet werden könnten.

Sollte nun dort, vielleicht mit Hilfe der Schweiz, eine grüne Lunge in einer sich unbeschränkt ausdehnenden Ueberbauung entstehen, so würde dem Mailänder Vorort nichts weggenommen, sondern er käme zu einer Grünfläche. Noch sind die Bodenpreise vertretbar klein. Die Kosten dafür sollen nicht von unseren Steuergeldern bestritten werden, sondern aus dem Prägegewinn der Sondermünzen, die zur 700-Jahrfeier der Eidgenossenschaft verkauft werden.

Marignano hat für uns kulturgeschichtliche Bedeutung. Unser Neutralitätsverhalten ist durch jene Schlacht der Giganten geprägt worden. Und unsere seither geläuterte Neutralitätspolitik hat uns aus dem Dreissigjährigen Krieg herausgehalten; dann, 300 Jahre nach dem Ereignis, also 1815, die völkerrechtliche Bestätigung unserer dauerhaften bewaffneten Neutralität gebracht; und sie beeinflusst heute noch unser Verhältnis zur Europäischen Gemeinschaft.

Hätte die Schlacht eine andere Wende genommen – Siegesmeldungen sind nach dem ersten Schlachttag in die Heimat abgesandt worden –, so läge Marignano für uns möglicherweise nicht im Ausland. Die Ausweitung der Eidgenossenschaft, die 200 Jahre früher, 1315, mit dem Sieg über die Habsburger bei Morgarten begonnen und nach den Burgunderkriegen zu einer Grossmachtstellung geführt hatte, erhielt mit dem furchtbaren Ereignis zu Marignano – es starben zehnmal mehr Eidgenossen als bei der Schlacht von Murten – eine für unsere Eidgenossenschaft bis auf den heutigen Tag prägende Wende.

Dass der damalige Sieger, Franz der I., aber einen «Ewigen Frieden» und sogar ein Bündnis mit den Eidgenossen schloss, zeigt, mit welcher Tapferkeit unsere an Zahl und Material unterlegenen Vorfahren dort gekämpft haben. So ist uns die Südschweiz, der Tessin, erhalten geblieben.

Wer bislang eine Schweizergeschichte geschrieben hat, setzte bei Marignano eine Abschnittsgrenze. Die neueste, von einem Dutzend Historikern bearbeitete dreibändige «Geschichte der Schweiz und der Schweizer» beginnt 1515 gar mit einem neuen Buch.

Die Schlacht bei Marignano ist daher nicht eine unter vielen in der Geschichte unserer Eidgenossenschaft. Sie brachte eine Neubesinnung auf Werte wie Frieden, geordnetes Staatswesen, und eine Reformation der Kirche.

27. Februar 1989 KB/bz Konrad Basler

Besonderes: Begründung und Konrad Basler sind handschriftlich vom Verfasser auf der Kopie des Schriftstückes beigefügt.

Quelle: Archiv Fondazione Pro Marignano

Beilage 9

Postulat Basler: Abschreibung

1989 P 88.874 Marignano. Schutz vor Ueberbauung (N 17.3.89, Basler)

Sorgfältige Untersuchungen und zahlreiche Vorstösse wurden in dieser Hinsicht vor Ort, in enger Zusammenarbeit mit der Stiftung «Pro Marignano» und unserem Generalkonsulat in Mailand unternommen. Leider ist es nicht möglich, das Schlachtfeld ganz oder teilweise vor der zunehmenden Ueberbauung zu schützen, ohne die noch verfügbaren Landflächen käuflich zu erwerben. Der Preis würde sich jedoch auf einige Millionen Franken belaufen. Die Errichtung von zeitlich begrenzten Grunddienstbarkeiten zum Schutz von gewissen Teilen des Schlachtfeldes erwiese sich wohl als nicht minder kostspielig. Der Prägegewinn aus den Sondermünzen zur 700-Jahrfeier der Eidgenossenschaft ist beschränkt und bereits vollständig zur Organisation der Feier und damit verbundener Projekte budgetiert.

Quelle: Bericht des Bundesrates über seine Geschäftsführung im Jahre 1990 vom 13. Februar 1991, S. 386

Beilage 10

Notarielle Urkunde betreffend Ossario Mezzano (Auszug)

Dr. Lilia Rottoli, Notaio

Copia autentica dell'atto di Vendita in data 27 agosto 2010,
Repertorio N. 22219/3420 (Verkauf)

Melegnano, 5 ottobre 2010 (Kopie des Originals)

Vendita (Verkauf)

La parte venditrice: Famiglia Pogliaghi
La parte acquirente: Fondazione Pro Marignano

Immobile in oggetto: In Comune di San Giuliano Milanese, strada comunale Nord Melegnano: Cappella votiva - Ossario, composta da ingresso, sacrario, portico e cortile esclusivo, ...
   Patti speciali: Le parti si danno reciprocamente atto che l'immobile oggetto della presente vendita è in pessimo stato di manutenzione; ... .
   Patti contrattuali: Proprietà e possesso si trasferiscono alla parte acquirente con la firma del presente atto.

Interpretation in deutscher Sprache:

Die Familie Pogliaghi verkauft der Fondazione Pro Marignano (Käuferin) in der Gemeinde San Giuliano an der Gemeindestrasse Nord Melegnano die Immobilie Votivkapelle – Ossario (Beinhaus).
   Spezielle Bedingungen: Es wird festgehalten, dass sich die Immobilie in einem schlechten Unterhaltszustand befindet.
   Vertragsbedingungen: Mit der Unterzeichnung des Kaufvertrages gehen Eigentum und Besitz an die Käuferin über.

Quelle: Archiv Fondazione Pro Marignano

Beilage 11

Interpellation Romano

13.3550 **Interpellation Romano. 500 Jahre Schlacht bei Marignano**

Eingereichter Text
Im Jahr 1515 fand im lombardischen Marignano eine für die Geschichte unseres Landes äusserst bedeutsame Schlacht zwischen der Schweizerischen Eidgenossenschaft und dem Herzogtum Mailand einerseits, dem Königreich Frankreich und der Republik Venedig anderseits statt. Die Schlacht beendete eine Periode der schweizerischen Expansionspolitik und wird im historischen Rückblick als Beginn der schweizerischen Neutralitätspolitik gesehen. Im Gedenken an dieses wichtige Ereignis hat die Stiftung «Pro Marignano» für das Jahr 2015 vielfältige Aktivitäten geplant und mit den Vorbereitungen begonnen. So wird bereits heute eine Gedenkfeier vorbereitet. Weiter geplant sind Publikationen und die Durchführung eines historischen Kongresses. Den prägenden Ereignissen von Marignano soll auch mit einem Gedenkschiessen im Mendrisiotto gedacht werden. Schliesslich sollen vor Ort Denkmal und ein Beinhaus renoviert werden. In diesem Zusammenhang stellen wir dem Bundesrat folgende Fragen:
1. Sind ihm die geplanten Aktivitäten im Hinblick auf das Gedenken «500 Jahre nach der Schlacht bei Marignano» bekannt?
2. Teilt er die Beurteilung, wonach das Gedenken an dieses prägende Ereignis der schweizerischen Geschichte eine gesamtschweizerische Aufgabe ist?
3. Die Wehrhaftigkeit ist ein Teil der schweizerischen Identität und für die Motivation der Schweizer Armee von entscheidender Bedeutung. Teilt er die Überzeugung, dass die Erinnerung an Marignano auch zum wachen militärischen Sinn im Land beizutragen geeignet ist?
4. In welcher Form beabsichtig er, dieser 500 Jahre im Jahr 2015 gebührend zu gedenken?
5. Ist er bereit, die Koordination von eidgenössischen, kantonalen und regionalen Anlässen sicherzustellen?
6. Der Bund engagiert sich im Bereich der zivilen Friedensförderung und der Stärkung der Menschenrechte. Dazu gehört auch, aus Ereignissen der eigenen Geschichte die entsprechenden Lehren zu ziehen. Ist der Bundesrat vor diesem Hintergrund bereit, an die Durchführung der Gedenkaktivitäten einen finanziellen Beitrag zu leisten?

Mitunterzeichnende (11)
Bulliard-Marbach Christine, Candinas Martin, Carobbio Guscetti Marina, Cassis Ignazio, Darbellay Christophe, de Buman Dominique, Pelli Fulvio, Regazzi Fabio, Rusconi Pierre, Sommaruga Carlo, Vogler Karl

Antwort des Bundesrates vom 13.09.2013

1. Dem Bundesrat ist bekannt, dass sich die 1965 gegründete Fondazione Pro Marignano, mit Sitz in Chiasso, für das Jahr 2015 zum Ziel gesetzt hat, im Rahmen ihres Projektes Ex Clade Salus in würdiger Weise an die Schlacht von Marignano 1515 zu erinnern. Die Stiftung steht mit dem Schweizer Generalkonsulat in Mailand, der Bibliothek am Guisanplatz sowie mit Präsenz Schweiz in Kontakt. Das Schweizerische Nationalmuseum plant seinerseits eine Ausstellung zur Militärgeschichte der Schlacht.
2. Marignano ist eine Wegmarke der französischen, der italienischen, insbesondere lombardischen, und auch der eidgenössischen Geschichte. Der Bundesrat ist sich bewusst, dass Marignano dementsprechend das kollektive Gedächtnis beeinflusst hat. Er erachtet jedoch die Erinnerung an Marignano nicht als eine gesamtschweizerische Aufgabe. 1865, 1915 und 1965 sind zum Beilspiel auch keine Gedenkmünzen zu dieser Schlacht geprägt worden.
3. Der Bundesrat teilt die Meinung, dass die Wehrhaftigkeit ihren Teil zur Identität der Schweiz sowie zur Motivation der Schweizer Armee beiträgt. Allerdings ist er der Meinung, dass die Niederlage von Marignano vor 500 Jahren in diesem Zusammenhang eine untergeordnete Rolle spielt.
4. Der Bundesrat hielt in seiner Antwort auf die Interpellation (13.3099) von Nationalrat Hans Stöckli betreffend Erinnerungsfeiern zum Wiener Kongress von 1814/15 fest, dass er Anlässe zu Gunsten der Erinnerung an historische Ereignisse nur zurückhaltend unterstützen will. Daher wird er keine Feierlichkeiten zu Marignano initieren.
5. Sollten ihn z.B. die Kantone darum ersuchen, so ist der Bundesrat bereit zu prüfen, ob es angebracht ist, im Rahmen einer koordinierenden Tätigkeit des Bundes eine Initiative zur Erinnerung an Marignano zu unterstützen.
6. Der Bundesrat fördert die Idee, aus der eigenen Geschichte Einsichten zu gewinnen, die wesentlich zur Friedensförderung sowie zur Stärkung der Menschenrechte beitragen. Aus den oben aufgeführten Gründen steht für den Bundesrat fest, dass Veranstaltungen zur Erinnerung an Marignano hauptsächlich ohne Bundesmittel finanziert werden müssen.

Quelle: www.parlament.ch 13.3550 – 500 Jahre Schlacht bei Marignano – Curia Vista – Geschäftsdatenbank

Beilage 12

Interpellation Keller

13.3778 Interpellation Keller. Mehrfaches Jubiläumsjahr 2015

Eingereichter Text
Im Jahr 2015 jähren sich verschiedene für die Unabhängigkeit und Neutralität der Schweiz zentrale Ereignisse.

Die Schlacht am Morgarten vom 15. November 1315 war die erste grosse Auseinandersetzung zwischen den Eidgenossen und dem aufstrebenden Adelsgeschlecht der Habsburger. Der Sieg über Leopold I. führte zwar nicht zum erhofften Frieden, verstärkte jedoch den Zusammenhalt zwischen den Ländern Uri, Schwyz und Unterwalden, was sich im erweiterten Bundesbrief von 1315 manifestierte. In der Folge vertiefte sich die Eidgenossenschaft und während im benachbarten Europa der Adel seine Vormachtstellung ausbaute, bildete sich in der voralpinen Schweiz eine regionale Autonomie heraus, ohne die sich die heutige Schweiz kaum hätte entwickeln können.

Am 13./14. September 1515 fand zwischen der alten Eidgenossenschaft und Frankreich eine kriegerische Auseinandersetzung um das Herzogtum Mailand statt. Es war die letzte grosse Schlacht, an der die Eidgenossen mit aussenpolitischen Ambitionen beteiligt waren. Die «Niederlage von Marignano» bildete den Beginn der schweizerischen Neutralitätspolitik. Zudem wurden die heutigen Gebiete des Tessins von Frankreich/Mailand an die Eidgenossenschaft abgetreten.

Mit dem Ende des Wiener Kongresses 1815 wurden in Europa zahlreiche Grenzen neu festgelegt. Auch die Schweiz war von Zugewinnen und Verlusten betroffen. Mit der Aufnahme von Genf, Neuenburg und Wallis wuchs die Eidgenossenschaft in die heutigen Grenzen. Anerkannt wurde am Wiener Kongress auch die immerwährende bewaffnete Neutralität der Schweiz sowie ihre Unabhängigkeit vor jedem fremden Einfluss durch europäische Grossmächte.

Alle drei Ereignisse sind entscheidende Wegmarken für die Unabhängigkeit und Neutralität der Schweiz sowie für unsere Identität als souveräner Staat.

Aufgrund dieser Tatsache ergibt sich folgende Frage:
Wie gedenkt der Bundesrat diesen für die Schweizer Geschichte zentralen Ereignissen im Jahr 2015 in gebührendem und der Bedeutung angemessenem Masse Rechnung zu tragen?

Antwort des Bundesrates vom 29.11.2013
Im Jahr 2015 wird die Schweiz auf drei Ereignisse zurückblicken, die den historischen Weg der Eidgenossenschaft in massgeblicher Weise beeinflusst haben. Der Bundesrat anerkennt deren Bedeutung und weist gleichzeitig darauf hin, dass es nicht wenige

weitere und teilweise für die Entwicklung der Schweiz sogar bedeutsamere Ereignisse gibt, der ebenfalls gedacht werden könnte. In seinen Antworten auf die Interpellation 13.3099 von Ständerat Hans Stöckli in Bezug auf die Erinnerungsfeiern zum Wiener Kongress und auf die Interpellation 13.3550 von Nationalrat Marco Romano zum Gedächtnis an die Schlacht bei Marignano hat der Bundesrat bereits festgehalten, dass der Bund in den vergangenen Jahren nur mit Zurückhaltung Erinnerungsfeiern zu historischen Ereignissen durchgeführt hat. Er hat sich allerdings bereit erklärt, beispielsweise auf Ersuchen der Kantone, eine allfällige Unterstützung im Rahmen einer koordinierenden Tätigkeit des Bundes zu prüfen.

Das Schweizerische Nationalmuseum wird sich 2015 in Ausstellungen und Veranstaltungen eingehend mit diesen drei historischen Ereignissen auseinandersetzen: Das Forum Schweizer Geschichte in Schwyz erweitert seine permanente Ausstellung mit einem Morgarten Parcours. Das Landesmuseum in Zürich stellt in einer Ausstellung die Schlacht von Marignano in den Zusammenhang der politischen Zustände im damaligen Europa. Im Château de Prangins bildet eine Ausstellung das politische Umfeld für den Wiener Kongress ab und fragt nach dessen Einfluss auf die Entstehung der modernen Schweiz.

Quelle: www.parlament.ch 13.3778 – Mehrfaches Jubiläumsjahr 2015 – Curia Vista – Geschäftsdatenbank

Anmerkungen

1. Harkensee Heinrich, Die Schlacht bei Marignano (13. und 14. September 1515), Diss. Phil. I, E.A. Huth, Göttingen 1909

2. Jegerlehner Johannes, Marignano. Eine Erzählung. G. Grote'sche Verlagsbuchhandlung, Berlin 1911

3. Wiegand Carl Friedrich, Marignano. Drama mit 5 Aufzügen, 5. Aufl., Grethlein, Zürich/Leipzig 1924

4. Dürr Emil, Die auswärtige Politik der Eidgenossenschaft und die Schlacht bei Marignano: Zum 13. und 14. September 1915 – Ein Beitrag zum Ursprung und Wesen der schweizerischen Neutralität, Helbing & Lichtenhahn, Basel 1915

5. Lienert Meinrad, Die Schlacht bei Marignano, in: Schweizer Sagen und Heldengeschichten, 2. Aufl., Levy & Müller, Stuttgart und Olten 1915

6. Vallière Paul Emmanuel de, Treue und Ehre. Geschichte der Schweizer in fremden Diensten, F. Zahn, Neuenburg 1912; Vallière P. (Paul) de, Treue und Ehre. Geschichte der Schweizer in Fremden Diensten, Les Editions d'art suisse ancien, Lausanne, Mai 1940

7. Frey Siegfried, Die Mailänderkriege, in: Feldmann M. und Wirz H.G., Schweizer Kriegsgeschichte, Bd. 2, Heft 4, Oberkriegskommissariat, Bern 1935

8. Gagliardi Ernst, Geschichte der Schweiz von den Anfängen bis zur Gegenwart, umgestaltete und erweiterte Ausgabe, 3 Bde., 4. Aufl., Orell Füssli, Zürich-Leipzig 1939

9. Bruckner A. und B. (Albert und Bertha), Schweizer Fahnenbuch, Zollikofer Verlag, St. Gallen 1942

10. Gessler E.A. (Eduard Achilles), (Hrsg.), Die Banner der Heimat, Fraumünster, Zürich (28.7.42) 1942

11. Vgl. Vogelsanger Peter, Rede, und schweige nicht! Erinnerungen und Einsichten eines Pfarrers (Zweiter Teil), Theologischer Verlag, Zürich 1990, S. 302–305

12. Französisch: De la défaite naît le salut; Italienisch: Dalla sconfitta la salute; Englisch: Commonweal out of defeat

13. Comitato Pro Marignano Sezione Italia, Milano, Aprile 1965; Text im Archiv der Fondazione Pro Marignano

14. Die Korrespondenz zum Vortrag ist im Archiv der Antiquarischen Gesellschaft in Zürich (AGZ) vorhanden; gemäss Auskunft von Roland Böhmer, Präsident AGZ

15. Calgari Guido, «Per Marignano 1515», nella: Rivista Militare della Svizzera italiana (RMSI), settembre-ottobre 1965, p. 229–238

16. Die vollständige Text der Rede ist im Archiv Fondazione Pro Marignano

17. Somm Markus, Christoph Blocher. Der konservative Revolutionär, Appenzeller Verlag, Herisau 2009

18. Thürer Georg, Die Wende von Marignano: Eine Besinnung zur 450. Wiederkehr der Schicksalstage von Mitte September 1515, Komitee zur Würdigung der Schlacht von Marignano und ihrer Konsequenzen, Zürich 1965

19. Usteri Emil, Marignano. Die Schicksalsjahre 1515/1516 im Blickfeld der historischen Quellen, Komitee zur Würdigung der Schlacht von Marignano und ihrer Konsequenzen, Berichthaus, Zürich 1974

20. Bonjour Edgar, Geschichte der schweizerischen Neutralität, Bd. I–IX, Helbing & Lichtenhahn, Basel 1967–1976

21. Von 1965 bis 1984 befinden sich die Akten der Fondazione Pro Marignano im Schweizerischen Bundesarchiv in Bern

22. www.aczivido.net; L'Associazione Culturale Zivido è nata nel luglio 1984 per iniziativa di alcuni cittadini residenti nel Comune di San Giuliano Milanese, Provincia di Milano (Italia) con il proposito «… di studiare, far conoscere, difendere e promuovere l'Arte, la Storia, l'Architettura, gli Usi e Costume presenti sul territorio comunale sangiulianese».

23. Leimgruber Walter und Christen Gabriela, Begleitband zur Ausstellung Sonderfall? Die Schweiz zwischen Reduit und Europa, im Schweizerischen Landesmuseum Zürich vom 19. August bis 15. November 1992, Schweizerisches Landesmuseum, Zürich 1992

24. Antico Gallina M.V., Bisiachi M.T., Deiana A., Sannazzaro G.B., Zivido, mille anni di storia. Dall'alto medioevo alla battaglia de giganti, a cura di M.V. Antico Gallina, Associazione Culturale Zivido, 1994

25 Kreis Georg, Schweizer Erinnerungsorte. Aus dem Speicher der Swissness, Verlag Neue Zürcher Zeitung, Zürich 2010

26 Keller Peter, Waterloo und Auferstehung, in: Die Weltwoche, Nr. 5, 31. Januar 2013, S. 58–61

27 Keller Peter und Stüssi-Lauterburg Jürg, Die Schweizer Schlachten, in: Die Weltwoche, Sonderdruck Nr. 1.13: Von Morgarten bis Marignano – die komplette Serie, September 2013

Bildnachweis

1 *Ferdinand Hodler, Selbstbildnis 1892*
Quelle: http://2.bp.blogspot.com/-mZ6NHvDiyhE/UCSMPwBHapI/AAAAAAACIjM/iZB0F...

2 *Clément Janequin, La bataille de Marignan, La guerre (Chanson)*
Quelle: http://www.partitionschorale.com/miniatures/La%20bataille%20de%20Marignan%20...

3 *Das Marignanolied, Text (5 Strophen)*
Quelle: http://ingeb.org/Lieder/trommelu.html

4 *Einweihung Denkmal 1965, Umzug vier Teilnehmer, Korpskommandant Nager, a. Bunderat Etter, Feldprediger Vogelsanger, Dr. Kistler*
Quelle: Associazione Culturale Zivido
http://www.aczivido.net

5 *Einweihung Denkmal 1965, Umzug Basler Pfeiffer und Trommler*
Quelle: Associazione Culturale Zivido
http://www.aczivido.net

6 *Einweihung Denkmal 1965, Umzug Historische Gruppe Kanton Schwyz*
Quelle: Associazione Culturale Zivido
http://www.aczivido.net

7 *Einweihung Denkmal 1965, Historische Ehrenwache*
Quelle: Associazione Culturale Zivido
http://www.aczivido.net

8 *Einweihung Denkmal 1965, Enthüllung des Denkmals*
Quelle: Associazione Culturale Zivido
http://www.aczivido.net

9 *Einweihung Denkmal 1965, Teilnehmer an der Zeremonie*
Quelle: Associazione Culturale Zivido
http://www.aczivido.net

10 *Broncetafel in der Nähe des Denkmals Marignano, ordine di battaglia al 14 settembre 1515*
Quelle: Fondazione Pro Marignano

11 *Päpstliche Schweizergarde in Zivido 2006, Umzug zivile und militärische Teilnehmer: Sindaco di San Giuliano Milanese, Marco Toni Korpskommandant Beat Fischer Generalkonsul der Schweiz in Mailand, Dr. David Vogelsanger, Sindaco di Melegnano, Prof. Ercolino Dolcini, Oberst Roland Haudenschild*
Quelle: http://www.aczivido.net

12 *Päpstliche Schweizergarde in Zivido 2006, Umzug Kommandant Oberst Pius Segmüller an der Spitze des Detachements*
Quelle: http://www.aczivido.net, foto Antonio Trifone

13 *Päpstliche Schweizergarde in Zivido 2006 Ehrendetachement beim Denkmal*
Quelle: http://www.aczivido.net, foto Antonio Trifone

14 *Päpstliche Schweizergarde in Zivido 2006, Kranzniederlegung am Denkmal*
Quelle: http://www.aczivido.net, foto Antonio Trifone

15 *Rievocazione storica in Zivido, Historische Gruppe, Ansicht der Arena*
Quelle: http://www.aczivido.net

16 *Rievocazione storica in Zivido, Historische Gruppe, Nachgestellte Schlachtszene*
Quelle: http://www.aczivido.net

17 *Denkmal Marignano in Zivido, Heutiger Zustand*
Quelle: http://www.aczivido.net, foto Silvano Codega

18 *Schlachtfeld von Marignano in San Giuliano Milanese, Zustand 1984*
Quelle: Foto, Archiv Fondazione Pro Marignano

19 *Ossario Santa Maria della Neve in Mezzano*
Quelle: http://www.icsferminelterritorio.com/immagini/mzn_img2_big.jpg

20 *Ossario Santa Maria della Neve in Mezzano. Eingestürzter Vorbau anfangs März 2012*
Quelle: http://www.hossli.com/wp-content/uploads/2012/03/beinhaus.jpg

21 *Campo dei Morti in Mezzano, gegenüber dem Ossario*
Quelle: http://static.panoramio.com/photos/large/56227101.jpg

Anhang 1 | **Chronologie** (Auszug)

1494-1497	1. Italienkrieg: Frankreich gegen Neapel, nachher Aragon und Italienische Staaten
22. Februar 1495	Einzug der Franzosen in Neapel
10. Juni 1495	Einnahme von Novara durch den Herzog von Mailand für Ludwig von Orléans (zukünftiger Ludwig XII.)
1. Juli 1495	Beginn der Belagerung von Novara durch Mailand
6. Juli 1495	Schlacht von Fornovo, französischer Sieg gegen eine italienische Armee
9. Oktober 1495	Frieden von Vercelli, ermöglicht Herzog von Orléans das belagerte Novara zu verlassen
21. Juli 1496	Kapitulation der letzten französischen Truppen im Königreich Neapel, in Atella
1499-1500	**2. Italienkrieg: Frankreich gegen Mailand**
März 1499	Soldbündnis Ludwigs XII. mit den Eidgenossen, sichert alleiniges Recht für zehn Jahre zur Anwerbung von Schweizer Truppen
17. Sept 1499	Frankreich erobert Mailand mit Hilfe von Schweizer Truppen
10. April 1500	Im Heer Ludovico Sforzas von Mailand und Ludwigs XII. von Frankreich sind Schweizer Söldner; ein Bruderkampf kann vermieden werden. Einnahme Novaras durch die Franzosen führt zur Ergreifung von Ludovico Sforza; Verrat von Novara
1501-1504	**3. Italienkrieg: Frankreich gegen Spanien für Neapel**
11. April 1503	Vertrag von Arona; Ludwig XII. anerkennt Rivera, Bleniotal und Bellinzona als Vogteien von Uri, Schwyz und Nidwalden
28. April 1503	Schlacht von Cerignola, französische Niederlage gegen die Spanier; Schweizer Söldner werden durch Graben und Feuer der spanischen Arkebusiere gestoppt. Diese Schlacht ist vielleicht die erste, wo die tragbaren Feuerwaffen entscheidend sind.
1. November 1503	Giuliano della Rovere zum Papst gewählt unter dem Namen Julius II.

Anhang 1 | **Chronologie**

29. Dezember 1503	Schlacht von Garigliano, französische Niederlage gegen Spanien
1. Januar 1504	Gaeta, letzter französischer Stützpunkt im Königreich Neapel kapituliert
1508-1513	**4. Italienkrieg**
10. Dezember 1508	Liga von Cambrai Ludwig XII., Papst Julius II., Ferdinand II. (Aragon) König von Spanien und Neapel und Maximilian gegen Venedig
27. Mai 1508	Tod Ludwig Sforzas in Gefangenschaft in Loches (Touranine)
14. Mai 1509	Schlacht von Agnadello, französischer Sieg gegen Venedig
24. Februar 1510	Aufhebung der Exkommunikation von Venedig, Wechsel des Lagers durch den Papst
14. März 1510	Bündnis der Eidgenossen mit Papst Julius II. erlaubt diesem die Anwerbung von Söldnern während fünf Jahren
September 1510	Chiasser Zug der Eidgenossen in der Lombardei
1. März 1511	Einberufung eines Konzils in Pisa durch Ludwig XII. mit dem Ziel den Papst abzusetzen und die päpstliche Macht zu zügeln
21. Mai 1511	Wegnahme von Bologna durch die Franzosen von Trivulzio
4. Oktober 1511	Gründung der Heiligen Liga mit Papst Julius II., Ferdinand II. König von Spanien und Neapel und Venedig gegen Frankreich
24. Oktober 1511	Exkommunikation der Teilnehmer des Konzils von Pisa durch den Papst
1. November 1511	Eröffnung des Konzils in Pisa unter dem Schutz Frankreichs; Fortsetzung in Mailand, gehalten durch Franzosen im Januar 1512
13. November 1511	Heinrich VIII. von England tritt der Heiligen Liga bei
17.-29. Dezember 1511	Kaltwinter-Feldzug der Eidgenossen im Mailändischen
11. April 1512	Schlacht von Ravenna, französischer Sieg gegen Spanien
3. Mai 1512	Eröffnung der V. Laterankonzils, welches Frankreich mit Entmündigung belegt
17. Mai 1512	Maximilian Sforza tritt der Heiligen Liga bei
21. Juni 1512	Revolte von Genua gegen Frankreich
Juni 1512	Pavierzug, 18 000 Eidgenossen und Venezianer erobern das Herzogtum Mailand und setzen Maximilian Sforza als Herzog ein, die Franzosen werden aus der Lombardei vertrieben. Die Eidgenössischen Orte erhalten Domodossola, das Eschental, Lugano, Locarno, Mendrisio und Balerna, die Bündner das Veltlin, Bormio, Chiavenna und die Drei Pleven.
20. Juni 1512	Ottaviano Sforza, Bischof von Lodi, nimmt Besitz von Mailand im Namen von Massimiliano Sforza

Anhang 1 | Chronologie

29. Dezember 1512	Einzug von Massimiliano Sforza in Mailand
21. Februar 1513	Tod Julius II.
11. März 1513	Wahl von Jean de Medici zum Papst unter dem Namen Leo X.
23. März 1513	Liga von Blois, Allianz zwischen Frankreich und Venedig
1. Februar 1513	Rückgabe des Schlosses von Lugano an die Schweizer
4. April 1513	Massimiliano Sforza verlangt 3000 Mann von der Tagsatzung
5. April 1513	Liga von Mechelen zwischen Papst Leo X., König Ferdinand II. von Spanien und Neapel, König Heinrich VIII. von England und Massimiliano Sforza
18. April 1513	Tagsatzung entscheidet 4'000 Mann zu senden
4. Mai 1513	Aufbruch erstes Schweizerkontingent; mehr als 2000 Freiwillige
12. Mai 1513	Spontane Übergabe von Cremona an die Venezianer
13. Mai 1513	Übergabe von Alessandria an Camillo Trivulzio und Ernennung von Bartolomeo d'Alviano zum venezianischen Generalkapitän
18. Mai 1513	Ende der Besammlung des ersten Schweizerkontingents in Arona
19. Mai 1513	Ankunft der Schweizer in Sale, Treffen mit Massimiliano Sforza
21. Mai 1513	Tagsatzung entscheidet 8000 Mann zu senden
24. Mai 1513	Wiedereroberung von Genua durch die Franzosen
30. Mai 1513	Aufbruch des ersten Schweizerkontingents für Novara
31. Mai 1513	Übergabe der Stadt Brescia an die Venezianer
Ende Mai 1513	Revolte von Mailand gegen Maximilian Sforza
1. Juni 1513	Verstärkungen erreichen die Franzosen in San Giorgio, 1500 Landsknechte und 3–400 Lanzen unter dem Befehl von d'Aubigny
3. Juni 1513	Parallele Ankunft des zweiten Schweizerkontingents in Oleggio
3. Juni 1513	Ankunft der ersten Franzosen vor Novara
4. Juni 1513	Bombardement von Novara und zurückgeschlagener Angriff
5. Juni 1513 (Morgen)	Aufbruch der ersten Hälfte des zweiten Schweizerkontingents für Novara, Ankunft in der Nacht
5. Juni 1513 (gegen Mittag)	Die französische Armee verlässt das Lager in Richtung Trecate; sie installiert sich um Ariotta für die Nacht
6. Juni 1513 (Morgen)	Schlacht von Novara, Sieg der Eidgenossen über französische und venezianische Truppen
6. Juni 1513 (Abend)	Ankunft des Restes des zweiten Schweizerkontingents in Novara nach der Schlacht
8. Juni 1513	Rückzug der Venezianer bzw. der Franzosen über die Alpen

Anhang 1 | Chronologie

10. Juni 1513	Aufbruch der Schweizer und Maximilian Sforzas von Novara
26. Juni 1513	Revolte von Köniz gegen die Obrigkeit (Beginn des «Krieges von Köniz»); gegen die Bezüger heimlicher französischer Pensionen im Berner Rat
2. Juli 1513	Amnestierung der Revoltierenden von Köniz
10. Juli 1513	Belagerung von Luzern durch die Bauern, «Zwiebelkrieg»
10. Juli 1513	Aufbruch der Schweizer von Alessandria
14. Juli 1513	Ankunft der Berner zu Hause
16. Juli 1513	Einzug von Maximilian Sforza in Mailand
28. Juli 1513	Könizerbrief, Ende des «Krieges von Köniz»; Mitwirkung der Landschaft mittels Ämterbefragung bei künftigen Bündnissen mit fremden Mächten
2. August 1513	Tagsatzung beschliesst eine Armee gegen Burgund zu senden
8.-14. September 1513	Belagerung von Dijon durch die Schweizer und Kaiserlichen
14. September 1513	Vertrag von Dijon zwischen La Trémoille und den Schweizern; Verzicht Frankreichs auf Mailand, Lösegeld für Burgund und Frankreich bezahlt Zahlungsrückstände an Schweizer
7. Oktober 1513	Schlacht von La Motte, Niederlage der Venezianer gegen die Spanier
17. Dezember 1513	Appenzell tritt als 13. Ort dem Bund der Eidgenossen bei
1515-1516	**5. Italienkrieg**
1. Januar 1515	Tod Ludwigs XII., Nachfolger Franz I.
16. Januar 1515	Tagsatzung nimmt Mülhausen im Elsass als zugewandten Ort in die Eidgenossenschaft auf
3. Februar 1515	Heiliger Bund zwischen Papst, Kaiser und Spanien
8. Februar 1515	Bündnis Kaiser, Spanien, Mailand, Eidgenossenschaft und weitere Potentaten in Italien gegen Frankreich, Eidgenossen stellen 10 000 bis 12 000 Söldner
5. April 1515	Friede von Westminster zwischen England und Frankreich
25. April 1515	Frieden zwischen Dogen von Venedig und Franz I.
9. Mai 1515	Aushebung von 4000 Söldnern; Ausrücken von Bern nach Novara
Mitte Mai 1515	9000 Eidgenossen im Mailändischen, 13 000 auf Pikett
23. Juni 1515	Auszug des zweiten Kontingents von 12 000 Eidgenossen
6. Juli 1515	Total 24 000 bis 25 000 Eidgenossen im Piemont
15. Juli 1515	Beitritt der Eidgenossen zum Bündnis von Rom

Anhang 1 | Chronologie

9.-12. August 1515	Übergang der Franzosen in den Westalpen und Erreichen der Ebene des Piemonts; Aufteilung der Eidgenossen in einen nördlichen, mittleren und südlichen Truppenteil.
12. August 1515	Prosper Colonna, Befehlshaber der Truppen des Herzogs von Mailand wird mit seinen Reitern von den Franzosen gefangen; Schweizer beschliessen Rückzug auf Vercelli
20. August 1515	Tagsatzung beschliesst dritten Auszug nach Novara
20.-21. August 1515	Franzosen nehmen Alessandria und Asti ein, ihr Heer zählt 35 500 Mann; Schweizer ziehen sich auf Novara und Mailand zurück, Aufteilung der Truppen auf Arona und Gallarate
29. August 1515	Dritter Auszug, 20 000 Schweizer in Bellinzona bzw. Domodossola
5. September 1515	Verhandlungen zwischen Eidgenossen und Frankreich in Gallarate
8. September 1515	Abschluss des Friedens von Gallarate; Abzug der westlichen Orte
10. September 1515	Ablehnung des Inhalts und Zurückweisung des Friedens durch die zentralen und östlichen Orte der Eidgenossen
13.-14. September 1515	Schlacht von Marignano, Niederlage der Eidgenossen gegen Franz I.
21. September 1515	Friede zwischen Papst und Frankreich
25. Oktober 1515	Friedensverhandlungen zwischen Eidgenossen und Frankreich in Genf
7. November 1515	Friedensschluss und Vertrag von Genf; 5 Orte sind gegen Bündnis mit Frankreich, 8 Orte dafür
10. Dezember 1515	Zürcher Bauern rotten sich zusammen und ziehen bewaffnet in die Stadt (Beginn des Lebkuchenkrieges); gegen die Bezüger von Pensionen und Korruption
7. Januar 1516	Die Besetzer ziehen aus der Stadt Zürich ab
21. April 1516	Vermeiden eines Bruderkrieges vor Mailand, da Schweizer Söldner im französischen und kaiserlichen Heer sind
13. August 1516	Vertrag von Noyon zwischen Frankreich und Spanien, welches Mailand verlässt im Tausch gegen Neapel
Herbst 1516	Aufnahme von Friedensverhandlungen zwischen den Eidgenossen und Frankreich in Freiburg
29. November 1516	Ewiger Friede der Eidgenössischen Orten und Zugewandten mit Frankreich und Mailand in Freiburg i.Ü. geschlossen. Anerkennung der eidgenössischen Herrschaft über Locarno, das Maggiatal, Lugano und Mendrisio; die Bündner erhalten das Veltlin, Chiavenna und Bromio. Das Val d'Ossola fällt an Mailand zurück.
12. Januar 1519	Tod Maximilians von Österreich
28. Juni 1519	Wahl Karl V zum Kaiser

Anhang 1 | **Chronologie**

1521-1526	6. Italienkrieg
5. Mai 1521	Soldbündnis der 12 eidgenössischen Orte (ohne Zürich) mit Franz I. in Luzern, der zur Verteidigung seiner französischen und italienischen Länder zwischen 6000 und 16 000 Mann eidgenössisches Fussvolk anwerben kann
29. April 1522	Schlacht von Bicocca, französische Niederlage gegen die Spanier, Kriegsaustritt Venedigs; Schweizer Söldner in französischen Diensten durch einen Graben und das Feuer der Spanier gestoppt
30. April, 1524	Schlacht an der Sesia, französische Niederlage und Tod von Bayard
24. Februar 1525	Schlacht von Pavia, französische Niederlage gegen die Kaiserlichen; Gefangennahme Franz I., Tod von La Trémoille und La Palice; Oberitalien unter Habsburger Herrschaft, später unter Spanien.

Quelle: Olivier Bangerter, Novare (1513). Derniére victoire des fantassins suisses, Economica, Paris 2012, p. 126–130; aus dem Französischen übersetzt, angepasst und erweitert durch Roland Haudenschild.

Anhang 2 | Banner und Bannerträger

Roland Haudenschild

«*Jeder, der zurückschaut, der sich den Aufbau der Eidgenossenschaft vergegenwärtigt, kann ermessen, was uns diese Banner zu sagen haben. Sie sind als Hoheitszeichen der sichtbare Ausdruck souveräner Kantone ....*»

(*General Guisan*)

Seit dem Laupenkrieg 1339 ist das weisse Kreuz im roten Feld nachgewiesen, als gemeinsames Erkennungsmerkmal des Berner Heeres und der drei hilfeleistenden Länder (Uri, Schwyz, Unterwalden). In der Schlachtordnung ist eine Unterscheidung zwischen Freund und Feind im Nahkampf unbedingt erforderlich.

Das weisse Kreuz geht im 15. Jahrhundert als gemeineidgenössisches Kriegsabzeichen in die Fähnlein der einzelnen Stände über und wird auch in allen Feldzügen verwendet. Demgegenüber zeigen die Banner der dreizehn Orte die Wappenfarben und Wappenbilder auf, die Fähnlein nur die Farben der Stände.

Im 15. Jahrhundert wird in der alteidgenössischen Heeresorganisation zwischen Haupt- oder Landesbanner (Panner) und Fähnlein (Fänli) unterschieden. Die Hauptbanner weisen viereckige Gestalt auf und jeder Stand der dreizehnörtigen Eidgenossenschaft hat sein eigenes Banner, welches den Auszug mit «ganzer Macht» ins Feld begleitet.

Im Auszug zum Fähnlein, von liegender dreieckiger Form, marschiert nur ein Teil des Aufgebotes, welcher für besondere Zwecke eingesetzt wird.

Die einzig geltenden Feldzeichen bei Kriegszügen sind die Standesbanner der einzelnen Orte; Banner und Kriegsfahnen dienten bis ins 17. Jahrhundert nach heutigem Begriff nur zur Mobilisation. Die Banner wurden in allen Kämpfen des 15. Jahrhunderts verwendet, bis zu den Mailänderfeldzügen und bei Marignano 1515. Sie halten das Heer zusammen und ermöglichen damit die Führung im Kampf. Der Beginn des Kampfes wird durch das Flattern der Banner über dem Heer angezeigt.

Als höchstes Ehrenzeichen jedes eidgenössischen Ortes durfte das Banner nicht preisgegeben werden «und jeder war verpflichtet, zu seiner Rettung das Leben zu opfern und das Zeichen dem Feind nicht in die Hände fallen zu lassen.»

«Der Träger des Banners, der Bannerherr, Venner oder Fähnrich war eine wichtige Person in der eidgenössischen Heeresorganisation. ... Bei dem ‹Stab›, wenn wir einen heutigen Ausdruck verwenden wollen, also beim Aufgebot eines Ortes kommandierte der Hauptmann, ‹Obrister hoptmann›, später ‹oberster Feldhauptmann›, Oberst. Der zweitwichtigste Grad war der Bannerherr für das Hauptbanner, beim Fähnlein der Venner.»

«Bei den Eidgenossen war das Banner das Zeichen der Zusammengehörigkeit der Mannschaft eines Ortes, der Inbegriff seiner Macht, seines Kriegsruhms und seiner Ehre. ... Banner und Fähnlein hatten eine ausschlaggebende militärische Bedeutung: wo das ‹aufgeworfene›-Banner flatterte, befand sich die Führung. So lange es sichtbar hochgehalten wurde, war der Kampf siegreich oder noch unentschieden; verschwand es, drohte eine Niederlage.»

Auch in der Schlacht von Marignano wurde um Banner und Fähnlein gekämpft; bekannt ist der Basler Fähnrich Hans Bär, der sterbend eines der Basler Fähnlein einem Kameraden weitergegeben hat. Ferdinand Hodler stellte den sterbenden Fähnrich Hans Bär in seinem Wandgemälde Rückzug von Marignano im linken Seitenfeld (Lünette) dar, an der Westwand der Waffenhalle im Schweizerischen Landesmuseum Zürich.

Ab dem Ende des 15. Jahrhunderts wurde eine besondere nähere Bannerwache von vier Mann bestellt, ergänzt durch eine entferntere von hundert Mann. Sie verpflichteten sich unter Eid (Fahneneid) zum Banner Sorge zu tragen und es nicht zu verlassen.

«Dem Banner die Treue zu wahren galt den Eidgenossen als höchstes Gebot, sei es in Abwehrkämpfen gegen den äusseren Feind oder im Kriegsdienst auswärtiger Staaten.»

«Die Bedeutung des Banners ist durch die eidgenössischen Kriegsordnungen, ..., bezeugt.»

In der dreizehnörtigen Eidgenossenschaft ergab sich eine bestimmte Rangordnung seiner Mitglieder, was sich auch in den Wappenfolgen auswirkte: Zürich, Bern, Luzern, Uri, Schwyz, Unterwalden, Zug, Glarus, Basel, Freiburg, Solothurn, Schaffhausen und Appenzell. Die drei bedeutendsten Städte werden vor den Ländern (Urkantone) genannt, womit die Reihe vom Datum der Aufnahme in die Eidgenossenschaft abweicht: Uri, Schwyz und Unterwalden 1291, Luzern 1339, Zürich 1351, Glarus und Zug 1352, Bern 1353, Freiburg und Solothurn 1481, Basel und Schaffhausen 1501 und Appenzell 1513.

Nachstehend werden die Standesbanner aller alten Orte als Illustrationen der Banner und Bannerträger um 1500, 1510 und 1520 dargestellt (vgl. die 13 Illustrationen).

«Das aus Seide oder Leinwand bestehende Tuch dieser Feldzeichen wies eine recht- oder viereckige Gestalt auf und war mit Nägeln an einer Eschenholzstange befestigt. Von dieser konnte es nur mit Gewalt abgetrennt werden; sie wies eine Spitze auf, an der ein Spiesseisen, meist von einem Langspiess, befestigt wurde. ... Das Fahnentuch war entweder aus zwei Bahnen in heraldischen Farben und Formen zusammengesetzt oder einfarbig mit Wappenbildern, die aufgeheftet, aufgenäht, gemalt oder gestickt waren. Alle diese Fahnenfarben und -bilder mussten sehr einfach gehalten sein, sodass sie als Erkennungszeichen im Feld – was ja auch ihr ursprünglicher Zweck war – klar und deutlich vor Augen traten. Diese einfache Gestalt haben die Standesbanner bis heute bewahrt, ...»

Die Standeszeichen der dreizehn alten Orte sind bis 1798, dem Untergang der alten Eidgenossenschaft, die gleichen geblieben.

Quelle: Gessler E.A. (Eduard, Achilles), (Hrsg.), Die Banner der Heimat, Fraumünster, Zürich (1942); Geleitwort von General Henri Guisan, 28.7.42; vgl. Text S. 7-25;
Illustrationen S. 27, 29, 31, 33, 37, 41, 43, 45, 47, 49, 51, 53 und 55;
farbige Kunstbeilagen von M.J.

Anhang 3 | **Verzeichnis der Illustrationen**

Die Quellenangabe findet sich bei den einzelnen Illustrationen nach dem Text des Artikels.

Jürg Stüssi-Lauterburg

1315–1415–1515–1615–1715–1815–1915–2015

1. Schlacht am Morgarten 1315
2. Eroberung von Aarau durch die Berner 1415
3. Tagsatzungssaal Baden 1615
4. Trücklibund 1715, Blechdose
5. Trücklibund 1715, Seite mit Siegeln
6. Trücklibund 1715, Textseite
7. Siegel des Bundesvertrages von 1815
8. Album der 3. Division 1915

Heinrich Speich

Das eidgenössische Bündnisgeflecht bis zu den Italienfeldzügen

1. Altes Rathaus Sursee 1472
2. Burgrecht der fünf Städte
3. Patengeschenk der Eidgenossenschaft

Leonardo Broillet

La société suisse vers 1500 et ses rapports avec la Lombardie

1. Castelgrande Bellinzona
2. Liste des soldats partis
3. Vétéran de la bataille de Marignan

Daniel Reichel

Mathieu Schiner (vers 1465–1522), Cardinal et homme de guerre

1. Cardinal Matthieu Schiner
2. Médaille pour Matthieu Schiner
3. Cardinal Matthieu Schiner à cheval

David Vogelsanger

Ulrich Zwingli als Feldprediger in der Lombardei

1. Ulrich Zwingli, Porträt
2. Ulrich Zwingli, Helm, Eisenhut und Schwert
3. Zwingli-Portal, Grossmünster Zürich, Südportal
4. Zwingli-Portal, Grossmünster Zürich, Südportal, Feld 2, Zwingli predigt
5. Palazzo dell'Arengario in Monza
6. Zwinglis Tod auf dem Schlachtfeld

Philippe Rogger

Aufstand gegen die «tütschen Franzoßen». Der Lebkuchenkrieg in Zürich 1515/1516

1. Niklaus Manuel Deutsch, Allegorie auf den Krieger
2. Im Rathaus von Luzern
3. Das neue Kartenspiel «Der Flüss»

Anhang 3 | Verzeichnis Illustrationen

Olivier Bangerter

L'expérience des fantassins suisses à la bataille de Novare 1513

1. Johannes Stumpf, Schlacht bei Novara 1513
2. Die Schlacht bei Novara 1513, Oberbild des Glasgemäldes
3. Johannes Stumpf, Feldhauptleute
4. Niklaus Manuel Deutsch, Eidgenosse
5. Urs Graf, Eidgenössische Feldwache, um 1514

Walter Schaufelberger

Marignano 1515. Die militärische Führung bei den alten Eidgenossen

1. Markus Röist, Bürgermeister von Zürich
2. Urs Graf, Kriegsrat
3. Eidgenössische Tagsatzung zu Baden

Hervé de Weck

La bataille de Marignan 1515, mythes et réalités

1. Les Suisses dans les guerres d'Italie
2. La traversée des Alpes par François Ier
3. Situation du 4 au 10 septembre 1515
4. Marignan. Positions le 13 septembre 1515
5. Marignan. Positions le 14 septembre 1515
6. Urs Graf, Schlachtfeld (Schrecken des Krieges) 1521
7. Hans Holbein d. J., Schlachtszene, um 1524
8. Extensions territoriales de la Confédération suisse

Giovanni Cerino Badone

Marignano e la Rivoluzione Militare del Cinquecento

1. Fanti svizzeri in assetto da combattimento
2. Cannone
3. Quadrato di lanzichenecchi
4. Svizzeri e lanzichenecchi in combattimento

Klara Hübner

Ein falscher Sieg und falsche Boten – Nachrichtenübermittlung und -verbreitung zur Zeit von Marignano

1. Überfall auf Boten im Schiff
2. Geharnischte Boten und Überfall auf Boten
3. Standesläufer von Schwyz

Pierre Streit

L'armée de François Ier à l'époque de la bataille de Marignan

1. Portrait de François Ier
2. Bataille de Marignan (miniature)
3. Scène de bataille sur le tombeau de François Ier
4. Artillerie
5. Statue équestre d'un chevalier
6. Lansquenets

Angiolo Lenci

Marignano 1515. L'esercito veneziano del primo Cinquecento

1. Homeni d'arme e cavalli leggeri veneziani
2. Stradiotti con tipico cappelletto
3. Bartolomeo d'Alviano

Jean-Pierre Dorand

Monarchie française et politique d'Italie dès 1500

1. Pape Léon X de Medici
2. Carte d'Italie au XVIe siècle
3. François Ier, roi de France, à cheval
4. Tombeau de François Ier et Claude de France
5. Paix perpétuelle conclu à Fribourg 1516 ; document avec texte
6. Paix perpétuelle conclu à Fribourg 1516 ; document avec sceau
7. Médaille commémorative de la bataille de Marignan; recto/ verso
8. Médaille François Ier et Marignan; recto/ verso
9. Medaille. Frankreich. François Ier; Vorderseite/ Rückseite

Alois Riklin

Neutralität am Ende? 500 Jahre Neutralität der Schweiz

1. Die Neutralität der Schweizerischen Eidgenossenschaft
2. Neutralité. Il s'agit d'arriver au bout!
3. La Suisse comme île
4. Neutralität im 2. Weltkrieg
5. Edgar Bonjour, Swiss Neutrality
6. Die Schweiz in der Uno

Hervé de Weck

La neutralité du Corps helvétique avant, pendant et après la Guerre de Trente Ans

1. Les Etats aux frontières du Corps helvétique au début du 17e siècle
2. Le territoire de la Suisse vers 1600
3. Le territoire de la Confédération suisse au 17e siècle
4. Territoire de la Confédération suisse et puissances environnantes
5. Les cols et les axes dans les Grisons

Derck Engelberts

Die Eidgenossenschaft in den westfälischen Unterhandlungen 1646–1648

1. Johann Rudolf Wettstein, Bürgermeister von Basel
2. Historisches Rathaus zu Münster in Westfalen
3. Die Gesandten beschwören 1648 im Ratssaal zu Münster den Frieden
4. Vertrag zu Osnabrück
5. Rathaus zu Osnabrück

Hubert Foerster

Die ewige Neutralität der Schweiz 1815

1. Der fremde Dienst in Frankreich 1792
2. Der fremde Dienst 1792
3. Der fremde Dienst 1795
4. Jean de Montenach
5. Charles Pictet de Rochemont
6. Wiener Kongress 1814-1815
7. Anerkennung der immerwährenden Neutralität der Schweiz
8. Schweizer Uniformen 1807

Antoine Fleury

Neutralité suisse et Société des Nations

1. Gustave Ador
2. Giuseppe Motta
3. Max Huber
4. William Rappard
5. Palais Wilson à Genève

Antoine Fleury

Neutralité Suisse et Union Européenne dans la Guerre froide

1. Max Petitpierre
2. Friedrich Traugott Wahlen
3. Teilnehmer an der Konferenz von Helsinki 1975
4. Finlandia Halle Helsinki

Hervé de Weck

Rupture ou évolution? La neutralité suisse 1975-2012

1. La Suisse en 2007 selon Claude Büschi
2. La Suisse en 2009 selon Chappatte
3. La Suisse et l'Union européenne en 2011
4. Une variante possible pour des plans pour une offensive des forces du Pacte de Varsovie
5. Une autre variante: des grandes unités de l'Otan se trouvent acculés aux frontières de la Suisse
6. La situation que le chef de l'instruction, le divisionnaire Gustav Däniker, propose

Erwin Horat

Der Bildhauer Josef Bisa 1908–1976

1. Selbstporträt von Josef Bisa
2. Josef Bisa, porträtiert
3. Das Marignano-Denkmal während seiner Entstehungszeit
4. Das Marignano-Denkmal in Zivido
5. Bälzi, Bronzeplastik

Stefano Sportelli

Santa Maria della Vittoria. Breve storia della nascita di una Cappella espiatoria

1. Chiesa Santa Maria delle Vittorie
2. Colonna commemorativa
3. Iscrizione sulla Colonna commemorativa
4. Piante del viaggio di Francesco I verso la Lombardia
5. Luogo della Battaglia di Marignano

Stefano Sportelli

Cronaca di una storia inaugurazione. Monumento ai caduti svizzeri in ricordo dellaBattaglia del 1515

Nove illustrazioni del inaugurazione del monumento a Zivido nel 1965

Stefano Sportelli

Mezzano, Santa Maria della Neve e l'Ossario

1. Santa Maria della Neve
2. Vergine con in grembo Gesù Bambino
3. ... attraverso la grata della finestra
4. L'Ossario
5. Acquasantiera
6. Affresco madonna col Bambino

Vitantonio Palmisano

Marignano 1515. La Battaglia dei Giganti e i condottieri della disfida

1. Massimiliano Sforza,
2. Gian Giacomo Trivulzio,
3. Der Rückzug der Schweizer bei Marignan
4. Battaglia di Marignano
5. Il Fiume Lambro prima di Melegnano
6. La foce della Vattabbia nel Fiume Lambro a Melegnano
7. Melegnano, Ponte sul Fiume Lambro

Lucia Angela Cavegn

Der Kunststreit um die Marignano-Fresken von Ferdinand Hodler

1. Der Waffensaal im Landesmuseum Zürich
2. Schweizerisches Landesmuseum Zürich, Waffenhalle
3. Wettbewerbsentwurf, Detail des Mittelfeldes
4. Karton I, Staatsgalerie Stuttgart

5. Karton II, Kunsthaus Zürich
6. Karton III, Kunsthaus Zürich
7. Fritz Boscovits Jun., Karikatur 1
8. Fritz Boscovits Jun., Karikatur 2
9. Fritz Boscovits Jun., Karikatur 3
10. Fritz Boscovits Jun., Karikatur 4
11. Karton IV, Musée d'art et d'histoire, Genève
12. Ferdinand Hodler, Der Rückzug bei Marignano, 1897–98
13. Ferdinand Hodler, Rückzug der Eidgenossen von Marignano, 1899/1900
14. Ferdinand Hodler, Dietegen mit Schwert kämpfend
15. Ferdinand Hodler, Der verwundete Bannerträger Hans Bär
16. Hodler Rückzug der Schweizer nach der Schlacht bei Marignano

Georges Wüthrich

Mythos Marignano

1. Referat von Christoph Blocher
2. Publikum im Kursaal Bern
3. Johannes Jegerlehner, Marignano
4. Carl Friedrich Wiegand, Marignano
5. National-Spielplatz-Morschach. Marignano
6. Marignano. Schweizer Volksdrama
7. Frankomarken. Historische Bilder 1941. 70 Rappen-Marke
8. Frankomarken. Historische Bilder 1941. 80 Rappen Marke
9. Georg Thürer, Die Wende von Marignano

Roland Haudenschild

Die Fondazione Pro Marignano

1. Ferdinand Hodler, Selbstbildnis
2. Clément Janequin, La bataille de Marignan
3. Das Marignanolied
4. Einweihung Denkmal 1965, Umzug, vier Teilnehmer
5. Einweihung Denkmal 1965, Umzug, Basler Pfeiffer und Trommler
6. Einweihung Denkmal 1965, Umzug, Historische Gruppe Kanton Schwyz
7. Einweihung Denkmal 1965, Historische Ehrenwache
8. Einweihung Denkmal 1965, Enthüllung des Denkmals
9. Einweihung Denkmal 1965, Teilnehmer an der Zeremonie
10. Broncetafel in der Nähe des Denkmals
11. Päpstliche Schweizergarde in Zivido 2006, Umzug, fünf Teilnehmer
12. Päpstliche Schweizergarde in Zivido 2006, Umzug, Kommandant, Detachement
13. Päpstliche Schweizergarde in Zivido 2006, Ehrendetachement beim Denkmal
14. Päpstliche Schweizergarde in Zivido 2006, Kranzniederlegung am Denkmal
15. Rievocazione storica in Zivido, Historische Gruppe, Arena
16. Rievocazione storica in Zivido, Historische Gruppe, Schlachtszene
17. Denkmal Marignano in Zivido. Heutiger Zustand
18. Schlachtfeld von Marignano in San Giuliano Milanese
19. Ossario Santa Maria della Neve in Mezzano
20. Ossario Santa Maria della Neve in Mezzano. Eingestürzter Vorbau
21. Campo dei Morti in Mezzano, gegenüber dem Ossario

Anhang 4 | Bibliografie, Bibliographie, Bibliografia

(Auswahl, Sélection, Scelta)

Quellen- und Literatur, Souces et littérature, Fonti e litteratura

Ungedruckte Quellen, Sources non publiées, Fonti non pubblicati

Eine detaillierte Liste über ungedruckte Quellen aus Archiven und Bibliotheken der Schweiz, Italien, Vatikan, Frankreich und Österreich zu Marignano ist enthalten in:

Usteri Emil, Marignano. Die Schicksalsjahre 1515/1516 im Blickfeld der historischen Quellen, Komitee zur Würdigung der Schlacht von Marignano und ihrer Konsequenzen, Berichthaus, Zürich 1974, S. 595-598

Schweizerisches Bundesarchiv Bern (BAR) Postulat Basler: Schlachtfeld Marignano E2010A

Fondazione Pro Marignano E220.212

Archiv Fondazione Pro Marignano

Gedruckte Quellen und Literatur, Sources publiées et littérature, Fonti pubblicati e litteratura

Das alphabetische Quellen- und Literaturverzeichnis beinhaltet Darstellungen, die sich ausschliesslich oder teilweise mit Marignano befassen, das heisst Monografien und Artikel in Sammelwerken, Zeitschriften und Zeitungen. Für die ältere italienische und französische Literatur vergleiche Usteri Emil, a.a.O., Gedruckte Quellen und Literatur, S. 598–602.

Berücksichtigt wird auch die Literatur aus dem weiteren Umfeld von Marignano, wie zum Beispiel aus den Bereichen der Europäischen und der Schweizer Geschichte, der Neutralität, der Fremden Dienste usw.

Die einzelnen Autoren haben zum Teil im oder am Ende ihres Artikels je nach Bedürfnis eigene Literatur angegeben, die nicht in diesem (allgemeinen) Verzeichnis Gedruckte Quellen und Literatur enthalten sein muss.

Adamoli Davide e Robbiano John, Marignano: il sangue dei mercenari ci trasformò in Svizzera, nel: Giornale del Popolo, mercoledì 18 luglio 2012, Speciale p. 6–7

Altermatt Urs (Hrsg.), Die Schweizer Bundesräte. Ein biografisches Lexikon, Artemis, Zürich und München 1991

Amelli Cesare, La battaglia di Marignano (1515) detta «dei giganti», nella: Collana Storica Melegnanese, Vol. VII, Edizione Istituto Storico Melegnanese, (Melegnano) 1965

Amelli Cesare, La Battaglia di Marignano. Ricerche e studi sull'opera degli Svizzeri e sui loro rapporti con gli altri Stati prima e dopo la battaglia, nella: Collana Storica Melegnanese, Vol. VIII, Edizione Istituto Storico Melegnanese 1965

Amelli Cesare, Storia di Melegnano; nella: Nuova Collana Storica Melegnanese – Vol. V., Melegnano 1984; particolarmente: La Battaglia di Marignano detta dei Giganti, p. 137–151

Andrey Georges, L'Histoire de la Suisse pour les Nuls, tome 1. Des origines à 1815, 2ème édition, Editions Générales First, Paris 2011; en particulier: 1515: Marignan, «la bataille des géants», p. 133–134

Anshelm Valerius, Berner Chronik, vom Anfang der Stadt bis 1526, hrsg. von Rudolf Emanuel Stierlin und Johann Rudolf Wyss, 6 Bde., L.A. Haller, Bern 1825–1833

Anshelm Valerius, Die Berner Chronik, hrsg. vom Historischen Verein des Kantons Bern, (Emil Bloesch), 6 Bde., K.J. Wyss, Bern 1884-1901; insbesondere: Bd. 4, Bern 1893, S. 1398 ff.

Anhang 4 | Bibliografie, Bibliographie, Bibliografia

Antico Gallina M.V., Bisiachi M.T., Deiana A., Sannazzaro G.B., Zivido, mille anni di storia. Dall'alto medioevo alla battaglia dei giganti, a cura di M.V. Antico Gallina, Assiciazione Culturale Zivdo, 1994; particolarmente: La Battaglia die Giganti, p. 201–211; Bibliografia p. 263–274

Arnold Thomas F., Atlas des guerres de la Renaissance, Autrement, Paris 2002, p. 152–153

Bächinger Konrad, Fisch Josef, Kaiser Ernst, Lasst hören aus alter Zeit. Söldner ziehen über den Gotthard. Die Niederlage bei Marignano, Geschichtliche Arbeitshefte, Heft 11, Verlag Arp, St. Gallen 1964

Bächtiger Franz, Marignano. Zum Schlachtfeld von Urs Graf, in: Zeitschrift für Schweizerische Archäologie und Kunstgeschichte, Bd. 31, 1974, Heft 1, S. 31–54

Bäldi Fridolin (in Glarus), Chronik 1488-1529, hrsg. von Johann Georg Mayer, in: Zeitschrift für Schweizerische Kirchengeschichte, Bd. 1, Stans 1907, S. 43–51, 112–127

Bangerter Olivier, La pensée militaire de Zwingli, Zürcher Beiträge zur Reformationsgeschichte, Bd. 21, Peter Lang, Bern 2003

Bangerter Olivier, La mise en place du système mercenaire en Suisse (1474-1525), dans: Mercenariat et service étranger, Actes du Symposium 2008, Centre d'Histoire et de Prospective Militaires, Pully 2010, p. 117–133

Bangerter Olivier, La bataille de Novare, dans: Choc, feu, manœuvre et incertitude dans la guerre, Actes du Symposium 2010, Centre d'Histoire et de Prospective Militaires, Pully 2011, p. 31–44

Bangerter Olivier, Novare (1513). Dernière victoire des fantassins suisses, Economica, Paris 2012

Baumann Reinhard, Landsknechte. Ihre Geschichte und Kultur vom späten Mittelalter bis zum Dreissigjährigen Krieg, C.H. Beck, München 1994

Becker Thomas und Marty Christian, Hodlers Marignano – Experimentierfeld Malerei, in: Neue Zürcher Zeitung, Nr. 139, 19./20. Juni 1999, S. 85–86

Berchem Mathieu van, Fêter Marignan pour redorer les relations franco-suisses, www.swissinfo.ch, L'actualité suisse dans le monde, 25 mai 2010

Bernard Henri, La guerre et son évolution à travers les siècles, tome 1er, Les principes et les règles de l'art militaire, l'histoire militaire et l'évolution de la guerre depuis l'antiquité jusque 1939, Imprimerie médicale et scientifique, Bruxelles 1955

Bernoulli August (Hrsg.), Eine zürcherische Chronik der Schwaben- und Mailänderkriege 1499-1516, in: Anzeiger für schweizerische Geschichte, NF, Bd. 6, Wyss Bern 1891, S. 282–293

Bernoulli August (Hrsg.), Anonyme Chronik der Mailänderkriege 1507 1516, in: Basler Chroniken, Bd. 6, Hirzel, Leipzig 1902

Bodin Jérôme, Les Suisses au service de la France. De Louis XI à la Légion étrangère, Albin Michel, Paris 1988; en particulier: Les Suisses rencontrent les Lys, p. 65–85

Bodmer Jean-Pierre, Werner Steiner und die Schlacht bei Marignano, in: Zwingliana, hrsg. vom Zwingliverein, Bd. XII., Heft 4, Nr. 2, (Zürich) 1965, S. 241–247

Bois Jean-Pierre, Les guerres en Europe 1494-1792, Belin, Paris 2003; en particulier: Les guerres d'Italie 1494–1519, p. 11–18

Bondioli Pio, La battaglia di Marignano in una relazione ad Enrico VIII d'Inghilterra, nei: «Scritti storici e giuridici in memoria di Alessandro Visconti», Cisalpino, Milano 1955, p. 169–184

Bonjour Edgar, Geschichte der Schweizerischen Neutralität, Bd. I., fünfte, durchgesehene Auflage, Helbing & Lichtenhahn, Basel 1970, S. 20; Umschlag: Ausschnitt aus der Wandmalerei von Ferdinand Hodler «Der Rückzug von Marignano»

Bonjour Edgar, Geschichte der schweizerischen Neutralität. Kurzfassung, Helbing & Lichtenhahn, Basel 1978, S. 7–8

Bory Jean-René, La Suisse à la rencontre de l'Europe. L'épopée du service étranger, David Perret éditeur, Lausanne 1978; en particulier: Marignan (13–14 septembre 1515), p. 102–108

Bory Jean-René, Die Schweiz als Mitgestalterin Europas. Die Geschichte der Fremdendienste, Delachaux & Niestlé, Neuchâtel-Paris 1980; insbesondere: Marignano (13. und 14. September 1515), S. 102–108

Brücher Anton, Die Mailänderkriege 1494-1516 im Urteil der neueren schweizerischen Geschichtsschreibung, in: Zürcher Beiträge zur Geschichtswissenschaft, Bd. 4, Zürich-Affoltern a. A. 1949

Bruckner A. und B. (Albert und Bertha), Schweizer Fahnenbuch, Zollikofer Verlag, St. Gallen 1942; insbesondere: Die Juliusbanner 1512, S. 164–200, Novara und Dijon 1513/Marignano 1515, S. 201–209

Brunner Hans-Peter, Geschichte, Gegenwart und Perspektiven der schweizerischen Neutralität, in: Sonderfall? Die Schweiz zwischen Réduit und Europa: Ausstellung im Schweizerischen Landesmuseum Zürich, 19. August bis 15. November 1992; Begleitband hrsg. von Walter Leimgruber und Gabriela Christen, Schweizerisches Landesmuseum, Zürich 1992, S. 47-57

Brüschweiler Jura, Monumentalisierung der Marignano-Krieger, in: Neue Zürcher Zeitung, Nr. 139, 19./20. Juni 1999, S. 86

Büchi Albert, Kardinal Matthäus Schiner als Staatsmann und Kirchenfürst, Bd. I., Seldwyla, Zürich 1923; Bd. II., aus dem Nachlass hrsg. von Emil Franz Josef Müller, Rütschi & Egloff, Freiburg (Schweiz)-Leipzig 1937

Bühlmann G., Die Entwicklung des Verpflegungs- und Verwaltungsdienstes der schweizerischen Armee, Orell Füssli, Zürich 1916; insbesondere: Epoche des Mittelalters (bis ca. 1520), S. 11–39

Calgari Guido, Per «Marignano», 1515, nella: Rivista Militare della Svizzera italiana, Anno XXXVII, Fascicolo V, settembre-ottobre 1965, p. 229–238 e 266

Castelot André, François Ier, Perrin, Paris 1996

Chambon Pascal, La bataille des géants: Marignan 13 et 14 septembre 1515, dans: Champs de bataille, no 43, décembre-janvier 2012, p. 38–52

Cleric P. (Peter) v., Der Kampf zwischen den Eidgenossen und König Franz I. von Frankreich um Mailand 1515. Schlacht bei Marignano, in: Schweizerische Monatschrift für Offiziere aller Waffen, XVII. Jg., 1905, Nr. 10, S. 553–566, Nr. 11, S. 601–629, Nr. 12, S. 657–686

Comitato Pro Marignano, Appello per un monumento a Marignano, nella: Rivista Militare della Svizzera italiana, Anno XXXVII, Fascicolo II, marzo-aprile 1965, p. 124–126

Comité Pro Marignano, Appel pour commémorer la Bataille de Marignan, dans: Revue Militaire Suisse, 110e année, No 4, Avril 1965, p. 149–153

Contamine Philippe, La guerre du Moyen Age, Presses universitaires de France, Paris 1980

Contamine Philippe, Histoire militaire de la France, Vol. 1, Des origines à 1715, Presses Universitaires de France, 1ère édition, Paris 1992; en particulier p. 233–256

Dändliker Karl, Geschichte der Schweiz, 4 Bde., F. Schulthess, Zürich 1900–1904

Delbrück Hans, Geschichte der Kriegskunst im Rahmen der politischen Geschichte, 4 Bde., Berlin 1900–1920, Teil 4, S. 94–101; insbesondere: Die Schlacht bei Marignano, 13. und 14. September 1515, in: http://www.zeno.org/Geschichte/M/Delbr%C3%BCck,+Hans/Gesch

Delbrück Hans, Geschichte der Kriegskunst. Die Neuzeit. Vom Kriegswesen der Renaissance bis zu Napoleon, Neuausgabe 2000, Walter de Gruyter, Berlin 2000; insbesondere: Die Schlacht bei Marignano, 13. und 14. September 1515, S. 106–114

Delbrück Hans, Geschichte der Kriegskunst. Die Neuzeit. Nachdruck der ersten Auflage von 1920, Nikol, Hamburg 2003

Del Negro Piero, Guerra ed eserciti da Machiavelli a Napoleone, 2 ed., Laterza, Bari 2007

Denis Anne, 1513–1515 «la nazione svizzera» et les Italiens, in: Schweizerische Zeitschrift für Geschichte, Bd. 47, Heft 2, 1997, S. 111–128

Dierauer Johannes, Geschichte der Schweizerischen Eidgenossenschaft, 2. Bd., bis 1516, 3. verbesserte Aufl., Friedrich Andreas Perthes, Gotha 1920; insbesondere: Einmischung in die italienischen Kriege 1500–1516. Katastrophe schweizerischer Kriegsgewalt, S. 519–555

Donvito Filippo, Cristiani Luca, La battaglia dei Giganti Marignano 13 e 14 settembre 1515, in: Tuttosoldatini, anno 12, no 30, 2012, p. 34–37

Donvito Filippo, Cristini Luca S., La battaglia di Marignano, 13-14 settembre 1515 – La battaglia dei Giganti, Battlefield 007, Soldiershop publishing, Rodengo Saiano (BS), marzo 2012

Dürr Emil, Die auswärtige Politik der Eidgenossenschaft und die Schlacht bei Marignano: Zum 13. und 14. September 1915 – Ein Beitrag zum Ursprung und Wesen der schweizerischen Neutralität, Helbing & Lichtenhahn, Basel 1915

Dürr Emil, Eidgenössische Grossmachtpolitik im Zeitalter der Mailänderkriege, in: Feldmann M. und Wirz H.G., Schweizer Kriegsgeschichte, Bd. 2, Heft 4, Oberkriegskommissariat, Bern 1933; insbesondere: Marignano und sein Nachspiel. Ausgleich und Bündnis mit Frankreich: 1515–1521. Begrenzung, S. 653–677

Dürrenmatt Peter, Schweizer Geschichte, Schweizer Druck- und Verlagshaus, Zürich 1963, S. 153–158

Die Schweiz vom Bau der Alpen bis zur Frage nach der Zukunft, Hrsg. Ex Libris Verlag, Zürich 1975, insbesondere: Beck Marcel, Die Schweiz im Mittelalter, S. 58 und Maeder Kurt, Die Zeit von 1515 bis 1798, S. 59–60

Eckert Elisabeth, Marignan presque suisse (Berne veut racheter le champ de bataille menacé), dans: La Suisse, 1.2.1990

Egli E. (Emil), Zwingli in Monza, in: Zwingliana, hrsg. von der Vereinigung für das Zwinglimuseum in Zürich, Bd. I, Nr. 1, (Zürich) 1904, S. 387–392

Elgger Carl von, Kriegswesen und Kriegskunst der schweizerischen Eidgenossen im XIV, XV, und XVI Jahrhundert, Militärisches Verlagsbureau, Luzern 1873

Esch Arnold, Mit Schweizer Söldnern auf dem Marsch nach Italien. Das Erlebnis der Mailänderkriege 1510–1515 nach bernischen Akten, in: Quellen und Forschungen aus italienischen Archiven und Bibliotheken, Bd. 70, Loescher, Rom 1990, S. 348–440

Esch Arnold, Alltag der Entscheidung. Beiträge zur Geschichte der Schweiz an der Wende vom Mittelalter zur Neuzeit, Paul Haupt, Bern 1998; insbesondere: Mit Schweizer Söldnern auf dem Marsch nach Italien. Das Erlebnis der Mailänderkriege 1510–1515 nach bernischen Akten, S. 249–328

Esch Arnold, I mercenari svizzeri in Italia: l'esperienza delle guerre milanesi (1510–1515) tratta da fonti bernesi, Alberti Editore per la Società dei Verbanisti, Verbania-Intra 1999

Escher Hermann, Das schweizerische Fussvolk im 15. und im Anfang des 16. Jahrhunderts, in: Neujahrsblatt der Feuerwerker-Gesellschaft (Artillerie-Kollegium) in Zürich, 2 Teile, Fäsi & Beer, Zürich 1905 und 1906; insbesondere: 2. Teil, S. 32–37, 44–45

Esposti Pierino, La Chiesa di San Giuliano dalle origini ai giorni nostri, San Giuliano Milanese 1984

Esposti Pierino, Josef Bisa lo scultore dei Giganti, nel: Associazione Culturale Zivido, Biblioteca Storica Sangiulianese, 2/2004

Feller Richard, Bündnisse und Solddienst 1515-1798, in: Feldmann M. und Wirz H.G., Schweizer Kriegsgeschichte, Bd. 3, Oberkriegskommissariat, Bern 1925; insbesondere: Heft 6, Bern 1916, S. 5–10

Feller Richard, Geschichte Berns, Bd. I, Verlag Herbert Lang, Bern 1946, S. 545–574; Bd. II, Verlag Herbert Lang, Bern 1953, S. 59 (Schwinkhart), S. 70

Fieffé Eugène, Histoire des troupes étrangères au service de France, Tome 1er, J. Dumaine, Paris 1854

Fisch K., Das Schweizerische Kriegswesen bis zum Untergang der alten Eidgenossenschaft, H.R. Sauerländer, Aarau 1893

Fischer Matthias (Hrsg.), Ferdinand Hodler in Karikatur und Satire par la caricature et la satire, Benteli, Sulgen 2012

Foerster Hubert, Le métier de fantassin et de chef d'infanterie suisse dans l'iconographie de quelques chroniques des années 1500, dans: Actes du Symposium 1983, Tome 2, Centre d'histoire et de prospective militaires, Lausanne 1983, p. 27–43

Fondazione Pro Marignano, Projektbeschrieb Marignano 2015, Chiasso (2011)

Fondazione Pro Marignano, Progetto Marignano 2015, Chiasso (2011)

Fondazione Pro Marignano, Description du projet Marignan 2015, Chiasso (2011)

Fournel Jean-Louis et Zancarini Jean-Claude, Le guerre d'Italia, Giunti, Firenze 1996

Fournel Jean-Louis et Zancarini Jean-Claude, Les guerres d'Italie. Des batailles pour l'Europe (1494–1559), Gallimard, Paris 2003; en particulier: Un conflit européen, p. 58–77

Frey Emil, Die Kriegstaten der Schweizer dem Volk erzählt, F. Zahn, Neuenburg, Bern, im Dezember 1904; insbesondere: Die Schlacht bei Marignano, 13. und 14. September 1515, S. 426–443

Frey Siegfried, Die Mailänderkriege, in: Feldmann M. und Wirz H.G., Schweizer Kriegsgeschichte, Bd. 1, Oberkriegskommissariat, Bern 1915; insbesondere: Heft 2, Bern 1935, S. 283–381; siehe: Der Feldzug des Jahres 1515. Die Schlacht von Marignano, S. 354–371, Abschluss, S. 372–377, Kartenbeilage 3 Marignano

Frey Siegfried, Les Guerres du Milanais, dans: Feldmann M. et Wirz H.G., Histoire Militaire de la Suisse, Vol. 1, Commissariat Central des Guerres, Berne 1915; en particulier: 2ᵉ Cahier, Berne 1939, p. 293–390; voir: La campagne de 1515. La bataille de Marignan, p. 363–379

Frey S. (Siegfried), Le Guerre Milanesi, nel: Feldmann M. e Wirz H.G., Storia Militare Svizzera, Vol. 1, Commissariato Centrale di Guerra, Berna 1915; particolarmente: 2° Fascicolo, Berna 1936, p. 301–403; vedi: La campagna del 1515. Battaglia die Marignano, p. 375–392

Fuhrer Hans Rudolf, Eyer Robert-Peter, Schweizer in «Fremden Diensten». Verherrlicht und verurteilt, Verlag Neue Zürcher Zeitung, Zürich 2006

Fuhrer Hans Rudolf und Eyer Robert-Peter, «Söldner» – ein europäisches Phänomen, in: Fuhrer Hans Rudolf, Eyer Robert-Peter, Schweizer in «Fremden Diensten». Verherrlicht und verurteilt, Verlag Neue Zürcher Zeitung, Zürich 2006, S. 27–48

Fuhrer Hans Rudolf und Eyer Robert-Peter, Grundzüge und Entwicklung des Söldnerwesens in der Eidgenossenschaft vom 14. bis zum 16. Jahrhundert, in: Fuhrer Hans Rudolf, Eyer Robert-Peter, Schweizer in «Fremden Diensten». Verherrlicht und verurteilt, Verlag Neue Zürcher Zeitung, Zürich 2006, S. 49–68

Gagliardi Ernst, Zur Beurteilung der schweizerischen Mailänderkriege, in: Festschrift Gerold Meyer von Knonau, Berichthaus, Zürich 1913, S. 321–341

Gagliardi Ernst, Der Anteil der Schweizer an den italienischen Kriegen 1494 bis 1516, Bd. I (1494-1509), Schulthess, Zürich 1919

Gagliardi Ernst, Mailänderkriege, in: Historisch-Biographisches Lexikon der Schweiz, Vierter Band, Attinger, Neuenburg 1927, S. 796–799

Gagliardi Ernst, Geschichte der Schweiz von den Anfängen bis zur Gegenwart, umgestaltete und erweiterte Ausgabe, 3 Bde., 4. Aufl., Orell Füssli, Zürich-Leipzig 1939

Galgari Guido, Per «Marignano» 1515, nel: Como, N. 1, Primavera, Anno 1967, p. 62–65

Garrisson Janine, 1515: Marignan!, dans: L'Histoire, Vol. 114, Septembre 1988, p. 26–32

Geilfus Georg (Hrsg.), Helvetia. Vaterländische Sage und Geschichte. Erster Band. Von der ältesten Zeit bis zur Reformation, Steiner'sche Buchhandlung, Winterthur 1853; insbesondere: Die mailändischen Feldzüge, S. 256–267

Gemperli Simon, Auch Linke unterstützen «Marignano 2015», in: Neue Zürcher Zeitung, Nr. 184, 12. August 2013, S. 7

sig. (Simon Gemperli), Gedenkfeiern, Briefmarken und ein historisches Schiessen, in: Neue Zürcher Zeitung, Nr. 184, 12. August 2013, S. 7

Gerosa Brichetto Giuseppe, La Battaglia di Marignano. Uomini e Tempi delle calate dei francesi sul Ducato di Milano, G.G. Brichetto, Milano 1965

Gessler E.A. (Eduard Achilles), (Hrsg.), Die Banner der Heimat, Fraumünster, Zürich (28.7.42) 1942

Gisi Wilhelm, Der Antheil der Eidgenossen an der europäischen Politik in den Jahren 1512–1516, Verlag der Hurter'schen Buchhandlung, Schaffhausen 1866; insbesondere: Der Kampf der Eidgenossen mit Franz I. um die Herrschaft über Mailand und die Entscheidung zu Marignano, S. 164–199

Gos Charles, Schweizer Generäle. Oberbefehlshaber der Schweizer Armee von Marignano bis 1914, Victor Attinger, Neuchâtel 1933

Grosjean Georges, Marignano als Mahnung für heute, in: Der Bund, 12. September 1965

Guerdan René, Franz I., König der Renaissance, Societäts-Verlag, Frankfurt/Main 1978

Guicciardini Francesco, Storia d'Italia 1492–1534, Firenze 1561

Guicciarcini Francesco, «Istoria d'Italia» compilata da Francesco Guicciardini gentiluomo fiorentino, Società Tipografica dei Classici, Milano 1803

Guicciardini Francesco, Storia d'Italia, a cura di Costantino Panigada, 3. Vol., Laterza, Bari 1929

Guicciardini Francesco, Storia d'Italia, Giulio Einaudi, Torino 1971

Guicciardini Francesco, Histoire d'Italie 1492–1534, 2 Vol., Robert Laffont, Paris 1996

Hackett Francis, Francis the First, Doubleday, Doran & Co., New York 1937

Hackett Francis, Francesco I, Dall'Oglio, Milano 1964

Hale John Rigby, War and Society in Renaissance Europe, 1450–1620, Fontana, London 1985

Harkensee Heinrich, Die Schlacht bei Marignano (13. und 14. September 1515), Diss. Phil I, E.A. Huth, Göttingen 1909

Haudenschild Roland, Marignano. Eidgenössische Grossmachtpolitik und Neutralität, in: Armee-Logistik, 76. Jg., Nr. 1, Januar 2003, S. 3–5

Haudenschild Roland, 500 Jahre Päpstliche Schweizergarde: Jubiläumsmarsch nach Rom, in: Armee-Logistik, 79. Jg., Nr. 6, Juni 2006, S. 10–11

RH (Roland Haudenschild), Jahrestag der Schlacht von Marignano: 1515–2015, 500 Jahre Geschichte und Aktualität; Marignano und die Fondazione Pro Marignano, in: Armee-Logistik, 85. Jg., Nr. 4, April 2012, S. 11

Haudenschild Roland, Marignano 1515. Projekt Marignano 2015, in: Allgemeine Schweizerische Militärzeitschrift, 178. Jg., Nr. 06, Juni 2012, S. 44–45

(Roland Haudenschild), Anniversaire de la bataille de Marignan: 1515–2015, dans: Revue Militaire Suisse, No 3, mai-juin 2012, p. 2 et 28

Häusler Friedrich, Die Geburt der Eidgenossenschaft aus der geistigen Urschweiz, Benno Schwabe, Basel 1939; insbesondere: Marignano S. 201-241

Heer Caspar, Auf dem Schlachtfeld gibt es Tagliatelle. Marignano heute: Im Sog von Mailand versucht der Ort die eigene Identität zu bewahren, in: Thurgauer Zeitung, Nr. 198, 28. August 1997, S. 2

Heer Caspar et al., Schlachtenbummler. Ausflüge an Orte der Schweizer Geschichte, Meier Verlag, Schaffhausen 1998; insbesondere: Marignano S. 44–49

Heers Jacques, L'histoire oubliée des guerres d'Italie (1250-1550), Via Romana, Versailles 2009; en particulier: Marignan, 14 septembre 1515, p. 120–121

Hehli S., Schlacht bei Marignano. Keine Feier für die grösste Schlappe der Eidgenossen, in: 20 Minuten, vom 18. September 2013, www.20min.ch/schweiz/news/story

Heinrich Leo, Geschichte der italienischen Staaten, in: Geschichte von Italien, Fünfter Band, Fünfter Theil. Vom Jahre 1492 bis 1830, Friedrich Perthes, Hamburg 1832

Henninger Laurent, Marignan, 1515, dans: Les grandes batailles de l'histoire, No 15, Socomer, Paris 1991

Hilty Hans Rudolf, Loblied auf eine Niederlage, in: Volksrecht, Nr. 196, 23. August 1965

Hofer Hans, Schweizer und Berner Soldaten in Fremden Diensten, in: Berner Jahrbuch 1965, Berner Tagblatt, Bern (1965), insbesondere: Marignano, S. 24–26

Houdry Philippe & Gilles, Die Schlacht von Marignano 1515, Nancy & Montreuil 1999, France; Deutsche Übersetzung: Volker Stock (Nancy, Frankreich)

H.R., La Suisse envisage d'acheter le site. Des HLM à Marignan?, 1515, la belle date !

Marignan: site à protéger, dans: Tribune de Genève, 23.2.1989

Im Hof Ulrich, Mythos Schweiz. Identität – Nation - Geschichte 1291-1991, Verlag Neue Zürcher Zeitung, Zürich 1991; insbesondere S. 266
Inglin Meinrad, Jugend eines Volkes. Fünf Erzählungen, Montana, Horw und Leipzig 1933
Inglin Meinrad, Jeunesse d'un peuple, Spes, Lausanne 1936
Inglin Meinrad, Giovinezza di un popolo, Istituto Editoriale Ticinese, Bellinzona 1938
Inglin Meinrad, Jugend eines Volkes, Erzählungen vom Ursprung der Eidgenossenschaft, Neue Fassung, Atlantis, Zürich 1948
Inglin Meinrad, Jugend eines Volkes. Fünf Erzählungen, Horw und Leipzig 1933. In Bd. 3 der Gesammelten Werke, Limmat, Zürich 1989
Inganni Raffaele, Origine e vicende della cappella espiatoria francese a Zivido, presso Melegnano (1515–1606), Giacomo Agnelli, Milano 1889
Itin Treumund E., Schweiz - vom Untertanenland zur Demokratie. Der Zug über den Gotthard und die Abgrenzung zu Italien, in: Schweizer Soldat, 79. Jg., Nr. 9, September 2004, S. 28–30

Jacquart Jean, François Ier, Fayard, Paris 1981
Jacquart Jean, Bayard, Fayard, Paris 1987
Jegerlehner Johannes, Marignano. Eine Erzählung, G. Grote'sche Verlagsbuchhandlung, Berlin 1911

Keller Peter, Waterloo und Auferstehung, in: Die Weltwoche, Nr. 5, 31. Januar 2013, S. 58–61
Keller Peter und Stüssi-Lauterburg Jürg, Die Schweizer Schlachten, in: Die Weltwoche, Sonderdruck Nr. 1.13: Von Morgarten bis Marignano – die komplette Serie, September 2013; insbesondere: Keller Peter, Waterloo und Auferstehung, S. 36–39
Klein Marcelle, Die Beziehungen des Marschalls Gian Giacomo Trivulzio zu den Eidgenossen und Bündnern, 1480–1518, Diss. Phil. I, Universität Zürich, Leemann, Zürich 1939
Knecht Robert Jean, Renaissance Warrior and Patron: The Reign of Francis I, University Press, Cambridge 1994
Koch Bruno, Kronenfresser und deutsche Franzosen. Zur Sozialgeschichte der Reisläuferei aus Bern, Solothurn und Biel zur Zeit der Mailänderkriege, in: Schweizerische Zeitschrift für Geschichte, Vol. 46, Nr. 2, 1996, S. 151–184
Komitee Pro Marignano, Aufruf für ein Marignano-Denkmal, in: Allgemeine Schweizerische Militärzeitschrift, 131. Jg., Nr. 4, April 1965, S. 185-186
Konferenz über die Schlacht bei Marignano an der Universität Zürich vom 26. Februar 1965?
Kottelat Isabelle, Saviez-vous que…? Marignan, 1515, évidemment!, dans: Migros Magazine, No 46, 11 novembre 2013, p. 89
Kreis Georg, Marignano – Ungenügen der Strukturen, Dokumentation und Analyse zu «1515», in: Neue Zürcher Zeitung, 11. Januar 1994, S. 15
Kreis Georg, Schweizer Erinnerungsorte. Aus dem Speicher der Swissness, Verlag Neue Zürcher Zeitung, Zürich 2010; insbesondere: Schlacht bei Marignano, S. 70–85
Kurz Hans Rudolf, Schweizerschlachten, Franke, Bern 1962
Kurz (Hans Rudolf), Vor 450 Jahren: Marignano, in: Der Fourier, 38. Jg., Nr. 9, September 1965, S. 319–324
Kurz Hans Rudolf, Das Schweizer Heer, Stocker-Schmid, Dietikon bei Zürich 1969; insbesondere: Marignano, S. 130–137
Kurz Hans Rudolf, Schweizerschlachten, Franke, Bern 1962, Zweite, bearbeitete und erweiterte Auflage 1977; insbesondere: Marignano, S. 216–238

La porta dei Giganti, Associazione Culturale Zivido, San Giuliano Milanese, 18.07.2006
Lätt Arnold (Hrsg.), Meine Heimat – Ein Buch für Schweizer im Ausland, Neue Helvetische Gesellschaft, Auslandschweizerwerk, Löpfe-Benz, Rorschach 1942

Lecomte Fernand, Etudes d'Histoire militaire, Vol. 2, seconde édition, Temps modernes, J. Chantrens, Lausanne 1870; en particulier: Guerres d'Italie (1494–1559), p. 1–84

Le Fur Didier, Marignan, 13-14 septembre 1515, Perrin, Paris 2004; en particulier: La bataille, p. 103–119 et La fameuse bataille, p. 272–276

Lienert Meinrad, Die Schlacht bei Marignano, in: Schweizer Sagen und Heldengeschichten, 2. Aufl., Levy & Müller, Stuttgart und Olten 1915

Lienert Meinrad, Die Schlacht bei Marignano, in: Schweizer Sagen und Heldengeschichten, Marix Verlag, Wiesbaden 2006, S. 245–249

Lot Ferdinand, Recherches sur les effectifs des armées françaises des Guerres d'Italie aux Guerres de Religion, 1494–1562, dans: Bibliothèque générale de l'Ecole pratique des hautes études, VIe section, Paris 1962

Ludin Adolf, Marignano, ETH Abteilung Militärwissenschaften, Militärschule I/70, Zürich 1970

Maag A. (Albert), Der Schweizer Soldat in der Kriegsgeschichte, hrsg. von M. Feldmann, Hans Huber, Bern, September 1931; insbesondere: Die Schlacht bei Marignano, S. 149–164

Machiavelli Niccolò, Dell'Arte della Guerra ed altri scritti politici, Sonzogno, Milano 1961

Machiavelli Niccolò, Il Principe e altre opere politiche, XVIII edizione, Garzanti, Milano (giugno) 2002

Maissen Thomas, Neutralität als innen- und aussenpolitisches Argument. Die Eidgenossenschaft in der Staatenwelt des 17. Jahrhunderts, in: Neue Zürcher Zeitung, Nr. 36, 13./14. Februar 1999, S. 94

Maissen Thomas, L'invention de la tradition de neutralité helvétique. Une adaptation au droit international public naissant du XVIIe siècle, dans: Jean-François Chavet/Christian Windler (Ed.), Les ressources des faibles. Neutralités, sauvegardes, accommodements en temps de guerre (XVIe–XVIIIe siècle), Rennes 2009, p. 17–46

Maissen Thomas, Wie aus dem heimtückischen ein weiser Fuchs wurde. Die Erfindung der eidgenössischen Neutralitätstradition als Anpassung an das entstehende Völkerrecht des 17. Jahrhunderts, in: Michael Jucker/Martin Kintzinger (Hrsg.), Rechtsformen internationaler Politik. Theorie, Norm, und Praxis vom 12. bis zum 18. Jahrhundert, Berlin 2011, S. 241–272

Maissen Thomas, Geschichte der Schweiz, 3. Aufl. 2011, hier & jetzt, Baden 2010; insbesondere S. 64–66, 71-73

Mallett Michael and Shaw Christine, Italian Wars 1494-1559. War, State and Society in Early Modern Europe, Person Education, Harlow UK 2012; especially: Marignano p. 127–130

Marignano, in: Schweizer Lexikon, Bd. 4, Schweizer Lexikon Mengis und Ziehr, Luzern 1992, S. 450

Marignano, in: Schweizer Lexikon, Volksausgabe, Bd. 7, Schweizer Lexikon Mengis + Ziehr, Visp 1999, S. 419

Marignan et la Fondation Pro Marignano, dans: Revue Militaire Suisse, No 4, juillet-août 2012, p. 43

WM (Wilhelm Mark), Nachschrift der Redaktion, in: Allgemeine Schweizerische Militärzeitschrift, 131. Jg., Nr. 4, April 1965, S. 186

Matter Katharina, Streit um die Marignano-Fresken, in: Der Bund, Nr. 200, 28. August 1993, S. 23

Melegnano, nella: La piccola Treccani. Dizionario Enciclopedico, Istituto della Enciclopedia Italiana, Foma 1995, p. 409

Merle Claude & Broutin Christian, 1515 le chevalier de Marignan, Hachette Jeunesse, Paris 2004

Mertens Peter, Schweizerische Reisläufer – deutsche Landsknechte: eine mörderische Rivalität, in: Fuhrer Hans Rudolf, Eyer Robert-Peter, Schweizer in «Fremden Diensten», Verherrlicht und verurteilt, Verlag Neue Zürcher Zeitung, Zürich 2006, S. 69–85

Meyer Franz, Schweizergeschichte: von der Bundesgründung bis Marignano, Lehrmittelverlag des Kantons Thurgau, Frauenfeld 1976

Meyer Werner, Eidgenössischer Solddienst und Wirtschaftsverhältnisse im schweizerischen Alpenraum um 1500, in: Kroll Stefan, Krüger Kerstin (Hrsg.), Militär und ländliche

Gesellschaft in der frühen Neuzeit, Lit, Münster-Hamburg-London 2000, S. 23–39

Michaud Hélène, Les institutions militaires des guerres d'Italie aux guerres de religion, dans: Revue historique, tome 258, no 1, 1977, p. 29–43

Michelet Jules, Historie de France, Tome Cinquième, Les Guerres d'Italie, La France sous Charles VIII, Louis XII et François Ier (1492-1547), Ernest Flamarion, Paris 1841; Livre Premier. Les Guerres d'Italie (1492–1518). Chapitre IV. Marignan

Miège Gérard, Le sang des Suisses du Roi, (Versoix/Genève) 2013; en particulier: Les guerres d'Italie et le temps des Alliances, p. 33–43

Militärische Führungsschule, Scrivere storia; non raccontare vecchie storie, in: Forum, Magazin für das Instruktionskorps, September 1997, Nr. 27, S. 26–28

Miller Frederic P., Vandome Agnes F., McBrewster John (Ed.), Battle of Marignano, Alphascript Publishing, Beau-Bassin 2010

Morard Nicolas, Die italienischen Kriege: ein unnötiges Unternehmen?, in: Geschichte der Schweiz und der Schweizer, 4. unveränderte Aufl., Schwabe Verlag, Basel 2006; insbesondere S. 326–354, Bibliographie S. 354–356

Moser Christian, Fuhrer Hans Rudolf, Der lange Schatten Zwinglis. Zürich, das französische Soldbündnis und eidgenössische Bündnispolitik, 1500–1650, Verlag Neue Zürcher Zeitung, Zürich 2009

Müller Paul, Hodler-Forschung in Bewegung, in: Neue Zürcher Zeitung, Nr. 139, 19./20. Juni 1999, S. 85

Müller Paul, Einführung, zu: Vom Karton zum Wandbild. Ferdinand Hodlers «Rückzug von Marignano» – Technologische Untersuchungen zum Entstehungsprozess, in: Zeitschrift für Schweizerische Archäologie und Kunstgeschichte, Bd. 57, Karl Schwegler, Zürich 2000, S. 187–192

Muralt Conrad von, Der Kampf Franz des Ersten und der Eidsgenossen um Mailand, und Entscheidung desselben durch die Schlacht von Marignano 1515. In Bd. 1 des Archivs für Schweizerische Geschichte und Landeskunde, hrsg. von Heinrich Escher und Jakob Hottinger, Orell Füssli, Zürich 1827, S. 22–77, 149–190

Nabholz Hans, Muralt Leonhard von, Feller Richard, Dürr Emil, Bonjour Edgar, Geschichte der Schweiz, Bd. 1, Von den ältesten Zeiten bis zum Ausgang des 16. Jahrhunderts, Schulthess, Zürich 1932

Niederost Eric, Ancient Tactics Tested (Battle of Marignano), in: Military History, Vol. 8, October 1991, Nr. 3, p. 26–32

Nkm., Meregnan oder die Giganten von San Giuliano. Spekulanten und Spekulationen auf historischem Schlachtfeld, in: Neue Zürcher Zeitung, Nr. 175, 31. Juli 1997, S. 11

N.N., Marignano von der Feindseite, in: Schweizerische Monatschrift für Offiziere aller Waffen, 57. Jg., Heft 9, September 1945, S. 257–264, Heft 10, Oktober 1945, S. 289–297

N.N., Sauvetage masochiste. La Suisse achètera-t-elle la morne plaine de Marignan?, dans: Nouvelliste, 23.2.1989

N.N., Rievocata la storia battaglia di Marignano, nel: LaRegione, 1.10.1998

NZZ Format, Ferdinand Hodler – Die grosse Linie (Film); NZZ Swiss made: Der Rückzug von Marignano, SRF 1, Sonntag, 07.03.2004, 21.30 h; http://www.nzzformat.ch

Oechsli Wilhelm, Die Anfänge der schweizerischen Eidgenossenschaft: zur sechsten Säkularfeier des ersten ewigen Bundes vom 1. August 1291, verfasst im Auftrag des schweizerischen Bundesrates, Ulrich, Zürich 1891

Oechsli Wilhelm, Quellenbuch zur Schweizergeschichte. Kleine Ausgabe zweite vermehrte und verbesserte Auflage, Schulthess, Zürich 1918; insbesondere: Die Schlacht bei Marignano 13./14. September 1515, S. 281–289

Oman Charles, History of the Art of War in the 16th Century, AMS Press, London 1937

Onnis Sergio, La Battaglia di Marignano, nella: Rivista militare dell'Esercito italiano, Anno 132, 1988, n. 6, p. 88–94

Onnis Sergio, La battaglia di Marignano, nella: Rivista Militare della Svizzera italiana, Anno LXI, n. 1, gennaio-febbraio 1989, p. 36–49

Onnis Sergio, The Battle of Marignano, in: Rivista Militare, Journal of the Italian Army, Nr. 3, May-June 1989, p. 57–63

Padrutt Christian, Verlorener Sieg - verlorene Macht? Vor 450 Jahren: Die Schlacht bei Marignano am 13. und 14. September 1515, in: Tages-Anzeiger, 13. September 1965, S. 3

Palmisano Vitantonio, I Ponti sul Fiume Lambro. Nelle vicende storiche di Melegnano, Gemini Grafica Editrice, Melegnano 2012

Palmisano Vitantonio, Gian Giacomo de'Medici, Marchese di Marignano, Gemini Grafica Editrice, Melegnano 2012

Parker Geoffrey, La Révolution militaire, la guerre et l'essort de l'Occident, 1500–1800, Gallimard, Paris 1993

Parma Viktor und Sigg Oswald, Die käufliche Schweiz. Für die Rückeroberung der Demokratie durch ihre Bürger, Nagel & Kimche im Carl Hanser Verlag München 2011; insbesondere: Christoph Blocher und Marignano, S. 59–60

Pellegrini Marco, Le guerre d'Italia 1494–1530, Il Mulino, Bologna 2009

Peyer Hans Conrad, Die wirtschaftliche Bedeutung der fremden Dienste für die Schweiz vom 15. bis zum 18. Jahrhundert, in: Jürgen Schneider (Hrsg.), Wirtschaftskräfte und Wirtschaftswege, Festschrift für Hermann Kellenbenz, Bd. 2, Klett-Cotta, Stuttgart 1978, S. 701–716

Peyer Hans Conrad, Die wirtschaftliche Bedeutung der fremden Dienste für die Schweiz vom 15. bis zum 18. Jahrhundert, in: Peyer Hans Conrad, Könige, Stadt und Kapital: Aufsätze zur Wirtschafts- und Sozialgeschichte des Mittelalters, hrsg. von Ludwig Schmugge u.a., Zürich 1982, S. 219–231

Peyer Hans Conrad, Schweizer in fremden Diensten – Ein Überblick, in: Schweizer Soldat, 67. Jg., Nr. 6, Juni 1992, S. 4–8

Piacentini Massimo, Niccolò Machiavelli e Francesco Guicciardini al campo di Marignano. La grande ritirata dell'ultimo esercito italiano, nel: Il Melegnanese, Anno XXXI, N. 3, 14 Febbraio 1998, p. 3

Piaget Arthur, Poésies françaises sur la bataille de Marignan, dans: Mémoires et documents publiés par la Société d'histoire de la Suisse romande, 2e série, tome IV, G. Bridel, Lausanne 1902, p. 95–127

Pogliaghi Maria A., Canto per i Caduti della «Battaglia dei Giganti», Ricerche storiche e notizie riguardanti i «morti di Mezzano», nei: I libri della Collana storica Melegnanese, Vol. X, Editori Daverio, Milano 1965

Previato Luciano, San Giuliano Milanese, Cenni Storici, San Giuliano Milanese 1975

Provinz Mailand, Mailand, Schlacht bei Marignano etc., General Books, LLC 2011

Quaas Gerhard, Das Handwerk der Landsknechte. Waffen und Bewaffnung zwischen 1500 und 1600, Biblio, Osnabrück 1997; insbesondere: Marignano 1515, S. 188–192

Rapp Georges, Hofer Viktor, Der Schweizerische Generalstab. L'Etat-major général suisse. Band / Volume I, Helbing & Lichtenhahn, Basel 1983, S. 27–28

Reichel Daniel, Von Nikopolis (1396) bis Marignano (1515), in: Studien und Dokumente 1/1982, Das Feuer(I), Schweizerische Armee, Historischer Dienst, Eidg. Militärdepartement 1982, S. 11–19

Reichel Daniel, Mathieu Schiner (vers 1465–1522), Cardinal et homme de guerre, dans: Actes du Symposium 1986, Tome 4, Centre d'histoire et de prospective militaires, Pully 1986, p. 7–20

Reichlen J.L., La rivalité franco-allemande en Suisse et la lutte pour l'Italie, J. Biedermann, Lausanne 1914; en particulier: Marignan, p. 94–104

Reinhardt Volker, Kleine Geschichte der Schweiz, Verlag C.H.Beck, München 2010; insbesondere: Marignano, S. 61–67

Reinhardt Volker, Die Geschichte der Schweiz. Von den Anfängen bis heute, Verlag C. H. Beck, München 2011; insbesondere: Die Niederlage von Marignano, S. 158–163

Reynold Gonzague de, Kardinal Matthias Schiner, in: Hürlimann Martin (Hrsg.), Grosse Schweizer, Atlantis, Zürich 1942, S. 29–38

Riklin Alois, Neutralität am Ende? 500 Jahre Neutralität in der Schweiz, in: Zeitschrift für

Schweizerisches Recht, Neue Folge, Bd. 125, 2006, S. 583–598

Rimli Eugen Th. (Theodor), (Hrsg.), 650 Jahre Schweizerische Eidgenossenschaft. Ein vaterländisches Geschichtswerk, Verkehrsverlag, Zürich 1941; insbesondere: Der Weg nach Marignano (1470/1515), S. 154–167

Rodt Bernhard Emanuel von, Geschichte des Bernischen Kriegswesens, 3 Bde., C.A. Jenni, Bern 1831–1834

Roulet Claude, De la défaite de Marignan et la Suisse et les Alpes de Fiesch à Grindelwald, H. Messeiller, Neuchâtel 1988

Saint-Victor Jacques de, Marignan 1515, ce cher patrimoine des écoliers français, dans: Le Figaro, 25 juillet 2013, p. 11

Sanaldi Barbara, Un parco sul «campo dei Giganti». Piste ciclabili e musei nei luoghi della battaglia del 1515 tra svizzeri e francesi che cambiò il corso dell'Europa, nel: Corriere della Sera, 23 Febbraio 2003, p. 50

Schaffer Fritz, Abriss der Schweizer Geschichte, 13. Aufl., Huber, Frauenfeld 1985

Schaufelberger W. (Walter), Morgarten (1315) und Marignano (1515), in: Allgemeine Schweizerische Militärzeitschrift, 131. Jg., Nr. 11, November 1965, S. 667–688

Schaufelberger Walter, Spätmittelalter, in: Handbuch der Schweizer Geschichte, Bd. 1, Berichthaus, Zürich 1972; insbesondere: Zeitalter des Mailänderkrieges und Mailänder Feldzüge, S. 348–367

Schaufelberger Walter, Das eidgenössische Wehrwesen im Spätmittelalter im Lichte moderner Militärgeschichtswissenschaft, in: CLXVI. Neujahrsblatt der Feuerwerker-Gesellschaft in Zürich auf das Jahr 1975, Beer, Zürich 1974

Schaufelberger Walter, Spätmittelalter, Mailänder Feldzüge, Standortbestimmung, in: Handbuch der Schweizer Geschichte, Bd. 1, 2. Aufl., Berichthaus, Dr. C. Ulrich, Zürich 1980, S. 348–367, Quellen und Literatur, S. 368 ff. und S. 388

Schaufelberger Walter, Der «heroische» und der «patrizische» Abschnitt der Schweizerischen Militärgeschichte. Ein Beitrag zur Periodisierung, in: Actes du Symposium 1982, Tome 1, Centre d'histoire et de prospective militaires, Lausanne 1982, p. 23–32

Schaufelberger Walter, Der Alte Schweizer und sein Krieg. Studien zur Kriegführung vornehmlich im 15. Jahrhundert, 3. Aufl., Huber, Frauenfeld 1987

Schaufelberger Walter, Von der Kriegsgeschichte zur Militärgeschichte, in: Schweizerische Zeitschrift für Geschichte, 41. Jg., 1991, S. 413–451

Schaufelberger Walter, Marignano. Strukturelle Grenzen eidgenössischer Militärmacht zwischen Mittelalter und Neuzeit, Schriftenreihe der Gesellschaft für Militärhistorische Studienreisen (GMS), Zürich, Nr. 11, Huber, Frauenfeld 1993

Schaufelberger Walter, Marignano. La conduite militaire chez les anciens Confédérés, dans: Revue Militaire Suisse, 138e année, No 11, Novembre 1993, p. 36–40

Schaufelberger Walter, Marignan 1515. La conduite militaire chez les anciens confédérés, dans: Actes du Symposium 1993, Tome 8, La démocratie et sa défense militaire, Centre d'Histoire et de Prospective militaires, Pully 1995, p. 57–63

Schaufelberger Walter, Blätter aus der Schweizer Militärgeschichte, Schriftenreihe der Gesellschaft für Militärhistorische Studienreisen (GMS), Zürich, Nr. 15, Edition ASMZ im Huber Verlag, Frauenfeld 1995; insbesondere: «battaglia non d'uomini ma di giganti», S. 24–25

Schaufelberger Walter, Siebzehn Aufsätze zur Militärgeschichte der Schweiz, Verlag Merker im Effingerhof, Lenzburg 2008; insbesondere: Morgarten (1315) und Marignano (1515), S. 75–111

Schib Karl, Die Geschichte der Schweiz, 5. erweiterte Aufl., Augustin, Thayngen-Schaffhausen 1980

Schläppi Bruno, «Komm her, du treue Helebard'», in: Brückenbauer, Nr. 11, 15. März 1989, S. 3

Schmid Ernst Heinrich, Ferdinand Hodlers «Rückzug bei Marignano» im Waffensaal des Landesmuseums Zürich. Ein Beitrag zur Geschichte des schweizerischen Wandbildes, Diss. Phil. I, Universität Zürich, Affoltern a.A. 1946

Schmidt Hans-Joachim, Le défi européen des Suisses. Confrontations et coopérations vers l'an 1500, dans: Marino Viganò (a cura di), L'architettura militare nell'età di Leonardo, Edizioni Casagrande, Bellinzona 2008; en particulier: Marignano et le repli suisse (1515), p. 126–128

Schneider Peter Reinhard, Dokumentation Arbedo 1422, Giornico 1478. Die «Südpolitik» der Eidgenossen im 15. Jahrhundert, in: Fuhrer Hans Rudolf (Hrsg.), Militärgeschichte zum Anfassen, Heft 6, Militärische Führungsschule Au/ZH, August 1995; insbesondere: Die Folgen der ennetbirgischen Kriegszüge, S. 15–18

Schneider Peter Reinhard, Documentazione Arbedo 1422, Giornico 1478. La politica transalpina dei Confederati nel XV secolo, nel: Fuhrer Hans Rudolf (Ed.), Storia militare dal vivo, no. 6, Scuola militare superiore Au/ZH, dicembre 1995; particolarmente: Le conseguenze delle spedizioni al sud delle Alpi, p. 15–17

Schodoler Werner, Beschreibung der Schlacht von Marignano von 1515, hrsg. von Theodor von Liebenau, in: Anzeiger für Schweizerische Geschichte, NF, Bd. 4, Nr. 100, Solothurn 1882–1885, S. 356–361

Schodoler Werner, Beschreibung der Schlacht von Marignano von 1515, hrsg. von Ernst Gagliardi, Voigts Quellenbücher, Geschichte der Schweizerischen Eidgenossenschaft bis zum Abschluss der mailändischen Kriege (1516), Leipzig 1912, S. 205 ff.

Schodoler Wernher – Walter Benz (Hrsg.), Faksimile – Die Eidgenössische Chronik des Wernher Schodoler. Um 1510 bis 1535, Faksimile-Verlag, Luzern 1981

Schodoler Wernher – Schmid Alfred A., u.a. (Hrsg.), Faksimile – Die Eidgenössische Chronik des Wernher Schodoler: um 1510 bis 1535, Faksimile-Verlag, Luzern 1980–1983

Schwarz Robert, Von Guinegate (1479) bis Mailand (1516) – Kaiser Maximilian I. in zehn Schlachtbildern, MHD – Sonderreihe Bd. 2, Wien 1992; insbesondere: Die Schlacht von Marignano (13. und 14. September 1515), S. 107–124

Schweizer Armee (Hrsg.), Schweizer Militärmusikformationen spielen (Tonaufzeichnung): Musik zur Marignano-Feier, amos 2007 (Compact Disc)

Schweizer Militärgeschichte – Histoire militaire de la Suisse, Warum die Riesenschlacht von Marignano verloreging, Sir Rowland Hill, Bachenbülach 1992

Schweizer Paul, Geschichte der Schweizerischen Neutralität, Huber, Frauenfeld 1895

Schwinkhart Ludwig, Chronik 1506 bis 1521, hrsg. von Hans von Greyerz, in: Archiv des Historischen Vereins des Kantons Bern, Bd. 36, Bern 1941, S. 173 ff.

Seggern Birgit von, Der Landsknecht im Spiegel der Renaissancegraphik um 1500–1540, Diss. Phil. Fak. Univ. Bonn, Universitäts- und Landesbibliothek, Bonn 2003

Seward Desmond, Prince of the Renaissance. The Golden Life of François I., Macmillan, New York 1973

Shaw Christine (Ed.), Italy and the European Powers: The Impact of War, 1500–1530, Brill, Leiden 2006

Sinner Rudolf, Die italienischen Kriege, Rede gehalten den 23. April 1759, in: Patriotische Reden, gehalten vor dem hochlöblichen aussern Stande der Stadt Bern, bey Beat Ludwig Walthard, Bern 1773, S. 23–56

Somm Markus, Christoph Blocher. Der konservative Revolutionär, Appenzeller Verlag, Herisau 2009; insbesondere: Die alte Schweiz, S. 122–127

Spont Alfred, Marignan et l'organisation militaire sous François Ier, dans: Revue des questions historiques / Marquis de Beaucourt, 33ème année, nouvelle série, tome XXII, (Paris), no 22, juillet 1899, p. 59–77

Stadler Peter, Epochen der Schweizergeschichte, Orell Füssli, Zürich 2003; insbesondere: Marignano, S. 96–102

Stahel Albert A., Von Fremdendiensten zur Milizarmee, in: Armee 95 – Chance für die Milizarmee? Strategische Studien, Bd. 7, hrsg. von Albert A. Stahel, Fachvereine vdf, Zürich 1994; insbesondere: Marignano, S. 15–16

Steiger Werner, Jaggi Arnold, Geschichte der Schweiz, Bd. 2, Von der Bundesgründung bis Marignano, Lehrmittel-Verlag, St. Gallen 1975

Steiner Adolf, Zur Geschichte der Schweizersöldner unter Franz I., in: Schweizer Studien zur Geschichtswissenschaft, Bd. 12, 1920, S. 1–159

Steiner Werner, Bericht «von der Schlacht vor Mayland bei Marignan», Zuger Chronik 1503-1516, in: Helvetia, Denkwürdigkeiten für die XXII Freistaaten der Schweizerischen Eidgenossenschaft, Bd.7, J.J. Christen, Aarau 1832, S. 228–249

Sterchi Bernhard, Schweizer Schlachtfelder. Die Schlacht bei Marignano 1515, o.O., o.J.

Sterchi Jakob, Schweizergeschichte zum Schul- und Privatgebrauch, 8. durchgesehene Aufl., W. Kaiser, Bern 1894

Stüssi-Lauterburg Jürg, Marignano, la scheda storica, nella: Rivista Militare della Svizzera italiana, No 3, maggio-giugno 2012, p. 31–32

Suter Andreas, Die Entdeckung von Marignano. Die Tradition der neutralen Schweiz als Erfindung des 19. Jahrhunderts, in: Neue Zürcher Zeitung, Nr. 36, 13./14. Februar 1999, S. 93-94

Sutz Johannes, Schweizer-Geschichte für das Volk erzählt, Verlag von F. Zahn, La Chaux-de-Fonds (1899); insbesondere: Die eidgenössische Politik des Schwerts jenseits der Alpen (1500–1515) Pavia-Novara-Marignano, S. 312–332

Svizzera, Associazione Culturale Zivido, 1965–2005, 40° anniversario del monumento ai Caduti Svizzeri della «Battaglia dei Giganti», Zivido, 13/14 settembre 1515 (Zivido 2005); (quattro cartoline postale)

Taylor Frederick Lewis, The Art of War in Italy 1494–1529, The University Press, Cambridge 1921

Tegerfeld Anton (von Mellingen), Chronik, Geschrieben zwischen den Jahren 1512–1525, hrsg. von Theodor von Liebenau, in: Argovia Bd. 14, Aarau 1884, S. 209–300

Thürer Georg, Bundesspiegel. Geschichte und Verfassung der Schweizerischen Eidgenossenschaft, 3. umgearbeitete und erweiterte Aufl., Artemis Verlag, Zürich 1964; insbesondere: Grossstaat oder Kleinstaat: Mailänderkriege, S. 38–41

Thürer Georg, Die Wende von Marignano: Eine Besinnung zur 450. Wiederkehr der Schicksalstage von Mitte September 1515, Komitee zur Würdigung der Schlacht von Marignano und ihrer Konsequenzen, Zürich 1965

Thürer Georg, Zermatten Maurice, Marignan. Tournant de notre Histoire, pour le 450e anniversaire des événements de la mi-septembre 1515: signification d'une défaite, Comité pour la commémoration de la Bataille de Marignan et ses conséquences, Zurich 1965

Thürer Georg, Calgari Guido, Marignano. Fatale Svolta della politica Svizzera, Alcuni fatti e alcune riflessioni per i giovani confederati, nel 450° della battaglia, 1515–1965, Comitato per la celebrazione del 450° di Marignano, Zurigo 1965

Thürer Georg, Calgari Guido, «Marignano, turning point in the Swiss policy», Zurich 1965

Tomlitz A. von (pseud. von Karl August Friedrich von Witzleben), Die Schlacht von Marignano, Arnoldische Buchhandlung, Dresden/Leipzig 1830

Trabold Rudolf, Matthäus Schiner, ein Schweizer im Purpur: Historischer Roman, Franke, Bern 1942

Traxino Mario, La Battaglia di Marignano (13-14 Settembre 1515), o. O., o. J., 1993?

Traxino Mario, Gli scozzesi tra «Giganti di Marignano», o. O., o. J., 1993?

Treffer Gerd, Franz I. von Frankreich, Herrscher und Mäzen, F. Pustet, Regensburg 1993

Troso Mario, L'ultima battaglia del Medioevo, Edizioni della Laguna, Mariano del Friuli 2002

Truffer Bernard, Kardinal Matthäus Schiner, in: Helvetia Sacra, Bd. I/5, Das Bistum Sitten, Basel 2001, S. 230–240

Tuchmann Barbara, Die Torheit der Regierenden. Von Troja bis Vietnam, Fischer Taschenbuch, Frankfurt am Main, Dezember 2001; insbesondere: Marignano, S. 135–136

ub -, Vor 450 Jahren: Die Schlacht bei Marignano, in: Beilage der «Schaffhauser Nachrichten» im September 1965

Usteri Emil, Marignano. Die Schicksalsjahre 1515/1516 im Blickfeld der historischen

Anhang 4 | Bibliografie, Bibliographie, Bibliografia

Quellen, Komitee zur Würdigung der Schlacht von Marignano und ihrer Konsequenzen, Berichthaus, Zürich 1974

Vallière Paul Emmanuel de, Treue und Ehre. Geschichte der Schweizer in fremden Diensten, F. Zahn, Neuenburg 1912

Vallière Paul Emmanuel de, Honneur et Fidélité. Histoire des Suisses au service étranger, F. Zahn, Neuchâtel 1913; en particulier: Lettre de François Ier à la duchesse d'Angoulême, sur la bataille de marignan, p. 595–597

Vallière P. (Paul) de, Infanterie, in: Historisch-Biographisches Lexikon der Schweiz, Vierter Band, Attinger, Neuenburg 1927, S. 347–350

P. de V., Vallière P. (Paul) de, Marignan (Bataille de), dans: Dictionnaire Historique & Biographique de la Suisse, tome quatrième, Attinger, Neuchâtel 1928, p. 665

P. de V., Vallière P. (Paul) de, Marignano (Schlacht bei), in: Historisch-Biographisches Lexikon der Schweiz, Fünfter Band, Attinger, Neuenburg 1929, S. 26–27

Vallière P. (Paul) de, Honneur et Fidélité. Histoire des Suisses au service étranger, Lausanne, Editions d'art suisse ancien, Mai 1940; en particulier: Bataille de Marignan, 13 et 14 Septembre 1515, p. 151–168

Vallière P. (Paul) de, Treue und Ehre. Geschichte der Schweizer in Fremden Diensten, Les Editions d'art suisse ancien, Lausanne, Juli 1940; insbesondere: Die Schlacht bei Marignano (13. und 14. September 1515), S. 151–168

Vaux de Foletier de F., Galiot de Genouillac. Maître de l'Artillerie de France (1465–1546), Auguste Picard, Paris 1925; en particulier: Marignan, p. 51–59

Vaux de Foletier de F., Galiot de Genouillac a Marignan, dans: Revue d'Artillerie, 49e année, Tome 97, Janvier-Juin 1926, p. 98–104

Vergerio Hieronimo, Cronaca della Battaglia dei Giganti svoltasi sul Lambro nel A.D. 1515, il rapporto fu scritto il 18 settembre 1515 da Girolamo Vergerio di Cesana. Traslazione e note di Pier Paolo Vergerio jr., senza luogo, s.n., 1996 (Fasano-Grafischena)

Verri Pietro, Storia di Milano, Sansoni, Firenze 1963; particolarmente: Capitolo XII, Di Francesco Ier di Francia, e suo governo nel ducato di Milano, p. 300–310

Vogelsanger Peter, Rede, und schweige nicht! Erinnerungen und Einsichten eines Pfarrers (Zweiter Teil), Theologischer Verlag, Zürich 1990; insbesondere: S. 302–305

Walde Karl, Marignano, in: Allgemeine Schweizerische Militärzeitschrift, 131. Jg., Nr. 9, September 1965, S. 517–520

Walter François, Marignan 1515. Traces de la mémoire d'une bataille de géants, dans: Des archives à la mémoire. Mélanges à Louis Binz, éd. par Barbara Roth-Locher et al., SHAG, Genève 1995, p. 477–503

Walter François, Histoire de la Suisse, Tome 1, Alphil, 2e édition, Neuchâtel 2010; en particulier: Marignan, p, 64–66

Walter Otto und Wagner Julius (Hrsg.), Die Schweiz mein Land, Otto Walter und Verkehrsverlag, Olten/Zürich 1939; insbesondere: Gagliardi E. (Ernst), Geschichte der Eidgenossenschaft, S. 29 (Abb. S. 36)

Weck Hervé de, Marignano, Schlacht von, in: Historisches Lexikon der Schweiz, Bd. 8, Stiftung Historisches Lexikon der Schweiz und Schwabe, Basel 2009, S. 291–293

Weck Hervé de, Marignan, bataille de, dans: Dictionnaire historique de la Suisse, Vol. 8, Fondation Dictionnaire historique de la Suisse, Schwabe Bâle et Editions Gilles Attinger, Hauterive 2009, p. 269–271

Weck Hervé de, Marignano, battaglia di, nel: Dizionario storico della Svizzera, Vol. 8, Fondazione Dizionario storico della Svizzera, Schwabe Basilea e Armando Dadò editore, Locarno 2009, p. 164–166

Weisz Leo, Ein zeitgenössischer Bericht über Marignano, in: Neue Zürcher Zeitung, 1954, Nr. 827

Widmer Sigmund, Illustrierte Geschichte der Schweiz, Zweite erweiterte Aufl., Ex Libris, Zürich 1965 und 1968; insbesondere: S. 174–175 und 178–179

Wiegand Carl Friedrich, Marignano. Drama in 5 Aufzügen, 5. Aufl., Grethlein, Zürich/Leipzig 1924

Wieland Johann, Die Kriegsgeschichte der schweizerischen Eidgenossenschaft bis zum Wiener Kongress, 2. Ausg. der 3. Aufl., 2 in 1 Bd., Schweighauser, Basel 1879

Wirz Hans Georg, Von Morgarten bis Marignano, Weg und Ziel, Schweizerische Volksbibliothek, (Bern) 1936

Witzig Hans, Von Morgarten bis Marignano: Die grosse Zeit der alten Eidgenossen, Orell Füssli, Zürich 1957

Wüthrich Ernst, Die Vereinigung zwischen Franz I. und 12 eidgenössischen Orten und deren Zugewandten vom Jahr 1521, Diss. Basel, Zürich 1911

Wüthrich Lucas, Wandgemälde. Von Müstair bis Hodler. Katalog der Sammlung des Schweizerischen Landesmuseums Zürich, Verlag Berichthaus, Zürich 1980; insbesondere: 127–129 Fresken im Schweizerischen Landesmuseum zu Zürich: Rückzug von Marignano, S. 171–178

Zanolari Livio, Anniversario della battaglia di Marignano: 1515–2015. 500 anni di storia e di attualità, nella: Rivista Militare della Svizzera italiana, No 3, maggio-giugno 2012, p. 30

Zermatten Maurice, La rose noire de Marignan – ou le destin de Mathieu Schiner, Panorama, Bienne 1963

Zschokke Heinrich, Histoire de la Nation Suisse, Rothen, Berne 1844, p. 167–173

Züst Walter, Der fromme Krieger. Roman. Appenzeller Verlag, Herisau 2002

Autor: Roland Haudenschild

Quellen und Literatur, Sources et littérature, Fonti e litteratura

Gedruckte Quellen und Literatur,
Sources publiées et littérature,
Fonti pubblicati e litteratura

Das chronologische Quellen- und Literaturverzeichnis ist zur besseren Übersicht in Zeitabschnitte eingeteilt; damit lässt sich die Auswahl von Monografien und Artikeln in Sammelwerken, Zeitschriften und Zeitungen einfacher lokalisieren.

1500–1799

Guicciardini Francesco, Storia d'Italia 1492–1534, Firenze 1561

Sinner Rudolf, Die italienischen Kriege, Rede gehalten den 23. April 1759, in: Patriotische Reden, gehalten vor dem hochlöblichen aussern Stande der Stadt Bern, bey Beat Ludwig Walthard, Bern 1773, S. 23–56

1800–1849

Guicciardini Francesco, «Istoria d'Italia» compilata da Francesco Guicciardini gentiluomo fiorentino, Società Tipografica dei Classici, Milano 1803

Anshelm Valerius, Berner Chronik, vom Anfang der Stadt bis 1526, hrsg. von Rudolf Emanuel Stierlin und Johann Rudolf Wyss, 6 Bde., L.A. Haller, Bern 1825–1833

Muralt Conrad von, Der Kampf Franz des Ersten und der Eidsgenossen um Mailand, und Entscheidung desselben durch die Schlacht von Marignano 1515. In Bd. 1 des Archivs für Schweizerische Geschichte und Landeskunde, hrsg. von Heinrich Escher und Jakob Hottinger, Orell, Füssli, Zürich 1827, S. 22–77, 149–190

Tomlitz A. von (pseud. von Karl August Friedrich von Witzleben), Die Schlacht von Marignano, Arnoldische Buchhandlung, Dresden/Leipzig 1830

Rodt Bernhard Emanuel von, Geschichte des Bernischen Kriegswesens, 3 Bde., C.A. Jenni, Bern 1831–1834

Steiner Werner, Bericht «von der Schlacht vor Mayland bei Marignan», Zuger Chronik 1503–1516, in: Helvetia, Denkwürdigkeiten für die XXII Freistaaten der Schweizerischen Eidgenossenschaft, Bd. 7, J.J. Christen, Aarau 1832, S. 228–249

Heinrich Leo, Geschichte der italienischen Staaten, in: Geschichte von Italien, Fünfter Band, Fünfter Theil. Vom Jahre 1492 bis 1830, Friedrich Perthes, Hamburg 1832

Michelet Jules, Historie de France, Tome Cinquième, Les Guerres d'Italie, La France sous Charles VIII, Louis XII et François Ier (1492–1547), Ernest Flamarion, Paris 1841; Livre Premier. Les Guerres d'Italie (1492–1518). Chapitre IV. Marignan

Zschokke Heinrich, Histoire de la Nation Suisse, Rothen, Berne 1844, p.167–173

1850–1899

Geilfus Georg (Hrsg.), Helvetia. Vaterländische Sage und Geschichte. Erster Band. Von der ältesten Zeit bis zur Reformation, Steiner'sche Buchhandlung, Winterthur 1853; insbesondere: Die mailändischen Feldzüge, S. 256–267

Fieffé Eugène, Histoire des troupes étrangères au service de France, Tome 1er, J. Dumaine, Paris 1854

Gisi Wilhelm, Der Antheil der Eidgenossen an der europäischen Politik in den Jahren 1512–1516, Verlag der Hurter'schen Buchhandlung, Schaffhausen 1866; insbesondere: Der Kampf der Eidgenossen mit Franz I. um die Herrschaft über Mailand und die Entscheidung zu Marignano, S. 164–199

Lecomte Fernand, Etudes d'Histoire militaire, Vol. 2, seconde édition, Temps modernes, J. Chantrens, Lausanne 1870; en particulier: Guerres d'Italie (1494–1559), p. 1–84

Elgger Carl von, Kriegswesen und Kriegskunst der schweizerischen Eidgenossen im XIV, XV, und XVI Jahrhundert, Militärisches Verlagsbureau, Luzern 1873

Wieland Johann, Die Kriegsgeschichte der schweizerischen Eidgenossenschaft bis zum Wiener Kongress, 2. Ausg. der 3. Aufl., 2 in 1 Bd., Schweighauser, Basel 1879

Tegerfeld Anton (von Mellingen), Chronik, Geschrieben zwischen den Jahren 1512–1525, hrsg. von Theodor von Liebenau, in: Argovia Bd. 14, Aarau 1884, S. 209–300

Schodoler Werner, Beschreibung der Schlacht von Marignano von 1515, hrsg. von Theodor von Liebenau, in: Anzeiger für Schweizerische Geschichte, NF, Bd. 4, Nr. 100, Solothurn 1882–1885, S. 356–361

Inganni Raffaele, Origine e vicende della cappella espiatoria francese a Zivido, presso Melegnano (1515–1606), Giacomo Agnelli, Milano 1889

Bernoulli August (Hrsg.), Eine zürcherische Chronik der Schwaben- und Mailänderkriege 1499–1516, in: Anzeiger für schweizerische Geschichte, NF, Bd. 6, Wyss, Bern 1891, S. 282–293

Oechsli Wilhelm, Die Anfänge der schweizerischen Eidgenossenschaft: zur sechsten Säkularfeier des ersten ewigen Bundes vom 1. August 1291, verfasst im Auftrag des schweizerischen Bundesrates, Ulrich, Zürich 1891

Fisch K., Das Schweizerische Kriegswesen bis zum Untergang der alten Eidgenossenschaft, H.R. Sauerländer, Aarau 1893

Anshelm Valerius, Die Berner Chronik, hrsg. vom Historischen Verein des Kantons Bern, (Emil Bloesch), 6 Bde., K.J. Wyss, Bern 1884–1901; insbesondere: Bd. 4, Bern 1893, S. 138 ff.

Sterchi Jakob, Schweizergeschichte zum Schul- und Privatgebrauch, 8. durchgesehene Aufl., W. Kaiser, Bern 1894

Schweizer Paul, Geschichte der Schweizerischen Neutralität, Huber, Frauenfeld 1895

Sutz Johannes, Schweizer-Geschichte für das Volk erzählt, Verlag von F. Zahn, La Chaux-de-Fonds (1899); insbesondere: Die eidgenössische Politik des Schwerts jenseits der Alpen (1500–1515) Pavia-Novara-Marignano, S. 312–332

Spont Alfred, Marignan et l'organisation militaire sous François Ier, dans: Revue des questions historiques / Marquis de Beaucourt, 33ème année, nouvelle série, tome XXII, (Paris), no 22, juillet 1899, p. 59–77

1900–1925

Dändliker Karl, Geschichte der Schweiz, 4 Bde., F. Schulthess, Zürich 1900–1904

Bernoulli August (Hrsg.), Anonyme Chronik der Mailänderkriege 1507–1516, in: Basler Chroniken, Bd. 6, Hirzel, Leipzig 1902

Piaget Arthur, Poésies françaises sur la bataille de Marignan, dans: Mémoires et documents publiés par la Société d'histoire de la Suisse romande, 2e série, tome IV, G. Bridel, Lausanne 1902, p. 95–127

Egli E. (Emil), Zwingli in Monza, in: Zwingliana, hrsg. von der Vereinigung für das Zwinglimuseum in Zürich, Bd. I, Nr. 1, (Zürich) 1904, S. 387–392

Frey Emil, Die Kriegstaten der Schweizer dem Volk erzählt, F. Zahn, Neuenburg, Bern, im Dezember 1904; insbesondere: Die Schlacht bei Marignano, 13. und 14. September 1515, S. 426–443

Cleric P. (Peter) v., Der Kampf zwischen den Eidgenossen und König Franz I. von Frankreich um Mailand 1515. Schlacht bei Marignano, in: Schweizerische Monatschrift für Offiziere aller Waffen, XVII. Jg., 1905, Nr. 10, S. 553–566, Nr. 11, S. 601–629, Nr. 12, S. 657–686

Escher Hermann, Das schweizerische Fussvolk im 15. und im Anfang des 16. Jahrhunderts, in: Neujahrsblatt der Feuerwerker-Gesellschaft (Artillerie-Kollegium) in Zürich, 2 Teile, Fäsi & Beer, Zürich 1905 und 1906; insbesondere: 2. Teil, S. 32–37, 44–45

Bäldi Fridolin (in Glarus), Chronik 1488–1529, hrsg. von Johann Georg Mayer, in: Zeitschrift für Schweizerische Kirchengeschichte, Bd. 1, Stans 1907, S. 43–51, 112–127

Harkensee Heinrich, Die Schlacht bei Marignano (13. und 14. September 1515), Diss. Phil. I, E.A. Huth, Göttingen 1909

Jegerlehner Johannes, Marignano. Eine Erzählung, G. Grote'sche Verlagsbuchhandlung, Berlin 1911

Wüthrich Ernst, Die Vereinigung zwischen Franz I. und 12 eidgenössischen Orten und deren Zugewandten vom 1521, Diss. Basel, Zürich 1911

Schodoler Werner, Beschreibung der Schlacht von Marignano von 1515, hrsg. von Ernst Gagliardi, Voigts Quellenbücher, Geschichte der Schweizerischen Eidgenossenschaft bis zum Abschluss der mailändischen Kriege (1516), Leipzig 1912, S. 205 ff.

Vallière Paul Emmanuel de, Treue und Ehre. Geschichte der Schweizer in fremden Diensten, F. Zahn, Neuenburg 1912

Gagliardi Ernst, Zur Beurteilung der schweizerischen Mailänderkriege, in: Festschrift Gerold Meyer von Knonau, Berichthaus, Zürich 1913, S. 321–341

Vallière Paul Emmanuel de, Honneur et Fidélité. Historie des Suisses au service étranger, F. Zahn, Neuchâtel 1913 (731 p.); en particulier: Lettre de François Ier à la duchesse d'Angoulême, sur la bataille de Marignan, p. 595–597

Reichlen J.L., La rivalité franco-allemande en Suisse et la lutte pour l'Italie, J. Biedermann, Lausanne 1914; en particulier: Marignan, p. 94–104

Lienert Meinrad, Die Schlacht bei Marignano, in: Schweizer Sagen und Heldengeschichten, 2. Aufl., Levy & Müller, Stuttgart und Olten 1915

Dürr Emil, Die auswärtige Politik der Eidgenossenschaft und die Schlacht bei Marignano: Zum 13. und 14. September 1915 – Ein Beitrag zum Ursprung und Wesen der schweizerischen Neutralität, Helbing & Lichtenhahn, Basel 1915

Bühlmann G., Die Entwicklung des Verpflegungs- und Verwaltungsdienstes der schweizerischen Armee, Orell Füssli, Zürich 1916; insbesondere: Epoche des Mittelalters (bis ca. 1520), S. 11–39

Oechsli Wilhelm, Quellenbuch zur Schweizergeschichte. Kleine Ausgabe zweite vermehrte und verbesserte Auflage, Schulthess, Zürich 1918; insbesondere: Die Schlacht bei Marignano 13./14. September 1515, S. 281–289

Gagliardi Ernst, Der Anteil der Schweizer an den italienischen Kriegen 1494 bis 1516, Bd. I (1494–1509), Schulthess, Zürich 1919

Delbrück Hans, Geschichte der Kriegskunst im Rahmen der politischen Geschichte, 4 Bde., Berlin 1900–1920, Teil 4, S. 94–101; insbesondere: Die Schlacht bei Marignano, 13. und 14. September 1515, in: http://www.zeno.org/Geschichte/M/Delbr%C3%BCck,+Hans/Gesch

Dierauer Johannes, Geschichte der Schweizerischen Eidgenossenschaft, 2. Bd., bis 1516, 3. verbesserte Aufl., Friedrich Andreas Perthes, Gotha 1920; insbesondere: Einmischung in die italienischen Kriege 1500–1516, Katastrophe schweizerischer Kriegsgewalt, S. 519–555

Taylor Frederick Lewis, The Art of War in Italy 1494–1529, The University Press, Cambridge 1921

Anhang 4 | Bibliografie, Bibliographie, Bibliografia

Steiner Adolf, Zur Geschichte der Schweizersöldner unter Franz I., in: Schweizer Studien zur Geschichtswissenschaft, Bd. 12, 1920, S. 1–159

Wiegand Carl Friedrich, Marignano. Drama mit 5 Aufzügen, 5. Aufl., Grethlein, Zürich/Leipzig 1924

Feller Richard, Bündnisse und Solddienst 1515–1798, in: Feldmann M. und Wirz H.G., Schweizer Kriegsgeschichte, Bd. 3, Oberkriegskommissariat, Bern 1925; insbesondere: Heft 6, Bern 1916, S. 5–10

1926–1949

Vaux de Foletier de F., Galiot de Genouillac. Maître de l'Artillerie de France (1465–1546), Auguste Picard, Paris 1925; en particulier: Marignan, p. 51–59

Vaux de Foletier de F., Galiot de Genouillac a Marignan, dans: Revue d'Artillerie, 49e année, Tome 97, Janvier–Juin 1926, p. 98–104

Vallière P. (Paul) de, Infanterie, in: Historisch-Biographisches Lexikon der Schweiz, Vierter Band, Attinger, Neuenburg 1927, S. 347–350

Gagliardi Ernst, Mailänderkriege, in: Historisch-Biographisches Lexikon der Schweiz, Vierter Band, Attinger, Neuenburg 1927, S. 796–799

P. de V., Vallière P. (Paul) de, Marignan (Bataille de), dans: Dictionnaire Historique & Biographique de la Suisse, tome quatrième, Attinger, Neuchâtel 1928, p. 665

Guicciardini Francesco, Storia d'Italia, a cura di Costantino Panigada, 3 Vol., Laterza, Bari 1929

P. de V., Vallière P. (Paul) de, Marignano (Schlacht bei), in: Historisch-Biographisches Lexikon der Schweiz, fünfter Band, Attinger, Neuenburg 1929, S. 26–27

Maag A. (Albert), Der Schweizer Soldat in der Kriegsgeschichte, hrsg. von M. Feldmann, Hans Huber, Bern, September 1931; insbesondere: Die Schlacht bei Marignano, S. 149–164

Nabholz Hans, Muralt Leonhard von, Feller Richard, Dürr Emil, Bonjour Edgar, Geschichte der Schweiz, Bd. 1, Von den ältesten Zeiten bis zum Ausgang des 16. Jahrhunderts, Schulthess, Zürich 1932

Dürr Emil, Eidgenössische Grossmachtpolitik im Zeitalter der Mailänderkriege, in: Feldmann M. und Wirz H.G., Schweizer Kriegsgeschichte, Bd. 2, Heft 4, Oberkriegskommissariat, Bern 1933; insbesondere: Marignano und sein Nachspiel. Ausgleich und Bündnis mit Frankreich: 1515–1521. Begrenzung, S. 653–677

Gos Charles, Schweizer Generäle. Oberbefehlshaber der Schweizer Armee von Marignano bis 1914, Victor Attinger, Neuchâtel 1933

Inglin Meinrad, Jugend eines Volkes. Fünf Erzählungen, Montana, Horw und Leipzig 1933

Frey Siegfried, Die Mailänderkriege, in: Feldmann M. und Wirz H.G., Schweizer Kriegsgeschichte, Bd. 1, Bern 1915; insbesondere: Heft 2, Oberkriegskommissariat, Bern 1935, S. 283–381; siehe: Der Feldzug des Jahres 1515. Die Schlacht von Marignano, S. 354–371, Abschluss, S. 372–377, Kartenbeilage 3 Marignano

Frey S. (Siegfried), Le Guerre Milanesi, nel: Feldmann M. e Wirz H.G., Storia Militare Svizzera, Vol. 1, Commissariato Centrale di Guerra, Berna 1915; particolarmente: 2° Fascicolo, Berna 1936, p. 301–403; vedi: La campagna del 1515. Battaglia di Marignano, p. 375–392

Inglin Meinrad, Jeunesse d'un peuple, Spes, Lausanne 1936

Wirz Hans Georg, Von Morgarten bis Marignano, Weg und Ziel, Schweizerische Volksbibliothek, (Bern) 1936

Büchi Albert, Kardinal Matthäus Schiner als Staatsmann und Kirchenfürst, Bd. I., Seldwyla, Zürich 1923; Bd. II., aus dem Nachlass hrsg., von Emil Franz Josef Müller, Rütschi & Egloff, Freiburg (Schweiz)–Leipzig 1937

Hackett Francis, Francis the First, Doubleday, Doran & Co., New York 1937

Oman Charles, History of the Art of War in the 16th Century, AMS Press, London 1937

Inglin Meinrad, Giovinezza di un popolo, Istituto Editoriale Ticinese, Bellinzona 1938

Frey Siegfried, Les Guerres du Milanais, dans: Feldmann M. et Wirz H.G., Histoire Militaire de la Suisse, Vol. 1, Commissariat Central des Guerres, Berne 1915; en particulier: 2e Cahier, Berne 1939, p. 293–390; voir: La campagne de 1515. La bataille de Marignan, p. 363–379

Gagliardi Ernst, Geschichte der Schweiz von den Anfängen bis zur Gegenwart, umgestaltete und erweiterte Ausgabe, 3 Bde., 4. Aufl., Orell Füssli, Zürich–Leipzig 1939

Häusler Friedrich, Die Geburt der Eidgenossenschaft aus der geistigen Urschweiz, Benno Schwabe, Basel 1939; insbesondere: Marignano S. 201–241

Klein Marcelle, Die Beziehungen des Marschalls Gian Giacomo Trivulzio zu den Eidgenossen und Bündnern, 1480–1518, Diss. Phil. I, Universität Zürich, Leemann, Zürich 1939

Walter Otto und Wagner Julius (Hrsg.), Die Schweiz mein Land, Verlag Otto Walter und Verkehrsverlag, Olten/Zürich 1939; insbesondere: Gagliardi E. (Ernst), Geschichte der Eidgenossenschaft, S. 29 (Abb. S. 36)

Vallière P. (Paul) de, Honneur et Fidélité. Histoire des Suisses au service étranger, Les Editions d'art suisse ancien, Lausanne, Mai 1940; en particulier: Bataille de Marignan, 13 et 14 Septembre 1515, p. 151–168

Vallière P. (Paul) de, Treue und Ehre. Geschichte der Schweizer in Fremden Diensten, Les Editions d'art suisse ancien, Lausanne, Juli 1940; insbesondere: Die Schlacht bei Marignano (13. und 14. September 1515), S. 151–168

Rimli Eugen Th. (Theodor), (Hrsg.), 650 Jahre Schweizerische Eidgenossenschaft. Ein vaterländisches Geschichtswerk, Verkehrsverlag, Zürich 1941; insbesondere: Der Weg nach Marignano (1470/1515), S. 154–167

Schwinkhart Ludwig, Chronik 1506 bis 1521, hrsg. von Hans von Greyerz, in: Archiv des Historischen Vereins des Kantons Bern, Bd. 36, Bern 1941, S. 173 ff.

Bruckner A. und B. (Albert und Bertha), Schweizer Fahnenbuch, Zollikofer Verlag, St. Gallen 1942; insbesondere: Die Juliusbanner 1512, S. 164–200, Novara und Dijon 1513/Marignano 1515, S. 201–209

Gessler E.A. (Eduard Achilles), (Hrsg.), Die Banner der Heimat, Fraumünster, Zürich (28.7.42) 1942

Lätt Arnold (Hrsg.), Meine Heimat – Ein Buch für Schweizer im Ausland, Neue Helvetische Gesellschaft, Auslandschweizerwerk, Löpfe-Benz, Rorschach 1942

Reynold Gonzague de, Kardinal Matthias Schiner, in: Hürlimann Martin (Hrsg.), Grosse Schweizer, Atlantis, Zürich 1942, S. 29–38

Trabold Rudolf, Matthäus Schiner, ein Schweizer im Purpur: Historischer Roman, Franke, Bern 1942

N.N., Marignano von der Feindseite, in: Schweizerische Monatschrift für Offiziere aller Waffen, 57. Jg., Heft 9, September 1945, S. 257–264, Heft 10, Oktober 1945, S. 289–297

Feller Richard, Geschichte Berns, Bd. I, Verlag Herbert Lang, Bern 1946, S. 545–574; Bd. II, Herbert Lang, Bern 1953, S. 59 (Schwinkhart), S. 70

Schmid Ernst Heinrich, Ferdinand Hodlers «Rückzug bei Marignano» im Waffensaal des Landesmuseums Zürich. Ein Beitrag zur Geschichte des schweizerischen Wandbildes, Diss. Phil. I, Universität Zürich, J. Weiss, Affoltern a. A. 1946

Inglin Meinrad, Jugend eines Volkes, Erzählungen vom Ursprung der Eidgenossenschaft, Neue Fassung, Atlantis, Zürich 1948

Brücher Anton, Die Mailänderkriege 1494–1516 im Urteil der neueren schweizerischen Geschichtsschreibung, in: Zürcher Beiträge zur Geschichtswissenschaft, Bd. 4, Zürich-Affoltern a. A. 1949

1950–1975

Weisz Leo, Ein zeitgenössischer Bericht über Marignano, in: Neue Zürcher Zeitung, 1954, Nr. 827

Bernard Henri, La guerre et son évolution à travers les siècles, tome 1er, Les principes et les règles de l'art militaire, l'histoire militaire et l'évolution de la guerre depuis l'antiquité jusque 1939, Imprimerie médicale et scientifique, Bruxelles 1955

Bondioli Pio, La battaglia di Marignano in una relazione ad Enrico VIII d'Inghilterra, nei; «Scritti storici e giuridici in memoria di Alessandro Visconti», Cisalpino, Milano 1955, p. 169–184

Anhang 4 | Bibliografie, Bibliographie, Bibliografia

Witzig Hans, Von Morgarten bis Marignano: Die grosse Zeit der alten Eidgenossen, Orell Füssli, Zürich 1957

Machiavelli Niccolò, Dell'Arte della Guerra ed altri scritti politici, Sonzogno, Milano 1961

Kurz Hans Rudolf, Schweizerschlachten, Franke, Bern 1962

Lot Ferdinand, Recherches sur les effectifs des armées françaises des Guerres d'Italie aux Guerres de Religion, 1494–1562, dans: Bibliothèque générale de l'Ecole pratique des hautes études, VIe section, Paris 1962

Verri Pietro, Storia di Milano, Sansoni, Firenze 1963 (446 p.); particolarmente: Capitolo XII, Di Francesco I re di Francia, e suo governo nel ducato di Milano, p. 300–310

Dürrenmatt Peter, Schweizer Geschichte, Schweizer Druck- und Verlagshaus, Zürich 1963, S. 153–158

Zermatten Maurice, La rose noire de Marignan - ou le destin de Mathieu Schiner, Panorama, Bienne 1963

Bächinger Konrad, Fisch Josef, Kaiser Ernst, Lasst hören aus alter Zeit. Söldner ziehen über den Gotthard. Die Niederlage bei Marignano, Geschichtliche Arbeitshefte, Heft 11, Verlag Arp, St. Gallen 1964

Hackett Francis, Francesco I, Dall'Oglio, Milano 1964

Thürer Georg, Bundesspiegel. Geschichte und Verfassung der Schweizerischen Eidgenossenschaft, 3. umgearbeitete und erweiterte Aufl., Artemis Verlag, Zürich 1964; insbesondere: Grossstaat oder Kleinstaat: Mailänderkriege, S. 38–41

Pogliaghi Maria A., Canto per i Caduti della «Battaglia dei Giganti», Ricerche storiche e notizie riguardanti i «morti di Mezzano», nei: I libri della Collana storica Melegnanese, Vol. X, Editori Daverio, Milano 1965

Gerosa Brichetto Giuseppe, La Battaglia di Marignano. Uomini e Tempi delle calate dei francesi sul Ducato di Milano, G.G. Brichetto, Milano 1965

Amelli Cesare, La battaglia di Marignano (1515) detta «dei giganti», nella: Collana Storica Melegnanese, Vol. VII, Edizione Istituto Storico Melegnanese, (Melegnano) 1965

Konferenz über die Schlacht bei Marignano an der Universität Zürich vom 26. Februar 1965?

Komitee Pro Marignano, Aufruf für ein Marignano-Denkmal, in: Allgemeine Schweizerische Militärzeitschrift, 131. Jg., Nr. 4, April 1965, S. 185–186

WM (Wilhelm Mark), Nachschrift der Redaktion, in: Allgemeine Schweizerische Militärzeitschrift, 131. Jg., Nr. 4, April 1965, S. 186

Comité Pro Marignano, Appel pour commémorer la Bataille de Marignan, dans: Revue Militaire Suisse, 110e année, No 4, Avril 1965, p. 149–153

Comitato Pro Marignano, Appello per un monumento a Marignano, nella: Rivista Militare della Svizzera italiana, Anno XXXVII, Fascicolo II, marzo–aprile 1965, p. 124–126

Hilty Hans Rudolf, Loblied auf eine Niederlage, in: Volksrecht, Nr. 196, 23. August 1965

Walde Karl, Marignano, in: Allgemeine Schweizerische Militärzeitschrift, 131. Jg., Nr. 9, September 1965, S. 517–520

Kurz (Hans Rudolf), Vor 450 Jahren: Marignano, in: Der Fourier, 38. Jg., Nr. 9, September 1965, S. 319–324

Grosjean Georges, Marignano als Mahnung für heute, in: Der Bund, 12. September 1965

Weisz Leo, Zur inneren Entwicklung des Schweizer Bundes, in: Neue Zürcher Zeitung, Nr. 3749, 12. September 1965, Blatt 5

Padrutt Christian, Verlorener Sieg – verlorene Macht? Vor 450 Jahren: Die Schlacht bei Marignano am 13. und 14. September 1515, in: Tages-Anzeiger, 13. September 1965, S. 3

ub –, Vor 450 Jahren: Die Schlacht bei Marignano, in: Beilage der «Schaffhauser Nachrichten» im September 1965

Calgari Guido, Per «Marignano», 1515, nella: Rivista Militare della Svizzera italiana, Anno XXXVII, Fascicolo V, settembre-ottobre 1965, p. 229–238 e 266

Schaufelberger W. (Walter), Morgarten (1315) und Marignano (1515), in: Allgemeine Schweizerische Militärzeitschrift, 131. Jg., Nr. 11, November 1965, S. 667–688

Hofer Hans, Schweizer und Berner Soldaten in Fremden Diensten, in: Berner Jahrbuch

1965, Berner Tagblatt, Bern (1965), insbesondere: Marignano, S. 24–26

Thürer Georg, Die Wende von Marignano: Eine Besinnung zur 450. Wiederkehr der Schicksalstage von Mitte September 1515, Komitee zur Würdigung der Schlacht von Marignano und ihrer Konsequenzen, Zürich 1965

Thürer Georg, Zermatten Maurice, Marignan. Tournant de notre Histoire, pour le 450e anniversaire des événements de la mi-septembre 1515: signification d'une défaite, Comité pour la commémoration de la Bataille de Marignan et ses conséquences, Zurich 1965

Thürer Georg, Calgari Guido, Marignano. Fatale Svolta della politica Svizzera, Alcuni fatti e riflessioni per i giovani confederati, nel 450° della battaglia, 1515–1965, Comitato per la celebrazione del 450° di Marignano, Zurigo 1965

Thürer Georg, Calgari Guido, «Marignano, turning point in the Swiss policy», Zurich 1965

Amelli Cesare, La Battaglia di Marignano. Ricerche e studi sull'opera degli Svizzeri e sui loro rapporti con gli altri Stati prima e dopo la battaglia, nella: Collana Storica Melegnanese, Vol. VIII, Edizione Istituto Storico Melegnanese 1965

Bodmer Jean-Pierre, Werner Steiner und die Schlacht bei Marignano, in: Zwingliana, hrsg. von Zwingliverein, Bd. XII, Heft 4, Nr. 2, (Zürich) 1965, S. 241–247

Galgari Guido, Per «Marignano» 1515, nel: Como, N. 1, Primavera, Anno 1967, p. 62–65

Widmer Sigmund, Illustrierte Geschichte der Schweiz, Zweite erweiterte Aufl., Ex Libris, Zürich 1965 und 1968 (484 S.); insbesondere: S. 174–175 und 178–179

Kurz Hans Rudolf, Das Schweizer Heer, Stocker-Schmid, Dietikon bei Zürich 1969; insbesondere: Marignano, S. 130–137

Bonjour Edgar, Geschichte der Schweizerischen Neutralität, Bd. I, fünfte, durchgesehene Auflage, Helbing & Lichtenhahn, Basel 1970, S. 20; Umschlag: Ausschnitt aus der Wandmalerei von Ferdinand Hodler «Der Rückzug von Marignano»

Ludin Adolf, Marignano, ETH Abteilung Militärwissenschaften, Militärschule I/70, Zürich 1970

Guicciardini Francesco, Storia d'Italia, Giulio Einaudi, Torino 1971

Schaufelberger Walter, Spätmittelalter, in: Handbuch der Schweizer Geschichte, Bd. 1, Berichthaus, Zürich 1972; insbesondere: Zeitalter des Mailänderkrieges und Mailänder Feldzüge, S. 348–367

Seward Desmond, Prince of the Renaissance. The Golden Life of François I., Macmillan, New York 1973

Bächtiger Franz, Marignano. Zum «Schlachtfeld» von Urs Graf, in: Zeitschrift für Schweizerische Archäologie und Kunstgeschichte, Bd. 31, 1974, Heft 1, S. 31–54

Schaufelberger Walter, Das eidgenössische Wehrwesen im Spätmittelalter im Lichte moderner Militärgeschichtswissenschaft, in: CLXVI. Neujahrsblatt der Feuerwerker-Gesellschaft in Zürich auf das Jahr 1975, Beer, Zürich 1974

Usteri Emil, Marignano. Die Schicksalsjahre 1515/1516 im Blickfeld der historischen Quellen, Komitee zur Würdigung der Schlacht von Marignano und ihrer Konsequenzen, Berichthaus, Zürich 1974

Die Schweiz vom Bau der Alpen bis zur Frage nach der Zukunft, Hrsg. Ex Libris Verlag, Zürich 1975, insbesondere: Beck Marcel, Die Schweiz im Mittelalter, S. 58 und Maeder Kurt, Die Zeit von 1515 bis 1798, S. 59–60

Previato Luciano, San Giuliano Milanese, Cenni Storici, San Giuliano Milanese 1975

Steiger Werner, Jaggi Arnold, Geschichte der Schweiz, Bd. 2, Von der Bundesgründung bis Marignano, Lehrmittel-Verlag, St. Gallen 1975

1976 – 1999

Meyer Franz, Schweizergeschichte: von der Bundesgründung bis Marignano, Lehrmittelverlag des Kantons Thurgau, Frauenfeld 1976

Kurz Hans Rudolf, Schweizerschlachten, Franke, Bern 1962, Zweite, bearbeitete und erweiterte Auflage 1977; insbesondere: Marignano, S. 216–238

Michaud Hélène, Les institutions militaires des guerres d'Italie aux guerres de religion, dans: Revue historique, tome 258, no 1, 1977, p. 29–43

Bonjour Edgar, Geschichte der schweizerischen Neutralität. Kurzfassung, Helbing & Lichtenhahn, Basel 1978; S. 7–8

Bory Jean-René, La Suisse à la rencontre de l'Europe. L'épopée du service étranger, David Perret, éditeur, Lausanne 1978; en particulier: Marignan (13–14 septembre 1515), p. 102–108

Guerdan René, Franz I., König der Renaissance, Societäts-Verlag, Frankfurt/Main 1978

Peyer Hans Conrad, Die wirtschaftliche Bedeutung der fremden Dienste für die Schweiz vom 15. bis zum 18. Jahrhundert, in: Jürgen Schneider (Hrsg.), Wirtschaftskräfte und Wirtschaftswege, Festschrift für Hermann Kellenbenz, Bd. 2, Klett-Cotta, Stuttgart 1978, S. 701–716

Bory Jean-René, Die Schweiz als Mitgestalterin Europas. Die Geschichte der Fremdendienste, Delachaux & Niestlé, Neuchâtel-Paris 1980; insbesondere: Marignano (13. und 14. September 1515), S. 102–108

Contamine Philippe, La guerre au Moyen Age, Presses universitaires de France, Paris 1980

Schaufelberger Walter, Spätmittelalter, Mailänder Feldzüge, Standortbestimmung, in: Handbuch der Schweizer Geschichte, Bd. 1, 2. Aufl., Berichthaus, Dr. C. Ulrich, Zürich 1980, S. 348–367, Quellen und Literatur, S. 368 ff. und S. 388

Schib Karl, Die Geschichte der Schweiz, 5. erweiterte Aufl., Augustin, Thayngen-Schaffhausen 1980

Wüthrich Lucas, Wandgemälde. Von Müstair bis Hodler. Katalog der Sammlung des Schweizerischen Landesmuseums Zürich, Berichthaus, Zürich 1980; insbesondere: 127–129 Fresken im Schweizerischen Landesmuseum zu Zürich: Rückzug von Marignano, S. 171–178

Jacquart Jean, François Ier, Fayard, Paris 1981 (440 p.)

Schodoler Wernher – Walter Benz (Hrsg.), Faksimile – Die Eidgenössische Chronik des Wernher Schodoler. Um 1510 bis 1535, Faksimile-Verlag, Luzern 1981

Peyer Hans Conrad, Die wirtschaftliche Bedeutung der fremden Dienste für die Schweiz vom 15. bis zum 18. Jahrhundert, in: Peyer Hans Conrad, Könige, Stadt und Kapital: Aufsätze zur Wirtschafts- und Sozialgeschichte des Mittelalters, hrsg. von Ludwig Schmugge u.a., Zürich 1982, S. 219–231

Reichel Daniel, Von Nikopolis (1396) bis Marignano (1515), in: Studien und Dokumente 1/1982, Das Feuer(I), Schweizerische Armee, Historischer Dienst, Eidg. Militärdepartement 1982, S. 11–19

Schaufelberger Walter, Der «heroische» und der «patrizische» Abschnitt der Schweizerischen Militärgeschichte. Ein Beitrag zur Periodisierung, in: Actes du Symposium 1982, Tome 1, Centre d'histoire et de prospective militaires, Lausanne 1982, p. 23–32

Schodoler Wernher – Schmid Alfred A., u.a. (Hrsg.), Faksimile – Die Eidgenössische Chronik des Wernher Schodoler: um 1510 bis 1535, Faksimile-Verlag, Luzern 1980–1983

Foerster Hubert, Le métier de fantassin et de chef d'infanterie suisse dans l'iconographie de quelques chroniques des années 1500, dans: Actes du Symposium 1983, Tome 2, Centre d'histoire et de prospective militaires, Lausanne 1983, p. 27–43

Rapp Georges, Hofer Viktor, Der Schweizerische Generlstab. L'Etat-major général suisse, Band / Volume I, Helbing & Lichtenhahn, Basel 1983, S. 27–28

Esposti Pierino, La Chiesa di San Giuliano dalle origini ai giorni nostri, San Giuliano Milanese 1984

Amelli Cesare, Storia di Melegnano; nella: Nuova Collana Storica Melegnanese – Vol. V., Melegnano 1984; particolarmente: La Battaglia di Marignano detta dei Giganti, p. 137–151

Hale John Rigby, War and Society in Renaissance Europe, 1450–1620, Fontana, London 1985

Schaffer Fritz, Abriss der Schweizer Geschichte, 13. Aufl., Huber, Frauenfeld 1985

Reichel Daniel, Mathieu Schiner (vers 1465–1522), Cardinal et homme de guerre, dans: Actes du Symposium 1986, Tome 4, Centre d'histoire et de prospective militaires, Pully 1986, p. 7–20

Jacquart Jean, Bayard, Fayard, Paris 1987

Schaufelberger Walter, Der Alte Schweizer und sein Krieg. Studien zur Kriegführung vornehmlich im 15. Jahrhundert, 3. Aufl., Huber, Frauenfeld 1987

Bodin Jérôme, Les Suisses au service de la France. De Louis XI à la Légion étrangère, Albin Michel, Paris 1988; en particulier: Les Suisses rencontrent les Lys, p. 65–85

Garrisson Janine, 1515: Marignan!, dans: L'Histoire, Vol. 114, Septembre 1988, p. 26–32

Onnis Sergio, La Battaglia di Marignano, nella: Rivista militare dell'Esercito italiano, Anno 132, 1988, n. 6, p. 88–94

Roulet Claude, De la défaite de Marignan et la Suisse et les Alpes de Fiesch à Grindelwald, H. Messeiller, Neuchâtel 1988

Onnis Sergio, La battaglia di Marignano, nella: Rivista Militare della Svizzera italiana, Anno LXI, n. 1, gennaio-febbraio 1989, p. 36–49

N.N., Sauvetage masochiste. La Suisse achètera-t-elle la morne plaine de Marignan?, dans: Nouvelliste, 23.2.1989

H.R., La Suisse envisage d'acheter le site. Des HLM à Marignan?, 1515, la belle date! Marignan: site à protéger, dans: Tribune de Genève, 23.2.1989

Schläppi Bruno, «Komm her, du treue Helebard'», in: Brückenbauer, Nr. 11, 15. März 1989, S. 3

Onnis Sergio, The Battle of Marignano, in: Rivista Militare, Journal of the Italian Army, Nr. 3, May–June 1989, p. 57–63

Inglin Meinrad, Jugend eines Volkes. Fünf Erzählungen, Horw und Leipzig 1933. In Bd. 3 der Gesammelten Werke, Limmat, Zürich 1989

Eckert Elisabeth, Marignan presque suisse (Berne veut racheter le champ de bataille menacé), dans: La Suisse, 1.2.1990

Esch Arnold, Mit Schweizer Söldnern auf dem Marsch nach Italien. Das Erlebnis der Mailänderkriege 1510–1515 nach bernischen Akten, in: Quellen und Forschungen aus italienischen Archiven und Bibliotheken, Bd. 70, Loescher, Rom 1990, S. 348–440

Vogelsanger Peter, Rede, und schweige nicht! Erinnerungen und Einsichten eines Pfarrers (Zweiter Teil), Theologischer Verlag, Zürich 1990; insbesondere: S. 302–305

Altermatt Urs (Hrsg.), Die Schweizer Bundesräte. Ein biografisches Lexikon, Artemis, Zürich und München 1991

Henninger Laurent, Marignan, 1515, dans: Les grandes batailles de l'histoire, No 15, Socomer, Paris 1991

Im Hof Ulrich, Mythos Schweiz. Identität – Nation – Geschichte 1291–1991, Verlag Neue Zürcher Zeitung, Zürich 1991; insbesondere S. 266

Niederost Eric, Ancient Tactics Tested (Battle of Marignano), in: Military History, Vol. 8, October 1991, Nr. 3, p. 26–32

Schaufelberger Walter, Von der Kriegsgeschichte zur Militärgeschichte, in: Schweizerische Zeitschrift für Geschichte, 41. Jg., 1991, S. 413–451

Brunner Hans-Peter, Geschichte, Gegenwart und Perspektiven der schweizerischen Neutralität, in: Sonderfall? Die Schweiz zwischen Réduit und Europa: Ausstellung im Schweizerischen Landesmuseum Zürich, 19. August bis 15. November 1992; Begleitband hrsg. von Walter Leimgruber und Gabriela Christen, Schweizerisches Landesmuseum, Zürich 1992, S. 47–57

Contamine Philippe, Histoire militaire de la France, Vol. 1, Des origines à 1715, Presses Universitaires de France, 1ère édition, Paris 1992 (632 p.); en particulier: p. 233–256

Marignano, in: Schweizer Lexikon, Bd. 4, Schweizer Lexikon Mengis und Ziehr, Luzern 1992, S. 450

Peyer Hans Conrad, Schweizer in fremden Diensten – Ein Überblick, in: Schweizer Soldat, 67. Jg., Nr. 6, Juni 1992, S. 4–8

Schwarz Robert, Von Guinegate (1479) bis Mailand (1516) – Kaiser Maximilian I. in zehn Schlachtenbildern, MHD – Sonderreihe Bd. 2, Wien 1992; insbesondere: Die Schlacht von Marignano (13. und 14. September 1515), S. 107–124

Schweizer Militärgeschichte – Histoire militaire de la Suisse, Warum die Riesenschlacht von Marignano verlorenging, Sir Rowland Hill, Bachenbülach 1992

Anhang 4 | Bibliografie, Bibliographie, Bibliografia

Parker Geoffrey, La Révolution militaire, la guerre et l'essort de l'Occident, 1500–1800, Gallimard, Paris 1993

Traxino Mario, La Battaglia di Marignano (13–14 Settembre 1515), o.O., o.J., 1993?

Traxino Mario, Gli scozzesi tra «Giganti di Marignano», o.O., o.J., 1993?

Schaufelberger Walter, Marignano. Strukturelle Grenzen eidgenössischer Militärmacht zwischen Mittelalter und Neuzeit, Schriftenreihe der Gesellschaft für Militärhistorische Studenreisen (GMS), Zürich, Nr. 11, Huber, Frauenfeld 1993

Schaufelberger Walter, Marignan. La conduite militaire chez les anciens Confédérés, dans: Revue Militaire Suisse, 138e année, No 11, Novembre 1993, p. 36–40

Treffer Gerd, Franz I. von Frankreich, Herrscher und Mäzen, F. Pustet, Regensburg 1993

Matter Katharina, Streit um die Marignano-Fresken, in: Der Bund, Nr. 200, 28. August 1993, S. 23

Baumann Reinhard, Landsknechte. Ihre Geschichte und Kultur vom späten Mittelalter bis zum Dreissigjährigen Krieg, C.H. Beck, München 1994

Knecht Robert Jean, Renaissance Warrior and Patron: The Reign of Francis I, University Press, Cambridge 1994

Stahel Albert A., Von Fremdendiensten zur Milizarmee, in: Armee 95 – Chance für die Milizarmee? Strategische Studien, Bd. 7, hrsg. von Albert A. Stahel, Fachvereine vdf, Zürich 1994; insbesondere: Marignano, S. 15–16

Antico Gallina M.V., Bisiachi M.T., Deiana A., Sannazzaro G.B., Zivido, mille anni di storia. Dall'alto medioevo alla battaglia dei giganti, a cura di M.V. Antico Gallina, Associazione Culturale Zivido, 1994; particolarmente: La Battaglia dei Giganti, p. 201–211; Bibliografia p. 263–274

Kreis Georg, Marignano – Ungenügen der Strukturen, Dokumentation und Analyse zu «1515», in: Neue Zürcher Zeitung, 11. Januar 1994, S. 15

Sterchi Bernhard, Schweizer Schlachtfelder. Die Schlacht bei Marignano 1515, o. O., o. J.

Melegnano, nella: La piccola Treccani. Dizionario Enciclopedico, Istituto della Enciclopedia Italiana, Foma 1995, p. 409

Schaufelberger Walter, Marignan 1515. La conduite militaire chez les anciens confédérés, dans: Actes du Symposium 1993, Tome 8, La démocratie et sa défense militaire, Centre d'Histoire et de Prospective militaires, Pully 1995, p. 57–63

Schaufelberger Walter, Blätter aus der Schweizer Militärgeschichte, Schriftenreihe der Gesellschaft für Militärhistorische Studienreisen (GMS), Zürich, Nr. 15, Edition ASMZ im Huber Verlag, Frauenfeld 1995; insbesondere: «battaglia non d'uomini ma di giganti», S. 24–25

Schneider Peter Reinhard, Dokumentation Arbedo 1422, Giornico 1478. Die «Südpolitik» der Eidgenossen im 15. Jahrhundert, in: Fuhrer Hans Rudolf (Hrsg.), Militärgeschichte zum Anfassen, Heft 6, Militärische Führungsschule Au/ZH, August 1995; insbesondere: Die Folgen der ennetbirgischen Kriegszüge, S. 15–18

Schneider Peter Reinhard, Documentazione Arbedo 1422, Gioirnico 1478. La politica transalpina dei Confederati nel XV secolo, nel: Fuhrer Hans Rudolf (Ed.), Storia militare dal vivo, no. 6, Scuola militare superiore Au/ZH, dicembre 1995; particolarmente: Le conseguenze delle spedizioni al sud delle Alpi, p. 15–17

Walter François, Marignan 1515. Traces de la mémoire d'une bataille de géants, dans: Des archives à la mémoire. Mélanges à Louis Binz, éd. par Barbara Roth-Locher et al., SHAG, Genève 1995, p. 477–503

Castelot André, François Ier, Perrin, Paris 1996

Fournel Jean-Louis et Zancarini Jean-Claude, Le guerre d'Italia, Giunti, Firenze 1996

Guicciardini Francesco, Histoire d'Italie 1492–1534, 2 Vol., Robert Laffont, Paris 1996

Koch Bruno, Kronenfresser und deutsche Franzosen. Zur Sozialgeschichte der Reisläuferei aus Bern, Solothurn und Biel zur Zeit der Mailänderkriege, in: Schweizerische Zeitschrift für Geschichte, Vol. 46, Nr. 2, 1996, S. 151–184

Vergerio Hieronimo, Cronaca della Battaglia dei Giganti svoltasi sul Lambro nel A.D. 1515, il rapporto fu scritto il 18 settembre 1515 da Girolamo Vergerio di Cesana. Traslazione e note di Pier Paolo Vergerio jr., senza luogo, s.n., 1996 (Fasano-Grafischena)

Denis Anne, 1513–1515 «la nazione svizzera» et les Italiens, in: Schweizerische Zeitschrift für Geschichte, Bd. 47, Heft 2, 1997, S.111–128

Nkm., Meregnan oder die Giganten von San Giuliano. Spekulanten und Spekulationen auf historischem Schlachtfeld, in: Neue Zürcher Zeitung, Nr. 175, 31. Juli 1997, S. 11

Heer Caspar, Auf dem Schlachtfeld gibt es Tagliatelle. Marignano heute: Im Sog von Mailand versucht der Ort die eigene Identität zu bewahren, in: Thurgauer Zeitung, Nr. 198, 28. August 1997, S. 2

Militärische Führungsschule, Scrivere storia; non raccontare vecchie storie, in: Forum, Magazin für das Instruktionskorps, September 1997, Nr. 27, S. 26–28

Quaas Gerhard, Das Handwerk der Landsknechte. Waffen und Bewaffnung zwischen 1500 und 1600, Biblio, Osnabrück 1997; insbesondere: Marignano 1515, S. 188–192

N.N., Rievocata la storia battaglia di Marignano, nel: LaRegione, 1.10.1998

Esch Arnold, Alltag der Entscheidung. Beiträge zur Geschichte der Schweiz an der Wende vom Mittelalter zur Neuzeit, Paul Haupt, Bern 1998; insbesondere: Mit Schweizer Söldnern auf dem Marsch nach Italien. Das Erlebnis der Mailänderkriege 1510–1515 nach bernischen Akten, S. 249–328

Piacentini Massimo, Niccolò Machiavelli e Francesco Guicciardini al campo di Marignano. La grande ritirata dell'ultimo esercito italiano, nel: Il Melegnanese, Anno XXXI, N. 3, 14 Febbraio 1998, p. 3

Heer Caspar et al., Schlachtenbummler. Ausflüge an Orte der Schweizer Geschichte, Meier, Schaffhausen 1998; insbesondere: Marignano S. 44–49

Esch Arnold, I mercenari svizzeri in Italia: l'esperienza delle guerre milanesi (1510–1515) tratta da fonti bernesi, Alberti Editore per la Società dei Verbanisti, Verbania–Intra 1999

Houdry Philippe & Gilles, Die Schlacht von Marignano 1515, Nancy & Montreuil 1999, France; Deutsche Übersetzung: Volker Stock (Nancy, Frankreich)

Marignano, in: Schweizer Lexikon, Volksausgabe, Bd. 7, Schweizer Lexikon Mengis + Ziehr, Visp 1999, S. 419

Suter Andreas, Die Entdeckung von Marignano. Die Tradition der neutralen Schweiz als Erfindung des 19. Jahrhunderts, in: Neue Zürcher Zeitung, Nr. 36, 13./14. Februar 1999, S. 93–94

Maissen Thomas, Neutralität als innen- und aussenpolitisches Argument. Die Eidgenossenschaft in der Staatenwelt des 17. Jahrhunderts, in: Neue Zürcher Zeitung, Nr. 36, 13./14. Februar 1999, S. 94

Müller Paul, Hodler-Forschung in Bewegung, in: Neue Zürcher Zeitung, Nr. 139, 19./20. Juni 1999, S. 85

Becker Thomas und Marty Christian, Hodlers Marignano – Experimentierfeld Malerei, in: Neue Zürcher Zeitung, Nr. 139, 19./20. Juni 1999, S. 85–86

Brüschweiler Jura, Monumentalisierung der Marignano-Krieger, in: Neue Zürcher Zeitung, Nr. 139, 19./20. Juni 1999, S. 86

2000 –

Delbrück Hans, Geschichte der Kriegskunst. Die Neuzeit. Vom Kriegswesen der Renaissance bis zu Napoleon, Neuausgabe 2000, Walter de Gruyter, Berlin 2000; insbesondere: Die Schlacht bei Marignano, 13. und 14. September 1515, S. 106–114

Meyer Werner, Eidgenössischer Solddienst und Wirtschaftsverhältnisse im schweizerischen Alpenraum um 1500, in: Kroll Stefan, Krüger Kerstin (Hrsg), Militär und ländliche Gesellschaft in der frühen Neuzeit, Lit, Münster-Hamburg-London 2000, S. 23–39

Müller Paul, Einführung, zu: Vom Karton zum Wandbild. Ferdinand Hodlers «Rückzug von Marignano» – Technologische Untersuchungen zum Entstehungsprozess, in: Zeitschrift für Schweizerische Archäologie und Kunstgeschichte, Bd. 57, Karl Schwegler, Zürich 2000, S. 187–192

Truffer Bernard, Kardinal Matthäus Schiner, in: Helvetia Sacra, Bd. I/5, Das Bistum Sitten, Basel 2001, S. 230–240

Tuchmann Barbara, Die Torheit der Regierenden. Von Troja bis Vietnam, Fischer Taschenbuch, Frankfurt am Main, Dezember 2001; insbesondere: Marignano, S. 135–136

Arnold Thomas F., Atlas des guerres de la Renaissance, Autrement, Paris 2002, p. 152–153

Machiavelli Niccolò, Il Principe e altre opere politiche, XVIII edizione, Garzanti, Milano (giugno) 2002

Troso Mario, L'ultima battaglia del Medioevo, Edizioni della Laguna, Mariano del Friuli 2002

Züst Walter, Der fromme Krieger. Roman. Appenzeller Verlag, Herisau 2002

Bangerter Olivier, La pensée militaire de Zwingli, Zürcher Beiträge zur Reformationsgeschichte, Bd. 21, Peter Lang, Bern 2003

Bois Jean-Pierre, Les guerres en Europe 1494–1792, Editions Belin, Paris 2003; en particulier: Les guerres d'Italie 1494–1519, p. 11–18

Haudenschild Roland, Marignano. Eidgenössische Grossmachtpolitik und Neutralität, in: Armee-Logistik, 76. Jg., Nr. 1, Januar 2003, S. 3–5

Sanaldi Barbara, Un parco sul «campo dei Giganti». Piste ciclabili e musei nei luoghi della battaglia del 1515 tra svizzeri e francesi che cambiò il corso dell'Europa, nel: Corriere della Sera, 23 Febbraio 2003, p. 50

Delbrück Hans, Geschichte der Kriegskunst. Die Neuzeit. Nachdruck der ersten Auflage von 1920, Nikol, Hamburg 2003

Fournel Jean-Louis et Zancarini Jean-Claude, Les guerres d'Italie. Des batailles pour l'Europe (1494–1559), Gallimard, Paris 2003; en particulier: Un conflit européen, p. 58–77

Seggern Birgit von, Der Landsknecht im Spiegel der Renaissancegraphik um 1500–1540, Diss. Phil. Fak. Univ. Bonn, Universitäts- und Landesbibliothek, Bonn 2003

Stadler Peter, Epochen der Schweizergeschichte, Orell Füssli, Zürich 2003; insbesondere: Marignano, S. 96–102

Esposti Pierino, Josef Bisa lo scultore dei Giganti, nel: Associazione Culturale Zivido, Biblioteca Storica Sangiulianese, 2/2004

NZZ Format, Ferdinand Hodler – Die grosse Linie (Film); NZZ Swiss made: Der Rückzug von Marignano, SRF 1, Sonntag, 07.03.2004, 21.30h; http://www.nzzformat.ch

Itin Treumund E., Schweiz – vom Untertanenland zur Demokratie. Der Zug über den Gotthard und die Abgrenzung zu Italien, in: Schweizer Soldat, 79. Jg., Nr. 9, September 2004, S. 28–30

Le Fur Didier, Marignan, 13–14 septembre 1515, Perrin, Paris 2004 (336 p.); en particulier: La bataille, p. 103–119 et La fameuse bataille, p. 272–276

Merle Claude & Broutin Christian, 1515 le chevalier de Marignan, Hachette Jeunesse, Paris 2004

Svizzera, Associazione Culturale Zivido, 1965–2005. 40° anniversario del monumento ai Caduti Svizzeri della «Battaglia dei Giganti», Zivido, 13/14 settembre 1515 (Zivido 2005); (quattro cartoline postali)

Fuhrer Hans Rudolf, Eyer Robert-Peter, Schweizer in «Fremden Diensten». Verherrlicht und verurteilt, Verlag Neue Zürcher Zeitung, Zürich 2006

Fuhrer Hans Rudolf und Eyer Robert-Peter, «Söldner» – ein europäisches Phänomen, in: Fuhrer Hans Rudolf, Eyer Robert-Peter, Schweizer in «Fremden Diensten». Verherrlicht und verurteilt, Verlag Neue Zürcher Zeitung, Zürich 2006, S. 27–48

Fuhrer Hans Rudolf und Eyer Robert-Peter, Grundzüge und Entwicklung des Söldnerwesens in der Eidgenossenschaft vom 14. bis zum 16. Jahrhundert, in: Fuhrer Hans Rudolf, Eyer Robert-Peter, Schweizer in «Fremden Diensten». Verherrlicht und verurteilt, Verlag Neue Zürcher Zeitung, Zürich 2006, S. 49–68

Mertens Peter, Schweizerische Reisläufer – deutsche Landsknechte: eine mörderische Rivalität, in: Fuhrer Hans Rudolf, Eyer Robert-Peter, Schweizer in «Fremden Diensten». Verherrlicht und verurteilt, Verlag Neue Zürcher Zeitung, Zürich 2006, S. 69–85

Morard Nicolas, Die italienischen Kriege: ein unnötiges Unternehmen?, in: Geschichte der Schweiz und der Schweizer, 4. unveränderte Aufl., Schwabe, Basel 2006; insbesondere S. 326–354, Bibliographie S. 354–356

Haudenschild Roland, 500 Jahre Päpstliche Schweizergarde: Jubiläumsmarsch nach Rom, in: Armee–Logistik, 79. Jg., Nr. 6, Juni 2006, S. 10–11

La porta dei Giganti, Associazione Culturale Zivido, San Giuliano Milanese, 18.07.2006

Lienert Meinrad, Die Schlacht bei Marignano, in: Schweizer Sagen und Heldengeschichten, Marix Verlag, Wiesbaden 2006, S. 245–249

Riklin Alois, Neutralität am Ende? 500 Jahre Neutralität in der Schweiz, in: Zeitschrift für Schweizerisches Recht, Neue Folge, Bd. 125, 2006, S. 583–598

Shaw Christine (Ed.), Italy and the European Powers: The Impact of War, 1500–1530, Brill, Leiden 2006 (336 p.)

Del Negro Piero, Guerra ed eserciti da Machiavelli a Napoleone, 2 ed., Laterza, Bari 2007

Schweizer Armee (Hrsg.), Schweizer Militärmusikformationen spielen (Tonaufzeichnung): Musik zur Marignano-Feier, amos 2007 (Compact Disc)

Schmidt Hans-Joachim, Le défi européen des Suisses. Confrontations et coopérations vers l'an 1500, dans: Marino Viganò (a cura di), L'architettura militare nell'età di Leonardo, Casagrande, Bellinzona 2008; en particulier: Marignano et le repli suisse (1515), p. 126–128

Schaufelberger Walter, Siebzehn Aufsätze zur Militärgeschichte der Schweiz, Merker im Effingerhof, Lenzburg 2008; insbesondere: Morgarten (1315) und Marignano (1515), S. 75–111

Heers Jacques, L'histoire oubliée des guerres d'Italie (1250–1550), Via Romana, Versailles 2009; en particulier: Marignan, 14 septembre 1515, p. 120–121

Maissen Thomas, L'invention de la tradition de neutralité helvétique. Une adaptation au droit international public naissant du XVIIe siècle, dans: Jean-François Chanet/Christian Windler (Ed.), Les ressources des faibles. Neutralité, sauvegardes, accommodements en temps de guerre (XVIe–XVIIIe siècle), Rennes 2009, p. 17–46

Weck Hervé de, Marignano, Schlacht von, in: Historisches Lexikon der Schweiz, Bd. 8, Stiftung Historisches Lexikon der Schweiz und Schwabe, Basel 2009, S. 291–293

Weck Hervé de, Marignan, bataille de, dans: Dictionnaire historique de la Suisse, Vol. 8, Fondation Dictionnaire historique de la Suisse, Schwabe Bâle et Editions Gilles Attinger, Hauterive 2009, p. 269–271

Weck Hervé de, Marignano, battaglia di, nel: Dizionario storico della Svizzera, Vol. 8, Fondazione Dizionario storico della Svizzera, Schwabe Basilea e Armando Dadò editore, Locarno 2009, p. 164–166

Moser Christian, Fuhrer Hans Rudolf, Der lange Schatten Zwinglis. Zürich, das französische Soldbündnis und eidgenössische Bündnispolitik, 1500–1650, Verlag Neue Zürcher Zeitung, Zürich 2009

Somm Markus, Christoph Blocher. Der konservative Revolutionär, Appenzeller Verlag, Herisau 2009; insbesondere: Die alte Schweiz, S. 122–127

Pellegrini Marco, Le guerre d'Italia 1494–1530, Il Mulino, Bologna 2009

Bangerter Olivier, La mise en place du système mercenaire en Suisse (1474–1525), dans: Mercenariat et service étranger, Actes du Symposium 2008, Centre d'Histoire et de Prospective Militaires, Pully 2010, p. 117–133

Bangerter Olivier, La bataille de Novare, dans: Choc, feu, manoeuvre et incertitude dans la guerre, Actes du Symposium 2010, Centre d'Histoire et de Prospective Militaires, Pully 2011, p. 31–44

Berchem Mathieu van, Fêter Marignan pour redorer les relations franco–suisses, www.swissinfo.ch, L'actualité suisse dans le monde, 25 mai 2010

Kreis Georg, Schweizer Erinnerungsorte. Aus dem Speicher der Swissness, Verlag Neue Zürcher Zeitung, Zürich 2010; insbesondere: Schlacht bei Marignano, S. 70–85

Miller Frederic P., Vandome Agnes F., McBrewster John (Ed.), Battle of Marignano, Alphascript Publishing, Beau-Bassin 2010

Anhang 4 | Bibliografie, Bibliographie, Bibliografia

Reinhardt Volker, Kleine Geschichte der Schweiz, C.H.Beck, München 2010; insbesondere: Marignano, S. 61–67

Walter François, Histoire de la Suisse, Tome 1, Alphil, 2ᵉ édition, Neuchâtel 2010; en particulier: Marignan, p. 64–66

Andrey Georges, L'Histoire de la Suisse pour les Nuls, tome 1. Des origines à 1815, 2ᵉᵐᵉ édition, Editions Générales First, Paris 2011; en particulier: 1515: Marignan, «la bataille des géants», p. 133–134

Maissen Thomas, Geschichte der Schweiz, 3. Aufl. 2011, hier & jetzt, Baden 2010; insbesondere S. 64–66, 71–73

Fondazione Pro Marignano, Projektbeschrieb Marignano 2015, Chiasso (2011)

Fondazione Pro Marignano, Progetto Marignano 2015, Chiasso (2011)

Fondazione Pro Marignano, Description du projet Marignan 2015, Chiasso (2011)

Maissen Thomas, Wie aus dem heimtückischen ein weiser Fuchs wurde. Die Erfindung der eidgenössischen Neutralitätstradition als Anpassung an das entstehende Völkerrecht des 17. Jahrhunderts, in: Michael Jucker/Martin Kintzinger (Hrsg.), Rechtsformen internationaler Politik. Theorie, Norm, und Praxis vom 12. bis zum 18. Jahrhundert, Berlin 2011, S. 241–272

Parma Viktor und Sigg Oswald, Die käufliche Schweiz. Für die Rückeroberung der Demokratie durch ihre Bürger, Nagel & Kimche im Carl Hanser Verlag München 2011; insbesondere: Christoph Blocher und Marignano, S. 59–60

Provinz Mailand, Mailand, Schlacht bei Marignano etc., General Books LLC, 2011

Reinhardt Volker, Die Geschichte der Schweiz. Von den Anfängen bis heute, Verlag C.H.Beck, München 2011; insbesondere: Die Niederlage von Marignano, S. 158–163

Chambon Pascal, La bataille des géants: Marignan 13 et 14 septembre 1515, dans: Champs de bataille, no 43, décembre–janvier 2012, p. 38–52

Donvito Filippo, Cristini Luca, La battaglia dei Giganti Marignano 13 e 14 settembre 1515, in: Tuttosoldatini, anno 12, no 30, 2012, p. 34–37

Donvito Filippo, Cristini Luca S., La battaglia di Marignano, 13–14 settembre 1515 – La battaglia dei Giganti, Battlefield 007, Soldiershop publishing, Rodengo Saiano (BS), marzo 2012

Fischer Matthias (Hrsg.), Ferdinand Hodler in Karikatur und Satire par la caricature et la satire, Benteli, Sulgen 2012

RH (Roland Haudenschild), Jahrestag der Schlacht von Marignano: 1515–2015, 500 Jahre Geschichte und Aktualität; Marignano und die Fondazione Pro Marignano, in: Armee-Logistik, 85. Jg., Nr. 4, April 2012, S. 11

Palmisano Vitantonio, I Ponti sul Fiume Lambro. Nelle vicende storiche di Melegnano, Gemini Grafica Editrice, Melegnano 2012

Palmisano Vitantonio, Gian Giacomo de' Medici, Marchese di Marignano, Gemini Grafica Editrice, Melegnano 2012

Zanolari Livio, Anniversario della battaglia di Marignano: 1515–2015. 500 anni di storia e di attualità, nella: Rivista Militare della Svizzera italiana, No 3, maggio–giugno 2012, p. 30

Stüssi-Lauterburg Jürg, Marignano, la scheda storica, nella: Rivista Militare della Svizzera italiana, No 3, maggio–giugno 2012, p. 31–32

Haudenschild Roland, Marignano 1515: Projekt Marignano 2015, in: Allgemeine Schweizerische Militärzeitschrift, 178. Jg., Nr. 6, Juni 2012, S. 44–45

(Roland Haudenschild), Anniversaire de la bataille de Marignan: 1515–2015, dans: Revue Militaire Suisse, No 3, mai–juin 2012, p. 2 et 28

Marignan et la Fondation Pro Marignano, dans: Revue Militaire Suisse, No 4, juillet-août 2012, p. 43

Bangerter Olivier, Novare (1513). Dernière victoire des fantassins suisses, Economica, Paris 2012

Adamoli Davide e Robbiano John, Marignano: il sangue dei mercenari ci trasformò in Svizzera, nel: Giornale del Popolo, mercoledi 18 luglio 2012, Speciale p. 6–7

Mallett Michael and Shaw Christine, Italian Wars 1494–1559. War, State and Society in Early Modern Europe, Pearson Education, Harlow UK 2012; especially: Marignano p. 127–130

Keller Peter, Waterloo und Auferstehung, in: Die Weltwoche, Nr. 5, 31. Januar 2013, S. 58–61

Miège Gérard, Le sang des Suisses du Roi, (Versoix/Genève), 2013; en particulier: Les guerres d'Italie et le temps des Alliances, p. 33–43

Saint-Victor Jacques de, Marignan 1515, ce cher patrimoine des écoliers français, dans: Le Figaro, 25 juillet 2013, p. 11

Gemperli Simon, Auch Linke unterstützen «Marignano 2015», in: Neue Zürcher Zeitung, Nr. 184, 12. August 2013, S. 7

sig. (Simon Gemperli), Gedenkfeiern, Briefmarken und ein historisches Schiessen, in: Neue Zürcher Zeitung, Nr. 184, 12. August 2013, S. 7

Hchli S., Schlacht bei Marignano. Keine Feier für die grösste Schlappe der Eidgenossen, in: 20 Minuten, vom 18. September 2013, www.20min.ch/schweiz/news/story

Keller Peter und Stüssi-Lauterburg Jürg, Die Schweizer Schlachten, in: Die Weltwoche, Sonderdruck Nr. 1.13: Von Morgarten bis Marignano – die komplette Serie, September 2013; insbesondere: Keller Peter, Waterloo und Auferstehung, S. 36–39

Kottelat Isabelle, Saviez-vous que...? Marignan, 1515, évidemment!, dans: Migros Magazine, No 46, 11 novembre 2013, p. 89

Websiten im Internet

Lavisse Ernest, Histoire de France – Les Guerres d'Italie – La France sous Charles VIII, Louis XII et François Ier (1492–1547), Livre premier – Les Guerres d'Italie (1492–1518), Chapitre IV, Marignan, o. O., o. J., (16 p.) http://www.mediterranee-antique.info/Auteurs/Fichiers/JKL/Lavisse/Histoire_France/

Historisches Lexikon der Schweiz: www.hls-dhs-dss.ch/texte
Artikel auch in Französisch und Italienisch vorhanden:
Ennetbirgische Feldzüge, Autor: Hans Stadler
Ewiger Frieden, Autor: André Holenstein
Mailänderkriege, Autor: Paolo Ostinelli
Marignano, Schlacht von, Autor: Hervé de Weck
Neutralität, Autor: Alois Riklin
Reisläufer, Autor: Alain-Jacques Czouz-Tornare
No 7 Schiner, Matthäus, Autor: Bernard Truffer

Wikipedia, die freie Enzyklopädie
Ennetbirgische Feldzüge
http://de.wikipedia.org/wiki/Ennetbirgische_Feldz%C3%BCge
Landsknecht
http://de.wikipedia.org/wiki/Landsknecht
Reisläufer
http://de.wikipedia.org/wiki/Reisl%C3%A4ufer
Schlacht bei Marignano
http://de.wikipedia.org./wiki/Schlacht_bei_Marignano
Matthäus Schiner
http://de.wikipedia.org./wiki/Matth%C3%A4us_Schiner

Westenfelder Frank, Schweizerschlachten In Italien trafen Schweizer Reisläufer und Landsknechte aufeinander, in: http://www.kriegsreisende.de/neuzeit/italien.htm

Huber Werner T., Die Schlacht bei Marignano, Quelle Nr. 215, in: http://www.nvf.ch/qnr215.asp

La Battaglia dei Giganti, http://web.tiscali.it/curiosandomax/storia/Giganti.htm

La battaglia dei Giganti, http://www.melegnano.net/storia/pagina004sj.htm

Niderost Eric, The Swiss Defeat at the Battle of Marignano, Ancient tactics tested, http://www.niderost.com/pages/Battle_of_Marignano.htm

Weitere Dokumente und Zeugnisse der Schlacht bei Marignano
Autres documents et témoignages de la bataille de Marignan
Altri documenti e testimonianze della battaglia di Marignano

Janequin Clément (vers 1485–1558)
Französischer Komponist
Chanson 153   La bataille de Marignan, voir Escoutez tous gentilz
Chanson 95   Escoutez tous gentilz (La bataille de Marignan, La guerre) 5 voix [Merritt, VI, 234]
Chanson   96 id. 4 voix [Merritt, I, 3] Ca. 1528

Franz I. (1494-1547)
König von Frankreich, ab 1515
Marignano-Medaille
Frankreich. François I. als «primus domitor helvetiorum» (Besieger der Schweizer) nach der Niederlage von Marignano 1515.
Vorderseite Porträtbildnis von Franz I. von Frankreich; Rückseite Salamander.
Im Eigentum des Schweizerischen Nationalmuseums, Landesmuseum Zürich.

Ferdinand Hodler (1853–1918)
Schweizer Maler
Staatsgalerie Stuttgart, Karton I, Rückzug von Marignano
Kunsthaus Zürich, Der Rückzug bei Marignano, Gemälde 1897–1998 (Zürcher Fassung II)
Musée d'Art et d'Histoire de Genève, La retraite des Suisses à la bataille de Marignan en 1515, Tableau 1899
Schweizerisches Landesmuseum Zürich (Schweizerisches Nationalmuseum), Waffenhalle, Westwand, Der Rückzug der Schweizer aus der Schlacht von Marignano, Wandmalerei, fünfte Fassung (1896) 1899/1900
Es existieren verschiedene Studien, Kartons mit diversen Konzepten und Entwürfen zum Rückzug von Marignano.

Carl Friedrich Wiegand (1877–1942)
Theaterautor
Verfasser des Textbuches Volksdrama «Marignano».
Auf dem «National-Spielplatz» in Morschach (Kanton Schwyz) wird das Schweizer Volksdrama «Marignano» im Sommer 1911 uraufgeführt.

Jean Daetwyler (1907–1994)
Schweizer Komponist
Komponierte 1939 im Auftrage des Zentralwalliser Musikverbandes einen Marsch, dem er den Namen «Marche de Marignan» gab.

Das Marignanolied (5 Stophen);
http://ingeb.org/Lieder/trommelu.html

Maurice Zermatten (1910–2001)
Schweizer Schriftsteller
Verfasser des Theaterstücks «La rose noire de Marignan» (1963)

Josef Bisa (1908–1976)
Schweizer Bildhauer aus Brunnen (Kanton Schwyz)
Schöpfer des Schlachtdenkmals von 1965, geschaffen aus Gotthard-Granit von Iragna (Kanton Tessin), aufgestellt im Ortsteil Zivido, Gemeinde San Giuliano Milanese Milano (MI), Italien.

Schlachtfeld Marignano in Italien
Landkarte
Istituto geografico militare, Scala di 1:25 000, Serie M 891, Foglio 45 della Carta d'Italia, Melegnano 45 II SO, Edizione 4 – IGMI, Rilievo del 1888, Aggiornamenti: Ricognizioni parziali 1959
Luftaufnahme (in Farbe) des Schlachtfeldes (Zentrumsabschnitt); 1985 erstellt im Auftrag der Schweizerischen Gesellschaft für militärhistorische Studienreisen (GMS).

Konrad Basler (geb.1929)
Nationalrat SVP, ZH
88.874 Postulat. Marignano. Schutz vor Überbauung. Eingereicht im Nationalrat am

15.12.1988; Antwort bzw. Erklärung des Bundesrates vom 13.2.1989; Nationalrat Angenommen am 17.3.1989, Amtliches Bulletin der Bundesversammlung Nationalrat, 1989, S. 601

Marco Romano (geb. 1982)
Nationalrat CVP, TI
13.3550 Interpellation. 500 Jahre Schlacht bei Marignano. Eingereicht im Nationalrat am 20.06.2013; Antwort des Bundesrates vom 13.09.2013

Peter Keller (geb. 1971)
Nationalrat SVP, NW
13.3778 Interpellation. Mehrfaches Jubiläumsjahr 2015. Eingereicht im Nationalrat am 24.9.2013; Antwort des Bundesrates vom 29.11.2013

Ossario (Beinhaus) Santa Maria della Neve im Ortsteil Mezzano, Gemeinde San Giuliano Milanese MI, Italien.

Institutionen im Internet

Fondazione Pro Marignano
www.marignano1515.ch
Associazione Culturale Zivido
www.aczivido.net
Abbazia di Viboldone
www.viboldone.it
Comune die San Giuliano Milanese
www.sangiulianonline.it
Comune di Melegnano
www.melegnano.net
Castello Sforzesco
www.milanocastello.it
Comune di Milano
www.comune.milano.it

Autor: Roland Haudenschild

Anhang 5 | **Autoren und Autorinnen**

Olivier Bangerter

Spécialiste de l'histoire militaire suisse de la Renaissance et de la Réforme. Son doctorat en théologie examinait la pensée militaire du Réformateur zurichois Ulrich Zwingli et il a publié plusieurs articles sur la question du mercenariat des Suisses pendant les guerres d'Italie; il est l'auteur de «Novare 1513, Dernière victoire des fantassins suisses» (Economica 2011). Son parcours professionnel l'a en outre amené à interagir avec de nombreux groupes armés dans le monde et il a particulièrement étudié le rôle de leurs règles internes dans «Internal Control: Codes of Conduct within Insurgent Armed Groups» (Small Arms Survey 2012).

Leonardo Broillet

A étudié l'histoire médiévale auprès de l'Università degli Studi di Milan où il a présenté une thèse sur les élites marchandes de Locarno aux XVe et XVIe siècles. Par la suite, il a bénéficié d'une bourse d'études du Canton du Tessin et il a conclu ses recherches en 2013 par un doctorat auprès de l'Université de Zurich portant sur les élites tessinoises aux XVe et XVIe siècles et leurs relations avec celles de la Suisse centrale. En parallèle, il s'est formé comme archiviste auprès des Universités de Berne et de Lausanne et exerce depuis 2010 la fonction d'archiviste cantonal adjoint de l'Etat de Fribourg.

Didier Burkhalter

Né en 1960, de Neuchâtel et Sumiswald BE, marié, trois fils. Licencié en sciences économiques de l'Université de Neuchâtel, a exercé différentes fonctions académiques et dans l'économie privée. Depuis 1985 membre du Parti radical-démocratique, aujourd'hui Parti libéral-radical. Conseiller général (législatif) à Hauterive NE de 1988 à 1990 et Député au Grand Conseil neuchâtelois de 1990 à 2001. Conseil communal (exécutif) de la ville de Neuchâtel de 1991 à 2005 et trois fois président (1994/1995, 1998/1999, 2001/2002).

Elu au Conseil national en 2003 et puis au Conseil des Etats en 2007. Durant ses mandats au Parlement fédéral, il a siégé dans plusieurs commissions et a été membre de la délégation suisse auprès de l'Assemblée parlementaire de l'organisation pour la sécurité et la coopération en Europe (OSCE).

Le 16 septembre 2009, l'Assemblée fédérale a élu Didier Burkhalter au Conseil fédéral. Il dirigeait le Département fédéral de l'intérieur (DFI) de 2010 à 2011. Depuis le 1er janvier 2012 il a pris la tête du Département fédéral des affaires étrangères (DFAE). Il est Vice-président du Conseil fédéral pour l'année 2013 et

Président de la Confédération pour l'année 2014. Etant chef du DFAE il présidera l'OSCE durant l'année de la présidence suisse 2014.

Lucia Angela Cavegn

Seit 2006 freischaffende Kunsthistorikerin, Kunstkritikerin, Kunstvermittlerin und Kuratorin. Während des Studiums der Kunstgeschichte, Geschichte des Mittelalters und der Rätoromanischen Sprach- und Literaturwissenschaft (lic. phil. I) an der Universität Zürich arbeitete sie als Dokumentalistin bei der Denkmalpflege des Kantons Zürich. In ihrer Lizentiatsarbeit untersuchte sie die Werkgenese des Marignano-Freskos anhand von Hodlers Entwurfszeichnungen. Nach dem Studienabschluss war sie sechs Jahre im Kunsthandel tätig (Galerie Nathan und Galerie Orlando in Zürich). Sie schreibt regelmässig für die Neue Zürcher Zeitung, das Kunstbulletin und den Landboten. www.kunstweise.ch

Giovanni Cerino Badone

Nato nel 1976 in Alessandria, dottore di ricerca in scienze storiche, è ricercatore presso il Centro per l'Analisi Storica del Territorio (CAST) dell'Università degli Studi del Piemonte Orientale «Amedeo Avogadro» a Vercelli. È membro della Società Italiana di Storia Militare (SISM) e dell'Associazione Svizzera di Storia e Scienze Militari (Schweizerische Vereinigung für Militärgeschichte und Militärwissenschaft SVMM). È autore di numerosi interventi in studi collettanei ed atti di convegni e, tra le varie, delle monografie Aquile e Gigli (2007) e Bandiere nel fango (2005) dedicate alla guerra nel XVIII secolo. Nel 2012 ha curato la prima edizione italiana del Der Felzug von 1796 in Italien di Carl von Clausewitz.

Jean-Pierre Dorand

Né en 1956, licence ès lettres en histoire moderne et contemporaine, ainsi qu'en géographie et diplôme de maître de gymnase 1980 de l'Université de Fribourg. Professeur d'histoire et de sciences politiques au Collège Saint-Michel à Fribourg depuis 1980. Doctorat ès lettres en 1996 à l'Université de Fribourg en histoire moderne et contemporaine. Thèse d'habilitation et obtention de la venia legendi 2006 en histoire suisse contemporaine et Chargé de cours de 2007 à 2011 à l'Université de Fribourg.

Conseiller général de la Ville de Fribourg de 1983 à 1996, président en 1991. Député au Grand Conseil fribourgeois de 1995 à 2010. Membre du Sénat de l'Université de Fribourg de 1997 à 2010, président de 2004 à 2010. Président de la Commission cantonale des Archives depuis 2000. Conseiller scientifique et correcteur pour la partie fribourgeoise du Dictionnaire historique de la Suisse depuis 2000. Membre de la Protection civile de 1982 à 2006 avec la fonction de chef de service, chef de secteur et enfin chef local adjoint de la Ville de Fribourg. Membre de la Société suisse d'histoire, de la Société d'histoire du canton de Fribourg et du Deutscher Gerschichtsforschender Verein.

Derck Engelberts

Né en 1957 à Utrecht aux Pays-Bas, arrivé en Suisse avec ses parents en 1969.

Marié et deux enfants. Etudes au Gymnase cantonal de Neuchâtel et licencié ès lettres de l'Université de Neuchâtel (géographie, histoire, droit). Certificat d'aptitudes professionnelles pour l'enseignement littéraire dans les écoles secondaires et gymnases. Officier cycliste puis à l'état-major de l'armée, avec grade de major. Assistant scientifique à la Bibliothèque militaire fédérale et Service historique (actuellement Bibliothèque Am Guisanplatz) de 1982 à 1994. Secrétaire général du Comité de bibliographie de la Commission internationale d'histoire militaire de 1985 à 1998. Assistant de recherche à l'institut d'histoire de l'Université de Neuchâtel de 1988 à 1992. Enseignant au Collège du Val-de-Travers (actuellement Ecole Jean-Jacques Rousseau) de 1994 à 2004. Professeur d'histoire, de géographie et de civisme au Lycée Jean-Piaget de Neuchâtel depuis 2001. Editeur des Editions Attiger SA de 2044 à 2011.

Antoine Fleury

Doctorat en relations internationales à l'Institut universitaire de hautes études internationales en 1974. Professeur titulaire à l'Université de Genève où il a enseigné l'histoire des relations internationales de 1974 à 2008. Professeur invité dans plusieurs universités étrangères, notamment à Strasbourg, à Paris (Sorbonne Nouvelle) et Institut de Sciences politiques, à Louvain-la-Neuve, à Cluj (Roumanie). Directeur de la Fondation Archives européennes entre 1985 et 2004, puis président de la Commission des archives européennes de l'Institut européen. Ses recherches et publications portent sur l'histoire des relations internationales au XXe siècle, notamment sous l'angle des rapports et des négociations économiques. Il s'est spécialisé sur les relations internationales de la Suisse dans ses principales dimensions en relation avec la publication de la série des documents diplomatiques suisses dont il a assumé la direction jusqu'en 2008.

Hubert Foerster

Geb. 1943 in Freiburg i. Ue., verheiratet, drei erwachsene Söhne, lic. phil., arbeitete nach Studien in Freiburg i. Ue., Münster i. W., Besançon und Paris rund 40 Jahre im Staatsarchiv des Kantons Freiburg, davon 10 Jahre als Staatsarchivar. Seinen Militärdienst leistete er in der Festungsartillerie (Major) und im Historischen Dienst (Chef). Freizeitlich ist er Autor zahlreicher Publikationen (2/3 Deutsch und 1/3 Französisch) in Fachzeitschriften, Zeitungen und Kalendern. Schwerpunkt seiner Arbeiten war die Freiburger Kantonsgeschichte vom 16. bis 19. Jahrhundert unter ihren verschiedensten Aspekten. Dazu beliebte ihm die kantonale und schweizerische Militärgeschichte namentlich des 18. und 19. Jahrhunderts (Militärorganisationen besonders während der Mediation, «Bockenkrieg» 1804, fremder Dienst in Sardinien-Piemont und Spanien). Er hielt auch Vorträge in der Schweiz und in Frankreich. Man wünscht ihm ein fröhliches Altern!

Roland Haudenschild

Geb. 1946; Studium der Nationalökonomie, Lizentiat in Volks-, Betriebswirtschaftslehre und Privatrecht 1976, Promotion zum Doktor der Wirtschaftswissenschaften 1980 an der Universität

Bern; Master of Public Administration 1992 am Institut de hautes études en administraiton publique (IDHEAP), Université de Lausanne. Tätigkeit in der Industrie, im Dienstleistungssektor, der Wissenschaft und Forschung sowie in diversen Departementen der Bundesverwaltung. UNO Auslandeinsätze, UNTAG Namibia 1989/1990, MINURSO Westsahara 1991/1992 als Chef Kommissariatsdienst. Milizoffizier, Oberst der Logistiktruppen. Vorstandsmitglied der Schweizerischen Vereinigung für Militärgeschichte und Militärwissenschaft 2002–2008, zuletzt als Stv. Generalsekretär. Präsident der schweizerischen Stiftung «Fondazione Pro Marignano» seit 2003; Mitglied des Internationalen Instituts für Humanitäres Völkerrecht in Sanremo (Italien) seit 2007. Mitglied des Zentralvorstandes einer Militärischen Gesellschaft und Chefredaktor einer Militärzeitschrift. Autor zahlreicher Publikationen in den Bereichen Sicherheitspolitik, Armee und Logistik.

Erwin Horat

Geb. 1955, Dr. phil., Historiker, ist Leiter des Staatsarchivs des Kantons Schwyz. Er beschäftigt sich seit über 25 Jahren intensiv mit der Geschichte des Kantons Schwyz im 19. und 20. Jahrhundert. Neben seiner Dissertation zum Kanton Schwyz 1848–1950 hat er zu Fragen der wirtschaftlichen Entwicklung, der politischen Landschaft, des Sozialwesens und Alltagsthemen publiziert und war Mitautor an der mehrbändigen «Geschichte des Kantons Schwyz». Er war und ist an mehreren Transkriptionsprojekten beteiligt (das historiografische Werk von Augustin Schibig und Protokollbände des 19. Jahrhunderts).

Klara Hübner

Geb. 1973 in Valtice (CZ). Studium der Allgemeinen Geschichte mit Schwerpunkt Mittelalter, italienische Sprache und Literatur sowie mittlere Kunstgeschichte in Bern, Bologna und Neuchâtel. Wissenschaftliche Mitarbeiterin und Doktorandin am SNF-Projekt «Das städtische Botenwesen im schweizerisch-oberdeutschen Raum» 2003–2007. Promotion 2008 an der Universität Bern. Seit Sommer 2008 wissenschaftliche Mitarbeiterin an der SNF-Förderprofessur «Bündnis, Stadt und Staat 1250–1550» bei Prof. Dr. Regula Schmid Keeling an der Universität Fribourg, mit vertiefter Auseinandersetzung der Struktur und Funktionsweise der schweizerischen Eidgenossenschaft im Spätmittelalter. Übernahme von Lehraufträgen an den Universitäten Fribourg, Luzern und Bern. Forschungsinteressen: Die Verkehrs-, Medien- und Kommunikationsgeschichte, Nachrichtenübermittlung in spätmittelalterlichen Städten, Professionalisierung städtischer Eliten, Mehrsprachigkeit und Übersetzungen in der Vormoderne, Grenzen sozialer Netzwerke und das Scheitern im Mittelalter. Sie trägt in ganz Europa vor.

Angiolo Lenci

Nato nel 1950. Laurea in Storia Contemporanea con tesi sull'Esercito italiano alla vigilia della Prima Guerra Mondiale. Cultore e Studioso indipendente di Storia Militare. Collaboratore Università di Padova per pubblicazione a carattere militare. Esercitatore Storia dell'Arte, Università Ca' Foscari, Venezia. Partecipe a diversi convegni internazionali che riguardano la storia militare del Rinascimento, specialmente delle Guerre d'Italia. Studioso dell'architettura militare e delle tecniche d'assedio tra Tardo Quattrocento e la prima metà del Cinquecento. Si è occupato dell'analisi di altri insediamenti militari, come caserme, alloggi, fabbriche di polvere da sparo, tiro a segno e altri luoghi di addestramento per truppe e soldati, specie della Repubblica die Venezia. Tra le pubblicazioni principali la monografia Il leone, l'aquila e la gatta. Venezia e la Lega di Cambrai. Guerra e fortificazioni dalla battaglia di Agnadello all'assedio di Padova del 1509, presentazione P. Del Negro, Vicenza 2002, ed. Il Poligrafo e studi monografici pubblicati su Atti e convegni sulla battaglia di Riosecco, Agnadello, assedio di Padova del 1509 e di Botestagno del 1511.

Vitantonio Palmisano

Melegnanese d'adozione, è nato nella splendida Puglia negli anni Cinquanta, e da diversi lustri opera a Melegnano e nell'area sud milanese, è laureato in scienze sociali con la specializzazione in comunicazione e storia del giornalismo. Il suo curriculum di scrittore e ricercatore storico, ne fanno un indiscutibile e importante personalità del mondo culturale. E' nel 1983 che inizia il suo percorso giornalistico con diversi articoli comparsi sui giornali locali per il ciclismo e sport in genere, nel 1985 è autore della sua prima pubblicazione su questo argomento. Nel 1991 si occupa di arti figurative e pubblica diversi testi di arte, per poi passare ad altri argomenti quali la storia, usi e costumi e avvenimenti anche a carattere locale. A oggi si contano quarantatré libri pubblicati e oltre duecento cinquanta saggi di vario genere, tra arte, storia, cultura e ricerche su fatti e personaggi inediti, avvenimenti, battaglie e studio degli aspetti sociologici.

Daniel Reichel

1925–1991, de Neuchâtel, études de lettres à Neuchâtel, Florence et Zurich, licence en 1949; travaille au Bureau historique de l'état-major italien à Rome 1974, doctorat en 1975, thèse sur le maréchal Davout. Instructeur des troupes d'artillerie 1949–1968, officier EMG dès 1958, Colonel EMG en 1971. Directeur de la Bibliothèque militaire fédérale 1969-1983. Auteur de nombreuses publications. Fondateur en 1968 du Centre d'histoire et de prospective militaires à Pully. (Source: www.hls-dhs-dss.ch/textes/f/, N° 4 Reichel Daniel)

Alois Riklin

Geboren 1935, war von 1970–2001 Professor für Politikwissenschaft an der Universität St. Gallen und von 1982–1986 Rektor dieser Universität. Seine jüngste, grössere Publikation ist das Standardwerk «Machtteilung – Geschichte der Mischverfassung» (Wissenschaftliche Buchgesellschaft, Darmstadt 2006).

Philippe Rogger

Geb. 1978, studierte an der Universität Bern Geschichte, Politikwissenschaften und Allgemeines Staatsrecht. Seit 2009 ist er Assistent am Lehrstuhl für die ältere Schweizer Geschichte an der Universität Bern. Dr. des.; für seine Dissertation «Die Pensionenunruhen 1513–1516. Kriegsgeschäft und Staatsbildung in der Eidgenossenschaft am Beginn der Neuzeit» (2010) forschte er im Jahr 2008 als Stipendiat des Schweizerischen Nationalfonds am Sonderforschungsbereich 437 «Kriegserfahrungen. Krieg und Gesellschaft in der Neuzeit» der Universität Tübingen. Zu seinen Forschungsschwerpunkten gehören das eidgenössische Sold- und Pensionenwesen und die historische Konfliktforschung.

Walter Schaufelberger

Geb. 1926, studierte an der Universität Zürich Geschichte, Deutsch und Literatur sowie ein Jahr an der Sorbonne in Paris. 1952 Promotion an der Philosophischen Fakultät der Universität Zürich in Allgemeiner Geschichte, Schweizergeschichte, Paläographie und Diplomatik. 1953 Staatsexamen für das Höhere Lehramt in Geschichte, Deutsch, Didaktik, Latein und Französisch. Assistent am Historischen Seminar der Universität Zürich und danach Tätigkeit als Gymnasiallehrer und Hauptlehrer im Kanton Zürich. Ab 1963 Lehrbeauftragter für Allgemeine und Schweizerische Kriegsgeschichte an der ETH Zürich. 1969 Habilitation an der Philosophischen Fakultät der Universität Zürich und ab 1974 Professor für Allgemeine und Schweizergeschichte. 1980 Ruf an die ETH Zürich, so dass Schaufelberger eine Doppelprofessur in Militärgeschichte an beiden Zürcher Hochschulen innehatte. 1991 erfolgte die Emeritierung mit Ernennung zum Honorarprofessor der Universität Zürich. Die militärische Laufbahn beschloss er als Oberst im Generalstab in der Funktion eines Stabschefs der Grenzbrigade 7. Von 1968 bis 1975 übte er das Amt des Chefredaktors der Allgemeinen Schweizerischen Militärzeitschrift (ASMZ) aus.

Als Doyen der Militärgeschichte in der Schweiz hat Walter Schaufelberger eine Vielzahl von Büchern, Buchbeiträgen und andern wissenschaftlichen Veröffentlichungen im Verlaufe seiner langen Forschungstätigkeit verfasst und zahlreiche Ehrungen und Auszeichnungen erhalten.

Heinrich Speich

Geb. 1975, studierte in Freiburg/Schweiz, Bern und Berlin Allgemeine und Schweizer Geschichte des Mittelalters und der frühen Neuzeit sowie Ur- und Frühgeschichtliche Archäologie und Archäometrie. Seine Lizentiatsarbeit verfasste er 2008 zu den Beziehungen zwischen Länderorten der Eidgenossenschaft im späten Mittelalter, namentlich Schwyz und Glarus. Er forschte 2008–2013 als Doktorand und wissenschaftlicher Mitarbeiter am Lehrstuhl für «Bündnis, Stadt und Staat 1250–1550» in Freiburg und reichte dort seine Dissertation zum Thema «Burgrechte. Deutungen und Wandel eines Rechtsinstruments im Spätmittelalter» ein. Seine Schwerpunkte sind die ältere Schweizer Geschichte und die mittelalterlichen ländlichen Kommunen im Alpenraum. Er ist heute vorwiegend in Bauforschung und Kulturgüterschutz tätig.

Stefano Sportelli

Risiede nel comune di San Giuliano Milanese (Milano): professore di discipline tecniche e vice preside nelle Scuole Medie Inferiori; sessantacinquenne; pensionato con 37 anni di servizio espletato nella Scuola.

Autore di pubblicazioni a carattere didattico/informativo: Storia della Scuola italiana, Anniversario dei 150 anni dell'Unità d'Italia, Ventennio Fascista, Prima Guerra Mondiale, La Costituzione italiana, Vita nella Cascina Lombarda, Seconda Guerra Mondiale. Curatore ed organizzatore di Mostre illustrative in occasione di ricorrenze storiche. Collezionista di rari documenti d'epoca, manifesti, oggetti, testimonianze scritte su avvenimenti socio/politici e militari. Giornalista e Direttore responsabile di varie testate locali del Sud/Est milanese. Direttore responsabile del mensile in lingua milanese «el milanes».

Autore di un libro relative alla storia del comune di San Giuliano Milanese 1861–2002. Membro con diverse funzioni in varie Associazioni.

Pierre Streit

Historien de formation, licence ès lettres, Université de Lausanne, diplômé de l'académie militaire de Zurich. Travaille actuellement pour le Département fédéral de la Défense. Ancien officier de carrière, avec le grade de major EMG; sert comme officier de milice à l'état-major de la brigade blindée 1. Depuis 2006, il est directeur scientifique du Centre d'histoire et de prospective militaires (CHPM) à Lausanne et membre du comité de l'Association suisse d'histoire et de sciences militaires (ASHSM). Actif au sein du comité cantonal de la Société vaudoise des officiers (SVO), dont il a écrit un court historique (CHPM, 2010). Auteur de nombreux articles sur l'histoire militaire et la polémologie, il a déjà plusieurs ouvrages à son actif, portant avant tout sur l'histoire militaire. Il a notamment publié une Histoire militaire suisse (Infolio, 2006), un Morat 1476 (Economica, 2009), plusieurs ouvrages avec l'historien Jean-Jacques Langendorf dont un Général Guisan et l'esprit de résistance (Cabédita, 2010), ainsi qu'une Armée romaine (Infolio, 2012).

Jürg Stüssi-Lauterburg

Geb. 1954, Bürger der Stadt Zürich und der Gemeinden Fällanden und Maur, verheiratet mit Barbara geb. Lauterburg, zwei Söhne. Studium der Allgemeinen Geschichte, Militärgeschichte und Orientalistik an der Universität Zürich, Promotion zum Dr. phil. 1982.

Seit 1984 Chef der Eidgenössischen Militärbibliothek, aus welcher 2007 die Bibliothek am Guisanplatz geworden ist, im Eidgenössischen Departement für Verteidigung, Bevölkerungsschutz und Sport.

Politisch von 1986 bis 1997 Gemeinderat in Windisch, von 2003 bis 2013 Grossrat des Kantons Aargau. Seit April 2013 Bezirksrichter in Brugg.

Militärisch Oberst im Generalstab und Stabschef der Territorialbrigade 12 in Chur, zuletzt zugeteilter Generalstabsoffizier des Kommandanten des Gebirgsarmeekorps 3 in Schwyz.

Autor und Herausgeber mehrerer Bücher und weiterer Publikationen, zuletzt 2013 von «Mit Suworov in der Schweiz» (Lenzburg: Verlag Merker im Effingerhof).

David Vogelsanger

Jahrgang 1954, ist Stadtzürcher. Promovierter Historiker (Universität Zürich) mit ausgeprägtem Interesse an militärgeschichtlichen Themen. 1980 bis 1985 Einsätze als Delegierter des Internationalen Komitees vom Roten Kreuz in Konfliktgebieten Afrikas, Ostasiens und des Nahen Ostens, anschliessend als ziviler Berater bei der UNO-Friedenstruppe in Zypern. Seit 1987 im schweizerischen diplomatischen Dienst, war er unter anderem Generalkonsul in Mailand und Botschafter in fünf westafrikanischen Staaten mit Sitz in Abidjan. In der Armee ist er als Rechtsoffizier im Armeestab eingeteilt. Mitglied der Stiftungsräte von «Pro Marignano» und «Freiheit und Verantwortung» sowie der Zürcher «Zunft zur Waag». Mit seiner Frau lebt er in Kappel (ZH).

Hervé de Weck

Licencié ès lettres de l'Université de Fribourg, maître d'histoire et de littérature française au Gymnase cantonal de Porrentruy (1969–2002). Officier de milice des troupes mécanisées et légères, commandant d'une compagnie de Chars 68, officier de renseignement du régiment de chars 7, officier de renseignement dirigeant à l'état-major de la division mécanisée 1 et du corps d'armée de campagne 1 (1985–2003), colonel. Trésorier et responsable des publications de l'Association suisse d'histoire et de sciences militaires; trésorier et secrétaire général adjoint de la Commission internationale d'histoire militaire (1980–2005); rédacteur en chef de la Revue militaire suisse (1991–2006).

Georges Wüthrich

Geb. 1949 in Arbon (Thurgau). Ausbildung zum Primarlehrer am Lehrerseminar Kreuzlingen. Seit 1973 Journalist und Publizist. Unter anderem gehörte er der Gründungsredaktion der Sonntags-Zeitung an und leitete am Schluss 13 Jahre die Bundeshausredaktion der Tageszeitung Blick. Wüthrich verfasste auch zahlreiche Artikel und Reportagen über geschichtliche Themen, vor allem zur Rolle der Schweiz im Zweiten Weltkrieg. Er liess sich 2009 frühzeitig pensionieren und ist weiterhin als freier Publizist tätig. So verfasste er die neuste Biographie über alt Bundesrat Adolf Ogi «So wa(h)r es!»

Nachwort

Roland Haudenschild

Die Absicht besteht darin, das 500 jährige Gedenken der Schlacht von Marignano würdig national und international zu begehen. Das Schwergewicht soll auf ihre Bedeutung für die „Wende" in der Schweizer Geschichte gerichtet sein.

Das Projekt Marignano 2015, der Fondazione Pro Marignano, besteht aus verschiedenen Einzelprojekten, zum Beispiel der Herausgabe des Bildbandes «Marignano 1515-2015». Das Zielpublikum ist sowohl die schweizerische wie auch die ausländische (vor allem italienische und französische) Öffentlichkeit und Bevölkerung, die informiert werden soll.

In der Geschichte der alten Eidgenossenschaft ist Marignano 1515 ein Schlüsselereignis, mit Auswirkungen bis heute auf die moderne Schweiz. Marignano 2015 soll das Geschichtsbewusstsein des heutigen Menschen wecken und fördern sowie Marignano als Wende in der Geschichte der Eidgenossenschaft in Erinnerung rufen. Es geht darum, das 16. mit dem 21. Jahrhundert anhand von verschiedenen Ereignissen anschaulich und verständlich zu verbinden.

Das Ziel dieses «populär-wissenschaftlichen» Bildbandes ist die Darstellung der Geschichte in Ausschnitten von 1515 bis 2015 im Zusammenhang mit Marignano und der Neutralität der Schweiz.

Die Grundidee des Konzeptes mit der Berücksichtigung von Marignano, der Neutralität und weiteren Themen stammt von Jürg Stüssi-Lauterburg. Das Buch soll sowohl wissenschaftlichen Kriterien genügen als auch das geschichtsinteressierte Publikum ansprechen. Deshalb ist die Themenauswahl breit abgestützt und es sind Beiträge in Deutsch, Französisch und Italienisch enthalten.

Viele Autoren haben spontan zugesagt und alle haben ohne Entschädigung gearbeitet. Haben angefragte Autoren abgesagt oder gar nicht geantwortet, musste für ein bestimmtes Thema ein Ersatz gefunden werden. Hier leistete Hubert Foerster mit seinem personellen Netzwerk und den differenzierten historischen Kenntnissen wertvolle Unterstützung und Beratung. Verschiedentlich konnte er Autoren vermitteln und so zur Vielfalt des Werkes beitragen.

Die einzelnen Artikel sowie die Anhänge wurden im Jahr 2013 verfasst und die Arbeit am Inhalt des Bildbandes Ende Dezember 2013 abgeschlossen.

Der verbindliche Dank geht an alle Personen, die sich in irgend einer Form für das Werk engagiert haben, vor allem natürlich an die fünfundzwanzig Autoren die insgesamt einunddreissig Beiträge erarbeitet haben.

Dem Leser sei eine spannende und abwechslungsreiche Lektüre gewünscht.